Photoshop Elements 15

Martin Quedenbaum

ISBN 978-3-945384-57-2

© 2017 by Markt+Technik Verlag GmbH
          Espenpark 1a
          90559 Burgthann

Produktmanagement Christian Braun, Burkhardt Lühr
Herstellung Jutta Brunemann
Korrektorat Maren Feilen, Alexandra Müller
Layout Merve Zimmer
Covergestaltung David Haberkamp
Coverfotos © vvoe – Fotolia.com, Unsplash.com, Martin Quedenbaum
Satz inpunkt[w]o, Haiger, www.inpunktwo.de
Druck Kessler Druck + Medien, Bobingen
Printed in Germany

Vorwort

Sie halten ein sehr praktisches Arbeitsbuch für das Bildbearbeitungsprogramm Adobe Photoshop Elements 15 in den Händen. Egal, ob Sie mit Mac oder Windows arbeiten, egal, ob Sie bereits mit Photoshop Elements Ihre Bilder bearbeiten oder damit anfangen möchten, mit diesem Handbuch haben Sie immer den ganzen Funktionsumfang der Software parat. Sie können jederzeit nachschlagen, was Sie brauchen, oder in den Workshops Arbeitsabläufe trainieren. Ich unterstütze Sie dabei mit genauen Schritt-für-Schritt-Anleitungen und detailliert beschrifteten Abbildungen der Programmoberfläche.

Die in diesem Buch verwendeten Beispielbilder können Sie von der Website zum Buch (www. quedenbaum.com) herunterladen.

Für die Arbeit mit Photoshop Elements gibt es diverse Automatiken, die meist selbsterklärend sind. Daher lege ich den Schwerpunkt dieses Buches auf Aspekte der Bildbearbeitung, die nicht vollautomatisch vonstattengehen.

Die dabei behandelten Themen umspannen den kompletten Arbeitsablauf der digitalen Bildbearbeitung. Sie können bei jedem Thema anhand von Übungsbildern die Erläuterungen Schritt für Schritt nachvollziehen und so nach und nach Erfolgserlebnisse sammeln. Neben der Arbeit mit dem Programm werden alle wichtigen theoretischen Aspekte erläutert, die Sie brauchen, um bei der Arbeit mit Photoshop Elements exzellente Ergebnisse zu erzielen.

Filter sind ein Photoshop-Elements-Thema, das oftmals viel zu kurz kommt, mit dem sich aber die raffiniertesten Ergebnisse erzielen lassen. Insbesondere in Kombination mit anderen Photoshop-Elements-Funktionen schlummert hier ein schier unerschöpfliches Kreativpotenzial. Die Filter-Funktionen sind so umfangreich, dass sie selbst den Rahmen dieses nicht gerade dünnen Buches sprengen würden. Ich habe mich daher dazu entschlossen, das Thema in Form eines Bonuskapitels zum Download anzubieten, das Sie ebenfalls auf der Website zum Buch finden.

Das Fotomaterial zu diesem Buch können Sie für Ihre privaten Zwecke nutzen. Wenn Sie es anderweitig einsetzen möchten, bitte ich Sie, meine Urheberrechte zu beachten und mich vorher (über den Verlag oder über info@quedenbaum.com) zu kontaktieren.

Auf der Website zum Buch (www.quedenbaum.com) stelle ich neben den Beispielbildern auch weiterführende Tipps zur Verfügung.

Ich wünsche Ihnen nun viel Spaß bei der Arbeit mit Ihren Bildern und mit diesem Buch.

Martin Quedenbaum

Inhaltsübersicht

Inhaltsverzeichnis

Teil 3: Nachschärfen und Weichzeichnen 255

15. Schärfe steuern 256

16. Kreative Unschärfe (Weichzeichnen) 271

50. Bildmanagement mit dem Organizer 776

Teil 1

Teil 1:
Start im Fotoeditor

Die Oberfläche im Überblick

Nachdem Sie Adobe Photoshop Elements gestartet haben, erscheint zunächst der sogenannte Startbildschirm.

1.1 Startfenster

Die drei Schaltflächen auf der Unterseite starten jeweils einen anderen Programmteil. Im *Fotoeditor* steht Ihnen eine Vielzahl von Bearbeitungsmöglichkeiten zur Verfügung. Mit dem *Organizer* ❷ können Sie Ihre Bilder verwalten (weitere Informationen zum Organizer finden Sie in den Kapiteln 48–50). Die Schaltfläche *Videoeditor* ❸ öffnet das Programm Adobe Premiere Elements, sofern vorhanden. Diese Software gehört allerdings nicht zum Lieferumfang und muss daher separat gekauft werden.

Abbildung 1.1:
Der Startbildschirm.

Adobe bietet die Programme Adobe Photoshop Elements und Adobe Premiere Elements auch im Bundle zum Preis von rund 114 Euro an.

Nachstehend wird der Editor erläutert. Klicken Sie daher hier zunächst auf die Schaltfläche *Fotoeditor* **1**.

Wenn Sie zukünftig Photoshop Elements oder den Organizer direkt starten möchten, können Sie das an dieser Stelle festlegen. Klicken Sie dazu auf das Zahnradsymbol **4** oben rechts.

In dem dann erscheinenden Menü **5** können Sie festlegen, was beim Programmstart passieren soll.

Abbildung 1.2: Entweder zuerst den Startbildschirm anzeigen oder Photoshop Elements bzw. den Organizer direkt starten.

Registrierung

Wenn Sie das Programm unmittelbar nach der Installation starten, bietet Ihnen Adobe an, das Programm online zu registrieren. Möchten Sie die Registrierung zu einem späteren Zeitpunkt vornehmen oder entscheiden Sie sich gar dagegen, macht das auch nichts: In beiden Fällen hat dies keine negativen Auswirkungen auf die Funktionalität des Programms. Vielmehr erhalten Sie nach der Registrierung aktuelle Infos von Adobe (z. B. über Programmupdates) und den Onlinesupport bei Installationsproblemen.

Um die Software zu registrieren, ist eine sogenannte Adobe-ID erforderlich. Diese besteht aus einem Benutzernamen und einem Passwort. Wenn Sie bisher noch nicht über eine Adobe-ID verfügen, können Sie diese im Registrierungsfenster über die gleichnamige Schaltfläche online erstellen. In diesem Zusammenhang müssen Sie u. a. Ihren Namen, Ihre Adresse und einige andere Informationen angeben.

1.2   Die Bedienelemente des Editors

Unmittelbar nach dem Programmstart wird der sogenannte Editor angezeigt. Hier findet die eigentliche Bearbeitung statt. Um Ihnen einen ersten Überblick zu verschaffen, stelle ich Ihnen zunächst die verschiedenen Bereiche des Editors vor.

Fotobereich

Hier werden die aktuell in Photoshop Elements geöffneten Bilder ❶ angezeigt. Nach einem Doppelklick auf die entsprechende Bildminiatur ❷ zeigt der Editor das betreffende Bild im sogenannten aktiven Bildbereich ❸ an. Klicken Sie links unten auf die gleichnamige Schaltfläche ❹, um diesen Bereich bei Bedarf ein- oder auszublenden.

Titelleiste

Diese Leiste ❺ (hier als Register) zeigt u. a. den Dateinamen des jeweiligen Bildes an. Das Register des aktuell dargestellten bzw. aktiven Bildes wird dabei etwas heller angezeigt.

Statusleiste

In der Statusleiste ❻ präsentiert die Software wahlweise Informationen zum Bild oder zu anderen Aspekten.

Werkzeugbedienfeld

Die Bearbeitung der Bilder erfolgt u. a. über Werkzeuge, die im sogenannten Werkzeugbedienfeld ❼ angeordnet sind.

Werkzeugoptionsleiste

Wenn Sie im Werkzeugbedienfeld ❼ ein anderes Werkzeug wählen, wird voreingestellt der Fotobereich ❶ ausgeblendet und durch die sogenannte Werkzeugoptionsleiste ❽ ersetzt. In diesem Bereich werden für das jeweils ausgewählte Werkzeug ❾ spezifische Einstellungsoptionen ❿ angeboten. Zudem finden sich hier weitere bzw. ähnliche Werkzeuge ⓫. Mit einem Klick auf die links unten angeordnete Schaltfläche *WZ-Optionen* ⓬ können Sie diesen Bereich jederzeit anzeigen lassen.

Bedienfeldbereich

Der auf der rechten Seite angeordnete Bedienfeldbereich ⓭ bildet eine weitere Schnittstelle zwischen Anwender und Software. Hier können Sie beispielsweise Effekte auswählen und einstellen und auf unterschiedliche Bildebenen zugreifen. Je nachdem, für welchen der drei Arbeitsbereiche (*Schnell*, *Assistent* oder *Experte*) ⓮ Sie sich entscheiden, ändern sich der Look und das Funktionsangebot des Bedienfeldbereichs.

Abbildung 1.3:
Der Editor im Modus
EXPERTE.

Abbildung 1.4:
Sobald im Werkzeug-
bedienfeld ein anderes
Werkzeug gewählt
wird, zeigt das
Programm anstelle
des Fotobereichs die
Werkzeugoptions-
leiste an.

Menüleiste

Hier **15** werden aufklappbare Menüs angeboten. Hinter vielen Menübefehlen sind außerdem Tastenkürzel **16** angegeben, mit denen Sie den entsprechenden Befehl über Ihre Tastatur aufrufen können.

1.3 Die Arbeitsbereiche Schnell, Assistent, Experte

Sie können Photoshop Elements bzw. den Editor in drei unterschiedlichen Modi (Arbeitsbereiche) betreiben. Der Wechsel erfolgt über die gleichnamigen Arbeitsbereich-Schaltflächen:

- Schnell
- Assistent
- Experte

Diese drei Arbeitsbereiche unterscheiden sich durch die Anzahl der zur Verfügung stehenden Funktionen und dadurch, wie sich die Funktionen dem Anwender präsentieren.

Schnell   Assistent   **Experte**

Expertenmodus

In diesem Modus stehen Ihnen alle Funktionen des Editors zur Verfügung. Das macht unter anderem das prall gefüllte Werkzeugbedienfeld **17** deutlich. Die auf der rechten Seite des Anwendungsfensters abgebildeten Bedienfelder **18** stehen in der dargestellten Form ausschließlich in diesem Modus zur Verfügung. Über den Menübefehl *Fenster* können weitere Bedienfelder eingeblendet oder aktuell angezeigte Bedienfelder ausgeblendet werden.

Abbildung 1.7:
Der Editor im Modus
EXPERTE.

Schnell-Modus

Wie der Name schon sagt, geht es in diesem Modus um die »fixe« Korrektur Ihrer Werke. Im Vergleich zum Modus *Experte* erscheint das Werkzeugbedienfeld 19 in deutlich reduziertem Umfang. Auf der rechten Seite des Anwendungsfensters 20 stellt die Software diverse Regler zur Korrektur von Belichtung, Farbeindruck und Bildschärfe zur Verfügung. Dabei können Sie Überarbeitungen dieser Art mit den *Auto*-Schaltflächen 21 komplett in die Hände des Programms legen und jeweils eine Korrekturautomatik aktivieren. Mit der Schaltfläche *Zurück* 22 können Sie alle Änderungen wieder verwerfen und den Originalzustand des Bildes wiederherstellen.

Assistentenmodus

Der Modus *Assistent* ist besonders für Einsteiger in die digitale Bildbearbeitung interessant. Zunächst werden spezielle Aufgaben 23 aufgeführt. Diese sind in sechs Rubriken 24 unterteilt. Wählen Sie hier die entsprechende Rubrik und anschließend die gewünschte Aufgabe mit einem Klick aus.

Jetzt zeigt der Arbeitsbereich erneut das zu bearbeitende Bild. Das Werkzeugbedienfeld 25 besteht nur aus dem Zoom- Q und dem Hand-Werkzeug .

Mit dem Zoom-Werkzeug können Sie in das Bild hinein- und herauszoomen. Wenn Sie in das Bild gezoomt haben, können Sie mit dem Hand-Werkzeug den jeweils abgebildeten Bildausschnitt anpassen bzw. verschieben.

Abbildung 1.8:
Der Editor im Modus
Schnell.

Abbildung 1.9:
Der Editor im Modus
Assistent.

Seinen Namen verdankt dieser Modus den auf der rechten Seite abgebildeten Bedienfeldern. Die Software assistiert Ihnen an dieser Stelle mit einer Auflistung der Arbeitsschritte bzw. Funktionen. Zudem finden Sie hier detaillierte Informationen dazu, wie Sie vorzugehen haben.

Wenn Sie beispielsweise in der Rubrik *Kreative Bearbeitungen* auf *Puzzle-Effekt* klicken, aktiviert der *Assistent* die entsprechende Funktion und zeigt Ihnen auf der rechten Seite **26** einen Infotext sowie einige Schaltflächen an.

Folgen Sie der Schritt-für-Schritt-Anleitung und klicken Sie abschließend rechts unten auf *Weiter* **27**. Sollte das Ergebnis nicht Ihren Vorstellungen entsprechen, können Sie die vorgenommenen Einstellungen mit *Abbrechen* **28** verwerfen.

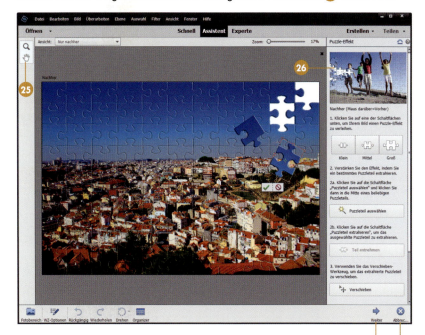

*Abbildung 1.10:
Der Assistent aktiviert
die entsprechende
Funktion – er erstellt in
diesem Fall ein Puzzle
und zeigt auf der
rechten Seite einen
Infotext an (hier
Puzzle-Effekt).*

2 Fotos öffnen

Als Nächstes werden Sie damit beginnen, Bilder im Editor zu öffnen. Außerdem ist ein wenig Know-how in Sachen »Fenstersteuerung« unerlässlich, wenn Sie mehrere Bilder gleichzeitig geöffnet haben. Und auch die Kontrolle über den aktuell dargestellten Bildausschnitt ist eine Grundvoraussetzung für ein komfortables Arbeiten in Photoshop Elements.

2.1 Bilder im Editor öffnen

1. Wählen Sie den Befehl *Datei/Öffnen*.

Alternativ können Sie auch die Tastenkombination [Strg]+[O] (Windows) bzw. [cmd ⌘]+[O] (macOS) verwenden oder in die noch leere Arbeitsfläche von Photoshop Elements doppelklicken.

Abbildung 2.1:
Das Fenster ÖFFNEN.

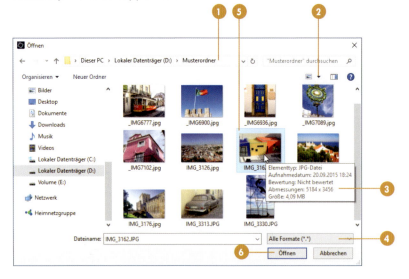

2. Navigieren Sie mit den Funktionen des Fensters zu dem Verzeichnis ❶, in dem sich das zu öffnende Bild befindet.

3. Stellen Sie eine für Sie passende Ansichtsoption ❷ ein (*Große Symbole*, *Mittelgroße Symbole*, *Liste* usw.).

Um auf die Schnelle wichtige Bildinfos ❸ wie Aufnahmedatum, Bild- und Dateigröße abzufragen, müssen Sie lediglich den Cursor über das jeweilige Bild bewegen. Im Bedarfsfall können Sie die Darstellung auf einen bestimmten Dateityp ❹ beschränken und so die Übersichtlichkeit erhöhen.

Einzelnes Bild öffnen

1. Klicken Sie das gewünschte Bild ❺ an.

An der Unterseite des Fensters erscheint jetzt ein Vorschaubild. Diese Vorschau ist insbesondere dann nützlich, wenn Sie das Fenster *Öffnen* in einem Modus betreiben, in dem ansonsten keine Bildminiaturen angezeigt werden (*Liste*, *Details*).

2. Bestätigen Sie das Fenster über die Schaltfläche *Öffnen* ❻.

Jetzt wird das Bild in Photoshop Elements angezeigt.

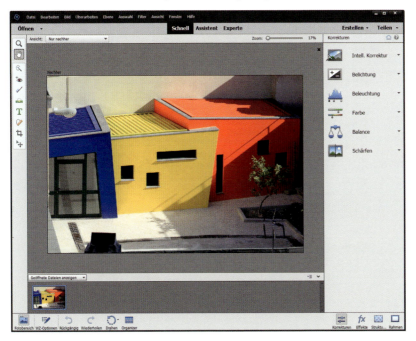

Abbildung 2.2: Nach dem Öffnen wird das Bild in Photoshop Elements angezeigt.

Mehrere Bilder öffnen

Im Fenster *Öffnen* können Sie die gängigen Tastenkürzel zum Erstellen von Sammelauswahlen verwenden.

Zusammenhängende Bilder ① auswählen

1. Klicken Sie auf das erste zu markierende Bild.
2. Halten Sie die Taste ⇧ gedrückt und klicken Sie auf das letzte in die Auswahl aufzunehmende Bild.

Nicht zusammenhängende Bilder ② auswählen

1. Klicken Sie auf das erste zu markierende Bild.
2. Halten Sie die Taste Strg bzw. cmd ⌘ gedrückt und klicken Sie dann nacheinander auf die anderen auszuwählenden Bilder.

Alle Bilder auswählen

1. Klicken Sie auf eines der im Fenster *Öffnen* dargestellten Bilder.
2. Drücken Sie die Tastenkombination Strg+A bzw. cmd ⌘+A.

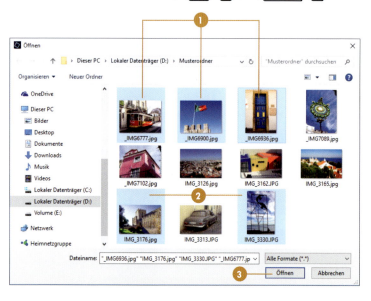

Abbildung 2.3: Mehrere Bilder auf einmal öffnen.

3. Bestätigen Sie das Fenster über die Schaltfläche *Öffnen* ③.

Jetzt werden die ausgewählten Bilder in Photoshop Elements geöffnet. Vorein-gestellt liegen sie zunächst »übereinander«. Im Fotobereich ④ erscheint für jedes der geöffneten Bilder eine entsprechende Miniatur.

4. Um ein bestimmtes Bild betrachten bzw. bearbeiten zu können, klicken Sie auf die entsprechende Miniatur im Fotobereich **5**.

Das Bild wird daraufhin aktiviert bzw. angezeigt.

Abbildung 2.4:
Im Fotobereich wird
für jedes geöffnete
Bild eine Miniatur
dargestellt.

2.2 Bild aus der Zwischenablage verwenden

Wenn Sie beispielsweise ein Bild aus einem anderen Dokument in die Zwischenablage kopieren, können Sie dieses anschließend in Photoshop Elements in ein eigenes Fenster einfügen.

1. Kopieren Sie in einem anderen Programm ein Bild in die Zwischenablage.

2. Wählen Sie in Photoshop Elements den Befehl *Datei/Neu/Bild aus Zwischenablage.*

Wenn Sie Bilder aus einem Internetbrowser verwenden möchten, brauchen Sie sie lediglich mit der rechten Maustaste anzuklicken und im dann erscheinenden Kontextmenü den Befehl *Bild kopieren* oder *Grafik kopieren* auszuwählen. Sehr kleine Bilder deuten darauf hin, dass Sie unter Umständen zunächst einmal dort hineinklicken müssen, damit eine größere und damit qualitativ bessere Version des Bildes geladen bzw. angezeigt wird. Über diesen Weg können Sie aber auch einen Screenshot (Bildschirmfoto) in das Programm holen.

Um ein Bildschirmfoto zu knipsen, sind bei PC und Mac unterschiedliche Tastenkürzel zu verwenden. Zum Ablichten des kompletten Bildschirminhalts müssen Sie beim PC lediglich die Taste (Druck) betätigen. Diese befindet sich in der

Regel rechts oben auf der Tastatur. Wenn Sie ein Notebook verwenden, müssen Sie eventuell zusätzlich die Taste Fn gedrückt halten. Beim Mac verwenden Sie das Tastenkürzel cmd ⌘ + ⇧ + ctrl + 3 . In beiden Fällen landet das Bildschirmfoto in der Zwischenablage. Um den Screenshot auf das jeweils aktive Fenster zu beschränken, verwenden Sie beim PC Alt + Druck . Beim Mac wählen Sie dazu cmd ⌘ + ↑ + 4 und drücken dann die Leertaste. Daraufhin erscheint ein Kamerasymbol, mit dem Sie auf das aktive Fenster klicken. Der Screenshot wird anschließend automatisch auf dem Desktop abgelegt.

Jetzt erscheint das entsprechende Bild in Photoshop Elements. Beim Einfügen hat die Software ein eigenes Dokumentfenster für das Bild angelegt.

2.3 Das Dokumentfenster

Geöffnete Fotos, Grafiken oder über den Befehl *Datei/Neu* erstellte Dateien werden im Modus *Experte* allesamt in einem Dokumentfenster angezeigt.

Bei nicht schwebenden Bildern (voreingestellt) reduziert sich die Titelleiste auf ein Register ❶. Wird das Bild in einem schwebenden Fenster dargestellt, erscheint hingegen eine klassische Titelleiste ❷. Diese Leiste verfügt über die bekannten Schaltflächen zum Minimieren ❸, Maximieren ❹ und Schließen ❺ des Fensters.

Abbildung 2.5:
Dokumentfenster eines
Bildes (PC).

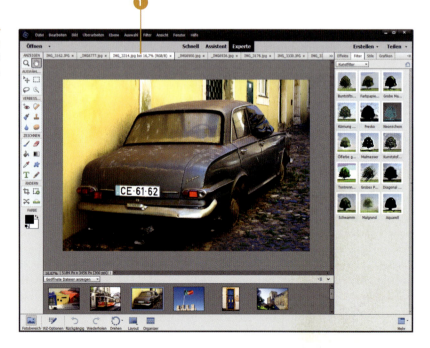

Abbildung 2.6:
Schwebendes Fenster
mit klassischer
Titelleiste.

Diese Fenstervariante steht nur dann zur Verfügung, wenn im Register *Allgemein* der *Programmvoreinstellungen* (siehe Kapitel 53 zu den Voreinstellungen des Editors) die Funktion *Floating-Dokumente im Expertenmodus zulassen* angehakt ist.

Abbildung 2.7:
Dokumentfenster eines
Bildes (Mac).

Minimieren

Wenn Sie auf die *Minimieren*-Schaltfläche ③ klicken, verschwindet das Dokumentfenster vollständig. Um es erneut aufzurufen, doppelklicken Sie auf die
entsprechende Miniatur im Fotobereich des Programms oder bewegen den
Cursor über das Photoshop-Elements-Symbol ⑥ in der Taskleiste (Windows
10). Bei Verwendung des Aero-Designs wird nun eine Miniatur für Photoshop
Elements ⑦ und für jedes zurzeit minimierte Photoshop-Elements-Dokument-
fenster ⑧ eingeblendet. Bei anderen Designs sehen Sie lediglich eine Datei-
liste. Mit einem Klick auf die jeweilige Miniatur wird das Dokumentfenster
erneut in Photoshop Elements angezeigt. Auch beim Mac verschwindet es vollständig, allerdings wird das minimierte Dokumentfenster hier direkt als Icon ⑨
im Dock platziert. Mit einem Klick auf das Icon wird es erneut im Editor von
Photoshop Elements angezeigt.

Abbildung 2.8:
Über die Taskleiste
von Windows 10
können minimierte
Bilder erneut in
Photoshop Elements
angezeigt werden.

Abbildung 2.9:
Symbol eines
minimierten Doku-
mentfensters im Dock
(Mac).

Maximieren (PC)

Wenn Sie auf die *Maximieren*-Schaltfläche ④ klicken, legt sich das Dokumentfenster anschließend über die Programmoberfläche von Photoshop Elements
und füllt den kompletten Bildschirm aus.

Den gleichen Effekt erzielen Sie übrigens auch durch einen Doppelklick auf
die Titelleiste eines schwebenden Fensters. Damit Sie in der maximierten Fensterdarstellung das Bild nicht nur ansehen, sondern auch bearbeiten können,
müssen Sie vorher im Werkzeugbedienfeld das gewünschte Werkzeug auswählen bzw. einstellen.

Einige Werkzeugeinstellungen sind dabei auch im Vollbildmodus bzw. über
das Kontextmenü des Werkzeugs (Rechtsklick in das Bild) möglich. Mit einem
Doppelklick auf die nach wie vor sichtbare Titelleiste bringen Sie das Dokumentfenster wieder auf seine normale Größe.

Maximieren (Mac)

Bei der Mac-Version hat die grüne Schaltfläche  nicht die gleiche Bedeutung wie die *Maximieren*-Schaltfläche der PC-Version **4** – daher können Sie das Dokumentfenster hiermit nicht wie in der PC-Version maximieren. Diese Schaltfläche, die im Mac-Jargon auch als *Zoom-Schaltfläche* bezeichnet wird, hat vielmehr die Aufgabe, das Dokumentfenster an die Größe des aktuellen Inhalts anzupassen, um diesen so möglichst komplett sichtbar zu machen.

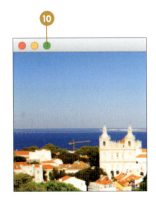

Abbildung 2.10:
Die grüne Schaltfläche
10 *kann das Fenster*
nur begrenzt
maximieren.

In Registerkarten zusammenlegen

Analog zu den Bedienfeldern lassen sich auch die einzelnen Dokumentfenster kombinieren bzw. in Registerkarten zusammenlegen. Zu diesem Zweck stehen Ihnen vier unterschiedliche Verfahren zur Verfügung.

Im Gegensatz zu den schwebenden Fenstern folgen die in Registerkarten zusammengelegten Fenster dem Photoshop-Elements-Anwendungsfenster, wenn es verschoben wird.

TIPP

Durch Moduswechsel

Wenn Sie vom Modus *Experte* in den Modus *Schnell* oder *Assistent* wechseln, verlieren schwebende Dokumentfenster ihre »Freiheit« und werden angedockt. Wechseln Sie aus einem der beiden Modi erneut in den Modus *Experte*, erhalten Sie allerdings wieder ein schwebendes Dokumentfenster.

Manuell

Diese Variante steht nur dann zur Verfügung, wenn im Register *Allgemein* der Programmvoreinstellungen (siehe Kapitel 53 zu den Voreinstellungen) die Funktion *Andocken schwebender Dokumentfenster aktivieren* angehakt ist. Ziehen Sie dazu die Titelleiste des Dokumentfensters unmittelbar auf die Unterseite des grauen Streifens **1**, der die Menüleiste vom aktiven Bildbereich trennt. Sobald ein blauer Rahmen erscheint, können Sie die linke Maustaste loslassen. Photoshop Elements dockt das Fenster daraufhin an und zeigt nun eine Registerkarte mit den üblichen Titelleisteninformationen. Auf diese Weise können Sie verschiedene Bilder im Editor »übereinanderstapeln« und jeweils schnell durch einen Klick auf die jeweilige Registerkarte öffnen.

Abbildung 2.11:
Die Titelleiste des
Dokumentfensters auf
die Unterseite des
grauen Streifens
ziehen.

Alle in Registerkarten zusammenlegen

Verwenden Sie die manuelle Variante dann, wenn Sie nur einige bzw. wenige Bilder in der Registervariante darstellen möchten. Wenn Sie hingegen alle aktuell geöffneten Bilder auf diese Weise darstellen möchten, ist der Befehl *Fenster/Bilder/Alle in Registerkarten zusammenlegen* die komfortablere Variante.

Schaltfläche »Layout« nutzen

An der Unterseite des Anwendungsfensters finden Sie die Schaltfläche *Layout* ❶.

Wenn Sie auf eine der hier angebotenen Anordnungsvarianten ❷ klicken, werden die Fenster entsprechend angeordnet und dabei ebenfalls in Registerkarten zusammengelegt.

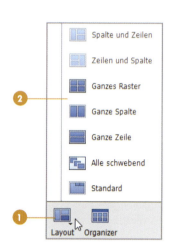

Abbildung 2.12:
Über die Schaltfläche
LAYOUT können Bilder
ebenfalls in Register-
karten zusammen-
gelegt werden.

Registerkartendarstellung wieder in schwebende Fenster umwandeln

Manuell

Ziehen Sie die jeweilige Registerkarte ❶ etwas nach unten und lassen Sie die linke Maustaste los. Photoshop Elements dockt das Fenster daraufhin ab und zeigt nun erneut ein schwebendes Dokumentfenster mit klassischer Titelleiste.

Abbildung 2.13:
Die Registerkarte
etwas nach unten
ziehen – anschließend
entsteht erneut ein
schwebendes Fenster.

Nur schwebende Fenster

Wenn Sie alle aktuell geöffneten Bilder als schwebende Bilder darstellen möchten, nutzen Sie am besten den Befehl *Fenster/Bilder/Nur schwebende Fenster*. Alternativ dazu können Sie auch den gleichnamigen Befehl im Flyout-Menü der *Layout*-Schaltfläche nutzen.

2.4 Fenster anordnen mit Menübefehlen

Über den Befehl *Fenster/Bilder* können Sie die Darstellung mehrerer Bilder steuern. Einige der hier bereitgestellten Befehle sind auch über die Schaltfläche *Layout* erreichbar.

Befehl	Funktionsweise
Nebeneinander	Die aktuell geöffneten Fenster werden neben- und untereinander angezeigt.
Überlappend	Die aktuell geöffneten Fenster werden jeweils etwas versetzt übereinandergestapelt. Obwohl die Bilder übereinanderliegen, ist in diesem platzsparenden Modus dennoch gut zu erkennen, wie viele Bilder aktuell geöffnet sind. Zudem können Sie im Bereich der Überlappungen auf die einzelnen Bilder klicken und sie so jeweils nach vorne bringen bzw. komplett darstellen. Dieser Modus steht nur für schwebende Fenster zur Verfügung.
Schwebendes Fenster	Das aktive Dokumentfenster wird in ein schwebendes Fenster verwandelt.
Nur schwebende Fenster	Sorgt dafür, dass alle aktuell geöffneten Bilder als schwebende Fenster dargestellt werden.
Alle in Registerkarten zusammenlegen	Alle schwebenden Bilder werden in Registerkarten zusammengelegt.
Neues Fenster	Öffnet das gleiche Bild in einem weiteren Fenster. Damit stellt Photoshop Elements eine weitere Ansicht des Bildes zur Verfügung. Dies ist sinnvoll, wenn Sie die Auswirkungen bestimmter Maßnahmen in unterschiedlichen Zoomstufen betrachten möchten.
Gleiche Zoomstufe	Die aktuell geöffneten Bilder werden in einer einheitlichen Zoomstufe dargestellt. Dabei wird die Zoomstufe des aktuell aktiven Bildes auf alle anderen übertragen.
Gleiche Position	Photoshop navigiert hier automatisch zur gleichen relativen Position (bezogen auf die horizontale und vertikale Achse). In diesem Zusammenhang ist es u. U. sinnvoll, die Bilder zunächst nebeneinander anzuordnen (siehe oben) und für einen einheitlichen Zoomfaktor zu sorgen.

Tabelle 2.1:
Befehle zur gleichzeitigen Darstellung mehrerer Bilder.

Mit dem Tastenkürzel ⟨Strg⟩+⟨F6⟩ (funktioniert in sehr vielen Programmen) können Sie zwischen den aktuell geöffneten Bildern navigieren bzw. diese nacheinander auswählen. Bei der überlappenden Anordnung wird dadurch jeweils ein anderes Bild nach vorn geholt.

Abbildung 2.14:
Überlappende
Fensteranordnung.

Abbildung 2.15:
Fensteranordnung
Nebeneinander/Gleiche
Zoomstufe.

2.5 Zoomstufe und Bildausschnitt steuern

Bevor es mit der eigentlichen Bildbearbeitung losgeht, sollten Sie sich mit den hier vorgestellten Funktionen vertraut machen. Die Steuerung der Zoomfunktionen und die Kontrolle über den aktuell dargestellten Bildausschnitt sind Grundvoraussetzungen für ein komfortables Arbeiten in Photoshop Elements. Zum praktischen Nachvollziehen dieser Funktionen können Sie ein beliebiges Bild verwenden.

Navigator

Mit diesem Bedienfeld können Sie sowohl im Bild zoomen als auch den Bildausschnitt einstellen.

Abbildung 2.16:
Das komplette Bild
vor der Anwendung
des Navigators.

1. Wählen Sie den Befehl *Fenster/Navigator*.
2. Stellen Sie mit dem Regler ❶ oder den beiden Schaltflächen ❷ den gewünschten Zoomfaktor ein.

Der aktuell eingestellte Zoomfaktor wird im Navigator ❸ und in der Titelleiste des Fensters ❹ angezeigt. Im Navigator wird zudem der aktuell angezeigte Bildausschnitt durch einen roten Rahmen ❺ symbolisiert.

Alternativ dazu können Sie die gewünschte Zoomstufe auch direkt eingeben. Solange sich der Cursor im Eingabefeld befindet bzw. der Zahlenwert blau hinterlegt ist, können Sie den Zoomfaktor auch mit den beiden Schaltflächen ⬆ und ⬇ über die Tastatur anpassen. In beiden Fällen müssen Sie die Eingabe bzw. Änderung mit ⏎ abschließen.

3. Klicken Sie in den roten Rahmen ❻ und verschieben Sie diesen auf den darzustellenden Bildbereich.

Halten Sie dabei die Taste ⇧ gedrückt, erfolgt die Bewegung des roten Rahmens ausschließlich waagerecht oder senkrecht.

49

*Abbildung 2.17:
Zoomstufe einstellen
und anschließend
roten Rahmen auf den
darzustellenden
Bildbereich
verschieben.*

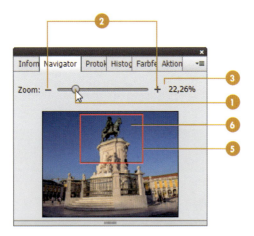

*Abbildung 2.18:
Der Editor zeigt den
im Navigator
festgelegten
Bildausschnitt.*

Zoom-Werkzeug

*Abbildung 2.19:
Das Zoom-Werkzeug
im Werkzeug-
bedienfeld.*

Das Zoom-Werkzeug Q wird im Werkzeugbedienfeld bereit-gestellt. Es kann durch einen Klick auf das zugehörige Icon oder mithilfe des Tastenkürzels Ⓩ ausgewählt werden. Voreingestellt zeigt der Werkzeugoptionsbereich die verschiedenen zur Verfügung stehenden Werkzeugoptionen.

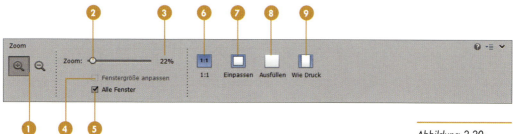

Abbildung 2.20:
Der Werkzeug-
optionsbereich des
Zoom-Werkzeugs.

1	Plus-/Minus-Schaltfläche	Zoomrichtung festlegen: Schalterstellung Minus = Auszoomen Schalterstellung Plus = Einzoomen
2	Schieberegler	Mit diesem Regler können Sie den Zoomfaktor stufenlos steuern.
3	Zoomstufen-anzeige	Hier können Sie die aktuell eingestellte Zoomstufe ablesen oder den gewünschten Zoomstufenwert direkt eingeben. Solange sich der Cursor im Eingabefeld befindet bzw. der Zahlenwert blau hinterlegt ist, können Sie den Zoomfaktor auch mit den beiden Schaltflächen ⬆ und ⬇ über die Tastatur anpassen. In beiden Fällen müssen Sie die Eingabe bzw. Änderung mit ⏎ abschließen. Wenn Sie dabei die Taste ⇧ gedrückt halten, wird der Zoomfaktor in Zehnerschritten verändert.
4	Fenstergröße anpassen	Beim Ein- und Auszoomen wird auch das Fenster verkleinert bzw. vergrößert.
5	Alle Fenster	Das Ein- und Auszoomen wirkt sich auf alle geöffneten Bilder aus.
6	1:1	Stellt einen Zoomfaktor von 100 % ein, die insbesondere für die qualitative Beurteilung von Bildern wichtig ist, denn diese ist grundsätzlich nur bei 100 % möglich. Grund dafür ist der Umstand, dass nur bei dieser Zoomstufe jedes Pixel des Bildes durch ein Pixel des Monitors wiedergegeben wird. Bei allen anderen Zoomstufen ist Photoshop Elements gezwungen, Originalpixel wegzulassen oder sich neue Pixel auszudenken. Tastenkürzel: Strg+1 bzw. cmd ⌘+1 Alternativ: Doppelklick auf das Zoom-Werkzeug 🔍
7	Anpassen	Zeigt das komplette Bild, das darüber hinaus so groß wie möglich dargestellt wird. Die dabei erreichte Zoomstufe hängt von der Monitorgröße und der Größe des jeweiligen Bildes ab.
8	Ausfüllen	Diese Funktion nutzt den vorhandenen Anzeigebereich in der Weise, dass das Bild in seiner kompletten Breite dargestellt wird und somit den vorhandenen Platz komplett »ausfüllt«. Dabei kann es passieren, dass das Bild in der Vertikalen nicht vollständig angezeigt wird. Um die nicht dargestellten Bildbereiche einsehen zu können, können Sie das Hand-Werkzeug oder die vertikalen Fenster-Scrollbalken nutzen.
9	Druckgröße	Zeigt das Bild in seiner späteren Druckgröße.

Tabelle 2.2:
Die Werkzeug-
funktionen des
Zoom-Werkzeugs
im Detail.

Einzoomen/Auszoomen

Wenn Sie mit der Lupe in das Bild klicken, verändert der Zoom sich stufenweise. Ob dabei ein- oder ausgezoomt wird, kann zuvor im Werkzeugoptionsbereich des Werkzeugs mithilfe der Plus-/Minus-Schaltflächen eingestellt werden. Zum Auszoomen muss hier die Minus-Schaltfläche, zum Einzoomen hingegen die Plus-Schaltfläche aktiv sein. Für die stufenlose Steuerung der Zoomstufen bietet der Werkzeugoptionsbereich darüber hinaus einen Schieberegler ❷. Zudem stehen auch in diesem Zusammenhang praktische Tastenkürzel zur Verfügung.

 Das Umschalten der Zoomrichtung durch Auswahl der Plus-/Minus-Schaltflächen ❶ ist etwas umständlich. Wenn Sie zwischen Ein- und Auszoomen wechseln möchten, halten Sie besser einfach die Taste ⌊Alt⌋ gedrückt und klicken dann mit dem Zoom-Werkzeug 🔍 ins Bild.

Tastenkürzel

Wenn Sie gerade mit einem anderen Werkzeug arbeiten, können Sie mit den nachstehenden Tastenkürzeln auf die Schnelle die Zoomfunktion nutzen. Lassen Sie die jeweilige Tastenkombination los, kehrt Photoshop Elements automatisch zum zuvor verwendeten Werkzeug zurück.

Tabelle 2.3:
Tastenkürzel zur
Steuerung der
Zoomfunktion.

PC	Mac	Funktion
⌊Strg⌋+⌊+⌋	⌊cmd ⌘⌋+⌊+⌋	Stufenweise einzoomen, ohne ins Bild zu klicken
⌊Strg⌋+⌊-⌋	⌊cmd ⌘⌋+⌊-⌋	Stufenweise auszoomen, ohne ins Bild zu klicken
⌊Strg⌋+⌊ Leer ⌋	⌊cmd ⌘⌋+⌊ Leer ⌋	Aktiviert das Zoom-Werkzeug (Modus *Einzoomen*). Zoomen mit gedrücktem Tastenkürzel und Klick ins Bild.
⌊Strg⌋+⌊Alt⌋+⌊ Leer ⌋	⌊cmd ⌘⌋+⌊alt ⌥⌋+⌊ Leer ⌋	Aktiviert das Zoom-Werkzeug (Modus *Auszoomen*). Zoomen mit gedrücktem Tastenkürzel und Klick ins Bild.
⌊⇧⌋ + Klick (bei aktivem Zoom-Werkzeug)	⌊⇧⌋ + Klick (bei aktivem Zoom-Werkzeug)	Entspricht der im Werkzeugoptionsbereich angebotenen Funktion *Alle Fenster*. Das Ein- und Auszoomen wirkt sich auf alle geöffneten Bilder aus.

Abbildung 2.21:
Im Kontextmenü des
Zoom-Werkzeugs
werden ebenfalls
einige Funktionen
angeboten.

Kontextmenü

Viele der hier vorgestellten Funktionen finden sich auch im Kontextmenü des Werkzeugs wieder, das Sie mit einem Rechtsklick auf das jeweilige Bild einblenden können.

Zoomstufe in die Statusleiste eingeben

In die Statusleiste ❶ können Sie ebenfalls eine gewünschte Zoomstufe eingeben. Die Eingabe schließen Sie mit ⏎ ab.

Abbildung 2.22: Anzeige der Zoomstufe in der Statusleiste.

Eingestellte Zoomstufe auf andere Bilder übertragen

Wenn Sie bei einem Bild bereits eine Zoomstufe eingestellt haben, können Sie diese, beispielsweise zu Vergleichszwecken, auch im Nachhinein auf andere Bilder übertragen. Wählen Sie dazu den Befehl *Fenster/Bilder/Gleiche Zoomstufe* aus. Ebenso können Sie, sofern noch nicht geschehen, anschließend zusätzlich den Befehl *Fenster/Bilder/Nebeneinander* auswählen. Wenn die Bilder das gleiche Motiv zeigen, sollten Sie zudem noch den Befehl *Fenster/Bilder/Gleiche Position* einsetzen, da so jeweils der gleiche Bildausschnitt dargestellt wird.

Hand-Werkzeug

Mit dem Hand-Werkzeug (Tastenkürzel Ⓗ) können Sie den aktuell im Dokumentfenster angezeigten Bildausschnitt verschieben. Das ist insbesondere dann nötig, wenn Sie zuvor das Zoom-Werkzeug Ⓠ benutzt bzw. die Zoomstufe verändert haben. Das Bild zeigt dann oft eben noch nicht den Bildausschnitt, den Sie jetzt gern im Dokumentfenster sehen würden. Dabei können Sie die Dienste des Hand-Werkzeugs 🖐 nur dann in Anspruch nehmen, wenn das Dokumentfenster aktuell nicht das ganze Bild zeigt.

Abbildung 2.23: Der Werkzeugoptionsbereich des Hand-Werkzeugs.

Die Optionen des Hand-Werkzeugs 🖐 finden sich nahezu alle auch im Werkzeugoptionsbereich des Zoom-Werkzeugs Ⓠ, daher verzichte ich an dieser Stelle auf eine erneute Erläuterung dieser Funktionen. Lediglich die Option *Bildlauf in allen Fenstern durchführen* ist dort nicht zu finden. Ist diese Funktion aktiv, verändert sich der Bildausschnitt in allen geöffneten Bildern gleichermaßen.

Tastenkürzel

Wenn Sie gerade mit einem anderen Werkzeug arbeiten, können Sie mit den nachstehenden Tastenkürzeln schnell auf das Hand-Werkzeug 🖐 umschalten bzw. den Bildausschnitt verschieben. Lassen Sie die jeweilige Tastenkombination los, kehrt Photoshop Elements automatisch zum zuvor verwendeten Werkzeug zurück.

Fotos öffnen

PC	Mac	Funktion
Leer	Leer	Hand-Werkzeug anwählen
Bild ↓	⬇	Bildausschnitt nach unten verschieben
Bild ↑	⬆	Bildausschnitt nach oben verschieben
⇧ + Bild ↓	⇧ + ⬇	Bildausschnitt in kleineren Schritten nach unten verschieben
⇧ + Bild ↑	⇧ + ⬆	Bildausschnitt in kleineren Schritten nach oben verschieben
Strg + Bild ↓	cmd ⌘ + ⬇	Bildausschnitt nach rechts verschieben
Strg + Bild ↑	cmd ⌘ + ⬆	Bildausschnitt nach links verschieben
Strg + ⇧ + Bild ↓	cmd ⌘ + ⬇	Bildausschnitt in kleineren Schritten nach rechts verschieben
Strg + ⇧ + Bild ↑	cmd ⌘ + ⬆	Bildausschnitt in kleineren Schritten nach links verschieben
⇧ + 🖐	–	Entspricht der Funktion *Bildlauf in allen Fenstern durchführen*. Verändert den Bildausschnitt in allen geöffneten Bildern gleichermaßen.

Kontextmenü

Drei der im Werkzeugoptionsbereich des Hand-Werkzeugs 🖐 angebotenen Funktionen werden auch im Kontextmenü (Rechtsklick ins Bild) des Werkzeugs zur Verfügung gestellt.

Schnelle Bildkorrekturen

Wie der Name schon sagt, geht es in diesem Kapitel um die »fixe« Korrektur Ihrer Werke im Arbeitsbereich *Schnell*. Auf der rechten Seite des Anwendungsfensters stellt die Software diverse Funktionen zur Belichtungskorrektur, Farbintensität sowie Bildschärfe zur Verfügung. Dabei können Sie bei den meisten Funktionen versuchen, die Korrektur komplett in die Hände des Programms zu legen, und jeweils eine Korrekturautomatik aktivieren.

Im Folgenden verschaffen Sie sich im Rahmen von fünf Workshops einen ersten Eindruck von der Funktionalität und den Möglichkeiten des Arbeitsbereichs. Sie kümmern sich um ein zu dunkles Bild, korrigieren den unschönen Rote-Augen-Effekt, retuschieren einen störenden Fussel und bleichen Zähne. Zudem rahmen Sie ein Bild und peppen ein ansonsten langweiliges Foto mithilfe von Effekten und Strukturen auf.

3.1 Bild mit der intelligenten Korrektur optimieren

Schwierige Lichtverhältnisse sorgen schnell mal für eine Fehlbelichtung. In vielen Fällen kommen Sie mit Adobe Photoshop Elements dennoch zu einem guten Ergebnis. Die *Intelligente Korrektur* kann dabei ein erster Ansatz sein – erwarten Sie aber nicht zu viel. Jede der neun Schaltflächen stellt eine mehr oder weniger deutliche Korrektur bzw. Anpassung des ursprünglichen Bildes zur Verfügung. Somit stehen hier auf die Schnelle neun verschiedene Bildvarianten bereit. Darin liegt m. E. auch schon der Hauptvorteil bzw. Hauptnutzen dieser Funktion. Komplexere oder besonders zielgerichtete Korrekturen sind hiermit jedoch nicht möglich. Kombinieren Sie diese Korrektur daher im Zweifelsfall einfach mit anderen Korrekturfunktionen des Arbeitsbereichs *Schnell*. Nachstehend erläutere ich eine solche Korrekturkombination am Beispiel der deutlich zu dunklen Tram. Es handelt sich dabei übrigens um eine der legendären Straßenbahnen, die nach wie vor in den Straßenvierteln der Lissabonner Altstadt unterwegs sind.

1. Öffnen Sie über den Befehl *Datei/Öffnen* das Bild *Intelligent*.

2. Stellen Sie sicher, dass oben der Arbeitsbereich *Schnell* ❶ ausgewählt ist.

3. Klicken Sie rechts unten auf die Schaltfläche *Korrekturen* ❷, um die entsprechenden Funktionen auf der rechten Seite anzuzeigen.

4. Klappen Sie die *Intelligente Korrektur* mit einem Klick auf deren Pfeilsymbol ❸ auf.

5. Klicken Sie auf die Schaltfläche *Auto* ❹.

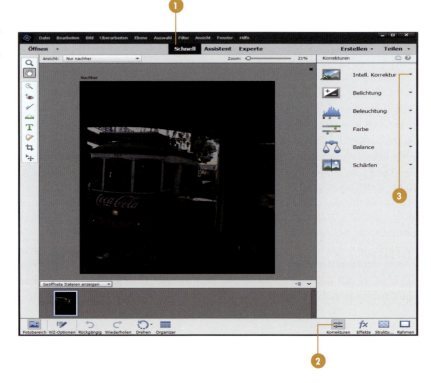

*Abbildung 3.1:
Das geöffnete Bild
INTELLIGENT.*

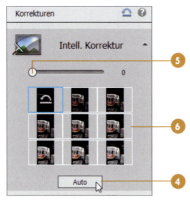

*Abbildung 3.2:
Zunächst die
Automatik probieren.*

Die Software korrigiert das Bild vollautomatisch. Das Ergebnis wirkt deutlich netter als das Ausgangsbild. Automatiken sind praktisch, entsprechen in ihrer Wirkung aber nicht immer den Vorstellungen des Anwenders.

Aus diesem Grund können Sie die *Intelligente Korrektur* auch über den Schieberegler **5** bzw. über die mit dem Schieberegler gekoppelten Schaltflächen **6** manuell steuern. Oftmals ist es zudem sinnvoll bzw. notwendig, die Korrekturfunktionen miteinander zu kombinieren.

In diesem Fall wäre beispielsweise ein weiterer Optimierungsschritt über die Korrektur *Belichtung* angebracht (siehe nächster Abschnitt).

Abbildung 3.3:
Nach Anwendung der intelligenten Korrektur (Modus AUTO*).*

3.2 Belichtung

Aktuell ist das Weiß der Straßenbahn noch deutlich zu grau. Auch der Innenraum ist noch etwas zu dunkel. Mit einer dezenten Belichtungskorrektur ist dieses Problem jedoch zu lösen.

1. Klappen Sie die Korrektur *Belichtung* mit einem Klick auf deren Pfeilsymbol **7** auf.

2. Klicken Sie auf die rechte Schaltfläche der mittleren Spalte **8**.

Dadurch wird die Belichtung um den Wert 1 erhöht.

3. Ergänzend könnten Sie nun den Schieberegler **9** noch etwas nach rechts bewegen (ca. auf 1,2).

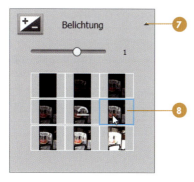

Abbildung 3.4:
Die Belichtung zunächst durch Anklicken einer Schaltfläche grob einstellen …

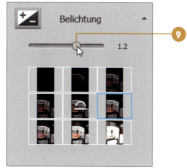

Abbildung 3.5:
… und anschließend mit dem Schieberegler die Feineinstellung vornehmen.

3.3 Farbe

Was jetzt noch fehlt, ist eine Optimierung der Farbwerte. Dazu stellt die gleichnamige Korrektur die Parameter *Sättigung* ⑩, *Farbton* ⑪ und *Dynamik* ⑫ zur Verfügung. Eine Veränderung des Farbtons würde eine Farbverschiebung bewirken, was in diesem Fall jedoch nicht das Ziel sein soll. Die Intensität der Farben wird in vielen Funktionen über den Parameter *Sättigung* gesteuert. Mitunter führt das aber sehr schnell zu einer Übersteuerung. Die Farbänderungen fallen extrem aus und sind nicht oder nur sehr schwer zu steuern. Greifen Sie in einem solchen Fall besser auf den Parameter *Dynamik* ⑫ zurück.

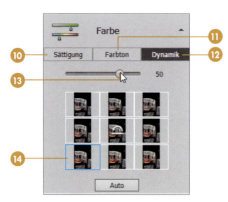

Erhöhen Sie in diesem Fall die *Dynamik* mithilfe des Schiebereglers ⑬ oder durch einen Klick auf die entsprechende Schaltfläche ⑭ auf den Wert 50 oder, wenn Sie kräftigere Farben bevorzugen, auf den Wert 75. Das Rot und Gelb der Straßenbahn erscheinen daraufhin deutlich kräftiger.

Abbildung 3.8:
Eine Erhöhung der
Dynamik verbessert
den Look der Farben.

3.4   Rote-Augen-Effekt korrigieren

Beim Einsatz eines Blitzlichts kann es vorkommen, dass abgelichtete Personen oder Tiere auf dem Foto leuchtend rote Augen aufweisen. Dieser Effekt resultiert daher, dass die Netzhaut des Auges das Blitzlicht reflektiert. Um diese unschöne Darstellung im Bild zu korrigieren, bietet Adobe Photoshop Elements das Rote-Augen-entfernen-Werkzeug an. Hier stehen sowohl eine Automatik, eine halbmanuelle Ein-Klick-Lösung als auch eine manuelle Methode zur Verfügung. Probieren Sie am besten zunächst einmal die Automatik aus.

Öffnen Sie über den Befehl *Datei/Öffnen* das Bild *Rote Augen*.

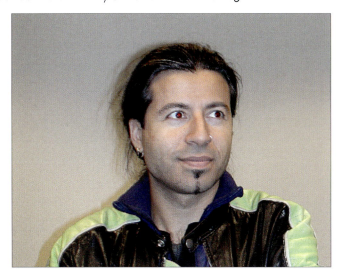

Abbildung 3.9:
Das geöffnete Bild
ROTE AUGEN.

Rote Augen.jpg

Automatische Korrektur

1. Stellen Sie sicher, dass oben auf Ihrem Bildschirm der Arbeitsbereich *Schnell* ausgewählt ist.

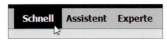

2. Klicken Sie im hier abgebildeten Werkzeugbedienfeld auf das Rote-Augen-entfernen-Werkzeug .

3. Öffnen Sie die hierzu gehörigen Werkzeugoptionen ❶.
4. Klicken Sie auf die Schaltfläche *Auto-Korr.* ❷.

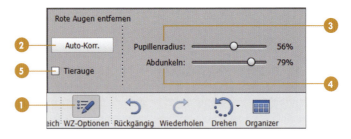

Ergebnis: Die Automatik hat den Effekt korrigiert. In den Werkzeugoptionen bzw. mit den beiden Parametern *Pupillenradius* ❸ und *Abdunkeln* ❹ könnten Sie die Korrekturwirkung im Bedarfsfall interaktiv anpassen.

TIPP ⟳ Hin und wieder funktioniert die automatische Korrektur allerdings nicht. Greifen Sie dann auf eine der beiden nachstehend erläuterten Varianten zurück.

Manuelle Korrektur (1-Klick)

Sie können auch direkt auf ein zu korrigierendes Auge klicken. Diese Funktion korrespondiert ebenfalls mit den beiden Parametern *Pupillenradius* ❸ und *Abdunkeln* ❹. Sollte die Korrektur nicht auf Anhieb gut aussehen, können Sie hier die Werte bzw. die Korrekturwirkung interaktiv anpassen.

Manuelle Korrektur

Verwenden Sie die nachstehende Technik, wenn die Automatik oder die 1-Klick-Variante nicht den gewünschten Erfolg bringen sollten.

1. Stellen Sie sicher, dass im Werkzeugbedienfeld nach wie vor das Rote-Augen-entfernen-Werkzeug 👁 ausgewählt ist.

2. Klicken Sie in die Nähe eines Auges und ziehen Sie mit gedrückter Maustaste einen Rahmen auf – ähnlich wie in der Abbildung dargestellt.

Auch bei dieser Variante können Sie in den Werkzeugoptionen die Korrekturwirkung im Bedarfsfall interaktiv anpassen (Parameter *Pupillenradius* ③ und *Abdunkeln* ④).

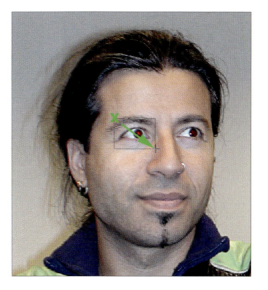

Abbildung 3.13:
Zur Korrektur ziehen
Sie einen Rahmen um
das jeweilige Auge
auf.

3. Wiederholen Sie den letzten Arbeitsschritt, um das zweite Auge zu korrigieren.

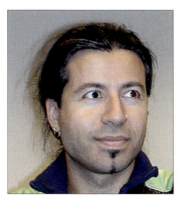

Abbildung 3.14:
Sobald Sie die Maustaste loslassen,
wird das Auge korrigiert.

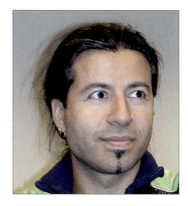

Abbildung 3.15:
Das korrigierte Bild.

Tiere

Bei Tieren sieht die Sache etwas anders aus. Das wird am nun folgenden Beispiel der Eule deutlich. Die Automatik produziert keinerlei Korrekturergebnis. Klicken Sie am besten in das rote Auge der Eule und passen Sie dann die beiden Parameter *Pupillenradius* ❸ und *Abdunkeln* ❹ interaktiv an. Bei Haustieren ist zudem die Aktivierung der Funktion *Tierauge* ❺ hilfreich. Bei der Eule bewirkt die Aktivierung dieser Funktion allerdings keinen sichtbaren Unterschied.

Rote Augen Eule.jpg

Abbildung 3.16:
Bei der Eule versagt die Automatik ihren Dienst.

Abbildung 3.17:
Hier wurde das rote Auge angeklickt und dann wurden die beiden Parameter PUPILLENRADIUS und ABDUNKELN interaktiv angepasst.

3.5 Zähne bleichen

Farben spielen in unserem Leben eine wichtige Rolle. Ob Farben als schön oder nicht so schön empfunden werden, hängt unter anderem von dem jeweiligen Gegenstand ab. Zähne nehmen hier eine echte Sonderrolle ein – und daher rücken einige Zeitgenossen ihren Beißerchen auch schon mal mit speziellen Bleichmitteln zu Leibe, um die oberflächlichen Verfärbungen zu entfernen. Bei der digitalen Bildbearbeitung haben Sie es da ein wenig einfacher.

Digital_Bleaching.jpg

1. Öffnen Sie über den Befehl *Datei/Öffnen* das Bild *Digital_Bleaching*.
2. Stellen Sie sicher, dass oben der Arbeitsbereich *Schnell* ausgewählt ist.

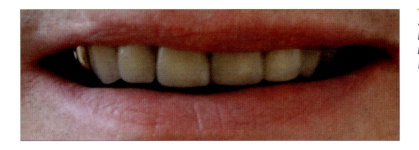

Abbildung 3.18:
Das in Photoshop
Elements geöffnete
Bild DIGITAL_BLEACHING.

3. Wählen Sie im Werkzeugbedienfeld das Werkzeug *Zähne bleichen* aus.

4. Öffnen Sie die Werkzeugoptionen ❶.

5. Stellen Sie mit dem Schieberegler ❷ eine Größe von ca. *17 Px* (Pixel) ein.

Die Werkzeugspitze ist damit deutlich kleiner als ein einzelner Zahn (ca. 1/3 der Zahnhöhe), und dadurch haben Sie das Werkzeug bei der anschließenden Arbeit besser im Griff.

Abbildung 3.19:
Das Einstellen der
Größe der Werkzeug-
spitze.

6. Klicken Sie beispielsweise auf den linken Zahn.

Der betreffende Bereich wird jetzt von einer gestrichelten Linie umrahmt. Zudem ist der Zahn etwas heller geworden.

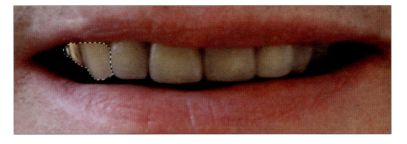

Abbildung 3.20:
Beginnen Sie
beispielsweise links
oben.

7. Klicken Sie nacheinander auf jeden Zahn.

Eventuell sind jetzt einige Zahnbereiche noch nicht von einer gestrichelten Linie umrahmt. Bei mir waren es kleine Stellen im oberen Bereich der Zahnreihe. Diese müssen nun noch in die bestehende Auswahl einbezogen werden.

8. Klicken Sie dazu auf eventuell noch nicht ausgewählte Bereiche **3**.

*Abbildung 3.21:
Hier sehen Sie die
noch nicht ganz
vollständige Auswahl.*

*Abbildung 3.22:
Klicken Sie im zweiten
Anlauf die bisher noch
nicht ausgewählten
Bereiche an (in diesem
Fall z. B. die Zahnecke
rechts oben).*

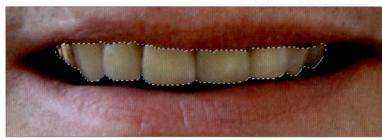

TIPP ➲

Sollte Photoshop Elements zu viel ausgewählt haben, klicken Sie überschüssige Bereiche mit gehaltener ⌈Alt⌉- bzw. *alt* ⌐-Taste erneut an, um sie wieder aus der Auswahl auszuschließen.

Die komplette Zahnreihe wird jetzt von einer gestrichelten Linie umrahmt. Alle Zähne sind etwas aufgehellt worden. Der Vorher-Nachher-Vergleich macht den Unterschied deutlich. Wenn Sie die Wirkung noch verstärken möchten (rechtes Bild), heben Sie zunächst die Markierung mit dem Befehl *Auswahl/Auswahl auf-heben* auf und wiederholen den Auswahlvorgang einfach noch einmal. Allerdings kann das Ergebnis bei mehrmaliger Anwendung der Funktion auch schnell unnatürlich wirken.

*Abbildung 3.23:
Vorher – nach der
ersten Anwendung –
nach der zweiten
Anwendung.*

9. Wenn Sie das fertige Arbeitsergebnis speichern möchten, wählen Sie jetzt den Befehl *Datei/Speichern* oder, um eine Kopie zu erstellen, *Datei/Spei-chern unter* aus.

3.6 Bildausschnitt neu festlegen (freistellen)

Das nachstehende Bild wurde aus einer sehr tiefen Schießscharte des Castelo de São Jorge (Lissabon) heraus fotografiert. Die noch im Bild befindlichen »Mauerreste« sollen entfernt und das leicht schiefe Bild dabei auch gleich etwas begradigt werden.

Freistellungsrahmen zuweisen und anpassen

1. Öffnen Sie über den Befehl *Datei/Öffnen* das Bild *Freistellen*.
2. Stellen Sie sicher, dass oben der Arbeitsbereich *Schnell* ausgewählt ist.

Abbildung 3.24:
Das Bild freistellen.

Freistellen.jpg

3. Aktivieren Sie das Freistellungswerkzeug ✎ (Tastenkürzel C).
4. Blenden Sie die zugehörigen Werkzeugoptionen ❶ ein.

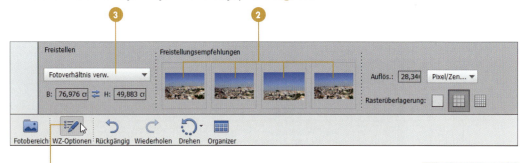

Abbildung 3.25:
Die Werkzeug-
optionen anzeigen
lassen.

5. Klicken Sie auf eine der *Freistellungsempfehlungen* ❷, um den Freistellungs-rahmen einblenden zu lassen.

Wenn der Freistellungsrahmen im Hochformat angezeigt werden sollte, können Sie diesen mit einem Klick auf den unter *Fotoverhältnis verw.* dargestellten blauen Doppelpfeil in das Querformat umschalten.

6. Wählen Sie im Listenfeld den Eintrag *Fotoverhältnis verw.* ❸ aus, um auf diese Weise das originale Bildseitenverhältnis des Bildes beizubehalten.

Abbildung 3.26:
Der Freistellungs-
rahmen.

Abbildung 3.27:
Größe und Position
des Freistellungs-
rahmens anpassen.

7. Ziehen Sie mithilfe der Eckpunkte ④ den Rahmen auf die gewünschte Größe.

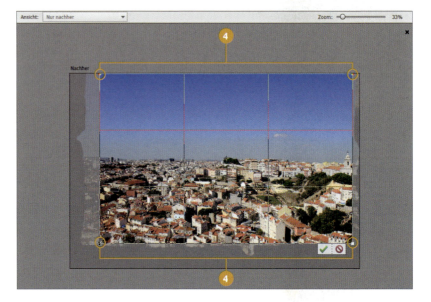

8. Klicken Sie in den Rahmen, um diesen neu zu positionieren.

Horizontlinie begradigen

1. Platzieren Sie den Cursor etwas außerhalb des Rahmens im Bereich eines der vier Eckpunkte ⑤.

Dadurch verändert sich die Cursorsymbolik. Jetzt können Sie den Freistellungsrahmen drehen.

2. Drehen Sie den Rahmen so, dass die horizontalen Rasterlinien mit der Horizontlinie fluchten ⑥.

3. Klicken Sie auf den grünen Haken ⑦ oder drücken Sie ⏎.

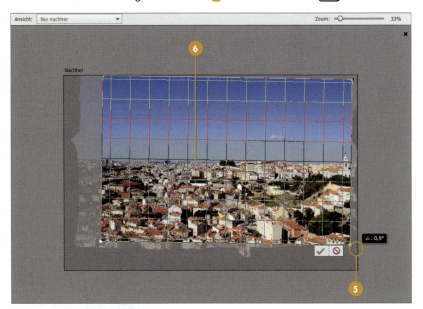

Abbildung 3.28:
Den Freistellungs-
rahmen ganz leicht
drehen.

Abbildung 3.29:
Das Bild mit einem
Klick auf den grünen
Haken freistellen.

Abbildung 3.30:
Ergebnis der
Freistellung.

3.7   Störende Bildinhalte entfernen

Oftmals sind es nur Kleinigkeiten, die das Auge des Betrachters stören – beim nachstehenden Bild hat sich beispielsweise ein Fussel eingeschlichen. Obwohl hier eigentlich nicht mehr nur von einer Kleinigkeit gesprochen werden kann, lässt sich dieser mit wenigen Klicks entfernen. Greifen Sie dazu auf die Dienste des Bereichsreparatur-Pinsels zurück.

1. Öffnen Sie über den Befehl *Datei/Öffnen* das Bild *Fussel*.
2. Stellen Sie sicher, dass oben der Arbeitsbereich *Schnell* ausgewählt ist.

Abbildung 3.31:
Der Fussel kann mit
geringem Aufwand
entfernt werden.

Fussel.jpg

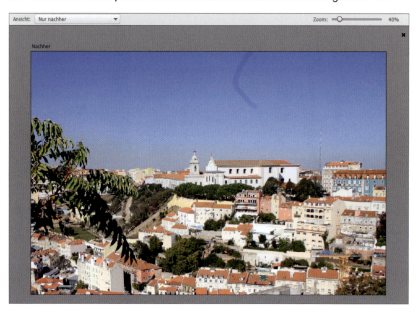

Abbildung 3.32:
Der Bereichsreparatur-
Pinsel

Wählen Sie im Werkzeugbedienfeld den Bereichsreparatur-Pinsel aus ❶. Sollte hier stattdessen lediglich der Reparatur-Pinsel angeboten werden, wählen Sie den Bereichsreparatur-Pinsel in den Werkzeugoptionen ❷ aus.

Dieses Werkzeug eignet sich gut, um Problemstellen zu korrigieren, deren Umgebung aus mehr oder weniger gleichen Farben bzw. Strukturen besteht.

Abbildung 3.33:
Diese Werkzeug-
optionen verwenden.

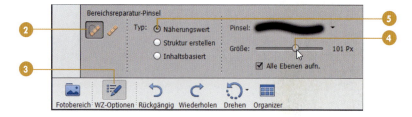

3. Öffnen Sie die Werkzeugoptionen ③.

4. Stellen Sie mit dem Schieberegler ④ eine Größe von ca. *100 Px* (Pixel) ein.

5. Vergewissern Sie sich, dass links neben dem Schieberegler die Option *Näherungswert* ⑤ aktiv ist.

6. Positionieren Sie den kreisförmigen Cursor des Werkzeugs über dem unteren Ende des Fussels.

Durch die zuvor gewählte Werkzeugspitzengröße von 100 Pixeln wird der Fussel sicher erfasst.

7. Klicken Sie auf den Fussel und »übermalen« Sie ihn mit gedrückter Maustaste.

Dabei zeigt sich zunächst eine dunkle Spur ⑥, diese verschwindet jedoch, sobald Sie mit der Retusche fertig sind bzw. wenn Sie am Ende die linke Maustaste loslassen.

Die Option *Näherungswert* sorgt übrigens dafür, dass die unmittelbar um den kreisförmigen Bereich des Cursors existierenden Pixel für die Retusche innerhalb des kreisförmigen Cursorbereichs herangezogen werden.

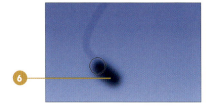

Abbildung 3.34:
Der Fussel wird mit dem Bereichsreparatur-Pinsel »übermalt«.

Abbildung 3.35:
Ergebnis.

3.8   Effekte und Strukturen

Sie können im Arbeitsbereich *Schnell* auf 10 Effektkategorien **2** (*Teiltonung, Antik, Lichtleck* usw.) zugreifen. Nach einem Klick auf die Schaltfläche *Effekte* **1** werden diese Kategorien **2** im darüber liegenden Bedienfeld dargestellt. Jede von ihnen enthält fünf Effekte **3**, die einfach mit einem Klick ausgewählt werden können. Anschließend wird die zugehörige Wirkung direkt sichtbar. Über die Schaltfläche *Bild zurücksetzen* **4** können Sie ein Bild von zugewiesenen Effekten befreien.

Abbildung 3.36:
Ausgangsbild.

Barbearia.jpg

Abbildung 3.37:
Jede Kategorie enthält
fünf Effekte.

Jeder so zugewiesene Effekt wird als separate Ebene angelegt und kann somit im Modus *Experte* weiterbearbeitet werden, beispielsweise indem Sie die dabei automatisch erstellte Ebenenmaske bearbeiten oder die Füllmethode der Ebene ändern. Mehr Informationen dazu finden Sie in den Kapiteln 33 und 35.

Abbildung 3.38:
Effekt LICHTLECK
(gelber Streifen).

Mit den Strukturen ❺ verhält es sich vom Prinzip her genauso. Im Gegensatz zu den Effekten gibt es hier allerdings keine Kategorien, sondern schlicht und ergreifend 10 Strukturen.

Abbildung 3.39:
Zehn verschiedene
Strukturen.

Abbildung 3.40:
Wirkung der Struktur
BLAUE FÄRBUNG.

Die Strukturen lassen sich sehr gut mit den Effekten kombinieren. Nachstehend wurde dem bereits mit dem Effekt *Lichtleck (gelber Streifen)* versehenen Bild zudem noch die Struktur *Gepunktetes Grunge-Muster* zugewiesen.

Abbildung 3.41:
Effekt LICHTLECK
(gelber Streifen) in
Kombination mit der
Struktur GEPUNKTETES
GRUNGE-MUSTER.

3.9   Rahmen

Die Auswahl an Rahmen können Sie ebenfalls über eine Schaltfläche ❶ darstellen. Insgesamt stellt Photoshop Elements zehn verschiedene Modelle ❷ zur Verfügung. Weisen Sie den Rahmen Ihrer Wahl einfach per Doppelklick dem aktuell dargestellten Bild zu. Wenn der Rahmen nicht richtig sitzen bzw. Ihnen der dargestellte Bildausschnitt nicht gefallen sollte, ist das auch kein Problem: Doppelklicken Sie einfach auf das Bild ❸. Dadurch erscheint an der Rahmenoberseite ein Schieberegler ❹. Mit diesem Regler können Sie weiter in das

Bild hineinzoomen und dann mit dem Verschieben-Werkzeug ✛ den gewünschten Bildausschnitt einstellen, indem Sie das Bild im Rahmen so hin- und herschieben, bis der gewünschte Bildausschnitt erreicht ist. Klicken Sie abschließend auf den grünen Haken **5** oder drücken Sie ⏎.

Abbildung 3.42:
Der Rahmen BLUMEN
UND KNÖPFE.

Rahmen.jpg

4 Kreativfunktionen des Arbeitsbereichs Assistent

Mit diesen Funktionen lassen sich mit wenigen Klicks kleine Kunstwerke erstellen. Wie bei allen im Arbeitsbereich *Assistent* angebotenen Bearbeitungsmöglichkeiten werden Sie dabei von einem erläuternden Begleittext durch den jeweiligen Ablauf geführt. Um Ihnen die hierbei zugrunde liegende Methodik zu verdeutlichen, werden in diesem Kapitel drei der Kreativfunktionen dieses Arbeitsbereichs im Detail erläutert.

4.1 Lomo-Effekt erstellen

Der Name dieses Effekts bezieht sich auf eine vor einigen Jahren angesagte analoge Kompaktkamera russischer Bauart. Damals war es hip, mit eben jener Kamera hier und da Bilder nach dem Zufallsprinzip zu knipsen. Dieses Verfahren wurde bzw. wird auch als »Lomografieren« bezeichnet. Die hier vorgestellte Funktion gibt dem jeweiligen Bild den typischen Lomo-Look.

Abbildung 4.1:
Original.

1. Laden Sie das Bild *Lomo.jpg.*
2. Aktivieren Sie den Arbeitsbereich *Assistent* **①**.
3. Klicken Sie im Register *Farbe* **②** auf *Lomo-Kamera-Effekt* **③**.

Lomo.jpg

Abbildung 4.2:
Auf LOMO-KAMERA
EFFEKT klicken.

Jetzt wird auf der rechten Seite eine Erläuterung **④** zu der anzuwendenden Vorgehensweise angezeigt. Die im Rahmen der Funktion zu nutzenden Schaltflächen **⑤** sind dabei in den Text integriert.

4. Folgen Sie der Erläuterung, indem Sie zunächst auf *Lomo-Effekt* **⑤** klicken.

Abbildung 4.3:
Im Arbeitsbereich
ASSISTENT wird auf der
rechten Seite ein
erläuternder Text
angezeigt.

Durch mehrmaliges Anklicken der Schaltfläche *Lomo-Effekt* lässt sich der Effekt verstärken.

Abbildung 4.4:
Der Lomo-Effekt.

Abbildung 4.5:
Die Vignette
vervollständigt den
Look

5. Klicken Sie auf *Vignette anwenden* **6**, um die Randbereiche des Bildes abzudunkeln.

Auch hier lässt sich der Effekt verstärken, indem Sie die Schaltfläche *Vignette anwenden* mehrmals anklicken.

6. Schließen Sie die Bearbeitung mit einem Klick auf die im unteren Fensterbereich abgebildete Schaltfläche *Weiter* ab.

Bild verwenden/weitergeben

Photoshop Elements hat während der Bearbeitung mindestens eine neue Ebene erstellt. Die Anzahl der erstellten Ebenen hängt in diesem Fall davon ab, wie oft Sie (zur Effektverstärkung) auf die Schaltfläche *Lomo-Effekt* **5** geklickt haben. Mit jedem Klick entsteht eine neue Ebene.

Abbildung 4.6:
Den Arbeitsbereich
Experte wählen.

Um das so erstellte Bild weiterzugeben, sollten Sie es zunächst auf eine Ebene reduzieren. Das passiert automatisch, wenn Sie sich im nun erscheinenden Fenster für den Upload **7** auf Facebook, Flickr oder Twitter entscheiden. Zudem können Sie das Bild lokal speichern **8** und dabei ein Dateiformat wählen, das keine Ebenen unterstützt (z. B. JPEG). Wenn Sie das Bild hingegen direkt weiterbearbeiten möchten, wählen Sie hier **9** zwischen den Arbeitsbereichen *Schnell* und *Experte*.

Der Arbeitsbereich *Experte* stellt das Bedienfeld *Ebenen* (Menübefehl *Fenster/Ebenen*) zur Verfügung. Hier können Sie den Aufbau des Effekts **10** nachvollziehen.

Abbildung 4.7:
Der Inhalt des
Bedienfeldes *Ebenen*.

7. Wählen Sie den Befehl *Ebene/Auf Hintergrundebene reduzieren*.

4.2   Out-of-Bounds-Effekt

Mit dieser Funktion können Sie bestimmte Motivteile eines Bildes über den Bildrand hinausragen lassen.

Abbildung 4.8:
Das Ausgangsbild.

Out of bounds.jpg

1. Laden Sie das Bild *Out of bounds.jpg*.
2. Aktivieren Sie den Arbeitsbereich *Assistent* ❶.

Abbildung 4.9:
Der Effekt befindet
sich in der Rubik
KREATIVE BEARBEITUNGEN
❷.

3. Klicken Sie im Register *Kreative Bearbeitungen* ❷ auf *Außerhalb des Be-
    reichs* ❸.

Der erste Arbeitsschritt besteht darin, einen Rahmen zu erzeugen, der die äußeren Bildbereiche wegschneidet. Dabei werden zunächst auch die Elemente weggeschnitten, die später aus dem Rahmen ragen sollen.

4. Klicken Sie auf die Schaltfläche *Rahmen hinzufügen* ④.

Abbildung 4.10:
Auf RAHMEN
HINZUFÜGEN klicken.

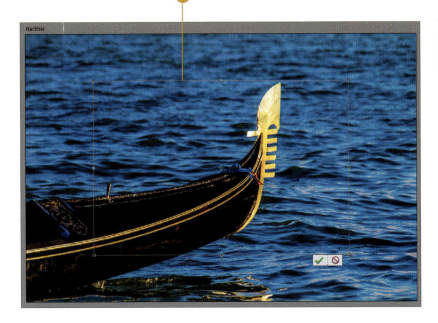

Abbildung 4.11:
Im Bild wird der
Rahmen ⑤
angezeigt.

5. Ziehen Sie an den Anfassern ⑥ des Rahmens, um dessen Form und Größe anzupassen.

Klicken Sie in den Rahmen, um diesen mit gedrückter Maustaste zu positionieren.

6. Legen Sie mit einem Klick auf den grünen Haken ⑦ die Größe und Position des Rahmens fest.

Abbildung 4.12: Über die Anfasser 6 kann die Größe des Rahmens variiert werden.

Abbildung 4.13: Rahmengröße abschließend festlegen.

Photoshop Elements hat nun alle Bildbereiche, die sich außerhalb des Rahmens befinden, weggeschnitten bzw. durch eine graue Fläche 8 ersetzt.

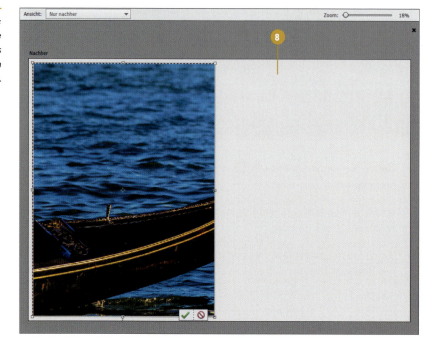

Abbildung 4.14: Die Bildbereiche außerhalb des Rahmens werden nun weggeschnitten.

Im nächsten Arbeitsschritt werden Sie einen das Bild umgebenden Rahmen bzw. dessen Breite festlegen.

7. Klicken Sie auf einen der vier Eckanfasser **9** und ziehen Sie diesen bei gedrückter ⌈Alt⌉-Taste nach außen, um die Rahmenbreite festzulegen.

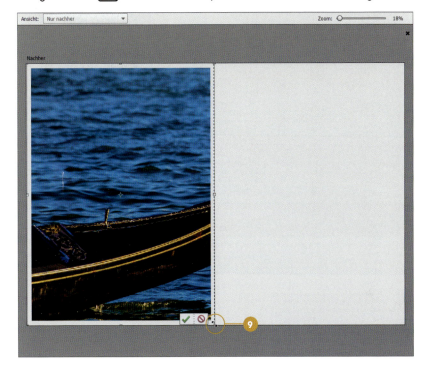

Abbildung 4.15: Rahmenbreite festlegen.

8. Um die Rahmenbreite festzulegen, klicken Sie auf den grünen Haken **10**.

Abbildung 4.16: Mit einem Klick auf den grünen Haken bestätigen.

Das Bild wird nun von einem Rahmen **11** in der entsprechenden Breite umgeben. Jetzt geht es darum, die Motivbereiche auszuwählen, die aus dem Bild bzw. über den Rahmen hinausragen sollen.

9. Wählen Sie auf der rechten Seite die Schaltfläche *Auswahlwerkzeug* **12** aus. Öffnen Sie die Werkzeugoptionen **13** und stellen Sie eine Werkzeugspitzengröße von ca. 80 Pixeln ein.

10. Ziehen Sie das *Auswahlwerkzeug* einfach über die auszuwählenden Bereiche. Die Software wählt die entsprechenden Bereiche dabei auf der Basis von Farb- und Strukturinformationen aus.

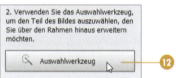

Werkzeugoptionen nutzen

In den meisten Fällen werden Sie die erstellte Auswahl noch etwas optimieren müssen. Voreingestellt ist in der Werkzeugoptionsleiste ⑬ die Option *Neue Auswahl* aktiv (links oben in der Optionsleiste). Wenn Sie das Werkzeug erstmalig in einem Bild einsetzen, entsteht somit zunächst immer eine neue Auswahl. Danach springt das Werkzeug automatisch in den Modus *Der Auswahl hinzufügen*. Hiermit können Sie dann durch weitere Klicks in das Bild zusätzlich noch andere Bereiche zu der bestehenden Auswahl ergänzen.

Sollte das Werkzeug zu viel bzw. einen unpassenden Bereich ausgewählt haben, aktivieren Sie den Modus *Von Auswahl abziehen*. Die anschließend mit dem *Auswahlwerkzeug* markierten Bereiche werden daraufhin aus der bestehenden Auswahl entfernt. Insbesondere bei schwierigen Motiven wird der Moduswechsel mithilfe der (Alt)- bzw. (alt ⌥)-Taste deutlich bequemer. Solange Sie die Taste (Alt) bzw. (alt ⌥) gedrückt halten, arbeitet das Werkzeug im Modus *Von Auswahl abziehen*. Wenn Sie die (Alt)- bzw. (alt ⌥)-Taste loslassen, springt das Werkzeug hingegen automatisch in den Modus *Der Auswahl hinzu-fügen* zurück.

Abbildung 4.19:
Die Werkzeug-
optionen des
Auswahlwerkzeugs.

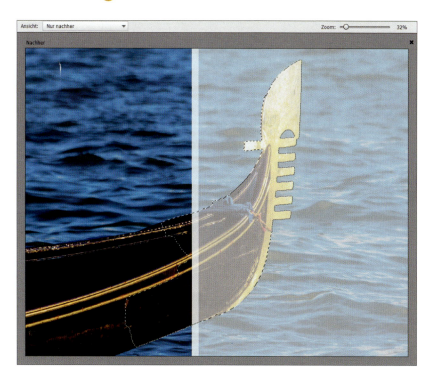

Abbildung 4.20:
Der ausgewählte
Bereich.

Jetzt kann Photoshop Elements auf der Grundlage des von Ihnen ausgewählten Bildbereichs den Out-Of-Bounds-Effekt erstellen.

11. Klicken Sie auf der rechten Seite auf die Schaltfläche *Out-Of-Bounds-Effekt* .

Abbildung 4.21:
Auf die Schaltfläche
OUT-OF-BOUNDS-EFFEKT
klicken.

Der zuvor ausgewählte Bereich ragt nun aus dem Bild bzw. über den Rahmen des Bildes hinaus .

Abbildung 4.22:
Der erstellte Effekt.

Abschließend haben Sie noch die Möglichkeit, die das Bild umgebende Fläche zu gestalten.

12. Klicken Sie dazu auf die Schaltfläche *Hintergrundverlauf hinzuf.* 🔟.

Abbildung 4.23:
Auf HINTERGRUND-
VERLAUF HINZUF. *klicken.*

13. Das sich öffnende Dialogfenster schließen Sie mit einem Klick auf OK 🔟.

Abbildung 4.24:
Dialogfenster NEUE
EBENE *mit Verlaufs-*
füllung.

14. Öffnen Sie im darauf folgenden Fenster *Verlaufsfüllung* die Drop-down-Liste *Verlauf* 🔟 und wählen Sie den gewünschten Verlauf mit einem Doppelklick aus – in diesem Beispiel wurde der Verlauf *Einfach/Blau* verwendet.

15. Im nach wie vor geöffneten Fenster *Verlaufsfüllung* können Sie jetzt die Verlaufseinstellungen (z. B. *Stil* oder *Winkel*) anpassen oder die Voreinstellungen übernehmen.

Abbildung 4.25:
Einen Verlauf
auswählen, hier
EINFACH/BLAU.

16. Schließen Sie das Fenster *Verlaufsfüllung* mit OK.

Die das Bild umgebende Fläche zeigt nun den zugewiesenen Verlauf **19**.

Wenn Sie möchten, können Sie sowohl dem Bilderrahmen als auch dem herausragenden Bereich einen Schlagschatten zuweisen. Die Größe des Schattens lässt sich über die Schaltflächen *Klein*, *Mittel* und *Groß* steuern **20**.

Abbildung 4.26:
Einen Schatten
hinzufügen (hier
GROSS).

Der zugewiesene Schlagschatten **21** lässt das Ganze plastischer erscheinen.

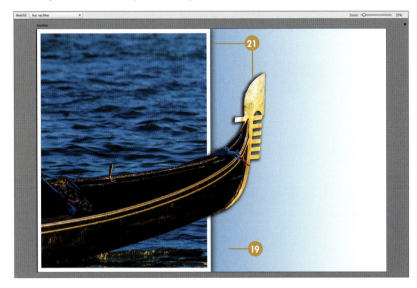

Abbildung 4.27:
Der zugewiesene
Schlagschatten.

17. Klicken Sie rechts unten auf die Schaltfläche *Weiter*, um die Effekterstellung abzuschließen.

Bild verwenden/weitergeben

Photoshop Elements hat während der Bearbeitung diverse Ebenen erstellt. Vor der Weitergabe sollten Sie das Bild daher zunächst auf eine Ebene reduzieren. Im Rahmen des Uploads **22** auf Facebook, Flickr oder Twitter geschieht das automatisch. Sie können das Bild aber auch zunächst lokal speichern **23** und dabei ein Dateiformat wählen, das keine Ebenen unterstützt (z. B. JPEG). Dadurch werden alle Ebenen auf eine Ebene reduziert.

Abbildung 4.28: Hier entscheiden Sie, wie es nun weitergeht.

Wenn Sie das Bild hingegen direkt weiterbearbeiten möchten, wählen Sie hier **24** zwischen den Arbeitsbereichen *Schnell* und *Experte*. Die Ebenen bleiben somit erhalten.

Abbildung 4.29: Der Inhalt des Bedienfeldes Eʙᴇɴᴇɴ.

Der Arbeitsbereich *Experte* stellt das Bedienfeld *Ebenen* (Menübefehl *Fenster/Ebenen*) zur Verfügung. Hier können Sie den Aufbau des Effekts **25** nachvollziehen.

4.3 Pop-Art erstellen

Mit dieser Funktion erstellen Sie mit wenigen Klicks Bildcollagen à la Andy Warhol. Das Bild wird dadurch zunächst entfärbt. Anschließend werden vier Exemplare des Bildes über- und nebeneinander angeordnet und mit knalligen Farben eingefärbt. Die Funktion bietet dabei zwei verschiedene Bildstile an, die jeweils ein anderes Ergebnis liefern.

1. Laden Sie das Bild *Pop-Art.jpeg*.

Das Bild wurde in diesem Fall bereits zweckentsprechend vorbereitet, indem der Hintergrund durch eine Farbe ersetzt wurde. Diese Maßnahme wäre nicht zwingend notwendig gewesen, sorgt hier aber für ein attraktiveres Endergebnis, da der ansonsten nicht sehr schöne Hintergrund auch im Endergebnis nicht gut ausgesehen hätte.

Pop-Art.jpeg

Abbildung 4.30:
Original.

2. Aktivieren Sie den Arbeitsbereich *Assistent* ❶.
3. Klicken Sie im Register *Kreative Bearbeitungen* ❷ auf *Pop Art* ❸.

Abbildung 4.31:
Der Effekt befindet
sich in der Rubik
KREATIVE BEARBEITUNGEN
❷.

4. Wählen Sie einen der beiden Bildstile (ich habe in diesem Beispiel zunächst den linken Bildstil ④ verwendet).

5. Klicken Sie auf *Bildmodus konver-*
tieren ⑤ bzw. *Tontrennung durch-*
führen, wenn Sie den rechten Bildstil
verwendet haben.

Abbildung 4.33:
Nachdem der
Bildmodus konvertiert
wurde, verliert das
Bild zunächst seine
Farbe (linker Bildstil).

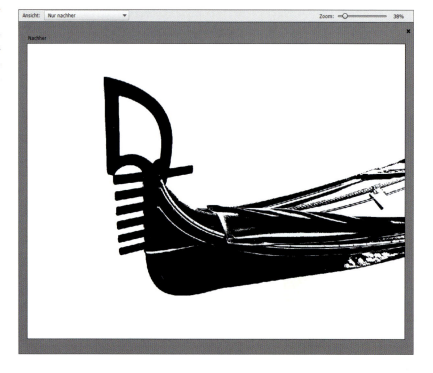

6. Klicken Sie auf die Schaltfläche *Farbe hinzufügen* ⑥ bzw. *Neonschein hin-*
zufügen, wenn Sie den rechten Bildstil verwendet haben.

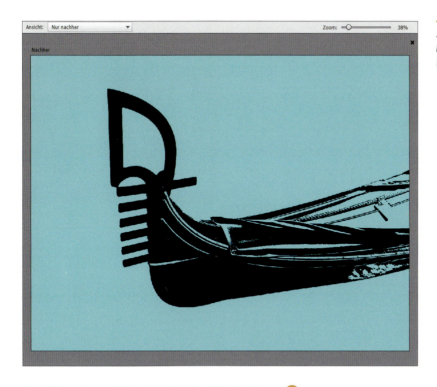

7. Klicken Sie auf die Schaltfläche *Bild duplizieren* ❼.

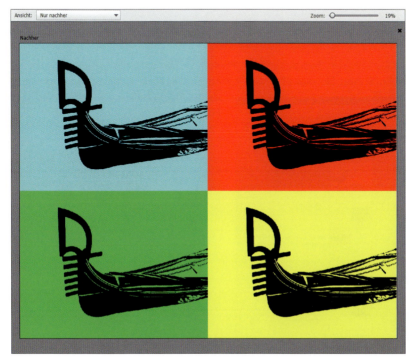

Abbildung 4.35:
Ergebnis bei
Verwendung des
linken Bildstils.

Abbildung 4.36:
Ergebnis bei
Verwendung des
rechten Bildstils.

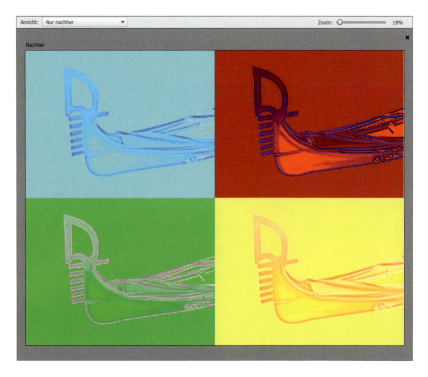

Abbildung 4.36:
Ergebnis bei
Verwendung des
rechten Bildstils.

8. Klicken Sie rechts unten auf die Schaltfläche *Weiter*, um die Effekterstellung abzuschließen.

Bild verwenden/weitergeben

Im Rahmen der Bearbeitung hat Photoshop Elements vier weitere Ebenen erstellt. Sollten Sie das Bild nach **8** Facebook, Flickr oder Twitter hochladen, werden alle Ebenen automatisch auf eine Ebene reduziert.

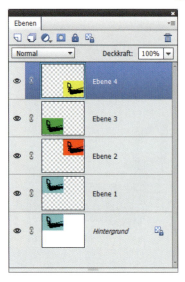

Abbildung 4.37:
Vier weitere Ebenen
sind hinzugekommen.

Wenn Sie das Bild lokal speichern **9**, können Sie die Ebenen beibehalten oder ebenfalls auf eine reduzieren. Letzteres erreichen Sie, indem Sie ein Dateiformat wählen, das keine Ebenen unterstützt (z. B. JPEG). Speichern Sie das Bild hingegen als TIFF oder PSD, bleiben alle Ebenen erhalten. Das ist auch beim Wechsel in die Arbeitsbereiche *Schnell* oder *Experte* **10** der Fall.

Abbildung 4.38:
Speichern, Nach-
bearbeiten oder
Teilen.

5 Grundlagen der digitalen Bildbearbeitung

Im Folgenden erfahren Sie alles zu den Themen Pixelgrafik und Vektorgrafik und wie diese sich unterscheiden. Außerdem lernen Sie Farbmodelle und Farbsysteme kennen. Arbeiten Sie beim Fotografieren mit der richtigen Auflösung und dem richtigen Farbraum.

5.1 Grafikvarianten

Im Bereich der Computergrafik unterscheidet man die pixel- und die vektororientierte Bildbearbeitung. Beide Varianten haben ihre Vor- und Nachteile und basieren auf einem jeweils völlig anderen Prinzip.

Pixelgrafik

Das Wort »Pixel« ist ein Kunstwort, das aus den Begriffen »picture« (Bild) und »element« (Element) zusammengesetzt wurde. Wie der Name schon andeutet, bestehen Pixelgrafiken aus einzelnen Bildelementen bzw. Bildpunkten. Die Bildpunkte sind dabei rasterartig angeordnet, daher wird diese Grafikvariante auch als Rastergrafik bezeichnet. Jedes Pixel hat eine eindeutige Position und Farbe. Die einzelnen Bildpunkte werden allerdings erst dann sichtbar, wenn der Anwender die Grafik »unter die Lupe« nimmt, also in sie hineinzoomt.

Pixelgrafiken basieren auf dem gleichen Prinzip wie Steinmosaiken

Ähnlich wie bei einem Steinmosaik ist der Gesamteindruck grundsätzlich dann am besten, wenn man nicht mehr die einzelnen Bildpunkte, sondern das Gesamtbild wahrnimmt.

*Abbildung 5.1:
Mosaik.*

*Abbildung 5.2:
Mosaik aus der Nähe
betrachtet.*

Im Rahmen der digitalen Bildbearbeitung liegt der Hauptnutzen dieser Grafik-variante darin, dass jeder einzelne Bildpunkt (Pixel) bearbeitet werden kann. Der Nachteil besteht hingegen darin, dass mit der Vergrößerung von Pixelgra-fiken immer auch ein Verlust an Bildqualität verbunden ist. Zudem benötigen Pixelgrafiken im Verhältnis zu vergleichbaren Vektorgrafiken mehr Speicher-platz.

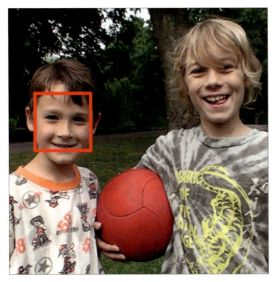

*Abbildung 5.3:
Pixelgrafik.*

*Abbildung 5.4:
Stark vergrößerter
Bildausschnitt der
Pixelgrafik.*

Vektorgrafiken

Bei einer Vektorgrafik werden die Bildinhalte mathematisch berechnet. Das zugrunde liegende Prinzip wird anhand einfacher Formen schnell deutlich: Wenn der Anwender mit den Werkzeugen eines vektororientierten Programms ein Rechteck zeichnet, nutzt die Software für die Darstellung des Rechtecks lediglich Angaben zu Länge und Breite sowie zur Position des Rechtecks und einen Farbwert für die Füllfarbe.

Für die Darstellung des Rechtecks werden nur wenige Daten benötigt, in diesem Beispiel lediglich die hier abgebildeten sieben Zahlenwerte:

- Breite: *40,0 mm*
- Höhe: *20,0 mm*
- Position: x = *60,0 mm*, y = *270,0 mm*
- Füllfarbe (beispielsweise ein Orangeton als RGB-Farbwert): *231, 120, 23*

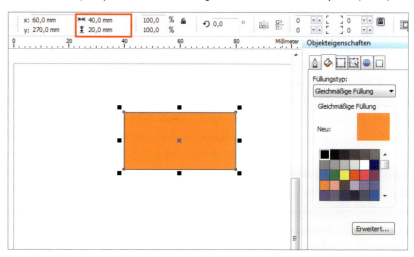

Abbildung 5.5:
Einfache Vektorgrafik
in CorelDRAW.

Mit anderen Worten: Es werden lediglich einige wenige Zahlenwerte verwendet bzw. gespeichert. Soll das Rechteck zu einem späteren Zeitpunkt vergrößert werden, muss der Anwender bloß die Zahlenwerte für Breite und Höhe zu ändern. Daraufhin erfolgt eine Neuberechnung des Rechtecks. Insofern lassen sich Vektorgrafiken ohne Einbußen in der Bildqualität vergrößern (skalieren).

Im Gegensatz zu einer Pixelgrafik ist es so möglich, ein und dieselbe Grafik problemlos in Briefmarkengröße oder in den Dimensionen eines Fassadenplakats abzubilden bzw. auszugeben. Aus diesem Grund werden beispielsweise Logos als Vektorgrafiken entwickelt. Mit einer solchen Logografik verfügt der Kreative über eine Datenbasis, mit der jeder Grafikdienstleister etwas anfangen kann – vom Stempelshop um die Ecke bis hin zum Dienstleister für die Beschriftung von Fesselballons.

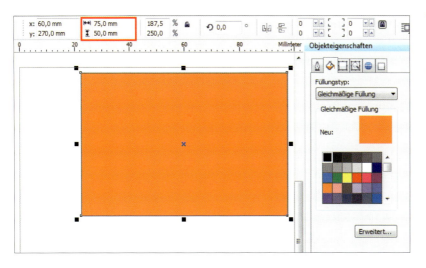

Abbildung 5.6:
Vergrößern der
Vektorgrafik ohne
Qualitätsverlust.

Jeder professionelle Betrieb kann eine solche Vektorgrafik selbst verlustfrei auf die gewünschte Größe des jeweiligen Produkts skalieren. Zur Erstellung von Vektorgrafiken sind spezielle Programme erhältlich. Die bekanntesten Vertreter sind die sogenannten Illustrationsprogramme. Dazu zählen Adobe Illustrator und CorelDRAW.

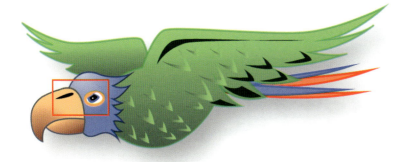

Abbildung 5.7:
Vektorgrafik.

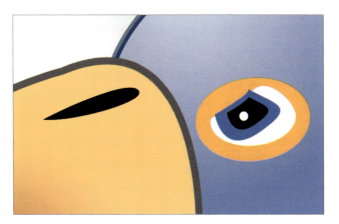

Abbildung 5.8:
Stark vergrößerter
Bildausschnitt der
Vektorgrafik.

Vektorgrafiken in Photoshop Elements öffnen

Mit Photoshop Elements können Sie zwar Vektorgrafikdateiformate öffnen bzw. in bestimmtem Umfang vektororientiert arbeiten – beim Öffnen von Vektorgrafiken werden diese aber vom Programm gerastert, d. h. in eine Pixelgrafik umgewandelt. Damit wird lediglich die Verwendung einer Vektorgrafik in ihrer aktuellen Größe ermöglicht. Eine wie zuvor beschriebene verlustfreie Skalierung ist durch die obligatorische Rasterung in Photoshop Elements nicht möglich.

Vektorgrafiken in Photoshop Elements erstellen

Mit den Formwerkzeugen ❶ stehen Ihnen zudem vektororientierte Werkzeuge zur Verfügung. Eine damit gezeichnete Form können Sie auch im Nachhinein ohne Qualitätsverlust vergrößern. Neben geometrischen Grundformen wie Linie, Rechteck und Ellipse finden Sie hier eine Sammlung ❷ einfacher Vektorgrafiken ❸ vor. Auf diese Sammlung können Sie mithilfe des Eigene-Form-Werkzeugs 🧩 zurückgreifen. Weitere Informationen dazu erhalten Sie in Kapitel 36 zu Formgrafiken.

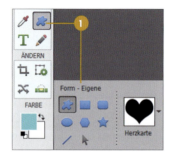

Abbildung 5.9: Mit den Formwerkzeugen von Photoshop Elements können Vektorgrafiken erstellt werden.

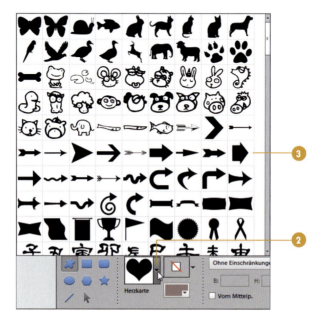

Abbildung 5.10: Das Eigene-Form-Werkzeug 🧩 stellt diverse Vektorgrafiken zur Verfügung.

Vektorgrafiken in anderen Programmen weiterverarbeiten

Die so gespeicherten Vektordaten eignen sich aber nur bedingt für die Weiterverarbeitung in anderen Programmen: Die meisten Vektorprogramme rastern die von Photoshop Elements erstellte Vektorinformation unmittelbar beim Import bzw. beim Öffnen. Eine verlustfreie Skalierung ist in solch einem Programm ebenfalls nicht möglich. Eine der Ausnahmen bildet das vektororientierte Illustrationsprogramm Adobe Illustrator. Wenn Sie in Adobe Illustrator eine Photoshop-Elements-Datei (PSD-Format) öffnen, bleibt die Vektorfunktionalität auf Wunsch erhalten.

Abbildung 5.11:
Mit dem Eigene-Form-Werkzeug erstellte Vektorgrafik **4**.

5.2   Bildgröße und Auflösung

Digitale Bilder liegen in den unterschiedlichsten Qualitäten vor. Die Qualität eines Bildes wird dabei maßgeblich durch seine Auflösung bestimmt. In diesem Zusammenhang wird zwischen absoluter und relativer Auflösung unterschieden. Beide Werte können Sie im Fenster *Bildgröße* einsehen bzw. verändern. Sie erreichen das Fenster über den Befehl *Bild/Skalieren/Bildgröße* (Strg + Alt + I bzw. cmd ⌘ + alt ⌥ + I).

Abbildung 5.12:
Bild einer sehr
hochwertigen
Mittelformatkamera
(Pentax 645Z).

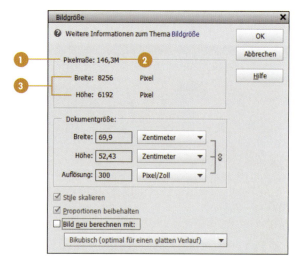

Abbildung 5.13:
Bild einer Consumer-
Spiegelreflexkamera
(Canon EOS 550D).

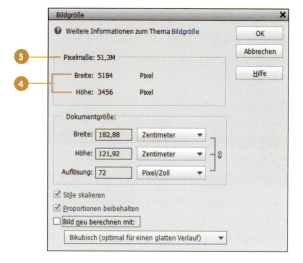

Absolute Auflösung

Bei Digitalkameras oder Camcordern wird das Auflösungsvermögen in Form der absoluten Auflösung angegeben. Im Fall von Digitalkameras wird dazu in der Regel die Gesamtzahl der Pixel aufgeführt, also z. B. zehn Millionen Pixel bzw. zehn Megapixel. Bei Camcordern hingegen hängt die Auflösung vom jeweiligen Aufzeichnungsformat ab – daher wird, wie in der Videowelt üblich, die Auflösung in Breite mal Höhe angegeben. Bei einem alten DV-Camcorder ist das in der Regel eine Auflösung von 720 x 576. Bei einem Camcorder, der in Full HD aufzeichnet, besteht das Bild dagegen aus 1.920 x 1.080 Bildpunkten.

In Photoshop Elements finden Sie im oberen Teil des Fensters *Bildgröße* den Bereich *Pixelmaße* ❶. Hier werden die Dateigröße ❷ und die absolute Auflösung **3** angegeben. Das Bild der Mittelformatkamera besteht demzufolge aus 8.256 Pixeln in der Breite und 6.192 Pixeln in der Höhe. Das mit der Spiegelreflexkamera fotografierte Bild **4** besteht hingegen »nur« aus 5.184 in der Breite und 3.456 Pixeln in der Höhe. Somit ist die Dateigröße des Bildes mit 51,3 MByte **5** auch deutlich geringer als die Dateigröße des Mittelformatbildes mit 146,3 MByte **2**.

Die Dateigröße **2** gibt an, wie viel Arbeitsspeicher das jeweilige Bild beansprucht.

Abbildung 5.14:
Das Bild Bildgröße.

Relative Auflösung

Dieser Wert **4** gibt Auskunft über die Dichte der Bildpunkte zueinander. Zum besseren Verständnis können Sie sich an dieser Stelle noch mal das Steinmosaik in Erinnerung rufen. Je mehr Steine im Steinmosaik auf einer bestimmten Fläche verwendet werden, umso höher ist die relative Auflösung bzw. umso besser letztlich der Bildeindruck beim Betrachter. Das gleiche Prinzip gilt auch für digitale Bilder bzw. Ausdrucke. Die relative Auflösung eines digitalen Bildes, d. h. die Anzahl der Pixel in Relation zu einer Strecke, ist also dafür verantwortlich, wie grob- bzw. feinkörnig das Bild im Ausdruck erscheint.

Bildgröße.jpg

Damit an dieser Stelle nicht Äpfel mit Birnen verglichen werden, wird als Bezugsgröße stets die Längeneinheit Zoll (engl. »Inch«) zugrunde gelegt. Der Wert der relativen Auflösung wird dabei entweder in dpi (**d**ots **p**er **i**nch = Punkte pro Zoll) oder in ppi (**p**ixel **p**er **i**nch = Pixel pro Zoll) angegeben. Beide Angaben treffen eine Aussage dahingehend, wie viele Bildpunkte auf einer Strecke von 2,54 cm verwendet werden.

Bildgröße

Spätestens beim Ausdrucken stellt sich die Frage: Wie groß erscheint das Bild eigentlich auf dem Papier? In Photoshop Elements wird diese Größe als *Dokumentgröße* bezeichnet und sowohl durch die absolute als auch durch die relative Auflösung bestimmt.

Die Bildgröße beim Ausdrucken

Im Bereich *Dokumentgröße* wird angezeigt, welche Größe das Bild auf dem Papierausdruck haben würde. Das Bild *Bildgröße* hätte demzufolge eine Breite von 77,61 cm und eine Höhe von 58,21 cm. Mal ganz abgesehen davon, dass diese Ausmaße selbst von den größten Consumer-Druckern (DIN A3) nicht bewerkstelligt werden könnten, ist die relative Auflösung mit 72 ppi für einen vernünftigen Ausdruck zu gering: Die Pixel würden beim Ausdrucken mit einem zu großen Abstand auf das Papier gebracht. Und eben dieser große Abstand sorgt für die enormen Ausmaße von 77,61 x 58,21 cm.

Die Größe des Bildes beim Ausdruck können Sie auch in der Statusleiste ❶ anzeigen lassen. Öffnen Sie dazu die Drop-down-Liste ❷ und klicken Sie auf *Dokumentmaße* ❸.

Die Ausgabegröße auf dem Monitor anzeigen

Um die Größe eines Ausdrucks in etwa abzuschätzen, können Sie in der Optionsleiste des Zoom-Werkzeugs ⌕ auf die Schaltfläche *Druckgröße* ❶ klicken.

Abbildung 5.17:
Die Funktion
DRUCKGRÖSSE macht
deutlich, dass das
Bild zum Ausdrucken
viel zu groß ist
(Dokumentgröße
77,61 x 58,21 cm,
72 ppi).

Die relative Auflösung ändern

Um die Druckgröße zu verringern, können Sie die Pixel des Bildes beim Ausdruck einfach enger zusammenrücken lassen, also schlichtweg neu verteilen. Stellen Sie sicher, dass das Kontrollfeld *Bild neu berechnen mit* deaktiviert ist, und geben Sie bei *Auflösung* nun *300* ein. Vergleichen Sie anschließend die Angaben im Bereich *Pixelmaße* und die Werte im Bereich *Dokumentgröße*.

Abbildung 5.18:
Ausgabegröße bei
300 ppi (Dokument-
größe 18,63 x
13,97 cm).

Ergebnis: Da das Kontrollfeld *Bild neu berechnen mit* deaktiviert war, hat sich die Software keine neuen Pixel ausgedacht. Die Gesamtzahl der Pixel ist mit 2.200 Pixeln in der Breite und 1.650 Pixeln in der Höhe vielmehr gleich geblieben. Durch die Änderung der relativen Auflösung wurden die vorhandenen Pixel nur neu »verteilt«. Die vorhandenen Pixel rücken praktisch enger zusammen. Somit werden statt 72 nun jeweils 300 Pixel auf einer Strecke von einem Zoll (= 2,54 cm) untergebracht. Da bei dieser Maßnahme die Gesamtzahl der Pixel gleich bleibt, wird sich nun die Größe des Bildes beim Ausdruck verändern. Diese Tatsache können Sie im Bereich *Dokumentgröße* ablesen. Wenn Sie das Bild jetzt ausdrucken würden, hätte es die hier angezeigte Größe von 18,63 x 13,97 cm.

Absolute Auflösung ändern

Wenn das Bild kleiner ausgedruckt oder in einer geringeren Größe gespeichert werden sollte, müssten Sie die absolute Auflösung entsprechend anpassen. Dazu ist es erforderlich, dass Photoshop Elements das Bild neu berechnet.

Abbildung 5.19:
BILD NEU BERECHNEN MIT
aktivieren.

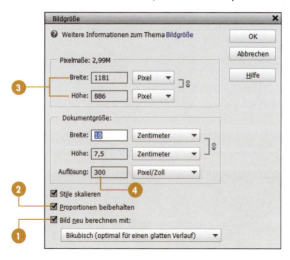

1. Aktivieren Sie dazu das Kontrollfeld *Bild neu berechnen mit* ❶.
2. Stellen Sie sicher, dass die Option *Proportionen beibehalten* ❷ aktiviert ist.
3. Geben Sie bei *Breite* bzw. *Höhe* die jeweils gewünschten Werte ein ❸.

Wenn Sie das Bild ausdrucken möchten, sollten Sie sicherstellen, dass bei *Auflösung 300 Pixel/Zoll* ❹ eingestellt sind.

4. Verlassen Sie das Fenster *Bildgröße* über *OK*.

72_ppi und
300_ppi.jpg

Die Bildgröße bei der Präsentation auf dem Rechner

Bei der Wiedergabe auf dem PC spielt die relative Auflösung der Bilder eine untergeordnete Rolle. Diese Tatsache können Sie mit den Dateien *72_ppi* und *300_ppi* nachvollziehen. Um den Zusammenhang zu demonstrieren, habe ich zunächst die beiden Dateien in Photoshop Elements geöffnet und jeweils in *Druckgröße* darstellen lassen. Hier wird die unterschiedliche relative Auflösung sofort deutlich.

Abbildung 5.20:
Die Druckgröße des
Bildes mit 72 ppi.

Abbildung 5.21:
Die Ausgabegröße
des Bildes mit
300 ppi.

Anschließend habe ich beide Bilder in einem Webbrowser geöffnet (Mozilla Firefox). Die Darstellungsgröße bzw. die Bildqualität ist bei beiden Bildern gleich.

Abbildung 5.22:
72-ppi-Datei im
Webbrowser Mozilla
Firefox.

Abbildung 5.23:
300-ppi-Datei im
Webbrowser Mozilla
Firefox.

Das gleiche Verhalten können Sie beobachten, wenn Sie beide Bilder mithilfe der Windows-Fotogalerie öffnen. Mit anderen Worten: Für die Wiedergabeprogramme spielt die relative Auflösung keine Rolle. Lediglich die absolute Auflösung (Gesamtzahl der Pixel) ist in diesem Zusammenhang von Bedeutung. Sie allein entscheidet darüber, wie groß ein Bild dargestellt wird.

Abbildung 5.24:
72-ppi-Datei in der
Windows-Fotogalerie.

Abbildung 5.25:
300-ppi-Datei in der
Windows-Fotogalerie.

5.3   Farbmodelle

Jeden Tag sehen wir Tausende von Farben. Aber was ist Farbe eigentlich? Diese Frage kommt spätestens dann auf den Tisch, wenn man im Rahmen der digitalen Bildbearbeitung den diversen Farbkorrekturfunktionen begegnet. Sollten Sie je versucht haben, jemandem einen bestimmten Farbton zu erläutern, wissen Sie, wie schwierig es ist, die Sache auf den Punkt zu bringen. Genau das allerdings müssen beispielsweise Druckereien und Webdesigner im Umgang mit ihren Auftraggebern und Geschäftspartnern jeden Tag leisten. Damit die Sache eindeutig wird, bedienen sie sich dazu u. a. sogenannter Farbmodelle.

Das RGB-Farbmodell

In den meisten Geräten, die zur Darstellung oder Aufzeichnung von Informationen Licht einsetzen, kommt das RGB-Farbmodell zum Einsatz, also beispielsweise bei Camcordern, Digitalkameras, Monitoren und Fernsehgeräten. Das RGB-Farbmodell stützt sich auf die Tatsache, dass sich das Wellenspektrum des sichtbaren Lichts in die drei Spektralbereiche Rot, Grün und Blau aufteilen lässt und dass das menschliche Auge über drei Sinneszellentypen (Rezeptoren) verfügt, die jeweils auf einen dieser drei Bereiche ansprechen.

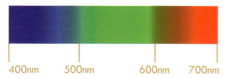

Abbildung 5.26:
Das Spektrum des
sichtbaren Lichts
(vereinfachte
Darstellung).

Sind alle drei Spektralbereiche Rot, Grün und Blau vorhanden, sehen wir weißes Licht. Ist keiner der drei Spektralbereiche vorhanden, ist die resultierende Wahrnehmung Schwarz. Alle anderen Farbwerte kommen durch die Mischung der drei Spektralbereiche Rot, Grün und Blau zustande.

Farben anmischen

Bei der Arbeit mit einem Grafikprogramm kann der Anwender u. a. auf Basis des RGB-Farbmodells eigene Farben anmischen. Um das Mischungsverhältnis zu verdeutlichen bzw. steuerbar zu machen, wird der jeweilige Anteil der drei Kanäle in Form von Zahlenwerten ausgedrückt. Die Werte der einzelnen Kanäle reichen dabei von 0 bis 255, wobei dieser Wertebereich in der Farbtiefe des RGB-Farbmodells begründet liegt.

Jeder der drei Kanäle hat eine Farbtiefe von 8 Bit. Damit lassen sich jeweils 2^8 bzw. 256 unterschiedliche Farben darstellen. Durch die Mischung mit den beiden anderen Kanälen ergibt sich in Summe eine Farbtiefe von 24 Bit (2^{24}) bzw. 16,7 Millionen Farben.

Wenn Sie bei der Wahl der Farbe sehr genau vorgehen müssen (z. B. um die Logofarbe Ihrer Firma oder die Wappenfarbe Ihres Vereins einzustellen), können Sie sich an den Zahlenwerten des Farbwählers orientieren. Fragen Sie in Ihrer Firma oder in Ihrem Verein einfach nach den entsprechenden Farbwerten.

Abbildung 5.27:
Farbstern.

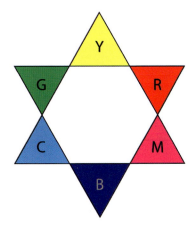

Wenn Sie sich die Systematik von Farbe vergegenwärtigen möchten, können Sie sich sehr einfach an dem sechsteiligen Farbstern orientieren: Jede der in diesem Stern dargestellten Farben lässt sich durch Mischen der beiden jeweils benachbarten Farben erzeugen. Um beispielsweise Cyan zu erhalten, müssen Sie Grün und Blau zu gleichen Anteilen mischen. Soll ein Gelbton (Yellow) erzielt werden, müssen Sie Grün und Rot mischen. Durch die Darstellung dieses Mischungsprinzips verdeutlicht der Farbstern den Zusammenhang des RGB-Farbmodells mit den drei Farben Cyan, Magenta und Gelb (Yellow).

Das CMYK-Farbmodell

Dieses Farbmodell wird im Druckbereich sowohl vom ganz normalen PC-Farbdrucker als auch von der Druckerei um die Ecke benutzt (beim sogenannten Vierfarbdruck). Der Vorteil dieses Farbmodells besteht darin, dass durch den Einsatz der vier Farben Cyan, Magenta, Yellow und Schwarz im Druck letztlich alle anderen Farben erzielt werden können.

Dazu würden theoretisch auch schon die drei im Farbstern abgebildeten Farben Cyan, Magenta, Yellow ausreichen – tatsächlich entsteht dann jedoch dort, wo Schwarz auf das Papier soll, kein tiefes Schwarz, sondern lediglich ein dunkler Braunton. Aus diesem Grund wird die schwarze Farbe über einen eigenen Kanal gesteuert. Und dadurch erklärt sich auch, warum beim Farbdrucker zusätzlich zu den Farbpatronen stets auch eine Schwarzpatrone verwendet wird.

Abbildung 5.28:
Aufgeklappter
Farbkopierer

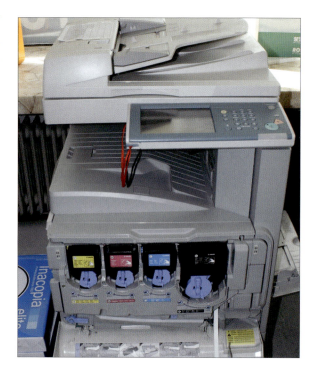

Abbildung 5.29:
Die Kartuschen des
Kopierers.

Das HSB-Farbmodell

Die meisten Menschen definieren Farbe allerdings nicht in erster Linie über genaue RGB- oder CMYK-Werte, sondern beschreiben vielmehr einen vorherrschenden Farbton und liefern eventuell noch eine Einschätzung dazu, ob dieser Farbton intensiv oder nicht so intensiv, eher dunkel oder hell erscheint. Diese Farbmerkmale bilden die Grundlage des HSB-Farbmodells, mit dem sich daher besonders intuitiv arbeiten lässt.

- Hue (engl.: Farbton)
- Saturation (engl.: Sättigung)
- Brightness (engl.: Helligkeit)

So können Sie die Helligkeit hier beispielsweise durch die Eingabe eines einzigen Wertes erhöhen oder verringern. Beim RGB-Farbmodell müssten Sie zu diesem Zweck hingegen alle drei Werte ändern. Zudem greifen Gestalter bei der Farbdefinition gern auf das HSB-Farbmodell zurück, um Farben mit gleicher Sättigung zu erstellen, da solche Farben besonders gut zueinander passen.

Das Prinzip

Die Kombination des Farbsterns mit den beiden Farbkreisen macht deutlich, dass es sich bei dem Farbstern und dem zwölfteiligen Farbkreis jeweils lediglich um eine vereinfachte Darstellungsform des eigentlichen Farbkreises handelt, der wiederum die Grundlage des HSB-Farbmodells bildet. Die Winkelangabe des Farbmodells reicht einmal um den ganzen Kreis (0 bis 360 Grad).

Dabei wird die Sättigung durch die Zeigerlänge definiert: Je weiter der Zeiger in Richtung Kreisrand zeigt, desto gesättigter (kräftiger) ist die Farbe. Zur Kreismitte hin wird die Sättigung reduziert, die Farben werden blasser.

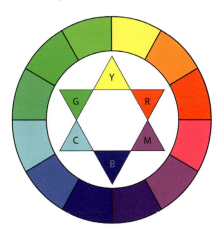

Abbildung 5.30:
Farbstern und
zwölfteiliger Farbkreis
repräsentieren jeweils
eine vereinfachte
Darstellungsform
des eigentlichen
Farbkreises.

Im ersten Farbkreis ist im Bereich der Zeigerspitze ein kräftiger Gelbton zu erkennen. Der Zeiger steht bei 60 Grad. Um diesen Farbton im Farbwähler von Photoshop Elements anzulegen, müssen Sie in das Eingabefeld H den Wert 60 eingeben.

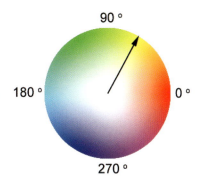

Abbildung 5.31:
Kräftiges Gelb.

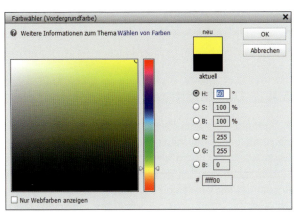

Abbildung 5.32:
Kräftiges Gelb im
Farbwähler.

Abbildung 5.33:
Blasses Gelb.

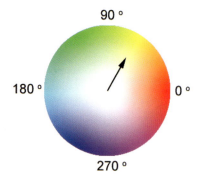

Im zweiten Farbkreis handelt es sich nach wie vor um den gleichen Farbton, allerdings wurde hier die Sättigung um 50 % reduziert. Dadurch wirkt die Farbe deutlich blasser (Eingabefeld S = 50).

Abbildung 5.34:
Blasses Gelb im
Farbwähler.

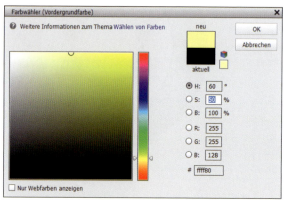

Farbtiefe

Wie zuvor bereits angedeutet, gibt die Farbtiefe an, wie viele Farben für die Verarbeitung oder Darstellung eines Bildes verwendet werden. Bei digitalen Bildern wird in der Regel eine Farbtiefe von 8 Bit pro Kanal verwendet. Somit ergibt sich für ein Bild im RGB-Modus eine Farbtiefe von 24 Bit. Mit der nachstehenden Formel kann die Gesamtzahl der somit darstellbaren Farben errechnet werden. Für ein Bild im RGB-Modus sind das 16,7 Millionen Farben:

$$\text{Anzahl der Farben} = 2^{\text{Farbtiefe in Bit}}$$

$$\text{Anzahl der Farben} = 2^{24}$$

$$\text{Anzahl der Farben} = 16{,}7 \text{ Millionen}$$

5.4   Die Bildmodi in Photoshop Elements

In Photoshop Elements können Sie zwischen den vier Bildmodi RGB-Farbe, Indizierte Farben, Graustufen und Bitmap wählen. Diese unterscheiden sich u. a. darin, ob Bilder lediglich schwarz-weiß oder farbig angezeigt werden. In Abhängigkeit von dem gewählten Modus variiert dabei die Farbtiefe, also die Anzahl der verwendeten Farben bzw. Grautöne, und somit auch die jeweilige Dateigröße. Darüber hinaus schränken bestimmte Bildmodi die Weiterverarbeitungsmöglichkeiten eines Bildes drastisch ein.

RGB-Farbe

Weil die gängigsten Bildquellen wie Digitalkameras oder Scanner Ihre Bilder im RGB-Modus verarbeiten bzw. ausgeben, arbeitet Photoshop Elements voreingestellt ebenfalls im Bildmodus *RGB-Farbe*. Sofern Sie nicht etwas ganz Spezielles mit Ihren Bildern vorhaben, liegen Sie daher mit diesem Bildmodus so gut wie immer richtig.

Kameramodi sRGB/Adobe RGB

Die meisten digitalen Kameras können Sie im Modus sRGB oder Adobe RGB betreiben. Canon empfiehlt beispielsweise die Nutzung von sRGB. Begründet wird dies damit, dass für das Handling von Adobe RGB ein gewisses Maß an Erfahrung und Fachwissen erforderlich ist. Den Einsatz von Adobe RGB empfiehlt der gleiche Hersteller, wenn Bilder im kommerziellen Druck Verwendung finden sollen.

Hintergrund

Um die Farbdarstellung von RGB-Daten bei Wiedergabegeräten zu standardisieren, haben Microsoft und Hewlett-Packard 1996 den sRGB-Farbraum (Standard-RGB) vorgestellt. Seine Schwäche liegt darin, dass er bestimmte Farben nicht unterstützt, insbesondere Farben, die im Druck realisierbar wären. Damit wären wir bei dem Problem angelangt, dass die ausgedruckte Version eines Bildes oftmals deutlich von der Monitordarstellung abweicht. Das liegt zunächst einmal daran, dass der Drucker die Farben auf der Grundlage eines völlig anderen Systems bzw. Farbraums verwaltet (CMYK). Um dieser Problematik zu begegnen, stellte Adobe 1998 den Farbraum Adobe RGB vor, der deutlich größer als sRGB ist und somit mehr Farben unterstützt. Mit Adobe RGB können also nahezu alle druckbaren Farben auf einem Monitor angezeigt werden. Allerdings sind dafür Monitore erforderlich, die den Adobe-RGB-Farbraum unterstützen. Diese sind immer noch deutlich teurer als herkömmliche sRGB-Geräte. Damit der Ausdruck auch wirklich dem am Adobe-RGB-Monitor angezeigten Bild entspricht, sollten beide Geräte kalibriert werden (z. B. mit DataColor Spyder5Studio oder Pantone Huey).

Wenn Sie Ihre Fotos nicht selbst ausdrucken, sondern Papierabzüge Ihrer Bilder bei einem Dienstleister ordern möchten, sollten Sie vorher anfragen, ob dieser tatsächlich den Farbraum Adobe RGB unterstützt. Im Zweifelsfall ist es sinnvoll, erst einmal einige Probeabzüge in Auftrag zu geben. Ansonsten laufen Sie Gefahr, dass Ihre Papierbilder einen unschönen Farbstich aufweisen.

Indizierte Farben

Für die Darstellung von Bildern und Grafiken auf Internetseiten sind diverse Techniken und Dateiformate erdacht worden. Bei der Entwicklung dieser Technologien stand unter anderem stets die Reduzierung der Bilddatenmengen im Vordergrund. Beim Bildmodus *Indizierte Farben* handelt es sich ebenfalls um eine Webtechnologie, die die Reduzierung der Bilddaten dadurch erreicht, dass sie lediglich eine stark begrenzte Anzahl von Farben speichert (maximal 256). Bei herkömmlichen Bildern ist dieser Bildmodus allerdings nicht zu empfehlen, da aufgrund der wenigen Farben nur eine bescheidene Bildqualität erzielt wird. Solche Bilder lassen sich für die spätere Darstellung auf einer Website viel effektiver im Bildmodus *RGB-Farbe* bearbeiten und anschließend im Dateiformat JPEG speichern.

Der Bildmodus *Indizierte Farben* ist hingegen in erster Linie für Bilder bzw. Grafiken gedacht, die von vornherein nur wenige unterschiedliche Farbwerte aufweisen, wie beispielsweise Logos oder Diagramme. Wenn eine Logografik nur aus vier Farben besteht, macht es sich schlicht und ergreifend nicht negativ in der Bildqualität bemerkbar, wenn der Bildmodus *Indizierte Farben* auch nur mit vier Farben arbeitet. Anders verhält es sich mit einem gewöhnlichen Digitalbild: Mit der üblichen RGB-Farbtiefe kann das Bild bis zu 16,7 Millionen unterschiedliche Farbtöne enthalten. Wenn ein solches Bild auf vier Farben reduziert wird, sieht die Sache mit der Bildqualität natürlich ganz anders aus.

Heruntergeladene Grafiken konvertieren

Ein weiterer Aspekt ergibt sich, wenn Sie beispielsweise ein Bild bzw. eine Grafik von einer Website heruntergeladen haben und nun bearbeiten möchten. Liegt die Datei im Bildmodus *Indizierte Farben* vor, stehen diverse Farbbefehle und nahezu alle Filter nicht mehr zur Verfügung. In solch einem Fall müssen Sie das Bild zunächst in den Bildmodus *RGB-Farbe* konvertieren (*Bild/Modus/ RGB-Farbe*).

Graustufen

Der Name bringt die Sache auf den Punkt: In diesem Bildmodus werden keine Farben angezeigt. Die Darstellung beschränkt sich auf Grauwerte bzw. Schwarz und Weiß, praktisch so, als wenn Sie bei Ihrem Farbfernseher die Sättigung (die Farbe) komplett herausnehmen. Wenn Sie Photoshop Elements in diesem Bildmodus betreiben, sind daher nahezu alle Farbbefehle inaktiv. Auch der Farbwähler kann in diesem Modus nur zum Anmischen von Grautönen benutzt werden. Graustufenbilder verfügen über eine Farbtiefe von 8 Bit. Damit sind 256 unterschiedliche Grauwerte darstellbar. Im Gegensatz zu den 16,7 Millionen möglichen Farben des Bildmodus *RGB-Farbe* klingt das doch etwas wenig, tatsächlich ermöglichen diese 256 Graustufen aber eine gute Bildqualität.

Bitmap

Dieser Bildmodus stellt mit einem Bit die geringstmögliche Farbtiefe überhaupt zur Verfügung. Damit kann jedes Pixel lediglich schwarz oder weiß sein. Wie beim Bildmodus *Graustufen* sind daher alle Farbbefehle inaktiv.

Tipps und Hinweise zur Arbeit mit Photoshop Elements

In diesem Kapitel sind in lockerer Form wichtige Aspekte zum Arbeitsablauf zusammengestellt. Vom Öffnen der Bilder bis hin zum Ausdrucken und Speichern werden Stationen eines typischen Bearbeitungsvorgangs angesprochen.

6.1 Öffnen der Bilder – direkt oder über den Organizer

Die Arbeit beginnt bereits mit der Entscheidung, wie Sie die Bilder in Photoshop Elements öffnen möchten. Alternativ zum Befehl *Datei/Öffnen* können Sie sie auch aus dem geöffneten Organizer übernehmen. Wählen Sie dazu das bzw. die zu bearbeitende(n) Bild(er) im Organizer aus und rufen Sie beispielsweise den Befehl *Bearbeiten/Mit Photoshop Elements Editor bearbeiten* auf (Strg + I bzw. cmd ⌘ + I).

Sie können Bilder auch direkt aus dem Windows-Explorer heraus öffnen. Rechtsklicken Sie dazu auf das jeweilige Bild bzw. auf die ausgewählten Bilder und wählen Sie im dann erscheinenden Kontextmenü den Befehl *Öffnen mit/ Photoshop Elements 15 Editor* aus.

6.2 Desktop-Verknüpfung für den Organizer erstellen

Um den Organizer direkt bzw. unabhängig von Photoshop Elements zu starten, ist es sinnvoll, eine entsprechende Verknüpfung auf dem Desktop bzw. Schreibtisch (Mac) zu erstellen.

Abbildung 6.1:
Auf dem Desktop erstellte Verknüpfung.

PC-Version

Navigieren Sie im Windows-Explorer zunächst zu dem entsprechenden Verzeichnis. Nach einer Standardinstallation befindet sich die Anwendungsdatei des Organizers in der 64-Bit Version von Windows 10 beispielsweise in dem nachstehend abgebildeten Verzeichnis **1** C:/Programme/Adobe/Elements15 Organizer. Rechtsklicken Sie hier auf die Anwendungsdatei des Organizers **2** und wählen Sie im dann erscheinenden Kontextmenü den Befehl *Senden an Desktop (Verknüpfung erstellen)*.

Abbildung 6.2:
Die Anwendungsdatei
2 *des Organizers*
(PC-Version).

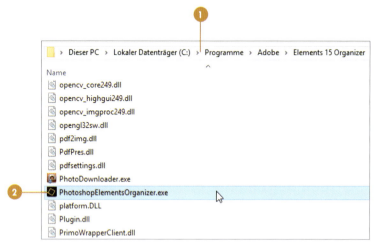

Mac-Version

Im Regelfall wird sich die Anwendungsdatei des Organizers beim Mac im Ordner *Programme* befinden. Öffnen Sie diesen Ordner im Finder und rechtsklicken Sie auf die Anwendungsdatei bzw. auf den Eintrag *Adobe Elements 15 Organizer*. Wählen Sie im dann erscheinenden Kontextmenü den Befehl *Alias erzeugen*. Daraufhin wird auf dem Schreibtisch ein Verknüpfungssymbol bereitgestellt, über das der Organizer gestartet werden kann.

6.3   Bildmodus RGB

Photoshop Elements bietet über den Befehl *Bild/Modus* die vier verschiedenen Bildmodi *Bitmap, Graustufen, Indizierte Farbe* und *RGB-Farbe* an. Voreingestellt ist hier *RGB-Farbe* **1** aktiviert. Die anderen drei Modi werden Sie nur in Ausnahmefällen benötigen, beispielsweise für die Bearbeitung von Bildern, die im GIF-Format vorliegen (*Indizierte Farbe*), oder wenn Sie Schwarz-Weiß-Bilder bearbeiten möchten (*Graustufen* und *Bitmap*).

Verwenden Sie für die Korrektur und Bearbeitung von Fotos und gescannten Bildern in jedem Fall *RGB-Farbe* – nicht zuletzt auch deshalb, weil sowohl Kameras als auch Scanner selbst im RGB-Modus arbeiten und daher in den meisten Fällen dementsprechende Bilder erzeugen. (Der Modus, in dem ein Bild vorliegt, ist übrigens auch in der zugehörigen Titelzeile zu erkennen ②.)

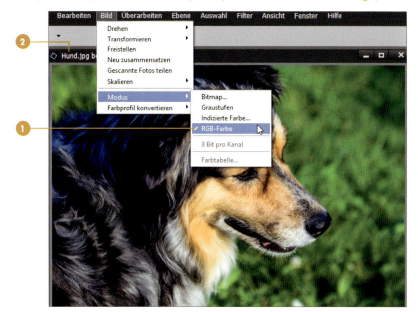

Abbildung 6.3:
Im Regelfall im Modus
RGB-FARBE arbeiten.

6.4 Originalbilder schützen

Um das versehentliche Überschreiben der unbearbeiteten Originaldateien zu verhindern, empfiehlt es sich, die bearbeiteten Bilder in sogenannten Versionssätzen zu speichern.

So können Sie, wenn Sie im Editor ein Bild überarbeiten, die geänderte Fassung zusammen mit dem Originalbild in einem Versionsstapel ablegen, wodurch das Originalbild stets unverändert bleibt. Die detaillierte Vorgehensweise hierzu wird in Kapitel 17 »Bilder speichern« erläutert.

6.5 Zwischenspeichern

Insbesondere bei komplexen Bearbeitungen sollten Sie die erzielten Fortschritte hin und wieder etappenweise zwischenspeichern.

Um dabei jeweils eine neue Datei mit einem etwas veränderten Dateinamen zu erzeugen, bietet es sich an, den Befehl *Datei/Speichern unter* in Verbindung mit der Funktion *Mit Original in Versionssatz speichern* zu nutzen (siehe Kapitel 17 »Bilder speichern«). Alternativ dazu können Sie den Dateinamen im Fenster *Speichern unter* natürlich auch manuell anpassen.

6.6 Auswahlen sichern

Es empfiehlt sich, komplexe bzw. mit viel Aufwand erstellte Auswahlen zu speichern. Auf diese Weise müssen Sie sich im Fall von unbeabsichtigten Veränderungen an einer Auswahl nicht mit mühsamen Korrekturen herumschlagen, sondern laden sie einfach erneut in der zuvor gespeicherten unveränderten Fassung. Sofern Sie das Bild in den Formaten PSD oder TIFF abspeichern, werden die über den Befehl *Auswahl/Auswahl speichern* gesicherten Auswahlen mit der Datei zusammen gespeichert und stehen damit auch für eine spätere Weiterbearbeitung bzw. zum Laden über den Befehl *Auswahl/Auswahl laden* zur Verfügung – JPEG ist hingegen leider nicht in der Lage, eine Auswahl zu speichern.

6.7 Originaldaten innerhalb des Bildes schützen

Mit den beiden hier vorgestellten Maßnahmen erreichen Sie, dass Sie bei der Arbeit an einem Bild ständigen Zugriff auf die ursprünglichen Bildinformationen behalten und so misslungene Korrekturen schnell wieder ausbügeln können.

Hintergrundebene duplizieren

Eine Strategie, um die Originaldaten innerhalb der Datei zu schützen, besteht darin, zunächst einmal die Hintergrundebene zu duplizieren (*Ebene/Ebene duplizieren*). Anschließend beziehen sich sämtliche Bearbeitungsschritte nur noch auf das Duplikat ① der Hintergrundebene bzw. auf neu hinzukommende Ebenen, während die ursprüngliche Hintergrundebene ② von allen Bearbeitungsschritten ausgenommen wird. Sollte dann im Rahmen der Bearbeitung irgendetwas schiefgehen, können Sie das in Mitleidenschaft gezogene Duplikat löschen und jederzeit ohne großen Aufwand auf das Originalbild zurückgreifen.

Abbildung 6.4:
Hintergrundebene
duplizieren.

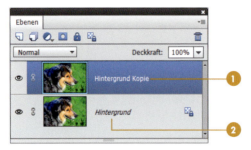

Einstellungsebenen verwenden

Wenn Sie in Photoshop Elements einen Korrekturbefehl auswählen, werden die ursprünglichen Bildinformationen verändert. Dieser Vorgang kann nur während der jeweiligen Photoshop-Sitzung rückgängig gemacht werden. Einige Funktionen (z. B. zur Helligkeits- und Farbkorrektur) werden von Photoshop Elements auch als Einstellungsebene angeboten, die sich direkt im Bedienfeld *Ebenen* ③ erstellen lässt. Mit einer Einstellungsebene ④ können Sie Veränderungen bzw. Korrekturen am Bild vornehmen, ohne dass diese direkt in das Bild gerechnet werden und damit das Originalbild verändern. Vielmehr wird die Änderung als Ebene verwaltet, die über der zu korrigierenden Bildinformation liegt und jederzeit ausgeblendet, gelöscht oder in Ihren Einstellungen angepasst werden kann. Weitergehende Informationen zur Anwendung von Einstellungsebenen finden Sie in Kapitel 34 »Flexibler arbeiten mit Füll- und Einstellungsebenen«.

Abbildung 6.5:
Die Verwendung von
Einstellungsebenen ④
sorgt für ein hohes
Maß an Flexibilität.

6.8 Zunächst die Bildhelligkeit optimieren

Beginnen Sie die Arbeit an einem Bild, indem Sie zunächst die Helligkeitswerte überprüfen bzw. optimieren, und sorgen Sie u. a. dafür, dass Schwarz wie Schwarz und Weiß wie Weiß aussieht. Wie Sie dabei vorgehen, erfahren Sie in Kapitel 10 »Schnelle Helligkeitskorrekturen« und in Kapitel 11 »Tonwertkorrektur«.

Abbildung 6.6:
Vor und nach der
Helligkeitskorrektur

6.9   Bearbeitung auf Teilbereiche beschränken

Um die Bearbeitung auf einen Teilbereich eines Bildes zu beschränken, müssen Sie die Bildpunkte dieses Bereichs zuvor auswählen. Je nach Motiv und Zielsetzung wählen Sie dazu eins der diversen Auswahlwerkzeuge. Alle Infos zum Thema Teilbereichsbearbeitung finden Sie in Kapitel 20 »Auswählen von Bildbereichen«.

*Abbildung 6.7:
Die Pixel eines
Bildbereichs
auswählen.*

6.10   Bilder kombinieren

Um Bilder miteinander zu kombinieren, ziehen Sie das gewünschte Bild einfach mithilfe des Verschieben-Werkzeugs ⊕ in das jeweils andere Bild. Wenn Sie dabei ⇧ gedrückt halten, wird das gezogene Bild zentriert über dem anderen Bild angeordnet. Alternativ dazu können Sie auch die Funktion *Datei/Platzieren* verwenden.

6.11   Nachschärfen

Die Nachbearbeitung von Bildern geht oftmals zulasten der Schärfe. Kontrollieren Sie diese daher abschließend noch einmal bzw. schärfen Sie das Bild ggf. nach. Mehr Infos dazu finden Sie in Kapitel 15 »Schärfe steuern«.

6.12   Bilder für eine spätere Weiterbearbeitung speichern

Wenn Sie die Arbeit an einem Bild noch nicht abgeschlossen haben bzw. wenn Sie sich möglichst viele Optionen für eine spätere Überarbeitung offenhalten möchten, sollten Sie das Bild im Photoshop-eigenen Dateiformat PSD (**P**hotoshop **D**ocument) speichern. Im Gegensatz zu anderen Dateiformaten wie beispielsweise JPEG oder PNG speichert dieses Format alle für die nachträgliche Überarbeitung relevanten Dinge (z. B. Ebenen oder Auswahlen). Mehr über das PSD-Format erfahren Sie in Kapitel 17 »Bilder speichern«.

6.13   Bilder für die Weitergabe speichern

Damit andere Ihre Bilder betrachten können, müssen diese in einem dafür geeigneten Dateiformat vorliegen. In den meisten Fällen werden Sie daher das JPEG-Format wählen. Mehr Infos zu diesem Format und den damit einhergehenden Möglichkeiten erhalten Sie in Kapitel 17 »Bilder speichern« und in Kapitel 18 »Bilder für den Interneteinsatz optimieren«.

6.14   Vor dem Ausdrucken Größe und Auflösung anpassen

Mit einer Digitalkamera fotografierte Bilder müssen in den meisten Fällen vor dem Ausdrucken in Bezug auf ihre Größe und Auflösung angepasst werden. Mehr Informationen dazu finden Sie in Kapitel 52 »Fotos drucken«.

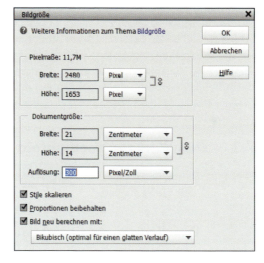

Abbildung 6.8:
Größe und Auflösung
eines Bildes lassen sich
im Fenster BILDGRÖSSE
anpassen.

7 Arbeiten mit allen Möglichkeiten – der Modus Experte

In diesem Modus stellt Photoshop Elements die größte Funktionsvielfalt zur Verfügung. Das wird besonders am prall gefüllten Werkzeugbedienfeld deutlich. Während in den beiden anderen Modi *Schnell* und *Assistent* hier nur einige wenige Werkzeuge angeboten werden, präsentiert der Modus *Experte* in zwei Spalten eine Vielzahl an Werkzeugen. Gleiches gilt für die Menübefehle. Bei der Arbeit in den Modi *Schnell* und *Assistent* sind hier viele Befehle ausgegraut bzw. inaktiv. Im Modus *Experte* stehen hingegen alle Befehle zur Verfügung.

7.1 Das Werkzeugbedienfeld im Detail

Abbildung 7.1: Das Werkzeug-bedienfeld.

Dieses Bedienfeld stellt diverse Werkzeuge für die Bildbearbeitung zur Verfügung.

Das Werkzeugbedienfeld aus- und einblenden

Über den Befehl *Fenster/Werkzeuge* können Sie das Werkzeugbedienfeld aus- und einblenden. Das Ausblenden des Werkzeugbedienfeldes erfolgt in den meisten Fällen, weil man das angezeigte Bild gern ohne Bedienfelder beurteilen bzw. ansehen möchte. In diesem Fall sollten Sie allerdings besser gleich alle Fenster auf einmal ausblenden. Verwenden Sie dazu die Tabulatortaste ⇥. Hiermit verschwinden alle Bedienfelder, und Sie können sich in Ruhe auf das jeweilige Bild konzentrieren. Nach erneuter Betätigung der Taste ⇥ werden alle Bedienfelder an ihren zuvor belegten Positionen angezeigt.

Alle Bedienfelder mit Ausnahme des Werkzeug-bedienfeldes aus- und einblenden

Insbesondere bei der Arbeit am Bild möchte man oftmals alle Bedienfelder mit Ausnahme des Werkzeugbedienfeldes ausblenden.

Diesen Job erledigt das Tastenkürzel ⌂ + ↰ . Hiermit haben Sie nach wie vor Zugriff auf andere Werkzeuge, werden aber nicht durch das Bild überlagernde Bedienfelder gestört.

Aktuelles Werkzeug in der Statusleiste anzeigen

Die Statusleiste wird erst eingeblendet, wenn ein Bild geöffnet wurde. In der Statusleiste des Editors kann auf Wunsch der Name des aktuell gewählten Werkzeugs angezeigt werden. Öffnen Sie dazu die Drop-down-Liste ❶ und klicken Sie hier auf den Eintrag *Aktuelles Werkzeug* ❷. Anschließend wird in der Statuszeile der Name des jeweils gewählten Werkzeugs ❸ angegeben.

Abbildung 7.2:
Im Listenfeld der
Statusleiste auf
AKTUELLES WERKZEUG
klicken.

Werkzeugnamen anzeigen

Sobald Sie den Cursor über einem der Werkzeuge platzieren, erscheint ein Infofenster (QuickInfo), das die Bezeichnung des Werkzeugs angibt.

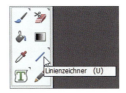

Abbildung 7.3:
Die QuickInfo zeigt
den Werkzeugnamen
an.

Werkzeugwahl

Klicken Sie im Werkzeugbedienfeld auf das Werkzeug, das Sie benutzen möchten. Dadurch wird es angewählt und erscheint wie eine gedrückte Schaltfläche.

Ausgeblendete Werkzeuge anwählen

Aus Platzgründen teilen sich einige Werkzeuge ihre Position im Werkzeugbedienfeld mit anderen besonders ähnlichen oder dazugehörigen Werkzeugen. Das gilt für alle Werkzeuge, die rechts oben ein kleines schwarzes Dreieck aufweisen. Dieses Symbol ist allerdings nur dann sichtbar, wenn Sie den Cursor über den jeweiligen Bereich des Werkzeugbedienfeldes platzieren. Klicken Sie mit dem Mauszeiger auf ein solches Werkzeug, werden die ausgeblendeten Werkzeuge im Werkzeugoptionsbereich angezeigt.

Abbildung 7.4:
Alle Werkzeuge, die
rechts oben ein kleines
schwarzes Dreieck
aufweisen, teilen sich
ihren Platz mit
anderen.

Hier können Sie jedes der im jeweiligen Fach vorhandenen Werkzeuge auswählen. Alternativ dazu können Sie die ⌐Alt⌐-Taste gedrückt halten und mehrfach auf das jeweilige Fach klicken. Auf diese Weise wird bei jedem Klick eines der anderen im Fach vorhandenen Werkzeuge angezeigt bzw. ausgewählt.

Abbildung 7.5:
Die aktuell ausge-
blendeten Werkzeuge
werden im Werkzeug-
optionsbereich
angezeigt.

Werkzeuge per Tastenkürzel anwählen

Wenn Sie gern mit Tastenkürzeln arbeiten, können Sie die Werkzeuge auch auf diesem Weg auswählen. Drücken Sie beispielsweise ⌐Z⌐, um das Zoom-Werkzeug 🔍 zu aktivieren. Um mithilfe eines Tastenkürzels auf ein aktuell ausgeblendetes Werkzeug zuzugreifen, müssen Sie die betreffende Taste mehrfach drücken, bis das gewünschte Werkzeug im Werkzeugbedienfeld erscheint.

Damit sich die Vielzahl der Tastenkürzel einprägt, bedarf es natürlich einiger Routine. Im Zweifelsfall können Sie hier aber auch auf die QuickInfo zugreifen. Diese zeigt das entsprechende Tastenkürzel, wenn Sie den Cursor über dem jeweiligen Werkzeug platzieren. Zudem finden Sie nachstehend eine Auflistung aller Werkzeuge mit ihrem jeweiligen Tastenkürzel.

Tabelle 7.1:
Werkzeuge und
Funktionen des
Werkzeug-
bedienfeldes.

Mess- und Navigationswerkzeuge			
Zoom-Werkzeug	🔍	Z	Vergrößert oder verkleinert die Bildansicht, wobei diese auf den angeklickten Punkt hin zentriert dargestellt wird. Dieses Werkzeug ändert nichts an der eigentlichen Bildgröße, da es nur die Bilddarstellung beeinflusst.
Hand-Werkzeug	✋	H	Wenn Sie beispielsweise mit dem Zoom-Werkzeug in das Bild gezoomt haben, können Sie mit dem Hand-Werkzeug den dargestellten Bildausschnitt verschieben.
Verschieben-Werkzeug	⊹	V	Verschiebt ausgewählte Bildbereiche oder ganze Ebenen.
Farbwähler-Werkzeug	🖋	I	Mit diesem Werkzeug können Sie einen Farbton aus einem Bild abgreifen und als Vorder- oder Hintergrundfarbe (mit ⌐Alt⌐ + Klick) verwenden.

Auswahlwerkzeuge			
Lasso-Werkzeuge	⌏	Ⓛ	Das Lasso-Werkzeug ⌏ dient dazu, die gewünschte Auswahl regelrecht zu zeichnen. Mit dem Polygon-Lasso ⌿ können sehr effektiv gerade verlaufende Bildbereiche nachgezeichnet bzw. ausgewählt werden. Das magnetische Lasso ⌿ orientiert sich an Kantenkontrasten und ermöglicht auf diese Weise eine komfortable Auswahl von Objekten, die sich gut vom Hintergrund abheben.
Auswahlrechteck	⬚	Ⓜ	Verwenden Sie die beiden Werkzeuge, um rechteckige oder elliptische bzw. runde Bildbereiche auszuwählen.
Auswahlellipse	◯		
Zauberstab	✧	Ⓐ	Wählt die Bereiche im Bild aus, die die gleiche Farbe aufweisen wie der Bildbereich, den Sie mit dem Werkzeug anklicken.
Schnellauswahl-Werkzeug	✎	Ⓐ	Das Schnellauswahl-Werkzeug ermöglicht die komfortable Auswahl einzelner Bildbereiche, indem es Bildbereiche mit in die Auswahl aufnimmt, die die gleiche Farbe und eine ähnliche Struktur aufweisen.
Auswahlpinsel	✐		Mit dem Auswahlpinsel können Sie die gewünschte Auswahl regelrecht malen. Form und Größe der Werkzeugspitze beeinflussen das Ergebnis in diesem Fall maßgeblich.
Auswahl-verbessern-Pinsel	✐		Mit dem Auswahl-verbessern-Pinsel können Sie eine bestehende Auswahl in ihrer Ausdehnung erweitern oder reduzieren, indem Sie die gewünschte Auswahlkorrektur in das Bild malen.
Textwerkzeuge			
Horizontales Textwerkzeug	T	Ⓣ	Mit den Textwerkzeugen können Sie Text erstellen. Die Textmaskierungswerkzeuge dienen dabei zum Erstellen einer textförmigen Auswahl.
Vertikales Textwerkzeug	↓T		
Horizontales Textmaskierungswerkzeug	T		Mit den drei anderen Textwerkzeugen können Sie zu erstellenden Text anhand einer Auswahl, einer Vektorform oder entlang einer selbst gezeichneten Linie (Pfad) ausrichten.
Vertikales Textmaskierungswerkzeug	↓T		
Text-auf-Auswahl-Werkzeug	T		
Text-auf-Form-Werkzeug	T		
Text-auf-eigenem-Pfad-Werkzeug	T		

Freistellungswerkzeuge

Werkzeug	Symbol	Taste	Beschreibung
Freistellungswerkzeug Perspektivisches Freistellungs-werkzeug Ausstecher		C	Mit dem Freistellungswerkzeug können Sie die Ränder eines rechteckigen Bild-bereichs abschneiden. Das perspektivische Freistellungswerkzeug ermöglicht zusätzlich zum Freistellen die Korrektur perspekti-vischer Verzerrungen. Der Ausstecher er-möglicht Ihnen, wie beim Teigstechen ein-fach vordefinierte Formen aus einem Bild zu stechen. Sichtbar bleibt anschließend nur der durch die Form definierte Bereich.
Neu-zusammensetzen-Werkzeug		W	Das Neu-zusammensetzen-Werkzeug dient dazu, die Bildgröße selektiv zu ver-ändern, ohne das jeweilige Motiv dabei zu verlieren.
Gerade-ausrichten-Werkzeug		P	Wie der Name schon sagt, richtet dieses Werkzeug Ihre Bilder gerade aus. Beispielsweise lässt sich so ein schiefer Horizont begradigen.
Inhaltssensitives Verschieben-Werkzeug		Q	Verschieben Sie mit diesem Werkzeug ausgewählte Bildbereiche, wird die sonst entstehende Lücke automatisch gefüllt.

Retuschierwerkzeuge

Werkzeug	Symbol	Taste	Beschreibung
Rote-Augen-entfernen-Werkzeug		Y	Automatisches Retuschewerkzeug, das den unschönen Rote-Augen-Effekt entfernt.
Bereichsreparatur-Pinsel Reparatur-Pinsel		J	Beide Pinsel arbeiten mehr oder weniger automatisch und dienen dazu, die stören-den Bildbereiche zu retuschieren.
Kopierstempel Musterstempel		S	Der Kopierstempel ist das älteste Retu-schewerkzeug. Er eignet sich auch, um größere Bildteile zu vervielfältigen bzw. zu kopieren. Der Musterstempel nutzt für seine Arbeit vordefinierte Muster. Bei der eigentlichen Retusche wird er aber eher selten verwendet.
Radiergummi Hintergrund-Radiergummi Magischer Radiergummi		E	Mit diesen Werkzeugen entfernen Sie Bildpunkte bzw. Bildbereiche. Jedes der drei Werkzeuge geht seinem Job auf eine besondere Art und Weise nach.
Weichzeichner Scharfzeichner Wischfinger		R	Alle drei Werkzeuge ermöglichen Ihnen, den Schärfegrad von Bildbereichen zu bearbeiten, wobei der Wischfinger den zu bearbeitenden Bereich eher verschmiert – praktisch so, als würden Sie mit einem Finger über nasse Farbe streichen.
Schwamm Abwedler Nachbelichter		O	Mit dem Schwamm können Sie die Sättigung von Bildbereichen anpassen. Abwedler und Nachbelichter dienen hin-gegen der partiellen Helligkeitskorrektur.

Mal- und Zeichenwerkzeuge			
Pinsel		B	Zu Zeiten der analogen Fotografie wurde die Bildretusche mittels feiner Marderhaarpinsel realisiert. Der digitale Nachfolger ist der Pinsel von Photoshop Elements. Dementsprechend könnte man den Pinsel ebenfalls in die Kategorie der Retuschewerkzeuge aufnehmen. Pinsel und Buntstift sind die beiden Mal- und Zeichenwerkzeuge schlechthin. Insbesondere in Verbindung mit einem Grafiktablett entfalten sie ihre volle Leistungsfähigkeit. Der Impressionisten-Pinsel erlaubt es, mit wenigen Klicks aus einem normalen Foto ein impressionistisches Gemälde zu zaubern. Mit dem Farbe-ersetzen-Werkzeug können Sie Bildbereiche so einfärben, dass die Struktur des Bereichs erhalten bleibt. Mit dem Buntstift zeichnen Sie Striche, die eine extrem harte Kante aufweisen.
Impressionisten-Pinsel		B	
Farbe-ersetzen-Werkzeug		B	
Buntstift		N	
Smartpinsel-Werkzeug		F	Mit diesen Werkzeugen können Sie bestimmte Bildbereiche komfortabel auswählen und im gleichen Arbeitsschritt Farb- bzw. Helligkeitskorrekturen durchführen.
Detail-Smartpinsel-Werkzeug			
Füllwerkzeug		K	Analog zur Werkzeugsymbolik (Farbeimer, aus dem Farbe ausgegossen wird) können Sie mit dem Füllwerkzeug bestimmte Bildbereiche einfärben. Dabei werden allerdings nur die Bereiche mit der aktuell eingestellten Vordergrundfarbe eingefärbt, die farblich dem Pixel ähneln, auf das Sie mit dem Füllwerkzeug klicken. Dieses Werkzeug eignet sich daher insbesondere für das Umfärben einfarbiger Bildbereiche.
Verlaufswerkzeug		G	Erstellt diverse Arten von Verläufen. Orientiert sich dabei u. a. an der eingestellten Vorder- und Hintergrundfarbe.
Formwerkzeuge			
Rechteck-Werkzeug		U	Mit den Formwerkzeugen können Sie vektorbasierte Formen erstellen. Neben der Möglichkeit, eigene Formen zu erstellen, steht eine Vielzahl von vordefinierten Formen zur Verfügung. Der Vorteil vektorbasierter Formen besteht darin, dass sie ohne Qualitätsverlust verkleinert bzw. vergrößert werden können. Die so erstellten Formen lassen sich entweder in Briefmarkengröße oder für die Gestaltung eines Posters verwenden. Die Objekte sind in jedem Fall auch nach dem Skalieren zu 100 % scharf.
Abgerundetes-Rechteck-Werkzeug			
Ellipse-Werkzeug			
Polygon-Werkzeug			
Stern-Werkzeug			
Linienzeichner			
Eigene-Form-Werkzeug			
Formauswahl-Werkzeug			

Abbildung 7.6:
Am unteren Ende des
Werkzeugbedien-
feldes sind die
Farbfelder der
Vorder- und
Hintergrundfarbe
angeordnet.

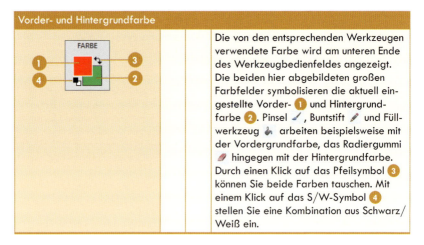

Vorder- und Hintergrundfarbe

Die von den entsprechenden Werkzeugen verwendete Farbe wird am unteren Ende des Werkzeugbedienfeldes angezeigt. Die beiden hier abgebildeten großen Farbfelder symbolisieren die aktuell eingestellte Vorder- ❶ und Hintergrundfarbe ❷. Pinsel ✏, Buntstift ✏ und Füllwerkzeug 🪣 arbeiten beispielsweise mit der Vordergrundfarbe, das Radiergummi 🧽 hingegen mit der Hintergrundfarbe. Durch einen Klick auf das Pfeilsymbol ❸ können Sie beide Farben tauschen. Mit einem Klick auf das S/W-Symbol ❹ stellen Sie eine Kombination aus Schwarz/Weiß ein.

TIPP ⮕

In diesem Zusammenhang stehen Ihnen zwei praktische Tastenkürzel zur Verfügung:

- Vorder- und Hintergrundfarbe tauschen: ⌷X⌷
- Vorder- und Hintergrundfarbe auf Schwarz/Weiß umschalten: ⌷D⌷

7.2 Werkzeuge einstellen

Spätestens wenn Sie auf die Schaltfläche WZ-*Optionen* ❶ klicken, wird an der Unterseite des Anwendungsfensters der Werkzeugoptionsbereich ❷ angezeigt. Nach der Auswahl eines Werkzeugs aus dem Werkzeugbedienfeld werden hier voreingestellt alle zugehörigen Optionen bzw. Einstellungsmöglichkeiten angezeigt. Wenn Sie ein anderes Werkzeug auswählen, ändern sich die dargestellten Inhalte entsprechend. Die im Werkzeugoptionsbereich vorgenommenen Einstellungen bleiben so lange erhalten, bis Sie diese erneut anpassen.

Abbildung 7.7:
Der Werkzeug-
optionsbereich.

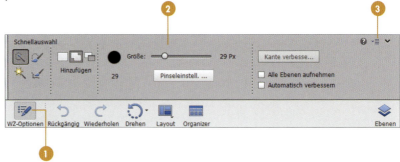

Zurücksetzen

Um die Einstellungen wieder auf die »Werkseinstellungen« zu bringen, können Sie rechts ❸ ein Drop-down-Menü öffnen, über das Sie entweder die Einstellungen des aktuellen Werkzeugs oder die Einstellungen aller Werkzeuge zurücksetzen können. Nutzen Sie diese Funktion insbesondere dann, wenn Ihnen das Verhalten des Werkzeugs »spanisch« vorkommt.

7.3   Die Titelleiste

Wie viele andere Programme auch zeigt Photoshop Elements den Namen ❶ des jeweiligen Dokuments bzw. Bildes in einer Titelleiste an. Dabei verwendet das Programm zwei Variationen: Wenn das Bild in einem schwebenden Fenster dargestellt wird, erscheint eine klassische Titelleiste. Bei nicht schwebenden Bildern reduziert sich die Titelleiste auf eine Registerschaltfläche.

Schwebende Fenster lassen sich frei im Anwendungsfenster und darüber hinaus verschieben. Sie werden nur dann unterstützt, wenn in den Programmvorein-stellungen (*Bearbeiten/Voreinstellungen/Allgemein*) die Funktion *Floating Doku-mente im Expertenmodus zulassen* aktiviert ist.

Abbildung 7.8:
Die Titelleiste zeigt diverse Informationen an – hier ein schwebendes Fenster.

Die in beiden Varianten abgebildeten Informationen sind aber identisch. Rechts des Namens werden die jeweilige Dateiendung ❷ (hier *.dng*) und die aktuelle Zoomstufe ❸ abgebildet. Die Zoomstufe ist insbesondere für die qualitative Beurteilung von Bildern von Bedeutung, denn diese ist grundsätzlich nur bei einer Zoomstufe von 100 % möglich. Der Grund dafür ist, dass nur in dieser Zoomstufe jedes Pixel des Bildes durch ein Pixel des Monitors wiedergegeben wird. Bei allen anderen Zoomstufen ist Photoshop Elements gezwungen, Origi-nalpixel wegzulassen oder sich neue Pixel »auszudenken«. Wenn das Bild über mehr als eine Ebene verfügt, wird in der Klammer der Name der aktuell ausgewählten Bildebene ④ angegeben. Diese Information unterstützt Sie dabei, nicht versehentlich eine andere Bildebene zu bearbeiten, setzt aber voraus, dass Sie die verschiedenen Ebenen auch entsprechend eindeutig benennen. Ebenfalls in der Klammer wird der Bildmodus ⑤ angezeigt (hier RGB). Hierbei handelt es sich um den Standardfarbmodus für Fotos am Bildschirm.

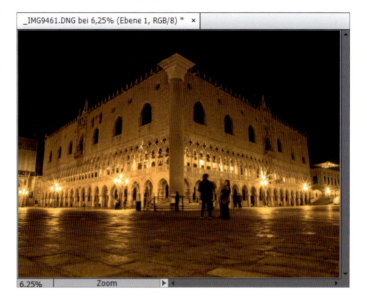

Abbildung 7.9:
Bei nicht schwebenden
Fenstern wird die
Titelleiste in Form einer
Registerkarte
angezeigt.

Wird hier hingegen beispielsweise *Graustufen* (bei Schwarz-Weiß-Bildern) oder *Indizierte Farben* angezeigt, stehen viele Farbfunktionen nicht mehr oder nur sehr eingeschränkt zur Verfügung. Insbesondere Bilder und Grafiken, die Sie aus dem Internet herunterladen, liegen häufig im Modus *Indizierte Farben* vor. Wenn Sie ein solches Bild dennoch weiterbearbeiten möchten, sollten Sie es zunächst über den Befehl *Bild/Modus/RGB-Farbe* in den RGB-Modus konvertieren.

Rechts vom Modus ⑥ informiert Sie Photoshop Elements zudem über die sogenannte Farbtiefe, also darüber, wie viel Bit jeder der einzelnen Bildkanäle für die Farbinformation aufwendet. Bei 8 Bit und einem Bild im RGB-Modus stehen somit insgesamt 24 Bit pro Bild zur Verfügung. Damit lassen sich rund 16,7 Millionen Farben darstellen. Bei Bildern im Modus *Indizierte Farben* wird an dieser Stelle kein Bitwert angezeigt. Wird ganz am Ende der Titelleiste ein Sternchen angezeigt, ist das ein Hinweis darauf, dass an diesem Bild vorgenommene Änderungen noch nicht gespeichert wurden.

Wenn Sie den Cursor auf die Titelleiste des Bildes platzieren, verrät Ihnen die QuickInfo den Speicherort der Datei.

7.4   Anzeige der Statusleiste anpassen

Sie können wählen, welche Informationen Photoshop Elements in der Statusleiste **1** anzeigt, indem Sie die entsprechende Einstellung im Drop-down-
Menü **2** der Statusleiste auswählen.

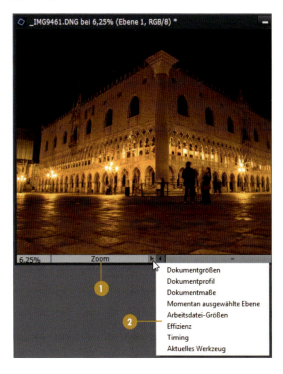

Abbildung 7.10:
Hier die Anzeige der
Statusleiste einstellen

Einstellung	Anzeige in Statusleiste
Dokumentgrößen	Die ungefähre Datenmenge des jeweiligen Bildes. Der linke Wert beschreibt die Datenmenge des auf eine Ebene reduzierten Bildes. Der rechte Wert beschreibt die Datenmenge des Bildes, wenn es mit allen Ebenen gespeichert wird.
Dokumentprofil	Das in das Bild eingebettete Farbprofil.
Dokumentmaße	Breite und Höhe des Bildes und die relative Auflösung (ppi).
Momentan ausgewählte Ebene	Der Ebenenname der aktuell im Bedienfeld *Ebenen* ausgewählten Ebene.
Arbeitsdatei-Größen	Ein Arbeitsspeichermonitor. Der linke Wert zeigt den von Photoshop Elements aktuell beanspruchten Arbeitsspeicher. Der rechte Wert zeigt den für Photoshop Elements freigegebenen Arbeitsspeicher an. Diesen Wert bzw. den freigegebenen Arbeitsspeicher können Sie im Fenster *Voreinstellungen* festlegen (*Bearbeiten/Voreinstellungen/Leistung*).

Tabelle 7.2:
Funktionen der
Statusleiste.

Einstellung	Anzeige in Statusleiste
Effizienz	Bei Werten unter 100 % reicht der Arbeitsspeicher nicht aus. Wenn dieser Wert sehr häufig unterschritten wird, sollten Sie Photoshop Elements mehr Arbeitsspeicher zuweisen bzw. Ihren Rechner mit mehr Arbeitsspeicher ausstatten. Liegt der Effizienzwert unter 100 %, reicht der Photoshop Elements zugewiesene Arbeitsspeicher nicht mehr aus. In diesem Fall lagert das Programm Daten auf eine Festplatte (einen virtuellen Speicher) aus. Die dafür verwendete Festplatte wird auch als Arbeitsvolume bezeichnet. Welche Festplatte bzw. welches Arbeitsvolume Photoshop Elements zu diesem Zweck nutzen soll, können Sie im Fenster *Voreinstellungen* festlegen (*Bearbeiten/Voreinstellungen/Leistung*). Sofern Sie über mehrere Festplatten verfügen, sollten Sie nicht die gleiche Platte verwenden, auf der Photoshop Elements installiert ist. Achten Sie zudem darauf, dass die jeweilige Platte über ausreichend Speicherplatz verfügt. Die Effizienz können Sie sich übrigens auch im Bedienfeld *Informationen* anzeigen lassen.
Timing	Zeitdauer, in der Photoshop Elements den letzten Befehl umgesetzt hat.
Aktuelles Werkzeug	Das aktuell im Werkzeugbedienfeld aktivierte Werkzeug.

7.5   Projektbereich

An der Unterseite des Anwendungsfensters untergebracht, zeigt dieser Bereich die aktuell in Photoshop Elements geöffneten Bilder an. Das aktive bzw. gerade in Bearbeitung befindliche Bild erscheint blau umrahmt.

TIPP Wenn Sie mit einem kleineren Monitor arbeiten, ist Platz stets ein knappes Gut. In diesem Fall können Sie den Projektbereich platzsparend zusammenklappen, indem Sie auf seine Registerschaltfläche doppelklicken. Das erneute Ausklappen erfolgt auf dem gleichen Weg.

Abbildung 7.11: Kontextmenü des Projektbereichs.

Dateinamen einblenden

Um die Dateinamen der hier dargestellten Bilder einzublenden, rechtsklicken Sie in einen freien Bereich und wählen im dann erscheinenden Kontextmenü den Befehl *Dateinamen einblenden* aus. Diese Funktion steht auch zur Verfügung, wenn Sie einen Rechtsklick auf eines der Bilder ausführen.

Drehen und Duplizieren von Bildern

Über das Kontextmenü der einzelnen Bilder werden zudem Befehle zum Drehen und Duplizieren angeboten.

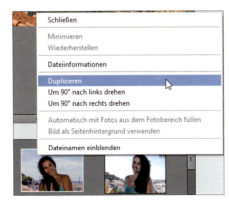

Abbildung 7.12:
Im Projektbereich
werden viele Befehle
über das Kontextmenü
(Rechtsklick) erreicht.

Auf der rechten Seite des Projektbereichs können Sie über ein Flyout-Menü ❶ drei Aktionen erreichen. So können Sie im Projektbereich dargestellte Bilder z. B. direkt ausdrucken. Um im Rahmen einer solchen Aktion mehrere Bilder auf einmal zu verwenden, können Sie mit den gängigen Tastenkürzeln Strg bzw. cmd ⌘ oder ⇧ eine Sammelauswahl erstellen.

Abbildung 7.13:
Über das Flyout-Menü
(rechte Seite) können
diverse Aktionen
erreicht werden.

7.6 Bedienfelder

Wenn Sie den Editor im Modus *Experte* betreiben, stehen Ihnen 13 verschiedene Bedienfelder zur Verfügung. Hier können Sie Einstellungen vornehmen, Effekte zuweisen, auf Ressourcen zugreifen oder Informationen einsehen.

Die fünf am häufigsten verwendeten Bedienfelder

Adobe hat erkannt, dass fünf dieser Bedienfelder besonders häufig verwendet werden, und behandelt sie daher in besonderer Weise, insofern sie von den übrigen Bedienfeldern getrennt dargestellt und verwaltet werden.

Tabelle 7.3:
Diese am häufigsten
verwendeten
Bedienfelder werden
von Adobe besonders
behandelt.

Bedienfeld	Funktion
Ebenen	Dient der Verwaltung der einzelnen Ebenen eines Bildes. Diese liegen in Schichten übereinander und ergeben so das Gesamtbild.
Effekte	Stellt diverse Effekte zur Verfügung. Diese können dem jeweils dargestellten Bild direkt zugewiesen werden. Die Effektwirkung ist sofort sichtbar.
Filter	Zeigt einen Großteil der im gleichnamigen Menü angebotenen Funktionen. Die Bandbreite reicht von Filtern, die das Bild oder zuvor ausgewählte Bildbereiche weichzeichnen, bis hin zu Filtern, die traditionelle Zeichentechniken imitieren.
Stile	Mit den in diesem Bedienfeld angebotenen Funktionen können Sie mit wenigen Klicks Effekte wie beispielsweise Konturen, plastische Kanten, Schatten und/oder Farb- und Musterfüllungen einer Ebene erzeugen. Voraussetzung ist, dass die jeweilige Ebene über transparente Bereiche verfügt.
Grafiken	Hierbei handelt es sich um den Grafikfundus des Programms, der z. B. Hintergründe, Bilderrahmen, Grafiken und gestaltete Textmuster (Textstile) enthält.

Die »restlichen« Bedienfelder

Die anderen Bedienfelder zeigt Photoshop Elements (mit einer Ausnahme) zunächst in einem gemeinsamen Fenster. Lediglich das Bedienfeld *Korrekturen* taucht auch hier nicht auf und wird stets in einem eigenen Fenster angezeigt.

Abbildung 7.14:
Sieben der insgesamt
13 Bedienfelder
werden zunächst in
diesem Gruppen-
fenster angezeigt.

Zur Darstellung der Bedienfelder bietet Photoshop Elements zwei Modi an. Der Modus *Grundlegender Arbeitsbereich* ist voreingestellt.

Grundlegender Arbeitsbereich (alles schön übersichtlich)

In diesem (voreingestellten) Modus werden die häufig verwendeten Bedienfelder *Ebenen*, *Effekte*, *Filter*, *Stile* und *Grafiken* über die fünf gleichnamigen Schaltflächen an der Unterseite aufgerufen. Nach einem Klick auf eine dieser Schaltflächen erscheint das entsprechende Bedienfeld auf der rechten Seite (im sogenannten Bedienfeldbereich).

Besonderheit: Die fünf Bedienfelder finden sich immer am gleichen Platz, somit bleibt die Oberfläche schön übersichtlich. Allerdings hat die Sache einen Haken: In diesem Modus kann auf der rechten Seite immer nur eines dieser fünf Bedienfelder angezeigt werden. Zudem können sie nicht an anderer Stelle positioniert oder in ihrer Größe angepasst werden. Die anderen (nicht so häufig verwendeten) Bedienfelder können Sie als Gruppe einblenden. Klicken Sie dazu auf die Schaltfläche *Mehr* **1**.

Abbildung 7.15:
Im Modus GRUND-
LEGENDER ARBEITSBEREICH
(hier mit dem
Bedienfeld EBENEN)
befinden sich die
entsprechenden
Schaltflächen an der
Unterseite des
Anwendungsfensters.

Jetzt zeigt die Software die restlichen Bedienfelder in einem Fenster. In einem zweiten Schritt müssen Sie dann nur noch auf das Register des gewünschten Bedienfeldes klicken. Alternativ zu der Schaltfläche *Mehr* können Sie auch das kleine Dreieck anklicken **2** und im daraufhin erscheinenden Menü das gewünschte Bedienfeld auswählen.

Auch hier werden alle Bedienfelder in einem Gruppenfenster geöffnet, allerdings wird auf diese Weise das gewünschte Bedienfeld direkt angezeigt. Diese Technik funktioniert auch, indem Sie den klassischen Weg über den entsprechenden Menübefehl gehen (z. B. *Fenster/Navigator*).

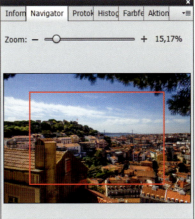

Abbildung 7.16:
Das im Menü
gewählte Bedienfeld
wird direkt angezeigt.

Die über die Schaltfläche *Mehr* geöffneten Bedienfelder können Sie jederzeit vom Gruppenfenster abdocken und frei auf der Oberfläche »fallen lassen«. Ziehen Sie dazu einfach das jeweilige Register an die gewünschte Position. Ein Andocken solcher frei schwebenden Bedienfelder an den bzw. innerhalb des auf der rechten Seite dargestellten Bedienfeldbereichs ist im Modus *Grundlegender Arbeitsbereich* allerdings nicht möglich, denn ansonsten würde sich ja die übersichtliche Darstellung auf der rechten Seite (Hauptnutzen dieses Modus) verändern.

Benutzerdefinierter Arbeitsbereich (alle Freiheiten)

Dieser Modus bietet die meisten Freiheiten in Sachen Bedienfelder. Hier können beispielsweise auch die Bedienfelder *Ebenen*, *Effekte*, *Filter*, *Stile* und *Grafiken* aus dem rechten Bereich abgedockt und als schwebende Fenster bzw. gleichzeitig dargestellt werden. Um in diesen Modus zu wechseln, klicken Sie zunächst rechts von der Schaltfläche *Mehr* auf das kleine Dreieck ❷ und im daraufhin erscheinenden Menü auf *Benutzerdefinierter Arbeitsbereich*. Auch hier werden die häufig verwendeten Bedienfelder *Ebenen*, *Effekte*, *Filter*, *Stile* und *Grafiken* über die fünf gleichnamigen Schaltflächen aufgerufen. Im Gegensatz zum Modus *Grundlegender Arbeitsbereich* befinden sich diese Schaltflächen nun jedoch rechts oben und somit direkt im Bedienfeldbereich.

Ebenen

Abbildung 7.17:
Bedienfeld EBENEN.

In diesem Bedienfeld werden die Ebenen eines Bildes dargestellt. Sie können einzeln ausgewählt, bearbeitet und in ihrer Abfolge verändert werden.

Effekte

Über dieses Bedienfeld lassen sich die Effekte, Ebenenstile und Filter anwenden.

In der Drop-down-Liste des Bedienfeldes können Sie verschiedene Effektvarianten auswählen. Hier stehen in der Rubrik *Jahreszeiten* beispielsweise auf Knopfdruck Schnee bzw. Schneefall oder Regen zur Verfügung.

Abbildung 7.18:
Bedienfeld EFFEKTE.

Farbfelder

In diesem Bedienfeld können Sie aus einer Vielzahl von Farben die jeweils gewünschte mit einem Klick auswählen und als Vorder- oder Hintergrundfarbe festlegen. Außerdem können Sie hier Ihre eigenen Farben abspeichern.

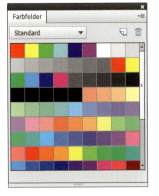

Abbildung 7.19:
Bedienfeld FARBFELDER.

Favoriten

Hier besteht die Möglichkeit, Effekte und Inhalte abzulegen, die Sie häufig bzw. besonders gern verwenden. Hinzugefügte Elemente können Sie jederzeit wieder löschen, indem Sie auf das jeweilige Symbol rechtsklicken und anschließend den Befehl *Aus Favoriten entfernen* auswählen.

Abbildung 7.20:
Bedienfeld FAVORITEN.

Histogramm

Dieses Bedienfeld zeigt die Tonwertverteilung des Bildes an. Diese auch als Tonwertkurve bezeichnete Darstellung hilft dem Anwender bei der Einschätzung, ob mit den Helligkeitswerten des Bildes alles in Ordnung oder eine entsprechende Korrektur nötig ist. Das Histogramm ist sozusagen die Statistik über die Helligkeitsverteilung im Bild.

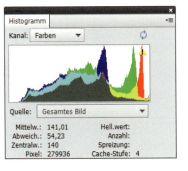

Abbildung 7.21:
Bedienfeld
HISTOGRAMM.

Informationen

Präzises Arbeiten setzt gute Informationen voraus – beispielsweise über die genauen Farbwerte eines Bildbereichs. Sobald Sie den Cursor über einem Bildbereich platzieren, zeigt Ihnen das Bedienfeld die Farbwerte dieser Bildpunkte an. Voreingestellt werden RGB-Farbwerte angezeigt – links als Dezimalwert und rechts als Hexadezimalwert. Letztere Werte sind in erster Linie für die Webgestaltung relevant.

Im unteren Bereich wird auf der linken Seite die aktuelle Cursorposition in Form von X- und Y-Koordinaten angezeigt. Dabei bildet die linke obere Ecke des Bildes den Nullpunkt des Koordinatensystems (x, y = 0). Wenn Sie eine Auswahl erstellt oder ein Formwerkzeug benutzt haben, werden an dieser Stelle außerdem die Breite (B) und Höhe (H) der Auswahl bzw. der Form angezeigt.

Rechts oben ① können Sie ein Drop-down-Menü öffnen und anschließend über den Eintrag *Bedienfeldoptionen* Einfluss auf die Art der im Bedienfeld angezeigten Informationen nehmen, beispielsweise weitere Statusinformationen anzeigen lassen (z. B. *Arbeitsdatei-Größen*, *Timing*, *Effizienz*). Die Bedeutung der einzelnen Statusinformationen ist im Abschnitt 7.4 »Anzeige der Statusleiste anpassen« erläutert.

Abbildung 7.22:
Das Bedienfeld
INFORMATIONEN gibt
Auskunft über
Farbwerte, Größen-
verhältnisse und
Positionskoordinaten.

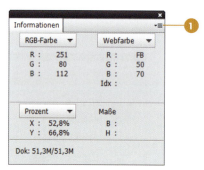

Grafiken

Über dieses Bedienfeld stellt Photoshop Elements eine große Anzahl grafischer Komponenten zur Verfügung. Hier finden Sie Hintergründe, Bilderrahmen, gestaltete Textstile, Mustertexte sowie eine Vielzahl freigestellter Objekte und Formen.

Aufgrund des Umfangs der hier bereitgestellten Inhalte ist es sinnvoll, das Angebot etwas einzuschränken. Stellen Sie dazu das linke Listenfeld des Fensters auf *Alles einblenden* und zeigen Sie dann mithilfe des anschließend darunter angeordneten Listenfelds die gewünschten Inhalte an.

Anschließend beschränkt sich das Fenster auf die Darstellung der jeweiligen Rubrikinhalte.

Die Inhalte selbst werden dem jeweiligen Bild bzw. der Datei per Doppelklick zugewiesen.

Abbildung 7.23:
Bedienfeld GRAFIKEN.

Korrekturen

Bestimmte Korrekturfunktionen können entweder direkt in das Bild gerechnet oder über sogenannte Einstellungsebenen wie eine Folie auf das Bild gelegt werden. Letzteres ist insbesondere bei komplexeren Bildmontagen die bessere Option. Über den Bildbereich *Korrekturen* können Sie die besagten Einstellungsebenen zuweisen und editieren. Mehr Infos zu Einstellungsebenen finden Sie in Kapitel 34.

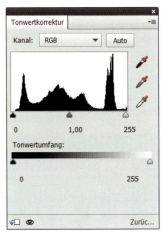

Abbildung 7.24:
Bedienfeld KORREKTU-REN mit den Funktionen der Einstellungsebene TONWERTKORREKTUR.

Navigator

Abbildung 7.25:
Der Navigator

Mithilfe des Schiebereglers steuern Sie das Ein- und Auszoomen in das Bild. Wenn Sie in das Bild gezoomt haben, können Sie den anzuzeigenden Bildausschnitt durch Verschieben des roten Rechtecks festlegen.

Protokoll

Abbildung 7.26:
Bedienfeld PROTOKOLL.

An dieser Stelle führt Photoshop Elements für Sie Protokoll: Sobald Sie eine Änderung an einem Bild vornehmen, wird der jeweilige Arbeitsschritt hier aufgezeichnet und angezeigt. Die Auflistung erfolgt chronologisch. Durch Anklicken eines früheren Arbeitsschrittes können Sie alle später erfolgten Arbeitsschritte gleichzeitig rückgängig machen.

Ab- und Andocken der Bedienfelder

Im Modus *Experte* können Sie die Größe und Anordnung der Bedienfelder manuell anpassen. Zudem können Sie die Bedienfelder minimieren, kombinieren und auf Symbolgröße reduzieren.

Abdocken

Ziehen Sie das Register eines Bedienfeldes einfach aus dem Bedienfeldbereich und lassen Sie es an eine andere Stelle fallen. Das Bedienfeld kann nun frei verschoben werden.

Abbildung 7.27:
Register eines
Bedienfeldes aus dem
Bedienfeldbereich
ziehen und an der
gewünschten Stelle
ablegen.

Abbildung 7.28:
Das abgedockte Bedienfeld.

Minimieren

Bedienfelder lassen sich platzsparend zusammenklappen bzw. minimieren. Doppelklicken Sie dazu auf das Register des Bedienfeldes. Das erneute Ausklappen bzw. das Maximieren erfolgt auf dem gleichen Weg.

Abbildung 7.29:
Mit einem Doppelklick auf das Register können Bedienfelder minimiert werden.

Abbildung 7.30:
Minimiertes Bedienfeld Navigator.

Kombinieren

Eine weitere Methode, um die Monitorfläche optimal zu nutzen, besteht darin, Bedienfelder miteinander zu kombinieren bzw. zu gruppieren. Ziehen Sie dazu das Register eines Bedienfeldes neben das Register eines anderen Bedienfeldes und lassen Sie die linke Maustaste los.

Abbildung 7.31:
Hier werden die Bedienfelder Navigator und Informationen kombiniert.

Abbildung 7.32:
Ergebnis.

Andocken

Ziehen Sie das entsprechende Bedienfeld einfach unmittelbar an den Rand eines anderen Bedienfeldes oder des auf der rechten Seite dargestellten Bedienfeldbereichs.

7.7 Die Drop-down-Menüs Erstellen und Teilen

Alle drei Arbeitsbereiche (*Schnell*, *Assistent* und *Experte*) verfügen rechts oben über die beiden Drop-down-Menüs *Erstellen* und *Teilen*.

Erstellen

Über die Funktionen dieses Drop-down-Menüs können Sie Papierabzüge Ihrer Fotos online bei einem Dienstleister ordern und Ihre Bilder auf dem eigenen Drucker ausdrucken. An dieser Stelle ist es sogar möglich, ein komplett gestaltetes Fotoalbum (*Bildband*) oder einen *Fotokalender* anzufertigen. Zum Erstellen von Grußkarten und Bildcollagen finden Sie zudem eine Vielzahl von aufwendig gestalteten Vorlagen, in die Sie Ihre Bilder mit wenigen Klicks einsetzen können.

Die *Diashow*-Funktion ist ebenfalls eine äußerst praktische Angelegenheit: Mit wenigen Klicks können Sie eine Auswahl Ihrer Bilder multimedial in Szene setzen und als Video speichern. Zudem haben Sie die Möglichkeit, DVD-Hüllen oder CD-/DVD-Etiketten zu gestalten und auszudrucken. Und darüber hinaus können Sie auch ein Titelfoto für Ihren Facebook-Account erstellen. Weitere Informationen zu den Funktionen des Drop-down-Menüs *Erstellen* finden Sie in Kapitel 51 »Teilen und Präsentieren«.

Abbildung 7.34:
Die Funktionen des
Registers ERSTELLEN.

Abbildung 7.35:
Die Funktionen des Registers
TEILEN.

Bilder in sozialen Medien teilen

Über die Schaltfläche *Teilen* erreichen Sie Funktionen, mit deren Hilfe Sie Ihre Bilder auf Facebook, Flickr oder Twitter hochladen können. Weitere Informationen zu den Funktionen des Drop-down-Menüs *Teilen* finden Sie in Kapitel 51 »Teilen und Präsentieren«.

8 Arbeitsschritte widerrufen

Solange ein Bild geöffnet ist, können Sie die zuvor ausgeführten Arbeitsschritte wieder rückgängig machen. Das geht zum einen Schritt für Schritt oder indem Sie das Bild in seinen ursprünglichen Zustand zurückversetzen. Dabei ist es wichtig, sich vor Augen zu führen, was Photoshop Elements unter einem Arbeitsschritt versteht: Jedes Mal, wenn Sie ein Werkzeug verwenden oder einen Befehl ausführen, wird das Ganze vom Programm als ein Arbeitsschritt registriert. Im Gegensatz zum Ausführen eines Befehls muss der Gebrauch von Werkzeugen in diesem Kontext differenzierter betrachtet werden. Wenn Sie beispielsweise mehrfach mit dem Pinsel oder dem Buntstift zum Malen ansetzen bzw. ins Bild klicken, wird jeder einzelne Ansatz als ein Arbeitsschritt registriert.

8.1 Rückgängig

Wenn Sie lediglich den letzten Arbeitsschritt ungeschehen machen möchten, wählen Sie *Bearbeiten/Rückgängig* oder das Tastenkürzel $Strg$+Z bzw. $cmd \; \mathcal{H}$+Z. Alternativ dazu können Sie auch auf das gleichnamige Symbol ↺ an der Unterseite des Anwendungsfensters klicken.

8.2 Zuletzt gespeicherte Version

Mit dem Befehl *Bearbeiten/Zurück zur letzten Version* kehren Sie zu der zuletzt von Ihnen gespeicherten Variante des Bildes zurück.

8.3 Wiederholen

Um einen zuvor rückgängig gemachten Arbeitsschritt wiederherzustellen, können Sie das gleichnamige Symbol ↻ an der Unterseite des Anwendungsfensters, das Tastenkürzel $Strg$+Y bzw. $cmd \; \mathcal{H}$+Y oder den Befehl *Bearbeiten/Wiederholen* verwenden.

8.4 Mehrere Arbeitsschritte widerrufen

Um mehrere Arbeitsschritte auf einmal rückgängig zu machen, drücken Sie am einfachsten entsprechend oft das Tastenkürzel Strg + Z bzw. cmd ⌘ + Z oder klicken entsprechend oft auf das Symbol *Rückgängig* ↻. Darüber hinaus können Sie auch das Bedienfeld *Protokoll* verwenden.

Gedächtnis des Programms verbessern

Voreingestellt können Sie bis zu 50 Arbeitsschritte rückgängig machen. Alle »älteren« Arbeitsschritte sind hingegen nicht mehr rückgängig zu machen, da Photoshop Elements diese sozusagen aus seinem Gedächtnis verbannt. Bei einigen Arbeiten (z. B. bei komplexen Retuschearbeiten) ist es allerdings ratsam, dem Gedächtnis des Programms auf die Sprünge zu helfen, sprich die Anzahl der Arbeitsschritte, die in Anlehnung an das nachstehend beschriebene *Protokoll* auch als Protokollobjekte bezeichnet werden, in den Voreinstellungen (*Bearbeiten/Voreinstellungen/Leistung*) zu erhöhen ❶. Der Wert kann bis auf 1.000 heraufgesetzt werden. Beachten Sie dabei jedoch, dass höhere Werte die Performance Ihres Computers bzw. die Effizienz von Photoshop Elements negativ beeinflussen können.

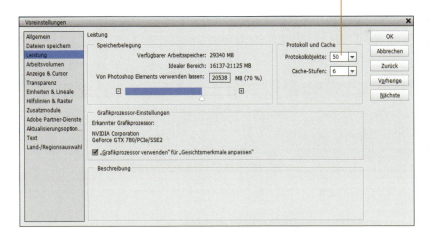

Abbildung 8.1:
In den VOREINSTELLUN-
GEN können Sie die
Anzahl der Protokoll-
objekte bestimmen
und damit einstellen,
wie viele Schritte
Photoshop Elements
rückgängig machen
kann.

Weitere Informationen zum Einstellen der Protokollobjekte bzw. zu den Voreinstellungen der Rubrik *Leistung* finden Sie in Kapitel 53 »Editor-Programmvoreinstellungen«.

Rückgängig-Protokoll

Über den Befehl *Fenster/Protokoll* öffnen Sie das gleichnamige Bedienfeld. Hier führt Photoshop Elements für Sie Protokoll. Die Auflistung der einzelnen Arbeitsschritte erfolgt chronologisch. Oben bzw. am Beginn des Protokolls werden eine Miniatur ❷ und der Name ❸ des aktuellen Bildes angezeigt. Der letzte Arbeitsschritt findet sich dabei stets am unteren Ende der Liste ❹.

Abbildung 8.2:
Originalbild.

Abbildung 8.3:
Das Bedienfeld
Protokoll mit den
einzelnen Arbeits-
schritten.

Durch einen Klick auf einen ausgeführten Arbeitsschritt machen Sie auch die davor vorgenommenen bzw. darunter angezeigten Schritte rückgängig. Alternativ dazu können Sie auch den auf der linken Seite des Protokolls angeordneten Button ⑤ nach oben oder unten verschieben.

Abbildung 8.5:
Auf den jeweiligen
Arbeitsschritt klicken
⑤.

Arbeitsschritte widerrufen

Mit einem Klick auf die Miniatur  wird der ursprüngliche Zustand des Bildes wiederhergestellt.

Rückgängig-Protokoll löschen

Wenn Sie feststellen, dass die Performance Ihres Rechners in die Knie geht, könnte das Löschen des Rückgängig-Protokolls Abhilfe schaffen (*Bearbeiten/ Entleeren/Protokoll löschen*). Dieser Befehl ⑧ wird Ihnen auch angeboten, wenn Sie einen Rechtsklick auf einen der Protokolleinträge ausführen. In dem so geöffneten Kontextmenü finden Sie darüber hinaus auch den Befehl *Löschen* ⑦ vor. Hiermit können Sie das Protokoll gezielt ab einem bestimmten Arbeitsschritt löschen.

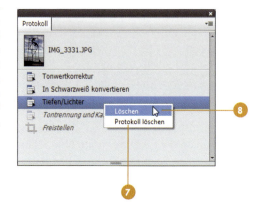

Teil 2

Teil 2:
Korrigieren und Retuschieren

9 Basiswissen Bildhelligkeit

In den Dialogfenstern der verschiedenen Korrekturfunktionen werden Sie immer wieder auf die Begriffe »Tiefen«, »Lichter« und »Mitteltöne« stoßen. Diese Begriffe beschreiben kurz und knapp drei verschiedene Helligkeitsgruppen. Bei den Tiefen handelt es sich um die dunklen ❶ und bei den Lichtern ❷ um die hellen Bildbereiche bzw. Bildpunkte (Pixel). Alle anderen Bildbereiche bzw. Pixel werden als Mitteltöne ❸ bezeichnet. Damit ein Bild gut aussieht, müssen die dunkelsten Tiefen auch tatsächlich ganz schwarz und die hellsten Lichter ganz weiß abgebildet werden.

Abbildung 9.1:
Die unterschiedlich hellen Bildbereiche werden als Lichter, Tiefen und Mitteltöne bezeichnet.

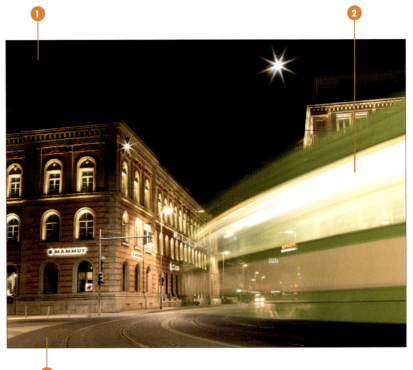

9.1 Das Histogramm – die Helligkeitsanzeige

Um die Bilder in dieser Hinsicht besser einschätzen zu können, zeigt Ihnen Photoshop Elements die aktuellen Helligkeiten in einer speziellen Darstellungsform an, dem sogenannten Histogramm. Ein Histogramm repräsentiert die grafische Darstellung der Tonwertverteilung. Hier lässt sich erkennen, ob das jeweilige Motiv über- oder unterbelichtet wurde bzw. ob eine ausgewogene Helligkeitsverteilung vorliegt. Aus diesem Grund zeigen entsprechend ausgestattete Digitalkameras dem Fotografen ebenfalls ein Histogramm an.

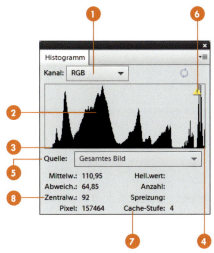

Abbildung 9.2: Histogramm eines Bildes (hier der RGB-Kanal).

❶	Kanalauswahl	Auswahl verschiedener Bildkanäle.
❷	Kurvendarstellung	Grafische Darstellung der Tonwert- bzw. Helligkeitsverteilung.
❸	Schwarzpunkt	Die ganz linke Seite des Histogramms stellt den sogenannten Schwarzpunkt dar. Hier werden (wenn im Bild vorhanden) Pixel angezeigt, die den Tonwert 0 haben, also komplett schwarz sind.
❹	Weißpunkt	Die ganz rechte Seite des Histogramms stellt den Weißpunkt dar. An dieser Stelle werden (wenn im Bild vorhanden) Pixel angezeigt, die den Tonwert 255 haben, also komplett weiß sind.
	Mitteltöne	Zwischen dem Weiß- und dem Schwarzpunkt verlaufen die im Bild vorhandenen Mitteltöne.
❺	Quelle	Photoshop Elements liefert entweder ein Histogramm des kompletten Bildes oder beschränkt sich auf eine Ebene. Bei Bildern, die mehrere Ebenen enthalten, können Sie hier die Ebene wählen, deren Tonwerte Sie im Histogramm darstellen möchten.

Tabelle 9.1: Funktionen des Bedienfeldes HISTOGRAMM.

6	Alle Pixel auswerten	Wenn Sie ein Bild öffnen oder verändern, kann es sein, dass Photoshop Elements zunächst nicht alle Pixel auswertet. Diesen Umstand zeigt Photoshop Elements in Form eines gelben Warndreiecks an. Zudem wird im unteren Bereich des Bedienfeldes *Histogramm* eine *Cache-Stufe* **7** angezeigt. *Stufe 1* besagt hier, dass alle Pixel des Bildes bzw. der aktuellen Auswahl in die Berechnung einfließen. Höhere Werte zeigen, dass nicht alle Pixel in die Berechnung einbezogen wurden. Wenn Sie auf das gelbe Warndreieck **6** klicken, wertet Photoshop Elements alle Pixel aus, und der Cachewert wird entsprechend auf *1* geändert.
8	Statistische Informationen	Diese Parameter werden im Abschnitt 9.2 erläutert.

So tickt die Anzeige

Nachstehend geht es darum, tiefer in die Thematik einzusteigen. Anhand einiger speziell darauf abgestimmter Grafiken bzw. Übungen lernen Sie Schritt für Schritt, die Anzeige des Histogramms zu interpretieren.

1. Laden Sie die Datei *Grautreppe_1.tif*.

Das Bild besteht aus vier vertikal angeordneten Balken in verschiedenen Graustufen.

Schauen Sie sich jetzt einmal das Histogramm an.

2. Blenden Sie das Histogramm mit dem Befehl *Fenster/Histogramm* ein.

3. Wählen Sie in der Drop-down-Liste *Kanal* den Eintrag *RGB* **1**.

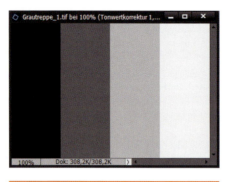

Abbildung 9.3:
Die Datei enthält eine Grautreppe mit vier Stufen.

Abbildung 9.4:
Das Histogramm der Datei
Grautreppe_1.tif.

Das Histogramm zeigt vier vertikale Linien an. Jede dieser Linien steht für einen der vier Grautöne (Tonwerte) im Bild. Die linke Linie stellt den dunkelsten Grauton und die rechte Linie den hellsten Grauton dar. Auf diese Weise wird klar, dass das Histogramm jeden Tonwert durch eine vertikale Linie abbildet.

4. Wählen Sie den Befehl *Datei/Schließen*.

Grautreppe mit sieben verschiedenen Tonwerten

1. Öffnen Sie die Datei *Grautreppe_2.tif*.

Das Bild besteht aus sieben grauen Balken. Auch in diesem Beispiel hat jeder Balken einen individuellen Grauton. Somit enthält das Bild sieben unterschiedliche Tonwerte. Schauen Sie sich auch in diesem Fall das Histogramm an. Es zeigt die Tonwertverteilung entsprechend in Form von sieben vertikalen Linien an. Wie in der ersten Grafik bereits deutlich wurde, steht jede der sieben Linien für einen der sieben Balken bzw. für seinen jeweiligen Tonwert (Helligkeitswert).

Die Länge der Histogrammstriche verdeutlicht dabei, wie häufig der jeweilige Tonwert im Bild vorkommt. Da bei allen Balken des Bildes *Grautreppe_2.tif* Breite und Höhe identisch sind, wird jeder Balken durch die gleiche Anzahl von Pixeln gebildet. Das Bild enthält also sieben unterschiedliche Tonwerte, die jeweils in der gleichen Häufigkeit auftreten. Daher sind die sieben Striche im Histogramm gleich lang.

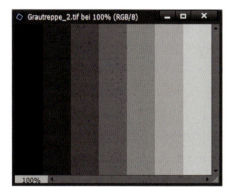

Abbildung 9.5:
Die Datei besteht aus einer Grautreppe mit sieben Stufen.

Abbildung 9.6:
Das Histogramm der Datei Grautreppe_2.tif

2. Wählen Sie den Befehl *Datei/Schließen*.

Grautreppe mit acht verschiedenen Tonwerten

Grautreppe_3.tif

1. Laden Sie jetzt das Bild *Grautreppe_3.tif*.

Das jetzt angezeigte Bild ist nahezu identisch mit dem zuvor betrachteten Bild *Grautreppe_2.tif*, allerdings habe ich auf der linken Seite einen Balken in der Mitte geteilt und die so entstandenen Hälften ebenfalls mit unterschiedlichen Grautönen versehen.

Ein Blick auf das Histogramm zeigt, dass Photoshop Elements diese Veränderung erkannt hat: Statt eines vertikalen Strichs, der von der Unterseite des Histogramms bis an die Oberseite reicht, werden an dieser Stelle nun zwei halbhohe Striche angezeigt.

Jeder der beiden halbhohen Striche steht für eine Seite des geteilten Balkens. Damit wird deutlich, dass die Pixel der beiden Hälften jeweils nur halb so oft im Bild vorkommen wie jeweils die Tonwerte der breiten Balken.

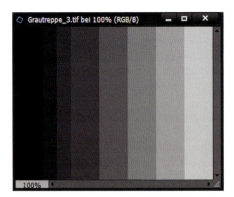

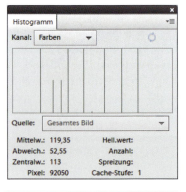

Abbildung 9.7:
Auf der linken Seite sind die beiden schmalen Balken zu erkennen.

Abbildung 9.8:
Die beiden halbhohen Striche stehen jeweils für eine Seite des geteilten Balkens.

Sie werden es wahrscheinlich schon bemerkt haben: Die Grautreppe zeigt zwar diverse Grautöne, aber aktuell noch kein richtiges Schwarz bzw. Weiß. Diesen Mangel hat das Bild mit den meisten anderen kontrastarmen Bildern gemeinsam.

Wenn das fotografierte Motiv reines Weiß und Schwarz enthielte, sollten sich diese beiden extremen Tonwerte dementsprechend auch im Bild wiederfinden. Ist das der Fall, ergibt sich nahezu automatisch ein ausgewogenes Histogramm bzw. ein entsprechend guter Look. Überall dort, wo es in dieser Hinsicht Optimierungsbedarf gibt, können Sie mit den diversen Helligkeitskorrekturfunktionen des Programms aktiv werden (siehe Kapitel 10 und 11).

Abbildung 9.9:
Im Bild sind u. a. ein reines Weiß und ein reines Schwarz vorhanden.

Abbildung 9.10:
Das Histogramm des Bildes zeigt eine ausgewogene Tonwertverteilung.

9.2 Weitere Informationen des Histogramms auswerten

Im unteren Bereich des Bedienfeldes *Histogramm* werden diverse Parameter angezeigt. Diese müssen Sie nicht wirklich kennen, der Vollständigkeit halber sollen sie im Folgenden aber dennoch kurz erläutert werden.

Abbildung 9.11:
Im unteren Bereich
des Bedienfeldes
Histogramm werden
diverse Informationen
angezeigt.

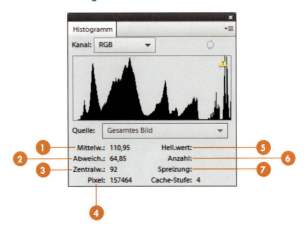

Tabelle 9.2:
Die Bedeutung der
einzelnen Parameter.

①	*Mittelw.*	Durchschnittliche Helligkeit des Bildes (0-255).
②	*Abweich.*	Variation der Helligkeitswerte. Je niedriger der Wert ausfällt, desto kontrastarmer ist das Bild.
③	*Zentralw.*	Der mittlere Helligkeitswert des Bildes (0-255).
④	*Pixel*	Zeigt die Gesamtzahl der ausgewerteten Pixel an. Wenn sich das Histogramm auf das ganze Bild bezieht, wird hier die absolute Auflösung angezeigt. Wenn aktuell eine Auswahl besteht, werden nur die in der Auswahl vorhandenen Pixel ausgewertet, und deren Gesamtzahl wird hier angezeigt.
⑤	*Hell.wert*	Bewegen Sie den Cursor im Histogramm über einen Tonwert, wird hier die Helligkeit des Tonwertes angezeigt (0-255).
⑥	*Anzahl*	Zeigt die Gesamtzahl der Pixel mit dem jeweiligen Tonwert.
⑦	*Spreizung*	Wenn Sie den Cursor über das Histogramm bewegen, zeigt dieser Wert (0-100) an, wie viele Pixel sich links von der aktuellen Cursorposition befinden bzw. wie viele Pixel dunkler als der Tonwert an der Cursorposition sind. Ist hier beispielsweise 50 angegeben, sind 50 % der im Bild vorhandenen Tonwerte dunkler als der aktuell »unter« dem Cursor liegende dargestellte Tonwert.

Schnelle Helligkeitskorrekturen

Da durch die Korrektur der Bildhelligkeit auch der Farbeindruck verändert wird, sollten Sie stets damit beginnen, die Helligkeit zu optimieren und erst im Anschluss daran die Korrektur bzw. die Optimierung der Farbeigenschaften angehen. Selbstverständlich spricht nichts dagegen, nach einer erfolgten Farbkorrektur nochmals leichte Anpassungen der Helligkeit durchzuführen.

10.1 Farbeinstellungen

Damit Sie die Farben/Helligkeiten auch tatsächlich so sehen, wie sie im Bild enthalten sind, sollten Sie zunächst einmal Ihre Farbeinstellungen (Menübefehl *Bearbeiten/Farbeinstellungen*) kontrollieren.

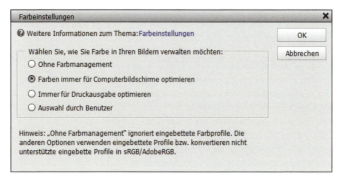

Abbildung 10.1:
FARBEINSTELLUNGEN.

Wie bei den meisten digitalen Kameras ist hier mit der Option *Farben immer für Computerbildschirme optimieren* der sRGB-Farbraum voreingestellt. Aufgrund der weiten Verbreitung des sRGB-Farbraums dürfte diese Einstellung für die meisten Anwender genau richtig sein. Wenn Sie hingegen in Adobe-RGB fotografiert haben und über einen Monitor verfügen, der Adobe RGB anzeigen kann, sollten Sie hier die Option *Immer für Druckausgabe optimieren* auswählen. Mehr Infos zu diesem Thema finden Sie in Kapitel 5 »Grundlagen der digitalen Bildbearbeitung«.

*Tabelle 10.1:
Die zur Verfügung
stehenden Funk-
tionen zur Hellig-
keitskorrektur.*

Überblick

In der nachstehenden Kurzbeschreibung können Sie sich schon einmal einen ersten Überblick über die zur Verfügung stehenden Korrekturfunktionen verschaffen.

Kurzbeschreibung der verschiedenen Funktionen		PC	Mac
Intelligente Auto-Korrektur	Hier nimmt Photoshop Elements eine vollautomatische Farb- und Helligkeitsoptimierung vor. Dazu verändert das Programm die Gesamtfarbbalance und die Tonwertverteilung des Bildes. Da kein Bild dem anderen gleicht, fällt die Korrektur oftmals zu schwach oder zu stark aus. In den meisten Fällen ist es daher sinnvoller, auf den Einsatz dieses Befehls zu verzichten und stattdessen den Befehl *Intelligente Korrektur anpassen* zu verwenden.	[Alt]+[Strg]+[M]	[alt ⌥]+[cmd ⌘]+[M]
Intelligente Korrektur anpassen	Über diesen Befehl wenden Sie ebenfalls eine *Intelligente Korrektur* auf das Bild an. Im Gegensatz zum zuvor erläuterten Befehl *Intelligente Auto-Korrektur* können Sie das Ergebnis dabei allerdings mit einem Schieberegler anpassen.	[⇧]+[Strg]+[M]	[⇧]+[cmd ⌘]+[M]
Auto-Tonwert-korrektur	Hier kümmert sich Photoshop Elements selbst um eine möglichst ausgeglichene Tonwertverteilung. Auch hier gilt: Ausprobieren kann nicht schaden. Durch einen Blick auf das Histogramm können Sie sofort erkennen, ob die Automatik ihren Job gemacht hat oder ob Sie die manuelle Tonwertkorrektur der Automatik vorziehen.	[⇧]+[Strg]+[L]	[⇧]+[cmd ⌘]+[L]
Auto-Kontrast	Sorgt vollautomatisch für mehr Kontrast.	[Alt]+[⇧]+[Strg]+[L]	[alt ⌥]+[⇧]+[cmd ⌘]+[L]
Tiefen/Lichter	In den meisten Fällen dem Befehl *Helligkeit und Kontrast* vorzuziehen, da hiermit dunkle und helle Bereiche unabhängig voneinander verändert werden können.		
Helligkeit/ Kontrast	Einfache Korrekturfunktion mit einem ausgeprägten Nachteil: Hiermit wird stets das komplette Bild aufgehellt bzw. abgedunkelt. Daher ist die Funktion nur für geringfügige Korrekturen zu empfehlen.		
Tonwertkorrektur	Diese Funktion stellt praktisch die Königsdisziplin der Helligkeitskorrektur dar. Zeigt in Form eines Histogramms die sogenannte Tonwertverteilung an und bietet diverse Möglichkeiten der Einflussnahme, um flauen Bildern mehr Brillanz zu verpassen.	[Strg]+[L]	[cmd ⌘]+[L]
Abwedler-Werkzeug 🔍 *Nachbelichter-Werkzeug*	Für punktuelle Aufhellungen und Abdunkelungen. Sind ähnlich wie Malwerkzeuge zu handhaben.	[O]	[O]
Farbkurven anpassen	Der Name täuscht: Hier geht es nicht um Farbe, sondern um Helligkeit und Kontrast. Mit diesem einfach zu bedienenden Feature können Sie unterschiedlich helle Bildbereiche unabhängig voneinander verändern.		

10.2 Helligkeit schnell und bequem steuern

Greifen Sie auf die drei nachstehend erläuterten Funktionen zurück, wenn es in Sachen Helligkeitssteuerung schnell gehen soll oder wenn Sie gerade keine Muße haben, tiefer in das Thema einzusteigen.

Helligkeit/Kontrast

Für geringfügige Anpassungen nicht schlecht. Bei komplexeren Anforderungen macht sich allerdings ein Nachteil der Funktion bemerkbar: Sie korrigiert stets sämtliche Helligkeitswerte. So beschränkt sie sich beispielsweise bei der Aufhellung nicht nur auf die dunklen Stellen – vielmehr werden alle Bildpunkte aufgehellt und damit auch die Pixel, die eigentlich keiner Aufhellung mehr bedürfen.

Abbildung 10.2: Das Dialogfenster des Befehls HELLIGKEIT/ KONTRAST.

1. Öffnen Sie das Bild *Buddha.jpg*.

Das Bild ist verhältnismäßig groß. Im Zweifelsfall können Sie mit dem Befehl *Ansicht/Ganzes Bild* ([Strg]+[0] bzw. [cmd ⌘]+[0]) das Bild vollständig im Anwendungsfenster des Programms anzeigen lassen.

Buddha.jpg

2. Wählen Sie den Befehl *Überarbeiten/Beleuchtung anpassen/Helligkeit/ Kontrast*.

3. Achten Sie darauf, dass das Kontrollkästchen *Vorschau* aktiviert ist, ziehen Sie den Regler so weit nach rechts, bis Ihnen das Bild hell genug erscheint, und verstärken Sie wenn nötig den Kontrast ein wenig.

In diesem Beispiel habe ich die *Helligkeit* auf *62* und den Kontrast auf *28* eingestellt.

4. Schließen Sie das Fenster über die Schaltfläche *OK*.

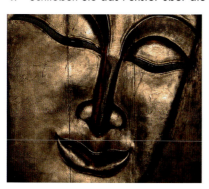

Abbildung 10.3: Vor der Korrektur – nach der Korrektur.

Tiefen/Lichter

Im Gegensatz zum Befehl *Helligkeit/Kontrast* können Sie mit dieser Funktion die Helligkeitsveränderung wesentlich differenzierter vornehmen. Sie finden die Funktion unter *Bearbeiten/Beleuchtung anpassen/Tiefen/Lichter*.

Abbildung 10.4:
Die drei Regler
ermöglichen eine
differenzierte
Helligkeitskorrektur.

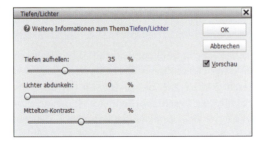

Tiefen aufhellen

Mit diesem Regler können Sie gezielt die dunklen Bildpunkte aufhellen und auf diese Weise ansonsten nicht sichtbare Details und Strukturen darstellen. Helle Stellen werden nicht verändert.

Lichter abdunkeln

Wie der Name schon sagt, beschränkt sich die Abdunkelung auf die hellen Bildbereiche. Mitteltöne und Tiefen werden dadurch nicht verändert.

Mittelton-Kontrast

Wenn durch das Abdunkeln der Lichter und/oder durch das Aufhellen der Tiefen der Kontrast leidet, können Sie mit dieser Funktion korrigierend eingreifen.

Tiefen_Lichter.jpg

Abbildung 10.5: Original.

Abbildung 10.6: Korrigierte Fassung.

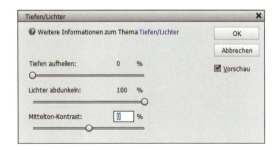

Abbildung 10.7:
Korrektureinstellungen.

Farbkurven anpassen

Hier passt der Name eigentlich nicht zur Funktion – handelt es sich doch tatsächlich um eine Funktion zur Helligkeitssteuerung.

1. Laden Sie das Bild *Farbkurven.jpg*.
2. Wählen Sie den Befehl *Überarbeiten/Farbe anpassen/Farbkurven anpassen*.

Im unteren Bereich des Fensters finden Sie ein Raster ❶, in dem eine Kurve zu erkennen ist. Dabei handelt es sich um eine Gradationskurve.

Farbkurven.jpg

Abbildung 10.8:
Vor und nach der
Korrektur.

Voreingestellt verläuft diese Kurve als Gerade in einem Winkel von 45 Grad. Jede von Ihnen vorgenommene Einstellung verändert die 45-Grad-Ausrichtung der Kurve entsprechend. Um die Helligkeitsverteilung im Bild zu korrigieren, können Sie damit beginnen, eine der sieben vordefinierten Korrekturvarianten im Bereich *Stil auswählen* ❷ einzusetzen. Daraufhin verändern sich Ihr Bild und die Kurve entsprechend. In den meisten Fällen ist es damit allerdings nicht getan. Vielmehr müssen Sie jetzt die Schieberegler ❸ des Fensters entsprechend einstellen. Wenn Sie mit Ihren Einstellungen nicht zufrieden sind und ganz neu ansetzen möchten, können Sie die Regler bzw. die Kurve wieder in ihre Ausgangslage bringen. Klicken Sie dazu einfach im Bereich *Stil auswählen* auf *Standard*.

Abbildung 10.9:
Das Fenster,
unmittelbar nachdem
es geöffnet wurde.

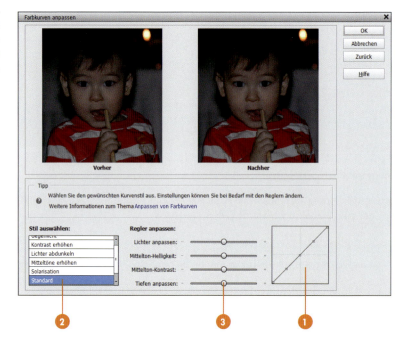

In diesem Fall wurde auf der linken Seite zunächst *Mitteltöne erhöhen* ausgewählt. Die Korrekturwirkung war allerdings deutlich zu schwach. Daher wurden die Schieberegler *Lichter anpassen*, *Mittelton-Helligkeit* und *Tiefen anpassen* anschließend deutlich nach rechts und damit in Richtung des Plussymbols gezogen. Der *Mittelton-Kontrast* wurde etwas abgeschwächt bzw. den Regler etwas nach links gezogen.

Abbildung 10.10:
Über die vier
Schieberegler können
die gewünschten
Helligkeits-
veränderungen
vorgenommen werden.

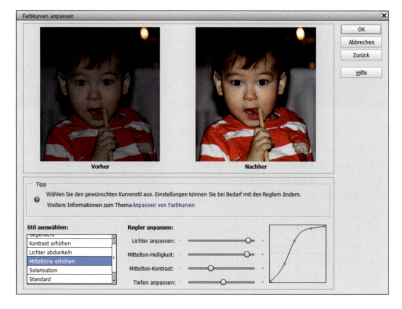

10.3 Abwedeln

Die Namen der hier vorgestellten Werkzeuge bzw. Techniken entstammen dem alten analogen Fotolabor.

Mithilfe des Abwedler-Werkzeugs 🔍 können Sie gezielt bestimmte Bereiche aufhellen. Durch entsprechende Einstellungen in der Optionsleiste des Werkzeugs können Sie die Wirkung des Abwedlers auf unterschiedlich helle Pixel einschränken. Zur Auswahl stehen helle Bereiche (*Lichter*), die mittleren Helligkeitsstufen (*Mitteltöne*) oder die dunklen Bereiche (*Tiefen*).

1. Öffnen Sie das Bild *Abwedeln.jpg*.

Abbildung 10.12:
Die Werkzeugoptionen des Abwedler-Werkzeugs.

2. Wählen Sie im Werkzeugbedienfeld bzw. in den Werkzeugoptionen das Abwedler-Werkzeug 🔍 aus (O).

Das Abwedler-Werkzeug ✦ teilt sich im Werkzeugbedienfeld das gleiche Fach mit dem Nachbelichter-Werkzeug ✋ und dem Schwamm ●. Klicken Sie im Zweifelsfall auf eines der beiden anderen Werkzeuge und wählen Sie das Abwedler-Werkzeug dann in den Werkzeugoptionen aus.

3. Stellen Sie in der Optionsleiste eine weiche Werkzeugspitze mit einer *Größe* ❶ von ca. *650* Pixeln ein.

4. Wählen Sie im Drop-down-Menü *Bereich* ❷ den Eintrag *Lichter* aus und stellen Sie die *Belichtung* ❸ auf *100%*.

Hier fällt die Wahl auf *Lichter*, da in diesem Fall vornehmlich die hellen Bereiche der Masken aufgehellt werden sollen.

Abbildung 10.13:
Links vor der
Aufhellung – rechts
nach der Aufhellung.

5. Bewegen Sie das Abwedler-Werkzeug über den aufzuhellenden Bereich. Streichen Sie dabei höchstens dreimal über die gleiche Stelle, da sonst eine zu starke Aufhellung die Folge ist.

10.4 Nachbelichten

Mithilfe des Nachbelichter-Werkzeugs lassen sich Bildbereiche abdunkeln. Wie beim Abwedler-Werkzeug können Sie die Auswirkung auf Lichter, Mitteltöne oder Tiefen einschränken. In diesem Beispiel ist die Sache etwas knifflig, da ausschließlich der Mauervorsprung abgedunkelt werden soll. Die Umgebung soll aber auf keinen Fall in Mitleidenschaft gezogen werden.

Um eine saubere Trennung zwischen dem Problembereich und der Umgebung zu erreichen, habe ich eine entsprechende Auswahl erstellt. Dazu habe ich das Schnellauswahlwerkzeug verwendet. Zudem wurde der Auswahl mithilfe der Funktion *Kante verbessern* eine weiche Kante (1 Pixel) zugewiesen.

Die so erstellte Auswahl stelle ich Ihnen mit dem Foto zur Verfügung. Sie können diese ganz einfach laden (siehe nachstehende Erläuterung).

Abbildung 10.14:
Der Mauervorsprung
soll abgedunkelt
werden.

1. Öffnen Sie das Bild *Nachbelichten.tif*.

Das Bild ist verhältnismäßig groß. Im Zweifelsfall können Sie mit dem Befehl *Ansicht/Ganzes Bild* ([Strg]+[0] bzw. [cmd ⌘]+[0]) das Bild vollständig im Anwendungsfenster des Programms anzeigen lassen.

Nachbelichten.tif

2. Wählen Sie den Befehl *Auswahl/Auswahl laden*.
3. Schließen Sie das sich öffnende Dialogfenster mit OK.

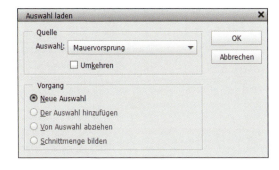

Abbildung 10.15:
Die bereits vorhandene Auswahl laden.

Anschließend erscheint die Auswahl im Bild.

1. Wählen Sie im Werkzeugbedienfeld bzw. in den Werkzeugoptionen das Nachbelichter-Werkzeug ✎ aus.

Das Nachbelichter-Werkzeug ✎ teilt sich im Werkzeugbedienfeld das gleiche Fach mit dem Abwedler-Werkzeug 🔍 und dem Schwamm 🌑 . Klicken Sie im Zweifelsfall auf eines der beiden anderen Werkzeuge und wählen Sie das Nachbelichter-Werkzeug dann in den Werkzeugoptionen aus.

2. Stellen Sie in der Optionsleiste die *Größe* ❶ der Werkzeugspitze auf die maximale Größe (*2500 Px*) ein.

3. Wählen Sie im Drop-down-Menü *Bereich* ❷ den Eintrag *Mitteltöne* aus und stellen Sie die *Belichtung* ❸ auf *100%*.

4. Bewegen Sie das Nachbelichter-Werkzeug so lange über den abzudunkelnden Bereich bzw. über den ausgewählten Mauervorsprung, bis sich eine entsprechende Abdunkelung einstellt.

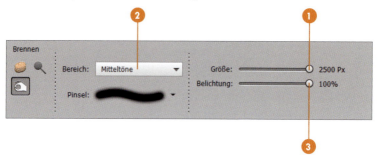

Durch die Auswahl beschränkt sich die Abdunkelung auf den Mauervorsprung.

Abbildung 10.18:
Oben vor der
Nachbelichtung
– unten nach der
Nachbelichtung.

11 Tonwertkorrektur

Hierbei handelt es sich praktisch um die Königsdisziplin der Helligkeitskorrektur. Sind die sogenannten Tonwerte – also die Tiefen, Lichter und Mitteltöne – nicht optimal eingestellt, sollte zunächst einmal eine Tonwertkorrektur durchgeführt und dabei sollten z. B. die dunkelsten Tiefen auf Schwarz und die hellsten Lichter auf Weiß gesetzt werden. Wie überall bestätigen jedoch auch hier Ausnahmen die Regel: Für Motive, die kein reines Weiß oder kein richtiges Schwarz enthalten, gilt dies natürlich nicht.

Wenn Sie beispielsweise den Rüssel eines Elefanten formatfüllend fotografiert haben, wird dieser sehr wahrscheinlich keine schneeweißen Bereiche aufweisen. Dementsprechend würde es auch keinen Sinn machen, die hellsten Bildbereiche im Rahmen einer Helligkeitskorrektur auf Weiß zu setzen. Die Tonwertkorrektur steht zum einen über den Befehl *Überarbeiten/Beleuchtung anpassen/Tonwertkorrektur* und zum anderen in Form einer Einstellungsebene (*Ebene/Neue Einstellungsebene/Tonwertkorrektur*) zur Verfügung. Wegen der höheren Flexibilität werden Sie in diesem Beispiel eine Einstellungsebene verwenden.

Grautreppe_3.tif

1. Laden Sie das Bild *Grautreppe_3.tif*.
2. Stellen Sie sicher, dass das Bedienfeld *Ebenen* aufgerufen ist (F11).
3. Wählen Sie den Befehl *Ebene/Neue Einstellungsebene/Tonwertkorrektur* und schließen Sie das sich öffnende Dialogfenster mit OK.

Im Bedienfeld *Ebenen* wird daraufhin die neue Tonwertkorrektur-Einstellungsebene ❶ angezeigt.

Alternativ können Sie eine solche Einstellungsebene auch direkt im Bedienfeld *Ebenen* zuweisen. Klicken Sie dazu auf die Schaltfläche *Neue Füll- oder Einstellungsebene erstellen* ❷ und wählen Sie im dann erscheinenden Menü den Eintrag *Tonwertkorrektur* aus.

4. Klicken Sie auf die linke Symbolik der Einstellungsebene ❸.

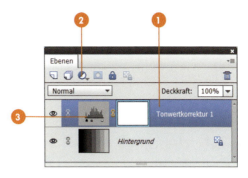

Abbildung 11.1:
Das Bedienfeld Ebenen zeigt nun die Symbolik der erstellten Einstellungsebene.

Spätestens jetzt wird das Bedienfeld *Tonwertkorrektur* ④ eingeblendet, das ein eigenes Histogramm enthält.

Bei dem Bedienfeld *Tonwertkorrektur* handelt es sich eigentlich um das Bedienfeld *Korrekturen*, das jedoch stets mit der Bezeichnung der jeweils durchzuführenden Korrektur betitelt wird (in diesem Fall also mit *Tonwertkorrektur*). Der Einfachheit halber verwende ich deshalb bei allen Erläuterungen ebenfalls den Namen der betreffenden Korrektur bzw. die in der Titelzeile des Bedienfeldes angezeigte Überschrift (hier *Tonwertkorrektur*).

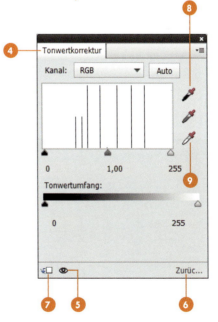

Abbildung 11.2:
Das Bedienfeld KORREKTUREN zeigt jeweils die Korrekturfunktionen der aktuell im Bedienfeld EBENEN ausgewählten Einstellungsebene an.

Alle Berechnungen, die im Rahmen der über den Befehl *Überarbeiten/Beleuchtung anpassen* erreichbaren Funktion *Tonwertkorrektur* durchgeführt werden, erfolgen direkt im Bild. Eine spätere Anpassung ist so nur bedingt bzw. überhaupt nicht mehr möglich. Zudem wirkt sich diese Variante immer nur auf die aktuell im Bedienfeld *Ebenen* ausgewählte Ebene aus. Verwenden Sie daher besser die hier vorgestellte Einstellungsebene *Tonwertkorrektur*. In diesem Fall können Sie die vorgenommenen Anpassungen jederzeit »ausschalten« ❺, rückgängig machen ❻ oder verändern. Außerdem bezieht sich die Maßnahme dann stets auf alle unter der Tonwertkorrektur befindlichen Ebenen. Darüber hinaus können Sie sie mit einem Klick auf das Symbol ❼ auch nur auf die unmittelbar unter der Einstellungsebene befindliche Ebene beschränken.

11.1 Helligkeit mittels Schwarz- und Weißpunkt steuern

Sie werden jetzt festlegen, welche Helligkeitswerte Ihrer Meinung nach Schwarz bzw. Weiß sein sollten. Bei einem richtigen Foto orientieren Sie sich dabei an den tatsächlichen Helligkeitswerten des fotografierten Motivs. In diesem Fall sollen jeweils die beiden äußeren Balken auf Schwarz bzw. auf Weiß gesetzt werden.

Pipetten – zur Korrektur einfach in das Bild klicken

Immer, wenn die weiß oder schwarz zu definierenden Bereiche großflächig vorhanden bzw. gut von anderen Bereichen zu differenzieren sind, können Sie sehr bequem mit den Pipetten der Tonwertkorrektur arbeiten.

1. Klicken Sie im Bedienfeld *Korrekturen* auf die Schwarzpunkt-Pipette ❽ und anschließend auf den linken Balken im Bild.

Der linke Balken erscheint nun ganz schwarz. Die angrenzenden Bereiche erscheinen ebenfalls etwas dunkler.

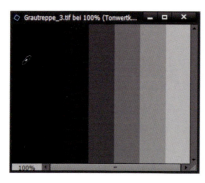

Abbildung 11.3:
Mit der Schwarzpunkt-Pipette den Schwarz-punkt setzen.

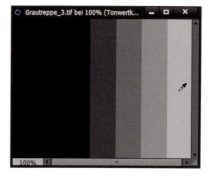

Abbildung 11.4:
Mit der Weißpunkt-Pipette auf den ganz rechts angeordneten Balken klicken.

2. Klicken Sie auf die Weißpunkt-Pipette ❾ und anschließend auf den rechten Balken im Bild.

Auch hier erscheint der rechte Balken daraufhin ganz weiß. Sowohl in der Histogramm-Darstellung des Fensters *Tonwertkorrektur* als auch im Bedienfeld *Histogramm* werden jetzt offenbar nur noch sechs »Striche« angezeigt – tatsächlich sind es nach wie vor aber acht Striche. Die beiden nicht auf den ersten Blick sichtbaren liegen vielmehr genau auf den beiden grauen Seitenstrichen des Histogramms auf und sind nur mit Mühe zu erkennen.

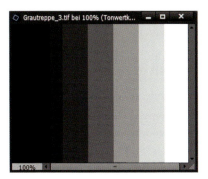

Abbildung 11.5:
Das tonwertkorrigierte Bild.

Wenn Sie mit dem Ergebnis nicht zufrieden sein sollten, können Sie die vorgenommene Tonwertkorrektur mit einem Klick auf die gleichnamige Schaltfläche **6** zurücksetzen.

Die Auswirkungen der von Ihnen durchgeführten Tonwertkorrektur sind dabei sofort sichtbar. Auch im Bedienfeld *Histogramm* hat sich etwas getan: Der dunkelste Balken wurde auf Schwarz gesetzt. Somit befindet sich der entsprechende Strich ganz links im Histogramm. Der Balken mit den hellsten Grauwerten wurde hingegen auf Weiß gesetzt. Der entsprechende Strich befindet sich daher ganz rechts im Histogramm.

Durch diese Maßnahme wurde das bisherige Tonwertspektrum auseinandergezogen. Fachsprachlich wird dieser Vorgang als *Tonwertspreizung* bezeichnet. Dabei werden die anderen (dazwischen befindlichen) Tonwerte automatisch zwischen den beiden Extremwerten Schwarz und Weiß verteilt. Das ist in diesem Beispiel an den deutlich größeren Abständen zwischen den einzelnen Strichen zu erkennen.

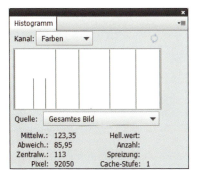

Abbildung 11.6:
Die beiden »Striche« für die jetzt auf Schwarz bzw. Weiß gesetzten Pixel sind nur mit Mühe zu erkennen, da sie genau auf den beiden grauen Seitenstrichen des Histogramms aufliegen.

Sie wissen nun, wie Sie mit den Pipetten der Tonwertkorrektur den Weiß- oder Schwarzpunkt festlegen können. Es gibt in diesem Zusammenhang aber noch eine weitere Technik, die ich Ihnen nachstehend vorstellen möchte.

Schieberegler – die Helligkeit manuell justieren

Diese Vorgehensweise basiert auf den an der Unterseite des Histogramms angebrachten Schiebereglern und wird anhand der nächsten beiden Beispiele verdeutlicht.

Zu hell geratene Bilder korrigieren

Tiefen und Mitten.jpg

Verwenden Sie die Schieberegler der Tonwertkorrektur insbesondere dann, wenn Sie die Pipetten nicht einsetzen können, weil die weiß oder schwarz zu definierenden Bereiche nicht gut zu erkennen sind (da nicht großflächig genug) – oder schlicht und ergreifend auch dann, wenn Sie mit der Pipetten-Korrektur nicht zufrieden sind.

Abbildung 11.7:
Bei diesem Bild ist
u. a. der Schwarzwert
nicht in Ordnung.

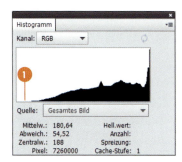

Abbildung 11.8:
Die Lücke auf der
linken Seite **1** *macht*
deutlich: Hier fehlt ein
»richtiges« Schwarz.

1. Ziehen Sie den linken Schieberegler **2** so weit nach rechts, bis Sie auf die ersten »Ausschläge« (Tonwert) im Histogramm treffen bzw. bis Ihnen der Schwarzeindruck im Bild passend erscheint.

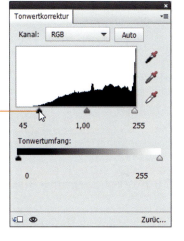

Abbildung 11.9:
Den Schwarzregler
etwas nach rechts
ziehen.

2. Ziehen Sie den mittleren Schieberegler **3** ein wenig nach rechts, um so die mittleren Grautöne etwas dunkler zu gestalten.

Abbildung 11.11:
Den Mitten-Regler **3**
etwas nach rechts
ziehen.

Abbildung 11.10:
Jetzt kommen die
Tiefen besser raus.

Abbildung 11.12:
Vor der Korrektur –
nach der Korrektur.

Zu dunkel geratene Bilder korrigieren

Mit der Tonwertkorrektur können Sie die Tonwertverteilung so anpassen, dass
unterbelichtete Bilder aufgehellt werden.

Leicht aufhellen

Das Bild erscheint recht dunkel. Ein Blick auf das Histogramm offenbart eine
große Lücke auf der rechten Seite des Tonwertspektrums.

Leicht_aufhellen.jpg

1.   Öffnen Sie das Bild *Leicht_aufhellen.jpg*.

Das Bild ist verhältnismäßig groß. Im Zweifelsfall können Sie mit dem Befehl
Ansicht/Ganzes Bild ([Strg]+[0] bzw. [cmd ⌘]+[0]) das Bild vollständig im Anwendungsfenster des Programms anzeigen lassen.

2.   Stellen Sie sicher, dass das Bedienfeld *Ebenen* aufgerufen ist.

3.   Wählen Sie den Befehl *Ebene/Neue Einstellungsebene/Tonwertkorrektur*.

4.   Schließen Sie das sich öffnende Dialogfenster mit *OK*.

Abbildung 11.13:
Original.

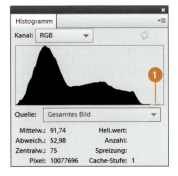

Abbildung 11.14:
Durch die Lücke auf
der rechten Seite ❶
wird klar, dass keine
sehr hellen Tonwerte
im Bild vorhanden
sind.

5. Ziehen Sie den rechten Schieberegler
(Weißpunktregler) ❷ so weit nach links,
bis Sie hier auf den ersten Ausschlag
der Tonwertkurve treffen.

Das Bild wird entsprechend aufgehellt, ist
aber nach wie vor in weiten Teilen zu dunkel. Daher werden Sie jetzt den Mitteltonregler (auch Gammaregler genannt) einsetzen. Indem Sie diesen Regler nach links
ziehen, hellen Sie das Bild auf, wenn Sie ihn
nach rechts ziehen, dunkeln Sie das Bild ab.

6. Ziehen Sie den Mitteltonregler ❸ so
weit nach links, bis Ihnen die Aufhellung
ausreichend erscheint.

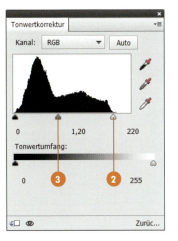

Abbildung 11.15:
Mit diesen Einstellun-
gen wurde das Bild
aufgehellt.

In diesem Fall wurde der Regler so weit nach links verschoben, bis ein Wert von *1,20* erreicht war.

7. Übernehmen Sie die Einstellungen mit einem Klick auf die OK-Schaltfläche des Dialogfensters.

Abbildung 11.16:
Das korrigierte Bild.

Extrem aufhellen

Das hier verwendete Bild ist deutlich zu dunkel geraten. Mit der Tonwertkorrektur von Photoshop Elements sind Sie dennoch in der Lage, es wunschgemäß aufzuhellen. Da in den extrem dunklen Bereichen nicht mehr alle notwendigen Bildinformationen vorhanden sind, geht mit der extremen Aufhellung ein etwas unschönes Bildrauschen einher.

In einem solchen Fall können Sie versuchen, dieses Rauschen mithilfe der Rauschfilter zu entfernen bzw. zu minimieren.

Garrulus glandarius.jpg

1. Öffnen Sie das Bild *Garrulus glandarius.jpg*.

2. Stellen Sie sicher, dass das Bedienfeld *Ebenen* geöffnet ist.

3. Wählen Sie den Befehl *Ebene/Neue Einstellungsebene/Tonwertkorrektur* und klicken Sie im sich öffnenden Fenster auf *OK*.

Die schwarzen und weißen Gefieder-partien erscheinen jeweils nicht weiß bzw. schwarz. Das Histogramm bestätigt den optischen Eindruck. Hier müssen sowohl die Tiefen als auch die Lichter optimiert werden. Zudem wirken die Mitten ebenfalls sehr dunkel.

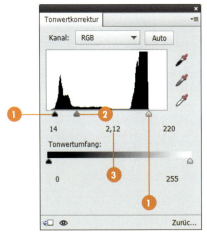

Abbildung 11.18:
Die Regler an die hier abgebildeten Positionen ziehen.

4. Verschieben Sie die beiden Schieberegler für Weiß- und Schwarzpunkt auf die hier dargestellten Positionen ❶.

Dadurch hellt sich das Bild schon deutlich auf. Große Bildbereiche sind aber immer noch nicht hell genug. Daher werden Sie jetzt die Korrektur mit dem Mitteltonregler ❷ fortsetzen.

5. Ziehen Sie den Mitteltonregler ❷ so weit nach links, bis Sie den Eindruck haben, dass das Bild hell genug ist.

Hier wurde der Regler so weit nach links verschoben, bis ein Wert ❸ von 2,12 erreicht war – in diesem Fall war eine sehr starke Aufhellung notwendig. Als

Tonwertkorrektur

unschöner Nebeneffekt hat sich in den zuvor dunklen Bildbereichen ein leichtes Bildrauschen breitgemacht. Das wird insbesondere dann deutlich, wenn Sie das Bild mit einem Zoomfaktor von 100 % bzw. im Modus 1:1 anzeigen lassen (klicken Sie dazu auf das Zoom-Werkzeug Q und anschließend in der Optionsleiste auf die Schaltfläche *1:1*).

Abbildung 11.19:
Das Bild nach der
Tonwertkorrektur.

In einem solchen Fall ist es sinnvoll, einen der Rauschfilter des Programms anzuwenden. Da sich dieser nicht auf die Einstellungsebene auswirkt, müssen Sie die beiden Ebenen zunächst miteinander verschmelzen. Wählen Sie dazu den Befehl *Ebene/Mit darunter liegender auf eine Ebene reduzieren*. Schneller geht es mit [Strg]+[E] bzw. [cmd ⌘]+[E].

Abbildung 11.20:
Die stark aufgehellten
Bereiche weisen ein
Bildrauschen auf.

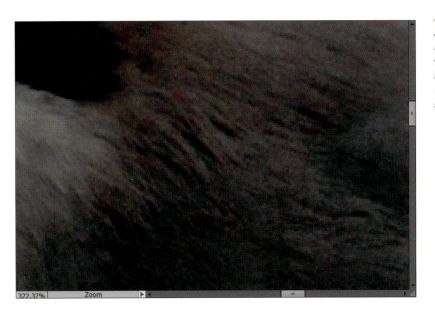

Abbildung 11.21:
In dem stark
vergrößerten
Bildausschnitt wird das
(farbige) Bildrauschen
sichtbar.

1. Wählen Sie den Befehl *Filter/Rauschfilter/Rauschen reduzieren* aus.

Dieser Filter verringert Luminanz- und Farbrauschen. Darüber hinaus ist er auch in der Lage, störende Kompressionsartefakte zu reduzieren.

Wenn Bilder sehr stark komprimiert werden, kommt es zu einer Blöckchenbildung. Diese Kompressionsartefakte können mit der Funktion *JPEG-Störung entfernen* korrigiert werden.

2. Klicken Sie in die Vorschau des Filters und verschieben Sie den Bildausschnitt mit gedrückter linker Maustaste, bis Sie einen verrauschten Bereich vor sich haben.

3. Probieren Sie, die Störungen durch entsprechende Filtereinstellungen zu minimieren.

Funktion	Wirkung
Stärke	Hohe Werte reduzieren das Luminanzrauschen, lassen aber auch die Details zunehmend unscharf erscheinen.
Details erhalten	Diese Funktion bildet praktisch den Gegenpart zum Parameter *Stärke*. Je höher der hier eingestellte Wert ist, desto mehr Details bleiben erhalten. Allerdings wird auf diese Weise auch die Wirkung des Parameters *Stärke* abgeschwächt.
Farbrauschen reduzieren	Der Name sagt eigentlich schon alles: Mit dieser Funktion können Sie versuchen, farbige Rauschmuster zu unterdrücken.
JPEG-Störung reduzieren	Diese Funktion reduziert die typische Blöckchenstruktur stark komprimierter JPEG-Bilder. Mehr Informationen dazu finden Sie in Kapitel 17 »Bilder speichern«.

Tabelle 11.1:
Die Funktionen des
Filters Rauschen
reduzieren.

Die hier verwendeten Einstellungen können Sie dem nachstehend abgebildeten Dialogfenster entnehmen. Übernehmen Sie die Einstellungen mit einem Klick auf OK.

Abbildung 11.22:
Mit diesen
Einstellungen
beseitigen Sie das
Rauschen.

Helle Bilder korrigieren

Ob die Helligkeitskorrektur eines überbelichteten Bildes gelingt, hängt im Wesentlichen vom Grad der Überbelichtung ab.

Leicht abdunkeln

Abbildung 11.23:
Original.

Das Foto ist etwas überbelichtet und damit zu hell. Um dieses Problem zu lösen, werden Sie die Tonwertverteilung im Bereich der Tiefen und Mitteltöne ändern.

Abbildung 11.24:
Das Histogramm des
Bildes.

Leicht_abdunkeln.jpg

1. Wählen Sie den Befehl *Überarbeiten/Beleuchtung anpassen/Tonwertkorrektur* aus.
2. Ziehen Sie den linken Schieberegler ❶ nach rechts, bis Sie auf den ersten Strich (Tonwert) im Histogramm treffen.

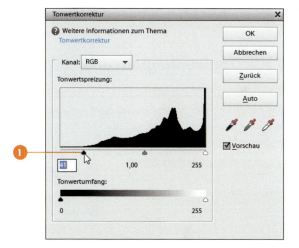

Abbildung 11.25:
Zunächst wird der
Schwarzpunkt ❶ *neu*
festgelegt.

3. Ziehen Sie den Mitteltonregler ❷ so weit nach rechts (beispielsweise auf 0,92) ❸, bis Sie den Eindruck haben, dass die Mitteltöne dunkel genug sind.

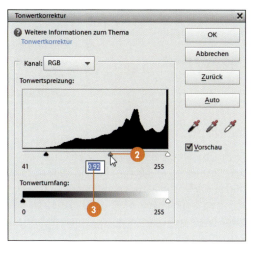

Abbildung 11.26:
Ziehen Sie den
Mitteltonregler nach
rechts, um das Bild
noch etwas weiter
abzudunkeln.

Abbildung 11.27:
Das abgedunkelte
Bild.

11.2 Tonwertbegrenzung

Für die Bildschirmdarstellung ist die Grautreppe nun optimal eingestellt. Für die Ausgabe über einen Drucker sind die beiden Extremwerte Schwarz und Weiß hingegen problematisch. Die Geräte sind einfach nicht in der Lage, sie in dieser Form auf das Papier zu bringen.

Abbildung 11.28:
Für den Druck ist es
sinnvoll, den
Tonwertumfang zu
begrenzen.

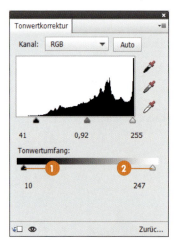

Werden größere Flächen in reinem Weiß bzw. tiefstem Schwarz an den Drucker oder die Druckmaschine weitergegeben, läuft man Gefahr, dass die schwarzen Bereiche im Druck zulaufen und so Strukturen und Nuancen verloren gehen bzw. dass sehr helle bzw. nahezu weiße Flächen beim Drucken nicht mehr berücksichtigt werden und stattdessen an diesen Stellen lediglich das blanke Papier zu sehen ist. In der Fachsprache wird in diesem Zusammenhang von einem *Tonwertabriss* gesprochen.

Um solche Tonwertabrisse zu vermeiden, können Sie im Dialog *Tonwertkorrektur* das Tonwertspektrum an seinen beiden Enden ein wenig verkleinern. Wenn Sie hier den linken Regler **1** auf *10* und den rechten Regler **2** auf *247* einstellen, dürfte die Sache in den meisten Fällen funktionieren. Da die dunkelsten Bereiche des Bildes somit nicht mehr ganz schwarz und die hellsten Stellen nicht mehr ganz weiß sind, werden Tonwertabrisse im Druck bzw. beim Ausdrucken vermieden.

Farbkorrekturen

12

In Photoshop Elements können Sie auf eine Vielzahl von farbverändernden Befehlen und Funktionen zurückgreifen. Die wichtigsten davon werden im Folgenden zunächst in Form von Kurzbeschreibungen vorgestellt. Zudem erfahren Sie, was bei der bedeutsamsten Farbkorrekturfunktion *Farbton/Sättigung* hinter den Kulissen passiert.

Anschließend wird in diversen Workshops aufgezeigt, wie Sie die verschiedensten Farbkorrekturen realisieren können. Sie erfahren, wie Sie einen Farbstich entfernen, Hauttöne verbessern, bestimmte Farben im Bild ersetzen oder die Intensität (Sättigung) bestimmter Farben steuern.

12.1 Farbeinstellungen

Damit Sie die Farben auch tatsächlich so sehen, wie sie im Bild enthalten sind, sollten Sie zunächst einmal Ihre Farbmanagementeinstellungen (Menübefehl *Bearbeiten/Farbeinstellungen*) kontrollieren.

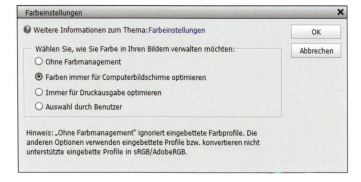

Abbildung 12.1:
FARBEINSTELLUNGEN.

Wie bei den meisten digitalen Kameras ist hier mit der Option *Farben immer für Computerbildschirme optimieren* der sRGB-Farbraum voreingestellt. Aufgrund der weiten Verbreitung dieses Farbschemas dürfte diese Einstellung für die meisten Anwender genau richtig sein. Wenn Sie hingegen in Adobe RGB fotografiert haben und über einen Monitor verfügen, der dieses Farbschema anzeigen kann, sollten Sie hier die Option *Immer für Druckausgabe optimieren* auswählen.

Mehr Infos zu diesem Thema finden Sie in Kapitel 5 »Grundlagen der digitalen Bildbearbeitung«.

Tabelle 12.1:
Die zur Verfügung
stehenden Farb- und
Helligkeitskorrektur-
funktionen.

Überblick zur Farbkorrektur

In der nachstehenden Tabelle können Sie sich schon einmal einen ersten Überblick über die zur Verfügung stehenden Korrekturfunktionen verschaffen.

Kurzbeschreibung der verschiedenen Funktionen		PC	Mac
Intelligente Auto-Korrektur	Hier nimmt Photoshop Elements eine vollautomatische Farb- und Helligkeitsoptimierung vor. Dazu verändert die Software die Gesamtfarbbalance und die Tonwertverteilung des Bildes. Und weil kein Bild dem anderen gleicht, fällt die Korrektur dabei oftmals zu schwach oder zu stark aus. In den meisten Fällen ist es deshalb sinnvoller, auf die Nutzung dieses Befehls zu verzichten und stattdessen den Befehl *Intelligente Korrektur anpassen* zu verwenden.	Alt + Strg + M	alt + cmd ⌘ + M
Intelligente Korrektur anpassen	Mit diesem Befehl wenden Sie ebenfalls eine *Intelligente Korrektur* auf das Bild an. Im Gegensatz zu dem zuvor beschriebenen Befehl *Intelligente Auto-Korrektur* können Sie hierbei das Ergebnis mittels eines Schiebereglers anpassen.	⇧ + Strg + M	⇧ + cmd ⌘ + M
Automatische intelligente Farbton-bearbeitung	Mithilfe dieser Funktion können Sie ein geöffnetes Bild besonders intuitiv anpassen. Die Funktion zeigt dazu in jeder der vier Ecken eine extreme Korrektur. Je näher Sie dazu das in der Mitte abgebildete Kreissymbol in eine der vier Ecke ziehen, desto mehr entspricht die Korrektur dem in der jeweiligen Ecke abgebildeten Ergebnis.	Alt + Strg + T	alt + cmd ⌘ + T
Auto-Farbkorrektur	Entfernt Farbstiche vollautomatisch (ohne Dialogfenster).	⇧ + Strg + B	⇧ + cmd ⌘ + B
Rote Augen automatisch korrigieren	Im Gegensatz zum Rote-Augen-entfernen-Werkzeug 👁 erfolgt die Korrektur bei dieser Funktion vollautomatisch.	Strg + R	cmd ⌘ + R
Farbstich entfernen	Entfernt mit einem Klick unschöne Farbstiche.		
Farbton/ Sättigung anpassen	Mit dieser Funktion können Sie das Bild einfärben, das vom Bild dargestellte Farbspektrum verschieben und die Intensität bzw. die Reinheit der Bildfarben steuern. Die Änderungen können auf das ganze Bild bzw. eine Auswahl angewendet oder auf bestimmte Farbtöne begrenzt werden.	Strg + U	cmd ⌘ + U
Farbe entfernen	Macht aus einem Farbbild auf Knopfdruck ein Graustufenbild.	⇧ + Strg + U	⇧ + cmd ⌘ + U

Kurzbeschreibung der verschiedenen Funktionen		PC	Mac
Farbe ersetzen	Bietet die Möglichkeit, gleichfarbige Bildteile auszuwählen und diese mit einer neuen Farbe auszustatten.		
Farbe für Hautton anpassen	Verbessert die Hautfarbe.		
In Schwarzweiß konvertieren	Macht aus einem Farbbild ein Graustufenbild, bietet gegenüber der Funktion *Farbe entfernen* aber Möglichkeiten, auf das Ergebnis Einfluss zu nehmen.	Alt + Strg + B	alt ⌥ + cmd ⌘ + B

12.2 Farbe ersetzen

Mit dieser Funktion können Sie gleichfarbige Bildteile auswählen und diese mit einer neuen Farbe ausstatten.

1. Öffnen Sie das Bild *Pop-Art.jpg*.
2. Wählen Sie den Befehl *Überarbeiten/Farbe anpassen/Farbe ersetzen*.
3. Stellen Sie sicher, dass die linke Pipette ❶ ausgewählt ist und klicken Sie auf den Überzug der Gondel ❷.

Pop-Art.jpg

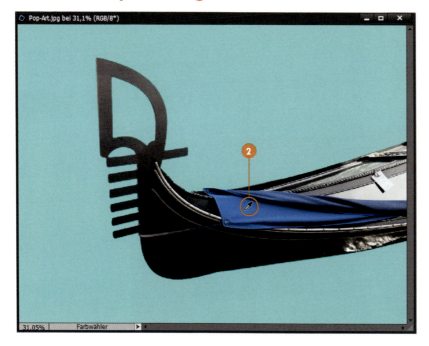

*Abbildung 12.2:
Mit der linken Pipette auf die zu ersetzende Farbe klicken.*

Die mit der Pipette ausgewählte Farbe erscheint daraufhin im oberen Farbfeld ❸. Im Vorschaubereich ❹ werden voreingestellt der auf diese Weise ausgewählte Farbbereich in Weiß und die nicht ausgewählten Bildbereiche schwarz angezeigt. Mit dem Toleranzregler **5** können Sie den Auswahlbereich erweitern (nach rechts ziehen) oder verringern (nach links ziehen).

4. Wählen Sie die mittlere Pipette **6** aus und klicken Sie im Bild auf bisher noch nicht erfasste Bereiche **7**.

Abbildung 12.3:
Die weißen Bereiche
der Maske symbolisie-
ren die Bildbereiche,
deren Farbe ersetzt
wird.

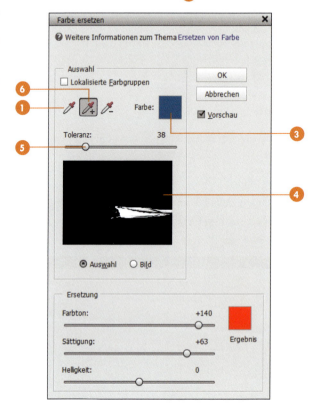

Abbildung 12.4:
Mit der mittleren
Pipette noch nicht
erfasste Bereiche
hinzufügen.

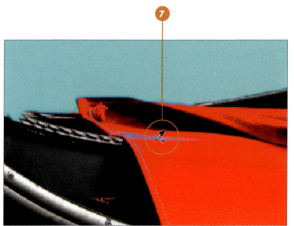

5. Stellen Sie mit dem Regler *Farbton* **8** die Farbe ein, durch die Sie das Blau des Überzugs ersetzen möchten.

Der gewählte Farbton wird jetzt im unteren Farbfeld des Fensters angezeigt **9**. Verändern Sie gegebenenfalls auch noch die Sättigung **10** und die Helligkeit **11** der neuen Farbe.

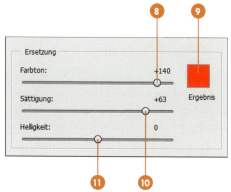

Abbildung 12.5:
Im unteren Bereich des Fensters können die Eigenschaften der neuen Farbe eingestellt werden.

6. Übernehmen Sie die Einstellungen und verlassen Sie das Fenster über die OK-Schaltfläche.

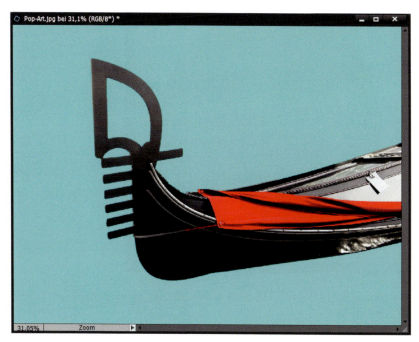

Abbildung 12.6:
Ergebnis.

12.3 Farbton/Sättigung

Mit den Funktionen dieses Fensters ([Strg]+[U] / [cmd ⌘]+[U]) können Sie die Farbtöne in einem Bild bzw. in einer Auswahl manipulieren und Einfluss auf Sättigung und Helligkeit nehmen. Die Funktionen des Fensters basieren auf dem HSB-Farbmodell:

■ Farbton (Hue)
■ Sättigung (Saturation)
■ Helligkeit (Brightness)

Damit Sie die Funktionsweise der Regler besser nachvollziehen können, wird das Prinzip nachstehend anhand einer vereinfachten Form des HSB-Farbkreises demonstriert. Laden Sie die Datei *Farbkreis.jpg* und wählen Sie anschließend den Befehl *Überarbeiten/Farbe anpassen/Farbton/Sättigung anpassen* aus.

Farbton

Farbkreis.jpg

1. Öffnen Sie das Bild *Farbkreis.jpg*.

Abbildung 12.7:
Original.

2. Ziehen Sie den Regler *Farbton* so weit nach links, bis ein Zahlenwert von *-90* erreicht ist.

Daraufhin dreht sich der Farbkreis um eine Vierteldrehung entgegen dem Uhrzeigersinn.

3. Ziehen Sie den Regler *Farbton* jetzt so weit nach rechts, bis ein Zahlenwert von *+90* angezeigt wird.

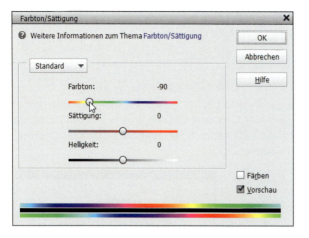

Abbildung 12.8:
Mit dem Regler FARBTON das Spektrum um -90 Grad verschieben.

Abbildung 12.9:
Der Farbkreis wird entgegen dem Uhrzeigersinn um -90 Grad verdreht.

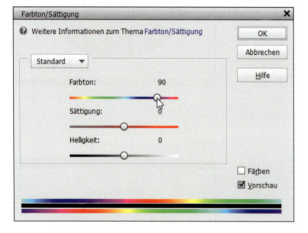

Abbildung 12.10:
Ziehen Sie den Regler FARBTON nach rechts, bis ein Wert von 90 Grad erreicht ist.

Abbildung 12.11:
Der Farbkreis wird im Uhrzeigersinn um 180 Grad verdreht.

Der Farbkreis dreht sich dadurch um 180 Grad im Uhrzeigersinn. Diese beiden Schritte verdeutlichen das Prinzip des Reglers *Farbton*: Sobald Sie ihn bewegen, verdrehen Sie den Farbkreis bzw. verschieben Sie das Farbspektrum. Damit Sie das nicht ständig an einer Farbkreisgrafik ausprobieren müssen, haben die Programmentwickler eine entsprechende Anzeige in das Fenster integriert. An der Unterseite finden Sie zwei Farbspektren. Am Anfang sind beide Spektren deckungsgleich. Sobald Sie den Regler *Farbton* verschieben, wird gleichzeitig das untere Spektrum verschoben. Auf diese Weise können Sie jederzeit die aktuelle Veränderung einschätzen. Unbunte Bildbereiche wie

Schwarz, Weiß oder Grau beinhalten keine Farbinformationen und sind daher auch nicht über den Parameter *Farbton* zu steuern.

Sättigung

Indem Sie den Regler nach links ziehen, verringern Sie die Sättigung. Die Farben erscheinen dadurch zunehmend grauer. Wenn Sie den Regler hingegen nach rechts bewegen, nimmt der Grauanteil in den Farben ab und damit die Sättigung zu. Unbunte Bereiche (Schwarz, Weiß und Grau) können mit dieser Funktion nicht verändert werden.

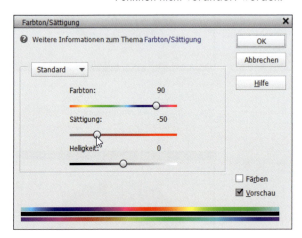

Abbildung 12.12:
Den Regler SÄTTIGUNG auf -50 ziehen.

Abbildung 12.13:
Die Sättigung der Farben wird um 50 % reduziert.

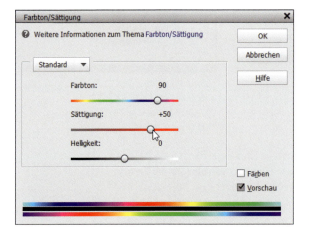

Abbildung 12.14:
Ziehen Sie den Regler SÄTTIGUNG nach rechts, bis ein Wert von +50 erreicht ist.

Abbildung 12.15:
Da die Farben in der Originalgrafik bereits zu 100 % gesättigt waren, wird durch die Verstärkung der Sättigung lediglich der Originalzustand (0 %) erreicht.

Helligkeit

Mit diesem Parameter steuern Sie die Bildhelligkeit. Im Gegensatz zu den Einstellungen bei den anderen Parametern *Farbton* und *Sättigung* reagieren auf die Einstellung der *Helligkeit* auch die unbunten Bereiche.

Sättigung eines bestimmten Farbtons ändern

Über den Dialog *Farbton/Sättigung* können Sie die Veränderungen auf bestimmte Farbtöne beschränken. Bei dem nachstehenden Bild ist das sinnvoll, weil eine allgemeine Erhöhung der Sättigung zu einer sehr unnatürlichen Gesichtsfarbe führen würde. Probieren Sie zunächst einmal eine allgemeine Sättigungserhöhung aus.

Abbildung 12.16: Original.

Farbton_Sättigung.jpg

1. Öffnen Sie das Bild *Farbton_Sättigung.jpg*.
2. Wählen Sie den Befehl *Überarbeiten/Farbe anpassen/Farbton/Sättigung*.
3. Ziehen Sie den Regler *Sättigung* nach rechts (z. B. auf 60), um die Sättigung zu erhöhen.

Ergebnis: Alle Farben sind nun deutlich kräftiger.

Das Mädchen hat jetzt allerdings eine sehr unnatürliche bzw. unschöne Gesichtsfarbe. Machen Sie die Korrektur daher rückgängig, indem Sie im noch offenen Dialogfenster *Farbton/Sättigung* mit (Alt) bzw. *alt* ⌥ auf die Schaltfläche *Abbrechen* klicken. Dadurch werden alle Einstellungen zurückgesetzt.

Abbildung 12.17:
Die Sättigung für alle
Farben erhöhen.

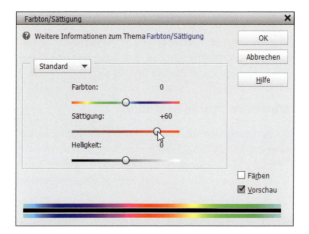

Abbildung 12.18:
Die Erhöhung der
Sättigung hat zu einer
unnatürlichen bzw.
unschönen Gesichts-
farbe geführt.

Die Korrektur eingrenzen

1. Wählen Sie in der Drop-down-Liste zunächst die Magentatöne ❶ aus.

Durch die Auswahl der *Magentatöne* werden im Bereich der beiden Farbspektren nun einige Symboliken eingeblendet. Der graue Mittelteil ❷ markiert aufgrund der Vorauswahl die gewählten Magentatöne. Voreingestellt endet die Bearbeitung allerdings nicht an den Grenzen der so gewählten Farbtöne. Vielmehr werden die beiden links und rechts davon angeordneten Farbbereiche ebenfalls in die Veränderungen einbezogen. Die beiden grauen Streifen ❸ und ❹ signalisieren, wie weit sich dieser Einflussbereich ausdehnt.

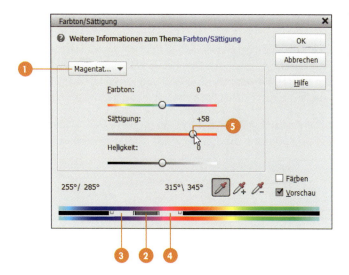

Abbildung 12.19:
Die Sättigung der
Magentatöne erhöhen.

2. Ziehen Sie den Regler *Sättigung* 5 nach rechts (z. B. auf 58), um die Sättigung zu erhöhen.

Abbildung 12.20:
Die Magentatöne
erscheinen jetzt
wesentlich intensiver
(satter).

Weitere Farbtöne verändern

Um weitere Farbtöne zu bearbeiten, wählen Sie den entsprechenden Eintrag in der Drop-down-Liste aus und nehmen anschließend die entsprechenden Einstellungen vor. In diesem Beispiel soll die Sättigung der Grüntöne erhöht werden.

3. Wählen Sie in der Drop-down-Liste den Eintrag *Grüntöne* 6 aus.

4. Erhöhen Sie die *Sättigung* ⑦ auf +60.

Durch die Auswahl der Grüntöne hat sich die Markierung zwischen den beiden Farbspektren verlagert. Der graue Mittelteil ⑧ markiert nun die Grüntöne. Die beiden links und rechts davon angeordneten dunkelgrauen Streifen zeigen, welche benachbarten Bereiche mit in die Veränderungen einbezogen werden.

5. Wiederholen Sie den Vorgang außerdem noch für die Gelbtöne und schließen Sie das Fenster dann mit einem Klick auf OK.

Abbildung 12.21:
Die Veränderung auf
die GRÜNTÖNE
beschränken und
anschließend die
Sättigung erhöhen.

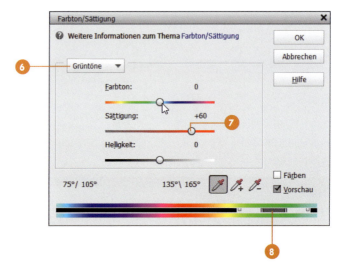

Abbildung 12.22:
Durch die Korrektur
einzelner Farbtöne
konnte die Gesichts-
farbe bzw. deren
Sättigung erhalten
werden.

Unbunte Bereiche

Weiß, Grau und Schwarz werden in der Fachsprache als unbunt bezeichnet, da diese Bereiche keine Farbinformationen enthalten. Insbesondere im HSB-Farbmodell handelt es sich praktisch um reine Helligkeitswerte. Wenn Sie sich die Sache im Farbwähler ansehen, werden Sie feststellen, dass bei allen dreien jeweils ein Farbwert von 0 Grad angezeigt wird. Diese Tatsache hat direkte Auswirkungen auf die hier beschriebenen Funktionen.

1. Laden Sie die Datei *Geschwister_Farbwechsel.jpg*.

Abbildung 12.23:
Original.

**Geschwister_Farb-
wechsel.jpg**

2. Öffnen Sie über das Menü erneut das Fenster *Farbton/Sättigung*.
3. Ziehen Sie den Regler *Farbton* weit nach rechts, um ein helles Rot einzustellen (z. B. bei +143).

Von den Veränderungen sind nur die farbigen Bildteile betroffen. Die weißen Bereiche haben sich nicht verändert.

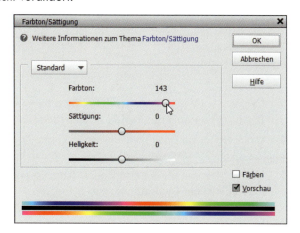

Abbildung 12.24:
Mit dem Regler
FARBTON das
Farbspektrum
verschieben.

*Abbildung 12.25:
Die Farbtonänderung
hat keine Auswirkun-
gen auf die weißen
Pixel.*

Farbton- und Sättigungsänderungen ausgewählter Bereiche

Hier und da kann es notwendig sein, die zu verändernden Bereiche vorher auszuwählen. In dem nun folgenden Beispiel war das unter anderem notwendig, um unschöne Veränderungen in den Scheinwerfern und auf der blauen Frontscheibe zu vermeiden.

Porsche_Farbe.psd

1. Öffnen Sie die Datei *Porsche_Farbe.psd*.
2. Wählen Sie den Befehl *Auswahl/Auswahl laden* aus und aktivieren Sie die Auswahl *Auto*.

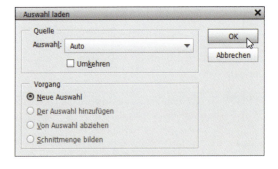

*Abbildung 12.26:
Die Auswahl ist bereits
im Bild enthalten.*

3. Öffnen Sie über den Menübefehl *Überarbeiten/Farbe anpassen/Farbton/Sättigung anpassen* den Dialog *Farbton/Sättigung*.
4. »Lackieren« Sie das Fahrzeug nun in Grün, indem Sie bei *Farbton* einen Wert von *-77* einstellen und die *Sättigung* auf *+33* erhöhen.
5. Übernehmen Sie die neue Farbgebung mit *OK* und heben Sie anschließend die Auswahl auf (*Auswahl/Auswahl aufheben*).

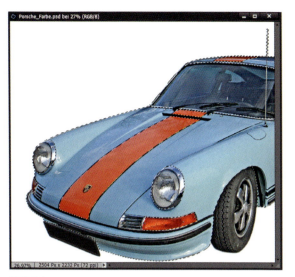

Abbildung 12.27:
Original mit
geladener Auswahl
AUTO.

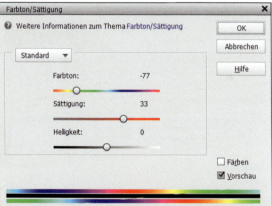

Abbildung 12.28:
Das Farbspektrum
nach Grün verschieben
und die Sättigung
erhöhen.

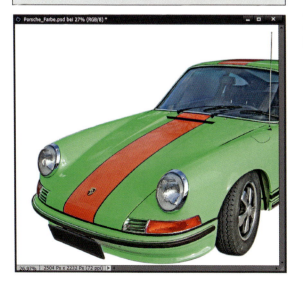

Abbildung 12.29:
Ergebnis.

Farbe für Hautton anpassen

Wie der Name schon sagt, geht es darum, Hauttöne zu modifizieren. Aufnahmen unter ungünstigen Lichtbedingungen oder die Wirkung eines Blitzlichts können in dieser Hinsicht für Optimierungsbedarf sorgen.

1. Öffnen Sie das Bild *Hautfarbe.jpg*.
2. Wählen Sie den Befehl *Überarbeiten/Farbe anpassen/Farbe für Hautton anpassen* aus.
3. Klicken Sie auf eine Stelle der Haut.

Hautfarbe.jpg

Um die Hauttöne zu optimieren, verändert Photoshop Elements daraufhin das komplette Bild. Wenn Sie mit der Wirkung nicht zufrieden sein sollten, können Sie den Teint mithilfe der Regler *Bräunung*, *Rötung* und *Farbtemperatur* in Grenzen angleichen.

Abbildung 12.30:
Zunächst den Cursor
über das Bild
bewegen und auf
einen Bereich der Haut
klicken.

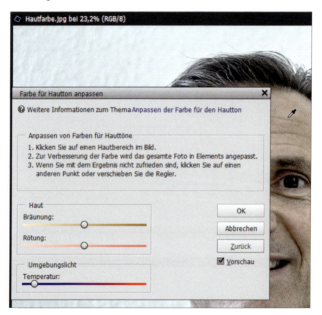

Abbildung 12.31:
Vorher und nachher.

Farbstich entfernen

In diesem Beispiel geht es darum, einen Farbstich zu entfernen. Bei einem Farbstich dominiert die entsprechende Farbe alle anderen Farben. Das wird besonders an ansonsten eigentlich farblich neutralen Stellen deutlich. Wenn Sie den Cursor über den markierten Stellen platzieren, zeigt Ihnen Photoshop Elements die hier dargestellten bzw. ähnliche Werte im Fenster *Informationen* an.

Hätte das Bild keinen Farbstich, müssten in diesen Bereichen alle drei RGB-Werte gleich oder zumindest annähernd gleich sein. Der jeweils erhöhte Farbwert der ansonsten farblich neutralen Bildinhalte gibt also einen Hinweis auf die Art des Farbstichs.

1. Öffnen Sie die Datei *Farbstich.jpg*.

*Abbildung 12.32:
Original.*

Farbstich.jpg

2. Stellen Sie sicher, dass aktuell das Bedienfeld *Informationen* angezeigt wird (*Fenster/Informationen*).

Abbildung 12.33:
Im Bedienfeld
INFORMATIONEN werden
u. a. Farbwerte
angezeigt.

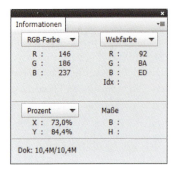

3. Wählen Sie den Befehl *Überarbeiten/Farbe anpassen/Farbstich entfernen* aus.

Jetzt benötigt Photoshop Elements eine Referenz, um den Farbstich zu korrigieren. Dazu müssen Sie einfach nur auf einen ansonsten unbunten Bereich klicken.

Abbildung 12.34:
Hinweis zur Farbstich-
korrektur.

4. Klicken Sie in diesem Fall auf den rechts unten abgebildeten Lieferwagen.

Abbildung 12.35:
Mit dem Cursor auf
den weißen Liefer-
wagen klicken.

Im Fenster *Informationen* werden Ihnen jetzt die ursprünglichen und unmittelbar dahinter die aktuellen RGB-Werte angezeigt. Alle drei Werte sind identisch. Das macht deutlich, dass der Farbstich entfernt wurde. Allerdings sieht das Bild noch etwas zu dunkel aus.

Die vorgenommene Korrektur entfernt den Farbstich, sorgt aber nicht zwangs-
läufig für eine optimale Tonwertverteilung. Sorgen Sie daher im Zweifelsfall
mithilfe einer manuellen Tonwertkorrektur für den finalen Schliff.

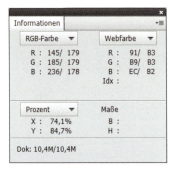

*Abbildung 12.36:
Im Fenster Informa-
tionen werden die
RGB-Werte angezeigt
(Vorher/Nachher).*

*Abbildung 12.37:
Die Funktion FARBSTICH
KORRIGIEREN hat ihren
Job erledigt.*

*Abbildung 12.38:
Eine Tonwertkorrektur
sorgte für den finalen
Schliff.*

Retuschieren

13

Mit den in diesem Kapitel vorgestellten Funktionen entfernen Sie aus Ihren Bildern alles, was Sie nicht im Bild haben möchten. So werden Sie beispielsweise störende Schatten, Fältchen oder Flecken los, und zwar ohne dass dieser nachträgliche Eingriff später bemerkt wird. Insbesondere bei der Retusche gilt: Verwenden Sie eine Kopie des Originalbildes. So stellen Sie sicher, dass Sie das Originalbild nicht irrtümlicherweise beim Speichern durch eine (eventuell noch nicht optimal) retuschierte Version überschreiben. Bevor Sie mit der Retusche beginnen, sollten Sie zudem alle notwendigen Farb- und Helligkeitskorrekturen (Farbstiche entfernen, intelligente Korrektur, Tonwertkorrektur usw.) durchgeführt haben.

13.1 Inhaltssensitive Korrekturen

Photoshop Elements bietet Ihnen einige sehr effiziente Retuschefunktionen. Besonders schnell gehen inhaltsbasierte Korrekturen von der Hand. Dabei werden mehr oder weniger automatisiert die Bildinhalte der näheren Umgebung zur Retusche herangezogen. Sie können diese Technik entweder auf Basis des Bereichsreparatur-Pinsels 🖌 oder beim Füllen einer Auswahl verwenden. Es ist erstaunlich, wie gut das funktioniert, auch wenn es in bestimmten Situationen nicht sofort klappen will. Prinzipiell funktionieren inhaltssensitive Korrekturen immer dann besonders gut, wenn die Umgebung möglichst einheitlich und der zu retuschierende Bereich im Verhältnis dazu relativ klein ist.

Problembereich auswählen und inhaltssensitiv füllen

In diesem Beispiel wurde das Bild von Bord eines Wassertaxis (Vaporetto) fotografiert. Diese befördern in Venedig den öffentlichen Nahverkehr bzw. Heerscharen von Touristen und sind in der Regel proppenvoll. Aufgrund der Enge und der sich ständig ändernden Motivlage kann dann schon mal das Bootsdach mit aufs Bild gelangen. Das ist aber nicht wirklich ein Problem, da sich die Sache mit wenigen Klicks aus der Welt schaffen lässt.

 Über *Datei/Duplizieren* können Sie eine Kopie Ihres Bildes erstellen. Auf diese Weise vermeiden Sie das irrtümliche Überschreiben Ihrer unretuschierten Originalbilder.

1. Laden Sie die Datei *Sensitiv.jpg*.

2. Wählen Sie im Werkzeugbedienfeld das Auswahlrechteck-Werkzeug [⬚] aus.

Abbildung 13.1:
Links ist die Über-
dachung des
Wassertaxis
(Vaporetto) ins Bild
geraten.

Sensitiv.jpg

Abbildung 13.2:
Das Auswahlrechteck-
Werkzeug verwenden.

3. Klicken Sie rechts unter die Überdachung ❶ und ziehen Sie ein Auswahlrechteck ❷ in der hier abgebildeten Form und Größe auf.

Achten Sie dabei darauf, dass das Auswahlrechteck nicht zu groß ausfällt bzw. nicht in die Nähe der Häuserdächer gelangt. Ansonsten würde die Pixelinformation der Häuserdächer mit in die Retusche einfließen und so zu einem unbefriedigenden Ergebnis führen.

 Mehr Informationen zu Auswahlen und der Arbeit mit dem Auswahlrechteck-Werkzeug [⬚] finden Sie in Kapitel 20 »Auswählen von Bildbereichen«.

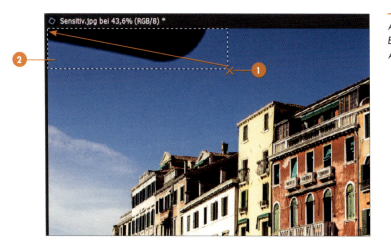

Abbildung 13.3:
Eine rechteckige
Auswahl aufziehen.

4. Wählen Sie den Befehl *Bearbeiten/Auswahl füllen*.
5. Stellen Sie sicher, dass im dann erscheinenden Dialogfenster der Modus *Inhaltssensitiv* ③ eingestellt ist.
6. Schließen Sie das Fenster mit einem Klick auf *OK*.

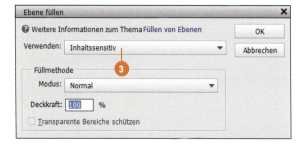

Abbildung 13.4:
Bei Verwenden den
Modus Inhaltssensitiv
③ einstellen.

Abbildung 13.5:
Ergebnis.

Bereichsreparatur-Pinsel

Dieses Werkzeug ✏ eignet sich gut, um Problemstellen zu korrigieren, deren Umgebung aus mehr oder weniger gleichen Farben bzw. Strukturen besteht. Im Gegensatz zum Reparatur-Pinsel ✏ müssen Sie keinen Quellpixelbereich definieren. Vielmehr nutzt das Werkzeug entweder die Pixel, die sich innerhalb des Werkzeugspitzenbereichs, oder die Bildpunkte, die sich unmittelbar außerhalb der Werkzeugspitze befinden. Diese Automatik macht die Sache schnell und bequem – allerdings haben Sie so kaum Kontrolle über das Werkzeug. Damit es seine Dienste zu Ihrer Zufriedenheit entfalten kann, sollte der zu korrigierende Problembereich nicht zu detailreich sein und geringe Kontraste aufweisen.

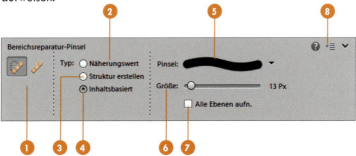

Abbildung 13.6:
Werkzeugoptionen
des Bereichsreparatur-
Pinsels.

Tabelle 13.1:
Werkzeugoptionen
des Bereichsreparatur-
Pinsels.

❶	Werkzeuge	Hier stehen die beiden Werkzeuge *Bereichsreparatur-Pinsel* ✏ und *Reparatur-Pinsel* ✏ zur Auswahl.
❷	Näherungswert	Ist diese Option aktiv, werden die unmittelbar um den kreisförmigen Bereich des Cursors existierenden Pixel für die Retusche innerhalb des kreisförmigen Cursorbereichs herangezogen.
❸	Struktur erstellen	Diese Option veranlasst das Werkzeug, alle innerhalb des Auswahlbereichs befindlichen Pixel für die Retusche zu verwenden. Auf Basis dieser Pixel berechnet das Werkzeug dazu eine neue Pixelstruktur.
❹	Inhaltsbasiert	In diesem Modus verwendet das Werkzeug die Bildinhalte der näheren Umgebung in der Weise, dass beim Pinselauftrag Strukturen, Farben und Helligkeitswerte so generiert werden, dass die Korrektur mehr oder weniger unsichtbar ist.
❺	Pinselstrich-darstellung	Zeigt Ihnen die aktuelle Form des Pinselstrichs an. Über den Pfeil neben der Pinselstrichdarstellung können Sie aus einer Vielzahl von Werkzeugspitzen die gewünschte Variante wählen.
❻	Größe	Hier können Sie die Größe der Werkzeugspitze einstellen (siehe Tabelle 13.2 auf Seite 190).
❼	Alle Ebenen aufnehmen	Siehe Tabelle 13.2 auf Seite 190.
❽	Werkzeug zurücksetzen / Alle Werkzeuge zurücksetzen	Setzt den Bereichsreparatur-Pinsel oder wahlweise alle Werkzeuge zurück.

Praktische Anwendung

Oftmals sind es nur Kleinigkeiten, die das Auge des Betrachters stören – aus diesem Grund haben Fliegen in dem Porträt Ihres Lieblingspferds auch nichts zu suchen. Bei dem hier vorliegenden Bild handelt es sich zwar nur um eine Fliege, diese hat sich aber an exponierter Stelle platziert. Sie werden sie nun »verscheuchen«.

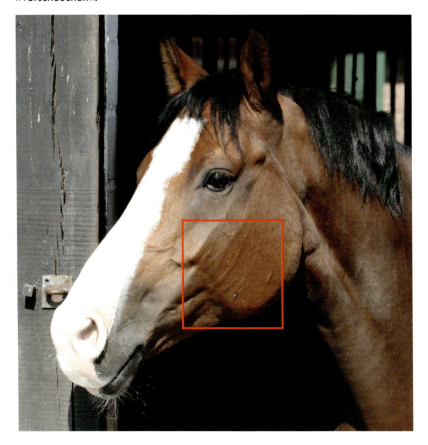

Abbildung 13.7: Probleme in einfarbigen, detailarmen Bereichen eignen sich für eine Korrektur mit dem Bereichsreparatur-Pinsel.

1. Öffnen Sie über den Befehl *Datei/Öffnen* das Bild *Pferd.jpg*.

2. Aktivieren Sie zunächst das Zoom-Werkzeug 🔍 .

3. Ziehen Sie mit gedrückter linker Maustaste ein Rechteck über der Fliege auf **1**.

Pferd.jpg

Daraufhin wird der »umrahmte« Bereich vergrößert abgebildet. Die Fliege ist nun gut zu erkennen.

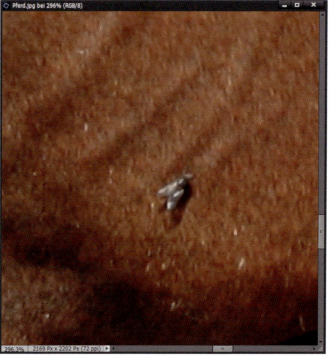

1. Wählen Sie den Bereichsreparatur-Pinsel 🖌 aus.

   Er teilt sich das gleiche »Fach« mit dem Reparatur-Pinsel 🖊. Daher kann es vorkommen, dass er aktuell nicht angezeigt wird. Drücken Sie in diesem Fall zweimal die Taste J. Daraufhin wird der Bereichsreparatur-Pinsel 🖌 im Werkzeugbedienfeld ausgewählt. Jetzt können Sie die notwendigen Einstellungen in der Werkzeugoptionsleiste vornehmen.

2. Stellen Sie mit dem Schieberegler eine Größe **2** von *55 Px* (Pixel) ein.

3. Stellen Sie sicher, dass rechts neben dem Schieberegler die Option *Näherungswert* **3** aktiv ist.

Abbildung 13.10:
Werkzeug-
einstellungen.

4. Positionieren Sie den kreisförmigen Cursor des Werkzeugs über der Fliege.

   Durch die zuvor gewählte Werkzeugspitzengröße von 55 Pixeln wird die Fliege komplett erfasst.

5. Klicken Sie auf die Fliege.

Die Option *Näherungswert* sorgt übrigens dafür, dass die unmittelbar um den kreisförmigen Bereich des Cursors vorhandenen Pixel für die Retusche innerhalb des kreisförmigen Cursorbereichs herangezogen werden.

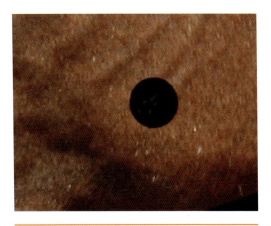

Abbildung 13.11:
Übermalen der Fliege mit dem Werkzeug.

Abbildung 13.12:
Ergebnis: Die Fliege ist verschwunden.

13.2 Kopierstempel

Hierbei handelt es sich um eines der ältesten Retuschewerkzeuge aus dem Hause Adobe: Der Kopierstempel ⚒ »stempelt« zuvor aufgenommene Bildbereiche an einer gewünschten Stelle erneut ein. In den drei folgenden Übungen können Sie die Arbeit mit diesem Werkzeug praktisch nachvollziehen.

Da sich der Kopierstempel ⚒ das gleiche »Fach« mit dem Musterstempel ⚒ teilt, kann es vorkommen, dass er aktuell nicht angezeigt wird. Drücken Sie in diesem Fall zweimal die Taste (Strg). Daraufhin wird der Kopierstempel ⚒ im Werkzeugbedienfeld ausgewählt. Jetzt können Sie die notwendigen Einstellungen in der Werkzeugoptionsleiste vornehmen.

Abbildung 13.13:
Werkzeugoptionen
des Kopierstempels.

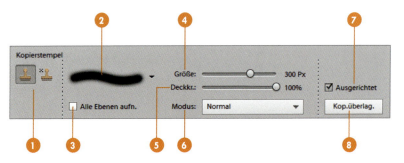

Tabelle 13.2:
Funktionsübersicht der
Kopierstempel-
Werkzeugoptionen.

1	Stempel-werkzeuge	Hier stehen der Kopierstempel und der Musterstempel zur Auswahl.
2	Pinselstrich-darstellung	Zeigt Ihnen die aktuelle Form des Pinselstrichs an. Mit einem Klick auf die Pinselstrichdarstellung können Sie aus einer Vielzahl von Werkzeugspitzen die gewünschte Variante wählen.
3	Alle Ebenen aufnehmen	Wenn diese Option aktiviert ist, bezieht das Werkzeug die aufzustempelnden Pixel aus allen sichtbaren Ebenen. Sollen die Pixel hingegen nur der aktuell aktiven Ebene entnommen werden, muss diese Funktion deaktiviert sein.
4	Größe	Hier können Sie die Größe der Werkzeugspitze einstellen. Klicken Sie dazu entweder auf den kleinen Pfeil, um anschließend den Pop-up-Regler auf die gewünschte Größe zu ziehen, oder geben Sie den gewünschten Wert einfach unmittelbar in das Textfeld ein.
5	Deckkraft	Bei einer Deckkraft von 100 % überlagern die aufgestempelten Pixel die ursprünglich vorhandenen Pixel komplett (dies gilt für den Modus *Normal*). Geringere Werte sorgen dafür, dass die überstempelten Pixel entsprechend der Einstellung sichtbar bleiben.
6	Modus	Bestimmt die Art und Weise, wie aufgestempelte und ursprünglich vorhandene Pixel aufeinander reagieren. Entspricht den Füllmethoden der Bedienfeldes *Ebenen*. Voreingestellt ist hier *Normal*.

	Ausgerichtet	Um diese Funktion zu verstehen, ist es wichtig, sich das Prinzip des Kopierstempels genau vor Augen zu führen.
		Mit Alt bzw. alt ⌥ wird zunächst festgelegt, woher der Kopierstempel seinen »Stempelinhalt« entnimmt. Während Sie mit gedrückter Maustaste stempeln, bewegt sich der Aufnahmepunkt in gleicher Weise wie die Werkzeugspitze des Kopierstempels.
		Die Funktion *Ausgerichtet* beginnt ihren Dienst dann, wenn Sie ein zweites Mal zum Stempeln ansetzen, ohne zuvor abermals einen neuen Aufnahmepunkt mit Klick und Alt- bzw. alt ⌥-Taste festzulegen. *Ausgerichtet* bedeutet, dass der vor dem ersten Stempelansatz mit der Alt- bzw. alt ⌥-Taste festgelegte Aufnahmepunkt nur für den ersten Stempelansatz verwendet wird. Für alle weiteren Stempelansätze ändert sich der Aufnahmepunkt. Hierbei wird die einmal festgelegte Ausrichtung (und Entfernung) zwischen dem Aufnahmepunkt und dem ersten Stempelansatz für alle weiteren Stempelansätze übernommen. Indem Sie die Einstempelposition ändern, ändern Sie somit auch die Position des Aufnahmepunkts. Wählen Sie diese Funktion, wenn Sie den Kopierstempel als Retuschewerkzeug einsetzen. Auf diese Weise ist es einfacher, unschöne Wiederholungsmuster bzw. Kachelbildungen zu vermeiden. Dabei müssen Sie allerdings darauf achten, dass der Aufnahmepunkt nicht in unpassende Bereiche verschoben wird. Ist diese Option deaktiviert, wird jedes Mal, wenn Sie mit dem Kopierstempel in das zu korrigierende Bild klicken, die Information aus dem gleichen Quellbereich bzw. vom ursprünglich festgelegten Anfangspunkt geholt – unabhängig davon, wie weit sich der Aufnahmepunkt beim Stempeln von seiner ursprünglichen Position entfernt hat. Wählen Sie diese Option, wenn Sie den Kopierstempel als Kopierhilfe einsetzen, um ganz gezielt stets die gleichen Bereiche zu kopieren.
8	Kop.Überlag.	Diese Funktion hat keine direkte Auswirkung auf das Endergebnis. Vielmehr haben Sie hier die Möglichkeit (*Überlagerung anzeigen*), eine Kopie der potenziellen Quellpixel als halb transparentes Bild (Overlay) sichtbar zu machen. Dadurch können Sie erkennen, in welche Richtung Sie den Kopierstempel bewegen müssen, um bestimmte Bereiche zu »erwischen«. Das funktioniert natürlich auch mit dem kleinen Kreuz, das bei der Arbeit mit dem Kopierstempel die jeweilige Position des Aufnahmepunkts verrät. Trotzdem hat die Sache ihren konkreten Nutzen. In der nächsten Übung haben Sie die Möglichkeit, das an einem Beispiel praktisch auszuprobieren. Mit den verschiedenen Optionen können Sie die Transparenz des Overlays steuern bzw. das Overlay als Negativ anzeigen lassen (*Überlagerung umkehren*). *Automatisch ausblenden* sorgt zudem dafür, dass das Overlay-Bild während des Stempelns ausgeblendet wird. Mit *Beschränkt* wird es hingegen lediglich innerhalb der Werkzeugspitze sichtbar. Um dabei etwas erkennen zu können, muss die Werkzeugspitze eine entsprechende Größe haben.

In das Bild ragende Zweige überstempeln

Ähnlich wie bei der ersten Übung dieses Kapitels befindet sich auch hier ein störendes Element am oberen Bildrand. Während die Überdachung des Wassertaxis relativ weit von anderen Bildinhalten entfernt war, reichen die Äste in diesem Fall bis zur Horizontlinie. Die Korrektur mithilfe einer sensitiven Technik ist somit schwierig, da womöglich auch Elemente der im Hintergrund befindlichen Landschaft miteinbezogen würden. Hier ist vielmehr ein Werkzeug erforderlich, das Inhalte aus anderen Bildbereichen entnimmt und die Problemzone mit diesen überdeckt. Und damit sind wir beim Kopierstempel ⚒.

Das Funktionsprinzip des Kopierstempels

- Aufnahmebereich festlegen
- Werkzeugspitze des Stempels einstellen
- Stempeln

Abbildung 13.14:
Original.

Blattwerk.jpg

1. Laden Sie die Datei *Blattwerk.jpg*.
2. Wählen Sie im Werkzeugbedienfeld den Kopierstempel ⚒ aus.
3. Klicken Sie in der Werkzeugoptionsleiste auf die Pinselstrichdarstellung **2** . Jetzt öffnet sich ein Menü mit verschiedenen Werkzeugspitzen.
4. Stellen Sie sicher, dass aktuell die *Standard-Pinsel*-Werkzeugspitzen **10** angezeigt werden.
5. Doppelklicken Sie auf die Werkzeugspitze *rund weich 200 Pixel* **11** .
6. Klicken Sie mit gedrückter ⎇Alt⎇- bzw. ⎇alt ⌥⎇-Taste auf den gekennzeichneten Bereich **12**, um den Quellbereich des Stempels festzulegen, und lassen Sie anschließend die Taste wieder los.
7. Deaktivieren Sie die Option *Ausgerichtet* **7** .

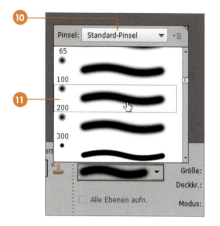

Abbildung 13.15:
Auswahl einer weichen
Werkzeugspitze (hier
rund weich 200).

Da Sie die Funktion *Ausgerichtet* deaktiviert haben, kehrt der Aufnahmepunkt bei einem neuen Ansatz zu seinem Ausgangspunkt zurück und Sie laufen nicht Gefahr, dass dieser über den Horizont auf die Landschaft wandert

8. Malen Sie mit dem Cursor über die störenden Zweige **13**.

Während Sie den Cursor über die Zweige bewegen, wandert der Quellbereich bzw. der Aufnahmepunkt relativ zur Maus mit (symbolisiert durch das Kreuz). Deswegen sollten Sie bei dieser Übung darauf achten, dass Sie den Quellbereich möglichst weit weg vom Horizont platzieren. Ansonsten kann es passieren, dass er über den Horizont hinaus bzw. auf die Landschaft auswandert. Und das hätte wiederum zur Folge, dass der Kopierstempel nicht mehr wie beabsichtigt die Zweige mit blauer Himmelsfarbe, sondern mit Bildpunkten der Landschaft übermalt. Die Wahl einer zu großen Werkzeugspitze führt übrigens zu dem gleichen Problem. Mit der hier verwendeten Werkzeugspitze von 200 Pixeln klappt die Sache aber anstandslos.

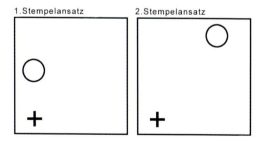

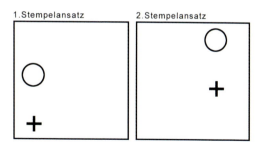

Abbildung 13.16:
Ausgerichtet deaktiviert: Jedes Mal, wenn Sie mit dem Kopierstempel in das zu korrigierende Bild klicken, werden die Bildpunkte aus dem gleichen Quellbereich bzw. vom ursprünglich festgelegten Anfangspunkt entnommen.

Abbildung 13.17:
Ausgerichtet aktiviert: Hier wird die einmal festgelegte Ausrichtung (und Entfernung) zwischen dem Aufnahmepunkt und dem ersten Stempelansatz für alle weiteren Stempelansätze übernommen.

Abbildung 13.18:
Bei gedrückter
Alt - bzw. alt ⌥-
Taste klicken Sie auf
den Bereich 12
(symbolisiert durch
das Fadenkreuz),
dessen Pixel auf die
Problemstelle
gestempelt werden
sollen.

Abbildung 13.19:
Den Stempel über die
Zweige führen.

Abbildung 13.20:
Ergebnis.

Objekte kopieren

Neben der detaillierten Retusche von Problembereichen ist der Kopierstempel auch in der Lage, zusammenhängende Motivbereiche bzw. Objekte zu kopieren. In dieser Übung wird der Kopierstempel eingesetzt, um aus einem Fisch einen ganzen Fischschwarm zu erstellen.

Abbildung 13.21:
Original.

Gelber_Fisch.jpg

1. Laden Sie die Datei *Gelber_Fisch.jpg*.

2. Wählen Sie im Werkzeugbedienfeld den *Kopierstempel* ⚒ aus.

3. Klicken Sie in der Werkzeugoptionsleiste auf die Pinselstrichdarstellung ①.

Jetzt öffnet sich das Menü mit den verschiedenen Werkzeugspitzen.

4. Klicken Sie auf die Werkzeugspitze *rund weich 300*.

5. Stellen Sie sicher, dass die Option *Ausgerichtet* ② aktiv ist.

Abbildung 13.22:
Damit die einkopierten Bereiche besser mit dem Hintergrund verschmelzen, wird eine weiche Werkzeugspitze ① gewählt.

Auf diese Weise können Sie beim Stempeln auch mal die linke Maustaste loslassen. Der Kopierstempel entnimmt auch beim zweiten Anlauf die Pixel von der richtigen Stelle. Sie werden gleich einen Fisch auf die rechte Seite des Bildes einkopieren. Da Sie nur sein Hinterteil verwenden werden, ist es sinnvoll, den Kopierprozess mit diesem Teil des Fisches zu beginnen.

6. Klicken Sie bei gedrückter Alt - bzw. alt ⌥ -Taste auf den gekennzeichneten Punkt ③ (die Schwanzflosse) und lassen Sie anschließend die Taste wieder los.

Abbildung 13.23:
Am Punkt ③ wird mit dem Kopierprozess begonnen.

Jetzt gilt es, genügend Abstand zum Originalfisch zu halten – ansonsten laufen Sie Gefahr, das Original zu überstempeln.

7. Klicken Sie in etwa dort in das Bild, wo die Schwanzflosse der Fischkopie zu sehen sein soll ④, und stempeln Sie den Fisch mit gedrückter Maustaste ein.

Abbildung 13.24:
Achten Sie beim
Stempeln auf
ausreichend Abstand
zum Originalfisch
– das Kreuzsymbol im
Originalfisch zeigt,
woher der Kopierstem-
pel **5** *die Bildinfor-*
mation entnimmt **6**.

Jetzt kommt eine zweite Fischkopie hinzu. Diese soll unten links eingefügt werden. Da Sie jetzt den vorderen Teil kopieren werden, ist es sinnvoll, den Kopierprozess mit den Bildpunkten des Fisches zu beginnen, die seine rechte Seite
bilden.

8. Klicken Sie bei gedrückter [Alt]- bzw. [alt ⌥]-Taste auf den **7** gekennzeichneten Punkt (die Augenpartie) und lassen Sie anschließend die Taste
wieder los.

Abbildung 13.25:
Klicken Sie auch bei
der zweiten Fischkopie
zunächst auf den
Bereich, mit dem der
Kopierprozess
beginnen soll.

Wie bei der ersten Kopie gilt es auch hier wieder, genügend Abstand zum
Originalfisch zu halten, um ihn nicht versehentlich zu überstempeln.

9. Klicken Sie daher dort in das Bild, wo das Auge der zweiten Fischkopie zu
sehen sein soll **8**, und stempeln Sie den Fisch mit gedrückter Maustaste ein.

Abbildung 13.26:
Die zweite Fischkopie.

Abbildung 13.26:
Die zweite Fischkopie.

Mit der Option »Überlagerung anzeigen« Überlagerungen vermeiden

Überall dort, wo Sie genug Platz haben, ist die Sache mit dem »Sicherheitsabstand« zwischen Original und Kopie noch relativ einfach einzuschätzen. Sobald die beiden näher zusammenrücken, gestaltet sich das Ganze aber schon etwas kniffliger. Sie werden daher jetzt die Funktion *Überlagerung anzeigen* verwenden.

1. Klicken Sie in der Werkzeugoptionsleiste des Kopierstempels 🔲 auf die ganz rechts angeordnete Schaltfläche *Kop.überlag.*

Daraufhin öffnet sich das Menü der Funktion *Überlagerung anzeigen.*

Abbildung 13.27:
Das Menü der
Funktion Überlagerung
anzeigen.

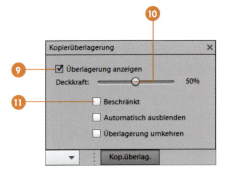

2. Aktivieren Sie die Option *Überlagerung anzeigen* ❾ und stellen Sie eine *Deckkraft* ❿ von 50 % ein.
3. Stellen Sie sicher, dass das Kontrollfeld *Beschränkt* ⓫ deaktiviert ist.

Wenn Sie das Kontrollfeld *Beschränkt* ⑪ aktivieren, wird das Overlay-Bild auf die Größe der aktuellen Pinselspitze beschränkt.

Da die dritte Fischkopie an der Unterseite des Bildes eingefügt werden soll, wird zunächst die Oberseite des Fisches als Quellbereich festgelegt.

4. Klicken Sie bei gedrückter ⟨Alt⟩- bzw. ⟨alt ⟩-Taste auf den in der Abbildung gekennzeichneten Punkt ⑫ (die Rückenflosse) und lassen Sie anschließend die Taste wieder los.

Abbildung 13.28: Legen Sie die Oberseite des Fisches als Ausgangs- aufnahmebereich fest.

Sobald Sie die linke Maustaste loslassen, wird das Bild als transparente Überlagerung angezeigt. Auf diese Weise können Sie den einzustempelnden Fisch bequem platzieren.

5. Positionieren Sie das Overlay-Bild so, dass zwischen dem Originalfisch (insbesondere seiner Brustflosse) und dem Fisch im Overlay-Bild ⑬ keine überlappenden Bereiche entstehen.

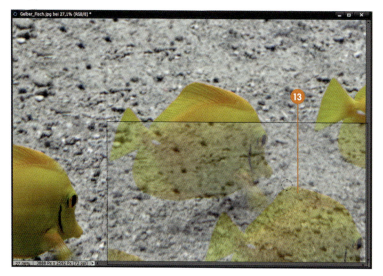

Abbildung 13.29: Mithilfe der Überlagerung ⑬ (Overlay) kann die Fischkopie bequem positioniert werden.

Bei dieser doch relativ groben Kopiertechnik würde eine Überlappung ansonsten sehr wahrscheinlich dazu führen, dass an deren Rand ein Strich in der Farbe und Struktur des Meeresbodens entstehen würde, weil die Entnahme der Quellpixel ja nicht automatisch an den Konturen des Originals endet. Natürlich ließe sich dieser Strich durch eine sehr umsichtige Arbeitsweise in seiner Breite reduzieren, eventuell sogar mehr oder weniger vermeiden – Überlappungen erst gar nicht zuzulassen, macht die Sache aber deutlich komfortabler.

Abbildung 13.30:
Ergebnis nach dem
Stempeln mithilfe der
Overlay-Technik.

6. Deaktivieren Sie abschließend die Funktion *Überlagerung anzeigen*, um das Ergebnis zu begutachten.

Nachdem Sie mit gedrückter Alt - bzw. *alt* ⌥ -Taste einen Quellbereich definiert haben, können Sie die transparente Überlagerung auch einblenden, indem Sie die Tasten Alt + ⇧ bzw. *alt* ⌥ + ⇧ gedrückt halten. Sobald Sie die Tasten loslassen, wird die Überlagerung wieder ausgeblendet.

Kopierstempel bildübergreifend nutzen

Der Kopierstempel unterstützt bildübergreifendes Arbeiten: Sie können in einem Bild Ihrer Wahl bestimmte Bildbereiche aufnehmen und diese anschließend in ein anderes Bild einstempeln.

1. Laden Sie die beiden Dateien *Marienkäfer_A.jpg* und *Marienkäfer_B.jpg*.
2. Wählen Sie den Befehl *Fenster/Bilder/Nebeneinander* aus. Die beiden Dateien werden daraufhin nebeneinander dargestellt.

Der Befehl *Fenster/Nebeneinander* steht nur dann zur Verfügung, wenn in den Programmvoreinstellungen (Menübefehl *Bearbeiten/Voreinstellungen/Allgemein*) die Option *Floating-Dokumente im Editormodus zulassen* aktiviert ist.

Wenn Photoshop Elements die Bilder dabei untereinander darstellt, wählen Sie den Befehl *Fenster/Alle in Registerkarten zusammenlegen* und anschließend erneut den Befehl *Fenster/Nebeneinander*.

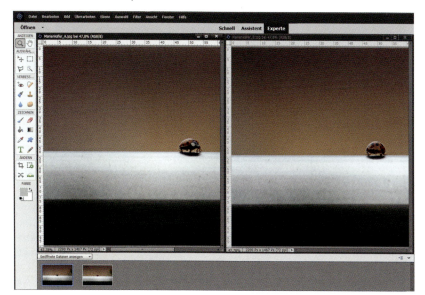

Abbildung 13.31:
Die Bilder nebeneinander anzeigen lassen.

3. Wählen Sie im Werkzeugbedienfeld den Kopierstempel ⚏ aus.

4. Klicken Sie in der Optionsleiste auf den Pfeil neben der Pinselstrichdarstellung. Es öffnet sich ein Menü mit verschiedenen Werkzeugspitzen.

5. Wählen Sie eine weiche Werkzeugspitze mit einer Größe von ca. *100 Pixeln* ❶ aus.

6. Stellen Sie sicher, dass die Option *Ausgerichtet* ❷ aktiv ist.

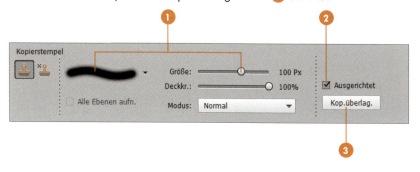

Abbildung 13.32:
Verwenden Sie eine Werkzeugspitze mit einer Größe von ca. 100 Pixeln ❶ und stellen Sie sicher, dass AUSGERICHTET ❷ aktiviert ist.

7. Klicken Sie in der Optionsleiste des Kopierstempels auf die ganz rechts angeordnete Schaltfläche ❸.

Abbildung 13.33:
Das Menü der
Funktion ÜBERLAGERUNG
ANZEIGEN.

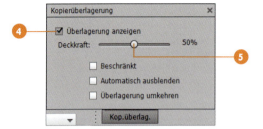

Daraufhin öffnet sich das Menü der Funktion *Überlagerung anzeigen.*

8. Aktivieren Sie die Option *Überlagerung anzeigen* ❹ und stellen Sie eine *Deckkraft* ❺ von *50%* ein.

9. Klicken Sie bei gedrückter ⌈Alt⌋- bzw. ⌈alt ⌐⌋-Taste auf den gepunkteten Körper des Marienkäfers B (hier der rechts abgebildete Käfer) und lassen Sie die Taste anschließend wieder los.

10. Klicken Sie einmal in das Fenster der Datei *Marienkäfer_A.jpg.*

11. Jetzt wird das Overlay-Bild des anderen Käfers angezeigt.

Beide Käfer sitzen auf der Edelstahlstange eines Balkongeländers. Positionieren Sie das Overlay-Bild so, dass die Balkongeländer der beiden Dateien deckungsgleich sind und der neue Käfer in etwa an der nachstehend abgebildeten Position platziert wird.

12. Beginnen Sie nun, den Käfer mit dem Kopierstempel »nachzufahren«. Da der kleine Flieger nicht besonders groß ist, geht das ja relativ fix.

13. Deaktivieren Sie abschließend die Funktion *Überlagerung anzeigen* ❹, um das Ergebnis zu begutachten.

Abbildung 13.34:
Den Käfer aus dem
anderen Bild
einstempeln.

Abbildung 13.35:
Ergebnis.

13.3 Reparatur-Pinsel

Der Reparatur-Pinsel ✎ funktioniert ähnlich wie der Kopierstempel ♌ . Der Unterschied besteht darin, dass die aufgenommenen Pixel nicht nur aufgepinselt, sondern mit den zu korrigierenden Pixeln vermischt werden. Durch diesen »Pixelmix« erzielen Sie sehr schnell gute und nicht mehr als solche zu erkennende Retuschen.

Überall dort, wo feine Strukturen und Details zu korrigieren sind, sollten Sie auf dieses Werkzeug zurückgreifen. Das gilt insbesondere für die Retusche von Gesichtern. Die Tatsache, dass ein »Pixelmix« erstellt wird, sorgt allerdings immer dann für Probleme, wenn der Quellbereich und der zu korrigierende Bereich zu starke Farb- und Kontrastunterschiede aufweisen.

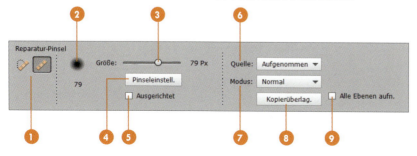

Abbildung 13.36:
Werkzeugoptionen
des Reparatur-Pinsels.

Tabelle 13.3:
Funktionsübersicht der
Reparatur-Pinsel-
Werkzeugoptionen.

1	Werkzeuge	Hier stehen die beiden Werkzeuge *Reparatur-Pinsel* und *Bereichsreparatur-Pinsel* zur Auswahl.
2	Werkzeug-spitzendarstellung	Zeigt die aktuelle Form der Werkzeugspitze an.
3	Größe	Hier stellen Sie den Durchmesser des Werkzeugs ein.
4	Pinseleinstell.	Hier werden weitere Funktionen zur Einstellung der Werkzeugspitze angeboten.
5	Ausgerichtet	Siehe Tabelle 13.2 »Funktionsübersicht der Kopierstempel-Werkzeugoptionen«.
6	Quelle, Muster	Hier können Sie wählen, ob ein mit [Alt] bzw. [alt ⌥] definierter Quellbereich (*Quelle*) oder ein *Muster* zur Reparatur verwendet werden soll.
	Musteranzeige	Dieser Bereich wird nur angezeigt, wenn bei *Quelle* **6** der Eintrag *Muster* gewählt ist. Mit einem Klick auf den Pfeil neben der Musteranzeige können Sie die aktuell verfügbaren Muster anzeigen lassen bzw. anschließend eines der angezeigten Muster mit einem Doppelklick auswählen.
7	Modus	Bestimmt die Art und Weise, wie aufgepinselte und ursprünglich vorhandene Pixel aufeinander reagieren. Entspricht den Füllmethoden des Bedienfeldes *Ebenen*. Allerdings stellt der Reparatur-Pinsel hier deutlich weniger Modi zur Verfügung. Voreingestellt ist an dieser Stelle *Normal*.
8	Kopieüberlag.	Siehe Tabelle 13.2 »Funktionsübersicht der Kopierstempel-Werkzeugoptionen«
9	Alle Ebenen aufnehmen	Siehe Tabelle 13.2 »Funktionsübersicht der Kopierstempel-Werkzeugoptionen«

Schilder wegstempeln

Die beiden Schilder an der Brücke »stören« und sollen daher entfernt werden. Eine Besonderheit bei dieser Retusche besteht in der Ziegelsteinstruktur: Es wird ein Werkzeug benötigt, mit dem Sie »fugengenau« arbeiten können.

Dazu eignen sich beispielsweise der Kopierstempel und der Reparatur-Pinsel . Warum die Entscheidung in diesem Fall zugunsten des Reparatur-Pinsels ausfällt, erfahren Sie im weiteren Verlauf des Workshops.

Brücke.jpg

1. Laden Sie die Datei *Brücke.jpg*.
2. Aktivieren Sie im Werkzeugbedienfeld den Reparatur-Pinsel.

Abbildung 13.37:
Original.

Da sich dieses Werkzeug das gleiche »Fach« mit dem Bereichsreparatur-Pinsel teilt, kann es vorkommen, dass der Reparatur-Pinsel aktuell nicht angezeigt wird. In einem solchen Fall drücken Sie einfach die Taste ⏎, um ihn im Werkzeugbedienfeld anzeigen zu lassen.

3. Stellen Sie in der Werkzeugoptionsleiste mit dem Schieberegler *Größe* ❶ einen Werkzeugspitzen-Durchmesser von ca. 80 Pixeln ein.

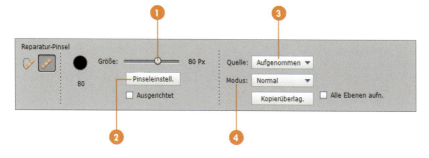

Abbildung 13.38:
Werkzeug-
einstellungen.

4. Klicken Sie auf die Schaltfläche *Pinseleinstell.* ❷. Daraufhin öffnet sich ein Menü mit verschiedenen Werkzeugeigenschaften.

5. Stellen Sie das Werkzeug wie folgt ein:
   - *Härte*: 100 %
   - *Malabstand*: 25 %
   - *Rundung*: 100 %

6. Bei *Quelle* ❸ sollte *Aufgenommen* und bei *Modus* ❹ die Option *Normal* eingestellt sein. Zudem sollte die Kopierüberlagerung aktiviert sein.

7. Klicken Sie bei gedrückter ⏍Alt⏍- bzw. ⏍*alt* ⌐⏍-Taste auf die linke Seite der Brücke **5**.

Abbildung 13.39:
Wählen Sie die Pixel
aus, die auf den
unteren Abschnitt des
Problembereichs
gepinselt werden
sollen.

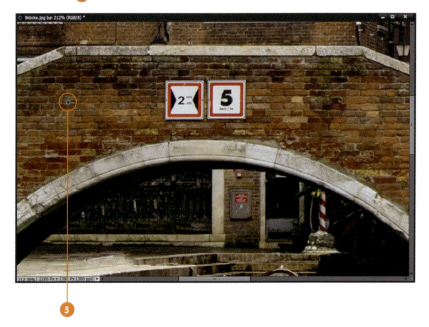

8. Bewegen Sie den Cursor kurz vor das linke Schild.

In der Überlagerungsvorschau können Sie nun gut erkennen, ob die Fugen der Korrektur mit den Fugen vor dem Schild fluchten. Sollte das noch nicht der Fall sein, bewegen Sie den Cursor einfach etwas nach oben oder unten (ohne dabei zu klicken).

9. Bewegen Sie den Cursor mit gedrückter Maustaste über beide Schilder hinweg.

Wenn Sie die linke Maustaste loslassen, wird die neu eingefügte Bildinformation mit der ursprünglich an diesem Platz vorhandenen Bildinformation verrechnet. Auf diese Weise werden unschöne Musterbildungen bzw. sich wiederholende Bildkacheln vermieden. Das ist schlussendlich auch der Grund, warum hier auf den Einsatz des Kopierstempels verzichtet wurde, denn dieser kopiert lediglich den Aufnahmebereich an eine Stelle. Da in diesem Fall ganze Bereiche von Backsteinen kopiert werden, würde sich sehr schnell eine mehr oder weniger deutlich sichtbare Wiederholung dieser Strukturen einstellen und somit die Retusche zu erkennen geben bzw. unglaubwürdig erscheinen lassen.

Um die Struktur der Steine zu verändern bzw. noch ungleichmäßiger erscheinen zu lassen, könnten Sie nun in einem Bereich der reparierten Stellen noch Steine aus einem anderen Bereich der Brücke »verbauen« – die hierfür nötige Vorgehensweise kennen Sie ja inzwischen.

Abbildung 13.40:
Retusche des linken
Schildes.

Abbildung 13.41:
Retusche des rechten
Schildes.

Abbildung 13.42:
Ergebnis.

Abbildung 13.43:
Gesamtbild.

13.4 Porträtretusche

In diesem Beispiel geht es darum, kleine Fältchen und Leberflecken zu entfernen. Insbesondere bei dieser Retusche kommt es darauf an, die verschiedenen Retuschewerkzeuge des Programms in geeigneter Weise zu kombinieren.

DOWNLOAD

Porträt.jpg

1. Laden Sie die Datei *Porträt.jpg*.
2. Wählen Sie den Befehl *Ebene/Ebene duplizieren*, um eine Kopie der Hintergrundebene zu erstellen.
3. Schließen Sie das sich öffnende Dialogfenster mit *OK*.

Im Bedienfeld *Ebenen* wird die so erstellte Kopie der Ebene abgebildet.

*Abbildung 13.44:
Mit dem Befehl E<small>BENE</small>/
E<small>BENE DUPLIZIEREN</small>
eine Kopie der
Hintergrundebene
erstellen.*

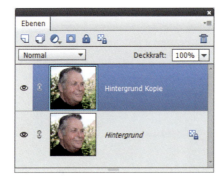

Sämtliche Retuschemaßnahmen finden nun auf der oberen der beiden Ebenen (der Kopie) statt. Hautunreinheiten und Leberflecken lassen sich dabei komfortabel mit dem Bereichsreparatur-Pinsel 🖊 ausbessern. Krähenfüße und Fältchen verlangen hingegen mehr Kontrolle. Setzen Sie dort den Reparatur-Pinsel 🖊 ein.

Achten Sie dabei darauf, dass die Werkzeugspitze des Pinsels in etwa der jeweiligen Faltenbreite entspricht. Suchen Sie dazu jeweils eine glatte Hautpartie in der Nähe der zu korrigierenden Falte – im Idealfall direkt darüber oder darunter. Klicken Sie bei gedrückter ⌥Alt⌫- bzw. ⌥alt ⌫-Taste auf diesen Bereich, um Farbe und Struktur des glatten Bereichs zu erfassen. Überpinseln Sie jetzt die zu korrigierende Falte. Wenn Sie mit dem einen oder anderen Resultat nicht zufrieden sein sollten, weil Photoshop Elements den Bereich verwischt, weichen Sie auf den Kopierstempel aus. In beiden Fällen erzielen Sie die besten Ergebnisse, wenn Sie jeweils kurze »Striche« auftragen und häufiger mit der ⌥Alt⌫- bzw. ⌥alt ⌫-Taste einen (leicht) veränderten Quellbereich definieren.

Um die Glaubwürdigkeit der Retusche zu steigern, werden Sie jetzt die retuschierte Ebene mit der unbearbeiteten Hintergrundebene überblenden – so ergibt sich eine Mischung aus beiden Ebenen. Reduzieren Sie dazu die Ebenendeckkraft der retuschierten Ebene.

4. Klicken Sie auf den rechts oben im Bedienfeld *Ebenen* angezeigten Pfeil ❶, um den Deckkraftregler ❷ einzublenden.

5. Klicken Sie auf den Deckkraftregler ❷ und ziehen Sie ihn nach links, um die Deckkraft zu verringern, bis einige Falten wieder schwach hervortreten.

In diesem Beispiel machte sich eine Deckkraft von ca. 50 % ganz gut.

Abbildung 13.45:
Original.

Abbildung 13.46:
Zwischenergebnis
unmittelbar nach der
Retusche.

Abbildung 13.47:
Die Ebenendeckkraft
der retuschierten
Ebene reduzieren.

Abbildung 13.48:
Das Ergebnis dieser
Retuschetechnik wirkt
natürlich.

Fazit

Wenn Sie mit dem Kopierstempel 🏛 oder dem Reparatur-Pinsel ✐ arbeiten, sollten Sie stets den Aufnahmebereich im Blick behalten, denn die Retusche kann nur gelingen, wenn dieser Bereich die entsprechenden Bildinformationen zur Verfügung stellt. Während des Stempelns wird seine aktuelle Position durch das mitwandernde Kreuz symbolisiert.

Alternativ zur Kreuzsymbolik können Sie den Aufnahmebereich der Stempel durch die Funktion *Überlagerung anzeigen* als halb transparentes Bild (Overlay) sichtbar machen. Achten Sie bei der Auswahl des Aufnahmebereichs auch stets auf die Helligkeitswerte. Um eine unauffällige Retusche zu erzielen, kann beispielsweise ein schattiges bzw. dunkles Detail nicht mit den Bildpunkten eines sehr hellen Aufnahmebereichs retuschiert werden.

14 Bildausschnitt und schiefe Bilder korrigieren

Hin und wieder passiert es, dass die Kamera bei der Aufnahme etwas schief gehalten wird. Um den schiefen Bildeindruck zu korrigieren, bietet Photoshop Elements verschiedene Möglichkeiten. Bei allen Korrekturvarianten muss anschließend ein neuer Bildausschnitt festgelegt und das Bild neu zugeschnitten werden. In bestimmten Zusammenhängen können sich perspektivische Verzerrungen, Vignettierungen und kissen- bzw. tonnenförmige Verzerrungen in Ihre Fotos schleichen. In diesem Kapitel erfahren Sie, wie Sie diese »Effekte« aus Ihren Bildern verbannen.

14.1 Bildausschnitt mit dem Freistellungswerkzeug anpassen

Wenn Sie lediglich einen bestimmten Bildausschnitt von einem Foto verwenden möchten, müssen Sie diesen festlegen und anschließend den störenden Rest entfernen. Beide Aufgaben lassen sich mit dem Freistellungswerkzeug 🔲 erledigen. Dazu wird der gewünschte Bildausschnitt zunächst mit einem rechteckigen Rahmen ❶ ausgewählt. Die Bereiche außerhalb des Rahmens erscheinen dunkel ❷. Diese Symbolik soll deutlich machen, dass die entsprechenden Bildinhalte später wegfallen werden ❸.

Abbildung 14.1: Mit dem Freistellungswerkzeug 🔲 wird das Bild auf den gewünschten Bildausschnitt reduziert.

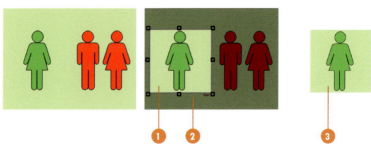

Bildausschnitt manuell festlegen

Technisch gesehen ist die Sache ganz simpel: Sie klicken einfach an einem der vier Eckpunkte in das Bild und ziehen von dort den Freistellungsrahmen auf. Der einmal aufgezogene Rahmen ❶ kann dann im Bild verschoben, gedreht und in seiner Größe angepasst werden. Mit ⏎ wird abschließend der störende Rest entfernt ❸. Wenn Sie es sich hingegen anders überlegen sollten, werden Sie den Freistellungsrahmen mit Esc wieder los.

Bildausschnitt vom Programm vorschlagen lassen

Um unerfahrene Anwender bei der Wahl des Bildausschnitts zu unterstützen, hat Adobe eine Automatik eingebaut. Hier werkelt ein Algorithmus, der das Bild nach bestimmten Gesetzmäßigkeiten analysiert und dann vier Freistellungsvorschläge unterbreitet. Platzieren Sie den Cursor dazu einfach auf eine der vier Vorschlagsschaltflächen und begutachten Sie den jeweiligen Vorschlag. Bei Nichtgefallen verlagern Sie den Cursor auf einen der vier anderen Vorschläge. Mit einem Klick auf die entsprechende Schaltfläche wird ein Vorschlag übernommen. Sie können einen gewählten Vorschlag auch weiter anpassen, indem Sie Form und Größe des Ausschnitts über dessen Eckpunkte steuern bzw. den Ausschnitt mit gedrückter Maustaste verschieben. Mit einem Klick auf den grünen Haken oder per ⏎ wird das Bild dann endgültig beschnitten.

Eventuell wird das Freistellungswerkzeug im Werkzeugbedienfeld durch ein anderes Symbol verdeckt. In diesem Fall können Sie es durch (mehrmaliges) Drücken der Taste C anzeigen lassen.

Werkzeugeinstellungen

In der Werkzeugoptionsleiste des Werkzeugs können Sie Standardbildgrößen auswählen oder eine eigene Bildgröße festlegen und die relative Auflösung des Bildes bestimmen. Wenn Sie hier nichts verändern, wird die Originalgröße des Bildausschnitts beibehalten. Die relative Auflösung entspricht anschließend ebenfalls der des Ausgangsbildes.

Abbildung 14.2:
Die Werkzeugoptionen des Freistellungswerkzeugs.

❶ Werkzeugwahl	Hier können Sie zwischen klassischem 🔲 und perspektivischem Freistellungswerkzeug 🔲 sowie dem Ausstecher-Werkzeug ⭕ wählen.
❷ Freistellungs-vorgaben	*Fotoverhältnis verw.:* Greifen Sie auf diese Einstellung zurück, wenn der freigestellte Bildausschnitt das gleiche Bildseitenverhältnis und die gleiche Größe bzw. absolute Auflösung wie das jetzige Bild (Foto) erhalten soll. Beim Aufziehen des Rahmens kann so dessen Größe angepasst werden, der Rahmen behält dabei aber stets das Bildseitenverhältnis bei. Obwohl beim Freistellen Bildinformationen unter den Tisch fallen, bleiben die Gesamtzahl der Pixel und die relative Auflösung gleich, da Photoshop Elements die verbleibende Bildinformation so interpoliert, also berechnet, dass erneut die Ausgangswerte erreicht werden. Wenn Sie sehr viel von einem Bild wegschneiden, kann es daher durch die Interpolation, bei der das Bild durch die Berechnung weicher wird, zu Qualitätsproblemen kommen. Mehr zum Thema Auflösung erfahren Sie in Kapitel 5.2 »Bildgröße und Auslösung«.
	10 x 15 cm
	13 x 18 cm
	15 x 20 cm
	20 x 30 cm
	40,6 x 22,8 cm
	(Standardbildgrößen)
	Diese Voreinstellungen bieten die Möglichkeit, einen Bildausschnitt in einer bestimmten *Standardbildgröße* und damit in einem Standardbildseitenverhältnis zu erstellen. Insbesondere wenn Sie Papierabzüge von einem freigestellten Bild machen möchten, bietet sich die Wahl eines solchen Formats an. Das Bild hat anschließend die hier ausgewählte Größe. Wenn der gewählte Bildausschnitt zu klein ausfällt, kann es aufgrund der Bildgrößenneuberechnung zu Qualitätsproblemen kommen.
❸ *Breite/Höhe* (individuelle Bildgröße festlegen)	Hier können Sie eingeben, wie groß der gewünschte Bildausschnitt sein soll. Wenn Sie dabei nur Zahlenwerte eingeben, verwendet Photoshop Elements die in den Programmvoreinstellungen im Bereich *Lineale* festgelegte Maßeinheit (*Bearbeiten/Voreinstellungen/Einheiten & Lineale*). Wenn Sie eine andere Maßeinheit verwenden möchten, müssen Sie diese bei der Eingabe hinter den Zahlenwerten angeben, z. B. 100 cm, 100 mm, 100 px (px = Pixel). Als Hinweis darauf, dass nun die für Breite und Höhe eingegebenen Werte verwendet werden, zeigt die Werkzeugoptionsleiste im Bereich *Freistellungsvorgaben* ❷ den Eintrag *Benutzerdefiniert* an. Wenn Sie anschließend den Rahmen des Freistellungswerkzeugs aufziehen, behält dieser das aus der Eingabe resultierende (eigene) Bildseitenverhältnis bei. Unabhängig davon, wie groß Sie den Freistellungsrahmen aufziehen, wird der Bildausschnitt anschließend in der gewünschten bzw. eingegebenen Größe bereitgestellt.

4	Umschalter	Vertauscht die für *Breite* und *Höhe* eingegebenen Werte.
5	*Freistellungs-empfehlungen*	Hier unterbreitet Ihnen das Werkzeug vier Freistellungsvor-schläge: Einfach den Cursor auf eine der vier Schaltflächen platzieren und den Vorschlag begutachten. Ein Klick auf die Schaltfläche übernimmt den Vorschlag. Mit ⏎ wird das Bild entsprechend freigestellt.
6	*Auflös.*	In diesem Eingabefeld können Sie die relative Auflösung bestimmen, in der das neue Bild angelegt wird. Wenn Sie an dieser Stelle nichts eingeben, verwendet Photoshop Elements stets die relative Auflösung des Ausgangsbildes. Mehr zum Thema Auflösung erfahren Sie in Kapitel 5.2 »Bildgröße und Auslösung«.
7	*Pixel/Zoll Pixel/cm*	Hier können Sie die Maßeinheit für die relative Auflösung festlegen. Voreingestellt ist in diesem Fall *Pixel/Zoll*. Diese Einstellung entspricht der Abkürzung ppi (pixel per inch) und muss in der Regel nicht verändert werden.
8	*Raster-überlagerung*	(von links nach rechts) 1. Zeigt kein Überlagerungsraster. 2. Legt ein Überlagerungsraster über das Bild, das Sie dabei unterstützt, den freizustellenden Bildausschnitt gemäß der Drittel-Regel (auch Zwei-Drittel-Regel genannte Gestaltungsregel) zu wählen. 3. Blendet ein einfaches Raster ein, das Sie insbesondere bei der Korrektur verdrehter Bilder unterstützen kann.
9	*Werkzeug zurücksetzen*	Setzt alle Einstellungen zurück.

Im Bedienfeld *Informationen* wird Ihnen u. a. die Größe des Auswahlrahmens angezeigt. Über die Bedienfeldoptionen des Fensters können Sie dessen Anzeige auf die gewünschte Maßeinheit einstellen.

Zuschneiden

In diesem Beispiel soll sich der Bildausschnitt auf die beiden Gondeln beschränken. Das Motorboot und alle anderen Bildinhalte fallen entsprechend weg.

1. Wählen Sie im Werkzeugbedienfeld das Freistellungswerkzeug 🗗 aus.
2. Stellen Sie in der Werkzeugoptionsleiste das gewünschte Seitenverhältnis **2** bzw. über die Werte *B* und *H* **3** die gewünschte Bildgröße ein.

In diesem Beispiel wurde *Fotoverhältnis verw.* gewählt.

Bildausschnitt.jpg

3. Klicken Sie rechts oben bzw. unterhalb des Motorbootes an der gekennzeichneten Stelle in das Bild und ziehen Sie von dort einen Rahmen auf.
4. Klicken Sie in den aufgezogenen Rahmen, halten Sie die linke Maustaste gedrückt und positionieren Sie den Rahmen Ihren Vorstellungen entsprechend.

Alternativ können Sie auch in die Mitte der beiden Gondeln klicken und den Freistellrahmen mit gedrückter ⌷Alt⌷- bzw. ⌷alt ⌥⌷-Taste aufziehen. Auf diese Weise entwickelt er sich gleichmäßig in alle Richtungen. Bereits während des Aufziehens können Sie den Rahmen zudem in seiner Position anpassen. Wichtig ist dabei, dass Sie die linke Maustaste ab dem Zeitpunkt des Aufziehens nicht mehr loslassen. Zum Anpassen seiner Position drücken Sie jeweils zusätzlich zu ⌷Alt⌷ bzw. ⌷alt ⌥⌷ die Leertaste. Haben Sie die gewünschte Position erreicht, können Sie die Leertaste loslassen und den Rahmen weiter aufziehen bzw. verkleinern.

Abbildung 14.3:
Mit dem Freistellungs-werkzeug 18.0 einen Rahmen aufziehen.

Abbildung 14.4:
Zur Positionsfein-abstimmung in den Rahmen klicken und diesen mit gedrückter Maustaste verschieben.

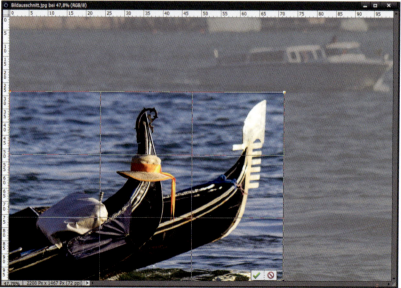

Für eine pixelgenaue Positionierung des Freistellrahmens können Sie die vier Cursortasten ⬅, ➡, ⬆ und ⬇ verwenden.

Abbildung 14.5:
Das Ergebnis.

5. Klicken Sie anschließend auf den grünen Haken oder drücken Sie ⏎.

Das Freistellungswerkzeug hat das ganze Bild nun erneut auf die Originalauflösung von 2.200 x 1.467 Pixel gebracht. Der Bildausschnitt besteht jetzt also aus der gleichen Anzahl an Bildpunkten wie das ursprüngliche Bild. Photoshop Elements hat sich somit ziemlich viele Pixel einfach nur ausgedacht. Wenn Ihnen die so erreichte Qualität ausreicht, ist das auch in Ordnung. Wenn Sie hingegen die maximal mögliche Qualität erzielen möchten, können Sie wie folgt vorgehen: Rufen Sie das Bedienfeld *Informationen* auf. Stellen Sie hier im Bedienfeldmenü (rechts oben) bei *Zeigerkoordinaten* die Maßeinheit *Pixel* ein. Somit wird beim Aufziehen des Freistellrahmens in Cursornähe dessen Größe in Pixel angezeigt (z. B. 1.576 x 1.051). Tragen Sie – nachdem Sie den Freistellrahmen auf seine endgültige Größe aufgezogen haben – die beiden Werte in die beiden Eingabefelder ③ der Werkzeugoptionsleiste ein und klicken Sie dann auf den grünen Haken. Somit besteht der neue Bildausschnitt nur aus seinen Originalpixeln.

Zuschneiden mit der Drittel-Regel

Die Drittel-Regel besagt, dass sich das Motiv nicht zwingend in der Bildmitte befinden muss, sondern dass Bilder oftmals ansprechender und interessanter erscheinen, wenn dies nicht der Fall ist. Zur Anwendung dieser Regel wird das Bild jeweils vertikal und horizontal in drei Teile aufgeteilt. Auf diese Weise ergeben sich vier Schnittpunkte, wobei das Motiv dann beispielsweise auf einem davon platziert wird. Sie können das Motiv auf diese Weise auch einfach strukturieren (z. B. 1/3 Himmel, 2/3 Landschaft).

Drittelregel.jpg

1. Wählen Sie im Werkzeugbedienfeld das Freistellungswerkzeug ⊞ aus.
2. Aktivieren Sie in der Werkzeugoptionsleiste das Symbol *Drittel-Regel*.

Abbildung 14.6:
Das Symbol
DRITTEL-REGEL.

3. Klicken Sie in das Bild und ziehen Sie einen Rahmen auf, der in etwa der gewünschten Ausschnittgröße entspricht.

Abbildung 14.7:
Original.

Abbildung 14.8:
Das Drittel-Regel-
Überlagerungsraster
aufziehen und
platzieren.

Innerhalb des Rahmens wird das Überlagerungsraster *Drittel-Regel* angezeigt. Im Allgemeinen werden Sie die Platzierung des Rasters nach dem Aufziehen an das Motiv anpassen wollen.

4. Klicken Sie dazu in den Rahmen und verschieben Sie das Überlagerungsraster auf den Bildbereich, den Sie wirkungsvoll bzw. gemäß den Gestaltungsregeln der Drittel-Regel in Szene setzen möchten.

5. Klicken Sie anschließend auf den grünen Haken oder drücken Sie ⏎.

Abbildung 14.9:
Ergebnis.

14.2 Schiefe Bilder ausrichten und zuschneiden

Um Motive zu begradigen, bietet Ihnen Photoshop Elements neben dem Freistellungswerkzeug ⊞ auch das Gerade-ausrichten-Werkzeug 🖿 an. Bei beiden Verfahren muss nach der Drehungskorrektur auch der Bildausschnitt mehr oder weniger umfangreich angepasst werden.

Mit dem Freistellungswerkzeug

Mit diesem Werkzeug können Sie die Ausrichtung korrigieren und den Bildausschnitt anpassen. Somit wird praktisch alles in einem Abwasch erledigt.

1. Wählen Sie im Werkzeugbedienfeld das Freistellungswerkzeug ⊞ aus.

2. Stellen Sie in der Werkzeugoptionsleiste die Vorgabe für die Freistellung auf *Fotoverhältnis verwenden* ❶.

Verdreht.jpg

Abbildung 14.10:
Bei diesem Foto stört
die starke Verdrehung.

Abbildung 14.10:
Bei diesem Foto stört
die starke Verdrehung.

Abbildung 14.11:
Durch diese Einstellung
bleiben das Bildseiten-
verhältnis und die
Auflösung erhalten.

3. Klicken Sie beispielsweise links oben in das Bild und ziehen Sie einen Rahmen auf.

Lassen Sie dabei ausreichend Abstand zu den Bildrändern **2**.

4. Platzieren Sie den Cursor etwas außerhalb des Rahmens im Bereich eines der vier Eckpunkte **3**.

Dadurch verändert sich die Cursorsymbolik. Jetzt lässt sich der Freistellrahmen drehen, und ein dichtes Raster erscheint.

5. Drehen Sie den Rahmen so, dass die horizontalen Linien des Rasters mit den horizontalen Linien des Motivs fluchten.

Jetzt wird der endgültige Bildausschnitt festgelegt. Dazu muss zunächst der komplette Freistellrahmen verschoben werden, um eine Ausgangsposition für die endgültige Größenbestimmung des Rahmens zu schaffen.

6. Klicken Sie in den Rahmen und platzieren Sie ihn anschließend mit gedrückter Maustaste so, dass die linke obere Rahmenecke den oberen Bildrand berührt.

Abbildung 14.12:
Zunächst den Rahmen
aufziehen.

Abbildung 14.13:
Den Rahmen so
drehen, dass die
horizontalen Linien
des Rasters mit den
horizontalen Linien
des Motivs fluchten.

7. Ziehen Sie den rechten unteren Eckpunkt so weit nach rechts unten, bis die rechte untere Rahmenecke den unteren Bildrand berührt.

8. Klicken Sie anschließend auf den kleinen grünen Haken oder drücken Sie [↵].

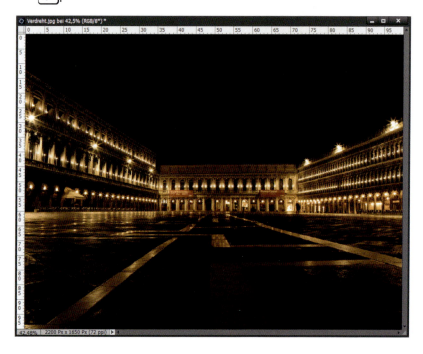

Mit dem Gerade-ausrichten-Werkzeug

Alternativ zu dem hier vorgestellten Verfahren ist es auch möglich, die Neigung mit dem Gerade-ausrichten-Werkzeug 🔲 zu korrigieren. Der gewünschte Bildausschnitt kann anschließend mit dem Freistellungswerkzeug 🔲 oder dem Auswahlrechteck ⬚ definiert werden. Wenn Sie das Auswahlrechteck verwenden, erfolgt die Freistellung über den Befehl *Bild/Freistellen*.

1. Wählen Sie im Werkzeugbedienfeld das Gerade-ausrichten-Werkzeug 🔲 aus.

Jetzt werden Sie eine Linie entlang einer Referenzkante aufziehen. In diesem Fall bietet sich die Unterseite des Gebäudes an.

2. Klicken Sie dazu zweimal in das Bild (**1**, **2**).

Durch die Schräge der Linie ist dem Werkzeug nun klar, wie das Bild gedreht werden muss. Dabei erweitert die Software das Bild an einigen Stellen um einen »Rand« in der aktuell eingestellten Hintergrundfarbe.

Gerade ausrichten.jpg

Abbildung 14.16:
Das Bild kippt nach rechts.

Abbildung 14.17:
Das Gerade-ausrichten-Werkzeug im Werkzeugbedienfeld.

Abbildung 14.18:
Mit dem Gerade-ausrichten-Werkzeug eine Linie entlang einer Referenzkante aufziehen (hier an der Unterseite des Gebäudes).

Abbildung 14.19:
Nach dem Aufziehen
der Linie wird das Bild
von der Software
entsprechend gedreht
und mit einem »Rand«
versehen.

Abbildung 14.20:
Mithilfe des Freistel-
lungswerkzeugs wurde
das Bild abschließend
beschnitten.

Mit den Befehlen *Bild/Drehen/Bild gerade ausrichten* und *Bild/Drehen/Bild gerade ausrichten und freistellen* stellt Photoshop Elements zwei Automatiken in
Sachen Ausrichtung bereit. Beide funktionieren jedoch nur dann, wenn das Programm entsprechende Motivlinien vorfindet bzw. wenn es diese richtig interpretiert. Nicht zuletzt deshalb ist das Ergebnis in vielen Fällen »optimierungsbedürftig«.

Mit dem perspektivischen Freistellungswerkzeug

Zusätzlich zum Freistellen korrigiert dieses Werkzeug perspektivische Verzerrungen.

1. Wählen Sie das perspektivische Freistellungswerkzeug im Werkzeugbedienfeld aus.

Da sich das Werkzeug im Werkzeugbedienfeld mit drei anderen Werkzeugen ein »Fach« teilt, drücken Sie im Zweifelsfall mehrfach die Taste $\boxed{C}$, um es darzustellen bzw. aktivieren zu können.

Perspektive korrigieren.jpg

2. Ziehen Sie einen Freistellungsrahmen in der gewünschten Größe auf.
3. Passen Sie den Freistellungsrahmen mit dessen Anfassern so an, dass das Raster mit den verzerrten bzw. stürzenden Linien des Motivs fluchtet.
4. Klicken Sie anschließend auf den kleinen grünen Haken oder drücken Sie $\boxed{\hookleftarrow}$.

Abbildung 14.21: Rahmen aufziehen und anschließend mit seinen »Anfassern« anpassen.

Abbildung 14.22: Ergebnis.

14.3 Kameraverzerrung korrigieren

Mit der gleichnamigen Funktion können Sie perspektivische Verzerrungen, Vignettierungen und kissen- bzw. tonnenförmige Verzerrungen korrigieren.

1. Öffnen Sie das Bild *Perspektive korrigieren.jpg*.
2. Wählen Sie den Befehl *Filter/Kameraverzerrung korrigieren*.

Perspektive korrigieren.jpg

Das Bild wird dazu in einem neuen Fenster ❶ angezeigt. Voreingestellt ist über das Bild ein Raster ❷ gelegt. Bei der Korrektur verzerrter Motivlinien dienen die Geraden des Rasters als Bezugslinien.

Um die Sichtbarkeit des Rasters bei jedem Motiv zu gewährleisten, lässt sich seine Farbe verändern ❸. Um das Bild ohne Raster betrachten zu können, blenden Sie das Raster einfach aus ❹.

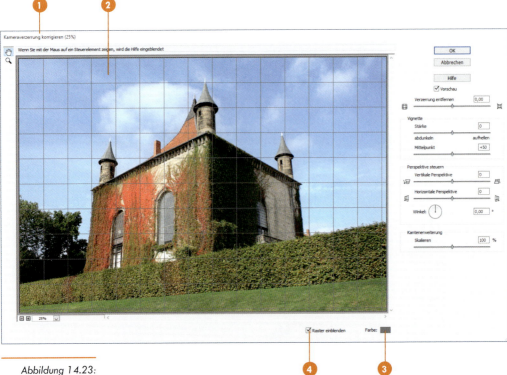

*Abbildung 14.23:
Das Fenster des
Befehls K*AMERA-
VERZERRUNG KORRIGIEREN.

3. Ziehen Sie den Regler *Vertikale Perspektive* ❺ auf den Wert *-41*.
4. Skalieren Sie das Bild auf *85%* ❼.
5. Verlassen Sie das Fenster mit einem Klick auf *OK*.

Abbildung 14.24:
Durch die Korrektur der vertikalen Perspektive verliert das Bild an der Oberseite an Höhe **6**.

Abbildung 14.25:
Mit der Skalierung **7** (Kantenerweiterung) wird das Problem behoben.

Jetzt muss das Bild noch zugeschnitten werden.

6. Ziehen Sie dazu mit dem Freistellungswerkzeug ⛏ ein Rechteck über dem nutzbaren Bildbereich auf.

Achten Sie darauf, dass sich innerhalb des Rahmens keine transparenten Bildbereiche (Schachbrettmuster) befinden. Mit ⏎ entfernen Sie alles, was außerhalb des Rahmens liegt.

Abbildung 14.26:
Das Schachbrettmuster
markiert transparente
Bereiche.

Abbildung 14.27:
Vorher und nachher.

14.4   Das Neu-zusammensetzen-Werkzeug

Mit diesem Werkzeug 🔧 können Sie die Bildgröße verändern bzw. skalieren und dabei gekennzeichnete Bildbereiche von der Größenveränderung ausschließen. Dabei können Sie zudem Bildbereiche markieren, die im Rahmen der Größenveränderung aus dem Bild entfernt werden sollen.

In Abbildung 14.28 sehen Sie das Originalbild. Das danach abgebildete Bild wurde über den Befehl *Bild/Skalieren/Skalieren* horizontal skaliert. Die Bildinhalte erscheinen daher horizontal gestaucht. Das dritte Bild wurde ebenfalls horizontal skaliert. Allerdings wurde hier das Neu-zusammensetzen-Werkzeug 🔧 verwendet. Ziel war es, dass die beiden grünen Figuren in ihren Proportionen erhalten bleiben und die rote Figur aus dem Bild entfernt wird. Zu diesem Zweck wurden die Figuren zuvor entsprechend markiert.

Abbildung 14.28:
Originalbild.

Abbildung 14.29:
Über den Befehl Bild/
Skalieren/Skalieren
horizontal gestauchtes
Bild.

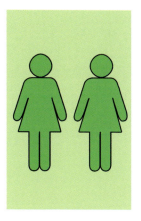

Abbildung 14.30:
Mit dem Neu-
zusammensetzen-
Werkzeug skaliertes
Bild.

Bildausschnitt und schiefe Bilder korrigieren

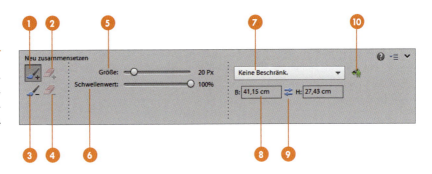

*Abbildung 14.31:
Die Werkzeugoptions-
leiste des Neu-
zusammensetzen-
Werkzeugs.*

*Tabelle 14.2:
Die Bedeutung der
einzelnen Funktionen.*

1	Schutzpinsel (als geschützt markieren)	Zum Markieren der Bildbereiche, die nicht skaliert/ verzerrt, sondern vielmehr geschützt werden sollen. Die Markierung erfolgt mit grüner Farbe.
2	Schutzpinsel-Radiergummi (Schutzmarkierungen entfernen)	Mit diesem Radiergummi entfernen Sie die grüne Farbe von versehentlich markierten Bereichen.
3	Löschpinsel (zum Löschen markieren)	Zum Markieren der Bildbereiche, die im Rahmen der Skalierung aus dem Bild entfernt werden sollen. Die Markierung erfolgt mit roter Farbe.
4	Löschpinsel-Radiergummi (Löschmarkierungen entfernen)	Mit diesem Werkzeug entfernen Sie die rote Farbe von versehentlich markierten Bereichen.
5	Größe	Mit dieser Funktion stellen Sie die Werkzeugspitzen-größe der Pinsel und Radiergummis ein.
6	Schwellenwert	Legt den Schwellenwert für das Neuzusammensetzen fest. Bei einem Schwellenwert von 100 % wird das Bild zu 100 % neu zusammengesetzt. Bei einem Schwellen-wert von 0 % entspricht das Verhalten des Neu-zusam-mensetzen-Werkzeugs in etwa dem des Befehls *Bild/ Skalieren/Skalieren*.
7	Bild im gewünschten Verhältnis neu zusammensetzen	Voreingestellt ist hier keine Beschränkung eingestellt. Die gewünschte Bildgröße muss bei dieser Einstellung manu-ell durch das Ziehen an den Griffpunkten (»Anfasser«) festgelegt werden. Wenn Sie die Bildgröße lieber auto-matisch einstellen möchten, können Sie auf eine der hier angebotenen Voreinstellungen klicken. Auf diese Weise wird das Bild auf eine bestimmte *Standardbildgröße* skaliert. Insbesondere wenn Sie Papierabzüge von einem solchen Bild machen möchten, bietet sich die Wahl eines derartigen Formats an.

8	Breite/Höhe (individuelle Bildgröße festlegen)	Hier können Sie eingeben, auf welche Größe das Bild skaliert werden soll. Wenn Sie dabei nur Zahlenwerte eingeben, verwendet Photoshop Elements die in den Programmvoreinstellungen im Bereich *Lineale* festgelegte Maßeinheit (*Bearbeiten/Voreinstellungen/Einheiten & Lineale*). Möchten Sie eine andere Maßeinheit nutzen, müssen Sie diese bei der Eingabe hinter den Zahlenwerten angeben, z. B. 100 cm, 100 mm, 100 px (px = Pixel).
9	Umschalter	Vertauscht die für Höhe und Breite eingegebenen Werte.
10	Hauttöne hervorheben	Diese Funktion erleichtert den Schutz bzw. die Markierung von Hauttönen. Wenn Sie auf diese Schaltfläche klicken, markiert Photoshop Elements alle im Bild erkannten Hauttöne automatisch. Die Funktion arbeitet aber nur dann fehlerfrei, wenn keine anderen Bildbereiche mit ähnlichen Tönen im Bild vorhanden sind.

Bildformat ändern und Elemente aus dem Bild entfernen

Bei diesem Beispiel soll das Bildformat geändert und ein Element aus dem Bild entfernt werden. Die lang gestreckte Form der Geysir-Wasserfontäne würde in einem Hochformat besser zur Geltung kommen. Um den Blick auf die Hügelkette im Hintergrund zu verbessern, soll zudem der dort stehende Tourist aus dem Bild entfernt werden.

1. Öffnen Sie das Bild *Neu zusammensetzen.jpg*.

Abbildung 14.32: Original. (Foto: Philipp Burkart)

Neu zusammensetzen.jpg

2. Wählen Sie im Werkzeugbedienfeld das Neu-zusammensetzen-Werkzeug.

3. Wählen Sie in der Werkzeugoptionsleiste den Schutzpinsel  aus.

4. Stellen Sie bei Größe **5** jeweils eine geeignete Werkzeugspitzengröße ein.

5. Übermalen Sie die Bereiche des Bildes, die bei der Skalierung nicht verzerrt werden sollen.

Zoomen Sie dabei in das Bild, um die zu markierenden Bereiche besser erkennen zu können. Nutzen Sie dazu die Tastenkürzel Strg+⊕/Strg+⊖ bzw. cmd ⌘+⊕/cmd ⌘+⊖. Zum Verschieben des Bildausschnitts drücken Sie dabei die Leertaste und klicken und ziehen mit der Maus im Bild. Setzen Sie bei großflächigeren Bereichen ruhig öfter an. Dadurch entsteht jedes Mal ein separater Arbeitsschritt, den Sie im Bedarfsfall rückgängig machen – ansonsten würden beim Rückgängigmachen eines Arbeitsschritts auch korrekte Markierungen entfernt werden. Mit Ausnahme des in der Bildmitte stehenden Touristen sind das in diesem Beispiel alle Personen und die Geysir-Wasserfontäne.

TIPP➡ *Insbesondere einfarbige Bereiche lassen sich im Modus* Schnelle Markierung *bequemer markieren. Dieser Modus wird im Kontextmenü (Rechtsklick ins Bild) zur Verfügung gestellt. Über das Kontextmenü wechseln Sie jederzeit zurück in den Modus* Normale Markierung.

6. Schalten Sie in der Werkzeugoptionsleiste auf den Löschpinsel **3** um und übermalen Sie die Bereiche des Bildes, die Photoshop Elements entfernen soll.

In diesem Fall markieren Sie den in der Bildmitte stehenden Touristen.

TIPP➡ *Versehentlich markierte Bereiche können Sie mit dem jeweiligen Radiergummi (Schutzpinsel-Radiergummi* **2***, Löschpinsel-Radiergummi* **4***) wieder von der Markierungsfarbe befreien.*

7. Klicken Sie auf den linken Anfasser und ziehen Sie diesen so weit nach rechts, bis Sie das gewünschte Bildseitenverhältnis erreicht haben.

8. Klicken Sie auf das grüne Häkchen an der Bildunterseite oder drücken Sie ↵, um die Berechnung zu starten.

Alternativ dazu können Sie den Vorgang mit Esc oder einem Klick auf das Stoppsymbol an der Bildunterseite abbrechen und den ursprünglichen Zustand wiederherstellen.

9. Wählen Sie den Befehl *Ebene/Auf Hintergrundebene reduzieren*.

Dadurch wird der zuvor transparent abgebildete Bereich mit der aktuell eingestellten Hintergrundfarbe gefüllt.

Abbildung 14.33:
Schutz- und
Löschmarkierungen
auftragen.

Abbildung 14.34:
Das Bild über den
Anfasser horizontal
skalieren.

Abbildung 14.35:
Die Hintergrundebene.

10. Wählen Sie den mit der Hintergrundfarbe gefüllten Bereich z. B. mit dem Zauberstab ✦ aus.

Abbildung 14.36:
Mit dem Zauberstab in
den mit der Hinter-
grundfarbe (hier
Weiß) eingefärbten
Bereich klicken.

11. Kehren Sie die Auswahl mit dem Befehl *Auswahl/Auswahl umkehren* um.

Auf diese Weise wird das eigentliche Bild ausgewählt.

*Abbildung 14.37:
Die umgekehrte
Auswahl.*

12. Wählen Sie den Befehl *Bild/Freistellen*, um den mit der Hintergrundfarbe gefüllten Bereich abzuschneiden.

Beim Einsatz des Neu-zusammensetzen-Werkzeugs  entstehen teilweise unschöne Bildfehler, da Photoshop Elements die verschiedenen Bildbereiche hier und da nicht perfekt zusammensetzt. Diese können in vielen Fällen aber verhältnismäßig leicht mit den Retuschewerkzeugen Kopierstempel , Reparatur-Pinsel , Bereichsreparatur-Pinsel korrigiert werden.

Abbildung 14.38:
Das freigestellte bzw.
zugeschnittene und in
Teilen retuschierte Bild.

Teil 3

Teil 3:
Nachschärfen und Weichzeichnen

15 Schärfe steuern

Je intensiver sich die Kanten bzw. Umrisse eines Bildmotivs voneinander abheben, desto schärfer erscheint uns das Bild.

Das hier gezeigte Streifenmuster verdeutlicht dies: Das linke Bild wirkt im Vergleich zum rechten unscharf, da der Grenzbereich zwischen dem weißen und dem schwarzen Balken diverse Grauabstufungen enthält. Die beiden Balken gehen in diesem Fall mehr oder weniger ineinander über. Im rechten Bild hingegen gibt es keinen Übergang bzw. keinen »Graubereich«. Dieser harte Kontrast sorgt dafür, dass das rechte Bild als scharf empfunden wird.

Beim Schärfen von Bildern geht es also in erster Linie um eine Kontrastverstärkung bestimmter Bildbereiche.

Abbildung 15.1:
Unscharf – scharf.

15.1 Lassen sich auch stark unscharfe Bilder wieder schärfen?

Das nachstehende Beispiel macht deutlich, dass dem Nachschärfen in einem Bildbearbeitungsprogramm wie Photoshop Elements Grenzen gesetzt sind. Bei dem Versuch, stark unscharfe Bilder ❶ zu schärfen, entstehen zwar oftmals »Kunstwerke« ❷, aber keine scharfen Bilder im eigentlichen Sinne.

Abbildung 15.2:
Extreme Unschärfe ...

Abbildung 15.3:
... lässt sich auch in
Photoshop Elements
nicht korrigieren.

15.2 Unerwünschte Nebenwirkungen des Schärfens

Insbesondere das vorstehende Extrembeispiel demonstriert, dass bei der Arbeit mit den Schärfefunktionen des Programms hier und da unerwünschte Bildeffekte auftreten. Das ist vor allem dann der Fall, wenn Bilder sehr intensiv nachgezeichnet werden – dann entstehen weiße Säume, falsche Farben und ein unschönes Bildrauschen.

15.3 Strategien zum Schärfen von Bildern

Um die Bildqualität nicht negativ zu beeinflussen, ist es oftmals sinnvoller, die Schärfefunktionen mehrmals nacheinander, dafür jedoch mit jeweils geringen Werten anzuwenden. Eine weitere Alternative besteht darin, das komplette Bild zunächst leicht nachzuschärfen und anschließend besonders unscharfe Bereiche mithilfe der Ebenenmasken-Technik (mehr Informationen dazu in Kapitel 33) anzugehen. Zu diesem Zweck wird eine Kopie der bereits leicht nachgeschärften Ebene stärker nachgezeichnet und dieser Ebene eine Ebenenmaske zugewiesen, die zunächst alles maskiert. Anschließend werden die Bereiche, die stark nachgezeichnet werden sollen, in der Ebenenmaske mit einer weißen Vordergrundfarbe übermalt.

Um sehr kleine Bildbereiche scharfzuzeichnen, können Sie es auch einmal mit dem Scharfzeichner-Werkzeug probieren ▲. Malen Sie damit einfach über den scharfzuzeichnenden Bildbereich. Allerdings ist dieses Werkzeug mit Vorsicht zu genießen, da es sehr schnell zu Überschärfungen führt.

15.4 Unscharf maskieren

Die Funktion sucht nach Pixeln, die sich um einen von Ihnen angegebenen Wert von den benachbarten Pixeln unterscheiden, und erhöht den Kontrast dieser Pixel um einen ebenfalls von Ihnen festgelegten Wert. Nebeneinanderliegende Pixel innerhalb des angegebenen Radius verändern sich folgendermaßen: Hellere Pixel werden noch heller und dunklere dunkler.

Der Name der Funktion leitet sich von einer Dunkelkammertechnik ab.

1. Öffnen Sie das Bild *Unscharfe Kante.jpg*.

2. Wählen Sie den Befehl *Überarbeiten/Unscharf maskieren* aus.

Stellen Sie die nachstehenden Werte ein:

- Stärke: 250 %
- Radius: 250 Pixel ❷
- Schwellenwert: 0 Stufen ❸

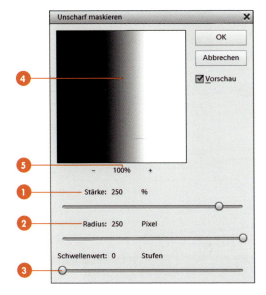

Abbildung 15.5:
Grenzbereich ❹
bei einer Stärke von
250 %.

Der Ansichtszoomfaktor spielt bei der qualitativen Beurteilung von Bildern eine wichtige Rolle und sollte in einem solchen Fall immer auf 100 % eingestellt werden. Dadurch wird jedes Bildpixel von jeweils einem Monitorpixel angezeigt. Bei allen anderen Zoomfaktoren sieht das anders aus. Bei starken Vergrößerungen wird ein Bildpixel von mehreren Monitorpixeln angezeigt, und wenn Sie stark aus dem Bild herauszoomen, fallen einige Bildpixel bei der Darstellung »unter den Tisch«. Demzufolge sind solche Zoomfaktoren nicht für die qualitative Beurteilung eines Bildes geeignet. Stellen Sie daher sicher, dass im Fenster *Unscharf maskieren* ein Ansichtszoomfaktor von 100 % ❺ eingestellt ist.

3. Erhöhen Sie den Regler *Stärke* ❻ auf den Wert *500*.

Der Kontrast im Übergangsbereich ❼ nimmt erneut zu, wodurch der Grenzbereich deutlich kleiner wird.

4. Verlassen Sie das Fenster mit einem Klick auf *OK*.

Obwohl Sie bereits mit den Maximalwerten der Funktion gearbeitet haben, ist im Grenzbereich immer noch eine Grauzone zu erkennen und das Bild somit nach wie vor noch nicht scharf. Um das Problem zu lösen, werden Sie die Funktion erneut zuweisen.

Abbildung 15.6:
Grenzbereich bei einer
Stärke von 500 %.

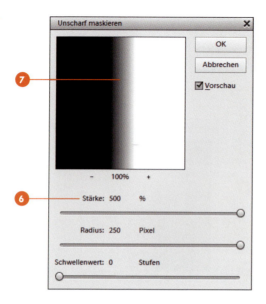

5. Weisen Sie die Funktion mit den gleichen Einstellungen erneut zu, indem Sie den Befehl *Überarbeiten/Unscharf maskieren* aufrufen (Strg+F bzw. cmd ⌘+F).

Abbildung 15.7:
Nach zweifacher
Anwendung der
Funktion UNSCHARF
MASKIEREN ist der
Übergang schon
deutlich härter bzw.
kontrastreicher.

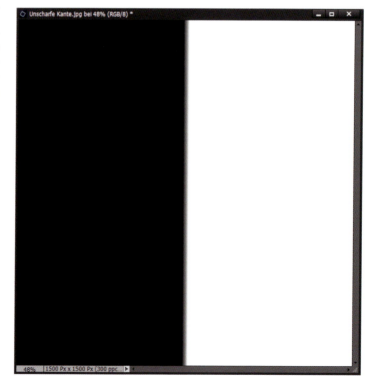

6. Wählen Sie den Befehl *Überarbeiten/Unscharf maskieren* (Strg + F bzw. cmd ⌘ + F) erneut aus, um die Funktion nochmals mit den gleichen Einstellungen zuzuweisen.

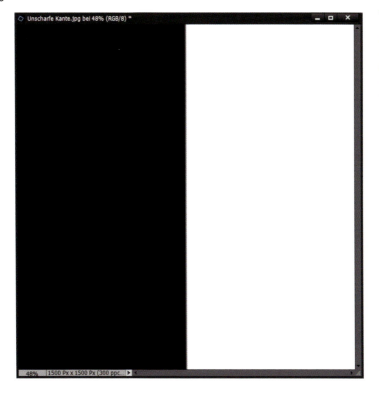

Abbildung 15.8:
Nach dreifacher
Anwendung der
Funktion Unscharf
maskieren ist ein harter
Übergang entstanden.

Funktion	Wirkung
Stärke (1–500 %)	Regelt die Intensität der Scharfzeichnung bzw. wie stark der Kontrast benachbarter Pixel angehoben wird.
Radius (0,1–1.000 Pixel)	Bestimmt, wie breit die Scharfzeichnung um erkannte Kanten herum verläuft.
Schwellenwert (0–255 Stufen)	Hiermit bestimmen Sie, wie viel Kontrastunterschied zwischen benachbarten Bildpunkten eine Scharfzeichnung auslöst. Ein niedriger Wert führt zu entsprechend häufiger Scharfzeichnung, da bereits geringe Kontrastwerte die Funktion aktivieren. In vielen Fällen ist das nicht erwünscht, da auf diese Weise Hautunreinheiten, Bildrauschen und andere feine Strukturen scharfgezeichnet und so noch deutlicher werden. Setzen Sie in solchen Fällen den Schwellenwert entsprechend höher, um die Scharfstellung auf harte Kontrastlinien zu verlagern.

Tabelle 15.1:
Die Parameter der
Funktion Unscharf
maskieren.

So verwenden Sie die Funktion »Unscharf maskieren«

- Bewegen Sie den Regler *Stärke* Richtung Mitte.
- Verwenden Sie zunächst einen niedrigen Schwellenwert, denn hierbei führen bereits kleine Kontrastunterschiede zu einer Scharfzeichnung. Sollten dabei Bildstörungen verstärkt werden, erhöhen Sie den Wert vorsichtig. Bei hohen Werten schärft Photoshop Elements nur kontrastreiche Konturbereiche.
- Beginnen Sie mit einem kleinen *Radius* und erhöhen Sie ihn schrittweise.

15.5 Bild schärfen

In diesem Beispiel können Sie die Funktion *Unscharf maskieren* praktisch ausprobieren. Schärfen Sie den detailreichen Vordergrund und versuchen Sie dabei, den bewusst unscharf gestalteten Hintergrund nicht mitzuschärfen.

1. Laden Sie das Bild *Bärenscharf.jpg*.
2. Wählen Sie den Befehl *Überarbeiten/Unscharf maskieren* aus.
3. Nehmen Sie beispielsweise die hier abgebildeten Einstellungen vor.

Abbildung 15.9:
In der Vorschau die
einzelnen Haare so
gut wie möglich
herausarbeiten.

Bärenscharf.jpg

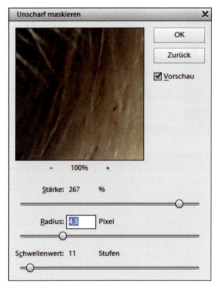

Im ersten Beispiel wurde ein *Schwellenwert* von *0* eingestellt, um die Funktion zu veranlassen, alle Bildpixel nachzuschärfen. In diesem Fall ist es sinnvoll, die flächigen Bereiche des Hintergrunds nicht mit in die Nachschärfung einzubeziehen. Zum einen, weil die Unschärfe des Hintergrunds bei der Aufnahme bewusst gewählt wurde, zum anderen, weil der Hintergrund so unscharf ist, dass ein Nachschärfen hier völlig sinnlos wäre.

Eine Möglichkeit, die flächigen Hintergrundbereiche von der Nachschärfung auszuschließen, besteht darin, den Schwellenwert zu erhöhen. Dadurch wird u. a. das Farbrauschen im gesamten Bild reduziert.

4. Schließen Sie das Fenster *Unscharf maskieren* mit einem Klick auf *OK*.

*Abbildung 15.10:
Ergebnis.*

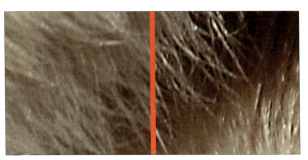

*Abbildung 15.11:
Links Original – rechts
unscharf maskierter
Bildbereich.*

15.6 Bildbereiche mit Ebenenmaske schützen

In diesem Beispiel werden Sie die Scharfzeichnung auf bestimmte Bildteile beschränken, indem Sie die nicht nachzuschärfenden Bildbereiche mit einer Ebenenmaske schützen.

1. Öffnen Sie das Bild *Schwimmender Eisbär.psd*.

2. Rechtsklicken Sie im Bedienfeld *Ebenen* auf die Hintergrundebene und wählen Sie den Befehl *Ebene duplizieren* aus.

3. Stellen Sie sicher, dass nach wie vor die obere der beiden Ebenen ausgewählt ist.

4. Öffnen Sie über den Befehl *Überarbeiten/Unscharf maskieren* das gleichnamige Fenster.

**Schwimmender
Eisbär.psd**

5. Klicken Sie in das Vorschaubild des Fensters und verschieben Sie die Vorschau so, dass die Fellstruktur des Bären gut zu erkennen ist. Versuchen Sie, das Fell so scharf wie möglich zu stellen.

6. Schließen Sie das Fenster *Unscharf maskieren* mit einem Klick auf OK.

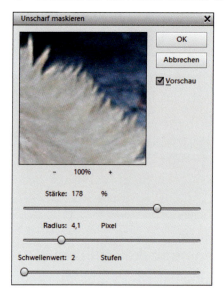

Die Funktion hat das gesamte Bild nachgeschärft. Hier wäre es allerdings schöner, wenn der Hintergrund nach wie vor seine Unschärfe behalten würde. Zu diesem Zweck erstellen Sie auf der Basis einer Auswahl eine Ebenenmaske, die von der oberen bzw. nachgeschärften Ebene lediglich den Vordergrund bzw. den Eisbären zeigt.

1. Laden Sie über den Befehl *Auswahl/Auswahl laden* die Auswahl *Hintergrund*.

Die geladene Auswahl hat bisher noch keine weiche Auswahlkante. Um harte Übergänge zwischen unscharfen und nachgeschärften Bereichen zu vermeiden, ist es notwendig, die Auswahl u. a. mit einer weichen Auswahlkante zu versehen.

Abbildung 15.14:
Im Listenfeld AUSWAHL
den Eintrag HINTER-
GRUND wählen.

2. Öffnen Sie dazu mit dem Befehl *Auswahl/Kante verbessern* das Fenster mit dem Namen *Kante verbessern*.

Um die Auswirkungen der nun vorzunehmenden Einstellungen besser abschätzen zu können, werden Sie den Hintergrund einfarbig bzw. weiß darstellen.

3. Aktivieren Sie im Fenster den Modus *Auf Weiß* **1**.

4. Stellen Sie den Parameter *Weiche Kante* auf *35 Pixel* **2**.

5. Verschieben Sie die Kante um *+18%* **3**.

6. Wählen Sie im Flyout-Menü *Ausgabe an* den Eintrag *Ebenenmaske* **4**.

Somit entsteht aus der aktuellen Auswahl eine entsprechende Ebenenmaske.

7. Verlassen Sie das Fenster mit einem Klick auf OK.

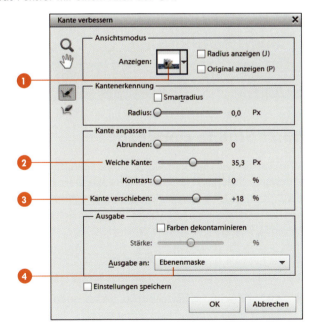

Abbildung 15.15:
Die Auswahl etwas
erweitern und eine
weiche Auswahlkante
festlegen.

Die Wirkung der Maske wird insbesondere dann deutlich, wenn Sie die oberen Ebenen mit einem Klick auf deren Augensymbol aus- und einblenden.

Abbildung 15.17:
Ergebnis.

15.7 Schärfe einstellen

Wie die Funktion *Unscharf maskieren* verwendet auch diese Funktion die beiden Parameter *Stärke* und *Radius*. Ein Schwellenwert steht aber nicht zur Verfügung. Dafür haben Sie bei dieser Funktion die Möglichkeit, zwischen drei verschiedenen Korrekturmethoden zu wählen. In diesem Beispiel werden Sie die Korrekturmethode *Bewegungsunschärfe* anwenden.

Radrennen.jpg

1. Öffnen Sie das Bild *Radrennen.jpg*.
2. Wählen Sie den Befehl *Überarbeiten/Schärfe einstellen*.
3. Klicken Sie in das Vorschaubild, um mit gedrückter Maustaste einen aussagekräftigen Bildausschnitt einzustellen.
4. Stellen Sie die hier abgebildeten Werte ein.

Abbildung 15.18:
Original.

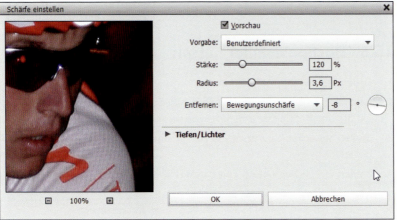

Abbildung 15.19:
Das Fenster SCHÄRFE
EINSTELLEN.

5. Achten Sie zudem darauf, dass bei *Entfernen* der Eintrag *Bewegungs-unschärfe* gewählt ist.

Wenn Sie auf das Vorschaubild der Funktion klicken, können Sie den Bildausschnitt verschieben.

6. Deaktivieren Sie das Kontrollfeld *Vorschau*.

Das sorgt dafür, dass die Einstellungen nur in der Fenstervorschau, nicht aber auf das geöffnete Bild übertragen werden. Auf diese Weise erzielen Sie bereits während der Einstellungsarbeit einen guten Vorher-Nachher-Effekt.

Tabelle 15.2:
Die Parameter der
Funktion SCHÄRFE
EINSTELLEN*.*

Funktion	Wirkung
Stärke	Regelt die Intensität der Scharfzeichnung bzw. wie stark der Kontrast benachbarter Pixel angehoben wird.
Radius	Bestimmt, wie breit die Scharfzeichnung um erkannte Kanten herum verläuft.
Entfernen	Hier können Sie zwischen drei Verfahren auswählen. Probieren Sie am besten aus, mit welcher der drei Methoden Sie ein besseres Ergebnis erzielen. *Gaußscher Weichzeichner* Diese Methode wird auch von der Funktion *Unscharf maskieren* verwendet. *Verwackeln* Wenn Sie ein leicht verwackeltes Bild haben, können Sie versuchen, es auf der Basis dieses Algorithmus zu schärfen. *Bewegungsunschärfe* Darauf spezialisiert, Bewegungsunschärfen zu kompensieren.
Winkel	Wenn bei *Entfernen* die Methode *Bewegungsunschärfe* eingestellt ist, kann die Richtung der Unschärfe bestimmt werden.
Tiefen/ Lichter	Hier können Sie für eine noch feinere Schärfung sorgen. Die Parameter beziehen sich dabei jeweils separat auf die hellen Bildbereiche (Lichter) oder die dunklen Passagen (Schatten).

15.8 Hochpass-Filter nutzen

Affenscharf.jpg

1. Laden Sie das Bild *Affenscharf.jpg*.

2. Rechtsklicken Sie im Bedienfeld *Ebenen* auf die Hintergrundebene und wählen Sie den Befehl *Ebene duplizieren* aus.

3. Stellen Sie sicher, dass nach wie vor die obere der beiden Ebenen ❶ ausgewählt ist.

4. Stellen Sie im Bedienfeld *Ebenen* die Füllmethode auf *Ineinanderkopieren* ❷.

5. Wählen Sie den Befehl *Filter/Sonstige Filter/Hochpass* aus.

6. Arbeiten Sie mithilfe des Schiebereglers *Radius* ❸ die Konturen des Motivs heraus.

7. Verlassen Sie das Fenster mit einem Klick auf *OK*.

Abbildung 15.20:
Original.

Abbildung 15.21:
Die Füllmethode
INEINANDERKOPIEREN **2**
einstellen.

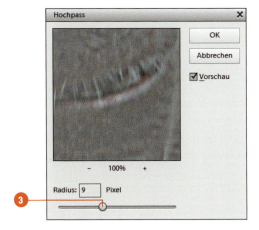

Abbildung 15.22:
Mit dem Regler RADIUS
die Konturen des
Motivs herausarbeiten.

Für die Scharfzeichnung sind nur die unterschiedlichen Helligkeitswerte der herausgearbeiteten Konturen wichtig. Entfernen Sie daher die Farbanteile der Ebene.

8. Stellen Sie sicher, dass nach wie vor die obere der beiden Ebenen ausgewählt ist.

9. Wählen Sie die Funktion *Überarbeiten/Farbe anpassen/Farbe entfernen*.

10. Reduzieren Sie das Bild auf eine Ebene (*Ebene/Auf Hintergrundebene reduzieren*).

Abbildung 15.23:
Links Original –
rechts nachgeschärft.

 Indem Sie das Scharfzeichner-Werkzeug ▲ über unscharfe Bildbereiche »ziehen«, können Sie diese nachschärfen und den Rest des Bildes im Originalzustand belassen.

Kreative Unschärfe (Weichzeichnen)

Weichzeichnung ist ein anderer Ausdruck für Unschärfe. Unscharfe Bildbereiche sind ein spannendes Gestaltungsmittel. Um einen scharfen Vordergrund und einen stark verschwommenen bzw. unscharfen Hintergrund zu erhalten, setzen Fotografen gezielt offene Blenden und lange Brennweiten (Teleobjektive) ein. Mit den in diesem Kapitel vorgestellten Techniken erzeugen Sie die begehrte Unschärfe auf unterschiedliche Art und Weise.

16.1 Schärfentiefe verringern

Das Hauptmotiv kommt oftmals besser zur Geltung, wenn der Hintergrund deutlich unschärfer ist. Wie eingangs beschrieben, kann dieser Effekt bereits beim Fotografieren erzielt werden. Stellen Sie dazu eine möglichst offene Blende (kleiner Blendenwert) ein, und stellen Sie sicher, dass die Entfernung zwischen dem fokussierten Objekt und dem Hintergrund möglichst groß ist. Idealerweise verwenden Sie zudem noch eine möglichst große Brennweite bzw. ein Teleobjektiv. Dann dürfte der gewünschten Wirkung eigentlich nichts mehr im Wege stehen.

Allerdings spielen auch die Abmessungen bzw. die Größe des Bildsensors eine nicht zu unterschätzende Rolle. Das fällt oftmals bei Kompaktkameras oder Smartphones auf, denn hier werden in der Regel verhältnismäßig kleine Bildsensoren verbaut. Mit diesen relativ kleinen Sensoren lässt sich die Schärfentiefe (aus physikalischen Gründen) nur sehr eingeschränkt reduzieren. Daher sind mit solchen Kameras fotografierte Bilder meistens mehr oder weniger von vorne bis hinten scharf. Mit Photoshop Elements können Sie aber auch in solchen Fällen zu entsprechenden Lösungen kommen.

Schnell und bequem mit dem Feldtiefe-Effekt

Die im Arbeitsbereich *Assistent* angebotenen Funktionen führen in den meisten Fällen schnell zu brauchbaren Ergebnissen und können zudem verhältnismäßig

271

leicht umgesetzt werden. So ist das auch in diesem Fall. Wenn Sie möchten, können Sie das Vorgehen anhand der Datei *Schärfentiefe.jpg* praktisch nach-vollziehen.

Schärfentiefe.jpg

1. Laden Sie das Bild *Schärfentiefe.jpg*.
2. Aktivieren Sie den Arbeitsbereich *Assistent* ❶.
3. Klicken Sie im Register *Spezielle Bearbeitungen* ❷ auf *Schärfentiefe* ❸.

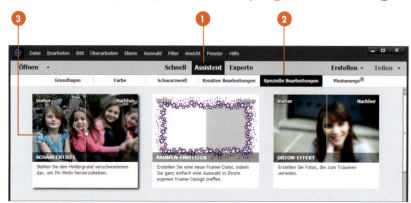

*Abbildung 16.1:
Der Assistent stellt eine
Schärfentiefe-Funktion
(im weiteren Verlauf
von Adobe als FELDTIEFE
bezeichnet) zur
Verfügung.*

*Abbildung 16.2:
Der Hintergrund soll
unschärfer werden.*

4. Klicken Sie rechts auf *Benutzerdefiniert* und anschließend auf *Schnellauswahl-Werkzeug* .

*Abbildung 16.3:
Das Schnellauswahl-
Werkzeug selektieren.*

5. Malen Sie nun mit gedrückter Maustaste über die Bereiche, die später nicht weichgezeichnet werden sollen **5**.

In diesem Fall also über den Jungen, den Balken und den Vordergrund.

Bei Bedarf können Sie mit dem Tastenkürzel ⇧ + # die Werkzeugspitze vergrößern. Die Verkleinerung der Werkzeugspitze ist mit # möglich. Um versehentlich ausgewählte Bereiche zu korrigieren, malen Sie mit gedrückter Alt-Taste einfach über die entsprechende Stelle. Sobald Sie Alt loslassen, kehrt das Werkzeug in seinen »normalen« Modus zurück.

Um nicht bzw. versehentlich ausgewählte Details zu entdecken, gilt es, die Kanten der so erstellten Auswahl in Augenschein zu nehmen. Verwenden Sie dazu bitte nicht die links oben dargestellte Lupe, da Sie ansonsten nicht mehr zum Schnellauswahl-Werkzeug zurückkehren können. Nutzen Sie bei aktivem Schnellauswahl-Werkzeug vielmehr das Tastenkürzel Strg + +, um in das Bild zu zoomen. Mit Strg + − zoomen Sie wieder heraus. Wenn Sie das Tastenkürzel ausgeführt haben, ist das Schnellauswahl-Werkzeug nach wie vor aktiv. Mit gedrückter Leertaste können Sie zudem den dargestellten Bildausschnitt verändern. Letzteres funktioniert aber nur, wenn Sie auch tatsächlich in das Bild gezoomt haben und somit Teile des Bildes aktuell nicht dargestellt werden.

Abbildung 16.4:
Auswahl mit dem
Schnellauswahl-
Werkzeug.

Abbildung 16.5:
Die erstellte Auswahl
umfasst alle Bereiche,
die nicht unscharf
werden sollen.

6. Klicken Sie rechts auf *Weichzeichner hinzufügen* **6** und regeln Sie anschließend mit dem darunter angeordneten Schieberegler **7** die Intensität der Unschärfe.

Abbildung 16.6:
Auf die Schaltfläche
Weichzeichner
hinzufügen klicken.

Abbildung 16.7:
Mit dem Regler den gewünschten
Grad der Unschärfe einstellen.

Abbildung 16.8:
Ergebnis.

7. Schließen Sie die Bearbeitung mit einem Klick auf die im Dialogfenster unten rechts stehende Schaltfläche *Weiter* ab.

Bild verwenden/weitergeben

Photoshop Elements hat während der Bearbeitung zwei neue Ebenen und eine Ebenenmaske erstellt. Um das so erstellte Bild weiterzugeben, sollten Sie es zunächst auf eine Ebene reduzieren. Das passiert automatisch, wenn Sie sich im nun erscheinenden Fenster für den Upload **8** auf Facebook, Flickr oder Twitter entscheiden. Zudem können Sie das Bild lokal speichern **9** und dabei ein Dateiformat wählen, das keine Ebenen unterstützt (z. B. JPEG). Wenn Sie das Bild hingegen direkt weiterbearbeiten möchten, wählen Sie hier **10** zwischen den Arbeitsbereichen *Schnell* und *Experte*. Der Arbeitsbereich *Experte* stellt das Bedienfeld *Ebenen* zur Verfügung. In diesem Bedienfeld (Menübefehl *Fenster/Ebenen*) können Sie den Aufbau des Effekts **11** nachvollziehen.

Abbildung 16.9:
Speichern, Nachbear-
beiten oder Teilen.

Abbildung 16.10:
Der Effekt hat zwei
weitere Ebenen und
eine Ebenenmaske
erzeugt.

Der im Bedienfeld *Ebenen* dargestellte Aufbau **11** zeigt, wie das Programm bei der Erstellung des Effekts vorgegangen ist. Die beiden oberen Ebenen sind zunächst einmal Kopien der Hintergrundebene.

Dabei wurde die mittlere Ebene **12** vollständig weichgezeichnet bzw. unscharf gemacht.

Die obere Ebene **13** enthält das unverändert scharfe Bild. Der Mix zwischen der oberen (scharfen) Ebene und der darunterliegenden (unscharfen) Ebene wird durch die vom Programm (auf Basis der zuvor mit dem Schnellauswahl-Werkzeug vorgenommenen Auswahl) erstellte Ebenenmaske gesteuert **14**. Der Hintergrundebene kommt hier keine Bedeutung zu. Weitere Informationen zum Thema Ebenenmasken finden Sie in Kapitel 33 »Schnitt- und Ebenenmasken«.

Präzise und flexibel mit dem Gaußschen Weichzeichner

Die Funktionen des Arbeitsbereichs *Assistent* sind verhältnismäßig leicht umzusetzen und führen in den meisten Fällen bzw. bei »gutmütigen« Motiven schnell zu brauchbaren Ergebnissen. Bei komplexeren Anforderungen ist es aber oftmals ratsamer, auf die Funktionen des Arbeitsbereichs *Experte* zurückzugreifen. Nachstehend erläutere ich Ihnen die Vorgehensweise anhand desselben Fotos:

1. Rechtsklicken Sie auf die Hintergrundebene und wählen Sie den Befehl *Ebene duplizieren* aus **1**.

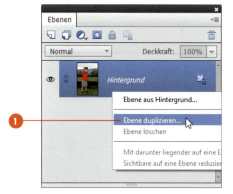

*Abbildung 16.11:
Zunächst die
Hintergrundebene
duplizieren.*

2. Stellen Sie sicher, dass die neu entstandene Ebene ausgewählt ist **2**.

*Abbildung 16.12:
Die neue Ebene muss
ausgewählt sein.*

3. Wählen Sie den Befehl *Filter/Weichzeichnungsfilter/Gaußscher Weichzeichner*.

TIPP ➲ Im Gegensatz zu einigen anderen Unschärfefiltern erreichen Sie mit diesem Filter sehr schnell eine hohe, gleichmäßige Unschärfe. Der Grad der Unschärfe kann eingestellt werden. Der Name des Filters leitet sich übrigens von dem deutschen Forscher Johann Carl Friedrich Gauß ab.

4. Steuern Sie mit dem Schieberegler ③ oder durch die Eingabe eines Zahlenwertes ④ die Intensität der Unschärfe.

*Abbildung 16.13:
Den Grad der
Unschärfe steuern.*

*Abbildung 16.14:
Das Bild erscheint nun
vollständig unscharf.*

5. Stellen Sie sicher, dass nach wie vor die obere bzw. unscharfe Ebene ausgewählt ist ⑤.

6. Klicken Sie im Bedienfeld *Ebenen* auf die Schaltfläche *Ebenenmaske hinzufügen* **6**.

Abbildung 16.15:
Der oberen bzw. unscharfen Ebene eine Ebenenmaske hinzufügen.

Jetzt erscheint rechts neben der oberen Ebene ein vollständig weißes Maskensymbol **7**. Somit wird von dieser Ebene nach wie vor alles gezeigt. Voreingestellt ist die neue Ebenenmaske von einem hellblauen Rahmen **8** umgeben und somit ausgewählt. Dadurch wird wiederum die Vordergrundfarbe automatisch auf Schwarz und die Hintergrundfarbe auf Weiß eingestellt.

7. Stellen Sie sicher, dass die Ebenenmaske nach wie vor ausgewählt bzw. von einem hellblauen Rahmen **8** umgeben ist. Sollte das nicht der Fall sein, klicken Sie bitte einmal auf das Maskensymbol **7**.

Sie werden jetzt die Bereiche festlegen, die im Ergebnis scharf dargestellt werden sollen. Dazu müssen Sie diese Bereiche innerhalb der Ebenenmaske mit schwarzer Farbe übermalen.

Abbildung 16.16:
Die hinzugefügte Ebenenmaske.

8. Drücken Sie die Taste ⟨X⟩, um die aktuell eingestellte Vorder- und Hintergrundfarbe zu vertauschen.

Dadurch sollte jetzt als Vordergrundfarbe *Schwarz* **9** eingestellt ein.

9. Aktivieren Sie im Werkzeugbedienfeld das Pinsel-Werkzeug ✏.

Abbildung 16.17:
Schwarz ist die nun eingestellte Vordergrundfarbe.

Drücken Sie dazu im Zweifelsfall so oft ⟨B⟩, bis das entsprechende Symbol im Werkzeugbedienfeld erscheint.

10. Stellen Sie in den Werkzeugoptionen eine weiche Werkzeugspitze in einer Ihrem Motiv bzw. Bild entsprechenden Größe ein – in diesem Fall habe ich für den Bereich der Konturen zunächst eine Größe von 54 Px **10** verwendet.

Um sauber arbeiten zu können, empfiehlt sich bei sehr kritischen Bereichen (beispielsweise im Bereich der Finger) sogar der Einsatz extrem kleiner Werkzeugspitzen (z. B. 4 Px).

Starten Sie am besten mit dem Ummalen von Konturen bzw. Rändern. Verwenden Sie dazu eine möglichst kleine Werkzeugspitze. Flächige Bereiche können Sie im Anschluss mit einer deutlich größeren Werkzeugspitze übermalen.

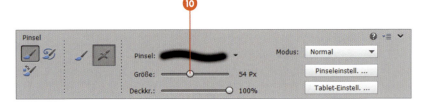

Abbildung 16.18: Werkzeugoptionen des Pinsel-Werkzeugs.

11. Malen Sie mit dem Pinsel über die Bereiche, die im Ergebnis scharf dargestellt werden sollen.

In diesem Fall über den Jungen, den Balken und den Vordergrund. Wenn Sie sich dabei vermalen, können Sie solche Bereiche einfach erneut mit Weiß übermalen.

Tauschen Sie dazu mit der Taste ⎡X⎤ die eingestellte Vorder- und Hintergrundfarbe bzw. stellen Sie so erneut Weiß als Vordergrundfarbe ein. Probieren Sie im Bereich der Haarbüschel auch mal eine verringerte Deckkraft aus.

Um in das Bild einzuzoomen, nutzen Sie bei aktivem Pinsel-Werkzeug am besten das Tastenkürzel ⎡Strg⎤+⎡+⎤ bzw. ⎡cmd ⌘⎤+⎡+⎤. Mit ⎡Strg⎤+⎡-⎤ bzw. ⎡cmd ⌘⎤+⎡-⎤ zoomen Sie wieder heraus. Wenn Sie das Tastenkürzel ausgeführt haben, ist das Pinsel-Werkzeug nach wie vor aktiv.

Mit gedrückter Leertaste können Sie zudem den dargestellten Bildausschnitt verändern. Letzteres funktioniert aber nur, wenn Sie auch tatsächlich in das Bild gezoomt haben und somit Teile des Bildes aktuell nicht dargestellt werden.

Die Steuerung der Werkzeugspitzengröße geht besonders bequem mit dem Tastenkürzel ⎡⇧⎤+⎡#⎤ (Vergrößern) bzw. ⎡#⎤ (Verkleinern).

12. Reduzieren Sie das Bild auf eine Ebene (*Ebene/Auf Hintergrundebene reduzieren*).

Alternativ zu der hier vorgestellten Pinseltechnik könnten Sie die weichzuzeichnenden Bereiche auch mittels Auswahlwerkzeug(en) festlegen und die Ebenenmaske auf Basis der so erstellten Auswahl erstellen (*Ebene/Ebenenmaske hinzufügen/Auswahl einblenden*).

Abbildung 16.19:
Ergebnis.

16.2 Bewegungsunschärfe hinzufügen

Selbst schnellste Bewegungen lassen sich mit entsprechend kurzen Belichtungs-
zeiten einfangen. Dabei verliert das Bild aber oftmals an Dynamik. Um das zu
vermeiden, können Sie beim Fotografieren die Kamera in Richtung der Bewegung mitziehen bzw. schwenken. Dadurch wird der Hintergrund etwas verwischt, während große Anteile des sich bewegenden Motivs auf diese Weise
scharf bleiben. In diesem Beispiel soll die Bewegungsunschärfe nachträglich
hinzugefügt werden.

Bewegungs-
unschärfe.jpg

Abbildung 16.20:
Ausgangsbild.

1. Wählen Sie dazu den Hintergrund aus.

Verwenden Sie dazu beispielsweise das Schnellauswahl-Werkzeug 🔍 und optimieren Sie die Auswahl dann unter Verwendung anderer Auswahlwerkzeuge.

Mehr Informationen zum Thema finden Sie in Kapitel 21 »Auswahlen anpassen und optimieren«.

Abbildung 16.21:
Den Hintergrund
auswählen.

2. Öffnen Sie mit dem Befehl *Filter/Weichzeichnungsfilter/Bewegungsunschärfe* das gleichnamige Filter-Dialogfenster.

Im Dialogfenster des Filters können Sie die Stärke und Richtung der Bewegungsunschärfe einstellen. In diesem Beispiel sollte die Richtung parallel zu den Reitern verlaufen.

Abbildung 16.22:
Mit dem Regler
DISTANZ wird die
Stärke der
Bewegungsunschärfe
gesteuert.

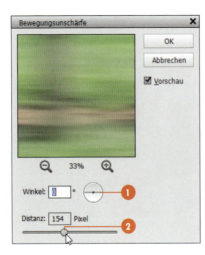

3. Stellen Sie daher sicher, dass die im Drehregler abgebildete Linie ❶ nahezu horizontal verläuft.

4. Stellen Sie mit dem Regler *Distanz* ❷ eine Stärke von beispielsweise *154 Pixel* ein.

5. Schließen Sie das Fenster mit OK.

*Abbildung 16.23:
Das Bild wirkt jetzt
wesentlich dynami-
scher.*

16.3 Zoomunschärfe (strahlenförmige Weichzeichnung)

Mit dieser Form der Weichzeichnung lässt sich ebenfalls ein sehr dynamischer Look erzielen. Dabei wird der Effekt simuliert, der entsteht, wenn bei einer langen Belichtungszeit schnell gezoomt wird.

Zoom-Burst-Effekt

Auch hier können Sie schnell und komfortabel mit dem *Assistenten* arbeiten.

1. Laden Sie das Bild *Strahlenförmig.jpg*.

*Abbildung 16.24:
Das Bild Strahlen-
förmig.jpg.*

Strahlenförmig.jpg

2. Aktivieren Sie den Arbeitsbereich *Assistent* **1**.

3. Klicken Sie auf das Register *Kreative Bearbeitungen* **2** und dann auf *Zoom-Burst-Effekt* **3**.

Auf der rechten Seite finden Sie Anweisungen und Schaltflächen. Bei diesem Beispiel können Sie den ersten Schritt (*Freistellen* **4**) überspringen, da der Radfahrer bereits mehr oder weniger mittig platziert ist.

Abbildung 16.25:
Der Assistent stellt in
der Rubrik KREATIVE
BEARBEITUNGEN den
ZOOM-BURST-EFFEKT zur
Verfügung.

4. Klicken Sie daher auf die Schaltfläche *Hinzufügen des Zoom Burst-Effekts* **5**.

Jetzt wird das ganze Bild strahlenförmig weichgezeichnet.

5. Klicken Sie auf die Schaltfläche *Fokusbereich hinzufügen* **6** und »zeichnen« Sie einen Strich über dem Radfahrer.

Beginnen Sie im Zweifelsfall mit einem kurzen Strich und erweitern Sie den Fokusbereich, indem Sie weitere »Striche« über dem Radfahrer zeichnen.

6. Wenn Sie möchten, können Sie nun noch für Abschattungen an den Ecken sorgen, indem Sie auf *Vignette anwenden* **7** klicken.

7. Schließen Sie die Bearbeitung mit einem Klick auf die Schaltfläche *Weiter* **8** unten rechts ab.

Abbildung 16.26:
Der Zoom-Burst-Effekt
im Arbeitsbereich
ASSISTENT.

16.4 Mehr Kontrolle mittels Auswahl und Effektstärken-Steuerung

Auch in diesem Fall bietet der Arbeitsbereich *Experte* bessere Steuerungs-möglichkeiten als der Assistent. Neben der besseren Kontrolle über die Effekt-stärke können Sie hier zudem die Ausdehnung der Strahlen besser kontrollie-ren. Beispielsweise indem Sie den Filter auf einen zuvor ausgewählten Bereich anwenden. In der PSD-Version des Fotos habe ich Ihnen dazu eine entspre-chende Auswahl hinterlegt.

1. Laden Sie das Bild *Strahlenförmig.psd*.
2. Laden Sie über den Befehl *Auswahl/Auswahl laden* die bereits vorhandene Auswahl *Hintergrund_weiche Kante* **1**.

Strahlenförmig.psd

Abbildung 16.27:
Die vorbereitete
Auswahl laden.

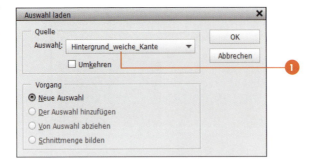

TIPP ⟶ Die weiche Kante der Auswahl sorgt für einen weicheren Effektübergang zu den nicht ausgewählten Bildbereichen.

Abbildung 16.28:
Die geladene Auswahl.

3. Öffnen Sie mit dem Befehl *Filter/Weichzeichnungsfilter/Radialer Weichzeichner* das gleichnamige Filter-Dialogfenster.

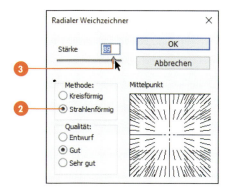

Abbildung 16.29:
Die Option STRAHLEN-
FÖRMIG aktivieren und
die Stärke festlegen.

4. Aktivieren Sie die Option *Strahlenförmig* **2** und stellen Sie eine Stärke von rund 90 ein **3**.

5. Verlassen Sie das Fenster über die Schaltfläche OK.

Sie können die Filterwirkung sehr einfach verstärken, indem Sie einen Filter mehrfach (mit den jeweils gleichen Einstellungen) zuweisen. Verwenden Sie dazu einfach das Tastenkürzel (Strg)+(F) bzw. (cmd ⌘)+(F)). Ich habe Ihnen dazu nachstehend ein weiteres Ergebnis abgebildet. Hier wurde der Filter insgesamt dreimal zugewiesen.

6. Wenn Ihnen der Effekt so zusagt, können Sie die Auswahl aufheben.

Abbildung 16.30:
Filter einmalig zugewiesen.

Abbildung 16.31:
Filter dreifach zugewiesen.

Radiale Unschärfe

Der Filter *Radialer Weichzeichner* erzeugt auf Wunsch eine kreisförmige Unschärfe. Dabei simuliert der Filter die Wirkung einer Kamera, die schnell um die eigene Achse gedreht wird.

1. Öffnen Sie das Bild *Radial.psd*.

Abbildung 16.32:
Das Bild Radial.psd.

Radial.psd

2. Laden Sie über den Befehl *Auswahl/Auswahl laden* die bereits vorhandene Auswahl *Hintergrund* ❶.

Abbildung 16.33:
Die vorbereitete
Auswahl laden.

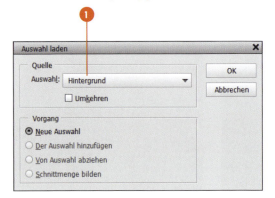

Kreisförmige Weichzeichnung

In diesem Beispiel nutzen Sie den radialen Weichzeichner, um den ausgewählten bzw. nicht so spannenden Hintergrund zu verdrehen und damit etwas abstrakter zu gestalten.

3. Wählen Sie den Befehl *Filter/Weichzeichnungsfilter/Radialer Weichzeichner*.

4. Aktivieren Sie die Option *Kreisförmig* ❷ und stellen Sie eine Stärke von 6 ein ❸.

5. Verlassen Sie das Fenster über die Schaltfläche *OK*.

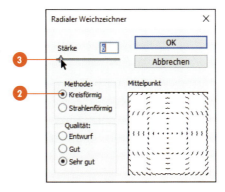

Abbildung 16.34: Die Option KREISFÖRMIG aktivieren und die Stärke festlegen.

Aufgrund der geringen Stärke fällt der Effekt sehr dezent aus. Durch eine erneute bzw. mehrfache Zuweisung können Sie den Effekt bei Bedarf schrittweise verstärken. Verwenden Sie dazu jeweils den Befehl *Filter/Radialer Weichzeichner* oder das Tastenkürzel ([Strg]+[F] bzw. [cmd ⌘]+[F]).

Abbildung 16.35: Ergebnis (Filter einmalig zugewiesen).

Abbildung 16.36: Ergebnis (Filter vierfach zugewiesen).

16.5 Selektiver Weichzeichner

Dieser Weichzeichner kann in drei unterschiedlichen Modi betrieben werden. Jeder Modus liefert dabei ein völlig anderes Ergebnis.

Im Modus *Normal* werden Bildbereiche zu einfarbigen Blöcken zusammengefasst.

Im Modus *Nur Kanten* konzentriert sich der Filter auf die Kanten von Farbübergängen. Die erkannten Kanten werden weiß und der Rest des Bildes schwarz eingefärbt.

Ineinanderkopieren zeichnet die Kanten von Farbübergängen weiß nach. Die anderen Bildbereiche werden wie im Modus *Normal* behandelt. In allen drei Modi stehen die Parameter *Qualität*, *Radius* und *Schwellenwert* zur Verfügung.

Probieren Sie den Modus *Normal* einmal am Bild *Radial.psd* aus. In diesem Fall soll die Oberfläche des stark verwitterten Schildes ❶ etwas geglättet und das Graffiti ❷ bzw. der Aufkleber ❸ möglichst nicht in Mitleidenschaft gezogen werden. Damit das gelingt, müssen Sie die selektive Wirkung des Filters einstellen.

Tabelle 16.1:
Die Parameter des
Filters.

Radius	In diesem Bereich sucht der Filter nach unähnlichen Pixeln.
Schwellenwert	Hier können Sie steuern, wie unähnlich die Pixel sein sollen, die der Filter anschließend zu einer einfarbigen Fläche zusammenfasst.
Qualität	Steuert die Genauigkeit des Filters.

1. Laden Sie (wenn noch nicht geschehen) das Beispielbild des vorherigen Abschnitts (*Radial.psd*).
2. Laden Sie (wenn noch nicht geschehen) über den Befehl *Auswahl/Auswahl laden* die bereits vorhandene Auswahl *Hintergrund*.
3. Kehren Sie die Auswahl um (*Auswahl/Auswahl umkehren*), um auf diese Weise das Schild auszuwählen.
4. Wählen Sie den Befehl *Filter/Weichzeichnungsfilter/Selektiver Weichzeichner*.
5. Aktivieren Sie die Option *Normal* ❹ und wählen Sie bei *Qualität* den Eintrag *Hoch* ❺.
6. Stellen Sie den *Schwellenwert* auf 100 ❻ und den *Radius* auf ca. 26 ein ❼.

Dadurch verschwinden die sehr feinen Störungen auf der Schildoberfläche. Die Strukturen des Aufklebers und die anderen Grafiken bleiben hingegen weitestgehend scharf.

7. Verlassen Sie das Fenster über die Schaltfläche *OK*.

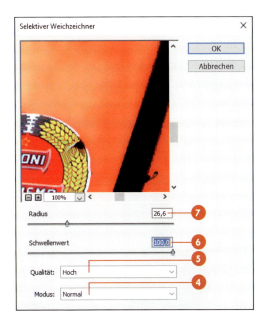

Abbildung 16.37:
Einstellungen für
dieses Beispiel.

Abbildung 16.38:
Die feinen Störungen
der Schildoberfläche
sind verschwunden.

Nachstehend sehen Sie die Wirkungsweise der beiden anderen Modi (*Nur Kanten* und *Ineinanderkopieren*).

Wenn Sie möchten, können Sie die Wirkung anhand der Datei *Selektiv.jpg* und der in den beiden jeweiligen Bildunterschriften angegebenen Filtereinstellungen nachvollziehen.

Abbildung 16.39: Original.

Selektiv.jpg

Abbildung 16.40: Dialogfenster des Filters.

Abbildung 16.41:
SELEKTIVER
WEICHZEICHNER
(Modus: INEINANDER-
KOPIEREN, Qualität:
HOCH, Radius: 90,8,
Schwellenwert: 84,0).

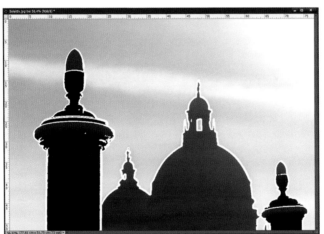

Abbildung 16.42:
Filter mit gleichen
Einstellungen 5-mal
zugewiesen.

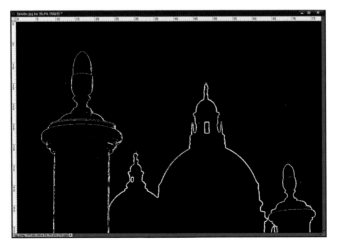

Abbildung 16.43:
SELEKTIVER
WEICHZEICHNER
(Modus: NUR KANTEN,
Qualität: HOCH,
Radius: 90,8,
Schwellenwert: 84,0).

Unschärfe mit einem Verlauf in der Ebenenmaske steuern

In diesem Beispiel verwenden Sie für die scharfen und unscharfen Bildbereiche ebenfalls eine eigene Ebene. Wie im ersten Beispiel erfolgt auch hier die Kombination über eine Ebenenmaske. Dabei steuern Sie die Ausdehnung der Unschärfe mit einem kreisförmigen Verlauf.

1. Öffnen Sie das Bild *Tiger.jpg*.

Abbildung 16.44: Original.

Tiger.jpg

2. Klicken Sie im Bedienfeld *Ebenen* mit der rechten Maustaste auf die Hintergrundebene und wählen Sie den Befehl *Ebene duplizieren* aus.

Abbildung 16.45: Die Hintergrundebene wurde dupliziert.

3. Verwenden Sie den Befehl *Filter/Weichzeichnungsfilter/Gaußscher Weichzeichner*.

4. Stellen Sie die Intensität des Filters über den Schieberegler *Radius* ein (ca. auf 10) **1**.

5. Schließen Sie das Fenster des Weichzeichners mit einem Klick auf *OK*.

Alle Bereiche des Bildes erscheinen nun unscharf.

Abbildung 16.46:
Den Schieberegler
RADIUS auf ca.
10 Pixel einstellen.

Abbildung 16.47:
Das weichgezeichnete
Bild.

6. Weisen Sie der oberen Ebene eine Ebenenmaske zu, die zunächst nichts maskiert (*Ebene/Ebenenmaske/Nichts maskiert*).

Jetzt erscheint rechts neben der oberen Ebene ein vollständig weißes Maskensymbol **2**. Somit wird von dieser Ebene nach wie vor alles gezeigt.

Voreingestellt ist die neue Ebenenmaske von einem hellblauen Rahmen **3** umgeben und somit ausgewählt. Dadurch, dass die Ebenenmaske ausgewählt ist, wird die Vordergrundfarbe automatisch auf Schwarz und die Hintergrundfarbe automatisch auf Weiß eingestellt.

Abbildung 16.48:
Die obere Ebene
erhält eine weiße
Ebenenmaske **2**.

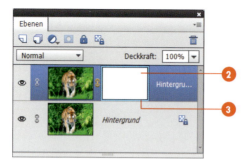

7. Wählen Sie im Werkzeugbedienfeld das Verlaufswerkzeug ▨ aus.

8. Stellen Sie in den Werkzeugoptionen den Verlauf *Schwarz, Weiß* **4** ein.

9. Aktivieren Sie hier *Kreisförmig* **5** und stellen Sie sicher, dass die Option *Umk.* **6** deaktiviert ist.

Abbildung 16.49:
Die Werkzeugoptions-
leiste des Verlaufs-
werkzeugs.

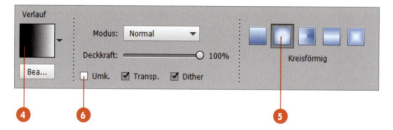

10. Stellen Sie sicher, dass die Ebenenmaske nach wie vor ausgewählt bzw. von einem hellblauen Rahmen **3** umgeben ist. Sollte das nicht der Fall sein, klicken Sie bitte einmal auf das Maskensymbol **2**.

11. Klicken Sie nun auf den Nasenrücken des Tigers und ziehen Sie den Verlauf **7** mit gedrückter linker Maustaste in eine der Bildecken (z. B. nach links oben), wo Sie die Maustaste loslassen.

Abbildung 16.50:
Den Verlauf von der
Mitte zum Rand
aufziehen.

In der Ebenenmaske ist nun ein kreisförmiger (radialer) Verlauf zu erkennen ❽. Die dunklen Bereiche der Maske sorgen dafür, dass an diesen Stellen der scharfe Hintergrund zu sehen ist. Die weißen Bereiche zeigen hingegen die unscharfen Bildanteile der oberen Ebenen.

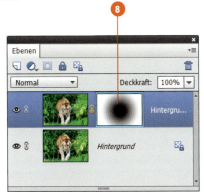

Abbildung 16.51:
Der radiale Verlauf in
der Ebenenmaske.

Abbildung 16.52:
Ergebnis.

16.6 Weichzeichnen-Werkzeug

Im Werkzeugbedienfeld wird ein Weichzeichnen-Werkzeug 💧 angeboten. Sie können das gute Stück wie einen Pinsel benutzen.

Da sich das Werkzeug im Werkzeugbedienfeld mit drei anderen Werkzeugen ein »Fach« teilt, drücken Sie im Zweifelsfall mehrfach die Taste [R], um es darzustellen bzw. aktivieren zu können.

Während der Pinsel Farbe aufträgt, können Sie mit diesem Werkzeug die Unschärfe der »übermalten« Pixel erhöhen. Genau wie die beiden anderen in diesem Fach untergebrachten Werkzeuge (Scharfzeichner ▲, Wischfinger 👋) ist auch das Weichzeichnen-Werkzeug mit etwas Vorsicht zu genießen, da die Anwendung der drei Werkzeuge sehr schnell zu unschönen Bildveränderungen führen kann. Setzen Sie diese Werkzeuge daher (wenn überhaupt) nur in sehr begrenztem Umfang bzw. punktuell ein.

Abbildung 16.53:
Die Optionen des
Werkzeugs.

Teil 4

Teil 4:
Bildmaterial sichern

17   Bilder speichern

Spätestens nach der ersten Korrektur oder Retusche stellt sich die Frage nach der sicheren Verwahrung Ihrer Bilder. In diesem Kapitel erfahren Sie, wie Sie Ihre Werke speichern können und welche Dateiformate Ihnen zu diesem Zweck zur Verfügung stehen.

17.1   Speicherstrategien

Der klassische Weg führt über den Befehl *Datei/Speichern* bzw. *Speichern unter*. Hier haben Sie die Möglichkeit, Ihre Bilder in vielen gängigen Formaten zu sichern.

Abbildung 17.1:
Zum Speichern Ihrer
Bilder stellt Photoshop
Elements im Menü
DATEI die Befehle
SPEICHERN und
SPEICHERN UNTER zur
Verfügung.

Der Befehl *Für Web speichern* wird in Kapitel 18 erläutert.

Datei/Speichern

Mit dem Befehl *Datei/Speichern* ([Strg]+[S] bzw. [cmd ⌘]+[S]) wird der aktuelle Zustand des Bildes gespeichert und dabei die alte Datei bzw. die Originaldatei überschrieben. Wenn Sie allerdings in den Voreinstellungen (*Bearbeiten/ Voreinstellungen/Dateien speichern/Bei erster Speicherung*) die Option *Immer bestätigen* auswählen, ändert sich das Verhalten dieses Befehls: Beim erstmaligen Speichern einer bearbeiteten Datei erscheint dann stets das Dialogfenster

Speichern unter, sodass Sie bewusst entscheiden können, ob die Originaldatei überschrieben werden soll oder ob Sie das Bild als separate Datei unter einem anderen Dateinamen ❶ speichern möchten. Ein versehentliches Überschreiben der Originaldatei wird somit verhindert.

Datei/Speichern unter

Der Befehl *Datei/Speichern unter* ([Strg]+[⇧]+[S] bzw. [cmd ⌘]+[⇧]+[S]) öffnet zunächst das gleichnamige Dialogfenster. Wenn Sie diesen Befehl aufrufen, haben Sie u. a. die Möglichkeit, einen neuen Dateinamen ❶ zu vergeben, ein bestimmtes Dateiformat ❷ zu wählen und den Speicherort ❸ neu zu bestimmen.

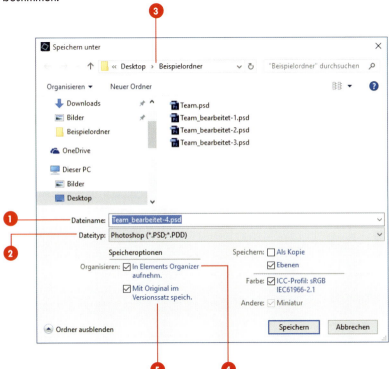

*Abbildung 17.2:
Das Fenster SPEICHERN
UNTER.*

Versionssatz

Wenn Sie im Editor ein Bild überarbeiten, können Sie die geänderte Fassung zusammen mit dem Originalbild in einem sogenannten Versionssatz bzw. in einem Versionsstapel ablegen. Auf diese Weise bleibt das Original unverändert. Sie müssen dazu lediglich im *Speichern*-Dialog des Editors sicherstellen, dass die Kontrollfelder *In Elements Organizer aufnehmen* ❹ und *Mit Original im Versionssatz speichern* ❺ aktiv sind – beachten Sie hierbei, dass Letzteres erst dann aktiviert werden kann, wenn Sie tatsächlich Änderungen am jeweiligen Bild vorgenommen haben. Sind beide Optionen aktiv, versieht Photoshop Elements den Dateinamen automatisch mit dem Zusatz *bearbeitet* und einer

Versionsnummer. Im *Organizer* ist es möglich, den Versionssatz mit einem Klick auf das Pfeilsymbol **6** zu einem platzsparenden Versionsstapel **7** zusammenzuklappen. Mit einem Klick auf das Pfeilsymbol **8** lässt sich der Stapel erneut auseinanderklappen.

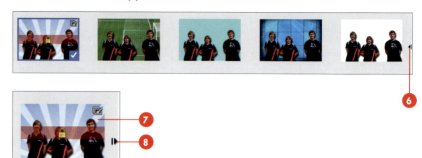

Abbildung 17.3: Aufgeklappter Versionssatz im Organizer.

Abbildung 17.4: Zugeklappter Versionssatz im Organizer.

Bildkopie speichern

Die Option *Als Kopie* **9** sorgt dafür, dass dem Dateinamen der Zusatz *Kopie* angehängt wird. Auf diese Weise können Sie sehr bequem ein Duplikat von der aktuell bearbeiteten Datei abspeichern. Das ist beispielsweise vor der Umsetzung komplexer Bearbeitungsmaßnahmen sinnvoll, denn so ist es möglich, den aktuellen Zustand des Bildes zu sichern, bevor die Bearbeitungsschritte umgesetzt werden. Und wenn Sie dann mit dem Ergebnis der Bearbeitung nicht zufrieden sein sollten, können Sie einfach die zuvor erstellte Kopie erneut laden.

*Abbildung 17.5: Bei einigen Dateiformaten ist es möglich, die E_BENEN_ **11** mitzuspeichern.*

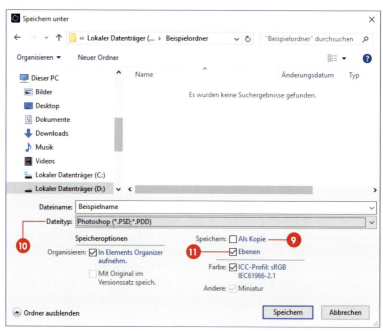

Ebenen mitspeichern

Die bei der Bearbeitung von Bildern erstellten Ebenen können mitgespeichert werden. Von dieser Möglichkeit sollten Sie in erster Linie dann Gebrauch machen, wenn Sie die Daten archivieren und/oder die Arbeit an einem Bild zu einem späteren Zeitpunkt fortsetzen möchten. Für die Weitergabe an Dritte sind Bilder mit verschiedenen Ebenen in der Regel aber eher nicht geeignet. Damit sämtliche Ebenen und die damit verbundenen Funktionen gespeichert werden, sollten Sie zum Speichern das Photoshop-Format (*.psd*) verwenden. Alternativ könnten Sie auch das TIF-Format benutzen.

Mehr Informationen zum Thema Ebenen finden Sie in den Kapiteln 30 bis 35.

1. Achten Sie darauf, dass bei *Dateityp* ⑩ der Eintrag *Photoshop (*.PSD; *.PDD)* ausgewählt ist.
2. Vergewissern Sie sich, dass im Kontrollfeld *Ebenen* ⑪ ein Häkchen gesetzt ist.

Fehlt dieses Häkchen, reduziert Photoshop Elements das Bild auf eine Ebene.

Die Option *Farbe* sorgt dafür, dass zusammen mit dem Bild auch ein Farbprofil gespeichert wird. Die Option *Miniatur* (PC) ist eigentlich keine, da sie vom Anwender nicht verändert werden kann. Vielmehr wird hier lediglich angezeigt, ob aktuell eine Bildminiatur in die zu speichernde Datei eingebettet wird, was wiederum vom gewählten Dateiformat abhängig ist.

Dateiformat wählen

Die nachstehende Tabelle bietet Ihnen eine Übersicht darüber, wann Sie welches Dateiformat verwenden sollten. Im weiteren Verlauf dieses Kapitels werden die hier genannten Dateiformate im Detail erläutert.

Ziel	Format
Die Arbeit an einem Bild soll zu einem späteren Zeitpunkt fortgesetzt werden.	PSD
Speichern von mehrseitigen Fotoprojekten (Bildbände, Fotokalender, Fotocollagen, Grußkarten sowie Hüllen und Etiketten für CDs und DVDs)	PSE
Bilder auf eine Website hochladen	JPEG
Bilder per E-Mail versenden	JPEG
Weitergabe von Bildern an eine Druckerei	TIFF, PSD, PDF
Grafiken mit geringer Farbanzahl, Logos, Werbebanner für eine Website	GIF, PNG-8
Grafiken, die Transparenzen enthalten	GIF, PNG-8, PNG-24
Grafikanimationen fürs Web	GIF

Tabelle 17.1: Wahl des Dateiformats.

PSD (Photoshop Document)

Die meisten Programme haben ein »eigenes« Dateiformat. Das hauseigene Format von Adobe Photoshop Elements ist das PSD-Format. Es stammt ursprünglich vom »großen Bruder« Photoshop. PSD ist dabei in erster Linie ein Produktionsformat und weniger ein Format, um fertige Bilder und Grafiken unter die Leute zu bringen. Was es an Programmspezialitäten zu sichern gilt, kann das PSD-Format speichern. Dazu zählen beispielsweise Ebenen, Textebenen, Einstellungsebenen, Ebeneneffekte, Transparenzen und gespeicherte Auswahlen.

Aus diesem Grund sollten Sie das Format verwenden, um die Fortschritte Ihrer Arbeit mit Adobe Elements zwischenzuspeichern und um von komplexen Montagen ein Backup anzulegen. Zudem eignet sich das PSD-Format sehr gut, um die Daten innerhalb der Adobe-Programmfamilie weiterzugeben, beispielsweise nach Adobe InDesign oder Adobe Premiere Elements. PSD-Dateien werden verlustfrei komprimiert und weisen daher ein deutlich größeres Dateivolumen auf als vergleichbare, verlustbehaftet komprimierte Dateien wie beispielsweise JPEG. PSD-Dateien zu verwenden, ist die komfortabelste Möglichkeit, transparente Bilder in andere Adobe-Programme zu integrieren.

Zudem zeigen sich immer mehr Programme »offen« für PSD-Dateien (z. B. das Open-Source-Grafikprogramm GIMP, der Bildbetrachter IrfanView oder das Profi-Videoschnittprogramm Avid Media Composer). Allerdings gilt es dabei immer kritisch zu hinterfragen, ob die jeweiligen Programme auch den vollen Funktionsumfang des PSD-Formats unterstützen. Im Zweifelsfall sieht ein in einem solchen Programm geöffnetes Bild dann einfach etwas anders aus als gedacht. Zum einfachen Betrachten können Anwender auch den PSD-Viewer installieren. Dieser Gratis-Viewer soll den kompletten Funktionsumfang des PSD-Formats unterstützen. Das Tool wird zudem auch als App für den Smartphone-Einsatz angeboten.

PSE

Dieses Dateiformat wird immer dann verwendet, wenn Sie im Arbeitsbereich *Erstellen* ein Fotoprojekt bearbeiten. Fotoprojekte sind Bildbände, Fotokalender, Fotocollagen, Grußkarten sowie Hüllen und Etiketten für CDs und DVDs. Und Fotoprojekte, die mehr als eine Seite umfassen, werden im Format PSE abgespeichert. Im Unterschied zu anderen Dateiformaten, bei denen Sie jedes Ihrer Bilder einzeln öffnen und bearbeiten müssen, gestattet Ihnen das Fotoprojektformat, bis zu 30 Seiten gleichzeitig zu erstellen bzw. zu drucken.

TIFF (Tagged Image File Format)

Dieses Dateiformat wurde bereits 1986 eingeführt und für den plattformunabhängigen Austausch von Pixelgrafiken entwickelt. Es gehört damit zu den ältesten Dateiformaten überhaupt und hat beispielsweise in der Druckvorstufe seinen festen Platz. Ursprünglich von der Firma Aldus veröffentlicht, wurde das TIF-Format mit dem Aufkauf des Unternehmens im Jahr 1994 zu einem Adobe-Produkt.

Was Photoshop Elements angeht, unterstützt dieses Dateiformat die Speicherung von Textebenen, Einstellungsebenen, Ebeneneffekten sowie Transparenzen und Auswahlen. Wenn Sie Ihre Bilder und Grafiken zur Weiterverarbeitung (z. B. für einen Prospekt oder einen Flyer) an Dritte weitergeben möchten, liegen Sie mit dem TIF-Format eigentlich immer richtig. Im *Speichern*-Dialog des Formats können Sie wählen, ob die Datei verlustfrei (*LZW*, *ZIP*), verlustbehaftet (*JPEG*) oder überhaupt nicht komprimiert werden soll.

JPEG (Joint Photographic Experts Group)

Dieses Dateiformat ist ideal, um Bilder zu verbreiten bzw. zu präsentieren. Das gilt sowohl für die Diashow auf dem heimischen PC bzw. Fernseher als auch für den Einsatz im Internet. Der Hauptvorteil des JPEG-Formats besteht darin, dass es Bilder in einer guten Qualität bei verhältnismäßig kleinen Dateigrößen speichern kann. Aufgrund der geringen Datenmengen und der Tatsache, dass JPEG-Bilder von allen Internetbrowsern angezeigt werden können, eignet sich das Format insbesondere, um Bilder ins Internet zu stellen. Beachten Sie allerdings, dass TIFF und PSD besser als Arbeitsformate geeignet sind und JPEG-Bilder mit jedem erneuten Speichern qualitativ schlechter werden. Sichern Sie ein zu bearbeitendes JPEG-Bild daher zunächst im TIF- und/oder PSD-Format und speichern Sie es erst am Ende der Bearbeitung erneut als JPEG.

Digitalkameras und Fotohandys speichern aufgenommene Bilder im JPEG-Format.

Informationen zu den Dateiformaten GIF und PNG finden Sie in Kapitel 18 »Bilder für den Interneteinsatz optimieren«.

17.2 Datenkompression

Seit jeher geht es beim Speichern von Daten um Effektivität. Auch wenn heutzutage die Kapazitäten handelsüblicher Festplatten bereits im Terabyte-Bereich liegen und die Übertragungsgeschwindigkeiten im Internet dank VDSL-Technologie zunehmend größer werden, sollten Daten prinzipiell nicht mehr Speicherplatz belegen, als nach dem aktuellen Stand der Technik erforderlich ist. Das gilt im Besonderen für Bilddaten, da diese von Haus aus viel Speicherplatz benötigen. Um die Datenmenge zu reduzieren, werden verschiedenste Verfahren – zum Teil in Kombination – eingesetzt. Dabei wird prinzipiell zwischen **verlustfreier** und **verlustbehafteter** Kompression unterschieden.

Um die verwendeten Speichermedien möglichst effizient zu nutzen, speichern digitale Kameras die aufgenommenen Bilder meist im JPEG-Format. Die Tatsache, dass hochwertige Kameras dem Anwender darüber hinaus die Möglichkeit geben, die Bilder optional auch im unkomprimierten RAW-Format zu sichern, macht deutlich, dass auch bei qualitativ hochwertigen JPEG-Bildern die eine oder andere Information fehlt.

Verlustfreie Kompression

Bei der verlustfreien Kompression wird die Datenmenge so reduziert, dass bei einer späteren Dekompression der ursprüngliche Informationsgehalt vollständig wiederhergestellt werden kann.

Packprogramme

Ein Beispiel für die praktische Anwendung einer verlustfreien Kompression sind sogenannte Packprogramme, z. B. 7-Zip, WinZip, WinRar und Stuffit Expander (Mac). Hiermit lassen sich grundsätzlich alle möglichen Daten komprimieren, allerdings ist der Grad der erreichbaren Kompression immer von den Originaldaten abhängig. So lassen sich beispielsweise Textdokumente sehr gut mit diesen Programmen komprimieren. In dem hier abgebildeten Beispiel konnte das Datenvolumen eines 20 Seiten umfassenden Word-Dokuments um 95 % reduziert werden (von 133.632 Byte auf 6.414 Byte).

Bei dem Versuch, zwei von einer Digitalkamera stammende JPEG-Bilder zu komprimieren, hat die Software hingegen keine Möglichkeit gefunden, die Datenmenge zu verringern. Grund dafür ist der Umstand, dass beim *JPEG-Verfahren* bereits die u. a. auch von Packprogrammen verwendeten Kompressionsmethoden Verwendung finden. Mit anderen Worten: Den Job, den WinZip machen sollte, hat schon die Digitalkamera erledigt. Das Gleiche gilt für zwei Bilder im TIF-Format, die bereits beim Speichern mit dem *LZW-Verfahren* komprimiert wurden. Hier konnte das Datenvolumen lediglich um ein Prozent reduziert werden. TIF-Grafiken, die beim Speichern nicht mit dem LZW-Verfahren komprimiert wurden, konnten hingegen deutlich stärker verkleinert werden (39 % bzw. 47 %).

*Abbildung 17.6:
Das Packprogramm
WinZip.*

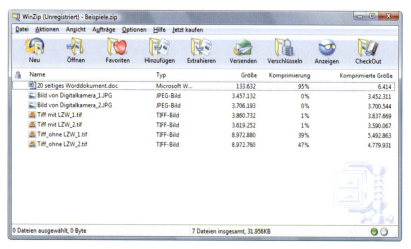

Im Bereich der digitalen Bildbearbeitung werden ebenfalls verlustlose Kompressionsverfahren verwendet. Hierzu zählen beispielsweise die Verfahren *LZW*, *RLE* und *ZIP*.

LZW

Die Bilddatei wird auf häufig vorkommende Zeichenfolgen hin untersucht. Jeweils ein Muster einer solchen Zeichenfolge wird dann in einer Tabelle gespeichert. Anstelle der betreffenden Zeichenfolge wird anschließend nur noch ein Hinweis auf das in der Tabelle vorhandene Muster gespeichert.

Die Abkürzung LZW steht für die Namen der drei Erfinder des Verfahrens (**L**empel, **Z**iv, **W**elch).

Abbildung 17.7:
Beim Speichern im
TIF-Format werden
dem Anwender diverse
Komprimierungs-
methoden angeboten.

RLE

Das **R**un **L**ength **E**ncoding genannte Verfahren forscht in der zu komprimierenden Bilddatei nach zusammenhängenden Wiederholungen von Zeichenfolgen. Wenn der Binärcode einer Bilddatei beispielsweise die Zeichenfolge 11111111110000111111111 enthält, komprimiert das RLE-Verfahren diese Information, indem es sie vereinfacht und in der Form 10 mal 1, 4 mal 0, 10 mal 1 speichert. Der Informationsgehalt bleibt dabei gleich, die für den Informationsgehalt benötigte Datenmenge wird aber deutlich reduziert und somit verlustfrei komprimiert.

Entropiecodierung

Diese Technik komprimiert mithilfe eines Prinzips, das bereits beim Morsealphabet Verwendung fand. Beim Morsen werden statistisch gesehen häufig vorkommende Buchstaben mit weniger Aufwand codiert als Zeichen, die nicht so häufig vorkommen. Daher wird der relativ häufig vorkommende Buchstabe E nur mit einem Zeichen (einem Punkt) codiert, der nicht so häufig vorkommende Buchstabe A hingegen bereits mit zwei Zeichen (Punkt und Strich) und der selten vorkommende Buchstabe B mit vier Zeichen (Strich – Punkt – Punkt – Punkt). Das Entropieverfahren analysiert also zunächst die Auftrittswahrscheinlichkeit bestimmter Zeichenfolgen und weist den häufig vorkommenden Zeichenfolgen anschließend kürzere und den selten vorkommenden Zeichenfolgen längere Codes zu. Wie stark die jeweilige Datei komprimiert werden kann, hängt bei diesen Programmen ganz stark von der Art der infrage kommenden Datei ab.

Verlustbehaftete Kompression (Datenreduktion)

In dem oben genannten Beispiel ist eine verlustfreie Kompression von enormer Bedeutung, denn der spätere Nutzer des Dokuments wäre wohl nicht sehr erbaut darüber, wenn aufgrund einer verlustbehafteten Kompressionsmethode Daten verloren gehen würden und so bestimmte Passagen oder gar das ganze Dokument nicht mehr zu entziffern wären.

Völlig anders sieht die Sache bei Daten aus, die für die menschliche Wahrnehmung bestimmt sind. Hier werden gezielt die Schwächen unserer Wahrnehmung dazu genutzt, Datenmengen einzusparen, also zu reduzieren. Das geschieht, indem nur das gespeichert wird, was wir auch tatsächlich sehen bzw. hören.

Fällt die verlustbehaftete Kompression dabei zu stark aus, leidet die Wiedergabequalität und die Datenreduktion wird wahrnehmbar. Bei Bildern im JPEG-Format führt eine zu starke Kompression beispielsweise zu kleinen quadratischen »Klötzchen« im Bild.

Am Beispiel des hier abgebildeten Straußes können Sie die Auswirkungen einer zu starken Kompression gut erkennen. Bereits bei einem Zoomfaktor (Bildschirmgröße) von 100 % sind beim rechten Bild die Klötzchenartefakte zu erkennen.

Je weiter in das Bild hineingezoomt wird, desto deutlicher tritt die Klötzchenstruktur zutage. Bei einem Zoomfaktor von 300 % wird erkennbar, dass die einzelnen Klötzchen eine Größe von 8 x 8 Pixel haben.

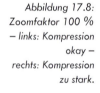

Abbildung 17.8: Zoomfaktor 100 % – links: Kompression okay – rechts: Kompression zu stark.

Abbildung 17.9: Zoomfaktor 200 %.

Abbildung 17.10:
Zoomfaktor 300 %.

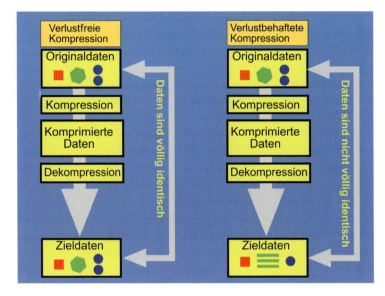

Abbildung 17.11:
Übersicht über die
beiden Kompressions-
varianten.

18 Bilder für den Interneteinsatz optimieren

Zu diesem Zweck gibt es in Photoshop Elements einen eigenen *Speichern*-Dialog. Hier können Sie eines der Web-Dateiformate auswählen und die gewünschte Bildgröße und Bildqualität einstellen. Aufgrund der integrierten Vorschaufunktion haben Sie die dabei entstehende Bildqualität stets vor Augen.

18.1 Anforderungen

Das Internet stellt an Fotos bestimmte Anforderungen. So unterstützen Browser beispielsweise nur bestimmte Dateiformate. Aus diesem Grund stellt Photoshop Elements im Rahmen der in diesem Kapitel erläuterten Funktion *Für Web speichern* auch lediglich die Dateiformate JPEG, GIF, PNG-8 und PNG-24 zur Verfügung. Zudem spielt das Dateivolumen eine wichtige Rolle. Letzteres bekommen Sie durch die Wahl des richtigen Dateiformats und durch die (in den meisten Fällen notwendige) Anpassung der Bildgröße in den Griff.

Seit Jahren bestimmt der Full-HD-Standard mit seiner Auflösung von 1.920 x 1.080 Bildpunkten den TV- und Monitormarkt. Mittlerweile ist der neue 4K-Auflösungsstandard mit seinen gigantischen 3.840 x 2.160 Bildpunkten in den Elektronikfachmärkten angekommen. Wenn man entsprechenden Statistiken glauben darf, fällt die am häufigsten eingestellte Auflösung mit 1.366 x 768 Bildpunkten aber deutlich geringer aus. Letzteres liegt auch daran, dass es immer mehr mobile Geräte gibt, die zurzeit noch mit deutlich geringeren Auflösungen arbeiten.

Auf der Website http://gs.statcounter.com/ finden Sie Statistiken zu diversen IT-Aspekten, beispielsweise auch zur aktuell am häufigsten eingestellten Display-Auflösung.

Aktuelle Spiegelreflexkameras liefern Fotos in einer Auflösung von beispielsweise 6.000 x 4.000 Pixeln (Canon EOS 760D). Selbst ein sieben Jahre älteres Modell (Canon EOS 550D) speichert bereits in einer Auflösung von 5.184 x

3.456 Bildpunkten. Diesen großen Auflösungen steht nun die mutmaßlich am häufigsten eingestellte Display-Auflösung von 1.366 x 768 gegenüber.

Mit anderen Worten: Ein Großteil der Auflösung ist für im Internet bereitgestellte Bilder nicht erforderlich, da diese von den meisten Displays sowieso nicht angezeigt werden kann. Um solche großen Bilder auf einem System mit geringer Display-Auflösung dennoch komplett zeigen zu können, reduzieren viele Browser deren Auflösung automatisch. Würden sie das nicht von sich aus machen, würde man stattdessen nur einen kleinen Bildausschnitt des hochaufgelösten Bildes sehen. Es lässt sich also problemlos bei der Auflösung ansetzen, um die Datenmenge drastisch zu reduzieren und die Ladegeschwindigkeit signifikant zu erhöhen.

Die Optimierung der Dateigröße ist insbesondere auch dann interessant, wenn Sie Ihre Bilder auf einer eigenen Website präsentieren und Ihr Webhost-Vertrag keinen unbegrenzten Daten-Traffic vorsieht. Sollten Ihre Bilder auf ein interessiertes Publikum stoßen und entsprechend oft abgerufen werden, kann sich das somit entstehende Datenvolumen sehr schnell in unerfreuliche (Kosten-) Höhen hochschaukeln.

18.2 Fotos sichern

In diesem Abschnitt wird Schritt für Schritt erläutert, wie Sie ein Foto für das Internet optimieren bzw. sichern. Wenn Sie möchten, können Sie den Vorgang anhand des Bildes *Für Web speichern.jpg* direkt nachvollziehen.

1. Öffnen Sie das zu speichernde Bild.

Das Beispielbild ist verhältnismäßig groß. Im Zweifelsfall können Sie mit dem Befehl *Ansicht/Ganzes Bild* (Strg + 0 bzw. cmd ⌘ + 0) das Bild vollständig im Anwendungsfenster des Programms anzeigen lassen.

Für Web speichern.jpg

*Abbildung 18.1:
Das Beispielbild Für
Web speichern.jpg.*

2. Wählen Sie den Befehl *Datei/Für Web speichern*.

Jetzt wird das Bild in zwei Varianten angezeigt: Während links das Originalbild zu sehen ist, basiert das rechte Bild auf aktuellen Einstellungen des Fensters. Somit ergibt sich eine gute Vorher/Nachher-Vergleichsmöglichkeit. Mit
dem Zoom-Werkzeug 🔍 auf der linken Seite können Sie bei Bedarf in das
Bild hineinzoomen, um die Auswirkung der Kompressionseinstellungen auf
bestimmte Details zu überprüfen. Der mit der Lupe erreichte Zoomfaktor wird
dabei links unten angezeigt ❶. Durch Auswahl bzw. die Eingabe eines Zoom-
faktors können Sie die aktuellen Zoomeinstellungen dort anpassen.

Wenn Sie das Zoom-Werkzeug 🔍 in Verbindung mit der ⟦Alt⟧- bzw. ⟦*alt* ⟧-
Taste nutzen, können Sie wieder aus dem Bild herauszoomen.

Dateiformat wählen

Wenn es sich um ganz normale Fotos handelt, sollten Sie hier *JPEG* auswählen.
Möchten Sie ein Logo oder ein Werbebanner für den Einsatz auf einer Web-
site speichern, greifen Sie an dieser Stelle zu *GIF* oder *PNG-8* bzw. *PNG-24*.
Diese Formate werden im weiteren Verlauf des Kapitels erläutert.

*Abbildung 18.2:
Im Fenster Für Web
speichern wählen Sie
zunächst das
Dateiformat ❷.*

3. Öffnen Sie die Drop-down-Liste ❷, um das gewünschte Dateiformat auszuwählen.

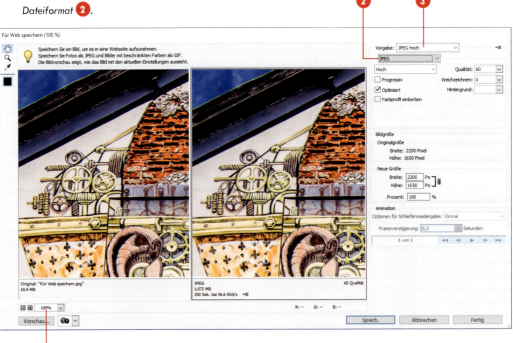

Die programminterne Bezeichnung für die Liste der in diesem Fenster angebotenen Dateiformate lautet *Optimierungsformat.*

Alternativ können Sie auch die darüber angeordnete Drop-down-Liste **3** nutzen, um ein Format in Verbindung mit einer (Qualitäts-)Vorgabe zu verwenden. Beim JPEG-Format können Sie hier beispielsweise aus den Vorgaben *hoch, mittel* und *niedrig* auswählen. Dahinter verbirgt sich die entsprechende Einstellung des abgebildeten Qualitätsreglers **4**. Welche Qualität zu wählen ist, hängt jeweils vom Motiv und den Anforderungen an Bildqualität und Dateivolumen ab. Grundsätzlich gilt: je höher die Qualität, desto höher das Datenvolumen bzw. die Ladedauer des Bildes im Internet. Beide Werte werden jeweils unterhalb der beiden Bilder angezeigt. Das Ziel besteht nun darin, die Dateigröße und die Ladedauer soweit es geht zu reduzieren und gleichzeitig die Bildqualität auf einem möglichst hohen Niveau zu belassen.

Bildgröße anpassen

Die einfachste Methode, die Datenmenge eines Bildes zu reduzieren, besteht darin, die Größe des Bildes bzw. die Anzahl der Pixel zu verringern. Um die Größe des Bildes festzulegen, können Sie sich zunächst an der angezeigten Originalgröße **5** orientieren.

*Abbildung 18.3:
Anpassen der
Bildgröße* **6**.

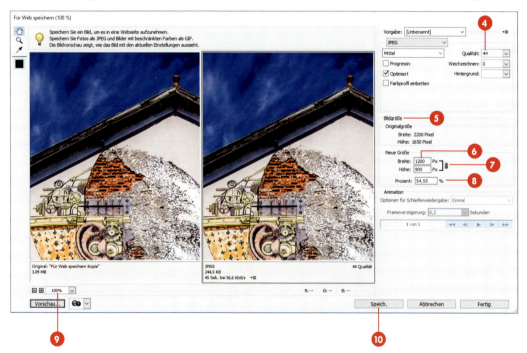

4. Geben Sie im darunter abgebildeten Bereich *Neue Größe* **6** die gewünschte Größe in den Eingabefeldern *Breite* und *Höhe* an.

Gemäß der Voreinstellung sind die beiden Werte mit einem Kettensymbol
(*Proportionen erhalten*) verbunden, sodass Sie lediglich einen von ihnen anzuge-
ben brauchen und der andere dann automatisch errechnet wird.

Stellen Sie sicher, dass das Kettensymbol ❼ (*Proportionen erhalten*) aktiviert
ist. Ansonsten laufen Sie Gefahr, dass Ihr Bild durch die Größenänderung verzerrt wird.

Alternativ dazu können Sie in das Eingabefeld *Prozent* ❽ auch einen Skalie-
rungsfaktor eingeben. Wenn Sie hier beispielsweise *50%* einstellen, wird die
Bildgröße um die Hälfte reduziert. In diesem Beispiel wurde die *Breite* auf
1200 Pixel gesetzt. Somit beansprucht das Bild im Arbeitsspeicher lediglich
244,5 KByte. Bilder mit einem solchen Dateivolumen lassen sich problemlos im
Web nutzen.

5. Drücken Sie die ⬑-Taste.

Die Größenänderung wird nun angezeigt.

Datenmenge optimieren/Bildqualität beurteilen

Reduzieren Sie die Qualität nun Stück für Stück und überprüfen Sie die damit
jeweils einhergehende Bildqualität.

6. Vergewissern Sie sich, dass der Zoomfaktor ❾ des Fensters aktuell auf
    100% steht.

Somit ist gewährleistet, dass jedes Bildpixel durch jeweils ein Pixel Ihres Monitors
wiedergegeben wird – die Grundvoraussetzung zur Beurteilung eines Bildes.

7. Wählen Sie das Hand-Werkzeug 🖐 aus oder klicken und ziehen Sie mit
    gehaltener Leertaste im Bild, um einen aussagekräftigen Bildausschnitt ein-
    zustellen.

Abbildung 18.4:
Mit dem Hand-
Werkzeug bzw. durch
Klicken und Ziehen bei
gehaltener Leertaste
stellen Sie einen
aussagefähigen
Bildausschnitt ein.

8. Wählen Sie die gewünschte Qualität **4**.

Wenn Sie den Punkt erreicht haben, an dem die Bildqualität in Ihren Augen zu stark leidet, erhöhen Sie die Qualität wieder ein wenig. In diesem Beispiel wurde der Regler *Qualität* **4** auf *44* eingestellt. Wenn Sie die Qualität weiter reduzieren, stellen sich unschöne Bildfehler (Kompressionsartefakte) ein.

9. Klicken Sie abschließend im unteren Teil des Fensters auf *Speichern* **10**, um das optimierte Bild zu speichern.

10. Wählen Sie in dem sich öffnenden Fenster den gewünschten Speicherort und vergeben Sie einen Dateinamen für das Bild. Bestätigen Sie die Angaben abschließend mit einem Klick auf die Schaltfläche *Speichern*.

PNG speichern

1996 wurde das PNG-Format (**P**ortable **N**etwork **G**raphics) praktisch als Nachfolger des GIF-Dateiformats vorgestellt. Die Neuentwicklung wurde unter anderem deshalb nötig, weil es zum damaligen Zeitpunkt rechtliche Unsicherheiten hinsichtlich der vom GIF-Format verwendeten LZW-Komprimierung gab. Herausgekommen ist ein Dateiformat, das mehr Möglichkeiten als das GIF-Format bietet. Dabei werden zwei Varianten angeboten: PNG-8 und PNG-24. Das dem GIF-Format ähnliche PNG-8 unterstützt (wie GIF) lediglich eine Farbtiefe von maximal 256 Farben und ist somit nur für Motive geeignet, die von Haus aus wenige Farben enthalten (z. B. Logos, Werbebanner).

Im Gegensatz zu GIF verfügt PNG nicht über eine Animationsfunktion.

Die zweite Variante wird als PNG-24 bezeichnet. Dieses Format unterstützt eine Farbtiefe von 24 Bit bzw. 16,7 Millionen Farben und ist somit zum Speichern von Fotos geeignet.

Hierbei kann wahlweise eine Datenreduktion angewendet oder darauf verzichtet werden. Wenn keine Datenreduktion erfolgt, kann sich auch die Bildqualität nicht verschlechtern – damit ist PNG-24 dem JPEG-Format in dieser Hinsicht überlegen. Ob die Unterschiede in der Bildqualität auch tatsächlich zu erkennen sind, müssen Sie im Zweifelsfall selbst entscheiden. Insbesondere beim Einsatz im Web ist der Faktor Bildqualität allerdings nicht alles, hier muss auch die Ladezeit stimmen. Die vergleichsweise deutlich größeren PNG-Dateien bringen in diesem Kontext leider keine Verbesserung.

Verwenden Sie PNG-24 beispielsweise dann, wenn Sie die maximale Bildqualität erhalten möchten und die Dateigröße dabei keine Rolle spielt. Zudem sind sowohl PNG-8 als auch PNG-24 das Format der Wahl, wenn Sie Transparenzen in Ihren Bildern unterbringen möchten.

Eine Möglichkeit, die PNG-Dateien von unnötigem Ballast (ICC-Profilen, Copyright-Hinweisen usw.) zu befreien, bietet das Freeware-Programm PNG-Optimizer.

Transparenz speichern

Ein wesentlicher Vorteil des PNG-Dateiformats besteht darin, Transparenzen zu speichern. Auf diese Weise können grafische Elemente ohne störenden Hintergrund (z. B. auf einer Website) verwendet werden.

1. Öffnen Sie das zu speichernde Bild.

Abbildung 18.5:
Die Transparenz ist
gut an der dafür
typischen Struktur zu
erkennen.

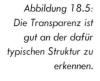

Transparente Maske.tif

2. Wählen Sie den Befehl *Datei/Für Web speichern.*
3. Öffnen Sie die Drop-down-Liste ❶, um eines der beiden PNG-Formate auszuwählen.

In diesem Beispiel wurde (aufgrund der intensiveren Datenreduktion) das Format PNG-8 gewählt. Es arbeitet nach dem gleichen Schema wie GIF, was in den nachstehenden Erläuterungen zu diesem Dateiformat näher beschrieben wird.

4. Stellen Sie sicher, dass das Kontrollfeld *Transparenz* ❷ aktiviert ist.

Die Originaldatei wurde freigestellt – die entsprechende Transparenz ist gut am deutlich sichtbaren Schachbrettmuster zu erkennen. Damit sie auch nach der Wandlung in das GIF-Format erhalten bleibt ❸, gilt es darauf zu achten, dass das voreingestellt aktive Kontrollfeld *Transparenz* ❷ auch tatsächlich aktiviert ist. Ist es deaktiviert, werden transparente Bereiche mit einer Farbe gefüllt.

Anstelle der Transparenz könnten Sie auch eine Hintergrundfarbe festlegen. Die entsprechenden Einstellungen können Sie auf der rechten Seite ❹ des Bildschirms vornehmen. Wahlweise greift die Software hier auf die aktuell in Photoshop Elements eingestellte Vorder- und Hintergrundfarbe, Weiß, Schwarz oder eine mittels Farbwähler zu definierende Farbe zurück.

5. Passen Sie jetzt noch die Bildgröße ❺ an Ihre Anforderungen an.

Siehe hierzu auch die Erläuterungen im Abschnitt 18.1 »Anforderungen«.

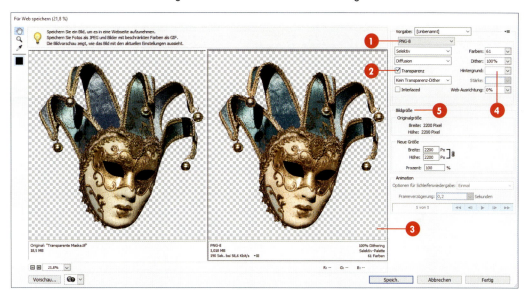

6. Stellen Sie dazu sicher, dass der Zoomfaktor ❻ des Fensters aktuell auf 100% steht.

Abbildung 18.6: Funktion TRANSPARENZ aktiviert – der transparente Hintergrund bleibt erhalten.

Somit ist gewährleistet, dass jedes Bildpixel durch jeweils ein Pixel Ihres Monitors wiedergegeben wird. Letzteres ist generell die Grundvoraussetzung zur Beurteilung eines Bildes.

7. Wählen Sie das Hand-Werkzeug ✋ aus oder klicken und ziehen Sie mit gehaltener Leertaste im Bild, um einen aussagekräftigen Bildausschnitt einzustellen.

8. Stellen Sie die Anzahl der Farben ein ❼.

In diesem Fall sah das Ergebnis bei 61 Farben ganz ordentlich aus. Wenn Sie möchten, können Sie die Einstellung nun noch etwas optimieren.

9. Klicken Sie anschließend in das Eingabefeld *Farben* ❼.

10. Drücken Sie die ⬇-Taste Ihrer Tastatur.

Dadurch wird der Farbumfang jedes Mal um eine Farbe reduziert. Auf diese Weise können Sie sehr schön beobachten, wann sich die Bildqualität signifikant verschlechtert.

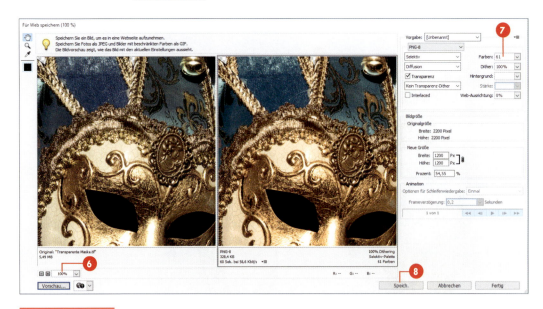

Abbildung 18.7:
Bei rund 60 Farben
sieht das Ergebnis
ganz ordentlich aus.

11. Klicken Sie im unteren Teil des Fensters auf *Speichern* **8**, um das optimierte Bild zu sichern.

12. Wählen Sie im sich öffnenden Fenster den gewünschten Speicherort und vergeben Sie einen Dateinamen für das Bild. Bestätigen Sie die Einstellungen abschließend mit einem erneuten Klick auf die Schaltfläche *Speichern*.

Mit dem GIF-Format könnten Sie ein nahezu identisches Ergebnis erzielen. Bei gleicher Farbanzahl (61) ist das Dateivolumen des GIFs mit 358 KByte allerdings geringfügig größer als das erstellte PNG-8 (328 KByte).

GIF speichern

Wenn es darum geht, Grafiken und Logos auf einer Website unterzubringen, kommt neben dem Format PNG-8 auch das GIF-Format (**G**raphics **I**nterchange **F**ormat) ins Spiel. Beide Dateiformate eignen sich besonders gut für Motive, die von vornherein mit wenigen Farben daherkommen. Das ist beispielsweise bei Firmenlogos und den meisten Werbebannern der Fall.

Für die Speicherung von Fotos ist das GIF- ebenso wie das PNG-8-Format hingegen weniger gut geeignet. Der Grund für diese Einschränkung liegt in der Arbeitsweise des Formats. GIF speichert maximal 256 verschiedene Farben. Im Gegensatz zu einem herkömmlichen Foto, das auf bis zu 16,7 Millionen unterschiedliche Farbtöne zurückgreifen kann, bedeutet die Verwendung von maximal 256 Farben schon eine deutliche Datenreduzierung, die aber auch nicht ohne Folgen in Bezug auf die Bildqualität bleiben kann. Bei einer Grafik, die von Haus aus nur aus wenigen Farben besteht (z. B. einem Logo), gibt es hinsichtlich der Bildqualität jedoch überhaupt kein Problem, da genau die verwendeten Farben gespeichert werden.

1. Öffnen Sie das zu speichernde Bild.

Abbildung 18.8: Diese Grafik soll als GIF gespeichert werden.

Pop-Art-Maske.jpg

Abbildung 18.9: Aus diesem Bild bzw. der Maske in der Bildmitte ist die Grafik entstanden.

2. Wählen Sie den Befehl *Datei/Für Web speichern*.

3. Öffnen Sie die Drop-down-Liste ❶, um das Dateiformat *GIF* auszuwählen.

Beim Speichern wird eine Farbtabelle angelegt, die mit dem Bild gesichert wird. In dieser Farbtabelle sind alle für die Darstellung des Bildes benötigten Farben aufgeführt, und jedem Bildpixel wird eine der aufgelisteten Farben zugeordnet.

Die Tabelle kann dabei maximal 256 unterschiedliche Farben enthalten. Weniger Farben sind aber durchaus möglich und in vielen Fällen auch sinnvoll, da auf diese Weise das Datenvolumen reduziert werden kann.

Reduzieren Sie die Qualität nun Stück für Stück und überprüfen Sie die damit jeweils einhergehende Bildqualität.

4. Stellen Sie dazu sicher, dass der Zoomfaktor ❷ des Fensters aktuell auf *100%* steht.

Damit ist gewährleistet, dass jedes Bildpixel durch jeweils ein Pixel Ihres Monitors wiedergegeben wird, was wiederum die Grundvoraussetzung zur Beurteilung eines Bildes dargestellt.

5. Wählen Sie das Hand-Werkzeug 🖑 aus oder klicken und ziehen Sie bei gehaltener Leertaste im Bild, um einen aussagekräftigen Bildausschnitt einzustellen.

Abbildung 18.10:
Das GIF lässt sich
bereits mit fünf
Farben erstellen,
aber ...

6. Stellen Sie die Anzahl der Farben ❸ zunächst auf *5*.

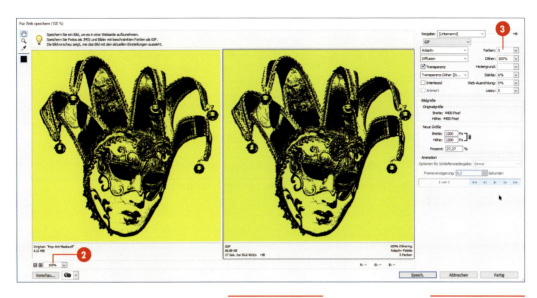

Abbildung 18.12:
Im Verhältnis zum
Original (links)
werden im rechten Bild
(fünf Farben) viele
Details nicht
dargestellt.

Abbildung 18.11:
… ein Blick im
Ansichtszoom von
100 % zeigt, dass
bei nur fünf Farben
viele Details verloren
gehen.

Tatsächlich enthält das Original wesentlich mehr Farbnuancen, wie durch den Vergleich im 100 %-Ansichtsmodus deutlich wird. In dem stark vergrößerten Bildausschnitt **4** ist das gut zu erkennen.

Die anderen Einstellungen wurden hier nicht verändert. In vielen Fällen ist das sehr wahrscheinlich auch nicht notwendig, hier ist im Zweifelsfall ein wenig Ausprobieren angesagt. So haben Sie im obersten Flyout-Menü die Möglichkeit, aus verschiedenen Farbmodi zu wählen. Voreingestellt ist an dieser Stelle *Adaptiv*. Diese Einstellung sorgt beispielsweise dafür, dass die wenigen Farben des GIFs in erster Linie solche sind, auf die das menschliche Auge besonders sensibel reagiert.

←TIPP

Lossy
Ein weiterer Hebel, um die Datenmenge zu reduzieren. Ist der Wert auf *0%* eingestellt, ist die Funktion inaktiv.

Dithering
Hier wird versucht, die Illusion von mehr Farben zu erzeugen. Dazu stehen verschiedene Modi zur Verfügung. Wenn Sie Grafiken, die mehr als 256 Farben enthalten, im GIF-Format speichern möchten, können Sie diese Funktion nutzen. Je nach Motiv und Dithering-Variante kann das Bild dann aber recht

grobkörnig wirken. Insofern sollten Sie Bilder dieser Art eher im JPEG-Format speichern. Neben einer deutlich besseren Bildqualität fällt hier im Vergleich zum GIF oftmals auch das Dateivolumen deutlich geringer aus.

Interlaced
Sorgt dafür, dass der Browser bereits während des Ladevorgangs eine Version in niedriger Auflösung darstellt.

Es gilt daher, die Anzahl der Farben entsprechend zu erhöhen.

7. Klicken Sie einmal in das Eingabefeld *Farben* **3**.
8. Drücken Sie die ⬆-Taste auf Ihrer Tastatur.

Dadurch kommt jedes Mal eine weitere Farbe hinzu. Auf diese Weise können Sie sehr schön beobachten, wie sich die Bildqualität mit jeder ergänzten Farbe verbessert. Bei ca. 20 Farben tritt dann keine sichtbare Verbesserung mehr ein. Somit kann die Einstellung auf diesem Wert verbleiben.

Bildgröße festlegen

Kümmern Sie sich jetzt um die Bildgröße. Siehe dazu auch die Erläuterungen im Abschnitt 18.1 »Anforderungen«.

*Abbildung 18.13:
Abschließend die
Bildgröße anpassen
und das Ergebnis
speichern.*

9. Geben Sie im darunter abgebildeten Bereich *Neue Größe* **5** in den Eingabefeldern *Breite* und *Höhe* die gewünschte Größe an.

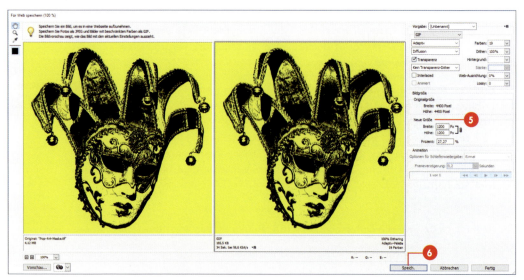

10. Klicken Sie abschließend im unteren Teil des Fensters auf *Speichern* **6**, um das optimierte Bild zu speichern.
11. Wählen Sie im sich öffnenden Fenster den gewünschten Speicherort und vergeben Sie einen Dateinamen für das Bild. Bestätigen Sie mit einem Klick auf die Schaltfläche *Speichern*.

Das Bild hat somit eine Dateigröße von lediglich 185 KByte. Ein JPEG in hoher Qualität würde etwa dreimal so groß ausfallen (518 KByte).

Alternativ könnten Sie die Datei auch als PNG-8 speichern. Auch hier können Sie die Anzahl der Farben auf 20 begrenzen. Die resultierende Datei ist mit 204 KByte geringfügig größer als das in dieser Übung erzeugte GIF.

18.3 Animierte GIFs erstellen

Um eine Animation zu speichern, können in einer GIF-Datei auch mehrere Bilder gespeichert werden. Dieses »digitale Daumenkino« kann dann u. a. von einem Webbrowser, aber auch von konventionellen Softwareplayern wiedergegeben werden. Das Erstellen eines sogenannten Animated GIF ist eine relativ einfache Angelegenheit. Dreh- und Angelpunkt ist dabei das Bedienfeld *Ebenen* (*Fenster/Ebenen*). Wie beim klassischen Film bestehen Animationen aus einer Folge von Einzelbildern. In diesem Fall wird jedes Einzelbild auf einer Ebene abgelegt. Die Wiedergabe beginnt mit der ganz unten befindlichen Ebene. In diesem Beispiel soll eine Gondel ins Bild fahren.

Abbildung 18.14:
Die Animation soll aus diesen Einzelbildern bestehen.

1. Öffnen Sie das Bild *Animation.jpg*.

Da die Funktion hinsichtlich des Datenvolumens relativ sensibel ist, wurde die Bildgröße auf 1.000 x 750 reduziert.

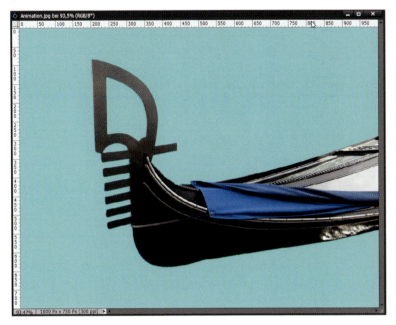

Abbildung 18.15:
Das Ausgangsbild.

Animation.jpg

Duplikate erstellen

Aktuell besteht das Bild aus einer Ebene. Diese werden Sie nun vervielfältigen. In diesem Fall werden insgesamt neun Ebenen benötigt.

2. Rechtsklicken Sie im Bedienfeld *Ebenen* auf die vorhandene Ebene und erstellen Sie über den Befehl *Ebene duplizieren* eine Kopie der Ebene.

3. Wiederholen Sie den letzten Arbeitsschritt noch sieben Mal.

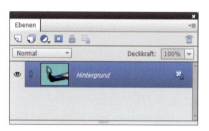

Abbildung 18.16:
Das Bild besteht aus einer Ebene.

Abbildung 18.17:
Rechtsklick auf die Ebene und Auswahl des Befehls Ebene duplizieren.

Abbildung 18.18:
Acht Kopien erstellen.

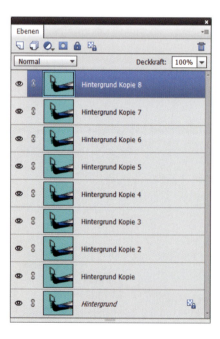

Hintergrundebene in eine normale Ebene verwandeln

Damit die Hintergrundebene verschoben werden kann, muss diese zunächst in eine normale Ebene gewandelt werden. Doppelklicken Sie dazu auf das kleine Vorhängeschloss und schließen Sie den anschließenden Dialog mit einem Klick auf *OK*.

Ebenen umbenennen

Um die Sache übersichtlicher zu gestalten, wurden die Ebenen außerdem noch benannt. Klicken Sie dazu auf den jeweiligen Ebenennamen und geben Sie eine neue Bezeichnung ein. In diesem Beispiel wurde die unterste Ebene mit *Ebene 1* benannt.

Ich habe an dieser Stelle den bisherigen Status erst mal im Format PSD gespeichert. Somit wurden die erstellten Ebenen gesichert, was bei einem Speichern im Format JPEG nicht der Fall gewesen wäre.

Diese Ebenen werden nun je einen Schritt nach rechts aus dem Bild geschoben, bis die Gondel verschwunden ist.

Damit die Bewegung später möglichst gleichmäßig abläuft, müssen Sie die einzelnen Ebenen jeweils um den gleichen Wert verschieben.

Am besten legen Sie sich zu diesem Zweck vorher ein einfaches Hilfslinienraster ❶ an. Ziehen Sie dazu per Drag-and-drop nacheinander acht Hilfslinien aus dem vertikalen Lineal ❷ und platzieren Sie diese in 200-Pixel-Schritten. Orientieren Sie sich dabei an dem horizontalen Lineal ❸, das sich gegebenenfalls über *Ansicht/Lineale* einblenden lässt. Mehr Informationen zum Umgang mit Linealen und Hilfslinien finden Sie in Kapitel 29.

Voreingestellt haben die Hilfslinien die gleiche Farbe wie der Hintergrund. In den Programmvoreinstellungen (*Bearbeiten/Voreinstellungen/Hilfslinien und Raster*) können Sie sie jedoch auf Wunsch auf eine prägnantere Farbe (z. B. Rot) umstellen.

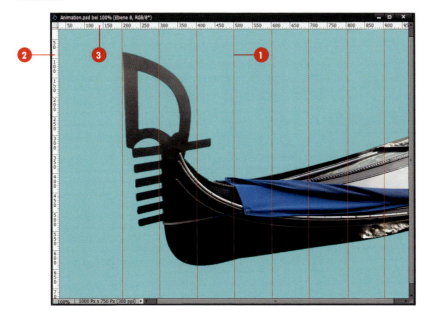

*Abbildung 18.19:
Ein Raster aus
Hilfslinien erstellen.*

1. Wählen Sie jetzt das Verschieben-Werkzeug ⊹ .

2. Aktivieren Sie im Bedienfeld *Ebenen* die oberste Ebene.

3. Klicken Sie in das Bild und verschieben Sie die Ebene so weit nach rechts, bis die nächste Hilfslinie erreicht wird.

4. Blenden Sie anschließend die oberste Ebene aus, indem Sie auf das zugehörige Augensymbol ④ klicken.

5. Wiederholen Sie die letzten drei Arbeitsschritte auch mit den anderen Ebenen.

Durch das Verschieben entsteht auf der linken Seite jeweils ein transparenter Bereich ⑤. Diesen werden Sie bei jeder Ebene erneut einfärben.

Abbildung 18.20:
Auch im Bedienfeld
EBENEN sind die
transparenten Bereiche
gut zu erkennen.

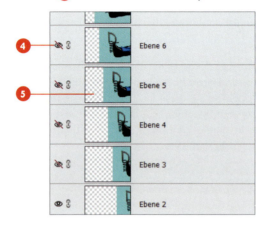

Transparente Bereiche mit Farbe füllen

Als Erstes muss jetzt die richtige Farbe eingestellt werden. Wählen Sie zu diesem Zweck das Farbwähler-Werkzeug 🖊 im Werkzeugbedienfeld aus und klicken Sie anschließend auf einen blauen Bereich im Bild. Das Farbfeld der Vordergrundfarbe zeigt nun den aufgenommenen Blauton.

Abbildung 18.21:
Mit dem Farbwähler-
Werkzeug auf den
blauen Hintergrund
klicken.

Abbildung 18.22:
Die Vordergrundfarbe
zeigt nun den
aufgenommenen
Farbton.

Beginnen Sie am besten mit der untersten Ebene.

1. Wählen Sie im Bedienfeld *Ebenen* die unterste Ebene aus.

2. Vergewissern Sie sich, dass alle anderen Ebenen nach wie vor ausgeblendet sind.

3. Wählen Sie im Werkzeugbedienfeld den *Zauberstab* ✨ aus.

4. Klicken Sie in den transparenten Bereich.

5. Wählen Sie den Befehl *Bearbeiten/Auswahl füllen*.

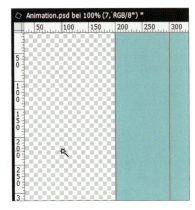

Abbildung 18.23:
Den transparenten
Bereich der Ebene mit
dem Zauberstab
auswählen.

6. Stellen Sie sicher, dass in dem dann erscheinenden Dialog bei *Verwenden* der Eintrag *Vordergrundfarbe* ausgewählt ist.

7. Schließen Sie den Dialog mit einem Klick auf OK.

8. Blenden Sie die soeben mit blauer Farbe gefüllte Ebene aus und die darüber liegende Ebene ein.

9. Wiederholen Sie die Arbeitsschritte für jede Ebene.

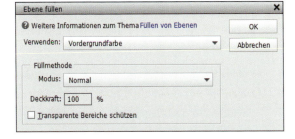

Abbildung 18.24:
Bei VERWENDEN die
Option VORDERGRUND-
FARBE einstellen.

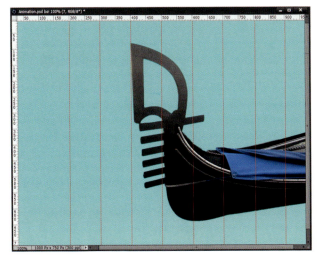

Abbildung 18.25:
Den gewählten Bereich
mit der Vordergrund-
farbe füllen.

Abbildung 18.26:
Auf allen Ebenen
wurden die transpa-
renten Bereiche mit
blauer Farbe gefüllt.

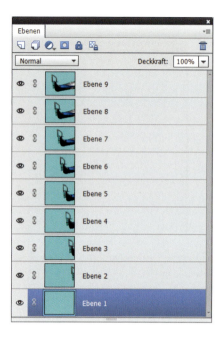

Die Animation erstellen

Die Animation wird im bereits vorgestellten Dialogfenster *Für Web speichern* erstellt. Hier können Sie u. a. die Wiedergabegeschwindigkeit steuern und eine Vorschau betrachten.

1. Wählen Sie den Befehl *Datei/Für Web speichern*.
2. Öffnen Sie das Listenfeld **1**, um das Dateiformat *GIF* auszuwählen.
3. Aktivieren Sie das Kontrollfeld *Animiert* **2**.

Die Bildgröße **3** der vorbereiteten Datei beträgt 1.000 x 750 Pixel. Bei höheren Werten erscheint der Hinweis, dass wahlweise die Bildgröße oder die Anzahl der Ebenen zu reduzieren ist.

4. Klicken Sie auf die Wiedergabe-Schaltfläche **4**.

Jetzt wird eine Vorschau der Animation angezeigt. Über die Funktion *Optionen für Schleifenwiedergabe* **5** können Sie einstellen, ob die Wiedergabe nur einmal, mehrfach oder unendlich erfolgen soll. Diese Information wird bei der späteren Wiedergabe vom Browser und Playern ausgewertet und der »Film« entsprechend oft wiederholt. Mit dem Parameter *Frameverzögerung* **6** können Sie die Anzeigedauer für einen Frame (also für eine Ebene) einstellen. In diesem Fall wurde der voreingestellte Wert von *0,2 Sekunden* übernommen.

5. Klicken Sie abschließend im unteren Teil des Fensters auf *Speichern* **7**, um das optimierte Bild zu speichern.

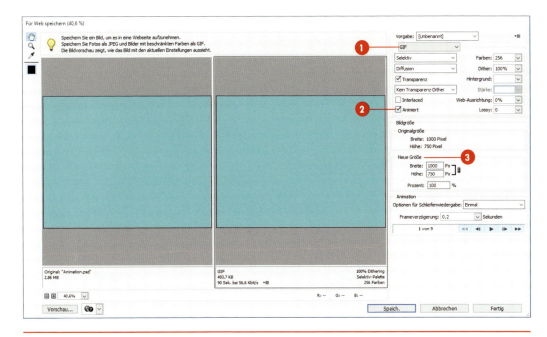

Abbildung 18.27:
Ist die Funktion ANIMIERT aktiv, werden sowohl die linke als auch die rechte Seite vollständig blau dargestellt.

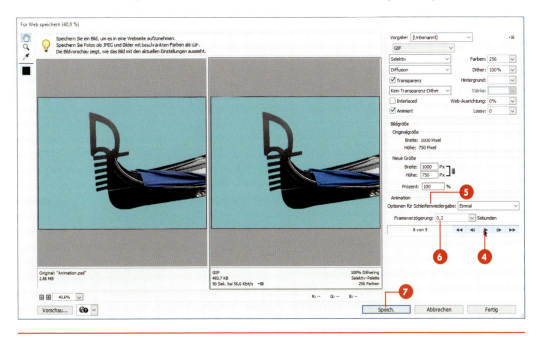

Abbildung 18.28:
Vorschau starten.

6. Wählen Sie in dem sich öffnenden Fenster den gewünschten Speicherort und vergeben Sie einen Dateinamen für das Bild. Bestätigen Sie mit einem Klick auf die Schaltfläche *Speichern*.

Abbildung 18.29: Speicherort wählen und Dateiname vergeben.

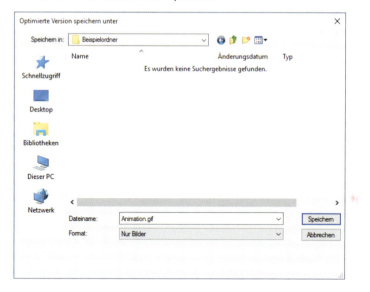

Abbildung 18.30: Wiedergabe in Mozilla Firefox.

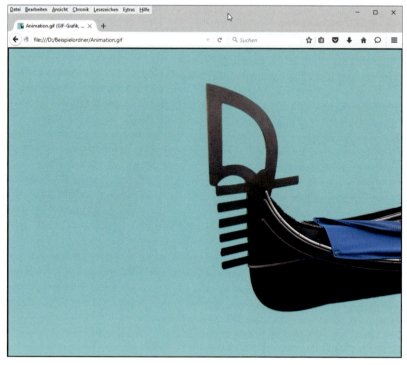

 Das in diesem Abschnitt erstellte Animated GIF finden Sie ebenfalls beim Downloadmaterial zu diesem Buch (*Animation.gif*).

Teil 5

Teil 5:
Bildbereiche auswählen

19 Auswählen – das Prinzip

Wenn Sie nur Teilbereiche eines Bildes bearbeiten oder verwenden möchten, müssen Sie diese auswählen. Zu diesem Zweck stellt Photoshop Elements eine Vielzahl von Werkzeugen zur Verfügung.

19.1 Vorgehensweise

Auswahlen werden mithilfe der Auswahlwerkzeuge erstellt. Zunächst gilt es, das richtige Auswahlwerkzeug zu verwenden und die den jeweiligen Anforderungen entsprechenden Werkzeugoptionseinstellungen vorzunehmen.

Je nachdem, welches Werkzeug Sie verwenden, können Sie die Auswahl auf verschiedenste Art und Weise erstellen. Das Spektrum reicht hier vom einfachen Klick ins Bild bis hin zu äußerst filigranen Auswahltechniken.

Abbildung 19.1:
In diesem Teil des Werkzeugbedienfeldes
sind neben dem Verschieben-Werkzeug auch
die klassischen Auswahlwerkzeuge zu finden.

 Das Funktionsprinzip der einzelnen Auswahlwerkzeuge wird in Kapitel 20 »Auswählen von Bildbereichen« erläutert.

Symbolik

Unabhängig von dem jeweils verwendeten Werkzeug werden ausgewählte Bildbereiche immer mit einer gestrichelten Linie umschlossen dargestellt.

Diese Linie trennt ausgewählte von nicht ausgewählten Bereichen.

19.2 Auswahlmodi

In vielen Fällen ist die perfekte Auswahl nicht mit einem Klick möglich. Gute Auswahlen erfordern vielmehr eine schrittweise Optimierung. Ist eine Auswahl beispielsweise hier und da zu groß ausgefallen, können Sie sie mithilfe bestimmter Techniken an den entsprechenden Stellen aufheben. Weist eine bestehende Auswahl hingegen hier und da Lücken auf, können Sie die noch fehlenden Bildbereiche auch nachträglich noch darin aufnehmen.

Zu diesem Zweck können die Auswahlwerkzeuge in Photoshop Elements in vier Auswahlmodi betrieben werden. Sobald Sie ein Auswahlwerkzeug im Werkzeugbedienfeld aktivieren, haben Sie die Möglichkeit, in der Optionsleiste einen der vier nachstehend im Detail erläuterten Auswahlmodi ❶, ❷, ❸ oder ❹ zu wählen.

Abbildung 19.3:
Werkzeugoptionen
eines Auswahl-
werkzeugs.

- ❶ *Neue Auswahl*
- ❷ *Der Auswahl hinzufügen*
- ❸ *Von Auswahl subtrahieren*
- ❹ *Schnittmenge bilden*

Neue Auswahl

Wenn Sie ein Auswahlwerkzeug im Modus *Neue Auswahl* ☐ einsetzen, wird jeweils eine neue Auswahl erstellt. Eine bestehende Auswahl wird dabei automatisch aufgehoben, sobald Sie außerhalb der Markierung klicken.

Der Auswahl hinzufügen

Wird ein Auswahlwerkzeug im Modus *Der Auswahl hinzufügen* ⬚ betrieben, bleibt eine bestehende Auswahl erhalten und Sie können beispielsweise mehrere voneinander getrennte Bildbereiche auswählen und/oder eine Auswahl weiter ausdehnen.

In diesem Modus erscheint ein kleines Pluszeichen neben dem Cursor.

Abbildung 19.4: Im Modus DER AUSWAHL HINZUFÜGEN wird über dem unteren Teil einer bestehenden Kreisauswahl eine rechteckige Auswahl aufgezogen.

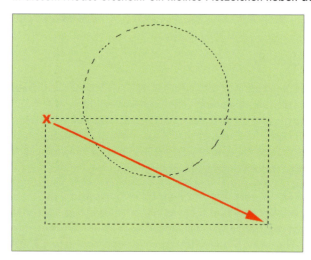

Abbildung 19.5: Ergebnis: Der rechteckige Bereich wird der Kreisauswahl hinzugefügt.

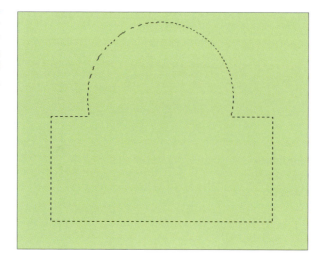

Von Auswahl subtrahieren

Manchmal ist weniger mehr. Im Modus *Von Auswahl subtrahieren* ⊡ können Sie Teile einer Auswahl aufheben, d. h., die erstellte Auswahl wird von einer bestehenden Auswahl subtrahiert.

In diesem Modus erscheint neben dem Cursor ein Minuszeichen.

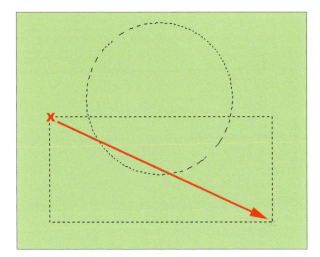

Abbildung 19.6:
Hier wird im Modus
VON AUSWAHL
SUBTRAHIEREN über dem
unteren Teil einer
bestehenden
Kreisauswahl eine
rechteckige Auswahl
aufgezogen.

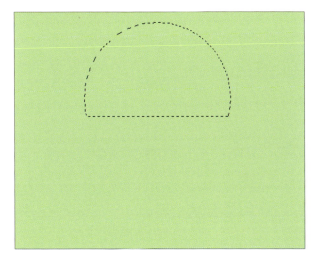

Abbildung 19.7:
Ergebnis: Die
bestehende Auswahl
wurde um die
Schnittmenge der
beiden Auswahlen
reduziert.

Schnittmenge bilden

Damit das Werkzeug *Schnittmenge bilden* 🔲 Ergebnisse liefert, muss die neue Auswahl mit einer bestehenden Auswahl in einem Teilbereich überlappen. Diese Überlappung ist dann letztlich das Ergebnis.

Abbildung 19.8: Im Modus SCHNITT-MENGE BILDEN wird über dem unteren Teil einer bestehenden Kreisauswahl eine rechteckige Auswahl aufgezogen. In diesem Modus erscheint neben dem Cursor ein kleines x.

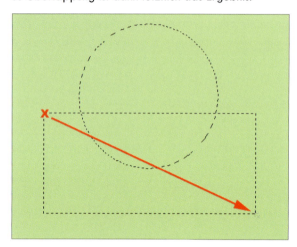

Abbildung 19.9: Ergebnis: Übrig bleibt die Schnittmenge der beiden Auswahlen.

Beim Optimieren einer Auswahl mithilfe der drei vorgestellten Modi können Sie auch Tastenkürzel verwenden. Diese gelten jedoch nur dann, wenn aktuell bereits eine Auswahl existiert.

Tabelle 19.1: Praktische Tastenkürzel zum Optimieren von Auswahlen.

Modus	PC	Mac
Der Auswahl hinzufügen	⇧ und Auswahlwerkzeug	⇧ und Auswahlwerkzeug
Von Auswahl subtrahieren	Alt und Auswahlwerkzeug	alt ⌥ und Auswahlwerkzeug
Schnittmenge bilden	⇧ + Alt und Auswahl-werkzeug	⇧ + alt ⌥ und Auswahl-werkzeug

19.3 Auswahloptionen

In der Optionsleiste können Sie die Auswahlwerkzeuge an die jeweilige Aufgabenstellung anpassen.

Abbildung 19.10:
Die Auswahloptionen
GLÄTTEN und WEICHE
KANTE.

Glätten

Diese auch als Anti-Aliasing bezeichnete Funktion sorgt dafür, dass die Kanten ausgewählter bzw. zusammenmontierter Bereiche keine zackigen Treppeneffekte aufweisen, sondern entsprechend geglättet wirken. Sie kann nicht nachträglich zugewiesen werden, daher sollten Sie vor dem Erstellen einer Auswahl darauf achten, dass *Glätten* ❶ aktiviert ist. Durch geglättete Kanten wirken Montagen realistischer. Beim einfachen Auswahlrechteck ⬚ steht die *Glätten*-Funktion nicht zur Verfügung.

Weiche Kante

Mit Ausnahme des Schnellauswahl-Werkzeugs 🔍 und des Zauberstabs 🪄 verfügen alle Auswahlwerkzeuge über die Option *Weiche Kante* ❷. Voreingestellt steht sie auf *0 px* (Pixel), was bedeutet, dass die zu erstellende Auswahl keine weiche Kante, sondern eine scharfe und harte Kantenstruktur aufweisen wird. Für bestimmte Anforderungen bzw. für einen bestimmten Look ist dies allerdings ungeeignet. Hier schafft dann die Funktion *Weiche Kante* Abhilfe.

Wenn Sie in das Eingabefeld dieser Funktion einen entsprechenden Zahlenwert (maximal 250) eingeben, wird die Auswahlkante um diesen Bereich zu einem fließenden Übergang. Beachten Sie, dass sich der hier angegebene Wert nicht rückwirkend einer bereits erstellten Auswahl zuweisen lässt. Vielmehr wird er erst bei der nächsten Auswahl berücksichtigt. Damit die Wirkung der weichen Kante ersichtlich wird, ist in der Regel ein weiterer Bearbeitungsschritt nötig, beispielsweise der Einsatz eines Filters oder das Löschen der (zuvor umgekehrten) Auswahl.

Es gibt noch eine weitere Technik zur Erzeugung einer weichen Kante. Mehr Informationen dazu finden Sie in Kapitel 21 »Auswahlen anpassen und optimieren«.

Warnmeldung

Der Wert der weichen Kante ist eine Radiusangabe. In Bezug auf die jeweilige Auswahl entsteht somit sowohl ein nach außen wie ein nach innen gerichteter »weicher« Bereich. Die nachstehend abgebildete Warnmeldung erscheint immer dann, wenn die Größe der Auswahl zu klein für die zuvor in der Optionsleiste definierte Breite der weichen Kante ist. Verringern Sie in einem solchen Fall den eingegebenen Zahlenwert oder erstellen Sie eine entsprechend größere Auswahl.

Abbildung 19.11:
Warnmeldung.

Weiche Kante sichtbar machen

Die weiche Kante ist als solche nicht immer unmittelbar zu erkennen. Wenn Sie sich versichern wollen, ob eine Auswahl bereits mit einer weichen Kante ausgestattet ist, müssen Sie lediglich das Verschieben-Werkzeug ⊹ aktivieren bzw. V drücken. Dadurch wird sowohl die ursprüngliche als auch die weiche Auswahl angezeigt. Stellen Sie dabei sicher, dass in der Optionsleiste des Verschieben-Werkzeugs ⊹ die Option *Begrenzungsrahmen einbl.* (Begrenzungsrahmen einblenden) aktiviert ist.

Abbildung 19.12:
Der äußere Rahmen
symbolisiert den
Außenbereich der
weichen Kante (hier
10 Pixel). Der innere
Rahmen steht für die
ursprüngliche Auswahl
bzw. für die Mitte des
weichen Auswahl-
bereichs.

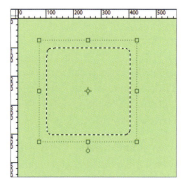

Ernst August.jpg

1. Laden Sie das Bild *Ernst August.jpg* aus dem Downloadmaterial zu diesem Buch.

2. Aktivieren Sie im Werkzeugbedienfeld das Werkzeug *Auswahlellipse* ○.

3. Geben Sie in der Optionsleiste im Eingabefeld *Weiche Kante* den Wert *45* an.

Abbildung 19.13:
Werkzeug-
einstellungen.

4. Ziehen Sie eine Auswahlellipse in der hier abgebildeten Größe auf.

Klicken Sie dazu am besten in die Mitte der Reiterstatue, halten Sie die Maustaste sowie die ⟨Alt⟩- bzw. ⟨alt ⟍⟩-Taste und die ⟨⇧⟩-Taste gedrückt und ziehen Sie einen Kreis auf, der im Idealfall die nachstehend dargestellte Größe hat (siehe Abbildung).

Abbildung 19.14: Erstellte Auswahl mit einer weichen Kante von 45 Pixeln – die »Weichheit« wird allerdings erst im Folgenden sichtbar.

5. Invertieren Sie die Auswahl mit dem Befehl *Auswahl/Auswahl umkehren*.

Abbildung 19.15: Umgekehrte Auswahl.

Jetzt ist der Hintergrund ausgewählt.

6. Löschen Sie den Hintergrund entweder mit ⌞Entf⌟ oder mit ⌞⇐⌟.

Abbildung 19.16:
Stimmungsvolle
Ausblendung auf die
Hintergrundfarbe
(hier Weiß).

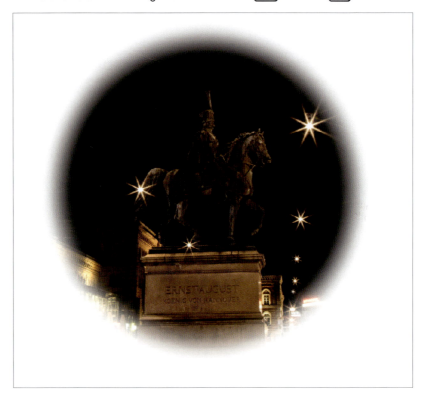

Ergebnis: Aufgrund der weichen Auswahlkante wird beim Löschen nicht jedes Pixel des ausgewählten Bereichs komplett entfernt. Vielmehr wird im Bereich der 45 Pixel breiten weichen Auswahlkante eine Überblendung zwischen der aktuellen Hintergrundfarbe (in diesem Fall Weiß) und dem Motiv erzielt. Sollte bei Ihnen eine andere Hintergrundfarbe eingestellt sein, kann das Ergebnis abweichen.

Auswählen von Bildbereichen

In diesem Kapitel dreht sich alles um die konkrete Anwendung der verschiedenen Auswahlwerkzeuge und das Speichern bzw. Laden von Auswahlen.

Werkzeug	Icon	Funktion
Zauberstab		wählt mit einem Klick Pixel gleicher bzw. ähnlicher Farbe aus
Schnellauswahl-Werkzeug		sehr fixes Auswahlwerkzeug, das zur Auswahlerstellung gleiche Farbwerte und Strukturen heranzieht
Lasso		Auswahlen zeichnen
Polygon-Lasso		Erstellen gerader Auswahlkanten
Magnetisches Lasso		komfortable Auswahl von Konturen
Auswahlellipse		ovale bzw. kreisrunde Auswahlen
Auswahlrechteck		rechteckige bzw. quadratische Auswahlen
Auswahlpinsel		Malen bzw. Pinseln einer Auswahl

Tabelle 20.1:
Die Auswahlwerkzeuge in der Übersicht.

20.1 Das Schnellauswahl-Werkzeug

Ziehen Sie das Schnellauswahl-Werkzeug ⬛ einfach über die zu markierenden Bereiche. Sie brauchen dabei keine besondere Präzision an den Tag zu legen: Die Software wählt die entsprechenden Bereiche auf der Basis von Farb-, Kontur- und Strukturinformationen aus. Im Gegensatz zum Zauberstab können hier aber auch zum Teil unterschiedliche Farbbereiche in einem Zug berücksichtigt werden. Da sich das Schnellauswahl-Werkzeug im Werkzeugbedienfeld mit drei anderen Werkzeugen ein »Fach« teilt, drücken Sie im Zweifelsfall mehrfach die Taste Ⓐ, um es darstellen bzw. aktivieren zu können.

Abbildung 20.1:
Das Schnellauswahl-Werkzeug.

Werkzeugoptionen nutzen

Voreingestellt ist die Option *Neue Auswahl* ☐ aktiv. Wenn Sie das Werkzeug erstmalig in einem Bild einsetzen, entsteht somit zunächst immer eine neue Auswahl. Danach wechselt das Werkzeug automatisch in den Modus *Der Auswahl hinzufügen* ☐. So können Sie durch weitere Klicks in das Bild andere Bereiche zu der bestehenden Auswahl ergänzen. Hat das Werkzeug zu viel bzw. einen unpassenden Bereich ausgewählt, aktivieren Sie den Modus *Von Auswahl subtrahieren* ☐. Daraufhin werden die mit dem Schnellauswahl-Werkzeug markierten Bereiche aus der bestehenden Auswahl entfernt. Insbesondere bei schwierigen Motiven wird der Moduswechsel mithilfe der ⌐Alt⌐- bzw. ⌐alt ⌐-Taste deutlich bequemer: Solange Sie die Taste ⌐Alt⌐ bzw. ⌐alt ⌐ gedrückt halten, arbeitet das Werkzeug im Modus *Von Auswahl subtrahieren*. Und sobald Sie die ⌐Alt⌐- bzw. ⌐alt ⌐-Taste loslassen, springt das Werkzeug automatisch in den Modus *Der Auswahl hinzufügen* zurück.

Werkzeugeinstellungen

Das Schnellauswahl-Werkzeug stellen Sie wie ein Malwerkzeug ein. Mit dem Schieberegler *Größe* können Sie die Breite der Werkzeugspitze vorgeben. Die anderen Funktionen werden eingeblendet, sobald Sie im Werkzeugoptionsbereich auf *Pinseleinstell. …* klicken.

Abbildung 20.2:
Werkzeugoptionen
des Schnellauswahl-
Werkzeugs.

Abbildung 20.3:
Pinseloptionen des
Schnellauswahl-
Werkzeugs.

Grundsätzlich gilt: Die Werkzeugspitze des Schnellauswahl-Werkzeugs 🔍 darf nur die Bereiche berühren, die auch tatsächlich ausgewählt werden sollen. Bildbereiche, die nicht ausgewählt werden sollen, dürfen auf keinen Fall mit dem Werkzeug berührt bzw. übermalt werden.

Bei sehr engen Passagen sollten Sie daher die Werkzeugspitze entsprechend so verkleinern, dass gewährleistet ist, dass auch nur die auszuwählenden Bereiche erfasst werden. Andernfalls werden ungewollt größere Bereiche markiert.

Das Schnellauswahl-Werkzeug merkt sich Farbbereiche, die im Modus *Von Auswahl subtrahieren* ausgeschlossen wurden.

Funktion	Tastenkürzel
Pinselspitze vergrößern	⇧ + #
Pinselspitze verkleinern	#
Kantenschärfe vergrößern	⇧ + ß
Kantenschärfe verkleinern	ß

Tabelle 20.2: Tastenkürzel zur Steuerung der Pinselspitze.

1. Wählen Sie das Schnellauswahl-Werkzeug ⬚ aus.
2. Ziehen Sie den Cursor über die Bereiche, die Sie auswählen möchten.

Wenn es Ihnen nicht gelingt, auf Anhieb eine passable Auswahl zu erstellen, sollten Sie sich ein wenig mit den Werkzeugeinstellungen befassen. Eine missglückte Auswahl werden Sie übrigens am schnellsten über das Tastenkürzel Strg + D bzw. cmd ⌘ + D wieder los. In diesem Beispiel funktioniert das Schnellauswahl-Werkzeug am besten, wenn der Durchmesser des Werkzeugs nicht zu groß gewählt wird (32 Pixel).

Nana.jpg

Abbildung 20.4: Ziehen Sie das Schnellauswahl-Werkzeug einfach über den Bereich, den Sie auswählen möchten.

Abbildung 20.5: Ungewollt erfasste Bereiche müssen korrigiert werden.

Ungewollt erfasste Bereiche korrigieren

So schnell und unkompliziert das Schnellauswahl-Werkzeug auch seinen Aus-
wahljob macht, hier und da muss anschließend etwas nachgearbeitet werden.
Dazu können Sie weiterhin das Schnellauswahl-Werkzeug nutzen oder auf andere Auswahlwerkzeuge bzw. Techniken zurückgreifen.

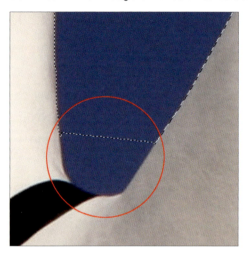

*Abbildung 20.6:
Ungewollt erfasster
Himmel in der
Vergrößerung.*

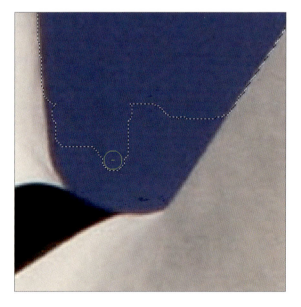

*Abbildung 20.7:
Ungewollt erfasste
Bereiche können im
Modus VON AUSWAHL
SUBTRAHIEREN korrigiert
werden.*

Korrektur mit dem Schnellauswahl-Werkzeug

1. Ziehen Sie mit dem Zoom-Werkzeug 🔍 ein Rechteck über dem zu korrigierenden Bereich auf.
2. Passen Sie die Werkzeugspitze den Größenverhältnissen der Problemstelle
   an.

In diesem Beispiel wurde ein Pinseldurchmesser von 10 Pixeln (*px*) verwendet.

3. Aktivieren Sie wieder das Schnellauswahl-Werkzeug ✎ , und drücken Sie die ⌊Alt⌋- bzw. ⌊*alt* ⌐⌐⌋-Taste.

4. Bewegen Sie das Schnellauswahl-Werkzeug bei weiterhin gedrückt gehaltener ⌊Alt⌋- bzw. ⌊*alt* ⌐⌐⌋-Taste über die versehentlich ausgewählten Bereiche.

5. Zoomen Sie weiter an die Problemstelle heran, und verkleinern Sie bei Bedarf die Werkzeugspitze erneut.

Für die Detailkorrektur einiger Pixel wurde in diesem Beispiel ein Pinseldurchmesser von einem Pixel verwendet.

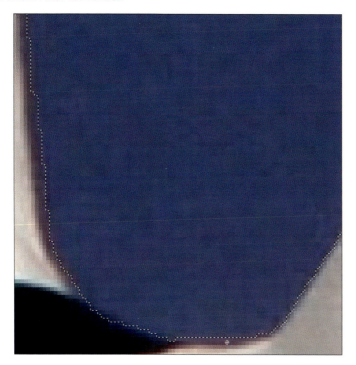

Abbildung 20.8: Detailkorrektur mit stark verkleinertem Pinseldurchmesser.

Korrektur mit dem magnetischen Lasso

Weitere Informationen zum magnetischen Lasso 🗲 finden Sie im Abschnitt 20.5.

6. Ziehen Sie mit dem Zoom-Werkzeug 🔍 ein Rechteck über den zu korrigierenden Bereich auf.

7. Wählen Sie das magnetische Lasso 🗲 aus.

8. Halten Sie die ⌊Alt⌋- bzw. ⌊*alt* ⌐⌐⌋-Taste gedrückt, und klicken Sie etwas außerhalb der bestehenden Auswahl.

9. Ziehen Sie das magnetische Lasso nun am Rand der Figur entlang, bis Sie wiederum etwas außerhalb der alten Auswahl angekommen sind.

10. Lenken Sie das magnetische Lasso jetzt in Richtung Anfangspunkt.

Für eine bessere Kontrolle des Werkzeugs können Sie dabei manuell mehrere Pfadpunkte setzen (jeweils mit einem Klick).

11. Klicken Sie zum Schluss auf den Anfangspunkt, oder drücken Sie die ⏎-Taste.

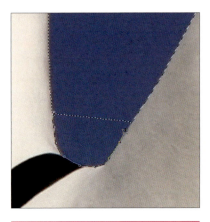

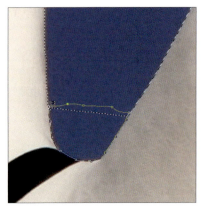

Abbildung 20.9:
Das magnetische Lasso an der Kontur entlangziehen.

Abbildung 20.10:
Zum Schluss auf den Anfangspunkt klicken oder mit ⏎ bestätigen.

Abbildung 20.11:
Die korrigierte
Auswahl.

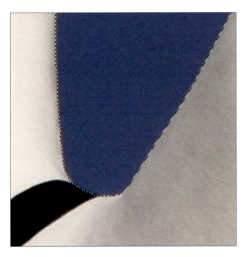

Ergebnis: Da Sie das magnetische Lasso im Modus *Von Auswahl subtrahieren* betrieben haben, wurde der von Ihnen gewählte Bereich von der zuvor bestehenden Auswahl abgezogen und damit das Problem gelöst.

Abbildung 20.12:
Die fertige Auswahl in
der Gesamtansicht.

20.2 Der Zauberstab

Der Zauberstab ✨ wählt Pixel gleicher bzw. ähnlicher Farbe aus. Welche Pixelfarbe verwendet werden soll, legen Sie durch einen Klick in das Bild auf einen entsprechend farbigen Bereich fest. Die Funktion des Werkzeugs hängt dabei maßgeblich von dem eingestellten Toleranzwert ab: Bei einem niedrigen Wert (z. B. 5–20) werden ausschließlich sehr ähnliche Pixel ausgewählt. Höhere Toleranzwerte (ca. ab 70) sorgen hingegen dafür, dass der Zauberstab bei seiner Auswahl toleranter ans Werk geht und demzufolge auch solche Pixel miteinbezieht, die sich stärker von der vorgegebenen Farbe unterscheiden.

Abbildung 20.13:
Der Zauberstab.

Benachbart

Diese Option sorgt dafür, dass nur Pixel ausgewählt werden, die sich in unmittelbarer Nachbarschaft zu dem angeklickten Pixel befinden. Pixel, die durch andere Farbbereiche von diesem Bereich »abgetrennt« sind, werden nicht berücksichtigt.

Alle Ebenen aufnehmen

Der Zauberstab ✨ wählt voreingestellt nur Pixel der jeweils aktiven Ebene aus. Wenn Sie in der Optionsleiste die Funktion *Alle Ebenen aufnehmen* aktivieren, bezieht das Werkzeug hingegen die entsprechenden Pixel aller Ebenen in seine Auswahl mit ein.

Nutzung des Zauberstabs

Beginnen Sie mit einem geringen Toleranzwert. Auf diese Art vermeiden Sie, dass ungewollte Bereiche erfasst werden. Sollte sich dann herausstellen, dass immer noch deutlich zu wenig der gewünschten Areale erfasst werden, unternehmen Sie einen weiteren Versuch mit einer entsprechend höheren Toleranz. In vielen Fällen werden jedoch auch dann trotzdem nicht alle gewünschten Pixel berücksichtigt. Um diese nun nach und nach in die bestehende Auswahl aufzunehmen, müssen Sie den Zauberstab im Modus *Der Auswahl hinzufügen* anwenden.

Am bequemsten erreichen Sie dies, indem Sie beim Anklicken der noch auszuwählenden Pixelbereiche die ⇧-Taste gedrückt halten. Je nach Motiv und Ausgangslage können Sie zur Erweiterung einer mit dem Zauberstab vorgenommenen Auswahl auch auf die Befehle *Auswahl/Auswahl vergrößern* und *Auswahl/Auswahl verändern* zurückgreifen. Ungewollt erfasste Bereiche können Sie im Werkzeugmodus *Von Auswahl subtrahieren* wieder loswerden. Aktivieren Sie dazu das entsprechende Kontrollfeld in der Optionsleiste, oder halten Sie beim Klicken auf diese Bereiche die Alt- bzw. alt ⌥-Taste gedrückt.

1. Öffnen Sie das Bild *Ross.jpg*.

Ross.jpg

Der blaue Himmel erscheint auf den ersten Blick an allen Stellen mehr oder weniger gleich blau, daher starten Sie zunächst mit einem geringen Toleranzwert.

2. Wählen Sie im Werkzeugbedienfeld den Zauberstab ✹ aus, und stellen Sie die *Toleranz* auf *10*.

3. Stellen Sie sicher, dass die Option *Benachbart* deaktiviert ist.

4. Wenn Sie Ihr Ergebnis mit den hier abgebildeten Resultaten vergleichen möchten, klicken Sie idealerweise an die im Beispiel markierte Stelle – oder ansonsten irgendwo in den blauen Himmel.

Abbildung 20.14: Mit dem Zauberstab in den blauen Himmel klicken.

Abbildung 20.15: Das Auswahlergebnis (TOLERANZ = 10, Option BENACHBART deaktiviert).

Die relativ geringe Toleranz von 10 hat hier dazu geführt, dass viele Bereiche des Himmels noch nicht ausgewählt wurden. In diesem Beispiel hätte die Aktivierung der Funktion *Benachbart* das Ergebnis noch weiter verschlechtert (siehe Abbildung), da lediglich ein kleiner Bereich benachbarter Pixel ausgewählt worden wäre. Da diese Option jedoch von vornherein deaktiviert war, konnte das Auswahlwerkzeug deutlich mehr Pixel selektieren. Dennoch wurden nicht alle Pixel des Himmels erfasst. Prinzipiell haben Sie an dieser Stelle zwei Möglichkeiten: Zum einen können Sie die so erstellte Auswahl (nach und nach) optimieren, indem Sie die noch nicht ausgewählten Bereiche der Auswahl hinzufügen. Dazu können Sie z. B. mit dem Zauberstab und gedrückter ⇧-Taste Schritt für Schritt auf die aktuell noch nicht ausgewählten Pixel des Himmels klicken – in diesem Fall eine etwas mühselige Sache. Bei diesem Motiv und dem aktuellen Auswahlergebnis dürfte es komfortabler sein, eine neue Auswahl zu erstellen oder den Befehl *Auswahl/Ähnliches auswählen* zu nutzen. Da es an dieser Stelle um die Funktion des Zauberstabs gehen soll, wird hier der Ansatz einer neuen Auswahl verfolgt.

5. Stellen Sie sicher, dass der Zauberstab ⚒ im Modus *Neue Auswahl* Verwendung findet.

Beim ersten Versuch wurden nicht alle vorhandenen Blautöne im Bereich der erstellten Auswahl erfasst. Das ist ein klares Zeichen dafür, dass die gewählte Toleranz zu niedrig war. Daher werden Sie nun die Toleranz erhöhen bzw. verdoppeln.

6. Ändern Sie die Toleranzeinstellung auf 20.
7. Klicken Sie erneut in den Himmel (nach Möglichkeit an die gleiche Stelle).

Jetzt sind zwar weite Teile des Himmels ausgewählt, dennoch wurden einige blaue Pixel immer noch nicht erfasst.

Abbildung 20.16: Auswahlergebnis (TOLERANZ = 10, Option BENACHBART aktiviert).

Abbildung 20.17: Auswahlergebnis (TOLERANZ = 20, Option BENACHBART deaktiviert).

8. Ändern Sie die Toleranzeinstellung auf 30.

9. Klicken Sie erneut in den Himmel (nach Möglichkeit an die gleiche Stelle).

10. Der Zauberstab erstellt eine völlig neue Auswahl. Jetzt wurden alle Himmelspixel ausgewählt.

Aktuell ist der Himmel ausgewählt. Oftmals möchte man allerdings nicht den Hintergrund bearbeiten, sondern das eigentliche Motiv. In einem solchen Fall müssten Sie die erstellte Auswahl dann noch umkehren.

11. Wählen Sie *Auswahl/Auswahl umkehren*, um das Pferd zu selektieren.

So können Sie das ausgewählte Motiv unabhängig vom Hintergrund mit einem Filter versehen. In diesem Beispiel wurde der Filter *Stempel* verwendet. Wenn Sie das auch ausprobieren möchten, brauchen Sie lediglich den Befehl *Filter/Zeichenfilter/Stempel* auszuwählen.

Abbildung 20.18:
Auswahlergebnis
(Toleranz = 30).

Abbildung 20.19:
Die umgekehrte
Auswahl.

Abbildung 20.20:
Anwendungsbeispiel:
Dem ausgewählten
Bereich wurde der
Zeichenfilter STEMPEL
zugewiesen.

Weitere Informationen zum Thema Filter finden Sie im gleichnamigen PDF-Kapitel, das Sie auf der Webseite www.quedenbaum.com herunterladen können.

⊂INFO

20.3 Das Lasso

Mit dem Lasso können Sie frei geformte Auswahlbereiche erstellen und so praktisch eine Auswahl »zeichnen«. Das hört sich allerdings leichter an, als es mit der Maus wirklich ist. Aus diesem Grund wird das Lasso in erster Linie in Kombination mit anderen Auswahlwerkzeugen genutzt – z. B. um etwas zunächst grob auszuwählen oder um Bereiche von einer bestehenden Auswahl abzuziehen.

Abbildung 20.21:
Das Lasso.

20.4 Das Polygon-Lasso

Dem Werkzeugnamen (Polygon = Vieleck) folgend, erstellt dieses Auswahlwerkzeug ⊳ eckige Auswahlen. Die Form bzw. Anzahl der Ecken einer mit dem Polygon-Lasso erstellten Auswahl bestimmen Sie durch das Setzen einzelner Eckpunkte.

Klicken Sie den Umriss des jeweils auszuwählenden Bereichs ins Bild, und bestätigen Sie mit der ⏎-Taste. Um die Auswahl zu schließen, können Sie alternativ auch einen Doppelklick in der Nähe des zuerst gewählten Punktes ausführen oder den Cursor exakt über dem zuerst gesetzten Eckpunkt platzieren. Dadurch erscheint an dieser Stelle ein Kreissymbol. Diese Symbolik soll deutlich machen, dass ein einfacher Klick ausreicht, um die Auswahl zu schließen.

Abbildung 20.22:
Das Polygon-Lasso.

Eckige Bildbereiche auswählen

Ponte de Rialto.jpg

1. Wählen Sie im Werkzeugbedienfeld das Polygon-Lasso ⊬ aus.

Da sich dieses Werkzeug im Werkzeugbedienfeld mit den beiden anderen Lasso-Werkzeugen ein »Fach« teilt, drücken Sie im Zweifelsfall mehrfach die Taste ⌊L⌋, um das Polygon-Lasso im Werkzeugbedienfeld darzustellen bzw. auszuwählen.

2. Klicken Sie zunächst auf eine der Ecken (z. B. **1**), und klicken Sie dann die Kontur des Schildes in das Bild. Folgen Sie dabei einfach dem hier eingezeichneten »Malen-nach-Zahlen«-Schema (**2**, **3**, **4**, **5**, **6**).

Abbildung 20.23:
Beginnen Sie z. B. links
oben ...,

Angesichts der Tatsache, dass die Ober- und Unterseite hier nicht ganz gerade ausfallen, macht es in diesem Fall Sinn, jeweils auf der Mitte dieser beiden Strecken einen Punkt (**2**, **5**) zu setzen.

TIPP ➲ Wenn Sie sehr nah an die Kante des Schildes zoomen (Strg+＋ bzw. *cmd* ⌘ +＋), können Sie sehr präzise arbeiten. Der Bildausschnitt lässt sich dann jeweils mit der Leertaste verschieben.

Abbildung 20.24:
... und klicken Sie
gegen den Uhrzeiger-
sinn die Kontur in das
Bild.

3. Platzieren Sie das Polygon-Lasso abschließend über dem ersten gesetzten Eckpunkt **7**.

Jetzt erscheint an dieser Stelle ein Kreissymbol **8**.

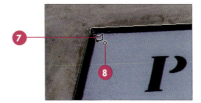

Abbildung 20.25:
Der kleine Kreis
symbolisiert, dass die
Auswahl nun mit einem
Klick geschlossen
werden kann.

4. Klicken Sie, um die Auswahl zu schließen.

Abbildung 20.26:
Die fertige Auswahl.

Sie können das so ausgewählte Schild auf verschiedenste Art und Weise verwenden.

In diesem Fall wurde die Auswahl umgekehrt (Menübefehl *Auswahl/Auswahl umkehren*) und der Kunstfilter *Aquarell* (*Filter/Kunstfilter/Aquarell*) zugewiesen. So wirkt der ansonsten etwas langweilige Hintergrund etwas spannender.

INFO ⇨ Weitere Informationen zum Thema Filter finden Sie im gleichnamigen PDF-Kapitel, das Sie auf der Webseite www.quedenbaum.com herunterladen können.

Abbildung 20.27:
Dem Hintergrund z. B.
den Filter AQUARELL
zuweisen.

20.5 Magnetisches Lasso

Nutzen Sie dieses Werkzeug 🏳 immer dann, wenn sich der auszuwählende Bereich durch eine prägnante Kontur vom Rest des Bildes abgrenzt. Nach einem ersten Klick müssen Sie das magnetische Lasso dabei nur an der auszuwählenden Kontur entlangführen. Dabei setzt Photoshop Elements automatisch sogenannte Befestigungspunkte.

Abbildung 20.28:
Das magnetische
Lasso.

Diese fixieren die von Photoshop Elements definierte Auswahl. Wie häufig Befestigungspunkte gesetzt werden, hängt von dem eingestellten *Frequenzwert* ab. Eine hohe Punktdichte sorgt bei detailreichen Motiven für eine entsprechend hohe Detailgenauigkeit des Werkzeugs.

Abbildung 20.29:
Werkzeugoptionen.

Breite

Mit diesem Wert legen Sie fest, auf welcher Breite das Werkzeug nach Konturen sucht. Eine niedrige Einstellung führt dazu, dass die Befestigungspunkte und damit die spätere Auswahl dicht an der jeweiligen Cursorposition gehalten werden. Bei Objekten, die über wenig Konturdetails verfügen, kann das sehr hilfreich sein, denn dadurch konzentriert sich das Werkzeug auf die naheliegende Kontur. Konturen der weiteren Umgebung werden hingegen ignoriert. Auf diese Weise können nervige Ausreißer vermieden werden. Verfügt das jeweilige Objekt allerdings über eine sehr detailreiche Konturlinie, sollten Sie einen entsprechend höheren Wert verwenden, damit Sie nicht jedes Detail mit dem Cursor genau nachfahren müssen.

Kontrast

Je höher der hier eingestellte Wert ist, desto höher muss der Kontrast von Pixeln zu deren Umgebung sein, damit das Programm diese als verfolgungswürdige Kontur akzeptiert. Bei sehr geringen Werten werden entsprechend niedrige Pixelkontraste als Kontur akzeptiert. Sie können dabei zunächst nah an die Kontur zoomen und der nun vergrößert dargestellten Kontur anschließend mit dem magnetischen Lasso folgen. Das hat den Vorteil, dass Sie die Auswahl feiner Details direkt überwachen und gegebenenfalls korrigieren können. Sobald Sie das Werkzeug zum Rand des Bildausschnitts bewegen, scrollt Photoshop Elements automatisch in die entsprechende Richtung weiter.

Beim Einsatz des magnetischen Lassos nimmt die Auswahl dabei jedoch auch gern mal Reißaus. Um das zu vermeiden, können Sie den vergrößerten Bildausschnitt auf Wunsch mithilfe der Leertaste verschieben (bevor Sie mit dem Lasso in die Nähe des Bildrandes kommen). Verlagern Sie dazu einfach bei gedrückter Leertaste durch Klicken und Ziehen den Bildausschnitt in die gewünschte Richtung, und setzen Sie anschließend die Auswahlarbeit fort. Wenn Ihnen das Arbeiten mit einem stark vergrößerten Bildausschnitt und dem damit verbundenen Scrollen bzw. Verlagern des Bildausschnitts zu mühsam ist, können Sie diese Auswahltechnik natürlich auch in einer nicht vergrößerten Darstellung anwenden. Bei detailreichen Motiven sollten Sie in einem solchen Fall allerdings die *Frequenz* des magnetischen Lassos im Auge behalten: Ein zu geringer Wert kann dazu führen, dass Details bei der Auswahl nicht berücksichtigt werden (siehe die beiden folgenden Abbildungen).

Abbildung 20.30: Der Frequenzwert ist mit 57 zu gering – Details an der Spitze des Blütenblattes werden nicht erfasst.

Abbildung 20.31: Hier wurde die FREQUENZ auf 100 gesetzt – damit werden deutlich mehr Details an der Spitze des Blütenblattes erfasst.

Blüte freistellen

DOWNLOAD

Biene.jpg

1. Öffnen Sie das Bild *Biene.jpg*.

2. Wählen Sie im Werkzeugbedienfeld das magnetische Lasso aus.

Das magnetische Lasso teilt sich sein »Fach« im Werkzeugbedienfeld mit den beiden anderen Lasso-Werkzeugen. Drücken Sie daher im Zweifelsfall mehrfach die Taste ⎣L⎦, um das magnetische Lasso im Werkzeugbedienfeld darzustellen bzw. auszuwählen.

3. Stellen Sie sicher, dass der Frequenzwert in der Optionsleiste auf 100 steht.

4. Klicken Sie unmittelbar an die Kante eines der Blütenblätter.

5. Ziehen Sie den Cursor, ohne zu klicken, an der Kontur der Blume entlang.

Hier und da kann es vorkommen, dass die vom Lasso erstellte Linie in die eine oder andere Richtung »Reißaus nimmt«. Bewegen Sie den Cursor in einem solchen Fall (ohne die linke Maustaste zu drücken) zurück zu einer korrekt ausgewählten Stelle. Um die zuvor bzw. dabei gesetzten (unpassenden) Befestigungspunkte zu löschen, drücken Sie für jeden versehentlich gesetzten Punkt jeweils einmal die Taste ⎣⟵⎦. An der Stelle mit der korrekten Auswahl angekommen, setzen Sie die Arbeit mit dem magnetischen Lasso fort. Auf diese Weise umrunden Sie die Blume, bis Sie erneut an den Startpunkt gelangen.

Abbildung 20.32:
Das magnetische
Lasso an der Kontur
entlangführen und in
kritischen Bereichen
manuell Punkte
hinzufügen.

Abbildung 20.33:
Kann passieren –
ausgerissene Auswahl.

Abbildung 20.34:
Nach der Korrektur
die Auswahl mit dem
magnetischen Lasso
fortsetzen.

6. Klicken Sie zum Schluss auf den Startpunkt, um die Auswahl zu schließen.

Sie können die Auswahl des magnetischen Lassos schließen, indem Sie:

- auf den Startpunkt der Auswahl klicken,
- die ⏎-Taste drücken,
- doppelklicken.

Abbildung 20.35:
Nicht oder ungewollt
erfasste Bereiche
können in einem
zweiten Arbeitsgang
angegangen werden.

Abbildung 20.36:
Hier wird ein ungewollt erfasster
Bereich mit dem magnetischen
Lasso entfernt.

Abbildung 20.37:
Im Modus VON AUSWAHL SUBTRAHIE-
REN wird das magnetische Lasso an
den Kanten des ungewollt erfassten
Bereichs entlanggeführt und zum
Schluss mit einem Doppelklick
geschlossen.

Abbildung 20.38:
Die korrigierte Auswahl.

Abbildung 20.39:
Die erstellte Auswahl.

20.6 Das Auswahlrechteck

Das Auswahlrechteck (M) wird in den meisten Fällen eingesetzt, um einen Bildausschnitt für die weitere Bearbeitung auszuwählen – etwa wenn ein rechteckiger Bereich mit Farbe oder einem Muster gefüllt oder ein Teil des Bildes in ein anderes Bild kopiert werden soll. Für die Auswahl komplexerer Formen kann es zudem gut mit anderen Auswahlwerkzeugen kombiniert werden.

Abbildung 20.40:
Das Auswahlrechteck.

Abbildung 20.41:
Dieses Graffito sollte
in ein anderes Bild
kopiert werden und
wurde zu diesem
Zweck mit dem
Auswahlrechteck
ausgewählt.

Wenn Sie nach dem Aufziehen der Auswahl den gewünschten Bereich noch nicht genau »erwischt« haben, können Sie die bestehende Auswahl über den Befehl *Auswahl transformieren* anpassen.

1. Wählen Sie dazu *Auswahl/Auswahl transformieren*.

An den Ecken sowie an allen Seiten der Auswahl erscheinen nun kleine »Anfasser«.

2. Klicken Sie auf einen der »Anfasser«, und ziehen Sie das Auswahlrechteck auf die gewünschte Größe.

3. Um die Anpassung der Auswahl zu übernehmen, drücken Sie ⏎.

Auswahlrechteck-Werkzeug in Kombination mit Zauberstab

1. Wählen Sie das Auswahlrechteck-Werkzeug ⬚ aus.
2. Ziehen Sie über das auszuwählende Objekt ein Rechteck in entsprechender Größe auf.

Abbildung 20.42:
Auswahlrechteck
aufziehen.

Ballonauswahl.jpg

3. Wählen Sie im Werkzeugbedienfeld den Zauberstab ⚲ aus.
4. Aktivieren Sie in der Optionsleiste den Modus *Von Auswahl subtrahieren*.
5. Stellen Sie sicher, dass in der Optionsleiste die Funktion *Benachbart* aktiviert ist.
6. Stellen Sie in der Optionsleiste eine relativ geringe *Toleranz* ein (z. B. 20).
7. Klicken Sie in der zuvor erstellten Rechteckauswahl auf einen Pixelbereich mit dem zu entfernenden Farbton (in diesem Beispiel auf den blauen Himmel).

Abbildung 20.43:
Mit dem Zauberstab
die Auswahl auf den
Ballon reduzieren.

Die vom Zauberstab ✨ ausgewählten Pixel werden von der bestehenden Auswahl subtrahiert. Da um das Objekt keine anderen Farben existieren, wird die Auswahl auf das Objekt reduziert, und dieses wird ausgewählt.

Abbildung 20.44:
Die fertige Auswahl.

Rechteckauswahl bereits beim Erstellen anpassen

Beim Aufziehen kann es passieren, dass Sie nicht auf Anhieb die gewünschte Größe bzw. die gewünschten Proportionen erzielen. In einem solchen Fall müssten Sie entweder nochmals ansetzen oder die Auswahl anschließend über den Befehl *Auswahl/Auswahl transformieren* in ihrer Größe anpassen.

Solche Neuanfänge bzw. die anschließende Anpassung über den Befehl *Auswahl transformieren* können Sie vermeiden, indem Sie während des Aufziehens die linke Maustaste durchgehend gedrückt halten und zum Verschieben der Auswahl zusätzlich die Leertaste drücken. So können Sie die Auswahl jederzeit an das Motiv anpassen. Wichtig bei dieser Technik ist allerdings, dass Sie die linke Maustaste erst dann loslassen, wenn Größe und Position der Rechteckauswahl Ihren Vorstellungen entsprechen.

20.7 Auswahlellipse

Abbildung 20.45:
Die Auswahlellipse.

Dieses Werkzeug kann im Werkzeugbedienfeld über die Taste Ⓜ angezeigt bzw. ausgewählt werden. Wie beim Auswahlrechteck kann es passieren, dass Sie nicht auf Anhieb die gewünschte Größe bzw. nicht die gewünschte Positionierung erzielen.

In einem solchen Fall müssten Sie nochmals ansetzen. Derartige Neuanfänge können Sie vermeiden, indem Sie während des Aufziehens die linke Maustaste durchgehend gedrückt halten und zum Verschieben der Auswahl zusätzlich die Leertaste drücken. So können Sie die Auswahl jederzeit an das Motiv anpassen.

1. Wählen Sie im Werkzeugbedienfeld das Auswahlellipse-Werkzeug ⬭ aus.

2. Klicken Sie in die Mitte der Scheibe, halten Sie die Maustaste sowie die Alt - bzw. alt ⌥ -Taste und die ⇧ -Taste gedrückt, und ziehen Sie einen Kreis auf, der im Idealfall der Größe der Scheibe entspricht.

Scheibe.jpg

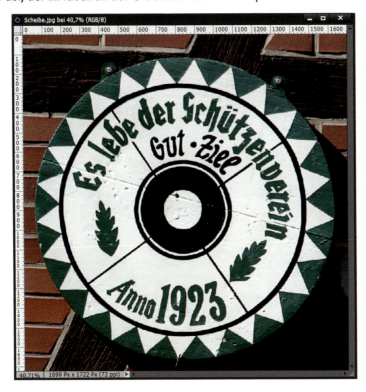

Abbildung 20.46: Eine kreisförmig-konzentrische Auswahl aufziehen.

Die Taste ⇧ sorgt dafür, dass sich eine kreisförmige Auswahl ergibt. Alternativ dazu können Sie im Werkzeugoptionsbereich bzw. in der dortigen Dropdown-Liste *Seitenverhältnis* auch den Modus *Festes Seitenverh.* (Festes Seitenverhältnis) auswählen. Stellen Sie dabei sicher, dass unter der Funktion in den beiden Eingabefeldern *Breite* und *Höhe* jeweils eine 1 eingetragen ist. Die Alt - bzw. alt ⌥ -Taste hat die Aufgabe, die Auswahl, ausgehend von dem Punkt, auf den geklickt wird, gleichmäßig in alle Richtungen zu entwickeln.

Beide Tastenkürzel funktionieren nur, wenn das Auswahlellipse-Werkzeug ⬭ im Modus *Neue Auswahl* ▢ betrieben wird. Kontrollieren Sie dazu gegebenenfalls die Einstellung im Werkzeugoptionsbereich.

Auswahl nachträglich anpassen

Da die Scheibe nicht ganz rund ist, muss die Auswahl anschließend über den Befehl *Auswahl transformieren* etwas angepasst werden.

1. Wählen Sie dazu *Auswahl/Auswahl transformieren*.

Die Kreisauswahl wird nun von einem Transformationsrahmen umgeben, der an seinen Ecken sowie Seiten kleine »Anfasser« zur Verfügung stellt.

2. Klicken Sie auf einen der »Anfasser«, und ziehen Sie die Kreisauswahl in die gewünschte Form.

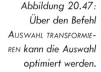

Abbildung 20.47:
Über den Befehl
Auswahl transformie-
ren kann die Auswahl
optimiert werden.

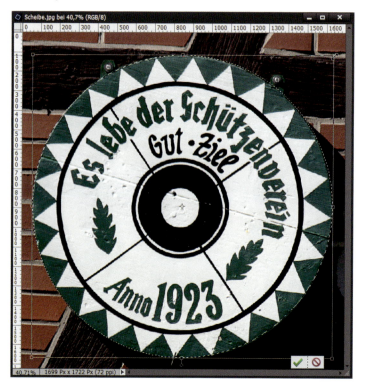

3. Um die Anpassung der Kreisauswahl zu übernehmen, drücken Sie ⏎ oder klicken am rechten unteren Rand der Auswahl auf das grüne Häkchen.

In diesem Fall wurde die Auswahl umgekehrt (Menübefehl *Auswahl/Auswahl umkehren*) und der Hintergrund mit Weiß gefüllt (*Bearbeiten/Auswahl füllen*).

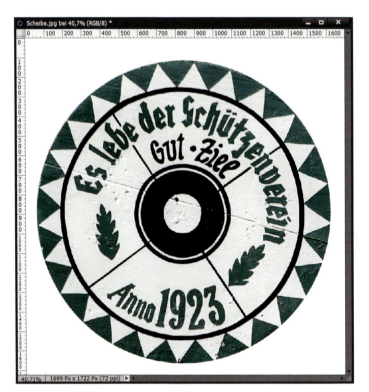

Abbildung 20.48:
Das freigestellte
Schild.

20.8 Auswahlpinsel

Mit dem Auswahlpinsel 🖌 können Sie eine Auswahl malen. Da sich der Auswahlpinsel im Werkzeugbedienfeld mit drei anderen Werkzeugen ein »Fach« teilt, drücken Sie im Zweifelsfall mehrfach die Taste ⌐Alt⌐, um ihn darzustellen bzw. auszuwählen. Verwenden Sie das Werkzeug z. B. dann, wenn Sie mit den anderen Auswahlwerkzeugen nicht bzw. nicht komfortabel zum Ziel kommen, oder um einen Bildbereich grob auszuwählen und die so erstellte Auswahl dann mit den klassischen Auswahlwerkzeugen zu verfeinern.

Über die Drop-down-Liste ❶ (Optionsleiste) können Sie zwischen zwei unterschiedlichen Auswahldarstellungen wählen: Der Modus *Auswahl* zeigt die mit dem Auswahlpinsel übermalten Bildbereiche in der gängigen Auswahlsymbolik. Der Modus *Maskieren* hingegen zeigt ausgewählte Bildbereiche in ihrer ursprünglichen Farbe bzw. nicht ausgewählte Bereiche rot eingefärbt. Durch Reduzierung der *Kantenschärfe* ❷ des Auswahlpinsels können Sie dabei eine Art weiche Auswahlkante erzielen.

Abbildung 20.49:
Der Auswahlpinsel.

Auswählen von Bildbereichen

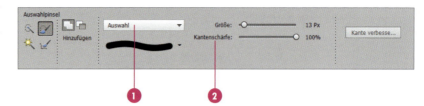

Abbildung 20.51:
Die gemalte Auswahl
im Modus MASKIEREN.

Auswahl_malen.jpg

Abbildung 20.52:
Die gemalte Auswahl
im Modus AUSWAHL.

20.9 Auswahl speichern/laden

In Photoshop Elements erstellte Auswahlen können Sie mit der jeweiligen PSD- oder TIFF-Datei abspeichern. Zu diesem Zweck müssen Sie die betreffende Auswahl zuvor innerhalb der jeweiligen Datei speichern.

Speichern

Mit diesem Befehl können Sie eine bestehende Auswahl speichern. Nutzen Sie diese Funktion z. B. als Sicherheitskopie, wenn Sie mit viel Mühe eine komplizierte Auswahl erstellt haben. Darüber hinaus ist sie sehr praktisch, um verschiedene Auswahlen miteinander zu kombinieren.

Abbildung 20.53:
Eine Auswahl
speichern.

1. Wählen Sie den Befehl *Auswahl/Auswahl speichern*.

Jetzt erscheint das gleichnamige Dialogfenster. Geben Sie in das Eingabefeld einen Namen für die abzuspeichernde Auswahl ein. Sollten Sie in der Vergangenheit bereits eine oder mehrere Auswahlen für das vorliegende Bild abgespeichert haben, können Sie anstelle eines neuen Namens auch eine schon existierende Bezeichnung verwenden, um so eine bestehende Auswahl zu ersetzen, wenn Sie diese z. B. weiter optimiert haben. Zudem können Sie beim »Überspeichern« einer bestehenden Auswahl entscheiden, ob Sie die aktuelle Auswahl der alten hinzufügen, von ihr subtrahieren oder eine Schnittmenge aus beiden bilden bzw. speichern möchten.

2. Nehmen Sie die gewünschten Einstellungen vor, und verlassen Sie das Fenster mit OK.

Auswahl laden

Über diesen Befehl können Sie eine in der Vergangenheit gespeicherte Auswahl laden. So können Sie zuvor gesicherte Auswahlen jederzeit erneut aktivieren. Das ist insbesondere bei komplexen Auswahlen sehr hilfreich. Sie können die Funktion auch zum Weiterbearbeiten bestehender Auswahlen einsetzen, indem Sie eine Auswahl laden und diese entweder der aktuellen Auswahl hin-

Auswählen von Bildbereichen

zufügen, sie von dieser subtrahieren oder indem Sie die aktuelle Auswahl der alten hinzufügen, von ihr abziehen oder eine Schnittmenge aus beiden bilden.

Abbildung 20.54:
Eine Auswahl laden.

1. Wählen Sie den Befehl *Auswahl/Auswahl laden*.

Jetzt erscheint das gleichnamige Dialogfenster. Im Listenfeld *Auswahl* werden die aktuell mit diesem Bild gespeicherten Auswahlen angezeigt. Wurde in der Vergangenheit nur eine Auswahl abgespeichert, wird diese bereits namentlich angezeigt.

2. Wählen Sie im Listenfeld des Fensters den Namen der zu ladenden Auswahl aus.

In diesem Zusammenhang haben Sie die Möglichkeit zu entscheiden, ob die zu ladende Auswahl einer bestehenden Auswahl hinzugefügt, von dieser abgezogen oder eine Schnittmenge der beiden gebildet werden soll.

3. Nehmen Sie die gewünschten Einstellungen vor, und verlassen Sie das Fenster mit OK.

Auswahlen anpassen und optimieren

Wenn Sie nur Teilbereiche eines Bildes bearbeiten oder verwenden möchten, müssen Sie diese auswählen. Zusätzlich zu den bereits erläuterten Auswahlwerkzeugen stellt Photoshop Elements dem Anwender auch eine Vielzahl von Auswahloptimierungsfunktionen zur Verfügung.

21.1 Kante verbessern

Die Beschaffenheit der Auswahlkante hat einen großen Einfluss auf das spätere Arbeitsergebnis. Daher sollten Sie diesen Bereich der Auswahlen besonders gut im Blick behalten. Die vielfältigsten Möglichkeiten, um diese Kante zu optimieren bzw. den jeweiligen Anforderungen anzupassen, bietet die Funktion *Kante verbessern*.

Die Auswahlwerkzeuge Zauberstab , Schnellauswahl-Werkzeug , Lasso, Polygon-Lasso sowie das Detail-Smartpinsel-Werkzeug stellen diese Funktion in der Optionsleiste zur Verfügung.

Auf diese kann allerdings erst dann zugegriffen werden, wenn aktuell bereits eine Auswahl erstellt wurde bzw. wenn diese aktuell aktiv ist.

*Abbildung 21.1:
In den Werkzeugoptionen der meisten Auswahlwerkzeuge steht die Funktion Kante verbessern zur Verfügung.*

Abbildung 21.2:
Zudem kann diese
Funktion für alle
bestehenden
Auswahlen auch mit
dem Befehl AUSWAHL/
KANTE VERBESSERN
aufgerufen werden.

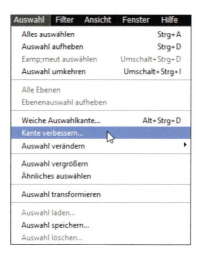

Abbildung 21.3:
Mit den Funktionen
des Fensters können
Sie Ihre Auswahl-
kanten sehr detailliert
optimieren.

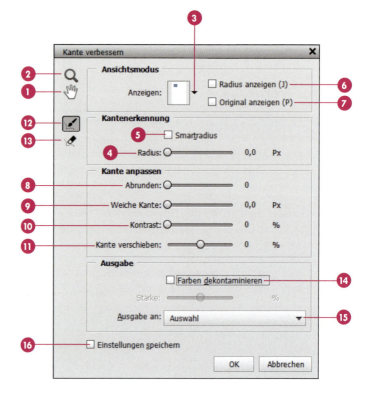

1	Hand-Werkzeug	In Verbindung mit dem Hand-Werkzeug ✋ des Fensters können Sie jedes Detail der Auswahlkante zielgerichtet begutachten.
2	Zoom-Werkzeug	Bei der Arbeit mit der Funktion *Kante verbessern* können Sie mithilfe des Zoom-Werkzeugs 🔍 direkt die entsprechenden Bereiche vergrößert darstellen. Dabei können Sie insbesondere ein Rechteck über einem zu vergrößernden Bereich aufziehen.
3	Anzeigen	Um die aktuelle Auswahl besser erkennen zu können, haben Sie hier die Möglichkeit, zwischen verschiedenen Darstellungsmodi zu wählen. Aktuell ausgewählte Bereiche werden dabei jeweils vollständig abgebildet. Die aktuell nicht ausgewählten Bereiche werden hingegen auf Wunsch mit Rot überlagert oder in Weiß oder Schwarz eingefärbt und dargestellt. Weiche Auswahlbereiche zeigt der Modus als Verlauf hin zu Rot, Weiß oder Schwarz an. Der Modus *Schwarzweiß* bildet dabei eine Ausnahme. Hier wird eine Maskendarstellung angeboten. Aktuell ausgewählte Bereiche werden somit weiß und nicht ausgewählte Bereiche schwarz dargestellt. Mit der Taste F können Sie alle hier angebotenen Modi durchlaufen und so den jeweils geeignetsten auswählen. Mit X können Sie jeweils wieder das komplette Bild darstellen.
4	Radius	Legt die Größe des Auswahlbereichs fest, in dem eine Verfeinerung bzw. Anpassung durchgeführt werden soll. Hohe Radiuswerte produzieren weiche Kanten.
5	Smartradius	Beeinflusst den Konturverlauf des erstellten Verfeinerungsbereichs, indem im Randbereich erkannte Bildstrukturen berücksichtigt werden. Wenn Sie die Steuerung der Randbereiche selbst in die Hand nehmen möchten, sollten Sie diese Funktion deaktivieren.
6	Radius anzeigen	Zeigt den mit dem Regler *Radius* veränderten Verfeinerungsbereich an.
7	Original anzeigen	Zeigt die Originalauswahl.
8	Abrunden	Hier wird ein Weichzeichner aktiv, um im Verlauf der Kante gezackte Pixelstrukturen zu entschärfen.
9	Weiche Kante	Mit dieser Funktion können Sie die Auswahlkante weichzeichnen.
10	Kontrast	Verändert den Kontrast bzw. die Form an den Rändern des Verfeinerungsbereichs.
11	Kante verschieben	Verkleinern Sie Ihre Auswahl, wenn im Kantenbereich noch Teile des Hintergrunds oder störende Lichtsäume vorhanden sind. Vergrößern Sie bestehende Auswahlen, wenn rundherum Bereiche vorhanden sind, die noch mit in die Auswahl aufgenommen werden sollen.
12	Radius-verbessern-Werkzeug	Mit diesem Werkzeug können Sie den Kantenbereich direkt im Bild verändern. Zum Beispiel lässt sich mit diesem Werkzeug die Weichheit der Kantenbereiche verbessern bzw. verstärken. Übermalen Sie dazu die Kantenbereiche, die Ihnen noch nicht weich genug erscheinen.

Tabelle 21.1:
Die Funktionen des Fensters KANTE
VERBESSERN.

13	Verfeinerungen-löschen-Werkzeug	Mit diesem Werkzeug können Sie den Kantenbereich wieder in seinen ursprünglichen Zustand versetzen. Zum Beispiel lässt sich damit die Weichheit der Kantenbereiche verringern. Übermalen Sie dazu die Kantenbereiche, die Ihnen zu weich erscheinen.
14	Farben dekontaminieren	Entfernt störende Farbsäume, indem diese durch benachbarte Farbwerte ersetzt werden. Mit dem darunterliegenden Regler kann die Stärke der Funktion reguliert werden.
15	Ausgabe an:	*Auswahl* Erstellt eine Auswahl mit entsprechenden Eigenschaften. *Ebenenmaske* Fügt der aktuellen Ebene eine Ebenenmaske hinzu. Die Beschaffenheit der Ebenenmaske entspricht dabei der verfeinerten Auswahl. *Neu Ebene* Erstellt eine Kopie der aktuellen Bildebene. Die aktuell nicht ausgewählten Bildbereiche werden gelöscht. *Neue Ebene mit Ebenenmaske* Erstellt eine Kopie der aktuellen Bildebene und stattet diese mit einer Ebenenmaske aus. Die Beschaffenheit der Ebenenmaske entspricht dabei der verfeinerten Auswahl. *Neues Dokument* Erstellt eine neue Datei auf Basis der aktuellen Bildebene. Die zurzeit nicht ausgewählten Bildbereiche werden gelöscht. *Neues Dokument mit Ebenenmaske* Erstellt eine neue Datei auf Basis der aktuellen Bildebene und stattet diese mit einer Ebenenmaske aus. Die Beschaffenheit der Ebenenmaske entspricht dabei der verfeinerten Auswahl.
16	Einstellungen speichern	Speichert die aktuell vorgenommenen Einstellungen. Diese stehen somit auch beim nächsten Bild oder in der nächsten Programmsitzung zur Verfügung.

Störenden Saum entfernen

Anhand des im Folgenden erläuterten Beispiels können Sie die Anwendung der Funktion *Kante verbessern* einmal konkret nachvollziehen.

Kante verbessern.psd

1. Öffnen Sie das Bild *Kante verbessern.psd*.

2. Zoomen Sie mit dem Zoom-Werkzeug 🔍 näher an die Köpfe.

Rund um die Köpfe ist ein heller Saum **1** zu erkennen. Der Saum geht auf eine nicht optimale Auswahlkante zurück. Die hellen Pixel sind die Reste einer weißen Wand, vor der das Trio fotografiert wurde.

Diesen unschönen Effekt werden Sie nun mit der Funktion *Kante verbessern* entfernen.

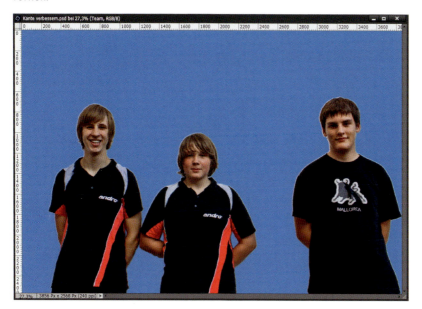

*Abbildung 21.4:
Das Bild Kante
verbessern.psd.*

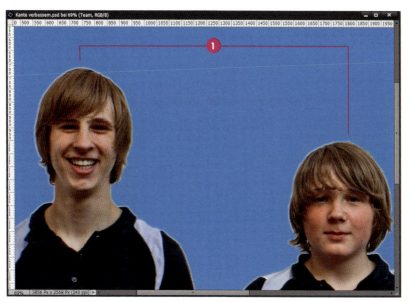

*Abbildung 21.5:
Die Konturen der
Jungs sind von einem
weißen Saum
umgeben.*

3. Stellen Sie dazu zunächst im Bedienfeld *Ebenen* (Menübefehl *Fenster/Ebenen*) sicher, dass die obere der beiden Ebenen ausgewählt ist (die Ebene *Team*) ❷.

Abbildung 21.6:
Die obere Ebene Team
muss ausgewählt sein.

4. Wählen Sie mit dem Befehl *Auswahl/Auswahl laden* die Auswahl *Kontur* ❸.
5. Stellen Sie sicher, dass in dem dann erscheinenden Dialogfenster die Option *Neue Auswahl* ❹ aktiv ist, und verlassen Sie das Fenster mit OK.

Abbildung 21.7:
Die Auswahl Kontur
laden.

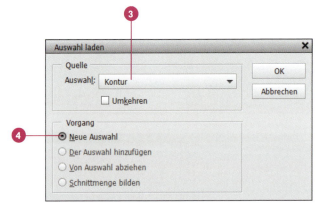

Abbildung 21.8:
Die geladene Auswahl.

6. Wählen Sie den Befehl *Auswahl/Kante verbessern.*

7. Stellen Sie im Drop-down-Menü *Anzeige* den Modus auf *Schwarz* **5** um.

Abbildung 21.9:
Zunächst ANZEIGEN auf
die Farbe Schwarz
einstellen.

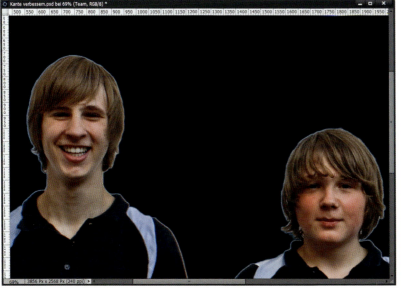

Abbildung 21.10:
Der störende Saum ist
nun besonders gut zu
erkennen.

8. Stellen Sie bei *Abrunden* den Wert *1* 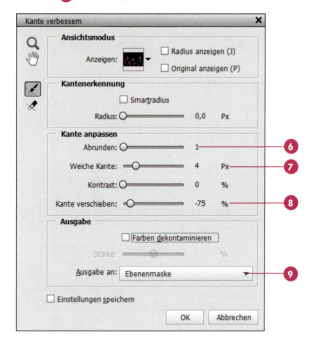 und bei *Weiche Kante* den Wert *4* ein.

9. Verkleinern Sie die Originalauswahl, indem Sie den Regler *Kante verschieben* auf *-75 %* einstellen.

Abbildung 21.11:
Die Einstellungen für
ABRUNDEN, WEICHE
KANTE und KANTE
VERSCHIEBEN.

Der störende Saum befindet sich nun außerhalb der Auswahl.

10. Wählen Sie im Drop-down-Menü *Ausgabe an* den Modus *Ebenenmaske*.

11. Verlassen Sie das Fenster mit einem Klick auf OK.

Die ursprüngliche Ebene ist nach wie vor vorhanden, aber die auf den Einstellungen des Fensters *Kontur verbessern* basierende Ebenenmaske deckt den störenden Saum ab. An den Stellen, an denen der Saum von der Maske verdeckt wird, ist nun die Bildinformation der unteren Ebene (*Blau*) zu sehen. Damit ist die Optimierung der Montage beendet. Um die noch aktive Auswahl aufzuheben, wählen Sie den Befehl *Auswahl/Auswahl aufheben* (Strg + D bzw. alt ⌥ + cmd ⌘ + D).

Mehr Informationen zu Ebenenmasken erhalten Sie in Kapitel 33.

Wenn Sie nicht mit einer Ebenenmaske arbeiten möchten, wählen Sie im Drop-down-Menü *Ausgabe an* alternativ den Modus *Auswahl* und verlassen das Fenster mit einem Klick auf OK. Kehren Sie die Auswahl um, und entfernen Sie alle Pixel (den störenden Saum), die sich in der umgekehrten Auswahl befinden. Wählen Sie dazu den Befehl *Auswahl/Auswahl umkehren* und anschließend den Befehl *Bearbeiten/Löschen*.

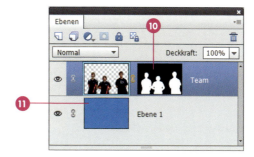

Abbildung 21.12:
Im Bedienfeld EBENEN
erscheint nur eine
Ebene inklusive
Ebenenmaske.

Abbildung 21.13:
Der Saum ist
verschwunden.

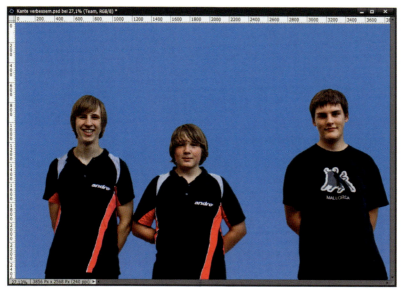

Abbildung 21.14:
Ergebnis.

21.2 Auswahl anpassen

Um eine bestehende Auswahl zu verändern, stellt das Menü *Auswahl* mehrere Funktionen zur Verfügung. Hier können Sie eine Umrandung (Kontur) der aktuellen Auswahl erstellen, eine Auswahl abrunden, verkleinern, vergrößern oder ähnliche Bildbereiche einer Auswahl hinzufügen.

Auswahl verändern

Über den Befehl *Auswahl/Auswahl verändern* stellt Photoshop Elements vier Funktionen zur Verfügung, mit denen sich eine Auswahl umranden, abrunden, erweitern oder verkleinern lässt.

Umrandung

Wie der Name schon sagt, wird mit dieser Funktion eine Umrandung der aktuellen Auswahl erzielt. Zu diesem Zweck erstellt die Software eine weiche und geglättete Auswahlbegrenzung (praktisch eine Kontur in Auswahlform) entlang der aktuellen Auswahl. Die Breite dieser Auswahlumrandung kann bis zu 200 Pixel betragen.

Abrunden

Eckige Auswahlen werden abgerundet. Die Stärke der Abrundung können Sie im Dialogfenster der Funktion durch einen entsprechenden »Abrundungswert« (Radius in Pixeln) steuern.

Erweitern/Verkleinern

Bietet die Möglichkeit, die Ausdehnung der aktuellen Auswahl über einen Wert pixelbasiert zu steuern.

Auswahl vergrößern

Nimmt unmittelbar benachbarte Pixel, die im Toleranzbereich des aktuell aktiven Auswahlwerkzeugs liegen, in eine bestehende Auswahl auf. Wenn Sie die Funktion nutzen möchten, müssen Sie daher sicherstellen, dass aktuell auch ein Auswahlwerkzeug mit Toleranzfunktion aktiv ist (z. B. der Zauberstab 🔧).

Ähnliches auswählen

Funktioniert so wie die oben beschriebene Funktion *Auswahl vergrößern*. Allerdings bezieht diese Funktion auch die nicht unmittelbar benachbarten Pixel mit ein.

**Auswahl_opti-
mieren.psd**

1. Öffnen Sie das Bild *Auswahl_optimieren.psd*.

Mit dem Bild wurde eine Auswahl gespeichert. Diese müssen Sie zunächst laden.

2. Wählen Sie den Befehl *Auswahl/Auswahl laden*.

Im Listenfeld *Auswahl* werden zwei mit der Datei gespeicherte Auswahlen angezeigt. Wählen Sie den Eintrag *Zu optimierende Auswahl.*

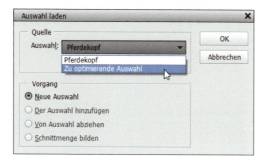

Abbildung 21.15:
Die zu optimierende
Auswahl laden.

3. Klicken Sie auf OK, um die Auswahl zu laden.

Jetzt wird die Auswahl angezeigt. Ziel ist es, den Himmel komplett auszuwählen.

4. Aktivieren Sie im Werkzeugbedienfeld den Zauberstab 🔨 und stellen Sie die *Toleranz* auf den Wert 20 ein.

5. Wählen Sie den Befehl *Auswahl/Ähnliches auswählen.*

Auf Basis der Zauberstab-Toleranz wählt die Funktion jetzt die noch fehlenden blauen Pixel aus. Da die noch nicht ausgewählten Pixel unmittelbar an bereits ausgewählte Pixel angrenzen, hätten Sie in diesem Fall auch die Funktion *Auswahl vergrößern* nutzen können.

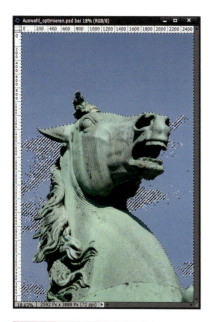

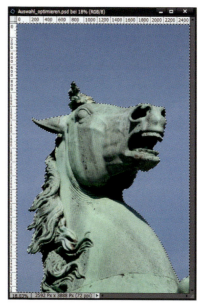

Abbildung 21.16:
Die zu optimierende Auswahl.

Abbildung 21.17:
Die optimierte Auswahl.

21.3 Auswahl transformieren

Über den Befehl *Auswahl/Auswahl transformieren* lassen sich Auswahlen drehen, skalieren und verzerren. Nach dem Aufrufen des Befehls wird die Auswahl von einem Transformationsrahmen umgeben, der an seinen Ecken und Seiten kleine »Anfasser« zur Verfügung stellt.

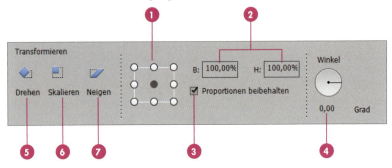

Abbildung 21.18:
Werkzeugoptionen
des Befehls AUSWAHL
TRANSFORMIEREN.

Tabelle 21.2:
Die Bedeutung der
einzelnen Funktionen.

❶	Positionsmatrix für den Referenzpunkt (»Dreh- und Angelpunkt«) des Transformationsrahmens.
❷	Zeigt die manuell eingestellten Skalierungsfaktoren für Breite und Höhe an. Zudem lassen sich in die beiden Eingabefelder auch direkt die gewünschten Werte eingeben.
❸	Ist das Kontrollfeld aktiviert, werden Breite und Höhe im gleichen Verhältnis transformiert.
❹	Hier kann ein Drehungswinkel eingegeben bzw. der manuell eingestellte Winkel abgelesen werden.
❺, ❻, ❼	Die drei Schaltflächen sorgen jeweils dafür, dass über die Anfasser des Transformationsrahmens entweder gedreht ❺, skaliert ❻ oder geneigt ❼ werden kann.

Auswahl verkleinern/vergrößern

Klicken Sie bei aktivem Auswahl-Transformationsrahmen auf einen der vier »Eckanfasser«, und ziehen Sie diesen in Richtung der Auswahlmitte, wenn Sie die Auswahl verkleinern möchten. Soll die Auswahl vergrößert werden, ziehen Sie den »Anfasser« hingegen weg von der Auswahlmitte. Drücken Sie dabei jeweils ⇧, wenn Sie die Auswahl proportional vergrößern bzw. verkleinern möchten, oder stellen Sie sicher, dass in der Optionsleiste des Befehls die Funktion *Proportionen beibehalten* ❸ aktiviert ist. Möchten Sie die Auswahl bezogen auf ihren Mittelpunkt (konzentrisch) vergrößern oder verkleinern, halten Sie Alt bzw. alt ⌥ gedrückt.

Zudem können Sie den Referenzpunkt (praktisch den »Dreh- und Angelpunkt«) auch mit einem Klick auf den jeweiligen Punkt der Matrix festlegen ❶. Alternativ zur Arbeit mit den Anfassern können Sie den gewünschten Vergrößerungs-

bzw. Verkleinerungsfaktor auch in die Eingabefelder der Optionsleiste **2** eingeben. Wenn Sie mit dem Transformationsergebnis zufrieden sind, drücken Sie ⏎ oder klicken auf das kleine grüne Häkchen an der Unterseite des Transformationsrahmens.

Auswahl drehen

Bewegen Sie den Cursor über einen der vier Eckpunkte. Sobald sich der typische Drehen-Cursor zeigt, können Sie die Auswahl drehen. Alternativ dazu nimmt Photoshop Elements den gewünschten Drehwinkel auch direkt in der Optionsleiste **4** entgegen.

Abbildung 21.19:
Zu transformierende
Auswahl.

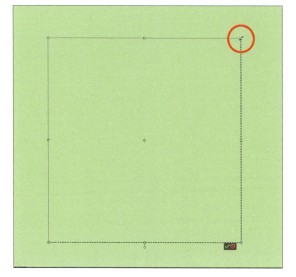

Abbildung 21.20:
Der Transformations-
rahmen mit seinen
»Anfassern« (roter
Kreis) erscheint,
sobald der Befehl
AUSWAHL/AUSWAHL
TRANSFORMIEREN
ausgewählt wird.

379

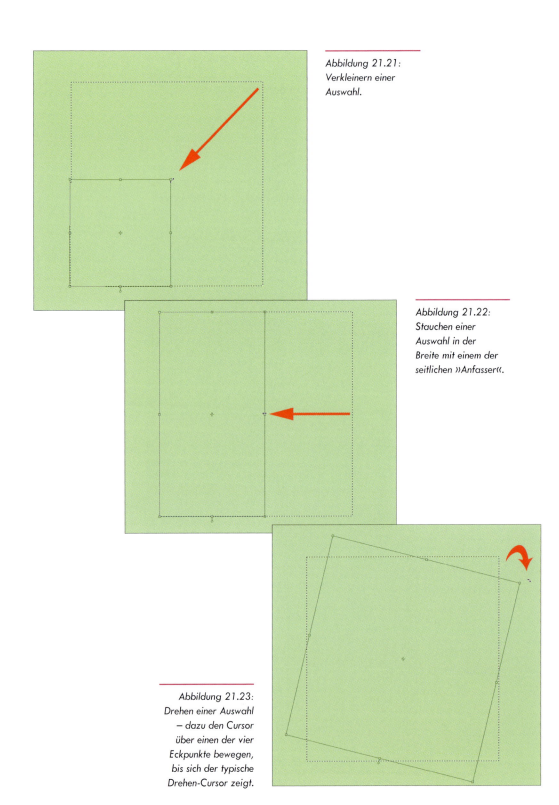

Abbildung 21.21:
Verkleinern einer
Auswahl.

Abbildung 21.22:
Stauchen einer
Auswahl in der
Breite mit einem der
seitlichen »Anfasser«.

Abbildung 21.23:
Drehen einer Auswahl
– dazu den Cursor
über einen der vier
Eckpunkte bewegen,
bis sich der typische
Drehen-Cursor zeigt.

21.4 Verschieben einer Auswahl

Eine bestehende Auswahl kann verschoben werden. Das Verschieben-Werkzeug ⊹ kann dafür allerdings nicht genutzt werden, weil dadurch auch die ausgewählten Pixel verschoben würden. Für die Verschiebung einer Auswahl können Sie vielmehr jedes Auswahlwerkzeug nutzen. Dabei spielt es keine Rolle, ob Sie die Auswahl mit einem bestimmten Auswahlwerkzeug erstellt haben. Grundsätzlich gilt: Jede Auswahl kann mit jedem Auswahlwerkzeug verschoben werden.

Damit die Verschiebung klappt, muss beim jeweils gewählten Auswahlwerkzeug in der Optionsleiste der Modus *Neue Auswahl* ☐ aktiviert sein. Ansonsten würde beim Versuch, die bestehende Auswahl zu verschieben, die Auswahl verändert, z. B. indem etwas von der Auswahl abgezogen oder eine Schnittmenge gebildet werden würde. Alternativ zum manuellen Verschieben können Sie auch die Cursortasten einsetzen – allerdings nur, solange ein Auswahlwerkzeug aktiv ist.

1. Stellen Sie sicher, dass im Werkzeugbedienfeld ein Auswahlwerkzeug aktiviert ist.
2. Überzeugen Sie sich davon, dass in der Optionsleiste des Werkzeugs der Modus *Neue Auswahl* ☐ aktiviert ist.
3. Platzieren Sie den Cursor innerhalb der zu verschiebenden Auswahl.
4. Halten Sie die linke Maustaste gedrückt, und verschieben Sie die Auswahl an die gewünschte Position.

Dabei zeigt Ihnen eine spezielle Cursorform, wenn die Auswahl dabei mit einer Seite an einer der vier Bildkanten »einrastet«. Das Einrasten ist als Extraservice zu begreifen. So erreichen Sie exakt und komfortabel den Bildrand. Wenn Sie die Auswahl nur in die Nähe eines Bildrandes verschieben möchten, wirkt diese Automatik kontraproduktiv. Drücken Sie in einem solchen Fall beim Verschieben der Auswahl die ⌈Strg⌉- bzw. die ⌈cmd ⌘⌉-Taste. Die Fangfunktion wird auf diese Weise deaktiviert.

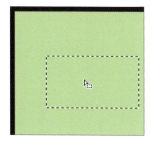 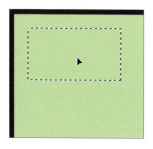 

Abbildung 21.24:
Der Cursor befindet sich
innerhalb einer Auswahl.

Abbildung 21.25:
Symbolik, wenn die Auswahl
mit gedrückter Maustaste
verschoben wird.

Abbildung 21.26:
Symbolik, wenn die Auswahl
beim Verschieben mit gedrück-
ter Maustaste an mindestens
einer der vier Bildkanten
»einrastet«.

Teil 6

Teil 6:
Farben, Schwarz-Weiß, Muster und Verläufe

22 Die Farbwahl

Photoshop Elements stellt Ihnen jede gewünschte Farbe zur Verfügung. Sie können sie mit dem Farbwähler anmischen oder aus dem Bedienfeld *Farbfelder* mit einem Klick auswählen. Wenn Sie Ihre individuellen Farben abspeichern, haben Sie sie immer wieder zur Hand. Mit dem Farbwähler-Werkzeug 🖊 können Sie die in einem Bild bereits vorhandenen Farben auswählen. Das ist dann sinnvoll, wenn Sie für ein Projekt die genauen Farbwerte einer Grafik (z. B. eines Logos oder eines Vereinswappens) benötigen oder die Farbe eines Malwerkzeugs an das Motiv anpassen möchten.

22.1 Vorder- und Hintergrundfarbe

Für viele Arbeitsschritte in Adobe Photoshop Elements ist zunächst einmal Farbe erforderlich. Die von den entsprechenden Werkzeugen und Funktionen verwendete Farbe wird dabei am unteren Ende des Werkzeugbedienfelds angezeigt. Die beiden hier abgebildeten großen Farbfelder symbolisieren die aktuell eingestellte Vorder- und Hintergrundfarbe ❶, ❷.

Abbildung 22.1: Am unteren Ende des Werkzeugbedienfelds sind die Farbfelder für den Vorder- und Hintergrund angeordnet.

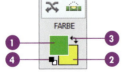

Die Malwerkzeuge Pinsel 🖌 und Buntstift ✏ arbeiten dabei mit der Vordergrundfarbe, der Radiergummi 🧽 hingegen mit der Hintergrundfarbe, es sei denn, Sie bearbeiten freie Ebenen, dann erzeugt der Radiergummi 🧽 Transparenz. Viele Filter und die Füllbefehle aus dem Menü *Bearbeiten* (*Ebene füllen*, *Auswahl füllen*, *Kontur füllen*) greifen ebenfalls auf die hier eingestellten Farbwerte zurück.

Farben tauschen und auf Schwarz-Weiß umschalten

Durch einen Klick auf das Doppelpfeilsymbol können Sie beide Farben tauschen. Für bestimmte Maltechniken und Anwendungszwecke (z. B. beim Malen von Schwarz-Weiß-Motiven oder beim Malen in Masken) ist hier eine Kombination aus Schwarz und Weiß erforderlich. Mit einem Klick auf das S/W-Symbol ④ stellen Sie diese Kombination bequem ein.

In diesem Zusammenhang gibt es zwei praktische Tastenkürzel:

Vorder- und Hintergrundfarbe tauschen: ⓧ

Vorder- und Hintergrundfarbe auf Schwarz/Weiß umschalten: Ⓓ

Farbwahl auf die Schnelle

Um die gewünschte Farbe einzustellen, können Sie entweder »auf die Schnelle« arbeiten oder nach einem ganz bestimmten Prinzip an die Sache herangehen. Ich möchte Ihnen zunächst einmal die fixe Variante vorstellen.

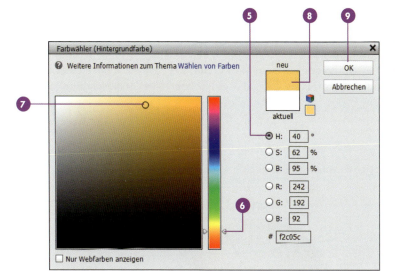

Abbildung 22.2:
Der Farbwähler.

1. Klicken Sie auf die Farbfläche der Vorder- oder Hintergrundfarbe ①, ②.
2. Stellen Sie sicher, dass die Option *H* (für **H**ue = Farbton) ⑤ aktiv ist.
3. Klicken Sie auf einen der beiden Schieberegler ⑥, und ziehen Sie diese in den Bereich des Farbspektrums, der in etwa Ihrer gewünschten Farbe entspricht.
4. Verschieben Sie das Kreissymbol ⑦ auf die gewünschte Helligkeitsstufe der Farbe.

Das Farbfeld *neu* ⑧ zeigt nun die eingestellte Farbe an.

5. Verlassen Sie den Farbwähler mit einem Klick auf OK ⑨.

Farbwahl mit dem HSB-Farbmodell

In diesem Abschnitt erfahren Sie, wie Sie den Farbwähler nach einem ganz bestimmten Prinzip nutzen können. Ich gehe bei der folgenden Erläuterung davon aus, dass Weiß als Vordergrundfarbe eingestellt ist. Bei der späteren Nutzung der Software ist die eingestellte Vordergrundfarbe natürlich stets eine andere. In diesem Fall dient Weiß lediglich dazu, eine gemeinsame Ausgangssituation für die Erläuterung des Farbwählers zu schaffen. Stellen Sie daher zunächst einmal Weiß als Vordergrundfarbe ein.

Abbildung 22.3:
Mit einem Klick auf
das S/W-Symbol
kann eine Kombination
aus Schwarz und
Weiß eingestellt
werden.

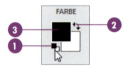

1. Klicken Sie dazu auf das S/W-Symbol ❶ und anschließend auf das Symbol mit dem Doppelpfeil ❷.
2. Klicken Sie auf die Farbfläche der Vordergrundfarbe ❸.

Jetzt wird der Farbwähler angezeigt. Für die Farbwahl stehen Ihnen die drei Farbmodelle HSB, RGB und Hexadezimal zur Verfügung. Die Arbeit mit dem HSB-Farbmodell ist besonders intuitiv. Die Farbwerte orientieren sich am sogenannten Farbkreis ❹ und werden über eine Winkelangabe definiert bzw. angezeigt.

Hue (engl.: Farbton)

Saturation (engl.: Sättigung)

Brightness (engl.: Helligkeit)

Abbildung 22.4:
Der Farbton wird mit
einer Winkelangabe
definiert.

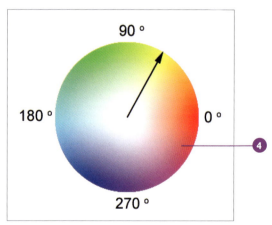

Mehr Infos zum HSB-Farbmodell finden Sie in Kapitel 5.3.

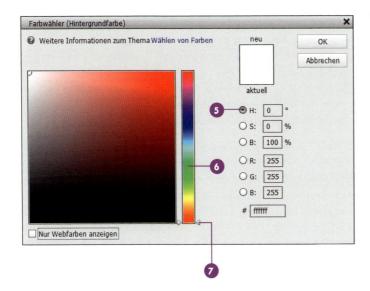

3. Stellen Sie sicher, dass aktuell die Option *H* 5 ausgewählt ist.

In der Mitte des Farbwählers wird ein regenbogenfarbenes Farbspektrum 6 angezeigt. An seinem unteren Ende sind zwei weiße Schieberegler 7 zu erkennen.

4. Klicken Sie auf einen der beiden Schieberegler, und ziehen Sie diese in den Bereich des Farbspektrums, der in etwa Ihrer gewünschten Farbe entspricht 8.

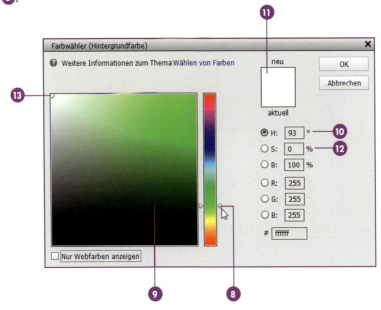

Dadurch verändert sich die Anzeige im linken Farbfeld **9**. Neben einigen Graustufen werden hier jetzt unterschiedliche Nuancen des zuvor im Spektrum ausgewählten Farbtons angezeigt. Im Bereich der HSB-Anzeige wird durch das Verschieben der Pfeile ein neuer Farbwert angezeigt (in diesem Fall 93°) **10**. Darüber hinaus finden Sie rechts oben zwei weitere Farbfelder **11**. Das untere der beiden Felder zeigt die zuvor eingestellte Farbe, das obere hingegen die aufgrund der vorgenommenen Einstellungen gewählte Farbe an.

In diesem Beispiel ist trotz der vorgenommenen Farbauswahl noch keine Veränderung zwischen den beiden Farben zu erkennen. Beide Farbfelder zeigen das ursprünglich eingestellte Weiß an. Das liegt daran, dass Sie bisher zwar den Farbton **10** verändert haben, die Sättigung aber aktuell auf 0 % **12** eingestellt ist. Das hat zur Folge, dass der aktuelle Farbton völlig entsättigt wird. Im Farbfeld auf der linken Seite können Sie diese Einstellung nachvollziehen. Die aktuelle Farbeinstellung wird hier durch ein Kreissymbol **13** angezeigt. In diesem Fall befindet sich der Kreis ganz oben links und damit im entsättigten Bereich. Mit den nächsten Arbeitsschritten werden Sie die Sättigung der Farbe verändern.

5. Wählen Sie dazu auf der rechten Seite des Farbwählers die Option S **14** aus.

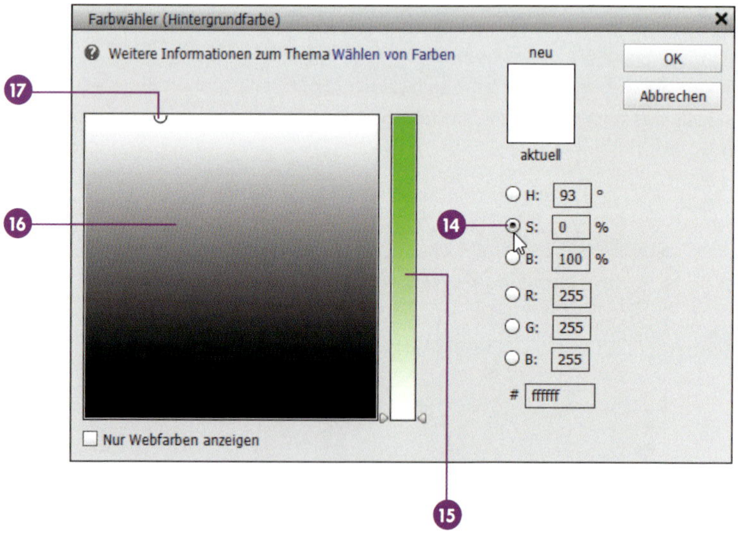

Abbildung 22.7:
Nach Auswahl der
Option S (Sättigung).

Anstelle des kunterbunten Farbspektrums besteht die Mitte des Farbwählers jetzt aus einem Verlauf **15**, in diesem Beispiel von Weiß nach Grün. Der Verlauf visualisiert die Sättigung. Ganz unten ist die Sättigung gleich null, am oberen Rand erreicht die Farbsättigung mit 100 % ihren höchstmöglichen Wert. Durch die Wahl der Optionsschaltfläche S hat sich auch die Farbfelddarstellung **16** verändert. Die aktuellen Einstellungen werden wiederum durch das Kreissymbol **17** angezeigt. Die Position des Kreissymbols entspricht im folgenden Bild dem eingestellten Farbton (Grün bzw. 93°). Diese Tatsache wird in den nächsten Arbeitsschritten deutlicher.

6. Ziehen Sie die Schieberegler **18** so weit nach oben, bis die Hälfte des Verlaufs bzw. eine Sättigung von *50 %* **19** erreicht ist.

Während Sie die Sättigung hochgefahren haben, hat sich der ursprünglich eingestellte Farbton **20** (Grün bzw. 93°) nicht verändert. Durch die höhere Sättigung wird jetzt rechts oben der Sinn der beiden Farbfelder deutlich. Das obere Farbfeld (*neu*) **21** zeigt nun den gewählten Grünton, das untere **22** die Farbeinstellung, mit der Sie den Farbwähler geöffnet haben (*aktuell*).

Durch die Erhöhung der Sättigung wird ebenfalls deutlich, dass bei aktivierter Option S das Farbfeld **23** in der Horizontalen ein Spektrum der möglichen Farben anzeigt. In der Vertikalen wird der Einfluss der Helligkeit (Brightness) abgebildet. An der Unterseite ist die Helligkeit der Farben gleich null. Die Farben an der Oberseite des Farbfelds werden hingegen mit der größtmöglichen Helligkeit (Brightness) von *100 %* abgebildet.

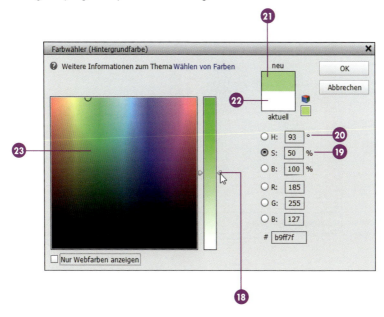

Abbildung 22.8:
Mit den weißen
Schiebereglern die
gewünschte Sättigung
einstellen (hier 50 %).

7. Ziehen Sie die Schieberegler jetzt ganz nach oben **24**, um so eine Sättigung von *100 %* **25** zu erreichen.

Das obere Farbfeld (*neu*) **26** zeigt nun einen kräftigen Grünton, das untere aber nach wie vor die Farbeinstellung, mit der Sie den Farbwähler geöffnet haben **27** (*aktuell*). Durch die Einstellung der maximalen Sättigung erscheinen die Farben im Bereich des Farbfelds **28** (inklusive des gerade eingestellten Farbtons **29**) ebenfalls in der maximalen Sättigung.

*Abbildung 22.9:
Die weißen Schiebe-
regler ganz nach
oben ziehen
(Sättigung =
100 %).*

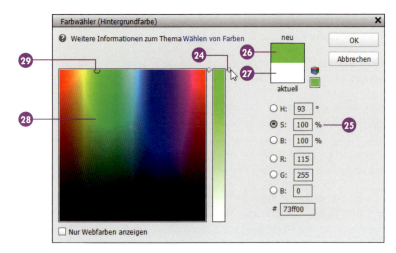

8. Wählen Sie auf der rechten Seite des Farbwählers die Option B ③⓪ aus.

*Abbildung 22.10:
Die Option B
(Brightness)
auswählen, um auf die
Helligkeit der Farbe
Einfluss zu nehmen.*

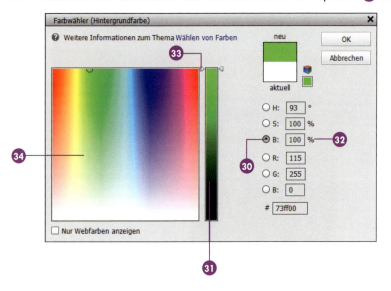

Die Mitte des Farbwählers zeigt nun einen Verlauf ③① zwischen Schwarz und dem gewählten Farbton. Über diesen Verlauf können Sie eine der verschiedenen Helligkeitsstufen des gewählten Farbtons einstellen. Da für Brightness (Helligkeit) aktuell ein Wert von *100 %* ③② eingestellt ist, befinden sich die beiden Schieberegler ③③ an der Oberseite des Verlaufs.

Auf der linken Seite des Farbfelds ③④ wird in der Horizontalen ebenfalls ein Spektrum der möglichen Farben angezeigt. In der Vertikalen werden jetzt unterschiedliche Sättigungsgrade abgebildet. An der Unterseite ist die Sättigung gleich null. An der Oberseite des Farbfelds erscheinen die Farben hingegen mit der größtmöglichen Sättigung (Saturation) von 100 %.

9. Ziehen Sie die Schieberegler **35** so weit nach unten, bis die gewünschte Helligkeit bzw. Brightness erreicht ist (in diesem Beispiel 70 %).

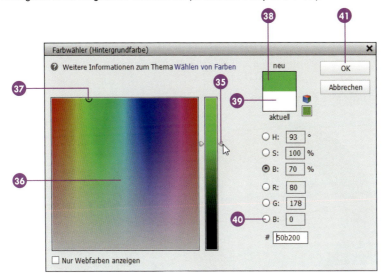

Abbildung 22.11:
Über den Verlauf
in der Mitte des
Farbwählers können
Sie eine der
verschiedenen
Helligkeitsstufen des
gewählten Farbtons
einstellen.

Durch die Reduzierung der Helligkeit erscheinen die Farben im Bereich des Farbfelds **36** (inklusive des gerade eingestellten Farbtons **37**) jetzt deutlich dunkler. Auch das Farbfeld rechts oben (*neu*) **38** zeigt nun den abgedunkelten Grünton. Im unteren Farbfeld (*aktuell*) **39** wird dagegen nach wie vor die Farbeinstellung angezeigt, mit der Sie den Farbwähler geöffnet haben. Bei geringfügigen Änderungen einer Farbe erzielen Sie anhand dieser beiden Farbwähler einen praktischen Vorher-nachher-Effekt.

Während Sie die Farbe auf Basis des HSB-Farbmodells eingestellt haben, haben sich parallel die Werte der beiden anderen Farbmodelle **40** (RGB und Hexadezimal) verändert. Daran ist gut zu erkennen, dass jede Farbeinstellung automatisch in die jeweils anderen Farbmodelle umgerechnet und entsprechend angezeigt wird.

10. Übernehmen Sie die Farbeinstellungen, indem Sie den Farbwähler mit einem Klick auf die OK-Schaltfläche **41** verlassen.

Abbildung 22.12:
Nach dem Schließen
des Farbwählers wird
die eingestellte Farbe
angezeigt.

22.2 Zueinander passende Farben ermitteln

Mit dem Farbwähler des Programms können Sie mit wenigen Klicks neue Farben einstellen. Aber auch hier gilt: Wer die Wahl hat, hat die Qual. Denn spätestens hier stellt sich dann oftmals die Frage, welche Farben eigentlich zueinander passen. Die im nächsten Abschnitt beschriebenen Farbschemata geben jedes für sich eine Antwort auf diese stets wiederkehrende Frage.

Monochromatisches Farbschema

Auf diese Weise finden Sie sehr einfach gut zueinander passende Farben. Legen Sie zunächst mithilfe des Farbwählers eine Grundfarbe fest, etwa einen Grünton mit den HSB-Werten 106, 68 und 61. Um die nächste Farbe zu definieren, verändern Sie jetzt die Helligkeit (Brightness) und/oder die Sättigung. Die Farbtoneinstellung (Hue) bleibt jeweils gleich.

Analoges Farbschema

Abbildung 22.13:
Analoges Farbschema.

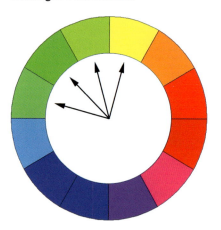

Bei diesem Farbschema werden ausschließlich im Farbkreis unmittelbar nebeneinander angeordnete Farben kombiniert. Legen Sie dazu in Photoshop Elements zunächst einmal eine Farbe fest, z. B. ein helles Rot. Um die benachbarte Farbe zu finden, müssen Sie sich im Farbkreis um 30 Grad im oder entgegen dem Uhrzeigersinn bewegen. Mit anderen Worten: Sie verändern für jede Farbe den aktuellen Farbtonwert *H* um 30 Grad.

Komplementäres Farbschema

Abbildung 22.14:
Komplementäres
Farbschema.

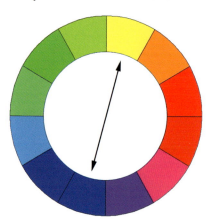

Besonders dynamisch wirkende Farbkombinationen erzielen Sie mit Farben, die sich im Farbkreis genau gegenüberliegen. Diese Farben werden als Komplementärfarben bezeichnet. Um die Komplementärfarbe eines Farbtons zu erhalten, müssen Sie zum aktuellen *H*-Wert 180 Grad addieren bzw. einen entsprechenden Zahlenwert eingeben. Es liegt auf der Hand, dass es hier zunächst nur um die Kombination von zwei Farben geht.

Teilkomplementäres Farbschema

Der sich beim komplementären Farbschema ergebende Farbkontrast ist für manche Gestaltungsansätze zu intensiv. Eine etwas abgemilderte Variante bietet das hier vorgestellte teilkomplementäre Farbschema. Bei diesem Farbschema wird nicht die Komplementärfarbe selbst, sondern eine oder beide der an die Komplementärfarbe angrenzenden Farben verwendet.

Um die entsprechenden Farbtöne zu erhalten, müssen Sie zum aktuellen H-Wert 150 Grad und/oder 210 Grad addieren bzw. einen entsprechenden Zahlenwert eingeben.

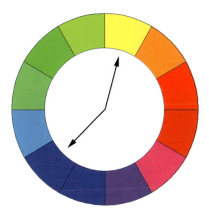

Abbildung 22.15:
Teilkomplementäres Farbschema.

Abbildung 22.16:
Teilkomplementär (drei Farben).

Triadisches Farbschema

Hier werden drei Farbtöne verwendet, die im Farbkreis einen identischen Abstand zueinander aufweisen.

Um die entsprechenden Farbtöne zu erhalten, wählen Sie zunächst eine Farbe aus. Für die zweite Farbe addieren Sie zum aktuellen H-Wert 120 Grad. Um die dritte Farbe zu erstellen, addieren Sie zum H-Wert der zweiten Farbe ebenfalls 120 Grad. Um den Kontrast der drei Farben zu verbessern, können Sie über den Wert B jeweils die Helligkeit anpassen.

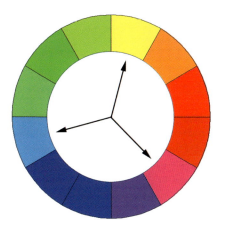

Abbildung 22.17:
Triadisches
Farbschema.

Adobe Color CC

Diese Web-App (https://color.adobe.com) hieß früher Adobe Kuler. Hier können Sie die oben erläuterten Farbschemata sehr einfach bzw. sehr komfortabel erstellen. Auf diese Weise haben Sie sehr schnell die jeweils zueinander passenden Farben parat.

Abbildung 22.18: Auf der Website von Adobe Color CC können sehr schnell zueinander passende Farben (Farbschemata) ermittelt werden.

22.3 Farbwahl mit dem RGB-Farbmodell

Es liegt in der Natur der Sache, dass sich die Farbwahl beim RGB-Farbmodell von der Farbwahl des HSB-Farbmodells unterscheidet. Die Farbwahl über das RGB-Farbmodell richtet sich zudem eher an Nutzer, die bereits einige Erfahrung mit dem RGB-Farbmodell haben, bzw. an solche Anwender, die ganz konkrete RGB-Farbwerte (Firmenlogo, Vereinswappen etc.) umsetzen müssen. In diesen beiden Fällen führt die Eingabe konkreter Zahlenwerte am schnellsten zum Ziel. Die Werte der einzelnen Kanäle reichen dabei von 0 bis 255.

In der Tabelle finden Sie einige RGB-Farbbeispiele:

R: 255 G: 0 B: 0		R: 0 G: 255 B: 255	
R: 0 G: 255 B: 0		R: 0 G: 0 B: 0	
R: 0 G: 0 B: 255		R: 125 G: 125 B: 125	
R: 255 G: 255 B: 0		R: 255 G: 255 B: 255	
R: 255 G: 0 B: 255			

Tabelle 22.1:
RGB-Farbbeispiele.

Farben für den Webeinsatz

Nur der Vollständigkeit halber möchte ich auch auf die Funktion *Nur Webfar-*
ben anzeigen eingehen. Internetbrowser zeigen die farbigen Bereiche einer
Website entsprechend den im HTML-Code der Seite vorhandenen Farbwerten
an. Die Farbwerte werden dabei nicht als HSB- oder RGB-Werte, sondern als
Hexadezimalwerte in den HTML-Code integriert. Aus diesem Grund spielen
diese Hexadezimalwerte für Webdesigner eine wichtige Rolle. Der Farbwähler zeigt daher für jeden Farbton auch den entsprechenden Hexadezimalwert
an. Selbstverständlich können Sie hier auch gezielt einen Hexadezimalcode
eingeben, um den entsprechenden Farbton einzustellen.

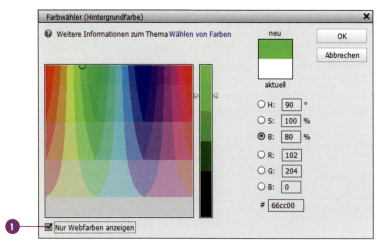

Abbildung 22.19:
Die Funktion Nur
Webfarben anzeigen
hat 216 sichere
Webfarben im
Angebot.

Wenn Sie Grafiken für den Webeinsatz herstellen möchten, bei denen es Ihnen auf eine hundertprozentige farbtreue Wiedergabe ankommt, sollten Sie auf eine der beiden im Folgenden erläuterten Funktionen zurückgreifen. Wenn Sie das Kontrollfeld *Nur Webfarben anzeigen* ❶ aktivieren, beschränkt sich der Farbwähler auf websichere Farben. Es handelt sich dabei um Farben, die sowohl von Windows- als auch von Mac-Browsern zuverlässig dargestellt werden. Eine in diesem Modus eingestellte Farbe hat somit das Prädikat »Websicher«.

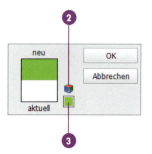

Abbildung 22.20: Das Würfelsymbol warnt vor nicht websicheren Farben.

Auch bei deaktivierter Funktion *Nur Webfarben anzeigen* haben Sie die Möglichkeit, Ihre Farben auf ihre Websicherheit hin abzuklopfen. Sobald Sie eine nicht websichere Farbe wählen, erscheint im Farbwähler ein Würfelsymbol ❷. Durch einen Klick auf diesen Würfel oder das unmittelbar darunter abgebildete Minifarbfeld ❸ stellt der Farbwähler automatisch eine websichere Farbe ein, die mit Ihrer zuvor definierten Farbe eine möglichst hohe Ähnlichkeit aufweist. Bleibt noch zu sagen, dass es sich bei dieser Funktion um ein relativ altes Feature handelt, das aus der Zeit der ersten Webbrowser stammt. Im heutigen Webdesign spielen die »websicheren Farben« keine Rolle mehr.

22.4   Vordefinierte Farben nutzen

Wenn Sie keine Lust haben, Ihre Farben mit dem Farbwähler anzumischen, können Sie das Bedienfeld *Farbfelder* nutzen, um aus einer Vielzahl von Farben die jeweils gewünschte mit einem Klick auszuwählen. Außerdem können Sie hier Ihre eigenen Farben abspeichern. Auf diese Weise haben Sie einmal angelegte Farben immer wieder zur Hand. Mit dem Befehl *Fenster/Farbfelder* können Sie das Bedienfeld aufrufen.

Vordergrundfarbe auswählen

1.   Öffnen Sie das Bedienfeld *Farbfelder* (*Fenster/Farbfelder*).

2.   Klicken Sie auf den gewünschten Farbton.

Das Farbfeld der Vordergrundfarbe am unteren Ende des Werkzeugbedienfelds zeigt jetzt den so ausgewählten Farbton an.

Hintergrundfarbe auswählen

1.   Öffnen Sie das Bedienfeld *Farbfelder* (*Fenster/Farbfelder*).

2.   Drücken Sie [Strg] bzw. [cmd ⌘], und klicken Sie auf den gewünschten Farbton.

Am unteren Ende des Werkzeugbedienfelds zeigt das Farbfeld der Hintergrundfarbe den so ausgewählten Farbton an.

Abbildung 22.21:
Im Bedienfeld
FARBFELDER auf den
gewünschten Farbton
klicken.

Eine neue Farbe hinzufügen

Wenn Sie Ihre individuellen Farben abspeichern, haben Sie diese immer wieder zur Hand.

1. Stellen Sie sicher, dass die hinzuzufügende Farbe als Vordergrundfarbe eingestellt ist.

2. Bewegen Sie den Cursor über den noch nicht durch Farbfelder belegten Bereich (also unterhalb der Farbfelder ❶) des Bedienfelds *Farbfelder*.

Der Cursor wird nun in Form des Füllwerkzeugsymbols angezeigt.

Abbildung 22.22:
Den Cursor über dem
noch leeren Bereich
des Bedienfelds
FARBFELDER platzieren.

3. Klicken Sie das Bedienfeld an, und geben Sie in dem sich öffnenden Fenster einen eindeutigen Namen für die zu speichernde Farbe ein.

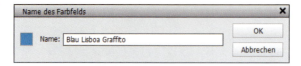

4. Schließen Sie das Dialogfenster mit einem Klick auf *OK*.

Jetzt erscheint das Dialogfenster *Speichern unter*. Hier können Sie die Änderung der Namen »Ihrer« Farbsammlung speichern. Klicken Sie dazu auf *Speichern* und im dann eventuell erscheinenden Dialog auf *Ersetzen*.

Eine Farbe löschen

Die im Bedienfeld *Farbfelder* gespeicherten Farben lassen sich jederzeit wieder löschen.

1. Ziehen Sie das Icon der zu löschenden Farbe per Drag-and-drop auf das Mülleimersymbol des Bedienfelds ❶.

2. Klicken Sie im anschließend erscheinenden Dialogfenster auf *OK*.

Jetzt erscheint das Dialogfenster *Speichern unter*. Hier können Sie die Änderung der Namen »Ihrer« Farbsammlung speichern. Klicken Sie dazu auf *Speichern* und im dann eventuell erscheinenden Dialog auf *Ersetzen*.

Bedienfeldmenü

Die folgende Tabelle gibt Ihnen einen Überblick über die Funktionen des Bedienfeldmenüs.

Funktion	Bedeutung
Neues Farbfeld	Legt die aktuell eingestellte Vordergrundfarbe als Farbfeld an.
Kleine Miniaturen Große Miniaturen Kleine Liste Große Liste	Steuert die Darstellungsform innerhalb des Bedienfelds. Bei beiden Listen werden neben den einzelnen Farben auch noch deren genaue Bezeichnungen angezeigt.
Vorgaben-Manager	Öffnet das gleichnamige Tool. Im Vorgaben-Manager können mehrere Farben auf einmal gelöscht und Farbfeldersammlungen umbenannt werden.
Farbfelder laden	Fügt der aktuell angezeigten Farbfeldersammlung eine der (gespeicherten) Farbfeldersammlungen hinzu.
Farbfelder speichern	Speichert die aktuell angezeigte Farbfeldersammlung.
Farbfelder für Austausch speichern	Speichert die aktuell angezeigte Farbfeldersammlung im Dateiformat ASE. Das ist sinnvoll, wenn Sie die jeweilige Farbfeldersammlung in anderen Programmen verwenden möchten (z. B. in Adobe Illustrator oder Adobe InDesign).
Farbfelder ersetzen	Ersetzt die aktuell angezeigte Farbfeldersammlung durch eine andere (gespeicherte) Farbfeldersammlung.
Schließen	Schließt das Bedienfeld *Farbfelder*.
Registerkartengruppe schließen	Wenn das Bedienfeld zusammen mit anderen Bedienfeldern in einem Fenster angezeigt wird, können Sie das »Gruppenfenster« und damit alle darin enthaltenen Bedienfelder schließen.

Tabelle 22.2:
Die Befehle des
Bedienfeldmenüs.

Eigene Farbfeldersammlung anlegen

Starten Sie zunächst einmal den Vorgaben-Manager.

1. Öffnen Sie mit einem Klick auf das rechts oben angeordnete Icon ❶ das Bedienfeldmenü.
2. Wählen Sie den Eintrag *Vorgaben-Manager* ❷.
3. Wählen Sie die Farben ❸ aus, die Sie in einer eigenen Farbfeldbibliothek speichern möchten.
4. Klicken Sie anschließend auf die Schaltfläche *Speichern* ❹.

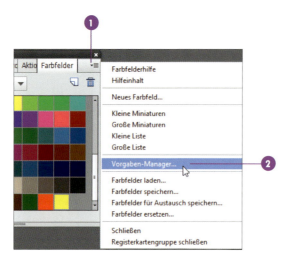

*Abbildung 22.26:
Rechts oben im
Bedienfeld auf das
Icon klicken und
anschließend den
Vorgaben-Manager
starten.*

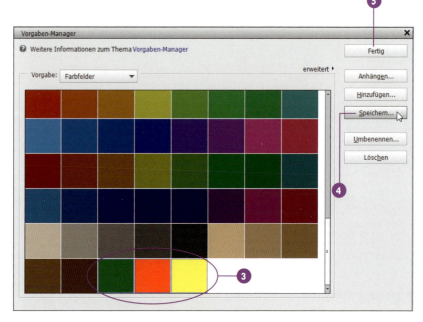

*Abbildung 22.27:
Farben aussuchen.*

Jetzt erscheint ein *Speichern*-Dialogfenster.

5. Geben Sie einen Namen für die Farbfeldbibliothek ein, und verlassen Sie das Dialogfenster mit einem Klick auf *Speichern*.

6. Schließen Sie den Vorgaben-Manager mit einem Klick auf die Schaltfläche *Fertig* **5**.

7. Schließen Sie Photoshop Elements und starten Sie das Programm neu.

8. Öffnen Sie das Bedienfeldmenü des Bedienfelds *Farbfelder*.

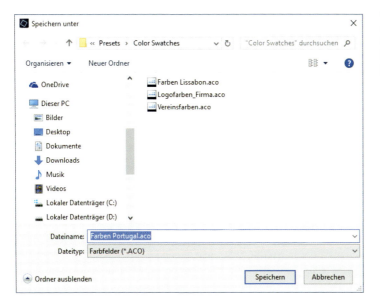

Mit *Farbfelder ersetzen* und *Farbfelder laden* stehen zwei Befehle zur Verfügung, um eine zuvor gespeicherte Farbfeldbibliothek in das Bedienfeld *Farbfelder* zu holen. Der Unterschied zwischen den beiden Befehlen besteht darin, dass *Farbfelder laden* die jeweiligen Farben der gespeicherten Farbfeldbibliothek zusätzlich zur aktuell angezeigten Farbfeldbibliothek in die Farbpalette holt. Der Befehl *Farbfelder ersetzen* sorgt hingegen dafür, dass die aktuell angezeigten Farben verschwinden und sich das Bedienfeld *Farbfelder* auf die Darstellung der geladenen Farbfeldbibliothek beschränkt.

9. Wählen Sie *Farbfelder ersetzen*.

Das Bedienfeld *Farbfelder* zeigt nun ausschließlich die von Ihnen zuvor angelegte Farbfeldbibliothek an. Wenn Sie erneut auf eine andere Farbfeldbibliothek umschalten möchten, öffnen Sie das Listenfeld und wählen die gewünschte Farbfeldbibliothek (z. B. *Standard*) aus.

22.5 Im Bild vorhandenen Farbton auswählen

Mit dem Farbwähler-Werkzeug 🖋 können Sie im Bild vorhandene Farben wählen. Das ist z. B. dann sinnvoll, wenn Sie für ein Projekt die genauen Farbwerte einer Ihnen vorliegenden Grafik benötigen oder die Farbe eines Malwerkzeugs an das Motiv anpassen möchten. Mit den Steuerungsmöglichkeiten zum Aufnahmebereich verfügt das Werkzeug lediglich über eine Werkzeugoption. Die Bedeutung dieser Option ist schnell erklärt. Voreingestellt ist hier 1 Pixel. Dadurch wird genau der Farbton des Pixels ermittelt, auf den Sie im Bild geklickt haben.

Bei den beiden anderen Einträgen wird jeweils ein Durchschnittsfarbwert ermittelt. Dazu wird ein Bereich in der hier angegebenen Größe ausgewertet (3 × 3 Pixel bzw. 5 × 5 Pixel) ❶. Die Nutzung eines größeren Aufnahmebereichs ist immer dann sinnvoll, wenn der zu wählende Bereich die Farbe in unterschiedlichen Nuancen enthält, z. B. wenn Sie einen Hautton aufnehmen möchten. Wenn Sie es hingegen mit einer homogenen Farbfläche zu tun haben, können Sie problemlos den 1 Pixel großen Aufnahmebereich verwenden. Wenn Sie gern mit dem Kontextmenü (Rechtsklick ins Bild) arbeiten, können Sie den gewünschten Aufnahmebereich (Farbwähler-Werkzeug 🖋 muss ausgewählt sein) auch hier einstellen.

Abbildung 22.30: Das Farbwähler-Werkzeug bietet oben in der Optionsleiste drei unterschiedlich große Aufnahmebereiche an.

Vordergrundfarbe festlegen

1. Öffnen Sie das Bild, dem Sie eine bestimmte Farbe entnehmen möchten.
2. Wählen Sie im Werkzeugbedienfeld das Farbwähler-Werkzeug (Pipette) 🖋 aus Ⓘ.
3. Klicken Sie im Bild auf den gewünschten Farbton ❶.

Hintergrundfarbe festlegen

1. Wählen Sie im Werkzeugbedienfeld das Farbwähler-Werkzeug 🖋 aus Ⓘ.
2. Drücken Sie Alt bzw. alt ⌥, und klicken Sie im Bild auf den gewünschten Farbton.

Der aufgenommene Farbton steht jetzt als Hintergrundfarbe zur Verfügung.

Abbildung 22.31:
Mit dem Farbwähler-
Werkzeug auf den
gewünschten Farbton
klicken.

Abbildung 22.32:
Der mit dem
Farbwähler-Werkzeug
aufgenommene
Farbton wird jetzt am
unteren Ende des
Werkzeugbedienfelds
als Vordergrundfarbe
angezeigt.

Größere Flächen brauchen Sie nicht mühsam mit Buntstift oder Pinsel auszumalen, da Photoshop Elements speziell dafür Werkzeuge und Funktionen zur Verfügung stellt.

23.1 Die verschiedenen Techniken

Mit einer der im Folgenden erläuterten Varianten werden Sie in dieser Hinsicht ganz sicher zum Ziel kommen. Verschaffen Sie sich erst einmal einen Überblick, welche der drei Techniken für Ihre Belange infrage kommt. Im weiteren Verlauf des Kapitels werden alle drei an jeweils einem konkreten Beispiel vorgestellt.

Tabelle 23.1:
Varianten der
Farbzuweisung.

Werkzeug/Funktion	Hilfreich	Nachteil
Füllwerkzeug	Wenn der zu füllende Bereich gut über die Auswahlfunktion (abhängig von der eingestellten Toleranz) des Füllwerkzeugs auswählbar ist.	Bei komplexen Motiven bzw. nicht so einfach auszuwählenden Bereichen ist das Werkzeug ungeeignet, da eine präzise Auswahl nicht oder nur mit sehr viel Aufwand möglich ist.
Menübefehl *Bearbeiten/Auswahl füllen* bzw. *Ebene füllen*	Um eine komplette Ebene oder eine bestehende Auswahl zu füllen.	
Füllebene Farbfläche	Um sehr flexibel zu arbeiten. Sie können die Farbzuweisung jederzeit rückgängig machen und überarbeiten. Ausführliche Informationen zu Füllebenen finden Sie in Kapitel 34 »Flexibler arbeiten mit Füll- und Einstellungsebenen«.	

23.2 Füllwerkzeug

Insbesondere bei einfarbigen Bereichen bietet sich das Füllwerkzeug 🪣 an. Das liegt daran, dass dieses Werkzeug ähnlich wie der Zauberstab 🪄 mit einer Toleranz arbeitet. Sie müssen lediglich auf die zu überdeckende Farbe klicken, und das Werkzeug färbt anschließend alle ähnlichen Bildpunkte ein.

Bei mehrfarbigen bzw. strukturierten Bereichen ist die Sache schon etwas kniffliger. Sie können in solch einem Fall versuchen, mit einer entsprechend hohen Toleranz zum gewünschten Ergebnis zu kommen. In den meisten Fällen ist die vorherige Auswahl mit einem geeigneteren Auswahlwerkzeug und die Farbfüllung des jeweiligen Bereichs über den Befehl *Bearbeiten/Auswahl füllen* die bessere Wahl.

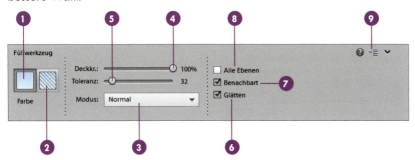

Abbildung 23.1:
Die Werkzeug-
optionen des
Füllwerkzeugs.

1	Farbe	Hier können Sie die gewünschte Farbe einstellen.
2	Muster	Wenn Sie dieses Kontrollfeld aktivieren, können Sie ein Muster auswählen. Anschließend verwendet das Füllwerkzeug nicht mehr die Vordergrundfarbe, sondern das so gewählte Muster. Mehr Informationen dazu erhalten Sie in Kapitel 26 »Muster erstellen und zuweisen«.
3	Modus	Bestimmt die Art und Weise, wie die vom Füllwerkzeug aufgetragene Farbe und die ursprünglich vorhandenen Pixel aufeinander reagieren. Entspricht den Füllmethoden des Bedienfelds *Ebenen*. Voreingestellt ist hier *Normal*.
4	Deckkraft	Steuert die Transparenz der aufgetragenen Farbe. Bei einer Deckkraft von 100 % überlagern die vom Füllwerkzeug gemalten Pixel die ursprünglich vorhandenen Pixel komplett (im Modus *Normal*). Geringere Werte sorgen dafür, dass die übermalten Pixel entsprechend der Einstellung sichtbar bleiben.
5	Toleranz	Hier steuern Sie die Ähnlichkeit der Farben, die vom Füllwerkzeug ausgewählt bzw. übermalt werden. Je höher der Wert ist, desto unterschiedlichere Farben werden übermalt. Geringe Werte sorgen dafür, dass nur sehr ähnliche Farben übermalt werden.
6	Glätten	Glättet die Übergänge zu den nicht korrigierten Bereichen.
7	Benachbart	Ist die Option aktiv, werden nur die unmittelbar aneinandergrenzenden Farben ausgewählt bzw. übermalt.

Tabelle 23.2:
Erläuterung der
Werkzeugoptionen
des Füllwerkzeugs.

| 8 | Alle Ebenen | Wenn diese Option aktiviert ist, werden die Farbwerte aller Ebenen zur Auswahlbestimmung auf Basis der eingestellten Toleranz herangezogen. |
| 9 | Werkzeug zurücksetzen

Alle Werkzeuge zurücksetzen | Setzt das Füllwerkzeug oder wahlweise alle Werkzeuge zurück. |

Alter_Porsche.jpg

1. Laden Sie das Bild *Alter_Porsche.jpg*.
2. Stellen Sie die gewünschte Vordergrundfarbe ein.

Um die Vordergrundfarbe zu definieren, habe ich in diesem Beispiel das Farbwähler-Werkzeug 🖊 benutzt.

In der Werkzeugoptionsleiste des Farbwähler-Werkzeugs habe ich zunächst den Aufnahmebereich auf 5 × 5 Pixel gestellt und anschließend auf den blauen Lack des Porsches geklickt.

TIPP ➲ Mehr Informationen zum Thema Vordergrundfarbe finden Sie in Kapitel 22 »Die Farbwahl«.

3. Wählen Sie im Werkzeugbedienfeld das Füllwerkzeug 🪣 aus (K).
4. Stellen Sie sicher, dass in der Werkzeugoptionsleiste eine *Toleranz* ⑤ von 32 eingestellt ist.
5. Klicken Sie auf den weißen Hintergrund.

Ergebnis: Der Hintergrund wird mit der Vordergrundfarbe eingefärbt.

Abbildung 23.2: Original.

Abbildung 23.3:
Das Füllwerkzeug hat
den Hintergrund mit
der Vordergrundfarbe
eingefärbt.

23.3 Auswahl füllen – Ebene füllen

Über das Dialogfenster des Befehls *Bearbeiten/Auswahl füllen* können Sie die gewünschte Farbe bzw. das zu verwendende Muster definieren.

Weitere Informationen zum Thema Muster finden Sie in Kapitel 26 »Muster erstellen und zuweisen«.

Voraussetzung für die Nutzung des Befehls ist eine bestehende Auswahl. Ist hingegen aktuell nichts ausgewählt, wird stattdessen der Befehl *Ebene füllen* angeboten.

Wie der Name verrät, werden damit die Bildpunkte der aktuell im Bedienfeld *Ebenen* ausgewählten Ebene eingefärbt bzw. mit einem Muster versehen.

1. Öffnen Sie das Bild *Farbfüllung.tif*.
2. Stellen Sie sicher, dass das Bedienfeld *Ebenen* angezeigt wird (*Fenster/Ebenen*).
3. Klicken Sie mit Strg bzw. cmd ⌘ auf die Ebenenminiatur des Bildes.

Farbfüllung.tif

Auf diese Weise werden die sichtbaren Pixel (in diesem Fall die Gondel) ausgewählt. Da diese erhalten bleiben sollen und sich die Farbfüllung auf den zurzeit noch transparenten Hintergrund beziehen soll, müssen Sie nun noch die Auswahl umkehren.

Abbildung 23.4:
Original.

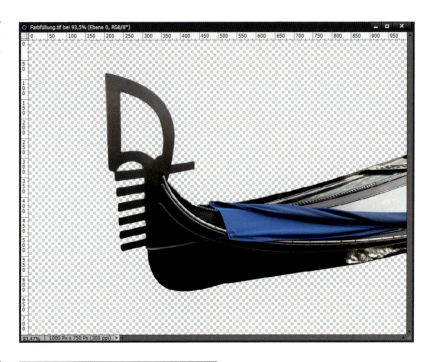

Abbildung 23.5:
Mit [Strg] auf die
Ebenenminiatur
klicken.

4. Wählen Sie dazu den Befehl *Auswahl/Auswahl umkehren* ([Strg]+[⇧]+[I] bzw. [alt ⌥]+[⇧]+[I]).

5. Entscheiden Sie sich für den Befehl *Bearbeiten/Auswahl füllen*.

6. Öffnen Sie das Drop-down-Menü *Verwenden* ❶ und stellen Sie hier *Farbe...* ein.

Abbildung 23.6:
Bei den Befehlen
AUSWAHL FÜLLEN und
EBENE FÜLLEN wird
jeweils das gleiche
Dialogfenster
angezeigt.

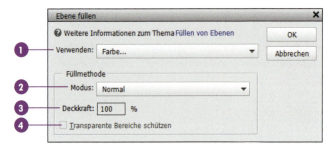

1	Verwenden	Hier können Sie einstellen, ob Sie über dieses Fenster die gewünschte *Farbe* in einem Farbwähler bestimmen möchten oder ob das Werkzeug die aktuell eingestellte *Vorder-* oder *Hintergrundfarbe* bzw. *Schwarz*, *Weiß* oder *50 % Grau* verwenden soll. Wenn Sie hier den Eintrag *Muster* anklicken, steht anschließend die *Muster*-Schaltfläche **2** zur Verfügung.	*Tabelle 23.3:* *Die Funktionen des* *Fensters EBENE FÜLLEN.*
2	Modus	Hier stehen verschiedene Füllmethoden bereit. Die Bedeutung der einzelnen Füllmethoden wird in Kapitel 35 näher erläutert.	
3	Deckkraft	Bei einer Deckkraft von 100 % überlagern die gezeichneten Pixel die ursprünglich vorhandenen Pixel komplett (im Modus *Normal*). Geringere Werte sorgen dafür, dass die gezeichneten Pixel entsprechend der Einstellung sichtbar bleiben.	
4	Transparente Bereiche schützen	Wenn diese Option aktiviert ist, werden transparente Bildbereiche in der jeweiligen Ebene bzw. innerhalb der jeweiligen Auswahl nicht eingefärbt bzw. nicht mit einem Muster versehen.	

7. Bestimmen Sie im sich öffnenden Farbwähler die gewünschte Farbe, und schließen Sie das Fenster des Farbwählers mit einem Klick auf die Schaltfläche OK.

8. Schließen Sie das Fenster *Ebene füllen* mit einem Klick auf OK.

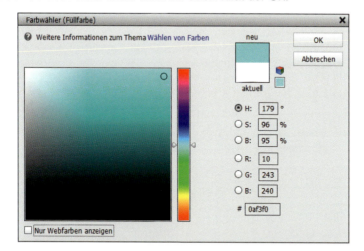

Abbildung 23.7:
 Im Farbwähler die
 gewünschte Farbe
 festlegen.

Tastenkombinationen			
Modus		PC	Mac
Auswahl oder Ebene mit Hintergrundfarbe füllen		Strg + ⟵	cmd ⌘ + ⟵
Auswahl oder Ebene mit Vordergrundfarbe füllen		Alt + ⟵	alt ⌥ + ⟵

Tabelle 23.4:
 Tastenkürzel AUSWAHL/
 EBENE MIT FARBE FÜLLEN.

Abbildung 23.8:
Ergebnis.

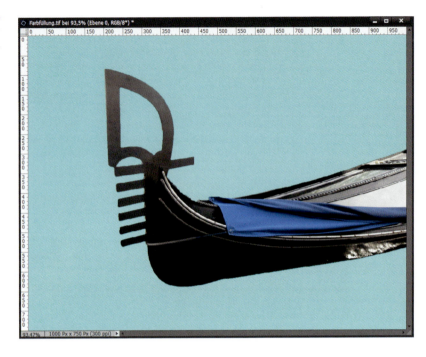

23.4 Füllebene Farbfläche

Mit der hier vorgestellten Technik sind Sie sehr flexibel unterwegs, da das Originalbild vollständig unverändert bleibt. Sie können die so vorgenommene Farbzuweisung jederzeit überarbeiten oder komplett rückgängig machen.

Alter_Porsche.jpg

1. Laden Sie das Bild *Alter_Porsche.jpg*.
2. Wählen Sie im Werkzeugbedienfeld den Zauberstab ✦ aus.
3. Stellen Sie sicher, dass in der Werkzeugoptionsleiste eine *Toleranz* von *32* eingestellt ist.

Abbildung 23.9:
TOLERANZ auf 32
einstellen.

4. Klicken Sie auf den weißen Hintergrund.

Ergebnis: Der Hintergrund ist nun ausgewählt.

5. Stellen Sie sicher, dass das Bedienfeld *Ebenen* geöffnet ist (*Fenster/Ebenen*).
6. Klicken Sie im Bedienfeld *Ebenen* auf die Schaltfläche *Neue Füll- oder Einstellungsebene erstellen* ❶.

Abbildung 23.10:
Über diese Schalt-
fläche erhalten Sie
Zugriff auf sogenann-
te Einstellungsebenen.

7. Wählen Sie in der dann erscheinenden Drop-down-Liste den Eintrag *Farb-fläche* ❷.

Abbildung 23.11:
Den Eintrag FARBFLÄCHE
wählen.

8. Stellen Sie in dem sich automatisch öffnenden Farbwähler die gewünschte Farbe ein.

9. Schließen Sie den Farbwähler mit einem Klick auf OK.

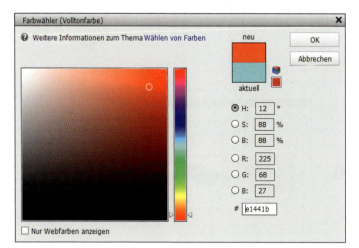

Abbildung 23.12:
Im Farbwähler die
gewünschte Farbe
einstellen.

Ergebnis: Der zuvor ausgewählte Bereich erscheint in der gewünschten Farbe ❸. Mit einem Klick auf die vordere Miniatur der Füllebene ❹ können Sie den Farbwähler jederzeit öffnen und die Farbe auf diese Weise bei Bedarf anpassen. Mit einem Klick auf das Augensymbol ❺ können Sie die Einfärbung jederzeit ein- bzw. ausblenden. Wenn Sie etwas experimentieren möchten, können Sie an dieser Stelle auch mal eine andere Füllmethode ❻ und/oder eine andere Deckkraft **7** einstellen. Ausführliche Informationen zum Thema Füllmethoden finden Sie im gleichnamigen Kapitel 35.

Wenn Sie die Füllebene bzw. die neue Farbe komplett loswerden möchten, müssen Sie die Ebene einfach nur auswählen und dann auf den Mülleimer **8** klicken.

Abbildung 23.13:
Ergebnis.

Abbildung 23.14:Die
Füllebene liegt über
der einzufärbenden
Ebene.

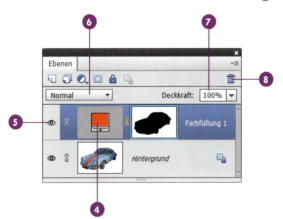

Schwarz-Weiß-Bilder erstellen

Die Bezeichnung ist etwas irreführend, weil Schwarz-Weiß-Bilder in den meisten Fällen nicht nur schwarz und weiß sind, sondern vielmehr auf einer Vielzahl unterschiedlicher Helligkeitswerte basieren. Ungeachtet dessen haben Schwarz-Weiß-Bilder ihren eigenen Reiz. Nicht zuletzt deshalb unterstützt Photoshop Elements die Konvertierung von Farbfotos in Schwarz-Weiß-Bilder.

Digitale Farbfotos basieren auf dem Farbmodell RGB und damit auf jeweils einem Bildkanal für rote, grüne und blaue Farbanteile. Daher entstehen beim Fotografieren eines Farbfotos bzw. in der Kamera eben diese drei Kanäle. Allerdings werden hier lediglich die Helligkeiten der Farbanteile ermittelt und so nur Graustufen- bzw. Schwarz-Weiß-Informationen ausgewertet.

Anhand dieser Helligkeitswerte ermittelt die Kamera den Anteil von Rot, Grün und Blau für jedes einzelne Pixel und berechnet so das farbige Bild. Die drei Helligkeitskanäle sind letztlich Teil der gespeicherten Bilddatei und bilden in der Summe das farbige Foto. Ein Blick auf diese Kanäle ist nur mit einer entsprechenden Software möglich. In Adobe Photoshop Elements selbst bekommen Sie die Kanäle nicht zu Gesicht. Beim »großen Bruder« Photoshop können Sie hingegen über ein entsprechendes Bedienfeld in die Kanäle blicken.

Abbildung 24.1:
Im Gegensatz zu
Photoshop Elements
gestattet das große
Photoshop einen Blick
auf die Kanäle eines
Farbfotos.

24.1 Schnell, aber ohne Kontrolle

Mit den beiden folgenden Befehlen werden Sie die Farbe ohne große Umstände los. Allerdings bieten beide Befehle keine Möglichkeiten zur Einflussnahme.

Farbe entfernen/Modus Graustufen

Mit den Befehlen *Überarbeiten/Farbe anpassen/Farbe entfernen* (⇧+Strg+U bzw. cmd ⌘+⇧+U) oder *Bild/Modus/Graustufen* verwandeln Sie ein farbiges Bild in ein Schwarz-Weiß-Foto. Auch wenn das optische Ergebnis der beiden Befehle oftmals sehr ähnlich ausfällt, agieren diese hinter den Kulissen doch jeweils völlig anders.

Beim erstgenannten Befehl verbleibt das Bild (trotz der Entfärbung) im Farbmodus RGB und behält somit seine RGB-Kanäle. Daher stehen zu seiner Weiterverarbeitung nach wie vor alle Farbfunktionen zur Verfügung. Auf diese Weise ist eine bessere Steuerung der Grauwerte, aber auch die Möglichkeit gegeben, dem Bild zu einem späteren Zeitpunkt erneut Farbe hinzuzufügen.

Der Befehl *Bild/Modus/Graustufen* sorgt hingegen dafür, dass die RGB-Kanäle des Bildes durch einen einzigen Graustufenkanal ersetzt werden. Da viele Farbfunktionen des Programms aber die Existenz dieser Farbkanäle voraussetzen, stehen diese bei solchen Bildern nicht mehr zur Verfügung und erscheinen entsprechend grau unterlegt. Zur Not könnten Sie ein solches Graustufenbild (erneut) in den Bildmodus RGB konvertieren. Wählen Sie dazu den Befehl *Bild/Modus/RGB*. Das ist jedoch alles etwas umständlich und eigentlich auch nicht notwendig, da der einzige Vorteil von Bildern im Bildmodus *Graustufen* in einer signifikant geringeren Datenmenge besteht. Dieser Vorteil ist heutzutage bzw. in diesem Kontext aber nicht mehr relevant.

Die Verwendung des Befehls *Bild/Modus/Graustufen* sollten Sie daher nach Möglichkeit vermeiden und stattdessen den Befehl *Überarbeiten/Farbe anpassen/Farbe entfernen* nutzen.

24.2 Schnell und bequem – mit etwas mehr Kontrolle

Auch in diesem Fall führen die im Arbeitsbereich *Assistent* angeboten Funktionen relativ fix zu ganz brauchbaren Ergebnissen. Wenn Sie möchten, können Sie das Vorgehen anhand der Datei *Boot_sw.jpg* praktisch nachvollziehen.

Boot_sw.jpg

1. Laden Sie das Bild *Boot_sw.jpg*.
2. Aktivieren Sie den Arbeitsbereich *Assistent* ❶.
3. Klicken Sie im Register *Schwarzweiß* ❷ auf die gleichnamige Funktion .

Abbildung 24.2:
Der Assistent stellt
in der Rubrik
SCHWARZWEISS die
gleichnamige Funktion
zur Verfügung.

Abbildung 24.3:
Das Bild soll in
Schwarz-Weiß
konvertiert werden.

4. Klicken Sie rechts auf eine der vier Schwarz-Weiß-Vorgaben ❹.

Probieren Sie im Zweifelsfall alle vier Vorgaben aus, und fügen Sie dem Bild optional noch eine Weichzeichnung ❺ hinzu. Die Größe und Deckkraft der Weichzeichnung können Sie dabei jeweils über einen Schieberegler steuern. Wenn Sie möchten, können Sie zudem noch den Kontrast (schrittweise) ❻ erhöhen, indem Sie (mehrfach) auf die gleichnamige Schaltfläche klicken.

TIPP ⊃ Sollte der Kontrast nach mehrmaligem Klicken zu hoch ausfallen, können Sie den Kontrast mit ⌈Strg⌉+⌈Z⌉ bzw. ⌈cmd ⌘⌉+⌈Z⌉ wieder schrittweise reduzieren.

5. Schließen Sie die Bearbeitung mit einem Klick auf die Schaltfläche *Weiter*
7 unten rechts ab.

Bild verwenden/weitergeben

Photoshop Elements hat während der Bearbeitung eine neue Ebene erstellt. Um das so erstellte Bild weiterzugeben, sollten Sie es zunächst auf eine Ebene reduzieren. Das passiert automatisch, wenn Sie sich im nun erscheinenden Fenster für den Upload **8** auf Facebook, Flickr oder Twitter entscheiden.

Zudem können Sie das Bild lokal speichern **9** und dabei ein Dateiformat wählen, das keine Ebenen unterstützt (z. B. JPEG).

Wenn Sie das Bild hingegen direkt weiterbearbeiten möchten, wählen Sie hier **10** zwischen den Arbeitsbereichen *Schnell* und *Experte*. Der Arbeitsbereich *Experte* stellt das Bedienfeld *Ebenen* zur Verfügung. In diesem Bedienfeld (Menübefehl *Fenster/Ebenen*) können Sie den Aufbau des Effekts **11** nachvollziehen.

Abbildung 24.4:
Speichern, Nachbear-
beiten oder Teilen.

Im Bedienfeld *Ebenen* werden nun zwei Ebenen dargestellt. Die obere der beiden Ebenen enthält dabei das Schwarz-Weiß-Bild. Die Hintergrundebene enthält hingegen das Originalbild.

Beenden Sie den Job, indem Sie das Bild auf eine Ebene reduzieren und so das Hintergrundbild überschreiben.

6. Wählen Sie dazu den Befehl *Ebene/Sichtbare auf eine Ebene reduzieren*.

*Abbildung 24.5:
Mögliches Ergebnis.*

*Abbildung 24.6:
Das Schwarz-Weiß-
Bild überlagert das
Originalbild.*

24.3 In Schwarzweiß konvertieren

Im Rahmen der hier vorgestellten Funktion behalten Sie die maximale Kontrolle bei der Konvertierung der einzelnen Farben.

1. Laden Sie das Bild *Canal.jpg*.

2. Aktivieren Sie einen der Arbeitsbereiche *Experte* oder *Schnell*.

3. Wählen Sie den Befehl *Überarbeiten/In Schwarzweiß konvertieren* oder verwenden Sie das Tastenkürzel [Strg]+[Alt]+[B] bzw. [cmd ⌘]+[alt ⌥] +[B].

Canal.jpg

Abbildung 24.7:
Original.

Abbildung 24.8:
In diesem Fall habe ich
die hier dargestellten
Einstellungen
verwendet.

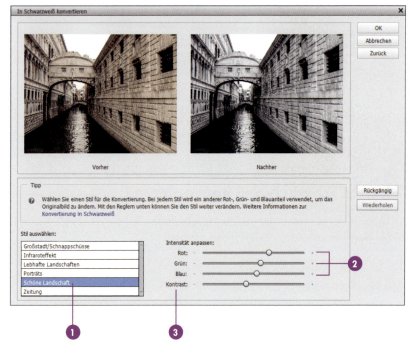

4. Wählen Sie einen der Stile **1** aus.

5. Nehmen Sie (bei Bedarf) Detailanpassungen mit den Schiebereglern *Rot*, *Grün* und *Blau* vor **2**.

Diese Maßnahme sorgt dafür, dass der entsprechende Farbkanal bei der Umwandlung in Schwarz-Weiß stärker oder weniger stark gewichtet wird.

Bei Natur- bzw. Landschaftsaufnahmen ist es oftmals sinnvoll, den Grünkanal etwas stärker zu gewichten, um auf diese Weise die Vegetation aufzuhellen.

Bei Porträts sollten Sie dagegen mal eine leichte Erhöhung des *Rot*-Reglers testen.

6. Passen Sie bei Bedarf den *Kontrast* **3** an.

7. Schließen Sie das Fenster *In Schwarzweiß konvertieren* mit OK.

Abbildung 24.9:
Mögliches Ergebnis.

24.4 Nik-Filter/Silver Efex Pro 2

Ich möchte an dieser Stelle auf die sogenannte Nik Collection hinweisen.

Diese Effektsammlung beinhaltet unter anderem das Modul *Silver Efex Pro 2*, mit dem Sie sehr schnell eine Vielzahl attraktiver Schwarz-Weiß-Looks erzielen können.

Schwarz-Weiß-Bilder erstellen

Die Nik Collection kostete ursprünglich ca. 120 Euro und wird von Google nun gratis zur Verfügung gestellt. Nach der Installation ist sie in Photoshop Elements über das Menü *Filter* erreichbar.

Abbildung 24.10: Das Modul SILVER EFEX PRO 2 der Nik Collection.

Farbe in Schwarz-Weiß-Bildern

Schwarz-Weiß-Bilder und Farbe sind kein Widerspruch. Vielmehr lassen sich beide Aspekte sehr gut kombinieren. Neben den klassischen Programmfunktionen stellt Photoshop Elements dazu spezielle Funktionen im Arbeitsbereich *Assistent* zur Verfügung.

25.1 Farbe(n) entfernen

Mit Photoshop Elements können Sie wahlweise bestimmte Farben oder gezielt ganze Bildbereiche entsättigen und auf diese Weise in Graustufen bzw. in Schwarz-Weiß darstellen.

Bestimme Farben entfernen

Mit der Funktion *Farbton/Sättigung* können Sie gezielt einzelne Farben entsättigen, indem Sie die betreffenden Farben über ein Pull-down-Menü der Funktion anwählen (z. B. Grüntöne, Gelbtöne etc.) oder indem Sie diese mithilfe eines Farbwählers im Bild anklicken.

In dem hier dargestellten Beispiel sollen auf diese Weise u. a. die gelbe Wand, die Grasbüschel und der verwitterte bzw. rostbraune Lack in Graustufen verwandelt werden.

1. Laden Sie das Bild *Vauxhall Super.jpg*.
2. Aktivieren Sie einen der Arbeitsbereiche *Experte* oder *Schnell*.
3. Wählen Sie den Befehl *Überarbeiten/Farbe anpassen/Farbe/Sättigung anpassen* oder verwenden Sie das Tastenkürzel [Strg]+[U] bzw. [cmd ⌘]+[U].
4. Wählen Sie im Pull-down-Menü den Eintrag *Gelbtöne* ❶.
5. Ziehen Sie den Regler *Sättigung* ❷ ganz nach links.

Vauxhall Super.jpg

Abbildung 25.1:
Original.

Abbildung 25.2:
Die Gelbtöne
entsättigen.

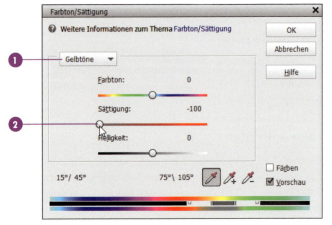

Jetzt sollen zusätzlich noch die im Bereich des Bodens und des verwitterten Fahrzeuglacks sichtbaren Brauntöne **3** entsättigt werden. Bei diesen Brauntönen handelt es sich praktisch um etwas dunklere bzw. rötlichere Gelbtöne.

Sie können diese Farbtöne der bisherigen Farbtonwahl sehr einfach hinzufügen und so auch diese Bildbereiche entsättigen.

Wählen Sie dazu den mittleren Farbwähler **4** aus, und klicken Sie dann auf einen rostigen Bereich der Heckklappe.

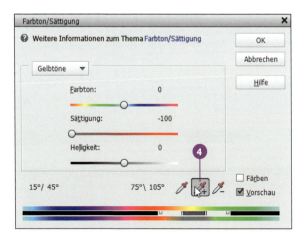

Abbildung 25.4:
Auf den mittleren
Farbwähler klicken.

Zwischen dem Kopfsteinpflaster sprießt hier und da etwas Gras. Dieses soll jetzt ebenfalls von seiner Farbe befreit werden.

6. Wählen Sie daher im Pull-down-Menü den Eintrag *Grüntöne* **5**.

7. Ziehen Sie den Regler *Sättigung* ganz nach links **6**.

*Abbildung 25.5:
Der Rost auf der
Heckklappe und weite
Teile des Bodens sind
nun ebenfalls
entsättigt bzw. grau.*

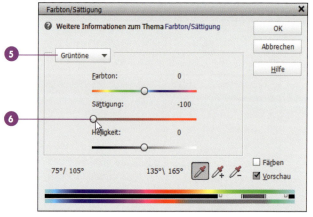

*Abbildung 25.6:
Die Grüntöne
entsättigen.*

*Abbildung 25.7:
Das Gras erscheint nun
ebenfalls grau.*

Bestimmte Bereiche entfärben – Schwamm drüber

Neben dem Rot der Rücklichter gibt es jetzt noch den blauen Streifen auf dem Nummernschild **7** und eine grüne Haustür **8**. Das Grün der Tür wurde im letzten Arbeitsschritt nicht entsättigt, da Photoshop Elements diesen Farbton als Cyan bzw. Blaugrün interpretiert.

Wenn Sie die Tür **8** bzw. deren Farbton auf die eben vorgestellte Art und Weise entsättigen würden, hätte das zur Folge, dass der cyanblaue Streifen im Nummernschild **7** dabei ebenfalls seiner Farbe beraubt werden würde. Da rund um die Tür bereits alles entsättigt ist, können Sie die Sache auch manuell erledigen, indem Sie auf den Schwamm 🧽 zurückgreifen.

8. Schließen Sie das Fenster *Farbton/Sättigung* mit OK.
9. Wählen Sie im Werkzeugbedienfeld den Schwamm 🧽.

Sollte der Schwamm hier nicht unmittelbar zu sehen sein, müssen Sie lediglich ein- oder zweimal die Taste ⎯O⎯ auf Ihrer Tastatur drücken. Spätestens dann erscheint hier das entsprechende Symbol.

10. Stellen Sie sicher, dass in den Werkzeugoptionen des Schwamms der *Modus* auf *Sättigung verringern* eingestellt ist **9**.
11. Stellen Sie den *Fluss* **10** auf *100 %* und die *Größe* auf ca. *65* Pixel ein **11**.
12. Malen Sie nun über die grüne Tür.

Ergebnis: Die Tür erscheint nun nicht mehr farbig **12**.

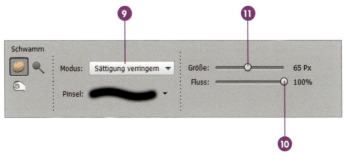

Abbildung 25.8:
Einstellung der
Werkzeugoptionen.

Auf die gleiche Art und Weise könnten Sie jetzt noch das bläulich schimmernde Kopfsteinpflaster **13**, die beiden großen Rostflecke **14** (rechter Heckscheibenansatz, Kotflügel vorn) sowie den bläulichen Schimmer auf der im Beifahrerfenster steckenden Kunststoffplane **15** beseitigen.

Den unter der Stoßstange liegenden Müll **16** werden Sie zudem sehr leicht mit dem Reparatur-Pinsel 🩹 los.

Abbildung 25.9:
Die Tür erscheint nun
ebenfalls in Grau.

Abbildung 25.10:
Ergebnis.

Kolorieren mit dem Assistenten

Den anhand des Autos vorgestellten Effekt können Sie auch mit den Mitteln des
Assistenten erreichen. Dazu stehen die Funktionen *Farbexplosion in Schwarzweiß*
und *Schwarzweiß-Auswahl* zur Verfügung. Beide Funktionen sind verhältnismäßig leicht umsetzbar und führen in den meisten Fällen schnell zu brauchbaren

Ergebnissen. Dennoch lohnt sich oftmals eine weitere Optimierung im Arbeits-
modus *Experte*. Im Folgenden erläutere ich Ihnen die entsprechende Vorgehensweise anhand der Funktion *Schwarzweiß-Auswahl*. Im Beispielbild soll dabei mit
Ausnahme der beiden roten Schirme alles in Schwarz-Weiß erscheinen.

1. Laden Sie die Datei *Schirme.jpg*.
2. Aktivieren Sie den Arbeitsbereich *Assistent* ❶.
3. Klicken Sie im Register *Schwarzweiß* ❷ auf die Funktion *Schwarzweiß-Auswahl* ❸.

Schirme.jpg

Abbildung 25.11:
Der Assistent stellt
die Funktion
Schwarzweiss-
Auswahl *zur*
Verfügung.

4. Klicken Sie rechts auf die Schaltfläche *SW-Auswahlpinsel* ❹.

Abbildung 25.12:
Mit Ausnahme der
beiden roten Schirme
soll alles schwarz-weiß
werden.

5. Stellen Sie die Pinselgröße auf ca. 90 Pixel ein 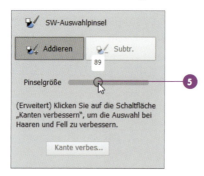.

Abbildung 25.13:
Einstellen der
Pinselgröße.

6. Malen Sie mit dem Pinsel über die Fassade **6**.

Abbildung 25.14:
Mit dem Pinsel über
die Fassade malen.

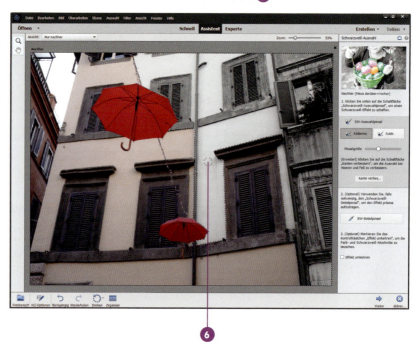

Vermeiden Sie nach Möglichkeit zunächst die unmittelbare Nähe zu den Schirmen. Wenn Sie dabei dennoch versehentlich einen der Schirme bzw. Teile eines Schirms übermalen sollten **7**, ist das kein Problem.

Klicken Sie in diesem Fall einfach auf die Schaltfläche *Subtr.* **8** und übermalen Sie diesen Bereich erneut **9**.

Abbildung 25.15:
Versehentlich
ausgewählte bzw.
entfärbte Bereiche
lassen sich problemlos
korrigieren.

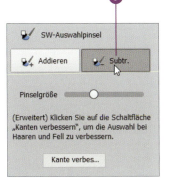

Abbildung 25.16:
Mit der Schaltfläche
SUBTR. kann die
Wirkung des
SW-Auswahlpinsels
umgekehrt werden.

Um nicht bzw. versehentlich ausgewählte Details zu entdecken, müssen Sie die Kanten der Schirme in Augenschein nehmen. Verwenden Sie dazu bitte nicht die links oben dargestellte Lupe, da Sie ansonsten nicht mehr zum SW-Auswahlpinsel zurückkehren können. Nutzen Sie bei aktivem SW-Auswahlpinsel vielmehr das Tastenkürzel [Strg]+[+] bzw. [cmd ⌘]+[+], um in das Bild zu zoomen. Mit [Strg]+[-] bzw. [cmd ⌘]+[-] zoomen Sie wieder heraus. Wenn Sie das Tastenkürzel ausgeführt haben, ist der SW-Auswahlpinsel nach wie vor aktiv. Mit gedrückter Leertaste können Sie zudem den dargestellten Bildausschnitt verändern. Letzteres funktioniert aber nur, wenn Sie auch tatsächlich in das Bild gezoomt haben und deshalb Teile des Bildes aktuell nicht dargestellt werden.

Die Auswahl der Schirmkonturen ist teilweise etwas knifflig. Verkleinern Sie die Pinselspitze im Zweifelsfall auf den kleinstmöglichen Wert.

Abbildung 25.17:
In das Bild zoomen,
um Details bzw.
versehentlich entfärbte
Bereiche gezielt
übermalen zu können.

Abbildung 25.17:
In das Bild zoomen,
um Details bzw.
versehentlich entfärbte
Bereiche gezielt
übermalen zu können.

Überall dort, wo Ihnen die Auswahlmaßnahmen nicht so gelingen, können Sie den Farbeffekt auch direkt aufmalen.

Abbildung 25.18:
Die zuvor versehent-
lich entfärbten
Schirmgriffe wurden
mit dem SW-Detail-
pinsel (Modus SUBTR.)
übermalt und so in
ihrer Originalfarbe
dargestellt.

7. Klicken Sie dazu auf der rechten Seite auf *SW-Detailpinsel*.

8. Wenn Sie versehentlich entfärbte Bereiche übermalen möchten, müssen Sie jetzt auf *Subtr.* klicken. Möchten Sie hingegen Bereiche grau übermalen, klicken Sie hier auf *Addieren*.

9. Stellen Sie die Pinselspitze des SW-Detailpinsels ein.

10. Übermalen Sie den jeweiligen Bereich (z. B. die Schirmgriffe).

Dabei habe ich eine Pinselspitzengröße von ca. 3 Pixeln verwendet.

11. Schließen Sie die Bearbeitung mit einem Klick auf die Schaltfläche *Weiter* ab.

Bild verwenden/weitergeben

Photoshop Elements hat während der Bearbeitung eine neue Ebene erstellt. Um das so erstellte Bild weiterzugeben, sollten Sie es zunächst auf eine Ebene reduzieren. Das passiert automatisch, wenn Sie sich im nun erscheinenden Fenster für den Upload ❿ auf Facebook, Flickr oder Twitter entscheiden. Zudem können Sie das Bild lokal speichern ⓫ und dabei ein Dateiformat wählen, das keine Ebenen unterstützt (z. B. JPEG). Wenn Sie das Bild hingegen direkt weiterbearbeiten möchten, wählen Sie hier zwischen den Arbeitsbereichen *Schnell* und *Experte*. Da ich in diesem Fall sowohl den Schwarz-Weiß-Look als auch die roten Schirme noch etwas anpassen wollte, habe ich an dieser Stelle den Weg in den Arbeitsbereich *Experte* ⓬ gewählt. Dieser Arbeitsbereich stellt das Bedienfeld *Ebenen* zur Verfügung (Menübefehl *Fenster/Ebenen*).

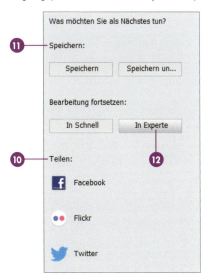

Abbildung 25.19: Speichern, Nachbearbeiten oder Teilen.

Hier werden nun zwei Ebenen dargestellt. Die obere der beiden Ebenen enthält dabei den Effekt. Die Hintergrundebene zeigt hingegen das Originalbild.

Schwarz-Weiß-Look anpassen (optional)

Bei der Umwandlung in Graustufen bietet der Assistent an dieser Stelle keine Steuerung an. In den meisten Fällen ist daher eine nachträgliche Optimierung dieser Bildbereiche sinnvoll.

1. Laden Sie die letzte (in der Ebenenmaske gespeicherte) Auswahl erneut, indem Sie im Bedienfeld *Ebenen* mit ⌈Strg⌋ bzw. ⌈cmd ⌘⌋ auf das Symbol der Ebenenmaske klicken **13**.

Abbildung 25.20:
Die Ebenenmaske.

2. Wählen Sie im Bedienfeld *Ebenen* die untere Ebene aus **14**.

Abbildung 25.21:
Die untere Ebene
auswählen.

3. Öffnen Sie mit dem Befehl *Überarbeiten/Beleuchtung anpassen/Tiefen/Lichter* die gleichnamige Funktion.

4. Passen Sie den Schwarz-Weiß-Look Ihren Vorstellungen entsprechend an **15**.

5. Verlassen Sie das Fenster *Tiefen/Lichter* mit *OK*.

Abbildung 25.22:
Den Schwarz-Weiß-
Look anpassen.

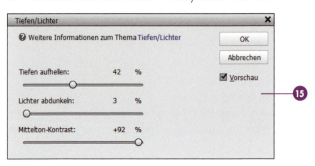

Abbildung 25.23:
Mögliches Ergebnis.

Farb-Look anpassen (optional)

Eventuell möchten Sie an dieser Stelle auch noch den Look der farbigen Objekte anpassen. In diesem Fall habe ich die Schirme noch etwas aufgehellt.

6. Kehren Sie dazu die nach wie vor bestehende Auswahl um (*Auswahl/Auswahl umkehren*).

7. Wählen Sie den Befehl *Überarbeiten/Beleuchtung anpassen/Tiefen/Lichter*.

8. Passen Sie den Look der farbigen Objekte Ihren Vorstellungen entsprechend an **16**.

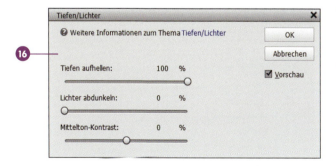

Abbildung 25.24:
In diesem Fall wurden
die Schirme mit dem
Regler TIEFEN AUFHELLEN
deutlich aufgehellt.

9. Verlassen Sie das Fenster *Tiefen/Lichter* mit OK.

Wenn Sie die farbigen Objekte hinsichtlich ihres Farbtons oder ihrer Sättigung anpassen möchten, ist das auf Basis der aktuell bestehenden Auswahl ebenfalls möglich.

Abbildung 25.25:
Die Schirme erscheinen
jetzt heller.

10. Wählen Sie den Befehl *Überarbeiten/Farbe anpassen/Farbe/Sättigung anpassen* oder verwenden Sie das Tastenkürzel ⌶Strg⌷+⌶U⌷ bzw. ⌶cmd ⌘⌷+⌶U⌷.

11. Passen Sie z. B. den Farbton und/oder die Sättigung der farbigen Objekte an **17**.

12. Verlassen Sie das Fenster *Farbton/Sättigung* mit einem Klick auf *OK*.

Abbildung 25.26:
Mit den Parametern
FARBTON und SÄTTIGUNG
kann der Look der
farbigen Objekte in
einem breiten
Spektrum angepasst
werden.

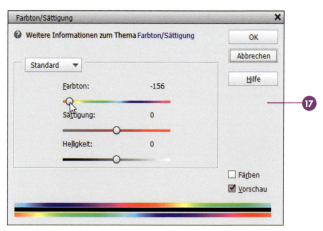

Einen ähnlichen Ansatz verfolgt die im Assistenten angebotene Funktion *Farb-explosion in Schwarzweiß*. Im Gegensatz zu der zuvor vorgestellten Technik wird hier jedoch zunächst eine zu erhaltende Farbe gewählt, und anschließend werden die anderen Farben automatisch entsättigt bzw. im Schwarz-Weiß-Look dargestellt. Da das Bild auch noch andere rote Bereiche enthält, habe ich in diesem Fall nicht auf diese Funktion zurückgegriffen. Ungeachtet dessen können Sie auch mit der Funktion *Farbexplosion in Schwarzweiß* ein ähnliches Ergebnis erzielen.

Beenden Sie den Job, indem Sie das Bild auf eine Ebene reduzieren, um auf diese Weise Effekt und Originalbild zu vereinen.

13. Wählen Sie dazu den Befehl *Ebene/Mit darunter liegender auf eine Ebene reduzieren* oder verwenden Sie einfach das Tastenkürzel $\boxed{\text{Strg}}$+$\boxed{\text{E}}$ bzw. $\boxed{\text{cmd} \quad \text{⌘}}$+$\boxed{\text{E}}$.

25.2 Bilder tonen

In der Schwarz-Weiß-Fotografie war man von jeher darum bemüht, hier und da etwas Farbe ins Spiel zu bringen. Neben dem manuellen Kolorieren einzelner Bildbereiche war hier das sogenannte Tonen von Bildern sehr beliebt. Dabei wurde das ganze Papierbild in einem Tonbad »eingefärbt«, z. B. im bekannten Sepia-Farbton. Letzteres ist heute um einiges einfacher. Verwenden Sie dazu z. B. die Funktion *Farbton/Sättigung* oder die *Fotofilter*.

Stühle.jpg

1. Laden Sie die Datei *Stühle.jpg*.

2. Wählen Sie den Befehl *Überarbeiten/Farbe anpassen/Farbe/Sättigung anpassen* oder verwenden Sie das Tastenkürzel $\boxed{\text{Strg}}$+$\boxed{\text{U}}$ bzw. $\boxed{cmd \; \mathcal{H}}$+$\boxed{\text{U}}$.

3. Aktivieren Sie das Kontrollfeld *Färben* ❶.

4. Stellen Sie den gewünschten Farbton ein ❷ und verändern Sie gegebenenfalls auch *Sättigung* ❸ und *Helligkeit* ❹.

Abbildung 25.28:
Original.

Abbildung 25.29:
Das Kontrollfeld
FÄRBEN aktivieren und
anschließend den Look
über die Schieberegler
steuern.

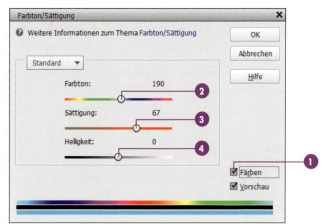

Abbildung 25.30:
Mögliches Ergebnis.

Fotofilter

Diese Effekte simulieren jeweils die Verwendung eines Objektiv-Farbfilters. Sie können hier zwischen verschiedenen Filtern wählen und so die Farbigkeit eines Bildes steuern. Im Folgenden erläutere ich Ihnen, wie Sie dabei den bekannten bzw. »historischen« Sepia-Farbton erzielen.

1. Öffnen Sie die Datei *Sepia.jpg*.
2. Klicken Sie im Bedienfeld *Ebenen* auf die Schaltfläche *Neue Füll- oder Einstellungsebene erstellen* ❶.
3. Wählen Sie im dann erscheinenden Menü den Eintrag *Fotofilter* ❷ aus.

Sepia.jpg

Abbildung 25.31:
Original.

4. Öffnen Sie das Pull-down-Menü, und entscheiden Sie sich für einen der angebotenen Filter (in diesem Fall *Sepia* ③).

Die neue Einstellungs- oder Füllebene wird dann unmittelbar über der aktuell gewählten Ebene erstellt.

Abbildung 25.32:
Im Bedienfeld EBENEN
werden die FOTOFILTER
als Einstellungsebene
angeboten.

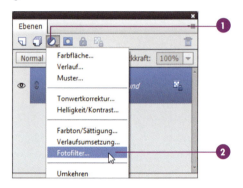

Abbildung 25.33:
Filtervariante (hier
SEPIA) auswählen und
die Dichte einstellen.

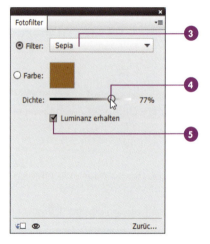

5. Stellen Sie die *Dichte* ④ ein.
6. Deaktivieren Sie das Kontrollfeld *Luminanz erhalten* ⑤ oder lassen Sie das Kontrollfeld aktiviert.

Da sich die Einstellungen des Fotofilters unmittelbar auf das Bild bzw. dessen Vorschau auswirken, können Sie an dieser Stelle direkt entscheiden, welche Einstellung der Funktion *Luminanz erhalten* im konkreten Fall sinnvoll wäre.

Bei diesem Bild habe ich die Funktion nicht deaktiviert, da mir das Ergebnis ansonsten zu dunkel erschien.

7. Verlassen Sie das Fenster mit OK.

8. Wählen Sie dazu den Befehl *Ebene/Mit darunter liegender auf eine Ebene reduzieren* oder verwenden Sie einfach das Tastenkürzel $\boxed{\text{Strg}}$+$\boxed{\text{E}}$ bzw. $\boxed{\text{cmd} \quad \mathbb{H}}$+$\boxed{E}$.

Abbildung 25.34:
*Ergebnis (*LUMINANZ
ERHALTEN*).*

26 Muster erstellen und zuweisen

Photoshop Elements stellt Ihnen diverse Muster zur Verfügung. Zudem können Sie eigene Muster erstellen oder Muster aus dem Internet herunterladen. Muster können sowohl über das Füllwerkzeug 🖐, den Musterstempel 🏷, den Reparatur-Pinsel ✏ und die Funktion *Bearbeiten/Auswahl füllen* als auch über eine Muster-Einstellungsebene zugewiesen werden.

26.1 Muster wählen

Die Auswahl des jeweiligen Musters funktioniert bei allen drei Varianten nahezu gleich. In einem Drop-down-Menü **1** werden ganze Sammlungen **2** (z. B. *Gesteinsmuster*, *Künstlerpapier*, *Naturmuster*) angeboten. Jede dieser Sammlungen enthält eine Vielzahl entsprechender Muster **3**.

Abbildung 26.1:
Musterauswahl (hier
beim Füllwerkzeug).

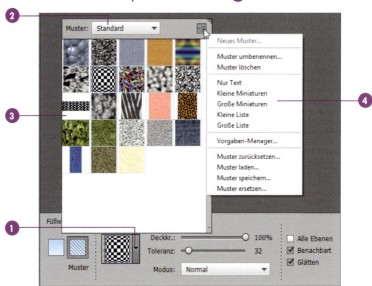

Bedienfeldmenü

Um Ihre Muster zu managen, können Sie u. a auf die Befehle des Bedienfeld-menüs zurückgreifen. In der folgenden Tabelle erhalten Sie einen Überblick über die hier hinterlegten Funktionen ❹.

Funktion	Bedeutung
Neues Muster	Übernimmt das aktuell eingestellte bzw. gewählte Muster in die aktuell dargestellte Mustersammlung.
Muster umbenennen	Damit können Sie den Namen eines ausgewählten Musters ändern.
Muster löschen	Löscht das Muster aus der aktuell dargestellten Mustersammlung.
Nur Text Kleine Miniaturen Große Miniaturen Kleine Liste Große Liste	Steuert die Darstellungsform innerhalb des Bedienfelds. Bei beiden Listen werden neben den einzelnen Mustern auch noch deren genaue Bezeichnungen angezeigt.
Vorgaben-Manager	Öffnet das gleichnamige Tool (siehe folgenden Abschnitt).
Muster zurücksetzen	Setzt die Mustersammlungen zurück auf Ihre »Werkseinstellun-gen«. In der Vergangenheit hinzugefügte oder gelöschte Muster werden entfernt bzw. wiederhergestellt.
Muster laden	Fügt ein Muster oder eine Sammlung von Mustern der aktuell dargestellten Mustersammlung hinzu.
Muster speichern	Speichert die aktuell angezeigte Mustersammlung.
Muster ersetzen	Ersetzt die aktuell angezeigte Mustersammlung durch eine andere (gespeicherte) Mustersammlung, indem alle Muster der ursprüng-lich angezeigten Mustersammlung aus der Ansicht entfernt und durch die Muster der geladenen Mustersammlung ersetzt werden. Merkwürdigerweise wird der Name der alten Mustersammlung dabei nach wie vor angezeigt. Mit dem Befehl *Muster zurück-setzen* können Sie die Sache jederzeit rückgängig machen.

Tabelle 26.1:
Die Befehle des
Bedienfeldmenüs.

Bei einigen von Adobe mitgelieferten Mustern stellt sich dabei ein mehr oder weniger stark ausgeprägter Kacheleffekt ein. Dieser Effekt lässt sich nur durch die Verwendung nahtloser Muster vermeiden. Die Muster werden auf eine spezielle Art und Weise angelegt. Die einzelnen Musterkacheln bleiben da-durch »unsichtbar«. Wenn Sie gern mit Mustern arbeiten, besteht die Möglich-keit, auf spezielle Programme (z. B. Imagely Picture Styles, Image Synth) oder diverse Mustergeneratoren zum Erstellen nahtloser Muster zurückzugreifen. Außerdem können Sie sich natürlich ein entsprechendes Muster aus dem Inter-net herunterladen.

Muster anderer Anbieter nutzen

Im Web finden Sie eine Vielzahl (kostenloser und kostenpflichtiger) Muster (engl.: patterns). Schauen Sie sich doch z. B. mal auf den folgenden Seiten um. Auf einigen der hier aufgeführten Seiten werden zudem nahtlose Muster (seam-less patterns) angeboten. Außerdem gibt es Websites, auf denen Sie Muster

interaktiv gestalten können. Suchen Sie im Web einfach mal nach dem Begriff
»Mustergenerator«.

- https://www.brusheezy.com/patterns
- http://www.all-free-download.com/photoshop-patterns/
- http://www.lizaphoenix.com/tiles/
- http://www.patterncooler.com/
- http://www.patternhead.com/

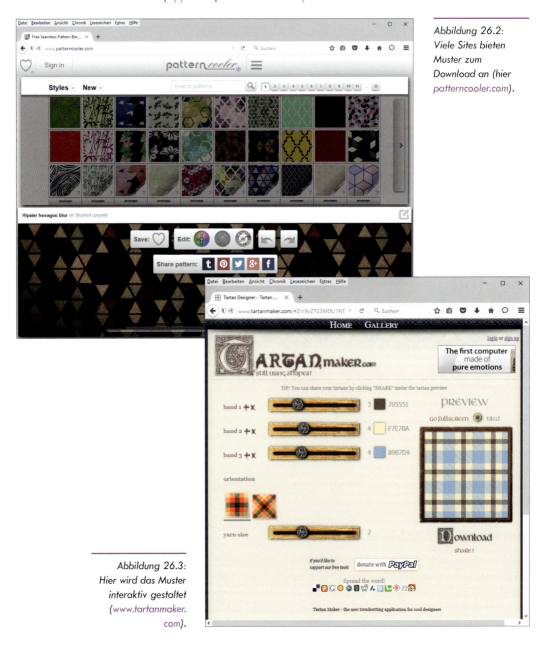

*Abbildung 26.2:
Viele Sites bieten
Muster zum
Download an (hier
patterncooler.com).*

*Abbildung 26.3:
Hier wird das Muster
interaktiv gestaltet
(www.tartanmaker.
com).*

Muster laden

Der Download besteht in den meisten Fällen aus einem ZIP- oder RAR-Archiv. Nach dem Entpacken werden die eigentlichen Daten im Dateiformat PAT »sichtbar«. Die PAT-Dateien können dann direkt in Photoshop Elements geladen (z. B. über den Befehl *Muster laden* im Bedienfeldmenü – siehe Tabelle 26.1) oder in einem speziellen Verzeichnis abgelegt werden. Einige Seiten ermöglichen allerdings lediglich den Download einzelner Musterbilder. In solch einem Fall müssen Sie das jeweilige Musterbild zunächst in Photoshop Elements öffnen und anschließend mit dem Befehl *Bearbeiten/Muster festlegen* als Muster speichern (siehe den nachfolgenden Abschnitt »Eigene Muster erstellen«).

Standardverzeichnis für Muster nutzen

Die genaue Pfadangabe des Verzeichnisses hängt natürlich von der Installation und dem verwendeten Betriebssystem ab. Arbeiten Sie mit Microsoft Windows 10, liegen die Standardmuster von Photoshop Elements im Verzeichnis *C:\Programme\Adobe\Photoshop Elements 15\Presets\Patterns*.

Weil dieses Installationsverzeichnis nur vom Systemadministrator verändert werden darf, erscheint unter Windows 10 beim Hineinkopieren oder Verschieben von Mustern das hier gezeigte Dialogfenster. An Ihrem eigenen Rechner werden Sie sehr wahrscheinlich über entsprechende Administratorrechte verfügen. Klicken Sie daher einfach auf die Schaltfläche *Fortsetzen*, und die Muster werden anschließend in das Verzeichnis kopiert bzw. verschoben. Letzteres gilt auch, wenn Sie in diesem Verzeichnis gespeicherte Muster löschen oder aus dem Ordner verschieben bzw. kopieren möchten.

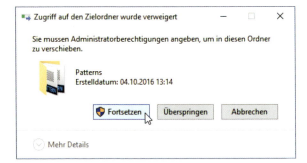

Abbildung 26.4: Im Zweifelsfall auf FORTSETZEN klicken.

Am Mac sollten Sie hingegen mal unter *Programme\Adobe Photoshop Elements 15\Presets\Patterns* nachsehen.

Eigene Muster erstellen

Die Herstellung eines eigenen Musters ist mit wenigen Klicks erledigt. Das Erstellen nahtloser Muster ist mit den Mitteln von Photoshop Elements aber nur begrenzt möglich. Ob Letzteres gelingt, hängt dabei in erster Linie von der jeweiligen Bildressource ab. Grundsätzlich gilt: Die Ränder des Musters sollten an allen vier Seiten nahtlos zusammenpassen. Greifen Sie zum Erstellen eigener Muster auf vorhandene Bilder zurück, oder erstellen Sie mit den grafischen Möglichkeiten des Programms vollständig neue Muster.

Im Folgenden zeige ich Ihnen die Erstellung eines Musters auf Basis eines vorliegenden Bildes. Es handelt sich dabei um eine gekachelte Außenfassade. Diese auch als »Azulejos« bezeichnete Fassadenverkleidung ist in Lissabon an vielen alten Häusern zu finden. Mit dem Museu Nacional do Azulejo gibt es sogar ein eigenes Museum, das sich der Geschichte der Azulejos widmet.

Abbildung 26.5: Azulejos sind in Lissabon überall zu entdecken.

Ich habe hier zunächst einen Bereich aus vier Kacheln ausgewählt. Für die Auswahl habe ich dabei das Auswahlrechteck-Werkzeug ⬚ verwendet. Mit dem Befehl *Bearbeiten/Muster aus Auswahl definieren* wurde das Muster erstellt und im Dialogfenster *Mustername* entsprechend benannt.

Vier Kacheln sollen
das Muster bilden und
wurden daher mit dem
Auswahlrechteck-
Werkzeug ⬚
selektiert.

Abbildung 26.7:
Über diesen Befehl
wird der ausgewählte
Bildbereich als Muster
definiert und
gespeichert.

Muster erstellen und zuweisen

Auswahl des eigenen Musters

Ein so erstelltes Muster wird stets am Ende der zum Zeitpunkt der Mustererstellung gewählten Mustersammlung dargestellt.

Abbildung 26.9:
Das erstellte Muster
wird stets am Ende der
aktuell gewählten
Mustersammlung
dargestellt.

Abbildung 26.10:
Der Musterstempel
kann auf diese Weise
ganze Wände neu
kacheln.

Mit den Filtern *Fasern*, *Wolken* und *Differenz-Wolken* lassen sich ebenfalls eigene Muster erstellen. Sie finden die Filter unter *Filter/Renderfilter*. Alle drei basieren dabei im Wesentlichen auf der aktuell eingestellten Vorder- und Hintergrundfarbe. Der Filter *Differenz-Wolken* bezieht zudem noch das aktuelle Bild in seine Berechnungen ein.

Vorgaben-Manager

Im Vorgaben-Manager (*Bearbeiten/Vorgaben-Manager*) können Sie zunächst einmal mehrere Muster als Mustersammlung speichern.

Selektieren Sie dazu einfach die unter einem Namen zu speichernden Muster in Form einer Sammelauswahl **1**, und klicken Sie auf *Speichern* **2**.

Zudem können Sie Muster (mehrere gleichzeitig) aus einer bestehenden Mustersammlung löschen **3** oder Muster umbenennen **4**.

Darüber hinaus können Sie der aktuell im Vorgaben-Manager dargestellten Mustersammlung weitere Muster hinzufügen. Das geschieht mit der Funktion *Anhängen* **5**.

Die Funktion *Hinzufügen* **6** ersetzt die Muster der aktuell angezeigten Mustersammlung vollständig durch eine andere (gespeicherte) Mustersammlung.

Mit der Schaltfläche *Fertig* **7** können Sie das Fenster schließen.

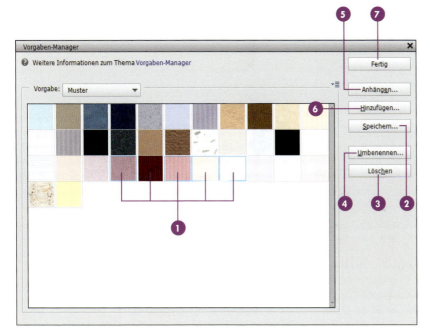

Abbildung 26.11:
Der Vorgaben-Manager.

26.2 Stärken und Schwächen der verschiedenen Musterwerkzeuge und Funktionen

Damit die Sache möglichst reibungslos klappt, ist die Verwendung der jeweils am besten geeigneten Technik von entscheidender Bedeutung. Ich habe Ihnen dazu einmal die verschiedenen Möglichkeiten gegenübergestellt.

Tabelle 26.2:
Varianten der
Mustertechnik.

Werkzeug/Funktion	Nützlich …	Nachteil
Füllwerkzeug	Wenn der zu füllende Bereich gut über die Auswahlfunktion (abhängig von der eingestellten Toleranz) des Füllwerkzeugs auswählbar ist. Bei komplexen Motiven bzw. nicht so einfach auszuwählenden Bereichen ist das Werkzeug aber eher ungeeignet.	Musterkachelung kann nicht skaliert werden. Der Look des Musters hängt also sehr stark von der jeweiligen Mustergröße und der Größe des Bildes ab.
Bearbeiten/ Auswahl füllen bzw. Ebene füllen	Um eine komplette Ebene oder eine bestehende Auswahl zu füllen.	
Musterstempel	Um das Muster in das Bild zu malen. Bietet zudem die Einstellung *Impress*. Letztere sorgt dafür, dass das Muster verfremdet bzw. klecksartig aufgetragen wird.	
Reparatur-Pinsel	Der Reparatur-Pinsel 🖌 funktioniert in diesem Zusammenhang ähnlich wie der Musterstempel 🖫 . Der Unterschied besteht darin, dass die Musterpixel nicht nur aufgepinselt, sondern mit den zu korrigierenden Pixeln vermischt werden. Durch diesen »Pixelmix« wird das Muster mehr oder weniger deutlich verfremdet.	
Muster-Füllebene	Um sehr flexibel zu arbeiten. Sie können die Musterzuweisung jederzeit rückgängig machen und überarbeiten. Zudem haben Sie die Möglichkeit, die Größe der Musterkacheln zu steuern (also zu skalieren). Weitere Informationen zu Füllebenen finden Sie in Kapitel 34 »Flexibler arbeiten mit Füll- und Einstellungsebenen«.	

26.3 Füllwerkzeug für Muster

Das Zuweisen eines Musters ist nahezu identisch mit dem Einfärben. Ich verzichte daher an dieser Stelle auf eine erneute Erläuterung des Werkzeugs. Lesen Sie die entsprechenden Passagen in Kapitel 23.2 »Füllwerkzeug«. Der einzige Unterschied besteht darin, dass Sie in den Werkzeugoptionen des Füllwerkzeugs anstelle einer Farbe ein Muster auswählen.

Alter_Porsche.jpg

1. Öffnen Sie das Bild *Alter Porsche.jpg*.
2. Wählen Sie im Werkzeugbedienfeld das Füllwerkzeug 🖌 aus.
3. Öffnen Sie das Drop-down-Menü, und wählen Sie hier ein Muster aus (in diesem Fall habe ich das Muster *Plastisches Schachbrett* gewählt).

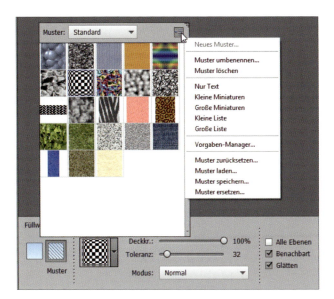

Abbildung 26.12:
In den Werkzeug-
optionen des
Füllwerkzeugs können
Sie auch auf Muster
zurückgreifen.

4. Stellen Sie sicher, dass in der Werkzeugoptionsleiste eine *Toleranz* von *32* eingestellt und das Kontrollfeld *Benachbart* aktiviert ist.

5. Klicken Sie auf den weißen Hintergrund.

Leider lassen sich die Muster im Rahmen dieser Funktion nicht in ihrer Größe bzw. Kachelung steuern. Daher hängt der Look der Muster entscheidend von der aktuellen Mustergröße und der Größe des Bildes ab. Bei sehr großen Bildern sind die eigentlichen Musterstrukturen kaum noch zu erkennen. Skalieren Sie im Zweifelsfall einfach mal das Bild deutlich kleiner, und weisen Sie das gewünschte Muster erneut zu. Bei Verwendung einer Einstellungsebene können Sie die Größe der Musterkacheln hingegen steuern.

Abbildung 26.13:
Look des Musters bei
einer Bildgröße von
1.000 × 666 Pixeln.

*Abbildung 26.14:
Look des Musters bei
einer Bildgröße von
500 × 333 Pixeln.*

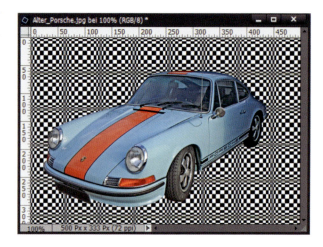

26.4   Musterstempel

Der Musterstempel ⚒ greift bei seiner Arbeit auf ein – Sie erraten es schon
– Muster zurück. Das Programm stellt auch diesem Werkzeug die bereits erläuterte »Kollektion« an Mustern zur Verfügung. Das aktuell vom Werkzeug
verwendete Muster wird in der Werkzeugoptionsleiste angezeigt **1**. Mit einem Klick auf den Pfeil neben der Musteranzeige **2** können Sie die aktuell
verfügbaren Muster anzeigen lassen. Wählen Sie das gewünschte Muster, und
legen Sie dann die gewünschte Pinselform **3** und »Stempelgröße« **4** fest.
Mit *Deckkraft* **5** können Sie außerdem den Grad der Transparenz festlegen.
Bei einer Einstellung von 50 % werden die bisherigen Inhalte lediglich zu 50 %
überlagert und scheinen noch zu 50 % durch das Muster hindurch.

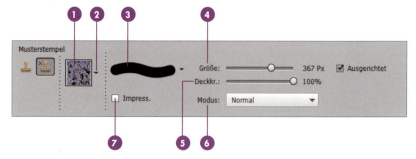

*Abbildung 26.15:
Werkzeugoptionen
des Musterstempels.*

Die Funktionen Modus und Impress

Durch die Auswahl einer entsprechenden Füllmethode (*Modus*) **6** können Sie
sehr spezielle Effekte erzielen. Das gilt insbesondere in Kombination mit der
Funktion *Impress* **7**. Letztere sorgt dafür, dass sich die aufgemalten Musterbe-
reiche in helle Flecken verwandeln. Mehr Informationen zum Thema Füllmethoden und zu den beiden hier dargestellten Beispielen finden Sie in Kapitel 35
»Füllmethoden«.

Abbildung 26.16:
Mit dem Musterstempel wird das Muster regelrecht ins Bild gemalt.

Abbildung 26.17:
Als Muster wurde KACHELN GLEICHMÄSSIG im Modus INEINANDER-KOPIEREN gewählt.

Abbildung 26.18:
Der Hintergrund wurde ebenfalls maßgeblich mit dem Musterstempel im Modus IMPRESS und speziellen Füllmethoden (MODUS) gestaltet.

26.5 Füllebene Muster

Wie bei allen Füllebenen bleiben Sie mit der hier vorgestellten Technik sehr flexibel, da das ursprüngliche Bild nicht verändert wird. Vielmehr liegt das Muster einfach nur über dem Originalbild. So kann das zugewiesene Muster jederzeit überarbeitet, gegen ein anderes getauscht oder komplett entfernt werden.

Alter_Porsche.jpg

1. Laden Sie das Bild *Alter_Porsche.jpg*.

2. Wählen Sie im Werkzeugbedienfeld den Zauberstab 🔧 aus.

3. Stellen Sie sicher, dass in der Werkzeugoptionsleiste eine *Toleranz* von *32* eingestellt und das Kontrollfeld *Benachbart* aktiviert ist.

Abbildung 26.19:
Toleranz auf 32
einstellen.

4. Klicken Sie auf den weißen Hintergrund.

Ergebnis: Der Hintergrund ist nun ausgewählt.

5. Stellen Sie sicher, dass das Bedienfeld *Ebenen* geöffnet ist (*Fenster/Ebenen*).

6. Klicken Sie im Bedienfeld *Ebenen* auf die Schaltfläche *Neue Füll- oder Einstellungsebene erstellen* ❶.

Abbildung 26.20:
Über diese Schalt-
fläche erhalten Sie
Zugriff auf
sogenannte Füll- und
Einstellungsebenen.

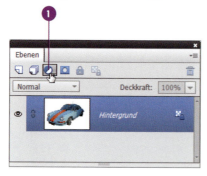

7. Wählen Sie in der dann erscheinenden Drop-down-Liste den Eintrag *Muster* ❷.

Abbildung 26.21:
Den Eintrag MUSTER
wählen.

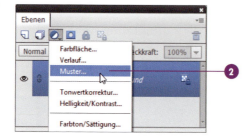

8. Stellen Sie in dem sich automatisch öffnenden Fenster das gewünschte Muster **3** ein.

Das im Folgenden abgebildete Muster gehört nicht zur Grundausstattung des Programms, sondern stammt aus dem Internet. Mehr zur Einbindung solcher Muster erfahren Sie im Abschnitt 26.1.

Abbildung 26.22:
Das Muster wählen.

Informationen zu den beiden Funktionen *Mit Ebene verknüpfen* und *An Ursprung* erhalten Sie in Kapitel 34 »Flexibler arbeiten mit Füll- und Einstellungsebenen«.

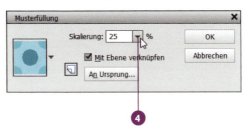

Abbildung 26.23:
Der Look unmittelbar nach der Auswahl des Musters.

9. Passen Sie bei Bedarf die Größe des Musters **4** an.

Abbildung 26.24:
Die Größe des Musters können Sie anpassen.

Bei der Skalierung über den Wert von 100 % hinaus müssen Sie mit mehr oder weniger sichtbaren Qualitätseinbußen rechnen. Ränder und Kanten werden unscharf bzw. fransen aus.

10. Schließen Sie das Fenster *Musterfüllung* mit einem Klick auf OK.

Abbildung 26.25: Durch die Anpassung der Mustergröße hat sich der Look deutlich verändert.

Abbildung 26.26: Eine Anpassung der Deckkraft sorgt ebenfalls für einen neuen Look.

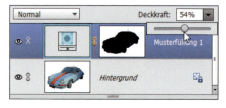

Abbildung 26.27: Zudem bestimmt die eingestellte Ebenendeckkraft das Aussehen.

Verläufe

Verläufe spielen in der digitalen Bildbearbeitung eine große Rolle. Sie sind schnell zu erstellen und vielseitig einsetzbar, z. B. als Hintergrund oder bei der Ausgestaltung von Masken. Das Programm stellt diverse Verläufe zur Verfügung. Außerdem können Sie Verläufe aus dem Internet herunterladen oder selbst erstellen.

27.1 Techniken

Verläufe können mithilfe des Verlaufswerkzeugs 🔳 oder der Einstellungsebene *Verlauf* (steht im Bedienfeld *Ebenen* zur Verfügung) erstellt bzw. zugewiesen werden. Die mit dem Verlaufswerkzeug erstellten Verläufe werden direkt in das Bild hineingerechnet. Einmal zugewiesen, können Sie sie nur noch mit den allgemeinen Funktionen des Programms überarbeiten. Wenn Sie hingegen die Einstellungsebene *Verlauf* nutzen, kann der zugewiesene Verlauf jederzeit auf Basis der typischen Verlaufsfunktionen überarbeitet oder sogar aus dem Bild entfernt werden.

Abbildung 27.1:
Das Verlaufswerkzeug
kann mit dem
Tastenkürzel G
aktiviert werden.

Abbildung 27.2:
Typische Anwendung
eines Verlaufs.

27.2 Verlauf auswählen

Hinsichtlich der Auswahl des jeweils zu verwendenden Verlaufs ist die Vorgehensweise in beiden Fällen identisch. Im Folgenden erläutere ich Ihnen die Sache anhand der Werkzeugoptionen des Verlaufswerkzeugs ▪. In einem Drop-down-Menü werden ganze Sammlungen (z. B. *Einfach*, *Metall*, *Pastell*) angeboten. Jede dieser Sammlungen enthält eine Vielzahl entsprechender Verläufe.

Abbildung 27.3:
Werkzeugoptionen
des Verlaufs-
werkzeugs.

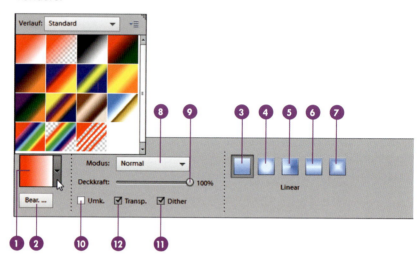

Tabelle 27.1:
Die Werkzeug-
optionen des
Verlaufswerkzeugs im
Detail.

1	Verlaufsdarstellung mit Drop-down-Menü	Zeigt Ihnen das Aussehen des aktuellen Verlaufs an. Über den Pfeil neben der Verlaufsdarstellung können Sie aus einer Vielzahl von Verläufen die gewünschte Variante wählen bzw. den gewählten Verlauf Ihren Vorstellungen anpassen.
2	Bear...	Durch einen Klick auf die Schaltfläche *Bearbeiten* können Sie den gewählten Verlauf Ihren Vorstellungen anpassen.
3	Linearer Verlauf	siehe Abbildung 27.11
4	Radialer Verlauf	siehe Abbildung 27.12
5	Schräger Verlauf	siehe Abbildung 27.13
6	Reflektierter Verlauf	siehe Abbildung 27.14
7	Rautenverlauf	siehe Abbildung 27.15
8	Modus	Bestimmt die Art und Weise, wie der erstellte Verlauf und ursprünglich vorhandene Pixel aufeinander reagieren. Entspricht den Füllmethoden des Bedienfelds *Ebenen*. Voreingestellt ist hier *Normal*.
9	Deckkraft	Bei einer Deckkraft von 100 % überlagert der Verlauf die ursprünglich vorhandenen Pixel komplett (im Modus *Normal*). Geringere Werte sorgen dafür, dass die vom Verlauf überlagerten Pixel entsprechend der Einstellung sichtbar bleiben.

10	Umk.	Invertiert die Richtung des Verlaufs. Aus einem Verlauf von Schwarz nach Weiß wird auf diese Weise ein Verlauf von Weiß nach Schwarz. Muss vor dem Aufziehen des Verlaufs aktiviert oder deaktiviert werden.
11	Dither	Sorgt für einen besonders weichen Verlauf.
12	Transp.	Muss aktiv sein, wenn der von Ihnen verwendete Verlauf transparente Bereiche enthält (z. B. der Verlauf *Vordergrundfarbe zu Transparent*).

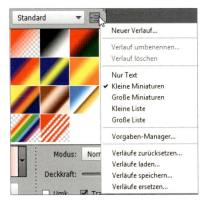

Abbildung 27.4:
Bedienfeldmenü des
Verlaufswerkzeugs.

Bedienfeldmenü

Zur Verwaltung Ihrer Verläufe stehen Ihnen hier die Befehle des Bedienfeldmenüs zur Verfügung. In der folgenden Tabelle können Sie sich einen Überblick über die einzelnen Menüfunktionen verschaffen.

Funktion	Bedeutung
Neuer Verlauf	Übernimmt den aktuell eingestellten bzw. gewählten Verlauf in die aktuell dargestellte Verlaufssammlung.
Verlauf umbenennen	Hier können Sie den Namen eines ausgewählten Verlaufs ändern.
Verlauf löschen	Löscht den Verlauf aus der aktuell dargestellten Mustersammlung.
Nur Text *Kleine Miniaturen* *Große Miniaturen* *Kleine Liste* *Große Liste*	Steuert die Darstellungsform innerhalb des Bedienfelds. Bei beiden Listen werden neben den einzelnen Verläufen auch noch deren genaue Bezeichnungen angezeigt.
Vorgaben-Manager	Öffnet das gleichnamige Tool (siehe nachfolgenden Abschnitt).
Verläufe zurücksetzen	Setzt die Verlaufssammlungen zurück auf Ihre »Werkseinstellungen«. In der Vergangenheit hinzugefügte oder gelöschte Verläufe werden entfernt bzw. wiederhergestellt.
Verläufe laden	Fügt einen Verlauf oder eine Sammlung von Verläufen der aktuell dargestellten Verlaufssammlung hinzu.

Tabelle 27.2:
Die Befehle des
Bedienfeldmenüs.

Funktion	Bedeutung
Verläufe speichern	Speichert die aktuell angezeigte Verlaufssammlung.
Verläufe ersetzen	Ersetzt die aktuell angezeigte Verlaufssammlung durch eine andere (gespeicherte) Verlaufssammlung, indem alle Verläufe der ursprünglich angezeigten Verlaufssammlung aus der Ansicht entfernt und durch die Verläufe der geladenen Verlaufssammlung ersetzt werden. Merkwürdigerweise wird der Name der alten Verlaufssammlung dabei nach wie vor angezeigt. Mit dem Befehl *Verläufe zurücksetzen* können Sie den Vorgang jederzeit rückgängig machen.

Verläufe anderer Anbieter nutzen

Im Web finden Sie eine Vielzahl (kostenloser und kostenpflichtiger) Verläufe (engl.: gradients). Schauen Sie sich doch z. B. mal auf den folgenden Seiten um:

- http://alice-grafixx.de/gradients
- http://www.brushesdownload.com/gradients.php
- http://www.deviantart.com
- http://myphotoshopbrushes.com

Abbildung 27.5:
Viele Sites bieten
Verläufe zum
Download an
(hier brushesdown-
load.com).

Verläufe laden

In der Regel werden die Downloads als ZIP- oder RAR-Archive angeboten. Nach dem Entpacken kommen die eigentlichen Verläufe im Dateiformat GRD zum Vorschein. Die GRD-Dateien können dann direkt über das Fenster *Verläufe bearbeiten* geladen (Schaltfläche *Laden*) oder in einem speziellen Verzeichnis abgelegt werden.

Standardverzeichnis für Verläufe nutzen

Die genaue Pfadangabe des Verzeichnisses hängt natürlich von der Installation und dem verwendeten Betriebssystem ab. Arbeiten Sie mit Microsoft Windows 10, liegen die Standardmuster von Photoshop Elements im Verzeichnis C:\Programme\Adobe\Photoshop Elements 15\Presets\Gradients.

Weil dieses Installationsverzeichnis nur vom Systemadministrator verändert werden darf, erscheint unter Windows 10 beim Hineinkopieren oder Verschieben von Verläufen das hier abgebildete Dialogfenster. An Ihrem eigenen Rechner werden Sie sehr wahrscheinlich über entsprechende Administratorrechte verfügen. Klicken Sie daher einfach auf die Schaltfläche *Fortsetzen*, und die Verläufe werden anschließend in das Verzeichnis kopiert bzw. verschoben. Letzteres gilt auch, wenn Sie in diesem Verzeichnis gespeicherte Verläufe löschen oder aus dem Ordner verschieben bzw. kopieren möchten.

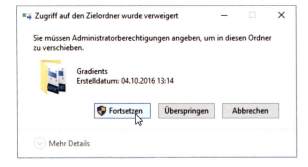

Abbildung 27.6: Klicken Sie im Zweifelsfall auf FORTSETZEN.

Am Mac sollten Sie hingegen mal unter *Programme\Adobe Photoshop Elements 15\Presets\Gradients* nachsehen.

Verläufe im Vorgaben-Manager

Im Vorgaben-Manager können Sie zunächst einmal mehrere Verläufe als Verlaufssammlung speichern. Wählen Sie dazu die unter einem Namen zu speichernden Verläufe in Form einer Sammelauswahl ❶ aus und klicken Sie dann auf *Speichern* ❷. Zudem können Sie Verläufe (mehrere gleichzeitig) aus einer bestehenden Verlaufssammlung löschen ❸ oder Verläufe umbenennen ❹. Darüber hinaus können Sie der aktuell im Vorgaben-Manager dargestellten Verlaufssammlung weitere Verläufe hinzufügen. Das geschieht mit der Funktion *Anhängen* ❺. Die Funktion *Hinzufügen* ❻ ersetzt die Verläufe der aktuell angezeigten Verlaufssammlung vollständig durch eine andere (gespeicherte) Verlaufssammlung. Mit der Schaltfläche *Fertig* **7** können Sie das Fenster schließen.

Abbildung 27.7:
Der Vorgaben-
Manager.

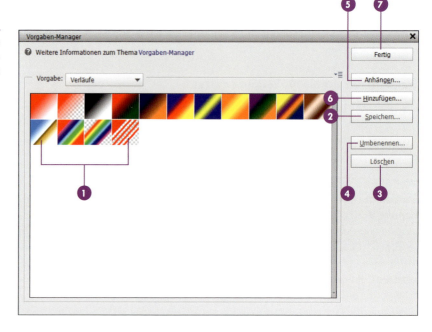

27.3 Verlauf zuweisen

Abbildung 27.8:
Vorder- und
Hintergrundfarbe
einstellen.

Einige Verläufe beziehen sich auf die eingestellte Vorder- und Hintergrundfarbe. Daher beginnt in vielen Fällen die Arbeit an einem Verlauf mit der Einstellung dieser beiden Farben.

1. Stellen Sie die gewünschte Vorder- und Hintergrundfarbe ein.
2. Wählen Sie im Werkzeugbedienfeld das Verlaufswerkzeug ▨ aus.
3. Klicken Sie in der Werkzeugoptionsleiste auf die Schaltfläche *Bearbeiten*.

Jetzt öffnet sich das Fenster *Verläufe bearbeiten*. Hier finden Sie diverse vordefinierte Verläufe. Anhand der jeweiligen Symbolik ist das Aussehen des späteren Verlaufs gut zu erkennen. In diesem Fall geht es darum, einen Verlauf zwischen der aktuell eingestellten Vorder- und Hintergrundfarbe zu erstellen. Diese Aufgabe übernimmt der ganz links oben angeordnete Verlauf. Das können Sie zum einen daran erkennen, dass die von der Symbolik verwendeten Farben der aktuell eingestellten Vorder- und Hintergrundfarbe entsprechen, zum anderen können Sie sich die Bezeichnung des jeweiligen Verlaufs anzeigen lassen, indem Sie den Cursor darüber platzieren.

Abbildung 27.9:
Im Bereich VORGABEN
den Verlauf
VORDER- ZU HINTER-
GRUNDFARBE auswählen.

4. Klicken Sie im nun geöffneten Fenster *Verläufe bearbeiten* auf den Verlauf *Vorder- zu Hintergrundfarbe* **1**.

Daraufhin erscheint der Name des gewählten Verlaufs im gleichnamigen Anzeigebereich **2**.

5. Schließen Sie das Fenster *Verläufe bearbeiten* über die Schaltfläche *OK*.

Um die Sache zu beschleunigen, können Sie den gewünschten Verlauf auch mit einem Doppelklick auswählen. Sie sparen sich auf diese Weise den Klick auf die OK-Schaltfläche.

6. Wählen Sie in der Werkzeugoptionsleiste als Verlaufstyp *Linearer Verlauf* aus.

7. Klicken Sie an die Stelle, an der der Verlauf beginnen soll **3**.

8. Klicken Sie an die Stelle, an der der Verlauf enden soll **4**.

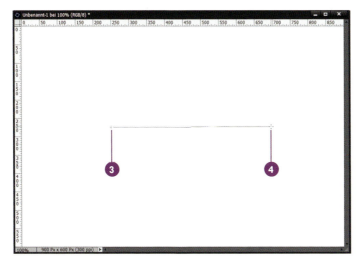

Abbildung 27.10:
Anfangs- und
Endpunkt des Verlaufs
festlegen.

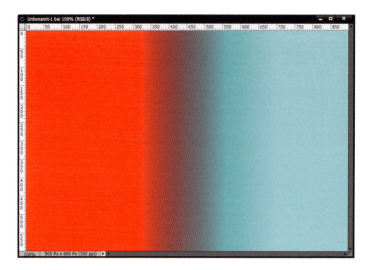

Die hier vorgestellten Farbverläufe haben alle einen Anfangs- und einen Endpunkt, den Sie mit der Maus festlegen können. Zwischen den beiden Punkten werden die am Verlauf beteiligten Farben ineinandergeblendet. Beide Punkte haben also entscheidenden Einfluss auf das Aussehen des Verlaufs.

Liegen beide räumlich sehr nah beieinander, entsteht ein relativ harter Verlauf. Liegen sie hingegen weit auseinander, ist das Ergebnis fast ausnahmslos ein weicher Verlauf.

Die Besonderheit: Anfang und Ende des Verlaufs werden durch Klicken, Ziehen und Loslassen beschrieben. Klicken Sie dazu an die gewünschte Position, um den Anfangspunkt festzulegen, halten Sie die linke Maustaste gedrückt, und bewegen Sie den Cursor zum gewünschten Endpunkt des Verlaufs. Am Endpunkt angekommen, lassen Sie die Maustaste los.

Die erzielte Wirkung hängt dabei ganz wesentlich vom gewählten Verlaufstyp (z. B. *Linear* oder *Radial*) ab. Im Folgenden finden Sie für jeden der anderen vier Verlaufstypen ein Beispiel.

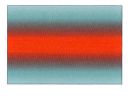

Abbildung 27.12:
Radialer Verlauf.

Abbildung 27.13:
Schräger Verlauf.

Abbildung 27.14:
Reflektierter Verlauf.

Abbildung 27.15:
Rautenverlauf.

27.4 Verläufe anpassen

Um die angebotenen Verläufe Ihren jeweiligen Vorstellungen anzupassen, stehen diverse Möglichkeiten zur Verfügung. Das gilt sowohl für die Arbeit mit dem Verlaufswerkzeug ▇ als auch für die Nutzung der Einstellungsebene *Verlauf*.

1. Wenn Sie mit dem Verlaufswerkzeug ▇ arbeiten, wählen Sie in der Werkzeugoptionsleiste die Schaltfläche *Bearbeiten*. Wenn Sie hingegen auf Basis der Einstellungsebene *Verlauf* arbeiten, klicken Sie einmal auf die Verlaufsdarstellung des Fensters.

Abbildung 27.16:
Bei Verwendung des Verlaufswerkzeugs auf die Schaltfläche Bearbeiten *klicken ...*

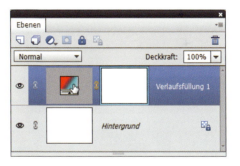

Abbildung 27.17:
Bei einer Einstellungsebene zunächst auf die vordere Ebenenminiatur doppelklicken ...

Mehr Informationen zu Einstellungsebenen erhalten Sie in Kapitel 34 »Flexibler arbeiten mit Füll- und Einstellungsebenen«.

Abbildung 27.18:
... und im sich dann öffnenden Fenster Verlaufsfüllung *auf die Verlaufsdarstellung klicken.*

Jetzt öffnet sich das Fenster *Verläufe bearbeiten*.

2. Klicken Sie im Bereich *Vorgaben* ❶ auf den Verlauf, den Sie anpassen bzw. verändern möchten.

Daraufhin erscheint der Name des gewählten Verlaufs im gleichnamigen Anzeigebereich ❷.

Eigenen Verlauf erstellen

Wenn Sie den im letzten Arbeitsschritt ausgewählten Verlauf nicht überschreiben, sondern nur als Grundlage für einen eigenen Verlauf nehmen möchten, können Sie wie folgt vorgehen:

1. Klicken Sie mit der rechten Maustaste im Anzeigebereich des Fensters *Verläufe bearbeiten* auf den entsprechenden Verlauf.

2. Wählen Sie den Befehl *Neuer Verlauf*.

3. Vergeben Sie im dann erscheinenden Dialog einen neuen Namen.

*Abbildung 27.19:
Über das Kontextmenü
kann ein neuer
Verlauf erstellt
werden.*

Ein so erstellter Verlauf wird stets am Ende der zum Zeitpunkt der Verlaufserstellung gewählten Verlaufssammlung dargestellt.

Neue Farbe in den Verlauf aufnehmen

*Abbildung 27.20:
Auf die Unterseite des
Verlaufsbalkens
klicken, um eine neue
Farbe in den Verlauf
aufzunehmen.*

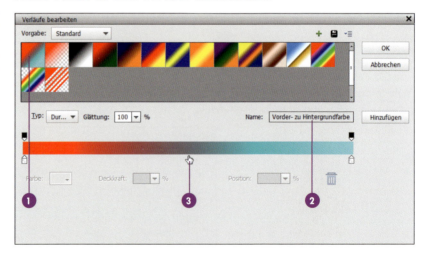

4. Klicken Sie an der Unterseite des Verlaufsbalkens an die Stelle ❸ des Verlaufs, an der Sie eine neue Farbe einsetzen möchten.

Achten Sie dabei darauf, dass Sie den Cursor nicht direkt über dem Verlaufsbalken platzieren. In diesem Fall würde der Cursor die Form einer Pipette annehmen. Die hier beschriebene Funktion klappt nur, wenn der Cursor die

Form einer Hand annimmt, und das passiert nur dann, wenn Sie den Cursor unterhalb des Verlaufsbalkens platzieren.

5. Doppelklicken Sie auf das neu entstandene Farbunterbrechungssymbol **4**.

Sobald Sie etwas an einem Verlauf ändern, wird im Bereich *Name* anstelle der Originalbezeichnung *Benutzerdefiniert* **5** angezeigt.

6. Stellen Sie im Farbwähler die gewünschte Farbe ein.

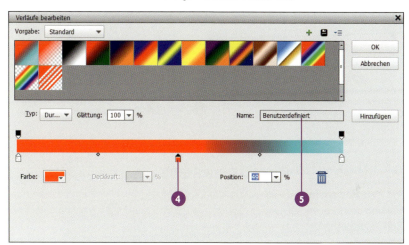

Abbildung 27.21:
Das neue Farbunter-
brechungssymbol **4**.

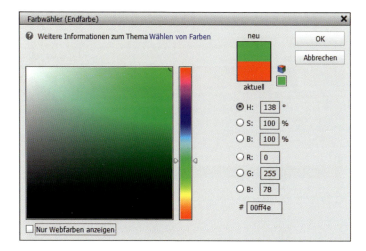

Abbildung 27.22:
Mit einem Doppelklick
auf das Farbunterbre-
chungssymbol öffnen
Sie den Farbwähler.

Position der Farbe innerhalb des Verlaufs anpassen

Verschieben Sie das Farbunterbrechungssymbol **6** an die gewünschte Position.

Die neue Position wird dabei zusätzlich in Prozent **7** angezeigt. Dabei entspricht 0 % dem Verlaufsanfang, 50 % entsprechen der Verlaufsmitte und

Verläufe

100 % dem Verlaufsende. Indem Sie hier einen Wert eingeben, können Sie die Position eines Farbunterbrechungssymbols auch direkt steuern.

Abbildung 27.23:
Indem Sie das
Farbunterbrechungs-
symbol verschieben,
können Sie die
Position der Farben
innerhalb des Verlaufs
anpassen.

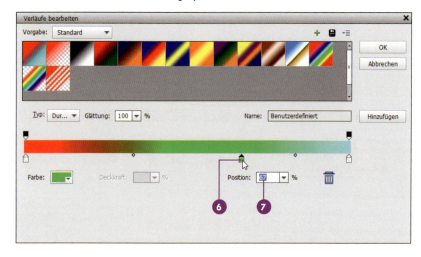

Gewichtung zwischen zwei Farben steuern

Mit den kleinen Rauten können Sie die Gewichtung der einzelnen Farben ausdehnen oder verringern, indem Sie den Farbmittelpunkt **8** zwischen zwei Farben verlagern.

Die Position der kleinen Rauten bzw. des Farbmittelpunktes können Sie ebenfalls über die Prozentanzeige **9** steuern.

Abbildung 27.24:
Mit dem Farbmittel-
punkt können Sie die
Gewichtung zwischen
zwei Farben steuern.

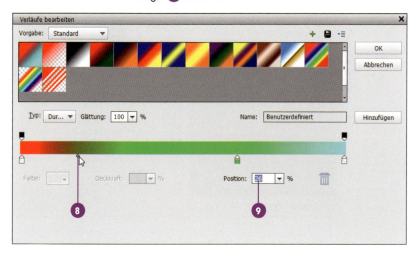

Transparenz festlegen

Die Steuerung der Transparenz erfolgt an der Oberseite des Verlaufsbalkens. Wie bei der Farbe lassen sich hier Unterbrechungen **10** einsetzen und über einen entsprechenden Deckkraftwert **⑪** anpassen. Mit den kleinen Rauten **⑫** ist es zudem möglich, die Transparenzwirkung zwischen zwei Deckkraftunterbrechungen anzupassen, indem der Mittelpunkt der Deckkraft verlagert wird.

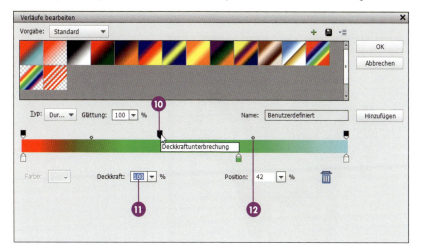

Abbildung 27.25:
An der Oberseite des Verlaufsbalkens wird die Deckkraft geregelt.

Verlaufstyp Rauschen

Im linken Bereich des Fensters *Verläufe bearbeiten* ist es möglich, den *Verlaufstyp* zu wechseln. Im Gegensatz zum Verlaufstyp *Durchgehend* produziert der Verlaufstyp *Rauschen* keine weichen Verläufe, sondern vielmehr verlaufsähnliche Streifenmuster. Mit der *Kantenunschärfe* können Sie die Weichheit der Streifenübergänge einstellen. Geringe Werte führen zu weichen Übergängen, hohe Werte zu harten Streifenmustern.

Interessant ist insbesondere die Funktion *Zufällig*. Hier entstehen auf Knopfdruck die unterschiedlichsten Farbkombinationen. Mit der Funktion *Farben beschränken* reduzieren Sie die Farbsättigung der am Verlauf beteiligten Farben. *Transparenz hinzufügen* lässt Teile des Verlaufs transparent erscheinen, wobei eine genaue Steuerung dieser Bereiche nicht möglich ist. Im Rahmen der Funktion können Sie zwischen den beiden Farbmodellen *HSB* und *RGB* wählen. Durch Einstellung der Schieberegler können Sie die im Verlauf verwendeten Farben steuern.

Verlauf auf Bildteile anwenden

Verläufe kommen insbesondere dann gut zur Geltung, wenn sie nur auf einen Teil des Bildes angewandt werden. In diesem Beispiel können Sie das einmal praktisch auf Basis des Verlaufswerkzeugs ▆ ausprobieren.

Abbildung 27.26:
Das Beispielbild.

1. Öffnen Sie das Bild *Maskenverlauf.tif*.

Das Bild ist verhältnismäßig groß. Im Zweifelsfall können Sie mit dem Befehl *Ansicht/Ganzes Bild* (Strg+0 bzw. cmd ⌘+0) das Bild vollständig im Anwendungsfenster des Programms anzeigen lassen.

2. Stellen Sie sicher, dass das Bedienfeld *Ebenen* angezeigt wird (*Fenster/ Ebenen*).

Abbildung 27.27:
Die Ebenenminiatur
aktivieren.

3. Klicken Sie mit Strg bzw. cmd ⌘ auf die Ebenenminiatur des Bildes.

Auf diese Weise werden die sichtbaren Pixel (in diesem Fall die Maske) ausgewählt. Da diese erhalten bleiben und sich der anzulegende Verlauf auf den Hintergrund beziehen soll, müssen Sie nun noch die Auswahl invertieren.

4. Wählen Sie dazu den Befehl *Auswahl/Auswahl umkehren* (Strg+⇧+I bzw. alt ⌥+⇧+I).

5. Aktivieren Sie im Werkzeugbedienfeld das Verlaufswerkzeug ▉.

6. Klicken Sie in der Werkzeugoptionsleiste auf die Schaltfläche *Bearbeiten*.

7. Öffnen Sie im Fenster *Verläufe bearbeiten* die Drop-down-Liste *Vorgabe*, und wählen Sie hier den Eintrag *Pastell*.

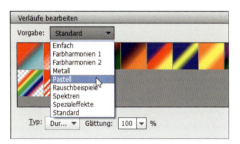

Abbildung 27.28:
*Die Vorgabe P*ASTELL
laden.

Voreingestellt wird lediglich die Standardverlaufsbibliothek angezeigt. Wenn Sie weitere Verläufe ausprobieren bzw. nutzen möchten, öffnen Sie die Drop-down-Liste *Vorgabe*, in der Sie acht weitere Bibliotheken laden können. Wenn Sie in diesem Menü auf *Standard* klicken, wird erneut die Standardverlaufs-bibliothek angezeigt.

8. Wählen Sie den Verlaufstyp *Gelb, Grün, Blau*.

9. Entscheiden Sie sich in der Werkzeugoptionsleiste für den Verlaufstyp *Linearer Verlauf*.

Abbildung 27.29:
Den Verlaufstyp
Linearer Verlauf
auswählen.

10. Klicken Sie auf die in der Abbildung mit einem Kreuzsymbol markierte Stelle, und ziehen Sie den Verlauf über das gesamte Bild auf. Drücken Sie beim Aufziehen ⬆, um den Verlauf schnurgerade zu erstellen.

Abbildung 27.30:
Ausgehend von der mit einem Kreuzsymbol markierten
Stelle den Verlauf aufziehen.

Abbildung 27.31:
Ergebnis.

27.5 Einstellungsebene Verlauf

Wie bei allen Einstellungsebenen bleiben Sie mit der hier vorgestellten Technik sehr flexibel, da das ursprüngliche Bild nicht verändert wird. Vielmehr liegt der Verlauf einfach nur über dem Originalbild. So kann der zugewiesene Verlauf jederzeit überarbeitet, gegen einen anderen getauscht oder komplett entfernt werden. Im Rahmen der folgenden Erläuterung können Sie die Einstellungsebene *Verlauf* einmal praktisch testen.

Alter_Porsche.jpg

1. Laden Sie das Bild *Alter_Porsche.jpg*.

2. Wählen Sie im Werkzeugbedienfeld den Zauberstab ✦ aus.

3. Stellen Sie sicher, dass in der Werkzeugoptionsleiste eine *Toleranz* von 32 eingestellt und das Kontrollfeld *Benachbart* aktiviert ist.

Abbildung 27.32: Toleranz auf 32 einstellen.

4. Klicken Sie auf den weißen Hintergrund.

Ergebnis: Der Hintergrund ist nun ausgewählt.

5. Stellen Sie sicher, dass das Bedienfeld *Ebenen* geöffnet ist (*Fenster/Ebenen*).

6. Klicken Sie im Bedienfeld *Ebenen* auf die Schaltfläche *Neue Füll- oder Einstellungsebene erstellen* ❶.

Abbildung 27.33: Über diese Schaltfläche erhalten Sie Zugriff auf sogenannte Einstellungsebenen.

7. Wählen Sie in der dann erscheinenden Drop-down-Liste den Eintrag *Verlauf* ❷.

Abbildung 27.34: Den Eintrag VERLAUF wählen.

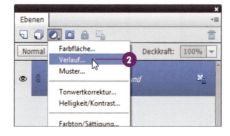

8. Stellen Sie in dem sich automatisch öffnenden Fenster den gewünschten Verlauf ein.

In diesem Fall habe ich die Verlaufssammlung *Einfach* ③ geöffnet und den Verlauf *Hellcyan* ④ ausgewählt.

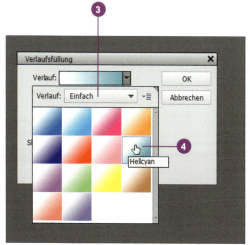

Abbildung 27.35:
Den Verlauf
bestimmen.

9. Stellen Sie den gewünschten Stil ⑤ ein, und passen Sie dessen Parameter bei Bedarf an.

Ich habe mich hier für den Stil *Gespiegelt* ⑤ entschieden. Anschließend habe ich die Größe (*Skalieren*) und den Winkel des Verlaufs angepasst, indem ich bei *Skalieren* ⑥ einen Wert von 132 und einen *Winkel* von -66,37° ⑦ eingestellt habe. Auf diese Weise entsteht ein in »Fahrtrichtung« verlaufender weißer Streifen, der in etwa der Fahrzeugbreite entspricht.

Abbildung 27.36:
Größe, Stil und
Winkel wurden
angepasst.

10. Schließen Sie das Fenster *Verlaufsfüllung* mit einem Klick auf *OK*.

Um den Look weiter anzupassen, könnten Sie bei Bedarf eine Veränderung der Ebenendeckkraft ⑧ vornehmen. In einigen Fällen ist zudem der Wechsel der Füllmethode ⑨ hilfreich.

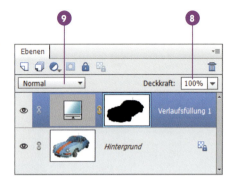

Abbildung 27.37:
Das rgebnis im
Bedienfeld EBENEN.

Weitere Informationen zu Einstellungsebenen finden Sie in Kapitel 34 »Flexibler arbeiten mit Füll- und Einstellungsebenen«).

Abbildung 27.38:
Ergebnis.

Im Drop-down-Menü der Einstellungsebenen kann eine sogenannte Verlaufsumsetzung ausgewählt werden. Diese hat mit dem klassischen Verlauf nichts zu tun. Vielmehr dient sie zum Tonen (Einfärben von Bildern). Die linke Farbe des in der Verlaufsumsetzung dargestellten Verlaufsspektrums tont bzw. ersetzt die dunklen Tonwerte. Die auf der rechten Seite dargestellte Farbe bestimmt hingegen den Farbton der hellen Tonwerte. Die dazwischenliegenden Tonwerte des Bildes werden ebenfalls bzw. diesem Prinzip folgend zu dem in der Verlaufsumsetzung dargestellten Verlaufsspektrum getont.

Teil 7

Teil 7:
Malen, Zeichnen und Messen

28 Malen, Zeichnen und Radieren

Photoshop Elements stellt diverse Werkzeuge zum Auftragen, Bearbeiten und Entfernen von Farbe zur Verfügung. Bei diesen sogenannten Malwerkzeugen können u. a. die Werkzeugspitze, die Deckkraft und die beim Malen verwendete Füllmethode eingestellt werden.

28.1 Werkzeugspitzen

Die Werkzeugspitzen von Mal- und Retuschewerkzeugen können Sie in vielfältiger Form anpassen. Die Vorgehensweise ist bei den Werkzeugen dieser beiden Kategorien nahezu gleich bzw. sehr ähnlich.

In den Werkzeugoptionen des jeweiligen Mal- oder Retuschewerkzeugs erreichen Sie ein Drop-down-Menü ❶, in dem Photoshop Elements diverse vordefinierte Größen und Formen von Werkzeugspitzen ❷ zur Verfügung stellt. Die Größe ❸ können Sie über die gleichnamige Funktion in der Optionsleiste anschließend noch genau anpassen.

Abbildung 28.1:
Die von Photoshop
Elements zur
Verfügung gestellten
Werkzeugspitzen
unterscheiden sich
in Form, Weichheit
und Größe.

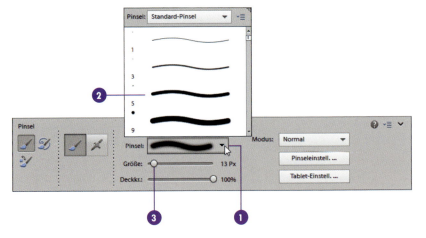

Darstellung

Die Darstellung der Werkzeugspitzen innerhalb der Liste ist dabei frei wählbar. Klicken Sie dazu auf den Pfeil ④, und wählen Sie die gewünschte Darstellung (*Nur Text*, *Kleine Miniaturen*, *Große Miniaturen*, *Kleine Liste*, *Große Liste*, *Pinselstrich*) ⑤.

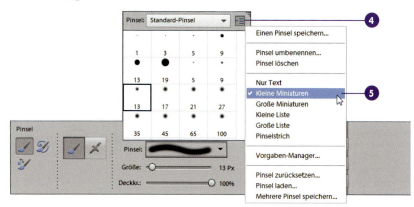

Abbildung 28.2:
Die Werkzeugspitzen
im Ansichtsmodus
Pinselstrich.

Werkzeugspitzenbibliotheken

Um die Werkzeugspitzenliste übersichtlich zu halten, verwaltet das Programm die Werkzeugspitzen in einzelnen Bibliotheken. Über die Drop-down-Liste *Pinsel* ⑥ erreichen Sie die einzelnen Bibliotheken ⑦.

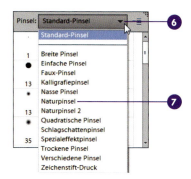

Abbildung 28.3:
Die Drop-down-Liste
Pinsel ⑥ mit den
verschiedenen
Werkzeugspitzen-
bibliotheken ⑦.

Eigenen Pinsel speichern

In Photoshop Elements ist es möglich, einen ausgewählten Bildbereich als Pinsel zu speichern. Neben der Definition klassischer Pinselstriche können Sie dadurch das als Pinsel gespeicherte Motiv bequem vervielfältigen.

1. Laden Sie das Bild *Werkzeugspitze.jpg*.
2. Wählen Sie im Werkzeugbedienfeld das Auswahlrechteck ⬚ aus.
3. Ziehen Sie um den Schmetterling ein Auswahlrechteck auf ❶.

Werkzeugspitze.jpg

Abbildung 28.4:
Über dem Schmetter-
ling ein Auswahlrecht-
eck aufziehen.

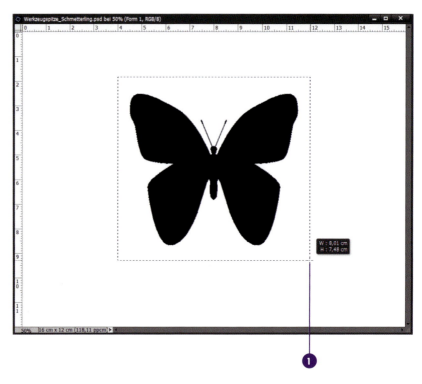

Abbildung 28.5:
Den Pinsel benennen.

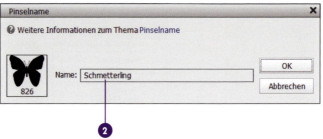

4. Wählen Sie den Befehl *Bearbeiten/Pinsel aus Auswahl definieren*.

5. Geben Sie in das gleichnamige Eingabefeld einen Namen für den Pinsel (z. B. *Schmetterling*) ein **2**.

6. Verlassen Sie das Fenster *Pinselname* mit einem Klick auf die Schaltfläche *OK*.

Eigenen Pinsel laden

1. Wählen Sie im Werkzeugbedienfeld das Pinsel-Werkzeug ✎ aus.

2. Öffnen Sie über die Optionsleiste die Liste *Pinsel* **1**.

An letzter Stelle der Liste findet sich der zuvor gespeicherte Pinsel **2**.

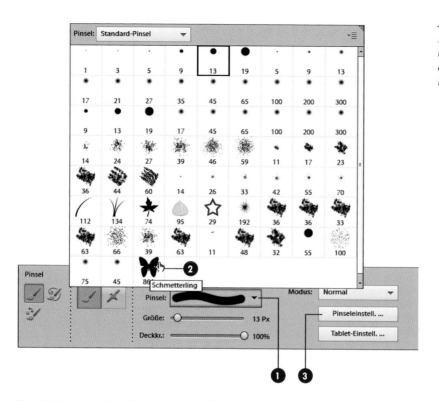

Abbildung 28.6:
Der neue Pinsel
erscheint am
Listenende.

3. Wählen Sie den Pinsel mit einem Doppelklick aus.

Nachdem Sie den neuen Pinsel mit einem Doppelklick ausgewählt haben, werden Sie sich nun um die Feineinstellung kümmern.

4. Klicken Sie dazu in der Optionsleiste auf den Button *Pinseleinstell. ...* ❸.

Sie werden jetzt den Malabstand erhöhen.

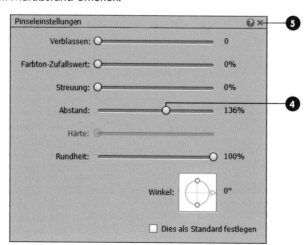

Abbildung 28.7:
Optionen für
Pinseleinstellungen.

5. Stellen Sie den *Abstand* 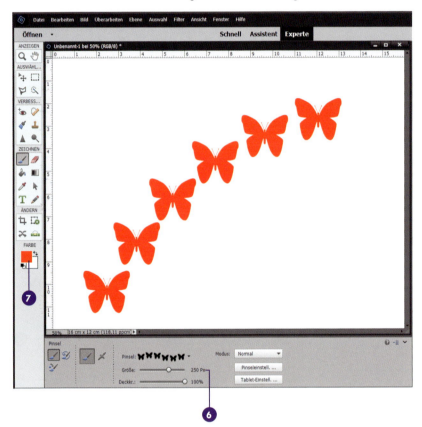 ❹ auf *136 %*.

6. Schließen Sie das Fenster mit einem Klick auf *X* ❺.

Voreingestellt würde der Pinsel den Schmetterling in seiner Originalgröße (826 Pixel) verwenden. Das wäre in diesem Fall ein wenig zu groß. Daher reduzieren Sie jetzt noch die Größe.

7. Legen Sie in der Optionsleiste eine *Größe* ❻ von *250* Pixeln fest.

8. Stellen Sie die gewünschte Vordergrundfarbe ❼ ein.

Malen Sie mit dem Pinsel einen Bogen wie in Abbildung 28.8.

Abbildung 28.8: Durch den MALABSTAND von 136 % halten die einzelnen Schmetterlinge ausreichend Abstand zueinander.

Die Schmetterlinge erscheinen aneinandergereiht wie Perlen auf einer Schnur. Um dem Zufall etwas mehr Raum zu geben, werden Sie die Einstellungen nun ein wenig anpassen.

9. Machen Sie den letzten Pinselstrich rückgängig mit ⌨Strg+⌨Z bzw. ⌨cmd ⌘ +⌨Z.

10. Klicken Sie in den Werkzeugoptionen erneut auf das Pinselsymbol .

Sie erhöhen jetzt den *Farbton-Zufallswert*. Auf diese Weise werden die Schmetterlinge in verschiedenen Nuancen der Vordergrundfarbe gepinselt. Durch die Erhöhung des Parameters *Streuung* werden sie entlang des Pinselstrichs »verstreut«.

11. Stellen Sie bei *Farbton-Zufallswert* den Wert *52 %* und bei *Streuung* den Wert *63 %* ein.

Abbildung 28.9:
Die Schmetterlinge
werden nun in
unterschiedlichen
Farben neben dem
Pinselstrich verstreut.

Pinselspitzen anderer Anbieter verwenden

Im Web finden Sie eine Vielzahl (kostenloser und kostenpflichtiger) Pinselspitzen (engl.: brushes).

Pinsel laden

Die im Web angebotenen Pinselspitzen sind in den meisten Fällen in Form eines ZIP- oder RAR-Archivs verfügbar. Nach dem Download müssen diese Archive zunächst entpackt werden, wodurch die eigentlichen Pinseldaten »sichtbar« werden. Diese liegen als ABR-Dateien vor und können direkt in Photoshop Elements geladen oder in einem speziellen Verzeichnis abgelegt werden.

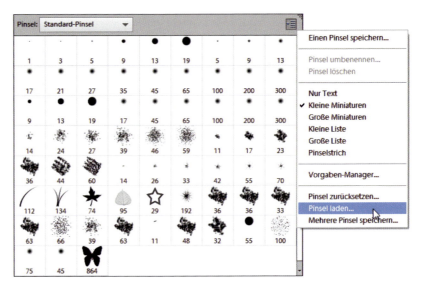

Abbildung 28.10:
Mit dem Befehl PINSEL
LADEN werden die
Pinsel anderer
Anbieter in das
Programm geholt.

Standardverzeichnis für Pinsel nutzen

Wenn Sie aus dem Web heruntergeladene Pinsel im Verzeichnis *Brushes* speichern, werden diese nach dem Start von Adobe Photoshop Elements automatisch im Listenfeld *Pinsel* angeboten (**6** in Abbildung 28.13). Die genaue Pfadangabe des Verzeichnisses hängt natürlich von der Installation und dem verwendeten Betriebssystem ab. Unter Windows 10 lautet das Standardverzeichnis für die Pinsel *C:\Programme\Adobe\Photoshop Elements 15\Presets\Brushes*. Diese sind für alle Benutzer öffentlich zugänglich, können aber nur vom Systemadministrator verändert werden. Arbeiten Sie am Mac, folgen Sie am besten dem Pfad *Programme/Adobe Photoshop Elements/Presets*. Um das Verzeichnis schnell zu finden, können Sie auch ganz einfach den Begriff »Brushes« oder »*.abr« in die Suchfunktion Ihres Betriebssystems eingeben.

Abbildung 28.11:
Das Verzeichnis
BRUSHES von Photoshop
Elements (Betriebs-
system Windows 10).

> Dieser PC > Lokaler Datenträger (C:) > Programme > Adobe > Photoshop Elements 15 > Presets > Brushes			
Name	Änderungsdatum	Typ	Größe
Assorted Brushes.abr	05.09.2016 03:21	ABR-Datei	54 KB
Basic Brushes.abr	05.09.2016 03:21	ABR-Datei	30 KB
Calligraphic Brushes.abr	05.09.2016 03:21	ABR-Datei	11 KB
Drop Shadow Brushes.abr	05.09.2016 03:21	ABR-Datei	32 KB
Dry Media Brushes.abr	05.09.2016 03:21	ABR-Datei	1.075 KB
Faux Finish Brushes.abr	05.09.2016 03:21	ABR-Datei	141 KB
Natural Brushes 2.abr	05.09.2016 03:21	ABR-Datei	78 KB
Natural Brushes.abr	05.09.2016 03:21	ABR-Datei	45 KB
Pen Pressure.abr	05.09.2016 03:21	ABR-Datei	220 KB
Special Effect Brushes.abr	05.09.2016 03:21	ABR-Datei	2.588 KB
Square Brushes.abr	05.09.2016 03:21	ABR-Datei	21 KB
Thick Heavy Brushes.abr	05.09.2016 03:21	ABR-Datei	229 KB
Wet Media Brushes.abr	05.09.2016 03:21	ABR-Datei	1.044 KB

Werkzeugspitze über das Kontextmenü einstellen

Ist der Pinsel im Werkzeugbedienfeld ausgewählt, kann das Optionsfenster für die Werkzeugspitzen auch über einen Rechtsklick in das aktuelle Bild geöffnet werden.

Abbildung 28.12:
Die Werkzeugspitze kann auch über das Kontextmenü (Rechtsklick in das Bild) eingestellt werden.

Werkzeugspitze über Tastaturkürzel einstellen

Funktion	PC	Mac
Pinselgröße reduzieren/erhöhen	# bzw. ⇧+#	# bzw. ⇧+#
Pinselweichheit reduzieren/erhöhen (in 25-Prozent-Schritten)	ß bzw. ⇧+ß	ß bzw. ⇧+ß
Vorherige/nächste Pinselgröße auswählen	, (Komma) oder . (Punkt)	, (Komma) oder . (Punkt)

Tabelle 28.1:
Tastenkürzel zur Steuerung der Werkzeugspitze.

Werkzeugspitzensymbolik ändern

Mit ⬇ können Sie zwischen verschiedenen Cursor-Darstellungen umschalten. Zum Beispiel können Sie bei präzisen Arbeiten ein Fadenkreuz als Werkzeugspitzensymbol verwenden. Mehr Infos zu diesem Thema finden Sie in Kapitel 53 »Editor-Programmvoreinstellungen« im Abschnitt »Anzeige und Cursor«.

28.2 Pinsel-Werkzeuge

Photoshop Elements stellt dem Anwender drei verschiedene Malpinsel zur Verfügung. Neben dem klassischen Pinsel ✎ sind das der Impressionisten-Pinsel ✐ und das Farbe-ersetzen-Werkzeug ✐ .

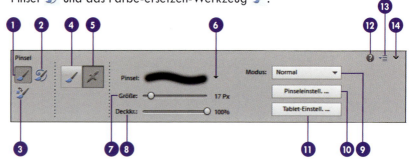

Abbildung 28.13:
Die Werkzeug-
optionen des Pinsels.

Tabelle 28.2:
Die Werkzeugoptio-
nen des Pinsels.

❶	Pinsel	Wenn diese Schaltfläche gedrückt erscheint, ist aktuell das Pinsel-Werkzeug ausgewählt.
❷	Impressionisten-Pinsel	Mehr Informationen zu diesem Werkzeug finden Sie im gleichnamigen Abschnitt dieses Kapitels.
❸	Farbe-ersetzen-Werkzeug	Mehr Informationen zu diesem Werkzeug finden Sie im gleichnamigen Abschnitt dieses Kapitels.
❹	Pinsel-Modus	Ist diese Funktion aktiv, wird nur dann Farbe aufgetragen, wenn Sie die linke Maustaste drücken und die Maus gleichzeitig bewegen.
❺	Airbrush-Modus	Wenn Sie diese Funktion aktivieren, versprüht das Werkzeug seine Farbe auch dann, wenn Sie die linke Maustaste gedrückt halten, die Maus aber ansonsten nicht bewegen.
❻	Strichdarstellung	Zeigt Ihnen die aktuelle Form des Strichs an. Über den Pfeil rechts neben der Pinselstrichdarstellung können Sie aus einer Vielzahl von Werkzeugspitzen die gewünschte Variante wählen.
❼	Größe	Hier können Sie die Größe der Werkzeugspitze einstellen. Klicken Sie dazu entweder auf den kleinen Pfeil, um anschließend den Pop-up-Regler auf die gewünschte Größe zu ziehen, oder geben Sie den gewünschten Wert einfach in das Textfeld ein.
❽	Deckkraft	Bei einer Deckkraft von 100 % überlagern die gezeichneten Pixel die ursprünglich vorhandenen Pixel komplett (im Modus *Normal*). Geringere Werte sorgen dafür, dass die gezeichneten Pixel entsprechend der Einstellung sichtbar bleiben.

9	Modus	Bestimmt die Art und Weise, wie gezeichnete und ursprünglich vorhandene Pixel aufeinander reagieren. Entspricht den Füllmethoden des Bedienfelds *Ebenen*. Voreingestellt ist hier *Normal*. Mehr Informationen dazu finden Sie in Kapitel 35 »Füllmethoden«.
10	Pinseleinstellungen	Diverse Parameter, die das Aussehen des Pinselstrichs beeinflussen.
11	Tablet-Einstellungen	Diese Optionen sind von Bedeutung, wenn Sie ein Grafiktablett einsetzen. Hier ist einstellbar, welche Parameter über den drucksensitiven Stift des Tabletts beeinflusst werden.
12	Hilfe	Öffnet eine Hilfefunktion.
13	Werkzeug zurücksetzen Alle Werkzeuge zurücksetzen	Setzt den Pinsel oder wahlweise alle Werkzeuge zurück. Nutzen Sie diese Funktion, wenn Ihnen das Verhalten des Werkzeugs »spanisch« vorkommt oder wenn Sie alle Einstellungen mit einem Klick auf die »Werkseinstellungen« zurückstellen möchten.
14	Minimieren	Blendet die Werkzeugoptionsleiste aus. Mit einem Klick auf das Symbol 📝 kann die Werkzeugoptionsleiste jederzeit wieder angezeigt werden.

Malen mit dem Pinsel-Werkzeug

Das folgende Bild basiert auf einem Foto. Bei der Wandlung hin zu diesem grafischen Look wurde der Filter *Stempel* verwendet *(Filter/Zeichenfilter)*. Als unschöner Nebeneffekt hat sich ein fleckiger Hintergrund ergeben. Dieser kann mit dem Pinsel korrigiert werden.

Geschwister_Blau.jpg

1. Laden Sie die Datei *Geschwister_Blau.jpg*.
2. Wählen Sie im Werkzeugbedienfeld das Farbwähler-Werkzeug 🖊 aus (Ⓘ).

Abbildung 28.14:
Der fleckige
Hintergrund bedarf
der Korrektur.

3. Klicken Sie im Bild auf einen blauen Bereich **15**.

Der ermittelte Blauton wird nun als Vordergrundfarbe **16** angezeigt.

4. Aktivieren Sie im Werkzeugbedienfeld den Pinsel ✎ .

Da der Pinsel sich seinen Platz im Werkzeugbedienfeld mit einigen anderen Werkzeugen teilt, kann es sein, dass er aktuell nicht zu sehen ist. Sollte das der Fall sein, drücken Sie ⒝ auf Ihrer Tastatur – eventuell müssen Sie mehrmals ⒝ drücken, um den Pinsel zu erreichen, denn dieser Buchstabe ist auch dem Impressionisten-Pinsel ✦ und dem Farbe-ersetzen-Werkzeug ✦ zugeordnet. Alternativ dazu können Sie den Impressionisten-Pinsel ✦ oder das Farbe-ersetzen-Werkzeug ✦ im Werkzeugbedienfeld anklicken und den Pinsel ✎ anschließend in der Werkzeugoptionsleiste **17** auswählen.

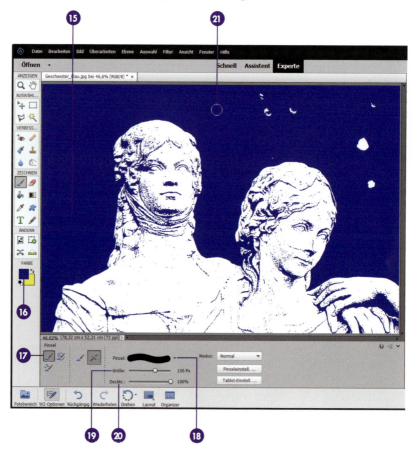

Abbildung 28.15: Mit dem Pinsel übermalen Sie die weißen Flecken.

5. Stellen Sie sicher, dass eine runde Werkzeugspitze **18** ausgewählt ist.

Ob die Spitze hart oder weich ist, ist in diesem Fall nahezu egal.

6. Wählen Sie in der Werkzeugoptionsleiste eine *Größe* 19 von *150* Pixeln und eine *Deckkraft* 20 von *100* %.

7. Übermalen Sie nun die störenden weißen Flecken 21.

Achten Sie dabei darauf, den Figuren nicht zu nahe zu kommen. Falls Sie sie versehentlich übermalen sollten, können Sie Fehler mit dem Befehl *Bearbeiten/ Rückgängig* ungeschehen machen.

Abbildung 28.16:
Das Ergebnis ist eine bereinigte Hintergrundfläche.

Beim Malen Füllmethoden nutzen

Um die mit einem Malwerkzeug aufgetragene Farbe mit den bereits im Bild bzw. auf der jeweiligen Ebene vorhandenen Inhalten zu kombinieren, können Sie in der Werkzeugoptionsleiste des Werkzeugs im Listenfeld *Modus* auf unterschiedliche Füllmethoden zurückgreifen. In diesem Beispiel wird die Füllmethode *Farbe* verwendet. Bei dieser Füllmethode wird die Helligkeit (Luminanz) der aufgetragenen Farbe durch die Helligkeit der bereits vorhandenen Bildpunkte gesteuert. So bleiben z. B. die Pupillen schwarz und die Lichtreflexionen weiß.

Um präzise und gleichzeitig fix arbeiten zu können, sollten Sie bei solchen Arbeiten im Idealfall auf ein Grafiktablett zurückgreifen. Hier gibt es z. B. vom Hersteller Wacom gute Einstiegsmodelle für rund 150 Euro. Mit der Maus gestalten sich solche Dinge ansonsten sehr schwierig und deutlich zeitaufwendiger.

Mehr Informationen dazu finden Sie in Kapitel 35 »Füllmethoden«.

Abbildung 28.17:
Das Wacom Intuos
CTH-680.

Augenfarbe.jpg

1. Laden Sie die Datei *Augenfarbe.jpg*.
2. Stellen Sie im Werkzeugbedienfeld die gewünschte Vordergrundfarbe ein (in diesem Beispiel habe ich den im Folgenden abgebildeten Cyan-Farbton verwendet ❶).

Abbildung 28.18:
Der Pinsel soll diesen
Cyan-Farbton
auftragen.

3. Wählen Sie im Werkzeugbedienfeld den Pinsel ✔ aus.

Abbildung 28.19:
Original.

4. Stellen Sie sicher, dass eine runde bzw. weiche Werkzeugspitze **2** ausge-
    wählt ist.

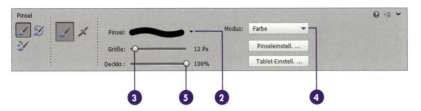

Abbildung 28.20:
Die Werkzeugeinstel-
lungen dieses Beispiels.

5. Wählen Sie in der Werkzeugoptionsleiste eine *Größe* **3** von ca. 12 Pixeln.
6. Wählen Sie im Listenfeld *Modus* den Eintrag *Farbe* **4** aus.

Voreingestellt arbeitet der Pinsel mit einer Deckkraft von *100 %* **5**. Das führt
hin und wieder zu einem sehr künstlich anmutenden Ergebnis. Reduzieren Sie
daher im Zweifelsfall die Deckkraft. Wenn Ihnen die Wirkung zu schwach erscheinen sollte, malen Sie einfach mehrfach über die gleiche Stelle, da auf
diese Weise die effektive Deckkraft zunimmt.

7. Übermalen Sie nun die Augäpfel des Mädchens.

Abbildung 28.21:
Aufmalen der
Augenfarbe.

Impressionisten-Pinsel

Dieses Werkzeug ✐ unterscheidet sich deutlich vom herkömmlichen Pinsel ✐ .
Sobald Sie das Bild mit dem Werkzeug übermalen, verwandelt es sich in ein
mehr oder weniger impressionistisches Ölbild. In der Werkzeugoptionsleiste
haben Sie Zugriff auf diverse Parameter, um die Maltechnik des Pinsels zu
verändern. Hier heißt es: ausprobieren und Spaß haben.

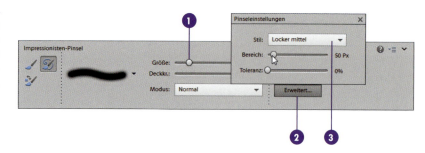

Wenn Sie möchten, können Sie den Pinsel z. B. anhand der von mir bereits für diesen Zweck vorbereiteten Datei *Impression.jpg* ausprobieren. Achten Sie dabei darauf, die Pinselgröße nicht zu groß zu wählen, da das Ergebnis ansonsten nur aus großen ineinanderlaufenden Farbflecken besteht. In diesem Beispiel habe ich eine *Größe* ❶ von 3 Pixeln verwendet und nach einem Klick auf die Schaltfläche *Erweitert* ❷ den Stil *Locker mittel* ❸ eingestellt. Ansonsten habe ich die Standardeinstellungen beibehalten.

Zur Vorbereitung des Bildes habe ich in diesem Fall die Nik Collection bemüht. Diese von Google gratis angebotene Effektsammlung wird von Premiere Elements unterstützt. Nach deren Installation können Sie innerhalb von Photoshop Elements über das Menü *Filter* auf die Nik Collection zugreifen. Hier habe ich den Look mit dem Nik-Filter *Analog Effects Pro 2* angepasst. Wie der Name schon vermuten lässt, produziert dieser Filter einen Analog-Look, der (in diesem Fall) eine gute Grundlage für die Anwendung des Impressionisten-Pinsels liefert, da er auf einen Schlag den Kontrast senkt, die Farbsättigung erhöht und dem Bild etwas mehr Struktur verleiht. Insbesondere Letzteres ist im Bereich des Himmels von Bedeutung, da die Wirkung des Impressionisten-Pinsels nur dort erkennbar wird, wo strukturelle bzw. farbige Unterschiede vorhanden sind. Diese Maßnahmen können selbstverständlich auch mit den Mitteln von Photoshop Elements erzielt werden. Entsprechende Informationen dazu finden Sie in Kapitel 10 sowie Kapitel 12. Mehr Struktur können Sie z. B. durch eine entsprechende Nachschärfung bzw. die Funktion *Überarbeiten/Schärfe einstellen* erzielen (siehe dazu auch Kapitel 15).

Impression.jpg

Abbildung 28.24: Als Vorbereitung wurde beim ursprünglichen Foto (siehe Abbildung 28.23) zunächst der Kontrast etwas gesenkt, die Farbsättigung erhöht und dem Bild etwas mehr Struktur gegeben.

Abbildung 28.25: Impressionisten-Pinsel, Stil LOCKER MITTEL, GRÖSSE 3 Pixel.

*Abbildung 28.26:
Jetzt müssen noch
einige Anpassungen
in der Brückenmitte
vorgenommen werden.*

Abschließend habe ich bei diesem Bild noch ein wenig die Sättigung erhöht. Greifen Sie dazu wahlweise auf eine entsprechende Einstellungsebene (*Farbton/Sättigung*) oder die Funktion *Überarbeiten/Farbe anpassen/Farbton/Sättigung anpassen* zurück.

Mehr Informationen zu Einstellungsebenen finden Sie in Kapitel 34 »Flexibler arbeiten mit Füll- und Einstellungsebenen«.

Die Rialtobrücke wird seit geraumer Zeit renoviert. Daher ist im Originalbild bzw. in der Brückenmitte ein unschönes Baugerüst zu erkennen.

Der Impressionisten-Pinsel macht die Gerüstkonstruktion zwar unkenntlich, aber der Betrachter kann dennoch den Himmel auf der anderen Seite nicht erkennen.

So habe ich hier mit dem Kopierstempel ⚒ etwas Himmel eingestempelt, die Wand in diesem Bereich von zwei unschönen Schlieren befreit und beides abschließend mit dem Impressionisten-Pinsel übermalt.

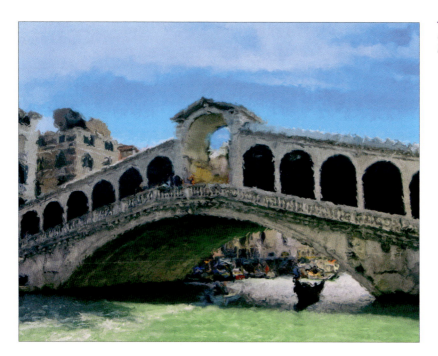

Abbildung 28.27:
Ergebnis.

Abbildung 28.28:
Dieser vergrößerte
Bildausschnitt zeigt
den erzielten Look im
Detail.

Farbe-ersetzen-Werkzeug

Im Werkzeugbedienfeld ist dieses Tool ✐ an gleicher Stelle wie der Buntstift ✐ und die Pinsel untergebracht. Wie der Name schon sagt, geht es darum, Farben zu ersetzen, und zwar so, dass die aktuell eingestellte Vordergrundfarbe im Bereich der Werkzeugspitze aufgetragen wird. Das kann der Pinsel ✐ bzw. der Buntstift ✐ auch. Der Unterschied bei diesem Werkzeug liegt darin, dass es die Kanten bzw. Konturen farbiger Bereiche erkennt und auf diese Weise seine Wirkung auf bestimmte Bereiche beschränkt bleibt.

Drücken Sie B auf Ihrer Tastatur, um das Werkzeug auszuwählen.

*Abbildung 28.29:
Werkzeugoptionen
des Farbe-erset-
zen-Werkzeugs.*

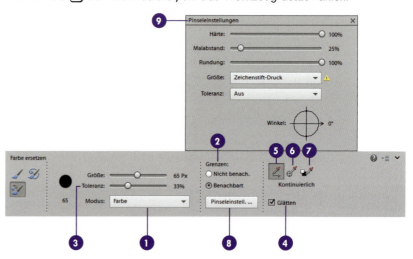

	Modus	Voreingestellt ist hier *Farbe*. Dadurch wird auch lediglich die Farbe des Bereichs ausgetauscht. Die Hell-dunkel-Verteilung bleibt hingegen erhalten. In dem hier vorgestellten Beispiel ist das gut an der unveränderten Wellenstruktur zu erkennen.
❶	Modus	Voreingestellt ist hier *Farbe*. Dadurch wird auch lediglich die Farbe des Bereichs ausgetauscht. Die Hell-dunkel-Verteilung bleibt hingegen erhalten. In dem hier vorgestellten Beispiel ist das gut an der unveränderten Wellenstruktur zu erkennen.
❷	Grenzen	Hier stehen zwei Modi zur Auswahl: *Benachbart* Ersetzt die einmal aufgenommene Farbe, sobald Sie mit dem Cursor darüberfahren. *Nicht benachbart* Ersetzt nicht nur die einmal aufgenommene Farbe. Vielmehr wird ständig die Farbe unter dem Cursor analysiert. Sobald ähnliche Werte vom Cursor »überfahren« werden, trägt das Werkzeug die Vordergrundfarbe auf. Tatsächlich ist in der Praxis jedoch der Unterschied zwischen den beiden Modi (wenn überhaupt) nur sehr schwer feststellbar.
❸	Toleranz	Hier steuern Sie die Ähnlichkeit der zu ersetzenden Farben. Je höher der Wert ist, desto unähnlicher kann die zu ersetzende Farbe sein.
❹	Glätten	Glättet die Übergänge zu den nicht korrigierten Bereichen.

*Tabelle 28.3:
Die Werkzeugoptio-
nen des Farbe-erset-
zen-Werkzeugs.*

5	Kontinuierlich	Ersetzt die übermalten Bildbereiche kontinuierlich durch die aktuell eingestellte Vordergrundfarbe **10**.
6	Einmal	Wählen Sie diesen Modus, wenn Sie gezielt einen Farbton durch eine andere Farbe ersetzen möchten. Klicken Sie dazu auf die zu ersetzende Farbe im Bild. Photoshop Elements ermittelt so einmalig den zu ersetzenden Farbton. Sobald Sie nun über einen Bildbereich malen, der diesen Farbton aufweist, wird dieser Bereich entsprechend der aktuell eingestellten Vordergrundfarbe **10** eingefärbt.
7	Hintergrund-farbfeld	Aktivieren Sie diesen Modus, wenn Sie nur die Bildanteile im Bild umfärben möchten, die der aktuell eingestellten Hintergrundfarbe **11** entsprechen. Wenn Sie in diesem Modus über einen Bildbereich malen, der der aktuell eingestellten Hintergrundfarbe entspricht, wird dieser Bereich entsprechend der aktuell eingestellten Vordergrundfarbe **10** eingefärbt.
8	Pinseleinstel-lungen	Öffnet das gleichnamige Dialogfenster **9**. Hier können diverse Parameter angepasst werden, die das Aussehen des Pinselstrichs beeinflussen.

Abbildung 28.30: Das Farbe-ersetzen-Werkzeug arbeitet mit der eingestellten Vorder- und Hintergrundfarbe.

Abbildung 28.31: Original.

Farbe ersetzen.jpg

1. Laden Sie das Bild *Farbe ersetzen.jpg*.

Abbildung 28.32:
Im Farbwähler die
Wunschfarbe
einstellen.

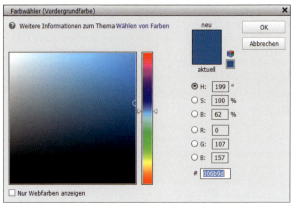

Stellen Sie zunächst die Farbe ein, die Sie mit dem Werkzeug auftragen wollen.

2. Klicken Sie auf das Farbfeld der Vordergrundfarbe, und stellen Sie den gewünschten Farbwert ein.

In diesem Beispiel habe ich die Farbeinstellung *H: 199°, S: 100 %* und *B: 62 %* verwendet.

3. Stellen Sie die Werkzeugspitze auf eine *Größe* von ca. 65 Pixeln ein.

Um präzise und gleichzeitig fix arbeiten zu können, sollten Sie bei solchen Arbeiten im Idealfall ein Grafiktablett verwenden.

4. Übernehmen Sie ansonsten die Standardeinstellungen des Werkzeugs (*Modus: Farben, Grenzen: Benachbart, Toleranz: 30 %, Glätten* aktiviert).

5. Beginnen Sie z. B. mit den flächigen Bereichen, und sparen Sie die Umgebung der Gondeln und Pflöcke zunächst einmal aus.

Abbildung 28.33:
Zunächst die direkte
Umgebung der
Pflöcke und Gondeln
aussparen.

Der Kiel der Gondeln ist mit einer Metallkante besetzt. Im Idealfall bzw. wenn Sie sehr genau arbeiten möchten, sollten Sie solche Details nicht einfach übermalen. Insbesondere bei der zweiten Gondel würde die Sache dann allerdings richtig aufwendig, denn auch durch sehr geringe Toleranzeinstellungen ist ein versehentliches Übermalen nicht »automatisch« zu gewährleisten. Der Grund dafür ist der Umstand, dass die Metallkante wie ein Spiegel wirkt und damit nahezu die gleichen Farbeigenschaften wie das Wasser hat. Deshalb können Sie in diesem Fall die Metallkante auch einfach übermalen.

Auf diese Weise können Sie einen sehr praktischen Umstand dieses Motivs voll ausnutzen. Da die Gondel schwarz und somit unbunt ist, können Sie problemlos mit dem Werkzeug über diese Bereiche malen, denn unbunte Bereiche werden vom Farbe-ersetzen-Werkzeug nicht verändert. Bei den anderen Gondeln stellt sich das Problem nicht so sehr, denn hier liegt die Metallkante nur zu einem sehr geringen Teil unmittelbar über dem Wasser.

Abbildung 28.34:
Bei der zweiten
Gondel kann der sich
kaum abhebende
Metallkiel übermalt
werden.

6. Reduzieren Sie die Größe der Werkzeugspitze (z. B. auf 14 Pixel), und fär-
    ben Sie jetzt die unmittelbare Umgebung der Pflöcke und Gondeln ein.

Abbildung 28.35:
Ergebnis.

28.3 Buntstift

Da der Buntstift ✏ sich seinen Platz im Werkzeugbedienfeld nicht mit anderen Werkzeugen teilen muss, ist er hier stets sichtbar. Klicken Sie im Werkzeugbedienfeld auf den Buntstift, oder drücken Sie einfach N auf Ihrer Tastatur,
um ihn auszuwählen.

Das Funktionsprinzip des Buntstifts  ist in weiten Teilen identisch mit dem des Pinsels . Aus diesem Grund ist die Ausstattung der Werkzeugoptionsleiste bei beiden Werkzeugen größtenteils dieselbe.

INFO

Im Gegensatz zum Pinsel verfügt der Buntstift über die Funktion *Automatisch löschen* ❶. Dadurch malt der Buntstift in Bildbereichen, die aus der Vordergrundfarbe bestehen, automatisch in der Hintergrundfarbe. Wenn Sie den Buntstift hingegen in Bereichen einsetzen, die die Hintergrundfarbe enthalten, malt der Buntstift in der Vordergrundfarbe.

*Abbildung 28.36:
Die Werkzeugoptionen des Buntstifts.*

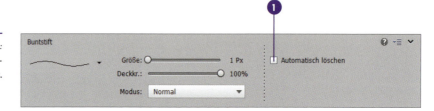

Im Gegensatz zu vielen anderen Werkzeugen unterstützt der Buntstift keine weichen Werkzeugspitzen. Verwenden Sie das Werkzeug daher nur, wenn Sie Striche mit einer extrem harten Kante verwenden möchten. Das gilt insbesondere für die Retusche hart konturierter Grafiken. In diesem Beispiel geht es darum, eine Horizontlinie einzuziehen.

*Abbildung 28.37:
Die Datei Sonne.jpg.*

Sonne.jpg

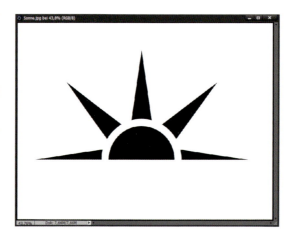

1. Laden Sie die Datei *Sonne.jpg*.
2. Wählen Sie im Werkzeugbedienfeld das Zoom-Werkzeug Q aus, und ziehen Sie über dem linken Bildteil ein Rechteck auf.

Um den Strich genau zu platzieren, werden Sie eine horizontale Hilfslinie verwenden. Dafür ist das Lineal erforderlich. Wenn bei Ihnen das Lineal bereits sichtbar ist, können Sie den nächsten Arbeitsschritt überspringen.

3. Wählen Sie den Befehl *Ansicht/Lineale*, um das Lineal einzublenden.

4. Klicken Sie in das horizontale Lineal, und ziehen Sie eine Hilfslinie bis unmittelbar unter die unterste Kante des Sonnensymbols.

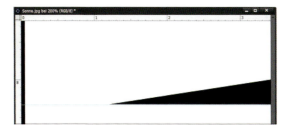

Abbildung 28.38:
Aus dem oberen Lineal
eine Hilfslinie ziehen.

5. Wählen Sie im Werkzeugbedienfeld das Buntstiftsymbol 🖉 aus.

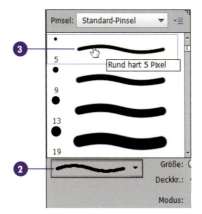

Abbildung 28.39:
Eine harte Werkzeug-
spitze auswählen.

6. Klicken Sie auf die Strichdarstellung ②, und wählen Sie anschließend eine harte Werkzeugspitze mit einer Breite von 5 Pixeln (*Rund hart 5 Pixel*) ③ aus.

Wie bereits erwähnt, unterstützt der Buntstift keine weichen Werkzeugspitzen. Dennoch stehen hier weiche Werkzeugspitzen zur Auswahl. Wenn Sie eine solche Werkzeugspitze auswählen, entsteht aber keine weiche Strichkante, sondern vielmehr eine bruchstückhafte, unsaubere Kante.

7. Stellen Sie als Vordergrundfarbe Schwarz ein (D).

8. Klicken Sie ganz links auf die Hilfslinie, drücken Sie ⇧, und ziehen Sie den Bleistiftstrich ganz nach rechts.

Die Fensterdarstellung bewegt sich dabei automatisch mit nach rechts. Sobald Sie rechts angekommen sind, lassen Sie die linke Maustaste und anschließend die Taste ⇧ los.

Malen, Zeichnen und Radieren

*Abbildung 28.40:
Ganz links auf der
Hilfslinie ansetzen und
mit ⬆ die Linie ganz
nach rechts ziehen.*

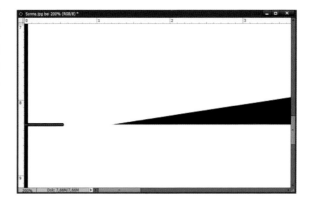

*Abbildung 28.41:
Das Ergebnis ist eine
Horizontlinie.*

Sie werden gleich eine weitere Linie zeichnen. Diese soll allerdings doppelt so breit sein.

1. Blenden Sie zunächst die Hilfslinie aus (*Ansicht/Hilfslinien*) und anschließend das Raster ein (*Ansicht/Raster*).

2. Stellen Sie sicher, dass nach wie vor der Buntstift ✏ ausgewählt ist.

3. Legen Sie in der Werkzeugoptionsleiste eine *Größe* von 10 Pixeln fest.

Sie werden nun überprüfen, ob der Rasterfang eingeschaltet ist.

4. Wählen Sie den Befehl *Ansicht/Ausrichten an* aus.

Vor *Raster* sollte nun ein Häkchen zu sehen sein. Ist das nicht der Fall, klicken Sie auf *Raster*. Dadurch schließt sich das Menü, und die Software setzt das besagte Häkchen.

5. Klicken Sie in die unmittelbare Nähe des in Abbildung 28.42 mit *Klick 1* gekennzeichneten Rasterpunktes.

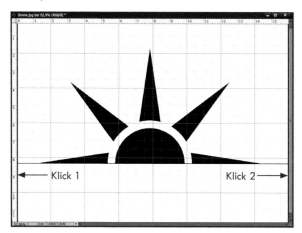

Abbildung 28.42:
Klicken Sie diese
beiden Stellen
nacheinander an, und
drücken Sie vor dem
zweiten Klick ⇧ *.*

6. Lassen Sie die linke Maustaste los, und drücken Sie ⇧ .

7. Klicken Sie jetzt in die unmittelbare Nähe des in Abbildung 28.42 mit *Klick 2* gekennzeichneten Rasterpunktes.

Ergebnis: Die ⇧ -Taste bewirkt, dass die beiden Punkte durch eine Linie verbunden werden. Da der Rasterfang aktiviert war, wurden der Anfangs- und der Endpunkt der Linie genau auf das jeweilige Rasterkreuz gezogen, und auf diese Weise wurde absolut gerade und auf beiden Seiten bis an den Bildrand gezeichnet.

8. Wiederholen Sie die Arbeitsschritte 5 bis 7, um darunter zwei weitere Striche zu zeichnen – verwenden Sie dabei allerdings eine Strichstärke von 20 Pixeln bzw. 30 Pixeln.

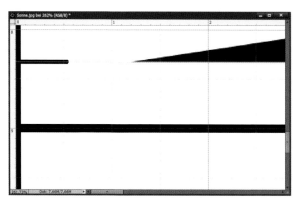

Abbildung 28.43:
Die Vergrößerung
macht deutlich, dass
der Strich am Bildrand
beginnt und genau
auf der Rasterlinie
verläuft.

Abbildung 28.44:
Das Ergebnis dieser
Bearbeitung erzeugt
eine perspektivische
Wirkung.

28.4 Radieren

Mit dem Befehl *Bearbeiten/Löschen* können Sie zuvor ausgewählte Pixel entfernen. Mit den drei Radiergummis des Programms können Sie das auch direkt bzw. ohne vorherige Auswahl erledigen.

Radiergummi-Werkzeug

Mit diesem digitalen Radiergummi 🩹 können Sie gezielt bestimmte Pixel einer Ebene entfernen. An den radierten Stellen werden die Pixel einer darunterliegenden Ebene sichtbar. Lediglich beim Radieren auf einer Hintergrundebene werden radierte Pixel nicht transparent, sondern mit der aktuell eingestellten Hintergrundfarbe gefüllt.

Abbildung 28.45:
Die Werkzeugoptio-
nen des Radiergummis.

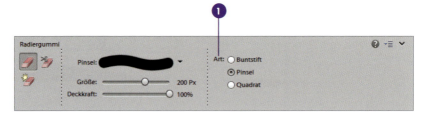

Auch bei diesem Werkzeug haben die in der Werkzeugoptionsleiste vorgenommenen Einstellungen entscheidenden Einfluss auf das Ergebnis. Neben der Größeneinstellung können Sie hier die *Deckkraft* einstellen und im Bereich *Art* ① zwischen drei Modi wählen. Im Gegensatz zum voreingestellten Modus *Pinsel* können Sie durch Umschalten auf den Modus *Bleistift* für eine härtere Kantenbildung sorgen. Der Modus *Quadrat* stellt hingegen eine quadratische Werkzeugspitze ein. Mit diesem Modus können Sie bei großen Zoom-Stufen gezielt einzelne Pixel radieren.

1. Laden Sie die Datei *Radieren.psd*.

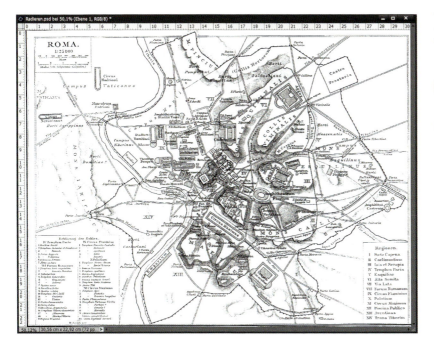

Abbildung 28.46:
Original.

Radieren.psd

2. Schauen Sie sich die aktuelle Situation im Bedienfeld *Ebenen* an.

Über den Befehl *Fenster/Ebenen* können Sie das Bedienfeld *Ebenen* einblenden.

Abbildung 28.47:
Die Datei enthält
bereits zwei Ebenen.

Auf der oberen Ebene habe ich den Ausschnitt einer historischen Karte platziert. Die untere Ebene zeigt das Bild eines römischen Ruinenfelds (Forum Romanum).

3. Stellen Sie im Bedienfeld *Ebenen* die Füllmethode *Multiplizieren* ein.

So sind sowohl das Bild als auch die Karte zu erkennen.

Abbildung 28.48:
Die Füllmethode
Multiplizieren
einstellen.

Abbildung 28.49:
Durch die Wahl der
Füllmethode
MULTIPLIZIEREN scheint
die untere Ebene nun
durch die Karte.

4. Wählen Sie in der Werkzeugleiste das Radiergummi-Werkzeug ⌀ aus
   (E).

5. Stellen Sie in der Werkzeugoptionsleiste eine *Größe* von 200 Pixeln ein, und
   achten Sie darauf, dass unter *Modus* die Option *Pinsel* eingestellt ist.

6. Stellen Sie sicher, dass aktuell die obere der beiden Ebenen ausgewählt
   ist — sie muss dunkel hinterlegt sein, was Sie mit einem Klick auf die Foto-
   miniatur erreichen.

7. Klicken Sie in das Bild und radieren Sie im Bereich der Gebäude bzw. der
   Ruinenlandschaft die Karte weg. Lassen Sie dabei den an den Himmel gren-
   zenden Randbereich zunächst unberührt.

8. Verkleinern Sie die Werkzeugspitze auf z. B. 40 Pixel und radieren Sie die Details der Randbereiche frei (z. B. die Kirchturmspitze).

9. Vergrößern Sie die Werkzeugspitze auf rund 150 Pixel.

10. Reduzieren Sie die Deckkraft auf ca. 20 %, und radieren Sie über den Rand des bisher radierten Bereichs, um auf diese Weise den Übergang zwischen der Karte und dem Bild etwas weicher zu gestalten.

11. Reduzieren Sie das Bild auf eine Ebene (*Ebene/Auf Hintergrundebene reduzieren*).

Abbildung 28.50:
Die wegradierten Bereiche werden im Bedienfeld Eʙᴇɴᴇɴ durch ein Schachbrettmuster symbolisiert.

Abbildung 28.51:
Im Bereich der Gebäude bzw. der Ruinenlandschaft die Karte wegradieren.

Abbildung 28.52:
Ergebnis.

Hintergrund-Radiergummi

Dieses Werkzeug 🖌 ist nahezu identisch mit dem Radiergummi ✐. Den einzigen Unterschied trägt das Werkzeug bereits in seinem Namen. Auf der Hintergrundebene radiert es tatsächlich. Wird auf einer Hintergrundebene radiert, werden die radierten Bereiche transparent und nicht wie beim Radiergummi-Werkzeug ✐ mit der aktuellen Hintergrundfarbe eingefärbt. Die Hintergrundebene wird dabei umbenannt und in eine freie Ebene verwandelt.

Magischer Radiergummi

Der magische Radiergummi 🖌 entfernt die Bereiche im Bild, die die gleiche Farbe aufweisen wie der Bildbereich, auf den Sie mit dem Werkzeug klicken.

Abbildung 28.53:
Die Werkzeugoptio-
nen des magischen
Radiergummis.

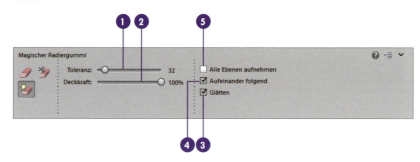

1	Toleranz	Hier steuern Sie die Ähnlichkeit der zu ersetzenden Farben. Je höher der Wert ist, desto unterschiedlichere Farben werden radiert. Geringe Werte sorgen dafür, dass nur sehr ähnliche Farben ausgewählt bzw. radiert werden.	
2	Deckkraft	Bei einer Deckkraft von 100 % verschwinden die wegradierten Pixel vollständig. Geringere Werte sorgen dafür, dass die wegradierten Pixel entsprechend der Einstellung sichtbar bleiben.	
3	Glätten	Glättet die Übergänge zu den nicht korrigierten Bereichen.	
4	Aufeinander folgend	Entspricht praktisch der Zauberstab-Funktion *Benachbart*. Ist die Option aktiv, werden nur die unmittelbar aneinandergrenzenden Farben ausgewählt bzw. radiert.	
5	Alle Ebenen aufnehmen	Wenn diese Option aktiviert ist, wird die zu löschende Farbe allen Ebenen entnommen.	

Tabelle 28.4:
Die Werkzeugoptionen des magischen Radiergummis im Detail.

1. Öffnen Sie das Bild *Julius Cäsar.jpg*.
2. Wählen Sie im Werkzeugbedienfeld den magischen Radiergummi 🖌️ aus.
3. Stellen Sie in der Werkzeugoptionsleiste eine *Toleranz* **1** von 75 ein.
4. Stellen Sie sicher, dass aktuell die Option *Aufeinander folgend* **4** aktiv ist.
5. Klicken Sie zwischen linker Hand und Kopf in den blauen Himmel **6**.

Grundsätzlich können Sie natürlich irgendwo in den blauen Himmel klicken. Wenn Sie allerdings an die von mir beschriebene Stelle zwischen Hand und Kopf klicken, bekommen Sie ein vergleichbares Ergebnis und können so die ganze Sache besser nachvollziehen.

Julius Cäsar.jpg

Abbildung 28.54:
Mit dem magischen Radiergummi 🖌️ auf den Himmel klicken.

Sehr viele der unmittelbar aneinandergrenzenden blauen Himmelspixel werden wegradiert. Lediglich im unteren Bereich des Bildes wurden einige Pixel noch nicht erfasst **7**. Das liegt zum einen an der Toleranzeinstellung und zum anderen an der Einstellung *Aufeinander folgend*. Dennoch sollten Sie die Toleranzeinstellung nicht großartig erhöhen, da in der Folge eventuell auch Bildbereiche erfasst bzw. wegradiert werden, die eigentlich im Bild hätten verbleiben sollen. Davon sind in diesem Fall insbesondere die Konturbereiche der Figur betroffen. Es ist vielmehr sinnvoll, die im ersten Arbeitsgang noch nicht erfassten Himmelspixel nun in einem weiteren Anlauf zu selektieren. Beachten Sie, dass die vier noch verbliebenen Bereiche voneinander getrennt sind. Daher müssten alle vier jeweils einmal angeklickt werden, um sie zu radieren. In diesem Beispiel ist das natürlich nicht weiter tragisch, aber bei Motiven mit einer Vielzahl isolierter Bildbereiche kann das äußerst mühselig sein. In solch einem Fall ist es bequemer, die Option *Aufeinander folgend* zu deaktivieren. In den nächsten Arbeitsschritten können Sie das einmal ausprobieren.

6.   Deaktivieren Sie dazu in der Werkzeugoptionsleiste die Option *Aufeinander folgend* **4**.

7.   Klicken Sie in einen der noch verbliebenen Himmelsbereiche **8**.

Jetzt dürften auch bei Ihnen die bisher voneinander getrennten Bereiche wegradiert worden sein. Sollte wider Erwarten hier und da eventuell doch noch etwas »Blau« zu sehen sein, können Sie auch diese Stellen mit einem weiteren Klick auf den jeweiligen Bereich sehr schnell entfernen.

Abbildung 28.55:
In einen der beiden
noch verbliebenen
Himmelsbereiche
klicken.

Abbildung 28.56: Durch die Deaktivierung der Option AUFEINANDER FOLGEND werden alle Bereiche ausgewählt.

Abbildung 28.57: Die Nahaufnahme zeigt, wie sauber das Werkzeug gearbeitet hat, da der Kontrast zum Himmel gut war.

Wenn Sie möchten, können Sie den freigestellten Cäsar jetzt noch mit einem anderen Bild kombinieren.

In Kapitel 37 »Fotocollage mit wenigen Klicks erstellen« greife ich dieses Motiv erneut auf und zeige Ihnen, wie Sie den freigestellten Cäsar mit einem anderen Hintergrund kombinieren können.

Abbildung 28.58:
Das Ziel: Montage vor
einem anderen
Hintergrund.

Winkel, Strecken und Farbe messen

Im Gegensatz zum »großen Bruder« Photoshop hat Photoshop Elements keine speziellen Werkzeuge, um Strecken und Winkel zu messen. In bestimmten Situationen bzw. bei Verwendung bestimmter Werkzeuge und Befehle werden Ihnen aber dennoch Winkel und Streckenlängen in Cursornähe angezeigt. Zudem zeigt die Software diese Werte im Bedienfeld *Informationen*. In Verbindung mit der jeweiligen Cursorposition können Sie hier zudem gezielt bestimmte Farbwerte messen. Wie das im Detail funktioniert, erfahren Sie ebenfalls in diesem Kapitel.

29.1 Lineale

Über den Befehl *Ansicht/Lineale* (⇧+Strg+R bzw. ⇧+cmd ⌘+R) blenden Sie ein vertikales und ein horizontales Lineal ein. Die Maßeinheit des Lineals richtet sich zunächst nach den Programmvoreinstellungen, kann aber jederzeit bzw. während der Arbeit an einem Bild geändert werden. Klicken Sie dazu mit der rechten Maustaste auf das Lineal ❶, und wählen Sie im dann erscheinenden Menü die gewünschte Maßeinheit ❷ aus. Photoshop Elements ändert daraufhin selbstständig die Programmvoreinstellungen. So zeigt das Lineal auch zukünftig die festgelegte Maßeinheit. Alternativ dazu können Sie über einen Doppelklick auf das Lineal das Fenster *Voreinstellungen* öffnen und hier die Maßeinheit ändern.

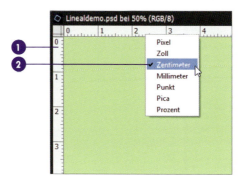

*Abbildung 29.1:
Klicken Sie mit der rechten Maustaste auf das Lineal, um die Maßeinheit zu ändern.*

29.2 Ursprungspunkt des Lineals anpassen

Voreingestellt befindet sich der Ursprungspunkt der beiden Lineale in der linken oberen Bildecke ❸. Das horizontale und das vertikale Lineal zeigen hier jeweils den Wert 0 an. Wenn Sie den Ursprungspunkt lieber auf einen anderen Punkt des Bildes legen möchten, können Sie ihn entsprechend anpassen.

1. Klicken Sie links oben auf das Ursprungspunktsymbol ❸.
2. Halten Sie die linke Maustaste gedrückt, und ziehen Sie den Ursprungspunkt an die neue Position ❹.

Dabei zeigt Photoshop Elements eine senkrechte und eine waagerechte Bezugslinie an, mit der Sie die aktuelle Position in beiden Linealen verfolgen können.

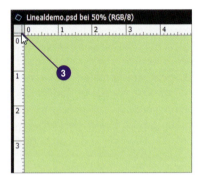

Abbildung 29.2:
Das Ursprungspunktsymbol anklicken ...

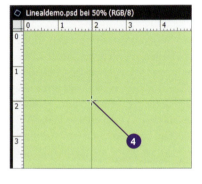

Abbildung 29.3:
... und mit gedrückter Maustaste an die neue Position bzw. den neuen Nullpunkt ziehen.

29.3 Strecken messen und Winkel ermitteln

Die im Folgenden vorgestellte Funktion können Sie sowohl beim Zeichnen einfacher Linien als auch zum Ausmessen von Motiven verwenden.

Abbildung 29.4:
Beim Zeichnen mit dem Linienzeichner-Werkzeug / werden Ihnen Winkel und Längenangaben angezeigt.

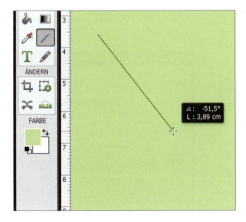

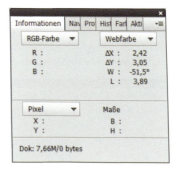

Abbildung 29.5:
Das Bedienfeld
INFORMATIONEN zeigt
u. a. die Strecken-
länge und den Winkel
zur Horizontalen.

Motivdetail ausmessen

Das Linienzeichner-Werkzeug ⁄ können Sie auch zum Ausmessen bestimmter Motivwinkel verwenden.

1. Wählen Sie im Werkzeugbedienfeld bzw. in der Werkzeugoptionsleiste das Linienzeichner-Werkzeug aus.

2. Da sich das Linienzeichner-Werkzeug ⁄ im Werkzeugbedienfeld mit sieben anderen Werkzeugen ein »Fach« teilt, drücken Sie im Zweifelsfall mehrfach die Taste Ⓤ, um es darstellen bzw. aktivieren zu können. Klicken Sie an den Beginn der zu messenden Strecke ❺, und ziehen Sie den Cursor mit gedrückter linker Maustaste an das Ende der zu messenden Strecke ❻.

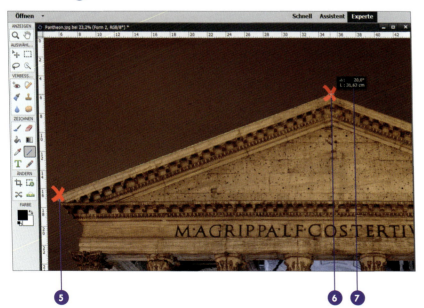

Abbildung 29.6:
Bestimmung der
Dachschräge mit
dem Linienzeichner-
Werkzeug.

Neben dem Cursor und im Bedienfeld *Informationen* werden daraufhin die Streckenlänge **7** und der Winkel im Verhältnis zur Horizontalen angezeigt **8**. Durch die Verwendung des Linienzeichner-Werkzeugs ist im Bild ein Strich und im Bedienfeld *Ebenen* eine neue Ebene **9** entstanden.

Abbildung 29.7:
Die Dachschräge des
Pantheons beträgt
20 Grad.

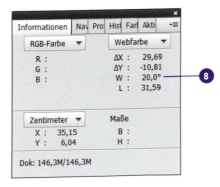

3. Klicken Sie im *Ebenen*-Bedienfeld (*Fenster/Ebenen*) mit der rechten Maustaste auf die Ebene, und wählen Sie den Eintrag *Ebene löschen*.

Strich und Ebene werden dadurch gelöscht.

Abbildung 29.8:
Die durch die
Linienkonstruktion
entstandene Ebene
anschließend wieder
löschen.

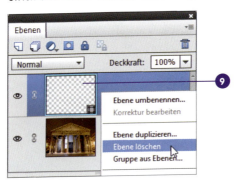

Drehen von Formgrafiken und Auswahlen

Auch beim Drehen von Formgrafiken und Auswahlen wird der aktuelle Rotationswinkel in Cursornähe bzw. im Bedienfeld *Informationen* angezeigt. Formgrafiken können Sie über den Befehl *Bild/Form transformieren/Form frei transformieren* drehen (siehe auch Kapitel 36 »Formgrafiken«).

Bei Auswahlen greifen Sie auf den Befehl *Auswahl/Auswahl transformieren* zurück. Mehr Informationen zum Drehen von Auswahlen finden Sie in Kapitel 21 »Auswahlen anpassen und optimieren«.

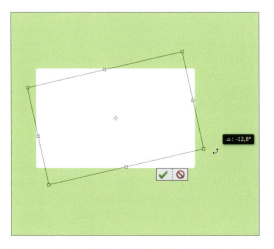

Abbildung 29.9:
Drehung einer Formgrafik.

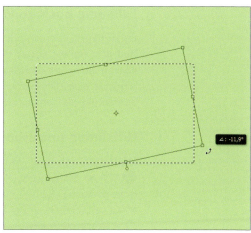

Abbildung 29.10:
Drehung einer Auswahl.

29.4 Hilfslinien

Diese Linien können sehr vielfältig verwendet werden, z. B. beim präzisen Aufziehen einer Rechteckauswahl, beim Ausrichten von Text- und Bildelementen oder einfach nur, um zu überprüfen, ob eine Motivlinie genau waage- oder senkrecht verläuft. Um Objekte automatisch an Hilfslinien auszurichten, muss die Ausrichtfunktion für Hilfslinien aktiv sein (*Ansicht/Ausrichten an/ Hilfslinien*).

Hilfslinien erstellen

Aus dem eingeblendeten Lineal lassen sich mit gedrückter linker Maustaste Hilfslinien in das Bild ziehen. Auf diese Weise stellt das vertikale Lineal die vertikalen und das horizontale Lineal die horizontalen Linien zur Verfügung. Wenn Sie beim Herausziehen der Hilfslinien (Alt) bzw. (alt ⌥) gedrückt halten, ist es zudem möglich, aus dem vertikalen Lineal eine horizontale und aus dem horizontalen eine vertikale Hilfslinie zu ziehen. Darüber hinaus steht der Befehl *Ansicht/Neue Hilfslinie* zur Verfügung. Hier können Sie in einem Dialogfenster wählen, ob Sie eine horizontale oder eine vertikale Hilfslinie erstellen möchten. Außerdem können Sie hier gleich die gewünschte Position angeben.

Abbildung 29.11:
Art und Position der
Hilfslinie festlegen.

Hilfslinie positionieren

Bei der Positionierung der Hilfslinien hilft Ihnen das Lineal. Wenn Sie dabei ⇧ gedrückt halten, rastet die Hilfslinie an den Linealunterteilungen ein. Zudem können Sie neben dem Lineal auch das Bedienfeld *Informationen* nutzen. Während Sie eine Hilfslinie mit gedrückter linker Maustaste verschieben, zeigt das Bedienfeld die horizontale und vertikale Position in Form der Werte x und y an.

Hilfslinien nachträglich verschieben

Mit dem Verschieben-Werkzeug ⊹ lassen sich Hilfslinien jederzeit verschieben ❶. Wenn Sie gerade ein anderes Werkzeug verwenden, können Sie auch ganz einfach Strg bzw. cmd ⌘ gedrückt halten, auf die Hilfslinie klicken und diese verschieben. Wenn Sie Strg bzw. cmd ⌘ loslassen, ist das zuvor verwendete Werkzeug aktiv.

Abbildung 29.12:
Verschieben einer
horizontalen Hilfslinie.

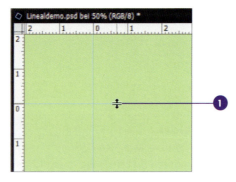

Hilfslinien schützen

Mit dem Befehl *Ansicht/Hilfslinien fixieren* schützen Sie die gesetzte Hilfslinie davor, versehentlich gelöscht oder verschoben zu werden.

Hilfslinien löschen

Eine einzelne Hilfslinie werden Sie wieder los, indem Sie sie anklicken und mit gedrückter Maustaste aus dem Bild ziehen. Wenn Sie alle Hilfslinien löschen möchten, wählen Sie hingegen besser den Befehl *Ansicht/Hilfslinien löschen*.

29.5   Raster

Über den Befehl *Ansicht/Raster* legen Sie ein Rastergitter über das Bild ❷. Nutzen Sie das Raster, wenn Sie viele waagerechte oder senkrechte Linien bzw. Striche erstellen möchten. Das Raster ist im Ausdruck nicht sichtbar und kann jederzeit über *Ansicht/Raster* wieder ausgeblendet werden. Farbe, Linienart und Rastergröße legen Sie in den Voreinstellungen fest. Mehr Informationen dazu finden Sie in Kapitel 53 »Editor-Programmvoreinstellungen«.

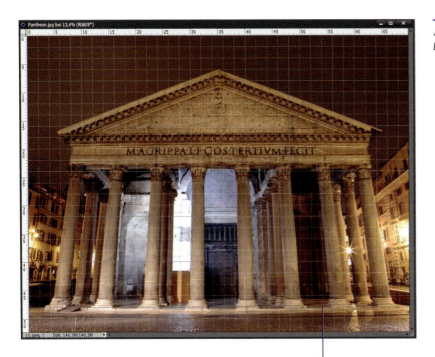

Abbildung 29.13:
Eingeblendetes Raster.

Rasterfang aktivieren/deaktivieren

Über den Befehl *Ansicht/Ausrichten an/Raster* aktivieren Sie den Rasterfang. Dadurch werden bei der Erstellung und bei der Transformation (Drehen, Skalieren, Verschieben) Bild- und Textelemente vom Raster magnetisch angezogen. Hin und wieder möchte man dabei auf den Rasterfang verzichten bzw. die Bild- und Textelemente transformieren, ohne dass diese vom Raster gefangen werden. In einem solchen Fall halten Sie, während Sie das Objekt verschieben, einfach ⌃Strg bzw. ⌘cmd gedrückt. Sobald Sie ⌃Strg bzw. ⌘cmd wieder loslassen, ist der Rasterfang erneut aktiv.

29.6 Farbe messen

Um die genauen Farbwerte eines Bildbereichs zu messen, greifen Sie auf das Bedienfeld *Informationen* zurück. Sobald Sie den Cursor über einem Bildbereich platzieren, zeigt Ihnen das Bedienfeld die Farbwerte der unter dem Cursor befindlichen Bildpunkte an. Voreingestellt werden RGB-Farbwerte angezeigt – links als Dezimalwert ❸ und rechts als Hexadezimalwert ❹. Letztere Werte sind in erster Linie für die Webgestaltung relevant. Unabhängig davon, welches Werkzeug Sie gerade aktiviert haben, bezieht sich Photoshop Elements auf die Einstellungen des Farbwähler-Werkzeugs .

Hier können Sie in der Werkzeugoptionsleiste **5** festlegen, ob sich die Farbmessung genau auf den Bildpunkt bezieht, über dem sich der Cursor befindet, oder ob die Messung auf einem Durchschnittswert basieren soll.

Dazu stehen die Einstellungen 3×3 und 5×5 Pixel zur Verfügung. Die so ermittelten Farbwerte zeigt Ihnen das Programm in zwei Farbmodellen gleichzeitig an. Hier stehen die Farbmodelle RGB, Webfarben, HSB und Graustufen zur Auswahl.

Um die Anzeige auf ein anderes Farbmodell umzustellen, wählen Sie den entsprechenden Eintrag im jeweiligen Fly-out-Menü **6** aus.

Abbildung 29.14:
Farbmessung
im Bedienfeld
INFORMATIONEN.

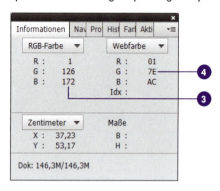

Abbildung 29.15:
Für die Farbmessung
wird grundsätzlich der
in der Werkzeug-
optionsleiste des
Farbwählers 🖉
festgelegte Aufnah-
mebereich verwendet.

Abbildung 29.16:
Auf die Bedienfeld-
optionen zugreifen.

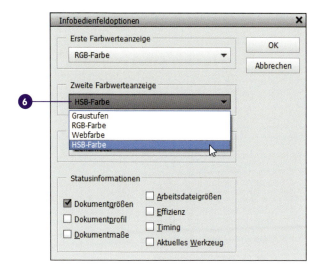

Abbildung 29.17:
Die zweite Farb-
anzeige kann auf
eines von vier
Farbmodellen
eingestellt werden.

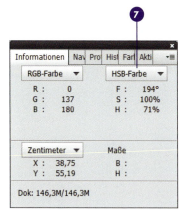

Abbildung 29.18:
Die zweite Darstellung
der Farbmessung
wurde auf das
HSB-Farbmodell
umgestellt.

Wenn Sie die Farbanzeige des Bedienfelds *Informationen* auf *HSB-Farbe* **7**  umstellen, werden die Werte als *F*, *S* und *H* angezeigt. Diese Abkürzungen entsprechen H, S und B.

F = Farbton (*H* = Hue)

S = Sättigung (*S* = Saturation)

H = Helligkeit (*B* = Brightness)

Teil 8

Teil 8:
Ebenentechniken und Fotocollagen

30   Ebenen – Prinzip, Bedienfeld und Befehle

Ebenen in Photoshop Elements funktionieren nach dem Sandwich-Prinzip. Die Ebenen liegen in verschiedenen Lagen übereinander. Die oberste Schicht überlagert alle darunter angeordneten Schichten bzw. Ebenen. Dabei können Sie jederzeit die Transparenz und die Abfolge der einzelnen Schichten anpassen. Ebeneninhalte können zudem verschoben, verkleinert, gedreht, entfernt oder mit Effekten versehen werden. Diverse Bildkorrekturfunktionen stehen als sogenannte Einstellungsebenen zur Verfügung. Hier wird die Korrektur nicht direkt in das Bild gerechnet, sondern als Ebene verwaltet.

Abbildung 30.1:
Die Ebenen funktio-
nieren nach dem
Sandwich-Prinzip.

30.1 Menü

Den Ebenen hat Adobe ein eigenes Menü gewidmet. Das macht deutlich, welchen Stellenwert den Ebenen innerhalb des Programms zukommt.

Ein Großteil der in diesem Buch erläuterten Ebenenbefehle ist im Zweifelsfall hier und/oder im anschließend erläuterten Menü des Bedienfelds *Ebenen* zu finden.

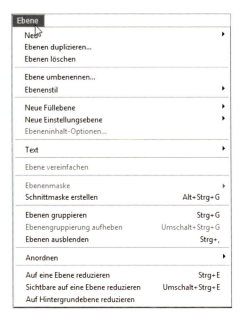

Abbildung 30.2: Adobe hat den Ebenen ein eigenes Menü gewidmet.

30.2 Bedienfeld

Das Sandwich-Prinzip der Ebenentechnik wird im Bedienfeld *Ebenen* sehr deutlich dargestellt. Neben der Darstellung der aktuellen Ebenensituation haben Sie hier Zugriff auf eine Vielzahl von Befehlen und Funktionen, mit deren Hilfe Sie einen Großteil der Ebenenarbeit erledigen können.

Abbildung 30.3: Über die linke Schaltfläche kann das EBENEN-Bedienfeld ein- und ausgeblendet werden.

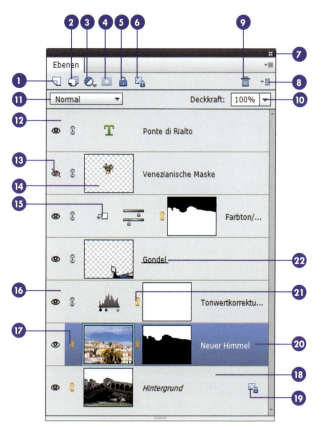

Abbildung 30.4:
Bedienfeld EBENEN.

1 Neue Ebene erstellen	Erstellt eine neue Ebene. Funktioniert auch mit dem Tastenkürzel `Strg`+`⇧`+`N` bzw. `cmd` `⌘`+`⇧`+`N`. Wenn Sie das Tastenkürzel verwenden, können Sie gleich einen individuellen Ebenennamen vergeben.	
2 Neue Gruppe erstellen	Damit erzeugen Sie eine Art Ordner. In einem solchen Ordner können Sie mehrere Ebenen ablegen. Ein wesentlicher Vorteil besteht darin, dass Sie diesen Ordner zuklappen können. Die Symbole der im Ordner enthaltenen Ebenen »verschwinden«, und Sie können im Bedienfeld *Ebenen* für ordentlich Platz sorgen. Wenn Sie den Ordner wieder aufklappen, stehen die Ebenensymbole aber wieder zur Verfügung. Versehentlich in einer solchen Gruppe bzw. in einem solchen Ordner abgelegte Ebenen können Sie ganz einfach wieder herausbefördern. Ziehen Sie die entsprechende Ebene einfach per Drag-and-drop aus dem Gruppenordner, und lassen Sie sie an der gewünschten Stelle im Ebenenbedienfeld »fallen«.	
	Mehr Informationen dazu erhalten Sie in Kapitel 31 »Ebenen erstellen, auswählen und managen«.	

Tabelle 30.1:
Die Funktionen des
Bedienfelds EBENEN.

3	Neue Füll- oder Einstellungsebene erstellen	Mit den Einstellungsebenen von Photoshop Elements können Sie Farben und Tonwerte in einem Bild anpassen. Die Besonderheit der Einstellungsebenen besteht darin, dass die vorgenommenen Änderungen nicht die ursprünglichen Farb- und Tonwerte überschreiben. Vielmehr werden die Änderungen in der jeweiligen Einstellungsebene gespeichert. Mit den hier angebotenen Füllebenen können Sie diesem Prinzip folgend Verläufe, Muster, Farbflächen und sogenannte Fotofilter erstellen. Mehr Informationen dazu finden Sie in Kapitel 34 »Flexibler arbeiten mit Füll- und Einstellungsebenen«.
4	Ebenenmaske hinzufügen	Ebenenmasken dienen dazu, die Bildinformation verschiedener Ebenen mittels einer Maskentechnik miteinander zu kombinieren. Mehr darüber erfahren Sie in Kapitel 33 »Schnitt- und Ebenenmasken«.
5	Alle Pixel fixieren	Sperrt alle Pixel dieser Ebene und verhindert auf diese Weise eine (ungewollte) Bearbeitung der Pixel. Diese Sperrung gilt sowohl für transparente als auch nichttransparente Pixel der jeweiligen Ebene(n). So fixierte Ebenen werden mit einem entsprechenden Schlosssymbol gekennzeichnet. Eine bestehende Fixierung kann mit einem Doppelklick auf das in der jeweiligen Ebene dargestellte Schlosssymbol aufgehoben werden.
6	Transparente Pixel fixieren	Verhindert die (ungewollte) Bearbeitung der transparenten Pixel der jeweiligen Ebene(n). Wenn diese Option aktiviert ist, werden transparente Bildbereiche in der jeweiligen Ebene bzw. innerhalb der jeweiligen Auswahl nicht eingefärbt bzw. nicht mit einem Muster versehen. So fixierte Ebenen werden mit dem gleichen Schlosssymbol gekennzeichnet. Um eine bestehende Fixierung aufzuheben, müssen Sie einfach nur auf das in der jeweiligen Ebene dargestellte Schlosssymbol doppelklicken.
7	Bedienfeld schließen	Blendet das Bedienfeld aus.
8	Bedienfeldmenü	Öffnet das Bedienfeldmenü. Die Bedeutung der hier angebotenen Befehle wird in der folgenden Tabelle erläutert.
9	Ebene löschen	Löscht die aktuell im Bedienfeld ausgewählte(n) Ebene(n).
10	Deckkraft	Ist die Deckkraftanzeige auf *100 %* eingestellt, überdecken die Pixel der aktuell gewählten Ebene alle darunter angeordneten Ebenen zu 100 %. Eine Einstellung von *0 %* sorgt hingegen dafür, dass die aktuelle Ebene vollständig transparent und damit im Bild unsichtbar ist.
11	Füllmethode	Je nach gewählter Füllmethode werden die Farben bzw. Ebeneninhalte von Photoshop Elements auf unterschiedliche Weise miteinander verrechnet. Voreingestellt ist hier *Normal*. Bei dieser Füllmethode üben die Pixel der verschiedenen Ebenen keinen Einfluss aufeinander aus. Vielmehr gilt bei dieser Füllmethode das klassische Sandwich-Prinzip. Die Pixel der jeweils höheren Ebene überlagern die Pixel der darunterliegenden Ebene vollständig. Mehr Informationen dazu finden Sie in Kapitel 35 »Füllmethoden«.

12	Textebene	Wenn Sie in Photoshop Elements einen Text erstellen, wird dieser automatisch auf einer Textebene angelegt. Textebenen werden im Bedienfeld *Ebenen* durch ein großes *T* gekennzeichnet.
		Mehr Informationen dazu finden Sie in Kapitel 44 und 45 zum Thema Text.
13	Sichtbarkeit der jeweiligen Ebene	Hier können Sie die Sichtbarkeit einer Ebene ein- oder ausschalten. Das durchgestrichene Auge zeigt, dass die Inhalte dieser Ebene aktuell nicht sichtbar sind. Die hier gewählte Einstellung hat zudem Auswirkungen beim Speichern und Ausdrucken. Mehr darüber erfahren Sie in Kapitel 31 »Ebenen erstellen, auswählen und managen«.
14	Transparente Pixel	Die schachbrettartige Struktur symbolisiert nicht deckende bzw. transparente Pixel.
15	Einstellungsebene mit Schnittmaske	Die Schnittmaske sorgt dafür, dass sich die Einstellungsebene (siehe auch die Erläuterung zu 2) ausschließlich auf die unmittelbar unter ihr befindliche Ebene bezieht. Tiefer liegende Ebenen werden aufgrund der Schnittmaske nicht beeinflusst. Mehr Informationen dazu erhalten Sie in Kapitel 34 »Flexibler arbeiten mit Füll- und Einstellungsebenen«.
16	Einstellungsebene	Bezieht sich grundsätzlich auf alle unter ihr angeordneten Ebenen (siehe auch die Erläuterung zu **3**).
17	Verknüpfungssymbol	Wenn dieses Kettensymbol gelb dargestellt wird, sind die entsprechenden Ebenen miteinander verknüpft. So verknüpfte Ebenen können bei Transformationen gemeinsam bearbeitet werden. Mehr Informationen dazu finden Sie im Abschnitt 30.3 »Bedienfeldmenü«.
18	Hintergrundebene	Für jedes Bild wird zunächst eine sogenannte Hintergrundebene angezeigt. Zum Schutz der Bildinformation unterliegt der Umgang mit Hintergrundebenen einigen Einschränkungen. Mehr Informationen dazu erhalten Sie in Kapitel 31 »Ebenen erstellen, auswählen und managen«.
19	Ebene ist teilweise fixiert	siehe Erläuterung zu **18**.
20	Aktuelle Ebene	Aktuell ausgewählte bzw. aktive Ebene. Mehr Informationen dazu finden Sie in Kapitel 31.
21	Verknüpfungssymbol zwischen Ebeneninhalt und Ebenenmaske	Maske und Ebeneninhalt sind voreingestellt miteinander verknüpft. Auf diese Weise ist sichergestellt, dass stets beide Komponenten gemeinsam transformiert werden. Mit dieser Funktion können Sie diese Verknüpfung aufheben, um gezielt nur die Maske oder nur den Ebeneninhalt zu transformieren.
		Mehr Informationen dazu erhalten Sie in Kapitel 33 »Schnitt- und Ebenenmasken«.
22	Ebenenname	Der Name einer Ebene kann jederzeit geändert werden. Klicken Sie dazu einfach doppelt auf den Namen, und geben Sie einen neuen Namen ein.

30.3 Bedienfeldmenü

Im Vergleich zu den anderen Bedienfeldern fällt dieses Menü besonders umfangreich aus. Viele der hier gelisteten Befehle finden Sie auch im Menü *Ebenen* oder in den Kontextmenüs des Bedienfelds.

Im Folgenden habe ich Ihnen alle Befehle im Detail erläutert.

Abbildung 30.5:
Die Befehle des
Bedienfeldmenüs.

Funktion	Bedeutung
Neue Ebene	Erstellt eine neue Ebene. Entspricht der Funktion der gleichnamigen Schaltfläche ❶ im Bedienfeld *Ebenen*.
Ebene duplizieren	Erstellt eine Kopie der aktuell ausgewählten Ebene. Das Duplizieren mehrerer Ebenen bzw. einer Sammelauswahl ist ebenfalls möglich.
Ebene löschen	Löscht die aktuell ausgewählte(n) Ebene(n).
Verknüpfte Ebenen löschen	Löscht miteinander verknüpfte Ebenen. Dieser Befehl wird nur dann angeboten, wenn aktuell eine Ebene ausgewählt ist, die mit mindestens einer anderen Ebene verknüpft ist (siehe auch die folgende Erläuterung zur Verknüpfung von Ebenen).
Ausgeblendete Ebenen löschen	Löscht die aktuell ausgeblendeten Ebenen (siehe auch die Erläuterung in Tabelle 30.1 zu ❸).
Ebene umbenennen	Einfacher geht es, wenn Sie einfach auf den Ebenennamen doppelklicken und einen neuen Namen eingeben.

Tabelle 30.2:
Die Befehle des
Bedienfeldmenüs.

Funktion	Bedeutung
Ebene vereinfachen	Für bestimmte Formen der Weiterbearbeitung müssen einige Ebeneninhalte in eine Pixelgrafik umgewandelt (gerastert) werden. Da die meisten Funktionen Sie in einem Dialog auf die Notwendigkeit einer Umwandlung hinweisen, ist die Sache einfacher, als es vielleicht auf den ersten Blick aussieht. Wenn Sie z. B. einem noch nicht gerasterten Text einen Filter zuweisen möchten, erscheint automatisch ein Dialogfenster mit einem entsprechenden Hinweis. Wenn Sie in diesem Dialogfenster auf OK klicken, wird die Textebene automatisch in eine Pixelgrafik umgewandelt bzw. gerastert, und Sie können den gewünschten Filter zuweisen. Dieser »Service« wird allerdings nicht von allen Funktionen unterstützt. Daher können Sie alternativ zu dieser Automatik die Umwandlung bzw. Vereinfachung auch über diesen Befehl vornehmen. Mehr Informationen dazu finden Sie in Kapitel 31.2 im Abschnitt »Bild platzieren«.
Ebenenstil löschen	Entfernt den bzw. die Ebenenstile der aktuell ausgewählten Ebene(n).
Ebenen verknüpfen	Gruppiert ausgewählte Ebenen, damit diese bei zukünftigen Transformationen gemeinsam bearbeitet werden können. Mehr Informationen dazu finden Sie in Kapitel 31.5 »Verknüpfen von Ebenen«.
Verknüpfte Ebenen auswählen	Wählt die mit der aktuell gewählten Ebene verknüpfte(n) Ebene(n) aus. Dieser Befehl wird nur dann angeboten, wenn aktuell eine Ebene ausgewählt ist, die mit mindestens einer anderen Ebene verknüpft ist (siehe dazu auch die Erläuterung zur Verknüpfung von Ebenen).
Sichtbare auf eine Ebene reduzieren	Manchmal ist es erforderlich, die Inhalte zweier Ebenen auf einer Ebene zusammenzufassen. Wählen Sie zunächst jeweils die obere der beiden beteiligten Ebenen aus. Beachten Sie dabei, dass der Befehl nicht für ausgeblendete Ebenen zur Verfügung steht. Besonders schnell können Sie den Befehl mit [Strg]+[E] bzw. [cmd ⌘]+[E] ausführen.
Auf Hintergrundebene reduzieren	Reduziert alle sichtbaren Ebenen auf eine Hintergrundebene. Ausgeblendete Ebenen werden nicht berücksichtigt. In einem Dialogfenster fragt Photoshop Elements zur Sicherheit noch einmal nach, ob ausgeblendete Ebenen gelöscht werden sollen. Klicken Sie hier auf OK, um die ausgeblendeten Ebenen zu löschen und die sichtbaren auf eine Ebene zu reduzieren. Mehr Informationen zur Bedeutung von Hintergrundebenen finden Sie in Kapitel 31 »Ebenen erstellen, auswählen und managen«.
Bedienfeldoptionen	Öffnet einen Dialog, in dem Sie die Größe der Ebenenminiaturen einstellen können. Mehr Informationen dazu finden Sie in Kapitel 31.13 (Miniaturansicht ändern).
Schließen	Schließt das Bedienfeld *Ebenen*.
Registerkartengruppe schließen	Wenn das Bedienfeld zusammen mit anderen Bedienfeldern in einem Fenster angezeigt wird, können Sie das »Gruppenfenster« und damit alle darin enthaltenen Bedienfelder schließen.

Ebenen erstellen, auswählen und managen

Um die Ebenenfunktionen von Photoshop Elements nutzen zu können, muss aktuell ein Bild geöffnet sein. Jedes Bild enthält mindestens eine Ebene. Werden weitere Ebenen benötigt, können diese auf vielfältige Weise erstellt werden.

31.1 Hintergrundebenen

Bei jedem Foto zeigt Photoshop Elements zunächst eine sogenannte Hintergrundebene an. Da diese Ebene die Originalbildinformation in sich trägt, unterliegt der Umgang mit Hintergrundebenen einigen Einschränkungen. Hintergrundebenen liegen im Ebenenstapel immer ganz unten und können nicht in der Ebenenstapelreihenfolge verschoben werden. Da sie keine Transparenz unterstützen, fehlt den Hintergrundebenen der bei anderen Ebenentypen vorhandene Deckkraftregler. Wenn Sie aus einer Hintergrundebene etwas ausschneiden, kommt fast immer die eingestellte Hintergrundfarbe zum Vorschein. Die einzige Ausnahme bildet hier der Hintergrund-Radiergummi 🧽 . Mit diesem Werkzeug werden die radierten Pixel einer Hintergrundebene transparent. Mit *Ebene/ Neu/Ebene aus Hintergrund* verwandeln Sie eine Hintergrundebene in eine normale Bildebene. Es geht aber auch andersherum. Mit dem Befehl *Ebene/Neu/ Hintergrund aus Ebene* können Sie aus jeder normalen Bildebene eine Hintergrundebene erstellen. Dieser Befehl wird Ihnen natürlich nur dann angeboten, wenn noch keine andere Hintergrundebene definiert wurde. Schließlich kann jedes Bild nur eine Hintergrundebene besitzen.

*Abbildung 31.1:
Der Umgang mit
Hintergrundebenen
unterliegt einigen
Einschränkungen.*

31.2   Ebenen erstellen

Klicken Sie im Bedienfeld auf die Schaltfläche *Neue Ebene erstellen*. Photoshop Elements fügt auf dem Bild auf diese Weise eine zunächst vollständig transparente Ebene hinzu und platziert diese oberhalb der aktuell aktiven bzw. ausgewählten Ebene. Indem Sie beim Klick auf die Schaltfläche [Alt] drücken, können Sie dabei einen Dialog öffnen, in dem Sie die Ebeneneigenschaften hinsichtlich Deckkraft, Modus, Schnittmaske und einen Ebennamen festlegen können. Mit dem Tastenkürzel [Strg]+[⇧]+[N] bzw. [cmd ⌘]+[⇧]+[N] geht die Sache etwas schneller. Um die neue Ebene unterhalb der aktuell aktiven bzw. ausgewählten Ebene zu erstellen, wählen Sie [Strg]+[⇧]+[Alt]+[N] bzw. [cmd ⌘]+[⇧]+[alt ⌥]+[N].

Abbildung 31.2: Die Schaltfläche NEUE EBENE ERSTELLEN ist im Bedienfeld EBENEN links oben zu finden.

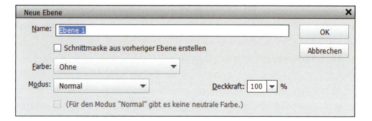

Abbildung 31.3: Dieser Dialog erscheint, wenn Sie zusätzlich zum Klick auf die Schaltfläche [Alt] drücken.

Ausführliche Informationen zum Thema Schnittmasken finden Sie in Kapitel 33 »Schnitt- und Ebenenmasken«. Mehr Informationen zur Funktion *Modus* finden Sie in Kapitel 35 »Füllmethoden«.

Duplizieren

In der digitalen Bildbearbeitung lassen sich Dinge auf Knopfdruck vervielfältigen. Eine der Schlüsselfunktionen in diesem Zusammenhang ist das Duplizieren ganzer Ebenen. Die Funktion *Ebene duplizieren* finden Sie im Kontextmenü der jeweiligen Ebene und im Menü *Ebene*. Zudem können Sie die zu duplizierende Ebene einfach per Drag-and-drop auf die Schaltfläche *Neue Ebene erstellen* ziehen ❶. Das Duplikat trägt (fast) den gleichen Namen wie das Original. Lediglich der Namenszusatz *Kopie* ❷ macht hier den Unterschied deutlich. Auch hier steht mit [Strg]+[J] bzw. [cmd ⌘]+[J] ein praktisches Tastenkürzel zur Verfügung. So erstellte Duplikate liegen im Bild genau übereinander. Daher müssen diese anschließend oftmals noch verschoben werden. In einem solchen Fall können Sie das Duplikat auch gleich direkt mit dem Verschieben-Werkzeug ⊕ erstellen. Wählen Sie dazu die zu duplizierende Ebene und das Verschieben-Werkzeug ⊕ aus. Klicken Sie anschließend in das Bild, halten Sie [Alt] und die Maus gedrückt, und verschieben Sie das (dabei automatisch erstellte) Duplikat an die gewünschte Position.

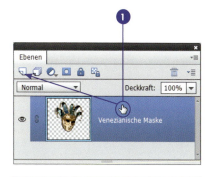

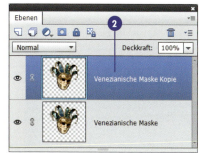

Abbildung 31.4:
Die zu duplizierende Ebene per Drag-and-drop auf die Schaltfläche NEUE EBENE ERSTELLEN ziehen.

Abbildung 31.5:
Das Duplikat wird automatisch mit dem Namenszusatz Kopie gekennzeichnet.

Ebene eines anderen Bildes verwenden

Stellen Sie sicher, dass in den Programmvoreinstellungen ([Strg]+[K] bzw. [cmd ⌘]+[K]) in der Rubrik *Allgemein* die Funktion *Floating-Dokument im Expertenmodus zulassen* aktiv ist. So können Sie sich die beiden Bilder nebeneinander anzeigen lassen (*Fenster/Bilder/Nebeneinander*). Platzieren Sie den Cursor im Bedienfeld *Ebenen* über der zu kopierenden Ebene, und verschieben Sie diese mit gedrückter Maustaste über das Bild, in das die Ebene kopiert werden soll. Wenn Sie dabei [⇧] gedrückt halten, wird die Ebene im Bild zentriert.

Kopieren und einfügen

Wählen Sie zunächst die entsprechende Ebene und dann alle Pixel auf der Ebene aus. Für letzteren Schritt benutzen Sie entweder das Tastenkürzel [Strg]+[A] bzw. [cmd ⌘]+[A] oder den Befehl *Auswahl/Alles auswählen*. Kopieren Sie die selektierten Inhalte mit dem Befehl *Bearbeiten/Kopieren* oder mit dem Tastenkürzel [Strg]+[C] bzw. [cmd ⌘]+[C] in die Zwischenablage. Wechseln Sie dann in das Bild, in das die Bildinformationen kopiert werden sollen. Wählen Sie hier [Strg]+[V] bzw. [cmd ⌘]+[V] oder den Befehl *Bearbeiten/Einfügen*. Ergebnis: Die kopierten Bildinformationen wurden auf einer neuen Ebene platziert.

Bild platzieren

Über den Befehl *Datei/Platzieren* können Sie ein Bild »importieren« bzw. auf einer Ebene ablegen. Wählen Sie dazu im Bedienfeld *Ebenen* zunächst die Ebene aus, über der die neue Ebene erstellt werden soll. Rufen Sie dann den Befehl *Datei/Platzieren* auf, navigieren Sie im dann erscheinenden Dialogfenster zum Speicherort des gewünschten Bildes. Wählen Sie das Bild aus, und verlassen Sie den Dialog mit einem Klick auf die Schaltfläche *Platzieren*. Passen Sie Position (auf das Bild klicken und dann mit gedrückter Maustaste verschieben) und Größe (mit den Anfassern) bei Bedarf an, und schließen Sie den Import mit einem Klick auf das grüne Häkchen bzw. mit ⏎ ab. Im Folgenden sehen Sie ein Beispiel, bei dem eine Ebenenmaske zum Einsatz kam, um nur den Himmel des platzierten Bildes zu verwenden.

Abbildung 31.6: In diesem Fall wurde nur der Himmel des platzierten Bildes verwendet.

Bei platzierten Bildern wird im Bedienfeld *Ebenen* eine Smartobjekt-Miniatur ❶ angezeigt. Diese deutet darauf hin, dass das Bild nach wie vor bzw. im Rahmen seiner ursprünglichen Auflösung skaliert werden kann. Wenn Sie mit der Ebene nichts weiter vorhaben, kann das auch so bleiben.

Für bestimmte Funktionen muss dieser Zustand allerdings »vereinfacht« werden, etwa wenn dem Ebeneninhalt ein Filter zugewiesen werden soll. Je nach Funktion erscheint hier ein entsprechender Warnhinweis. Bei einigen Warnhinweisen können Sie die Vereinfachung einfach mit einem Klick auf OK vornehmen ❷. Bestimmte Funktionen ❸ bieten diesen Service nicht. Klicken Sie mit der rechten Maustaste in einem solchen Fall auf die Ebene, und wählen Sie den Befehl *Vereinfachen*.

Wenn Ihnen die zuvor erläutere »Vereinfachung« zu umständlich ist, können Sie grundsätzlich auf Smartobjekte verzichten, indem Sie eine entsprechende Programmeinstellung vornehmen. Aktivieren Sie dazu im gleichnamigen Fenster ([Strg]+[K] bzw. [cmd ⌘]+[K]) bzw. in der Rubik *Allgemein* das Kontrollfeld *Smartobjekte deaktivieren.*

Abbildung 31.7:
Die Situation im
Bedienfeld EBENEN.

Abbildung 31.8:
Diese Funktion (FILTER/
RENDERFILTER/BLENDEN-
FLECKE) nimmt die
Vereinfachung nach
einem Klick auf OK
automatisch vor.

Abbildung 31.9:
Wenn eine solche
Meldung erscheint,
müssen Sie die
Vereinfachung selbst
vornehmen.

31.3 Auswahl von Ebenen

Arbeitsschritte bzw. Funktionen beziehen sich immer konkret auf eine oder mehrere Ebenen. Daher müssen Sie zunächst die zu bearbeitende(n) Ebene(n) auswählen. Darüber hinaus können Sie die Wirkung einer Funktion auf bestimmte Pixel einer gewählten Ebene begrenzen, indem Sie diese zuvor mithilfe eines Auswahlwerkzeugs auswählen. Mehr Informationen zur Nutzung der Auswahlwerkzeuge finden Sie in Kapitel 20 »Auswählen von Bildbereichen«.

Einzelne Ebene auswählen

Klicken Sie dazu im Bedienfeld auf die entsprechende Ebene **1**. Die Auswahl von Ebenen mithilfe der Tastatur ist ebenfalls möglich. Mit [Alt]+[+] bzw. [Alt]+[-] können Sie die jeweils nächsthöhere bzw. -tiefere Ebene auswählen. Mit [Alt]+[.] bzw. [Alt]+[,] navigieren Sie innerhalb des Ebenenstapels ganz schnell zur obersten bzw. untersten Ebene.

Abbildung 31.10:
Eine ausgewählte
Ebene wird blau
hinterlegt dargestellt.

Bei deutlich voneinander abgegrenzten Bildbereichen bietet sich zudem die Auswahl mithilfe des Verschieben-Werkzeugs ⌖ an. Dazu muss in dessen Werkzeugoptionen die Funktion *Ebene automatisch wählen* ❷ aktiv sein.

Wenn Sie den Cursor ❸ über das Bild bewegen, wird der Inhalt der so gewählten Ebene von einem blauen Rahmen ❹ umgeben. Dazu muss die voreingestellte aktivierte Funktion *Bei Rollover hervorheben* in den Werkzeugoptionen markiert sein ❺. Klicken Sie in das Bild bzw. in einen solchen Rahmen, und wählen Sie die entsprechende Ebene aus. Diese wird daraufhin von einem dünnen Begrenzungsrahmen (wenn diese Option aktiviert ist ❻) umgeben.

Abbildung 31.11:
Die Werkzeug-
optionen des
Verschieben-
Werkzeugs.

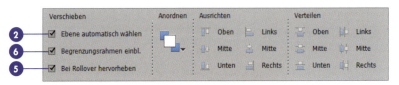

Abbildung 31.12:
Bei aktivierter
Rollover-Funktion wird
der Inhalt der
jeweiligen Ebene von
einem blauen Rahmen
umgeben.

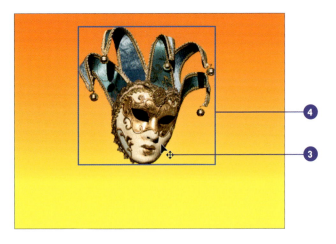

Wenn Sie eine einzelne Ebene gewählt haben, wird deren Name auch in der Titelleiste der Datei angezeigt.

Mehrere Ebenen auswählen

Es ist teilweise erforderlich, mehrere Ebenen im Verbund zu bearbeiten, etwa um sie gemeinsam zu transformieren (drehen, skalieren, verzerren und neigen) oder zu verschieben. Um mehrere Ebenen auszuwählen, ist es hilfreich, die Tastatur einzubeziehen. Halten Sie (Strg) bzw. [cmd ⌘] gedrückt, und klicken Sie auf die auszuwählenden Ebenen.

Zur Auswahl aufeinanderfolgender Ebenen ist es allerdings oftmals praktischer, zunächst die »erste« Ebene anzuklicken und anschließend mit [⇧] auf die »letzte« Ebene zu klicken.

Um bei Dateien mit vielen Ebenen alle Ebenen auszuwählen, bietet sich der Befehl *Auswahl/Alle Ebenen* an und für die Abwahl der aktuell selektierten Ebenen der Befehl *Auswahl/Ebenenauswahl aufheben*.

Eingeschränkter Funktionsumfang

Bestimmte Werkzeuge verrichten ihren Dienst immer nur auf einer Ebene. Dazu zählen z. B. der Pinsel ✐ , der Radiergummi ✐ oder die verschiedenen Retuschewerkzeuge. Sind mehrere Ebenen ausgewählt, bricht Photoshop Elements den Vorgang ab und zeigt einen entsprechenden Hinweis an.

Das Gleiche gilt z. B. auch für die Filter und verschiedene Befehle. Sämtliche Befehle des Menüs *Überarbeiten* stehen in diesem Fall nicht zur Verfügung und werden daher lediglich grau hinterlegt dargestellt.

Abbildung 31.13: Sind mehrere Ebenen ausgewählt, stehen bestimmte Funktionen nicht zur Verfügung (z. B. der Radiergummi).

Ebenenauswahl aufheben

Dazu steht zudem mit *Auswahl/Ebenenauswahl aufheben* ein Befehl zur Verfügung. Diesen Befehl werden Sie aber sehr wahrscheinlich kaum nutzen, denn sobald Sie auf eine nicht ausgewählte Ebene klicken, wird diese ausgewählt und die bisherige Ebenenauswahl automatisch aufgehoben.

31.4   Ebenen löschen

Hinsichtlich der Ebenen gilt das Prinzip: So viele wie nötig, so wenige wie möglich! Auf diese Weise bleibt die Sache übersichtlich. Bei Verwendung älterer bzw. nicht so leistungsstarker Computer wird so die Performance positiv beeinflusst. Entfernen Sie daher nicht mehr benötigte Ebenen mit einer der im Folgenden erläuterten Funktionen.

Ziehen Sie die zu löschende(n) Ebene(n) z. B. auf das Mülleimersymbol ➊. Alternativ dazu können Sie die zu löschende(n) Ebene(n) auch auswählen und dann auf das Mülleimersymbol klicken, oder Sie wählen den Befehl *Ebene löschen*. Dieser steht sowohl im Bedienfeldmenü, im Kontextmenü (Rechtsklick) jeder Ebene als auch im Menü *Ebenen* zur Verfügung. Die Taste ⌊Entf⌋ funktioniert auch. Hier erscheint zudem noch eine Sicherheitsabfrage, ob Sie die betreffenden Ebene(n) wirklich löschen möchten.

Abbildung 31.14:
Löschen mit dem
Mülleimer.

31.5   Verknüpfen von Ebenen

Wenn Sie bereits absehen können, dass Sie die aktuell ausgewählten Ebenen auch bei zukünftigen Transformationen gemeinsam bearbeiten möchten, können Sie die zuvor mit ⌊⇧⌋ oder ⌊Strg⌋ bzw. ⌊⇧⌋ oder ⌊cmd ⌘⌋ ausgewählten Ebenen durch einen Klick auf das am linken Rand des Bedienfelds *Ebenen* angeordnete Kettensymbol miteinander verknüpfen. Die Verknüpfungssymbole werden anschließend gelb dargestellt. Zukünftig brauchen Sie dadurch nur eine Ebene dieser verketteten Ebenen anzuklicken und diesen Befehl zu wählen, um alle verknüpften Ebenen auszuwählen. Bei Objekten, die stets zusammen verändert werden sollen, vermeiden Sie durch die Verknüpfung die ungewollte Bearbeitung einzelner Objekte.

Um eine Ebene aus einer solchen Verknüpfungsgruppe herauszunehmen, aktivieren Sie die jeweilige Ebene und klicken anschließend auf die Schaltfläche mit dem Kettensymbol. Wenn Sie die Verknüpfung nur kurzzeitig aufheben möchten, geht das auch. Klicken Sie dazu mit ⌊⇧⌋ auf das Verknüpfungssymbol der jeweiligen Ebene. Das Symbol wird anschließend durchgestrichen dargestellt. Um die Verknüpfung erneut herzustellen, klicken Sie einfach erneut mit ⌊⇧⌋ auf das Verknüpfungssymbol.

Abbildung 31.15:
Vor der Verknüpfung.

Abbildung 31.16:
Bei verknüpften Ebenen werden die
Verknüpfungssymbole gelb dargestellt.

31.6 Gruppieren der Ebenen

Innerhalb des Bedienfelds *Ebenen* können Sie Ebenen in einer Art Ordner »verwalten«. Ein wesentlicher Vorteil besteht darin, dass Sie diesen Ordner zuklappen können. Die Symbole der im Ordner enthaltenen Ebenen »verschwinden«, und Sie können im Bedienfeld *Ebenen* für ordentlich Platz sorgen. Wenn Sie den Ordner wieder aufklappen, stehen die Ebenensymbole aber wieder zur Verfügung. Zudem können Sie alle in einer Gruppe enthaltenen Ebenen gemeinsam bearbeiten, ohne dass Sie diese einzeln auswählen. Wählen Sie vielmehr einfach das Gruppensymbol aus, und nehmen Sie dann eine Transformation (z. B. Drehen oder Skalieren) vor.

Abbildung 31.17:
Zunächst die
entsprechenden
Ebenen auswählen und
dann auf NEUE GRUPPE
ERSTELLEN klicken.

Abbildung 31.18:
Das platzsparende
Ergebnis.

535

Auch das Verschieben mithilfe des Verschieben-Werkzeugs ⊕ wirkt sich so auf alle »Gruppenmitglieder« aus. Versehentlich in einer solchen Gruppe bzw. in einem solchen Ordner abgelegte Ebenen können Sie ganz einfach wieder herausbefördern. Ziehen Sie die entsprechende Ebene einfach per Drag-and-drop aus dem Gruppenordner, und lassen Sie die Ebene an der gewünschten Stelle im Ebenenbedienfeld »fallen«.

Im Kontextmenü (Rechtsklick) einer solchen Gruppe finden Sie alle wichtigen Befehle zu diesem Thema. Zum Beispiel werden Sie auf diesem Weg die Gruppierung wieder los. Die entsprechenden Ebenen werden anschließend wieder auf die übliche Art und Weise im Bedienfeld *Ebenen* angezeigt.

Abbildung 31.19:
Nach einem
Doppelklick auf den
Gruppennamen kann
dieser geändert
werden.

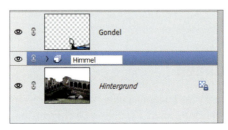

Abbildung 31.20:
Die Gruppe kann
jederzeit aufgeklappt
werden.

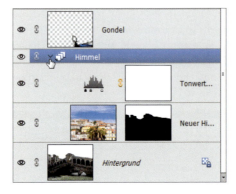

Abbildung 31.21:
Im Kontextmenü
(Rechtsklick) finden
sich diverse Gruppen-
befehle.

31.7 Übersicht mittels Farbkodierung

Ein weiteres Feature in Sachen Übersichtlichkeit ist die neue Farbkodierung. Diese steht im Kontextmenü (Rechtsklick) jeder Ebene zur Verfügung. Hier können Sie eine von sieben Kennzeichnungsfarben anwählen. »Zusammengehörige« Ebenen lassen sich so einfach bzw. mit bestimmten Farben kennzeichnen. Um eine Kennzeichnung zu entfernen, wählen Sie zunächst die entsprechende(n) Ebene(n) aus und verwenden dann den ebenfalls im Kontextmenü zur Verfügung stehenden Befehl *Keine Farbe*.

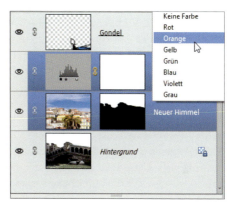

Abbildung 31.22: Im Kontextmenü kann eine Kennzeichnungsfarbe gewählt werden.

Abbildung 31.23: Farbig gekennzeichnete Ebenen.

Lediglich bei Hintergrundebenen steht diese Funktion nicht zur Verfügung.

31.8 Nachträglich umbenennen

Wenn Sie beim Erstellen der Ebene keinen bzw. noch nicht den richtige Ebenennamen vergeben haben, ist das kein Problem. Der Namen einer Ebene kann jederzeit geändert werden. Klicken Sie dazu einfach doppelt auf den Namen, und geben Sie einen neuen Namen ein. Die Eingabe schließen Sie mit ⏎ oder durch einen Klick auf eine andere Ebene ab. Um auch bei komplexeren Montagen die Übersicht zu behalten, empfiehlt es sich, den einzelnen Ebenen eindeutige Namen zu geben. Eindeutige Namen sind insbesondere dann sinnvoll, wenn die unterschiedlichen Ebenen ähnlich aussehen und daher eine eindeutige Identifizierung über die Miniaturvorschau nicht mehr möglich ist.

Abbildung 31.24:
Auf den Ebenennamen
doppelklicken und eine
neue Bezeichnung
eingeben.

31.9   Vor (ungewollter) Bearbeitung schützen

Ein Klick auf das Vorhängeschloss ❶ schützt sämtliche Pixel der aktuell ausgewählten Ebene(n) und verhindert auf diese Weise eine (ungewollte) Bearbeitung der Pixel. Diese Maßnahme schützt sowohl transparente als auch nicht transparente Pixel der jeweiligen Ebene(n). So geschützte Ebenen werden durch ein entsprechendes Symbol gekennzeichnet ❷. Hin und wieder gilt es, nur die transparenten Bereiche einer oder mehrerer Ebenen vor ungewollter Bearbeitung zu schützen. Klicken Sie in einem solchen Fall auf das rechte der beiden Vorhängeschlösser ❸. Ist diese Option aktiviert, werden transparente Bildbereiche in der bzw. den jeweiligen Ebene(n) bzw. innerhalb der jeweiligen Auswahl nicht eingefärbt bzw. nicht mit einem Muster versehen. So geschützte Ebenen werden mit dem gleichen Symbol gekennzeichnet ❹.

Abbildung 31.25:
Alle Pixel fixieren.

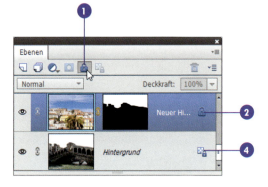

Abbildung 31.26:
Nur die transparenten
Pixel fixieren.

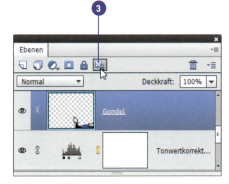

31.10 Ein- und Ausblenden von Ebenen

Vor jeder Ebene des *Ebenen*-Bedienfelds befindet sich ein Augensymbol ❶.
Mit diesem Symbol können Sie die Sichtbarkeit einer Ebene ein- oder ausschalten. Durch einen Klick auf das Augensymbol werden alle auf dieser Ebene
befindlichen Inhalte im Bild unsichtbar, und das Auge erscheint durchgestrichen
❷. Um mehrere Ebenen auf einmal auszublenden, fahren Sie einfach mit gedrückter linker Maustaste über die Augensymbole der Ebenen, die Sie ausblenden möchten. Durch einen Rechtsklick auf das Augensymbol werden die Befehle *Diese Ebene ausblenden* bzw. *Diese Ebene einblenden* und *Alle übrigen Ebenen
ein-/ausblenden* angeboten.

Abbildung 31.27:
Die Sichtbarkeit jeder
Ebene kann ein- oder
ausgeschaltet werden.

Neben der Bedeutung für die unmittelbare Arbeit in Photoshop Elements hat
die Ebenensichtbarkeit auch Einfluss auf das Drucken und Speichern. Beim Ausdrucken werden ausgeblendete Ebenen ignoriert. Wenn Sie Ihre Photoshop-
Arbeit in einem Dateiformat speichern möchten, das keine Ebenen unterstützt
(z. B. JPEG), bleiben ausgeblendete Ebenen ebenfalls unberücksichtigt.

Wenn Sie mit Alt bzw. *alt* ⌥ auf das Augensymbol einer Ebene klicken,
wird diese weiterhin angezeigt, aber alle zurzeit angezeigten Ebenen werden
ausgeblendet.

31.11 Ebenendeckkraft steuern

Mit Ausnahme der Hintergrundebenen können Sie bei jedem Ebenentyp die
Deckkraft steuern. Zeigt die Deckkraftanzeige ❸ *100 %* an, überdecken die
Pixel der aktuell gewählten Ebene alle darunter angeordneten Ebenen zu
100 %. Ein Deckkraftwert von *0* macht die aktuelle Ebene vollständig transparent und damit im Bild unsichtbar.

31.12 Stapelreihenfolge ändern (Ebenen anordnen)

Die Abfolge der einzelnen Ebenen können Sie ganz bequem per Drag-and-drop steuern. Klicken Sie einfach die entsprechende Ebene an, und verschieben Sie diese dann mit gedrückter Maustaste an die gewünschte Position im Ebenenstapel. Zudem können hier die im Folgenden erläuterten Befehle eingesetzt werden. Diese Befehle sind über *Ebene/Anordnen* erreichbar.

- *Nach vorne bringen*
  Verschiebt die ausgewählte Ebene in der Stapelreihenfolge ganz nach oben: `⇧`+`Strg`+`.` bzw. `⇧`+`cmd ⌘`+`.`
- *Schrittweise vorwärts*
  Verschiebt die ausgewählte Ebene schrittweise in der Stapelreihenfolge nach oben: `Strg`+`.` bzw. `cmd ⌘`+`.`
- *Schrittweise rückwärts*
  Verschiebt die ausgewählte Ebene schrittweise in der Stapelreihenfolge nach unten: `Strg`+`,` bzw. `cmd ⌘`+`,`
- *Nach hinten stellen*
- Verschiebt die ausgewählte Ebene in der Stapelreihenfolge ganz nach unten: `⇧`+`Strg`+`,` bzw. `Ende`+`cmd ⌘`+`,`. Wenn allerdings eine Hintergrundebene vorhanden ist, wird die Ebene lediglich direkt über der Hintergrundebene angeordnet.
- *Umkehren*
  Vertauscht die Stapelreihenfolge, wenn Sie mehrere Ebenen durch Anklicken mit `⇧` oder `Strg` ausgewählt haben.

Eine weitere Alternative finden Sie in den Werkzeugoptionen des Verschieben-Werkzeugs ✛. Hier werden in der Drop-down-Liste *Anordnen* die oben erläuterten Befehle *Nach vorne bringen*, *Schrittweise vorwärts*, *Schrittweise rückwärts* und *Nach hinten stellen* angeboten.

31.13 Miniaturansicht ändern

Die Miniaturvorschau des Bedienfelds *Ebenen* können Sie anpassen bzw. auch ganz ausschalten.

1. Klicken Sie dazu mit der rechten Maustaste auf einen freien Bereich des Bedienfelds, oder öffnen Sie rechts oben das Bedienfeldmenü **1**.
2. Wählen Sie anschließend den Eintrag *Bedienfeldoptionen* **2** aus.

Hier können Sie auf drei vordefinierte Größen zurückgreifen **3**. Zudem können Sie die Miniaturdarstellung auch komplett ausschalten (*Ohne* **4**). Letzteres ist z. B. dann sinnvoll, wenn Sie ansonsten längere Ebenennamen nicht vollständig lesen können oder wenn Sie bei sehr komplexen Montagen nicht alle Ebenen gleichzeitig bzw. ohne zu scrollen im Bedienfeld darstellen können.

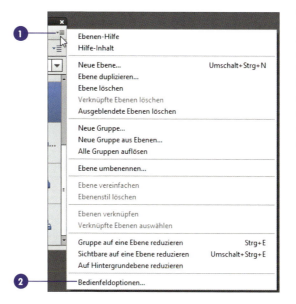

Abbildung 31.28:
Mit einem Klick auf
den rechts oben
angeordneten Pfeil
❶ das Menü öffnen
und anschließend den
Eintrag BEDIENFELD-
OPTIONEN ❷
auswählen.

Abbildung 31.29:
Drei unterschiedliche
Vorschaugrößen
stehen zur Auswahl.

3. Wählen Sie die gewünschte Miniaturgröße aus.

Inhaltlich können Sie die Miniaturdarstellungen mit den beiden Funktionen *Ebenenbegrenzungen* ❺ und *Gesamtes Dokument* ❻ steuern. Ist die erstgenannte Option aktiv, werden alle Inhalte, die über die aktuelle Arbeitsflächengröße hinausgehen, nicht angezeigt. Vielmehr zeigt die Ebenenminiatur nur den Teil der jeweiligen Ebene, der nicht über die Arbeitsfläche hinausragt. Die Option *Gesamtes Dokument* zeigt hingegen auch die Inhalte einer Ebene, die aktuell über den Bildrand der Datei hinausragen und somit im Bild nicht sichtbar sind.

4. Übernehmen Sie die Einstellung über die Schaltfläche *OK*.

31.14 Ebenen reduzieren

Komplexe Montagen können aus sehr vielen Ebenen bestehen. Damit die Sache nicht zu unübersichtlich wird, können Sie bereits während der Arbeit an Ihrer Komposition einzelne Ebenen zusammenfügen. Da auf diese Weise die Anzahl der Ebenen abnimmt, findet sich in den entsprechenden Befehlen der Begriff »reduzieren« . Alle hier aufgeführten Befehle erreichen Sie über das Menü *Ebene* oder über das Kontextmenü des Bedienfelds *Ebenen*.

Auf Hintergrundebene reduzieren

Reduziert alle sichtbaren Ebenen auf eine Hintergrundebene. Ausgeblendete Ebenen werden nicht berücksichtigt. In einem Dialogfenster fragt Photoshop Elements zur Sicherheit noch einmal nach, ob ausgeblendete Ebenen gelöscht werden sollen. Klicken Sie hier auf OK, um die ausgeblendeten Ebenen zu löschen und die sichtbaren auf eine Ebene zu reduzieren.

Sichtbare auf eine Ebene reduzieren

Im Gegensatz zur Funktion *Auf Hintergrundebene reduzieren* entsteht bei dieser Funktion keine Hintergrundebene, sondern eine »normale«, frei verschiebbare Ebene. Ein weiterer Unterschied betrifft die ausgeblendeten Ebenen. Diese werden nicht berücksichtigt, bleiben aber, wie sie sind. Klicken Sie hier auf OK, um die sichtbaren auf eine Ebene zu reduzieren. Schnell erledigen können Sie das auch mit Tastenkürzeln: ⇧ + Strg + E bzw. ⇧ + cmd ⌘ + E .

Mit darunter liegender auf eine Ebene reduzieren

Wählen Sie zunächst jeweils die obere der beiden beteiligten Ebenen aus. Beachten Sie dabei, dass der Befehl nicht für ausgeblendete Ebenen zur Verfügung steht. Besonders schnell können Sie den Befehl mit Strg + E bzw. cmd ⌘ + E ausführen.

Gruppe auf eine Ebene reduzieren

Diese Funktion reduziert die durch eine Schnittmaske gruppierten Ebenen. Klicken Sie dazu die unterste Ebene (die sogenannte Grundebene) der jeweiligen Schnittmaskenkonstellation an, und wählen Sie den Befehl aus. Schneller geht es mit Strg + E bzw. cmd ⌘ + E .

Ausführliche Informationen zum Thema Schnittmaske finden Sie in Kapitel 33 »Schnitt- und Ebenenmasken«.

Auf eine Ebene reduzieren

Dieser Befehl wird nur angeboten bzw. angezeigt, wenn mindestens zwei Ebenen ausgewählt sind. Ist das der Fall, kann der Befehl auch mit Strg + E bzw. cmd ⌘ + E ausgeführt werden.

31.15 Datei mit Ebenen speichern

Aus Sicherheitsgründen sollten Sie insbesondere komplexe Kompositionen bereits während der Bearbeitung hin und wieder zwischenspeichern. Je nach Bildgröße und Anzahl der Ebenen können diese Dateien zum Teil sehr groß werden.

1. Wählen Sie den Befehl *Datei/Speichern unter*.

Damit sämtliche Ebenen und die damit verbundenen Funktionen gespeichert werden, sollten Sie zum Speichern das Photoshop-Format (PSD) verwenden. Alternativ könnten Sie auch das TIF-Format benutzen. Mehr Informationen zu diesem Thema finden Sie in Kapitel 17 »Bilder speichern«.

2. Achten Sie darauf, dass bei *Format* **1** der Eintrag *Photoshop (PSD, PDD)* ausgewählt ist.
3. Vergewissern Sie sich, dass im Kontrollfeld *Ebenen* **2** ein Häkchen gesetzt ist.

Ist hier kein Häkchen gesetzt, reduziert Photoshop Elements das Bild auf eine Ebene.

4. Wählen Sie das gewünschte Verzeichnis, und vergeben Sie einen Dateinamen.
5. Verlassen Sie das Fenster über die Schaltfläche *Speichern*.

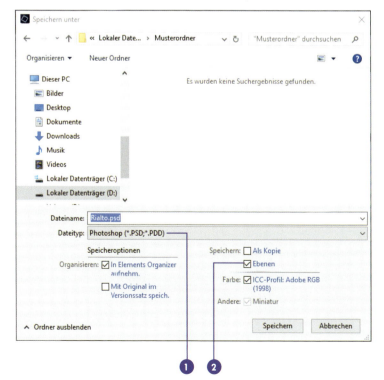

Abbildung 31.30:
Im Dialogfenster
SPEICHERN UNTER auf
das richtige Datei-
format und das
Kontrollfeld EBENEN
achten.

31.16 Beim Speichern automatisch auf eine Ebene reduzieren

Wenn Sie ein aus mehreren Ebenen bestehendes Bild in einem Format speichern möchten, das keine Ebenen unterstützt ❸ (z. B. JPEG), erscheint die Schaltfläche *Warnung* ❺. Nach einem Klick auf die Schaltfläche erscheint ein Hinweis, in dem Sie auf diese Einschränkung hingewiesen werden. Wenn Sie Ihr Bild hingegen in einem Format weitergeben möchten, das von Haus aus Ebenen speichern würde (z. B. TIFF), deaktivieren Sie im Dialogfenster *Speichern unter* einfach das Kontrollfeld *Ebenen* ❹. In beiden Fällen würde das Bild beim Speichern automatisch auf eine Ebene reduziert.

Abbildung 31.31: Wenn das aktuell gewählte Dateiformat ❸ (hier JPEG) keine Ebenen unterstützt ❹, erscheint die Schaltfläche WARNUNG ❺.

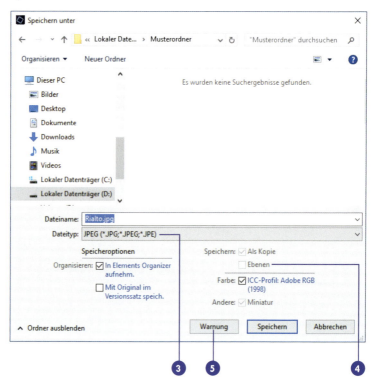

Abbildung 31.32: Nach einem Klick auf die Schaltfläche WARNUNG erscheint in diesem Fall der hier dargestellte Hinweis.

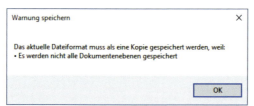

Ebeneninhalte bearbeiten

Um die Ebenenfunktionen von Photoshop Elements nutzen zu können, muss aktuell ein Bild geöffnet sein. Jedes Bild enthält mindestens eine Ebene. Werden weitere Ebenen benötigt, können diese auf vielfältige Weise erstellt werden.

32.1 Verschieben

Hier kommt das gleichnamige Werkzeug ⊹ zum Einsatz. Doch vorher müssen Sie die jeweilige Ebene zunächst einmal auswählen. Klicken Sie dazu im Bedienfeld *Ebenen* auf die entsprechende Ebene.

Abbildung 32.1: Zunächst die entsprechende Ebene auswählen.

Bei deutlich voneinander abgegrenzten Bildbereichen bietet sich zudem die Auswahl mithilfe des Verschieben-Werkzeugs ⊹ an. Dazu muss in den Werkzeugoptionen die Funktion *Ebene automatisch wählen* aktiv sein. Mehr Informationen dazu finden Sie in Kapitel 31.3 im Abschnitt »Einzelne Ebene auswählen«.

Sollten Sie in dieser Hinsicht bei der Auswahl Probleme haben (weil versehentlich stets eine falsche Ebene gewählt wird), schalten Sie die Funktion *Ebene automatisch wählen* einfach ab und wählen die Ebene manuell im Bedienfeld *Ebenen* aus.

Wenn Sie bei der Anwendung des Verschieben-Werkzeugs ⇧ gedrückt halten, können Sie die Bewegungsrichtung auf die Vertikale, die Horizontale bzw. auf 45-Grad-Schritte einschränken.

Abbildung 32.2:
Bei der Anwendung
des Verschie-
ben-Werkzeugs
werden in der Nähe
des Cursors die
Positionsänderungen
angezeigt.

Bei kürzeren Strecken bzw. im Rahmen der Positionsfeinabstimmung können Sie die Pfeiltasten der Tastatur (←, →, ↑, ↓) einsetzen. Jeder Tastendruck bewegt den Inhalt der gewählten Ebene(n) in Pfeilrichtung um ein Pixel. Wenn Sie dabei ⇧ drücken, erhöht sich die Strecke je Tastendruck um zehn Pixel.

32.2 Transformieren

Oft müssen neben der Position auch Größe, Drehung und Neigung der Ebeneninhalte angepasst werden. Diese Eigenschaften werden über Transformationsbefehle gesteuert. Die entsprechenden Befehle erreichen Sie über das Menü *Bild/Transformieren*. An erster Stelle steht auch hier die Auswahl der zu transformierenden Ebene(n). Wenn Sie mehrere Ebenen gleichzeitig transformieren möchten, reicht zunächst eine simple Sammelauswahl der jeweiligen Ebenen.

Wenn Sie bereits absehen können, dass Sie die aktuell ausgewählten Ebenen auch bei zukünftigen Transformationen gemeinsam bearbeiten möchten, können Sie die zuvor mit ⇧ oder [Strg] bzw. ⇧ oder [cmd ⌘] ausgewählten Ebenen durch einen Klick auf das am unteren Rand des Bedienfelds *Ebenen* angeordnete Kettensymbol miteinander verknüpfen. Zukünftig brauchen Sie dadurch nur eine Ebene dieser verketteten Ebenen anzuklicken, um alle verknüpften Ebenen zusammen zu transformieren. Bei Objekten, die stets zusammen verändert werden sollen, vermeiden Sie durch die Verknüpfung die ungewollte Bearbeitung einzelner Objekte. Um eine Ebene aus einer solchen Verknüpfungsgruppe herauszunehmen, aktivieren Sie die jeweilige Ebene und klicken anschließend auf die Schaltfläche mit dem Kettensymbol.

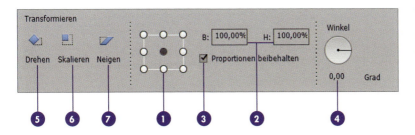

Abbildung 32.3:
Die Optionsleiste des
Befehls FREI TRANSFOR-
MIEREN.

1	Positionsmatrix für den Referenzpunkt (Dreh- und Angelpunkt) des Transformationsrahmens.
2	Zeigt die manuell eingestellten Skalierungsfaktoren für Breite und Höhe an. Zudem lassen sich in die beiden Eingabefelder auch direkt die gewünschten Werte eingeben.
3	Ist das Kontrollfeld aktiviert, werden Breite und Höhe im gleichen Verhältnis transformiert.
4	Hier kann ein Drehungswinkel eingegeben bzw. der manuell eingestellte Winkel abgelesen werden.
5, **6**, **7**	Die drei Schaltflächen sorgen jeweils dafür, dass über die Anfasser des Transformationsrahmens entweder gedreht **5**, skaliert **6** oder geneigt **7** werden kann.

Tabelle 32.1:
Die Bedeutung der
einzelnen Funktionen.

Der Referenzpunkt

Alle drei Transformationen beziehen sich jeweils auf einen sogenannten Referenzpunkt. Dieser befindet sich voreingestellt in der Mitte des Transformationsrahmens **8**. Wenn Sie ein Objekt drehen, dreht sich das Objekt um diesen Punkt. Falls erforderlich, kann die Lage dieses Punktes in der Optionsleiste verändert werden. Dazu klicken Sie einfach auf das gewünschte Positionssymbol in der Positionsmatrix **1**. Um die Sache für Sie zu veranschaulichen, habe ich das abgebildete Schild mit unterschiedlich positionierten Referenzpunkten jeweils um ca. 20 Grad gedreht.

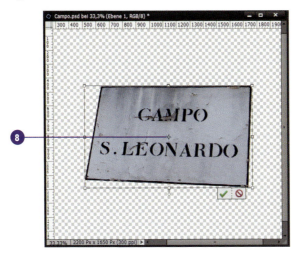

Abbildung 32.4:
Das Schild wird jeweils
um 25 Grad gedreht.

Abbildung 32.5:
Der Referenzpunkt ist
praktisch der »Dreh-
und Angelpunkt« der
Transformation.

Beim linken Schild befand sich der Referenzpunkt voreingestellt in der Mitte des Transformationsrahmens ❾. Beim rechten Schild wurde der Referenzpunkt vor der Drehung an den rechten unteren Rand des Schildes verschoben ❿. Zu diesem Zweck wurde entsprechend der rechts unten befindliche Punkt ⓫ in der Positionsmatrix angeklickt.

Über den Befehl *Bild/Transformieren/Frei transformieren* (Strg+T bzw. cmd ⌘+T) erreichen Sie anschließend die drei Transformationsfunktionen *Drehen*, *Skalieren* und *Neigen*. Sobald Sie den Befehl angewählt haben, stehen diese als Schaltfläche in der Optionsleiste zur Verfügung. Die drei Transformationen werden anschließend manuell vorgenommen. Für Drehen und Skalieren bietet die Optionsleiste zudem die Möglichkeit, die Transformation durch die Eingabe entsprechender Zahlenwerte zu steuern (Rotationswinkel, Skalierungsfaktoren für Breite und Höhe). Mit der Auswahl des Befehls bildet sich um den zu transformierenden Bereich ein Transformationsrahmen.

Ebenen, deren Inhalte bzw. transparente Bereiche mit einem Schloss gesichert sind, lassen sich erst dann transformieren, wenn die Fixierung entfernt wurde. Das Gleiche gilt für Hintergrundebenen. Diese voreingestellt geschützten Ebenen müssen mit dem Befehl *Ebene/Neu/Ebene aus Hintergrund* in eine »normale« Ebene umgewandelt werden. Alternativ dazu können Sie in beiden Fällen auch doppelt auf das jeweilige Schlosssymbol klicken.

Drehen

Die Drehung wird mithilfe des Transformationsrahmens bzw. seiner Anfasser umgesetzt. Zudem können Sie in der Optionsleiste den gewünschten Rotationswinkel eingeben. Als Beispiel habe ich das im letzten Abschnitt »verdrehte« Schild gewählt.

1. Stellen Sie sicher, dass im Bedienfeld *Ebenen* die zu drehende Ebene ausgewählt ist.

Abbildung 32.6:
Auswahl der zu
drehenden Ebene.

Campo.psd

2. Wählen Sie den Befehl *Bild/Transformieren/Frei transformieren* aus.
3. Klicken Sie auf das am unteren Rand des Transformationsrahmens angebrachte Kreissymbol **①**.

Alternativ dazu könnten Sie den Cursor auch in die unmittelbare Nähe eines der Eckanfasser bewegen – dazu müssen Sie dann allerdings ein wenig außerhalb des Transformationsrahmens oder auf die Schaltfläche *Drehen* in der Optionsleiste klicken.

Abbildung 32.7:
Auf das am unteren
Rand des Transfor-
mationsrahmens
dargestellte Kreis-
symbol klicken.

Abbildung 32.8:
Der Doppelpfeil-
Cursor unterhalb
des Kreissymbols.

Daraufhin erscheint ein gebogener Doppelpfeil-Cursor **2**.

4. Drücken Sie jetzt die linke Maustaste, und drehen Sie die Ebene in die gewünschte Position.

Anschließend wird das Schild noch in seiner Größe angepasst. Grundsätzlich hätte das in einem Arbeitsgang mit der Drehung stattfinden können. Da durch die Drehung der Begrenzungsrahmen nichts mehr mit den eigentlichen Schildproportionen zu tun hat, wäre eine manuelle Steuerung hier etwas schwierig.

Aus diesem Grund ist es in diesem Fall sinnvoller, die Drehung zunächst einmal mit einem Klick auf das grüne Häkchen zu übernehmen und die Skalierung in einem separaten Transformationsschritt vorzunehmen.

5. Klicken Sie daher jetzt auf das grüne Häkchen, um die Rotation zu bestätigen.

Abbildung 32.9:
Die Rotation mit einem
Klick auf das grüne
Häkchen übernehmen.

Skalieren

Wie bei der Drehung wird die Größenveränderung manuell mithilfe der Anfasser umgesetzt. Die Eckanfasser des Transformationsrahmens dienen dabei der gleichzeitigen Größenveränderung von Breite und Höhe. Voreingestellt werden dabei die Proportionen erhalten. Das entsprechende Kontrollfeld in der Optionsleiste kann aber jederzeit deaktiviert werden. Die seitlichen Anfasser ermöglichen es, die Größenveränderung der Ebeneninhalte in der Breite oder der Höhe zu steuern.

Durch die Eingabe entsprechender Skalierungsfaktoren kann die Skalierung auch numerisch gesteuert werden. Wenn Sie beim Skalieren (Alt) gedrückt halten, wird die Größenveränderung konzentrisch in Bezug auf den Referenzpunkt umgesetzt. In diesem Fall soll das Schild etwas verkleinert werden.

1. Wählen Sie den Befehl *Bild/Transformieren/Frei transformieren* aus.

Der Transformationsrahmen entspricht erneut (siehe die Form des Rahmens nach der zuvor durchgeführten Drehung) der Form bzw. den Proportionen des Schildes.

2. Stellen Sie sicher, dass in der Optionsleiste das Kontrollfeld *Proportionen beibehalten* aktiv ist.

Das Schild soll zukünftig den älteren Mann verdecken. Die neue Schildgröße soll daher etwas über der Größe des Mannes liegen. Um die Größe des Mannes als Referenz nutzen zu können, ziehen Sie das Schild einfach rechts neben den Mann.

3. Klicken Sie in den Transformationsrahmen ①, und verschieben Sie das Schild rechts neben den Mann.

Abbildung 32.10: Das Schild an diese Position verschieben.

4. Klicken Sie auf einen der Eckanfasser des Transformationsrahmens ② .

Dabei wird der Cursor in der Form eines Doppelpfeils angezeigt.

5. Ziehen Sie den Anfasser in Richtung des Schildmittelpunktes, bis das Schild die gewünschte Größe bzw. Höhe erreicht hat.

Ebeneninhalte bearbeiten

Abbildung 32.11:
Einen der vier
Eckpunkte etwas in
Richtung Schildmitte
ziehen.

Abbildung 32.12:
Die Größenverände-
rung der Ebene mit
einem Klick auf das
grüne Häkchen
bestätigen.

6. Klicken Sie auf das grüne Häkchen in der Titelleiste, um die Eingabe zu bestätigen.

TIPP Klicken Sie auf das rote *Abbrechen*-Symbol, wenn Sie vorgenommene Transformationen rückgängig machen möchten.

Neigen

Wählen Sie dazu den Befehl *Bild/Transformieren/Neigen*, oder drücken Sie $\boxed{Strg}$ bzw. $\boxed{cmd \ \mathⓐ}$ und ziehen dann mit gedrückter Maustaste einen der Anfasser an eine neue Position. Alternativ können Sie auch auf die gleichnamige Schaltfläche in der Optionsleiste des Transformationsbefehls klicken. Um diese im Zweifelsfall verfügbar zu machen, müssen Sie vorher *Bild/Transformieren/Frei transformieren* bzw. [Strg]+[T] bzw. [cmd ⌘]+[T] wählen.

In diesem Fall wurden dazu die beiden oberen Eckpunkte (nacheinander) jeweils etwas nach links geneigt. Auf diese Weise wird die perspektivische Wirkung des Schildes korrigiert.

Abbildung 32.14:
Die beiden oberen
Eckpunkte horizontal
verschieben.

32.3 Verzerren

Um die Form eines Ebeneninhalts bzw. eines ausgewählten Bereichs anzupassen, können Sie zudem auf drei verschiedene Verzerren-Funktionen zurückgreifen.

Frei

Wählen Sie den Befehl *Bild/Transformieren/Verzerren*, oder drücken Sie schlicht [Strg] bzw. [cmd ⌘] und ziehen dann mit gedrückter Maustaste einen der Anfasser an eine neue Position.

Perspektivisch

Wählen Sie den Befehl *Bild/Transformieren/Perspektivisch verzerren* und ziehen Sie dann mit gedrückter Maustaste einen der Anfasser an eine neue Position.

32.4 Ausrichten und verteilen

Ebenen können automatisch aneinander ausgerichtet werden. Zudem erlaubt die Software eine automatisierte Verteilung der Ebeneninhalte innerhalb des Bildes. Beide Funktionen können sich dabei auch an bestehenden Auswahlen bzw. deren Rändern (der sogenannten Auswahlbegrenzung) orientieren.

Dazu können Sie in den Werkzeugoptionen des Verschieben-Werkzeugs ⊕ zwischen den im nächsten Abschnitt erläuterten Ausrichtungs- bzw. Verteilungsvarianten wählen.

Mehrere Ebenen aneinander ausrichten

Damit die Sache funktioniert, müssen im Bedienfeld *Ebenen* mindestens zwei Ebenen ausgewählt oder miteinander verknüpft sein. Ist das der Fall, haben Sie in den Werkzeugoptionen des Verschieben-Werkzeugs ⊕ Zugriff auf die entsprechenden Funktionen (siehe Tabelle).

Tabelle 32.2:
Mit diesen Funktionen
können Ebenen
automatisch
aneinander ausgerich-
tet werden.

Funktion	Bedeutung
Oben	Richtet die ausgewählten Ebenen an der höchsten Kante bzw. an der höchsten Auswahlbegrenzung der aktuell gewählten Ebenen aus.
Mitte (vertikal)	Sorgt dafür, dass die ausgewählten Ebenen an der vertikalen Mitte bzw. an der vertikalen Mitte einer Auswahlbegrenzung ausgerichtet werden.
Unten	Richtet die ausgewählten Ebenen an der untersten Kante bzw. an der untersten Auswahlbegrenzung der aktuell gewählten Ebenen aus.
Links	Ordnet die ausgewählten Ebenen so an, dass diese an der linken Kante bzw. an der linken Auswahlbegrenzung der aktuell gewählten Ebenen ausgerichtet werden.
Mitte (horizontal)	Sorgt dafür, dass die ausgewählten Ebenen an der horizontalen Mitte bzw. an der horizontalen Mitte einer Auswahlbegrenzung ausgerichtet werden.
Rechts	Richtet die ausgewählten Ebenen an der rechten Kante bzw. an der rechten Auswahlbegrenzung der aktuell gewählten Ebenen aus.

Verteilen mehrerer Ebenen

Wie bei der automatisierten Ausrichtung müssen auch hier im Bedienfeld *Ebenen* mindestens zwei Ebenen ausgewählt oder miteinander verknüpft sein. Dann können Sie in den Werkzeugoptionen des Verschieben-Werkzeugs ⊕ zwischen den diversen Verteilen-Funktionen (siehe Tabelle 32.3) wählen.

Funktion	Bedeutung
Oben	Verteilt die ausgewählten Ebenen beginnend an der höchsten Kante bzw. an der höchsten Auswahlbegrenzung der aktuell gewählten Ebenen.
Mitte (vertikal)	Sorgt dafür, dass die ausgewählten Ebenen ausgehend von der vertikalen Mitte verteilt werden.
Unten	Verteilt die ausgewählten Ebenen beginnend an der untersten Kante bzw. an der untersten Auswahlbegrenzung der aktuell gewählten Ebenen.
Links	Verteilt die ausgewählten Ebenen beginnend an der linken Kante bzw. an der linken Auswahlbegrenzung der aktuell gewählten Ebenen.
Mitte (horizontal)	Sorgt dafür, dass die ausgewählten Ebenen ausgehend von der horizontalen Mitte verteilt werden.
Rechts	Verteilt die ausgewählten Ebenen beginnend an der rechten Kante bzw. an der rechten Auswahlbegrenzung der aktuell gewählten Ebenen.

Tabelle 32.3:
Mit den hier
aufgeführten
Funktionen können
Ebenen automatisch
verteilt werden.

33 Schnitt- und Ebenenmasken

Mit beiden Maskentypen können Sie die Sichtbarkeit von Ebeneninhalten steuern, ohne auch nur ein Pixel endgültig löschen bzw. radieren zu müssen. Da so alle Ressourcen in der Datei verbleiben, sind Sie auf diese Weise bei (späteren) Anpassungen flexibler und müssen nicht immer wieder von vorn anfangen.

33.1 Ebenenmaske erstellen

In den meisten Fällen werden Sie Ebenenmasken auf Basis einer zuvor erstellten Auswahl anlegen, da Sie auf diese Weise gut bestimmen können, was sichtbar (*Ebene/Ebenenmaske/Auswahl einblenden*) bzw. was von der entsprechenden Ebene unsichtbar sein bzw. maskiert werden soll (*Ebene/Ebenenmaske/Auswahl ausblenden*). Sie können zudem auch Blankomasken erstellen, die wahlweise nach wie vor alles zeigen (*Ebene/Ebenenmaske/Nichts maskiert*), oder alle Inhalte der Ebene verdecken (*Ebene/Ebenenmaske/Alles maskiert*). Diese Blankomasken können Sie dann mithilfe eines Malwerkzeugs oder einer Füllfunktion den jeweiligen Anforderungen anpassen.

33.2 Tipps zur Arbeit mit Ebenenmasken

- Grundsätzlich erhält stets die oberste der beteiligten Ebenen die Ebenenmaske.
- Um eine Ebenenmaske bearbeiten zu können, muss diese ausgewählt sein. Sie erkennen das an der Umrahmung ❶ des Ebenenmaskensymbols. Ansonsten bearbeiten Sie nicht die Ebenenmaske, sondern den eigentlichen Bildinhalt der aktuell gewählten Ebene. Um eine Ebenenmaske auszuwählen, klicken Sie diese einfach an.
- Die Ebenenmaske akzeptiert keine Farbe. Alle Maßnahmen in der Ebenenmaske werden daher lediglich mit Schwarz, Weiß oder einem Grauton vorgenommen.

■ Zur Gestaltung von Ebenenmasken stehen Ihnen verschiedene Verfahren bzw. Herangehensweisen zur Verfügung. Wie Sie in den beiden folgenden Beispielen sehen werden, können Sie dazu zum einen das Verlaufswerkzeug ▣ und zum anderen den Pinsel ✐ einsetzen. Darüber hinaus können Sie mit den Auswahlwerkzeugen bzw. Funktionen auf Basis des Bildinhalts eine Auswahl erstellen und diese dann anschließend in der Ebenenmaske (Ebenenmaske muss dazu ausgewählt sein) mithilfe der Funktion *Bearbeiten/Auswahl füllen* mit Schwarz, Weiß oder einem Grauton füllen.

Farbe der Ebenenmaske	Unterhalb der Ebene angeordnete Inhalte	Inhalte auf der mit der Ebenenmaske verbundenen Ebene
Schwarz	sichtbar	unsichtbar
mittleres Grau	zu 50 % sichtbar	zu 50 % sichtbar
Weiß	unsichtbar	sichtbar

Tabelle 33.1:
Die Bedeutung der Graustufen in einer Ebenenmaske.

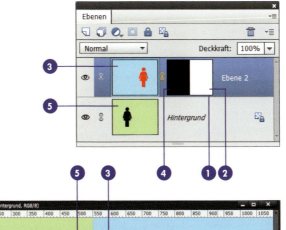

Abbildung 33.1:
Einfaches Beispiel einer Ebenenmaske.

Prinzip_
Ebenenmaske.psd

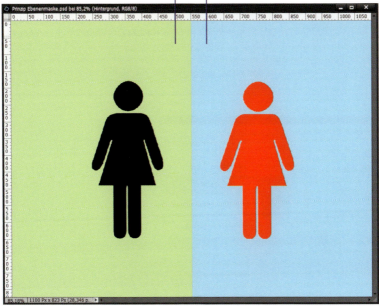

Abbildung 33.2:
Weiße Bereiche in der Ebenenmaske **2** *zeigen den Inhalt der Ebene* **3** *— schwarze Bereiche* **4** *maskieren hingegen den Inhalt der Ebene und zeigen stattdessen das, was unter der Ebene* **5** *vorhanden ist.*

33.3 Befehle und Tastenkürzel

Über den Befehl *Ebenen/Ebenenmaske* und das Kontextmenü des Ebenenmasken-symbols (Rechtsklick auf das Ebenenmaskensymbol) erreichen Sie diverse Befehle zum Erstellen, Anpassen und Löschen von Ebenenmasken. Zudem gibt es eine Reihe von Tastenkürzeln, die das Handling der Ebenenmasken deutlich vereinfachen.

Tabelle 33.2:
Ebenenmaskenbefehle
des Menüs EBENEN.

Funktion	Bedeutung
nichts maskiert	Versieht die aktuelle Ebene mit einer vollständig weißen Ebenenmaske. Diese maskiert somit nichts. Vielmehr ist der Inhalt der aktuellen Ebene nach wie vor vollständig zu sehen.
alles maskiert	Erstellt eine komplett schwarze Ebenenmaske, die somit die aktuelle Ebene komplett maskiert. Von der Ebene ist anschließend nichts mehr zu sehen.
Auswahl einblenden	Die so erstellte Ebenenmaske ist im Bereich der Auswahl weiß. Der Rest der Ebenenmaske ist schwarz. Die Bildbereiche innerhalb der Auswahl bzw. des weißen Bereichs werden dargestellt. Die Bildbereiche außerhalb der Auswahl entsprechen den schwarzen Bereichen der Ebenenmaske. Diese werden maskiert bzw. ausgeblendet. In diesen Bereichen sind die darunterliegenden Inhalte sichtbar.
Auswahl ausblenden	Die so erstellte Ebenenmaske ist im Bereich der Auswahl schwarz. Der Rest der Ebenenmaske ist weiß. Die Bildbereiche innerhalb der Auswahl bzw. des schwarzen Bereichs werden maskiert bzw. nicht dargestellt. In diesen Bereichen sind die darunterliegenden Inhalte sichtbar. Die Bildbereiche außerhalb der Auswahl entsprechen den weißen Bereichen der Ebenenmaske. Diese sind sichtbar.
Löschen	Entfernt die Ebenenmaske, ohne dass diese auf das Bild angewendet wird.
Anwenden	Entfernt die Ebenenmaske, wobei die Auswirkungen in das Bild einge-rechnet werden.
Deaktivieren	Belässt die Ebenenmaske im *Ebenen*-Bedienfeld, versieht sie aber mit einem Kreuz und blendet sie aus. Die Maske hat keine Auswirkungen mehr, bis sie erneut aktiviert wird.
Verknüpfung aufheben	Maske und Ebeneninhalt sind voreingestellt miteinander verknüpft. Auf diese Weise ist sichergestellt, dass stets beide Komponenten gemein-sam transformiert werden. Mit dieser Funktion können Sie diese Ver-knüpfung aufheben, um gezielt nur die Maske oder nur den Ebenenin-halt zu transformieren.

Abbildung 33.3:
Indem Sie mit der
rechten Maustaste auf
eine Ebenenmaske
klicken, haben Sie
Zugriff auf weitere
Funktionen.

Funktion	Bedeutung
Ebenenmaske deaktivieren/ aktivieren	Praktische Funktion, um den Ebeneninhalt trotz zugewiesener Ebenenmaske für Kontrollzwecke sichtbar zu machen, ohne dafür die Ebenenmaske entfernen zu müssen. Mit beiden Befehlen können Sie so die Ebenenmaske praktisch »ein- und ausschalten«.
Ebenenmaske löschen	Entfernt die Ebenenmaske.
Ebenenmaske anwenden	Wendet die Ebenenmaske auf die Ebene an und entfernt die Maske.
Maske zu Auswahl hinzufügen	Mit diesem Befehl können Sie die Form einer bestehenden Auswahl verändern. Die bestehende Auswahl wird dabei durch die Bildbereiche erweitert, die unter dem weißen Teil der Ebenenmaske liegen.
Maske von Auswahl subtrahieren	Eine bestehende Auswahl wird dabei um die Bildbereiche verkleinert, die dem schwarzen Teil der Ebenenmaske entsprechen.
Schnittmenge von Maske und Auswahl	Überschneiden sich Bereiche einer bestehenden Auswahl mit weißen Anteilen der Ebenenmaske, wird eine neue Auswahl auf Basis dieser Schnittmenge gebildet.
Maskenoptionen	Wenn Sie mit ⇧+Alt bzw. ⇧+alt ⌥ auf eine Ebenenmaske klicken, werden die nicht weißen Bereiche der Ebenenmaske als halb transparente Schicht im Bild dargestellt. Die weißen Bereiche der Maske zeigen hingegen den Ebeneninhalt. Diese Darstellung ist z. B. dann hilfreich, wenn Sie die Ebenenmaske mit Malwerkzeugen bearbeiten. Auf diese Weise haben Sie ein direktes Feedback, wie sich Ihre Arbeit auf die Maskenfunktion auswirkt. In den Maskenoptionen können Sie bei Bedarf eine andere Farbe festlegen. Das ist z. B. dann sinnvoll, wenn Ihre Ebene zum großen Teil dem hier voreingestellten roten Farbton entspricht. Zudem können Sie die auf 50 % voreingestellte Deckkraft der Maskenfarbe verändern.

Tabelle 33.3:
Befehle des Ebenen-
masken-Kontextmenüs.

Tastenkürzel	Funktion
Alt bzw. alt ⌥ + Klick auf die Ebenenmaske	Zeigt die Ebenenmaske im Bild an. Das ist eine praktische Sache, wenn Sie die Ebenenmaske mal groß sehen möchten, um sie auf eventuelle Fehler zu untersuchen, oder wenn Sie ein Feintuning der Ebenenmaske vornehmen möchten.
Alt bzw. alt ⌥+⇧ + Klick auf die Ebenenmaske	Zeigt die schwarzen Bereiche der Maske als halb transparente Farbschicht über dem Bildinhalt an. In diesem Darstellungsmodus können Sie bei der Maskengestaltung mit dem Pinsel in der Maske malen und dabei sowohl die halb transparente Farbschicht, die dem schwarzen Teil der Maske entspricht, als auch den darunterliegenden Bildinhalt sehen.
⇧ + Klick auf die Ebenenmaske	Deaktiviert und aktiviert eine Ebenenmaske. Mit dieser Funktion können Sie die Ebenenmaske kurz mal ausschalten – z. B. um den aktuell von der Maske verdeckten Bildinhalt einzusehen. Drücken Sie die Tastenkombination erneut, um die Ebenenmaske wieder zu aktivieren.
Strg bzw. cmd ⌘ + Klick auf die Ebenenmaske	Erstellt anhand der Ebenenmaske eine Auswahl.

Tabelle 33.4:
Praktische Tasten-
kürzel.

Abbildung 33.4:
Deaktivierte
Ebenenmaske.

Bildinhalt unabhängig von der Ebenenmaske anpassen

Maske und Ebeneninhalt sind voreingestellt miteinander verknüpft. Auf diese Weise ist sichergestellt, dass stets beide Komponenten gemeinsam transformiert bzw. bewegt, gedreht oder skaliert werden. Zu Anpassungszwecken können Sie diese Verknüpfung ❶ aufheben.

Abbildung 33.5:
Ebeneninhalt und
Ebenenmaske sind
voreingestellt
miteinander
verknüpft.

Abbildung 33.6:
Nach einem Klick auf
das Kettensymbol wird
die Verknüpfung
aufgehoben, und das
Symbol verschwindet.

33.4 Schnittmaske

Zunächst das Prinzip der Schnittmaske in Kurzform: Bei zwei übereinanderliegenden Ebenen wird in der oberen Ebene nur dort etwas gezeigt, wo sich auch in der darunterliegenden Ebene etwas befindet. Neben dem Einsatz bei Füll-

und Einstellungsebenen können Schnittmasken auch bei herkömmlichen Ebenen und Textebenen eingesetzt werden.

Eine Grundvoraussetzung der Schnittmaskentechnik besteht darin, dass sich die zu maskierende Ebene über der Ebene befindet, die die Form der Maske vorgibt.

Um das Prinzip zu verdeutlichen, soll in diesem Fall die auf der Ebene 2 angeordnete Figur als Maskenform dienen. Von Ebene 3 soll praktisch alles andere maskiert und nur der Bereich dargestellt werden, der von der Figur auf Ebene 2 repräsentiert wird.

Letztere Ebene wird in diesem Zusammenhang auch als *Grundebene* bezeichnet. Enthält die Grundebene unterschiedlich transparente Bereiche, fällt die Maskierung der darüberliegenden Ebene entsprechend aus. Um eine Schnittmaske zu erstellen, muss zunächst die zu maskierende Ebene aktiviert werden.

1. Laden Sie die Datei *Prinzip_Schnittmaske.psd*.

2. Stellen Sie sicher, dass aktuell Ebene 3 (also die zu maskierende Ebene) ausgewählt ist.

3. Jetzt weisen Sie die Schnittmaske über den Befehl *Ebene/Schnittmaske erstellen* (Strg+Alt+G bzw. cmd ⌘+alt ⌥+G) zu.

Prinzip_Schnittmaske.psd

Abbildung 33.7: Ausgangssituation.

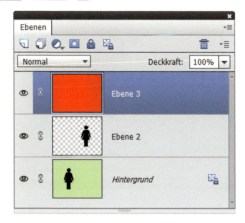

Durch den Befehl *Schnittmaske* rückt die Symbolik der Grundebene ❶ etwas nach rechts. Zudem wird an deren linker Seite das Schnittmaskensymbol ❷ dargestellt. Mit diesem Befehl können beliebig viele Ebenen über der Grundebene angeordnet und so beschnitten bzw. maskiert werden.

Nachdem eine Schnittmaske zugewiesen wurde, findet sich an gleicher Stelle ein Befehl, um die Schnittmaske im Zweifelsfall wieder entfernen zu können: *Ebene/Schnittmaske zurückwandeln.*

Abbildung 33.8:
Einfaches Beispiel
einer Schnittmaske.

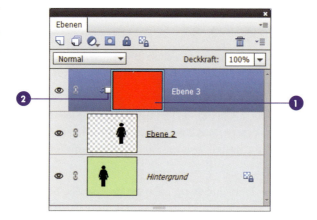

Abbildung 33.9:
In der oberen Ebene
(rote Fläche auf
Ebene 3) wird nur
dort etwas gezeigt,
wo sich auch in der
darunterliegenden
Ebene (schwarze
Figur auf Ebene 2)
etwas befindet.

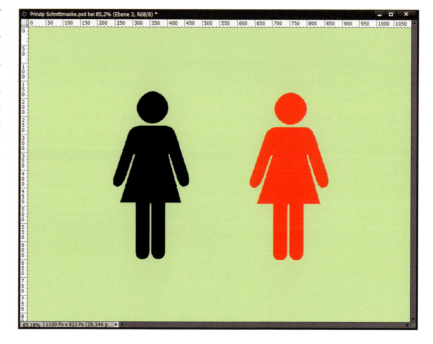

**Prinzip_
Schnittmaske.psd**

Schnittmaske mit einem Mausklick erstellen

Alternativ zum bereits erläuterten Befehl *Ebene/Schnittmaske erstellen* können Sie Schnittmasken auch mit einem Mausklick erstellen. Mit dem gleichen Verfahren können Sie eine erstellte Schnittmaske auch wieder entfernen.

Wenn Sie die oben beschriebene Übung praktisch nachvollzogen haben, müssen Sie zunächst die Ausgangssituation wiederherstellen bzw. die Schnittmaske entfernen. Verwenden Sie dazu z. B. den Befehl *Ebene/Schnittmaske zurückwandeln*.

Halten Sie die Taste [Alt] bzw. [alt ⌥] gedrückt, und klicken Sie unmittelbar zwischen die Grundebene (hier die Ebene 3) und die darunterliegende Ebene ①, die die Form der Maske (hier die schwarze Figur auf Ebene 2) vorgibt.

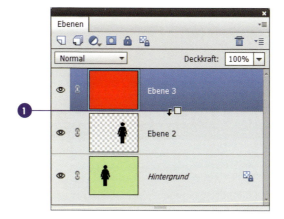

Abbildung 33.10:
Mit gedrückter
[Alt]- bzw. [alt ⌥]-
Taste zwischen die
beiden Ebenen klicken.

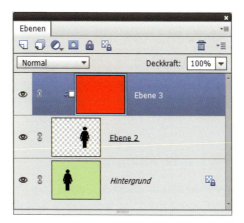

Abbildung 33.11:
Als Symbol für die
erstellte Schnittmaske
rückt die obere Ebene
(die sogenannte
Grundebene) etwas
nach rechts.

34 Flexibler arbeiten mit Füll- und Einstellungsebenen

Mit Einstellungsebenen können Sie Farb- und Helligkeitswerte in einem Bild anpassen. Füllebenen können wahlweise ein Muster, einen Verlauf oder eine bestimmte Farbe enthalten. Die Besonderheit dieser Ebenen besteht darin, dass die vorgenommenen Änderungen bzw. hinzugefügten Inhalte nicht die ursprünglichen Farb- und Helligkeitswerte überschreiben.

Vielmehr werden die Änderungen bzw. Inhalte in der jeweiligen Ebene gespeichert. Wenn Sie deren Wirkung zu einem späteren Zeitpunkt rückgängig machen möchten, blenden Sie die jeweilige Einstellungs- bzw. Füllebene einfach aus oder löschen diese.

34.1   Bedeutung

Viele der hier in Form von Ebenen angebotenen Funktionen werden Ihnen bekannt vorkommen. Das liegt daran, dass diese oftmals auch als klassische Befehle zur Verfügung stehen (siehe Tabelle 34.1) und daher bereits an anderer Stelle erläutert wurden. Orientieren Sie sich im Zweifelsfall an den eingefügten Kapitelverweisen.

Der Unterschied zwischen dem klassischen Befehl und der entsprechenden Einstellungs- oder Füllebene besteht darin, dass die mittels der klassischen Befehle vorgenommenen Veränderungen das Originalbild »überschreiben«. Wenn Sie eine so korrigierte Datei speichern und anschließend erneut öffnen, haben Sie keine Möglichkeit mehr, die ursprünglichen Bilddaten wiederherzustellen.

Die Einstellungs- bzw. Füllebene speichert hingegen die Änderung so, dass diese jederzeit vollständig rückgängig gemacht oder auch einfach verändert werden kann.

Während Einstellungsebenen die Bildinformationen darunterliegender Ebenen verändern, wirken sich Füllebenen (zunächst) nicht auf die darunterliegenden

Ebenen aus. Erst durch bestimmte Maßnahmen können Füllebenen auch andere Ebenen beeinflussen – etwa durch eine Änderung der Füllmethode (siehe Kapitel 35 »Füllmethoden«) oder durch eine Verringerung der Deckkraft.

Bezeichnung	Ebenentyp	Klassischer Befehl	Mehr Informationen dazu
Farbfläche	Füllebene	–	
Verlauf		–	Kapitel 27 »Verläufe«
Muster		–	Kapitel 26 »Muster erstellen und zuweisen«
Tonwertkorrektur	Einstellungsebene	Überarbeiten/ Beleuchtung anpassen	Kapitel 11 »Tonwertkorrektur«
Helligkeit/Kontrast			Kapitel 10 »Schnelle Helligkeitskorrekturen«
Farbton/Sättigung		Überarbeiten/ Farbe anpassen	Kapitel 12 »Farbkorrekturen«
Verlaufsumsetzung		Filter/Anpassungsfilter	Kapitel 24 »Schwarz-Weiß-Bilder erstellen«
Fotofilter			
Umkehren			
Schwellenwert			
Tontrennung			

Tabelle 34.1:
Die angebotenen Funktionen stehen auch als klassische Befehle zur Verfügung.

34.2 Einstellungs- oder Füllebene erstellen

Um eine neue Einstellungs- oder Füllebene zu erstellen, können Sie im Bedienfeld *Ebenen* auf die Schaltfläche *Neue Füll- oder Einstellungsebene erstellen* **1** klicken, oder Sie wählen den Befehl *Ebene/Neue Einstellungsebene* bzw. *Ebene/Neue Füllebene* und dann den gewünschten Typ aus. Die neue Einstellungs- oder Füllebene wird dann unmittelbar über der aktuell gewählten Ebene erstellt.

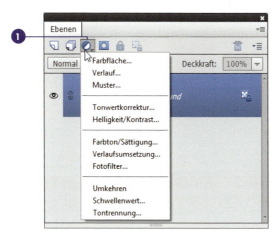

Abbildung 34.1:
Einstellungs- und Füllebenen können direkt im Bedienfeld EBENEN erstellt werden.

Abbildung 34.2:
Auch das Menü EBENEN
stellt entsprechende
Befehle bereit.

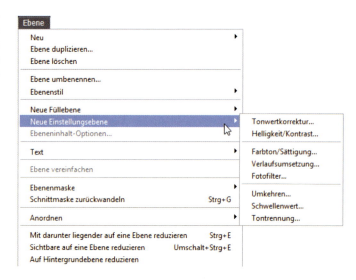

Die von Photoshop Elements erstellten Einstellungs- oder Füllebenen verfügen automatisch über eine Ebenenmaske ②. Besteht aktuell keine Auswahl, ist diese vollständig weiß. Wenn hingegen beim Erstellen der Einstellungsebene eine Auswahl vorhanden ist, wird die Ebenenmaske entsprechend gestaltet bzw. der Bereich der Auswahl weiß und der nicht ausgewählte Bereich schwarz eingefärbt. So entfaltet sich die Wirkung der Einstellungs- bzw. Füllebene nur auf den zuvor ausgewählten und jetzt in der Ebenenmaske weiß gefüllten Bereich.

Mehr Informationen zur Funktion von Ebenenmasken finden Sie in Kapitel 33 »Schnitt- und Ebenenmasken«.

Abbildung 34.3:
Einstellungsebene mit
automatisch erstellter
Ebenenmaske.

34.3 Einstellungen anpassen

Jeder Einstellungs- bzw. Füllebenentyp verfügt über ein entsprechendes Dialogfenster bzw. Bedienfeld. Wenn dieses aktuell nicht sichtbar sein sollte, können Sie es mit einem Doppelklick auf die Einstellungs- oder Füllebene ③ öffnen. Bei einem auf diese Weise geöffnetem Bedienfeld einer Einstellungsebene können

Sie die gewünschten Einstellungen vornehmen. Die so vorgenommenen Einstellungen werden unmittelbar umgesetzt. Sie können das Bedienfeld daher weiterhin geöffnet lassen und einfach weiterarbeiten. Im Gegensatz dazu müssen Sie ein so geöffnetes Dialogfenster der drei Füllebenen *Farbfläche*, *Verlauf* oder *Muster* zunächst immer erst einmal mit einem Klick auf OK schließen.

Bei den Bedienfeldern der Einstellungsebenen können Sie zudem mit einem Klick auf das Augensymbol ❹ die jeweilige Einstellungsebene ein- und ausblenden. Das ist ganz praktisch, um während der Einstellung schnell einen Vorher-nachher-Vergleich vornehmen zu können. *Zurück...* ❺ setzt die Einstellungsebene komplett zurück und versetzt so wieder alles in den Ausgangszustand. Bei den drei Füllebenen stehen diese Funktionen nicht zur Verfügung.

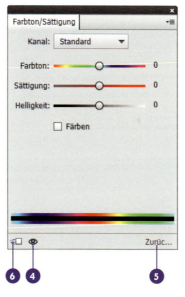

Abbildung 34.4:
Bedienfeld einer
Einstellungsebene.

Abbildung 34.5:
Dialogfenster einer
Füllebene.

34.4 Wirkung auf die unmittelbar darunterliegende Ebene begrenzen

Jede Einstellungsebene bietet die Möglichkeit, eine sogenannte Schnittmaske ❻ zu erstellen. Indem Sie eine solche Schnittmaske erstellen, sorgen Sie dafür, dass sich die Auswirkungen der Einstellungsebene nur auf die unmittelbar darunterliegende Ebene beziehen bzw. sich nur dort zeigen, wo sich auch in der darunterliegenden Ebene etwas befindet. Mit einem erneuten Klick auf diese Schaltfläche können Sie eine bestehende Schnittmaske wieder entfernen.

INFO ⮌ Weitere Informationen zur Funktion von Schnittmasken finden Sie in Kapitel 33 »Schnitt- und Ebenenmasken«.

34.5   Füllebenen

Dieser Ebenentyp erzeugt eine Ebene und stattet diese mit einem Muster, einem Verlauf oder einer bestimmten Farbe aus. Über den Befehl *Ebene/Neue Füllebene* können alle drei Varianten (*Farbfläche*, *Verlauf*, *Muster*) erstellt werden.

Farbflächen

Mit diesem Füllebenentyp können Sie einfarbige Ebenen herstellen. Nachdem Sie den Eintrag *Farbwähler* ausgewählt haben, öffnet sich der bekannte Farbwähler. Weitere Informationen zum Farbwähler finden Sie in Kapitel 22 »Die Farbwahl«. Hier können Sie den gewünschten Farbton einstellen. Sobald Sie den Farbwähler mit einem Klick auf *OK* schließen, wird auf der linken Seite der Füllebenensymbole der aktuell eingestellte Farbton angezeigt. Mit einem Klick auf das hier dargestellte Farbfeld können Sie den Farbwähler jederzeit erneut öffnen und den Farbton anpassen. Im hier abgebildeten Beispiel wird eine Farbfläche dazu verwendet, um bestimmte Teile des Bildes zu tonen. Mehr Informationen zu diesem Beispiel finden Sie in Kapitel 35 »Füllmethoden«.

Abbildung 34.6:
Den gewünschten
Farbton einstellen.

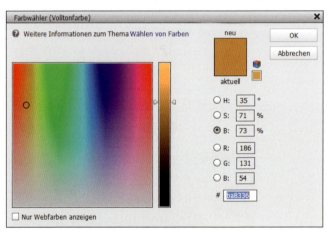

Abbildung 34.7:
Auf der linken Seite
wird der aktuell
eingestellte Farbton
angezeigt.

Abbildung 34.8:
In diesem Fall wird die
Farbfläche zum Tonen
des Bildes verwendet.

Verlauf

Diese Füllebene ist eine sehr flexible Alternative zum klassischen Verlaufswerkzeug. Das im Folgenden dargestellte Beispiel wird in Kapitel 27 »Verläufe«, ausführlich erläutert.

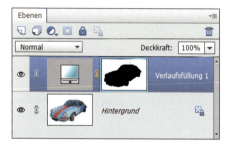

Abbildung 34.9:
Verlaufsebene mit
gestalteter Ebenenmaske.

Abbildung 34.10:
Ergebnis.

Ausführliche Informationen über Verläufe finden Sie im gleichnamigen Kapitel 27.

Muster

Alternativ zum Füllwerkzeug 🖌 können Sie mit dieser Füllebene ganze Ebenen mit einem Muster überziehen. Dabei kommen ebenfalls alle Vorteile dieser Ebenen zum Tragen. Neben dem Umstand, dass Sie das Muster jederzeit anpassen, austauschen oder komplett entfernen können, haben Sie hier (im Gegensatz zum Füllwerkzeug) die Möglichkeit, die Größe des Musters anzupassen bzw. zu skalieren. Mehr Informationen sowie ein konkretes Beispiel zur Anwendung der Füllebene *Muster* finden Sie in Kapitel 26 »Muster erstellen und zuweisen«.

Abbildung 34.11:
Eine MUSTER-Füllebene
im Bedienfeld EBENEN.

Verlaufsumsetzung

Im Unterschied zur Füllebene *Verlauf* dient diese Füllebene zum Tonen (Einfärben von Bildern). Die linke Farbe des in der Verlaufsumsetzung dargestellten Verlaufsspektrums tont bzw. ersetzt die dunklen Tonwerte. Die auf der rechten Seite dargestellte Farbe bestimmt hingegen den Farbton der hellen Tonwerte. Die dazwischenliegenden Tonwerte des Bildes werden ebenfalls bzw. diesem Prinzip folgend zu dem in der Verlaufsumsetzung dargestellten Verlaufsspektrum getont. Mehr Informationen sowie ein konkretes Beispiel zur Anwendung finden Sie in Kapitel 24 »Schwarz-Weiß-Bilder erstellen«.

Fotofilter

Hier ist der Name Programm, denn die Funktion entspricht dem Prinzip eines auf das Objektiv einer Kamera aufgesetzten Filters. Im Dialogfenster der Funktion haben Sie über die Option *Filter* Zugriff auf eine Vielzahl vordefinierter Filter (Presets). Mehr Informationen sowie ein konkretes Beispiel zur Anwendung finden Sie in Kapitel 24 »Schwarz-Weiß-Bilder erstellen«.

Umkehren

Wenn Sie diese Füllebene anwenden, werden die Helligkeits- und Farbwerte der darunterliegenden Ebene(n) invertiert. Aus Schwarz wird somit Weiß und umgekehrt. Die Farben werden dabei in die jeweilige Komplementärfarbe gewandelt. Zusätzlich zum grafischen Einsatz können Sie den Filter auch zum Invertieren von Bildnegativen verwenden. Wenn Sie das mal ausprobieren möchten, aber gerade kein digitalisiertes S/W- oder Farbnegativ vorliegen haben, können Sie die Google-Bildersuche bemühen. Weitere Informationen sowie ein konkretes Beispiel zur Anwendung finden Sie in Kapitel 24 »Schwarz-Weiß-Bilder erstellen«.

Schwellenwert

Um extreme Bildkontraste zu erzielen, ist bei dieser Funktion Schwarz-Weiß-Denken angesagt. Das Dialogfenster der Füllebene zeigt Ihnen das Histogramm des Bildes (also eine grafische Darstellung der Tonwertverteilung). Unter dem Histogramm können Sie mit einem Schieberegler einen Schwellenwert festlegen. Dieser Helligkeitswert teilt die Pixel des Bildes in zwei Gruppen. Alle Bildpunkte, die heller als der Schwellenwert sind, werden weiß, und alle Bildpunkte, die dunkler als der von Ihnen festgelegte Schwellenwert sind, werden schwarz.

Tontrennung

Mithilfe der Tontrennung können Sie die Anzahl der im Bild verwendeten Farben reduzieren. Zudem zeichnet dieser Filter die im Bild vorhandenen Kanten mit schwarzer Farbe nach und betont diese. Weitere Informationen zu diesem Thema finden Sie ebenfalls in Kapitel 24.

Um die Inhalte verschiedener Ebenen miteinander zu kombinieren, können Sie neben der Ebenendeckkraft und der Ebenenmaskentechnik auch auf sogenannte Füllmethoden zurückgreifen.

35.1 Die Technik

Füllmethoden können im Bedienfeld *Ebenen* ❶ und in Verbindung mit vielen Mal- und Retuschewerkzeugen genutzt werden. Im letzteren Fall stellen Sie die entsprechende Füllmethode in der Optionsleiste des jeweils gewählten Werkzeugs ein.

Abbildung 35.1:
Das Bedienfeld EBENEN stellt eine Vielzahl von Füllmethoden zur Verfügung.

Hier nennt Photoshop Elements die Füllmethoden allerdings *Modus* ②. Die in dieser Erklärung verwendeten Begriffe bedürfen zunächst selbst einer Erklärung. Die bereits im Bild vorhandene Farbe in Form der verschiedenen farbigen Pixel wird als Grundfarbe bezeichnet. Mit einem Mal- bzw. Retuschewerkzeug können Sie auf diese Grundfarbe eine sogenannte Füllfarbe auftragen. Beide Farben können über die verschiedenen Füllmethoden aufeinander reagieren. Dabei werden die Farben von Photoshop Elements je nach gewählter Füllmethode auf unterschiedliche Weise miteinander verrechnet.

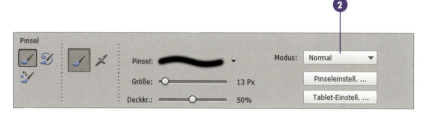

Abbildung 35.2: Bei der Verwendung eines Malwerkzeugs kann die gewünschte Füllmethode in der Optionsleiste des jeweils gewählten Malwerkzeugs bzw. im Menü MODUS gewählt werden.

Normal

Bei dieser Füllmethode üben die Pixel der verschiedenen Ebenen keinen Einfluss aufeinander aus. Hier gilt das klassische Sandwich-Prinzip. Die Pixel der jeweils höheren Ebene überlagern die Pixel der darunterliegenden Ebene vollständig.

Sprenkeln

Damit diese Füllmethode eine Auswirkung hat, muss die Ebene, bei der die Methode eingestellt wird, transparente Pixel enthalten. Wenn Sie die Transparenz mit dem Ebenendeckkraftregler der Ebene steuern, gilt das Prinzip, dass mit zunehmender Transparenz mehr Anteile der darunterliegenden Ebene sichtbar werden. Dabei wird die darunterliegende Ebene förmlich eingesprenkelt.

Abbildung 35.3: In nahezu transparenten Bereichen wird die darunterliegende Ebene eingesprenkelt – in Bereichen, die vollständig transparent sind, scheint die darunterliegende Ebene vollständig durch.

Sprenkeln_ Ebenenmaske.psd

Füllmethoden

Dieser Sprenkeleffekt funktioniert aber nur so lange, wie die Pixel nicht zu 100 % transparent sind, da ansonsten die darunterliegende Ebene zu 100 % sichtbar wird. Durch die Nutzung einer Ebenenmaske kann die Kontrolle über den entstehenden Effekt verbessert werden, indem in der Maske mittels eines Malwerkzeugs die Transparenz der Ebene definiert wird.

Abbildung 35.4:
Die Transparenz und damit die Effektwirkung lassen sich z. B. über eine Ebenenmaske steuern.

Abdunkeln

Bei diesem Effekt spielt Helligkeit eine wichtige Rolle. Die Methode ermittelt, an welchen Stellen auf der unteren Ebene dunkle Bildbereiche existieren. Diese Bildbereiche werden dann in der darüberliegenden Ebene sichtbar – allerdings nur dann, wenn die an der jeweiligen Stelle der darüberliegenden Ebene vorhandenen Bildpunkte heller sind als die der darunterliegenden Ebene. An Stellen, an denen die darunter- und die darüberliegende Ebene eine identische Helligkeit aufweisen, bleibt alles beim Alten.

Multiplizieren

Diese Methode sorgt ebenfalls für eine Abdunklung. Das Verfahren lässt sich mit dem Prinzip der subtraktiven Farbmischung vergleichen. Bei dieser Farbmischung ist die Mischfarbe immer dunkler als die Ausgangsfarben. Der Grad der Abdunklung lässt sich gut mit dem Deckkraftregler einstellen. Bei der Multiplikation mit Schwarz entsteht Schwarz. Multiplizieren Sie hingegen mit Weiß, tritt keine Veränderung ein, und die Farbinformation bleibt erhalten. Dieser Modus eignet sich zudem, um dunkle Strichzeichnungen und Unterschriften automatisch freizustellen.

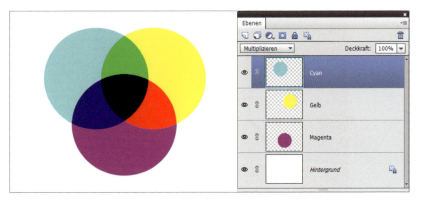

Abbildung 35.5:
Die Füllmethode basiert auf dem Prinzip der subtraktiven Farbmischung.

Weitere Informationen zum Thema Farbe finden Sie u. a. in Kapitel 5 »Grundlagen der digitalen Bildbearbeitung«.

Bild signieren

Abbildung 35.6:
Die gescannte
Unterschrift über
dem Bild anordnen.

Unterschrift.psd

Abbildung 35.7:
Die Unterschrift liegt
über dem Bild, und
die Füllmethode
MULTIPLIZIEREN wurde
eingestellt.

Abbildung 35.8:
Das signierte Bild.

Strichzeichnung freistellen und vor beliebigem Hintergrund anordnen

Die Strichzeichnung des Kolosseums wurde aus einem einfachen Foto hergestellt, indem diesem der Filter *Fotokopie* (*Filter/Zeichenfilter*) zugewiesen wurde. Dabei wurde zuvor als Vordergrundfarbe Schwarz und als Hintergrundfarbe Weiß eingestellt.

Abbildung 35.9:
S/W-Strichzeichnung.

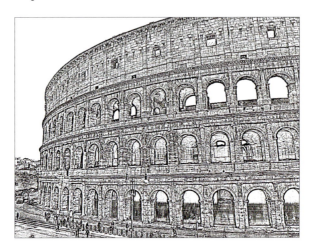

Abbildung 35.10:
Die Strichzeichnung
des Kolosseums liegt
über dem Farbverlauf.

Abbildung 35.11:
Der Modus MULTIPLIZIE-
REN *kombiniert auf*
einfache Weise die
S/W-Strichzeichnung
mit einem beliebigen
Hintergrund.

Farbig nachbelichten

Diese Methode nutzt die Helligkeit und Farbe der unteren Ebene, um beide Parameter der oberen Ebene anzupassen.

Abbildung 35.12:
Die weißen Bereiche der unteren Ebene bleiben im Bild erhalten.

**Farbig nachbe-
lichten.psd**

Abbildung 35.13:
Die Farbeigenschaften der unteren Ebene bestimmen die Gesamtwirkung.

Linear nachbelichten

Diese Füllmethode funktioniert ähnlich wie die Füllmethode *Farbig nachbelichten*. Hier wird in erster Linie die Helligkeit reduziert. Daher wird der Kontrast der unteren Ebene nicht so stark erhöht, was zur Folge hat, dass sich im Ergebnis die Konturen der unteren Ebene nicht so stark abzeichnen.

Dunklere Farbe

Ähnlich wie die Füllmethode *Abdunkeln* vergleicht diese Methode die Helligkeiten der unteren und der darüberliegenden Ebene. Als Ergebnis werden dann die Pixel mit der jeweils geringeren Helligkeit gezeigt.

In diesem Beispiel sind das die Pixel der historischen Karte. Letztere sind deutlich dunkler als die Pixel des sehr hellen Himmels.

Abbildung 35.15:
Für die obere Ebene
die Füllmethode
DUNKLERE FARBE wählen.

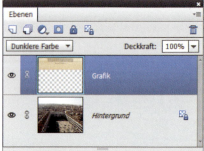

Abbildung 35.16:
Da der Himmel heller
als die historische
Grafik ist, werden in
diesem Bereich die
Pixel der Grafik
gezeigt.

Aufhellen

Die Bezeichnungen der beiden Füllmethoden *Abdunkeln* und *Aufhellen* verraten, dass hier eine gegensätzliche Reaktion zu erwarten ist. Die Methode *Aufhellen* ermittelt die hellen Stellen auf der darüberliegenden Ebene und vergleicht diese mit den Helligkeitswerten der darunterliegenden Ebene.

Dort, wo die darüberliegende Ebene heller ist, bleibt diese sichtbar. An den Stellen, an denen sie dunkler ist, werden die Bildpunkte der darunterliegenden Ebene verwendet.

Negativ multiplizieren

Wenn Sie diese Füllmethode wählen, entstehen stets hellere Farben. Die Füllmethode reagiert wie die additive Farbmischung, bei der die Mischfarbe immer heller ist als die Ausgangsfarben. Der Grad der Aufhellung lässt sich gut mit dem Deckkraftregler einstellen.

Bei der negativen Multiplikation mit Weiß entsteht Weiß. Multiplizieren Sie hingegen mit Schwarz, tritt keine Veränderung ein, und die Farbinformation bleibt erhalten.

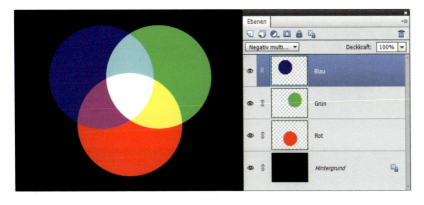

Abbildung 35.17: Die Füllmethode basiert auf dem Prinzip der additiven Farbmischung.

Mehr Informationen zum Thema Farbe finden Sie u. a. in Kapitel 5 »Grundlagen der digitalen Bildbearbeitung«.

Bild aufhellen

Die Füllmethode *Negativ multiplizieren* eignet sich auch zum schnellen Aufhellen von zu dunkel geratenen Bildern bzw. Ebenen. Dazu wird die aufzuhellende Ebene dupliziert. Für die obere der beiden Ebenen wird die Füllmethode *Negativ multiplizieren* eingestellt. Mit dem Deckkraftregler dieser Ebene kann dann der Grad der Aufhellung gesteuert werden.

Füllmethoden

Abbildung 35.18:
Original.

Aufhellen_Nega-
tiv_Multiplizieren.psd

Abbildung 35.19:
Über die Deckkraft
der oberen Ebene
kann die Aufhellung
gesteuert werden.

Abbildung 35.20:
Aufgehelltes Bild.

Farbig abwedeln

Der Begriff *Abwedeln* entstammt der analogen Laborfotografie. Durch das *Abwedeln* (im Strahlengang des Belichters) wurde die Belichtung des Papierabzugs reduziert. Das weiße Fotopapier wurde auf diese Weise nicht so stark geschwärzt bzw. farbig und erschien heller.

Scheinwerfer.psd

So in etwa funktioniert auch dieser Füllmodus. Die resultierenden Farben gewinnen an Helligkeit. In diesem Beispiel wurde so ein Scheinwerfer eingeschaltet. Damit sich der Modus nicht auf den Hintergrund auswirkt, wurde dieser aus der zweiten bzw. oberen Ebene entfernt.

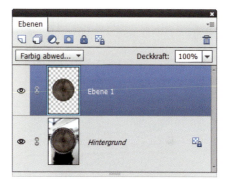

Abbildung 35.21:
Eine Kopie des
Scheinwerferglases
liegt über dem
Gesamtbild.

Abbildung 35.22:
Füllmethode Normal.

Abbildung 35.23:
Farbig abwedeln.

Linear abwedeln

Entspricht vom Prinzip her der Füllmethode *Farbig abwedeln*. Der kleine, aber feine Unterschied besteht darin, dass die Helligkeit deutlicher zunimmt. Daher strahlt der Scheinwerfer entsprechend heller.

Abbildung 35.24:
Füllmethode LINEAR
ABWEDELN.

Hellere Farbe

Dabei handelt es sich um das Gegenstück zur Füllmethode *Dunklere Farbe*. Auch hier werden die Helligkeiten der unteren und der darüberliegenden Ebene miteinander verglichen. Als Ergebnis werden dann allerdings die Pixel mit dem jeweils höheren Helligkeitswert gezeigt.

Ineinanderkopieren

Die Inhalte der Ebene, bei der dieser Füllmodus eingestellt wird, orientieren sich an den Farbwerten der darunterliegenden Ebene. Dieser Füllmodus wird auch beim Nachschärfen von Bildern eingesetzt.

Abbildung 35.25:
Füllmethode
Ineinanderkopieren.

Ineinander-
kopieren.psd

Abbildung 35.26:
Ineinanderkopieren
angewandt.

Dazu wird die Ebene des nachzuschärfenden Bildes dupliziert und dieser Ebene der Filter *Hochpass* zugewiesen. Mit dem Filter lassen sich die nachzuschärfenden Konturen herausarbeiten. Um die Konturen mit dem Originalbild zu verschmelzen, kann die Füllmethode *Ineinanderkopieren* verwendet werden. Ein Beispiel zur Anwendung dieser Füllmethode finden Sie in Kapitel 15 »Schärfe steuern« im dortigen Abschnitt »Hochpass-Filter nutzen«.

Weiches Licht

Die Pixel der darunterliegenden Ebene werden sichtbar, aber in den Farbtönen der darüberliegenden Ebene dargestellt.

Abbildung 35.27:
Verdeck und Reifen
sind zu grau.

**Verdeck- und
Reifenfarbe
auffrischen.psd**

Ist die Farbe der darüberliegenden Ebene dunkler als 50-prozentiges Grau, wird das Bild ebenfalls dunkler. Ist die Farbe der darüberliegenden Ebene hingegen heller als 50-prozentiges Grau, wird das Bild heller. Bei zwei identischen Ebenen ergibt sich daher in der Regel eine Verbesserung des Kontrasts. Beim Nachschärfen von Bildern kann diese Füllmethode zudem als Alternative zur Füllmethode *Ineinanderkopieren* verwendet werden.

Abbildung 35.28:
Beide Bereiche wurden
ausgewählt und
entsprechende Ebenen-
masken erstellt – der
Ebeneninhalt wurde
jeweils mit Schwarz
gefüllt.

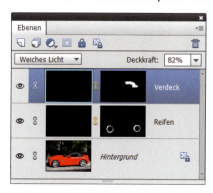

TIPP ➲

Mehr Informationen zu Ebenenmasken finden Sie in Kapitel 33 »Schnitt- und Ebenenmasken«.

Abbildung 35.29:
Verdeck und Reifen
erscheinen jetzt im
gewünschten Schwarz.

Hartes Licht

Die darunterliegende Ebene wird sichtbar und dabei teilweise in den Farbtönen der darüberliegenden Ebene dargestellt. Sind die Farben der darüberliegenden Ebene dunkler als 50-prozentiges Grau, wird das Bild abgedunkelt. Ist die Farbe der darüberliegenden Ebene hingegen heller als 50-prozentiges Grau, wird das Bild aufgehellt.

Strahlendes Licht

Die darunterliegende Ebene wird sichtbar. Die Farbstimmung orientiert sich dabei an den Farbwerten der darüberliegenden Ebene. Die Füllmethode verringert oder erhöht den Kontrast durch Abwedeln oder Nachbelichten in Abhängigkeit von den Farbwerten der darüberliegenden Ebene. Auf diese Weise wird die Bildhelligkeit indirekt verändert. Diese Ebene fungiert dabei praktisch als Lichtquelle, die die darunterliegende Ebene beleuchtet. Sind die Farben der darüberliegenden Ebene heller als 50-prozentiges Grau, wird die Mischung der beiden Ebenen aufgehellt. Ist die Farbe der darüberliegenden Ebene hingegen dunkler als 50-prozentiges Grau, wird die Mischung abgedunkelt. Komplett weiße oder schwarze Bereiche auf der darüberliegenden Ebene bleiben erhalten und werden in keiner Weise durch die darunterliegende Ebene verändert.

Lineares Licht

Funktioniert ähnlich wie *Strahlendes Licht*. Ob das Bild heller oder dunkler wird, hängt wie bei der Methode *Strahlendes Licht* in gleicher Weise von den Helligkeitswerten der darüberliegenden Ebene ab. Allerdings fällt die entstehende Kontrastwirkung bei diesem Modus intensiver aus.

Abbildung 35.30: Die beiden Komponenten im Bedienfeld Ebenen.

Lineares Licht.psd

Abbildung 35.31: Die obere der beiden Ebenen zeigt im Hintergrund die venezianische Kirche Santa Maria della Salute.

Abbildung 35.32:
Die Gedenktafel
erinnert daran, dass
der Komponist Richard
Wagner in Venedig
bzw. in diesem Haus
verstarb.

Abbildung 35.32:
Die Gedenktafel
erinnert daran, dass
der Komponist Richard
Wagner in Venedig
bzw. in diesem Haus
verstarb.

Abbildung 35.33:
Götterdämmerung mit
dem Füllmodus
LINEARES LICHT.

Lichtpunkte

Ist die Farbe der darüberliegenden Ebene heller als 50-prozentiges Grau, werden Pixel, die dunkler als diese Farbwerte sind, ersetzt. Bildpunkte, die heller als die Farbwerte in der darüberliegenden Ebene sind, werden nicht verändert. Wenn Pixel in der darüberliegenden Ebene dunkler als 50-prozentiges Grau sind, werden Bildpunkte, die heller als diese Farbwerte sind, ersetzt. Pixel, die dunkler als die Farbwerte in der darüberliegenden Ebene sind, werden nicht verändert.

Harte Mischung

Diese Füllmethode reduziert die Anzahl der Farben, indem nur noch reine additive (Rot, Grün, Blau) oder subtraktive Grundfarben (Cyan, Magenta, Gelb) zugelassen werden. Neben der Mischung verschiedener Motive können Sie mit dieser Füllmethode sehr gut zwei identische Ebenen mischen. Farbenfrohes Ausgangsmaterial sorgt hier für entsprechend knackige Ergebnisse. Sie erhalten so sehr schnell einen Effekt, der an die Wirkung des Anpassungsfilters *Tontrennung* erinnert bzw. dieser zum Teil entspricht.

Harte Mischung.psd

Abbildung 35.34:
Mit dieser Füllmethode lassen sich besonders gut zwei identische Ebenen mischen.

Abbildung 35.35:
Füllmethode HARTE MISCHUNG.

Differenz

Diese Methode orientiert sich ebenfalls an den Helligkeitswerten der darüberliegenden und der darunterliegenden Ebene. Photoshop Elements subtrahiert die Farbtöne mit den niedrigen Helligkeitswerten von den Farbwerten mit den höheren Helligkeitswerten. Weiße Bereiche in der darüberliegenden Ebene kehren die Farbe in der darunterliegenden Ebene um. Schwarze Bereiche hingegen sorgen dafür, dass die Bildpixel der unteren Ebene ohne Änderung sichtbar werden. Wie der Name schon sagt, können bei nahezu gleichen Bildern einer Bildserie sehr schnell die Unterschiede aufgespürt oder gleiche Bildbereiche deckungsgleich übereinander positioniert werden.

Abbildung 35.36:
Füllmethode NORMAL.

Differenz.psd

Abbildung 35.37:
Die Konstellation im
Bedienfeld EBENEN.

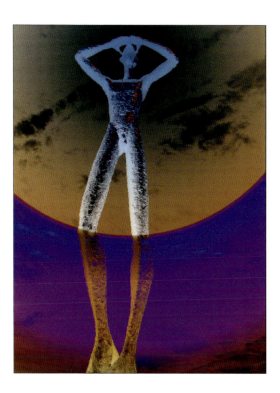

Abbildung 35.38:
Füllmethode DIFFERENZ.

Ausschluss

Diese Füllmethode reagiert ähnlich wie die zuvor beschriebene Methode *Dif-ferenz*. Das Ergebnis fällt allerdings kontrastärmer bzw. weicher aus.

Farbton

Die Pixel erhalten jeweils den Farbton der oberen Ebene. Sättigung und Lumi-nanz (Bildhelligkeit) beziehen die Bildpunkte allerdings aus der darunterliegen-den Ebene.

Augenfarbe ändern

Zur Anpassung der Augenfarbe gibt es verschiedene Techniken bzw. Herange-hensweisen. Bei der hier vorgestellten Technik wurden dazu auf einer neuen Ebene je zwei Auswahlen in Form der Iris erstellt (z. B. mit der Auswahlellipse) und dann mit der gewünschten Farbe gefüllt.

Je nachdem, welche Fülloption Sie wählen, fällt das Ergebnis mehr oder weni-ger kräftig aus. Zudem haben Sie die Möglichkeit, die Gesamtwirkung durch die Ebenendeckkraft der »neuen« Augenfarbe zu steuern.

Füllmethoden

Abbildung 35.39:
Original.

Blaue_Augen.psd

Abbildung 35.40:
Die »blauen Augen«
liegen in Form zweier
blauer Flächen über
dem Originalbild.

Abbildung 35.41:
Füllmethode NORMAL.

Abbildung 35.42:
Füllmethode FARBTON.

Farbe

Bei dieser Füllmethode werden die Luminanz der unteren Ebene und Sättigung und Farbton der oberen Ebene entnommen. Um die Wirkung nicht zu künstlich erscheinen zu lassen, empfiehlt sich eine entsprechende Reduzierung der Ebenendeckkraft (in diesem Beispiel auf 50 %).

Blaue_Augen.psd

Abbildung 35.43: Füllmethode FARBE – Wirkung bei 100 % Deckkraft.

Abbildung 35.44: Füllmethode FARBE – Wirkung bei 50 % Deckkraft.

Sättigung

Diese Füllmethode funktioniert ähnlich wie die Füllmethode *Farbton*. Der Unterschied besteht darin, dass bei dieser Methode die Pixel mit Sättigung der oberen Ebene ausgestattet werden und Farbton und Luminanz aus der unteren beziehen.

Luminanz

Diese Füllmethode verwendet Farbton und Sättigung aus der unteren Ebene und die Luminanz (Helligkeit) aus der oberen Ebene. Da die Helligkeit der oberen Ebene bestehen bleibt, werden weiße Bereiche (hier der Himmel) und tiefschwarze Stellen nicht verändert.

Die Farbe stammt in diesem hier gezeigten Beispiel von einer im Bedienfeld *Ebenen* erzeugten Farbfläche.

Abbildung 35.45:
Obere Ebene.

Luminanz.psd

Abbildung 35.46:
Füllmethode LUMINANZ.

Abbildung 35.47:
Ergebnis.

35.2 Füllmethode direkt bei der Werkzeuganwendung nutzen

Wie zu Beginn des Kapitels bereits erläutert, können Sie die Füllmethoden auch in Verbindung mit vielen Mal- und Retuschewerkzeugen nutzen. Diese stellen die Füllmethoden in ihren Werkzeugoptionen (*Modus*) zur Verfügung. Diese Technik wird Ihnen im Folgenden am Beispiel des Musterstempels ⧄ erläutert.

Mehr Informationen zum Musterstempel finden Sie in Kapitel 26 »Muster erstellen und zuweisen«.

Abbildung 35.48:
Original.

Musterflash.jpg

1. Wählen Sie zunächst den Musterstempel 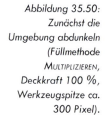 aus **1**.

2. Mit einem Klick auf den Pfeil neben der Musteranzeige **2** können Sie sich die aktuell verfügbaren Muster anzeigen lassen.

3. Wählen Sie in diesem Fall das Muster *Nebel* **3**.

4. Legen Sie dann die gewünschte Pinselform **4** (weich, rund) und »Stempelgröße« **5** fest.

5. Stellen Sie zunächst die Füllmethode *Multiplizieren* **6** ein.

6. Stellen Sie sicher, dass aktuell eine Deckkraft **7** von *100 %* eingestellt ist.

Mit der Deckkraft können Sie den Grad der Transparenz festlegen. Bei einer Einstellung von 50 % werden die bisherigen Inhalte lediglich zu 50 % überlagert und scheinen somit noch zu 50 % durch das Muster hindurch.

7. Aktivieren Sie das Kontrollfeld *Impress.* **8**.

Letzteres sorgt dafür, dass das Muster verfremdet bzw. klecksartig aufgetragen wird.

Abbildung 35.49:
Werkzeugoptionen
des Musterstempels.

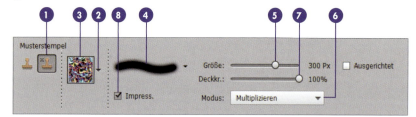

8. Übermalen Sie den Hintergrund.

Dieser wird somit abgedunkelt. Durch die Abdunklung wurde im nächsten Arbeitsschritt (Aufhellen) etwas mehr Spielraum erreicht, da diese Bereiche ansonsten sehr schnell zu hell werden.

Abbildung 35.50:
Zunächst die
Umgebung abdunkeln
(Füllmethode
MULTIPLIZIEREN,
Deckkraft 100 %,
Werkzeugspitze ca.
300 Pixel).

9. Ändern Sie die Füllmethode auf *Linear abwedeln*, und reduzieren Sie die Deckkraft auf rund 60 %.

10. Übermalen Sie die zuvor abgedunkelten Bereiche.

Abbildung 35.51:
Abschließend den Hintergrund aufhellen (Füllmethode LINEAR ABWEDELN, *Deckkraft* 68 %, Werkzeugspitze ca. 300 Pixel).

36 Formgrafiken

Clipart-Grafiken sind wohl die prominentesten Vertreter dieses Grafiktyps. Vom witzigen Eyecatcher bis hin zu Blumen-, Tier- oder Autosymbolen – das Angebot ist riesig. Zum Lieferumfang von Photoshop Elements gehört zwar nur eine halbwegs überschaubare Anzahl dieser Grafiken. Im Internet ist die Vielfalt bzw. das Angebot an Downloads jedoch umso größer. Darüber hinaus können Sie solche Grafiken auch selbst kreieren. Dazu stellt das Programm diverse Formwerkzeuge bereit.

36.1 Formwerkzeuge

Damit können Sie vektorbasierte Formen erstellen. Diese vektorbasierten Formen haben den Vorteil, dass sie ohne Qualitätsverlust verkleinert oder vergrößert werden können. Die so erstellten Formen lassen sich daher wahlweise in Miniaturgröße oder für die Gestaltung eines Posters verwenden. In jedem Fall sind die Formen auch nach dem Skalieren zu 100 % scharf. Neben geometrischen Grundformen wie Linie, Rechteck und Ellipse finden Sie hier eine Sammlung einfacher Vektorgrafiken. Auf diese Sammlung können Sie mithilfe des Eigene-Form-Werkzeugs 🧩 zurückgreifen.

Tabelle 36.1: Übersicht Formwerkzeuge/Werkzeugoptionen.

❶	Eigene-Form-Werkzeug	Stellt eine Vielzahl vordefinierter Formen zur Verfügung und erlaubt zudem den Zugriff auf aus dem Internet heruntergeladene Formgrafiken.
❷	Rechteck-Werkzeug	Erstellt jeweils eine dem Werkzeugnamen entsprechende Form.
❸	Abgerundetes-Rechteck-Werkzeug	
❹	Ellipse-Werkzeug	
❺	Polygon-Werkzeug	
❻	Stern-Werkzeug	
❼	Linienzeichner	

8	Formauswahl-Werkzeug	Damit können bereits erstellte Formen ausgewählt werden.
9	Auswahlliste für eigene Formen	Wird nur bei aktivem Eigene-Form-Werkzeug angezeigt. Stellt vordefinierte Formen zur Verfügung.
10	Werkzeugoptionen	Hier können Sie u. a. die gewünschte Farbe, Stile (Effekte) und einige Konstruktionsoptionen einstellen. Die hier dargestellten Funktionen hängen zum Teil vom gewählten Formwerkzeug ab.

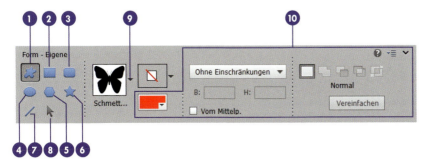

Abbildung 36.1: Formwerkzeuge und Werkzeugoptionen.

36.2 Form erstellen

Das Prinzip der Formerstellung ist ganz einfach und folgt dem in diesem Abschnitt erläuterten Ablauf. Einige Funktionen stehen nur im Zusammenhang mit der jeweils verwendeten Formvariante zur Verfügung. Die Arbeit mit dem Eigene-Form-Werkzeug 🧩 erläutere ich zudem gesondert.

1. Wählen Sie das gewünschte Formwerkzeug.

Die Formwerkzeuge teilen sich ein gemeinsames »Fach« im Werkzeugbedienfeld. Daher kann es vorkommen, dass das von Ihnen gewünschte Formwerkzeug aktuell nicht angezeigt wird. Drücken Sie in diesem Fall so oft die Taste Ⓤ, bis das gewünschte Formwerkzeug im Werkzeugbedienfeld angezeigt wird bzw. ausgewählt ist. Anschließend können Sie die notwendigen Einstellungen in der Werkzeugoptionsleiste vornehmen. Alternativ dazu können Sie auch lediglich einmal die Taste Ⓤ drücken, um so das aktuell im Werkzeugbedienfeld dargestellte Formwerkzeug zu aktivieren. Die Auswahl des eigentlich von Ihnen gewünschten Formwerkzeugs können Sie anschließend im an der Unterseite des Programms dargestellten Bedienfeld *Werkzeugoptionen* vornehmen **11**.

Abbildung 36.2: Das jeweilige Werkzeug und die gewünschte Farbe wählen.

2. Legen Sie die gewünschte Farbe **12** fest.
3. Weisen Sie (bei Bedarf) der Formgrafik über die Drop-down-Liste einen oder mehrere Effekte (z. B. Schlagschatten oder Kontur) zu **13**.
4. Stellen Sie die der Formvariante (Ellipse, Stern etc.) entsprechenden Optionen ein.
5. Bestimmen Sie nun noch, wie sich die Formgrafik im Wechselspiel mit bereits gezeichneten Formgrafiken verhalten soll (in den meisten Fällen werden Sie hier wahrscheinlich nichts ändern wollen).

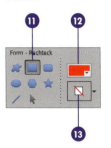

Kapitel 36

Formgrafiken

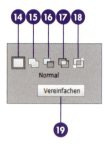

Hier stehen fünf verschiedene Modi (*Normal, Addieren, Subtrahieren, Schnittlinie* und *Ausschließen*) zur Verfügung). Die Bedeutung dieser Optionen entnehmen Sie der Übersicht bzw. den vier Beispielgrafiken.

14	Normal	Legt die zu erstellende Formgrafik auf einer separaten Ebene (Formebene) ab.
15	Addieren	Nur von Bedeutung, wenn Sie zuvor eine andere Formgrafik erstellt haben. In diesem Fall wird die zu erstellende Formgrafik auf der gleichen Ebene platziert. Wenn sich die beiden Formgrafiken überlappen, werden diese entsprechend vereinigt.
16	Subtrahieren	Nur von Bedeutung, wenn Sie zuvor eine andere Formgrafik erstellt haben. In diesem Fall wird die zu erstellende Formgrafik auf der gleichen Ebene platziert. Wenn sich die beiden Formgrafiken überlappen, wird die neue Formgrafik von der »alten« Formgrafik »abgezogen« bzw. subtrahiert.
17	Schnittlinie	Nur von Bedeutung, wenn Sie zuvor eine andere Formgrafik erstellt haben. In diesem Fall wird die zu erstellende Formgrafik auf der gleichen Ebene platziert. Wenn sich die beiden Formgrafiken überlappen, bleibt als Ergebnis die Schnittmenge zwischen alter und neuer Formebene übrig.
18	Ausschließen	Nur von Bedeutung, wenn Sie zuvor eine andere Formgrafik erstellt haben. In diesem Fall wird die zu erstellende Formgrafik auf der gleichen Ebene platziert. Wenn sich die beiden Formgrafiken überlappen, wird als Ergebnis die Schnittmenge zwischen alter und neuer Formebene unsichtbar, und die anderen Teile der beiden Formgrafiken bleiben erhalten.

Tabelle 36.2:
Optionen zur
Kombination von
Formgrafiken.

TIPP➲ Mit der Schaltfläche *Vereinfachen* **19** können Sie die aktuelle Formgrafik (Vektorgrafik) in eine Pixelgrafik wandeln (Rastern). Diese Möglichkeit steht aber auch im Kontextmenü (Rechtsklick) der jeweiligen Ebene in Form des Befehls *Vereinfachen* zur Verfügung.

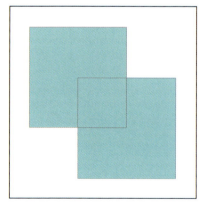

Abbildung 36.4:
Addieren.

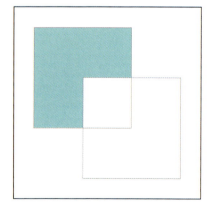

Abbildung 36.5:
Subtrahieren.

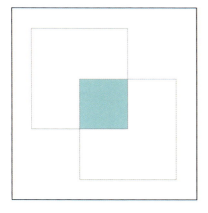

Abbildung 36.6:
Schnittlinie.

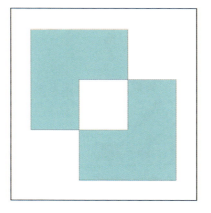

Abbildung 36.7:
Ausschließen.

36.3   Vorgefertigte Grafiken nutzen

Das Eigene-Form-Werkzeug **1** gestattet den Zugriff **2** auf eine Sammlung einfacher Vektorgrafiken, die in verschiedenen Rubriken **3** bereitgestellt werden.

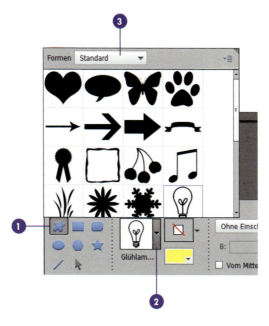

Abbildung 36.8:
Zugriff auf die Sammlung vorgefertigter Grafiken.

Die Formen der Rubriken *Objekte* und *Natur* sehen Sie hier. Diese von Adobe bereitgestellten Grafiken sind ganz nett, aber sehr weit kommt man damit nicht.

Abbildung 36.9:
Rubrik OBJEKTE.

Abbildung 36.10:
Rubrik NATUR.

Download

Viel interessanter ist der Download entsprechender Formen (z. B. von www.
brusheezy.com). Diese werden einfach in das Photoshop-Elements-Verzeichnis
Custom Shapes kopiert und stehen dann nach einem Neustart des Programms
zur Verfügung. Die genauen Pfadangaben für dieses Verzeichnis habe ich Ihnen im Folgenden für Windows 10 und macOS aufgeführt.

Windows 10: *C:\Program Files\Adobe\Photoshop Elements 15\Presets\Custom
Shapes*

macOS: *Programme\Photoshop Elements 15\Support Files\Presets\custom shapes*

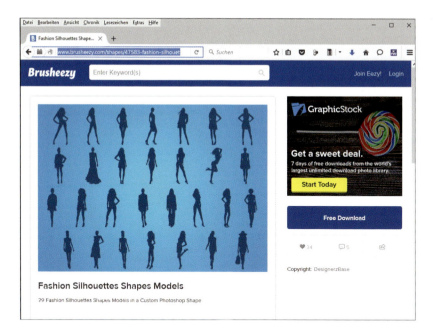

Abbildung 36.11:
Download von www.
brusheezy.com.

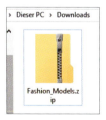

Abbildung 36.12:
Die Daten kommen als gepackte
ZIP-Datei daher.

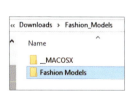

Abbildung 36.13:
Nach dem Entpacken.

Abbildung 36.14:
Verzeichnisinhalt.

Übernahme in das entsprechende Photoshop-Elements-Verzeichnis

Kopien Sie die CSH-Datei (in diesem Beispiel war das die Datei *Fashion-Models.csh*) in das Photoshop-Elements-Verzeichnis *Custom Shapes* (die genaue Pfadangabe finden Sie am Anfang dieses Abschnitts). Einen eventuell erscheinenden Windows-Dialog können Sie einfach mit einem Klick auf *Fortsetzen* schließen.

Abbildung 36.15:
Die jeweilige
CSH-Datei (hier
Fashion-Models.csh) in
das Photoshop-
Elements-Verzeichnis
CUSTOM SHAPES
kopieren.

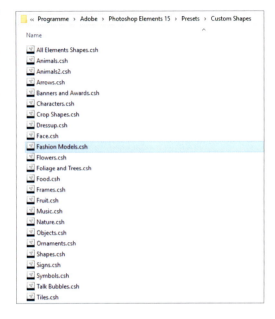

Abbildung 36.15:
Die jeweilige
CSH-Datei (hier
Fashion-Models.csh) in
das Photoshop-
Elements-Verzeichnis
CUSTOM SHAPES
kopieren.

Zugriff auf die neuen Grafiken

1. Starten Sie jetzt Photoshop Elements neu, und wählen Sie anschließend das Eigene-Form-Werkzeug 🧩 aus.

2. Öffnen Sie in den Werkzeugoptionen das Fly-out-Menü, und wählen Sie hier die entsprechende Rubrik (entspricht dem Dateinamen der zuvor kopierten CSH-Datei).

3. Wählen Sie die gewünschte Form aus.

4. Legen Sie die gewünschte Farbe und alle anderen (gewünschten) Optionen fest.

5. Ziehen Sie die Form auf.

Abbildung 36.16:
Nach dem Neustart
werden die herunter-
geladenen Formen als
eigenständige Rubrik
gelistet.

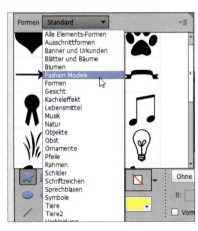

Wie üblich können Sie dabei mit der Taste ⬆ die Grafik proportional bzw. unverzerrt erstellen. Alternativ können Sie in den Optionen auch *Festgelegte Proportionen* auswählen.

Abbildung 36.17:
Nach Auswahl der Rubrik werden deren Inhalte angezeigt bzw. zur Verfügung gestellt.

Abbildung 36.18:
Drei der heruntergeladenen Formen.

37 Fotocollagen mit wenigen Klicks erstellen

Um eigene Fotocollagen zu gestalten, stehen Ihnen in Photoshop Elements verschiedene Möglichkeiten zur Verfügung. In diesem Kapitel stelle ich Ihnen zwei schnelle Verfahren vor, mit denen auch ungeübte Photoshop-Elements-Nutzer mit wenigen Klicks tolle Ergebnisse erzielen.

37.1 Einzelnes Foto mit Bilderrahmen und Hintergrundgrafik ausstatten

Das Bedienfeld *Grafiken* stellt eine Vielzahl von Rahmen, diverse Hintergründe, Grafiken und Formen sowie gestalteten Text zur Verfügung. Diese Inhalte können Sie einfach per Doppelklick oder per Drag-and-drop zuweisen bzw. aufrufen. Wenn Sie dabei einen Rahmen zuweisen, werden alle Elemente außerhalb des Rahmens automatisch transparent, und stattdessen erscheint dort der Inhalt der darunterliegenden Ebene(n) bzw. des Hintergrunds.

Abbildung 37.1:
Original.

Muttertag.jpg

1. Öffnen Sie das Bild *Muttertag.jpg.*
2. Stellen Sie sicher, dass das Bedienfeld *Grafiken* angezeigt wird (*Fenster/ Grafiken*).
3. Lassen Sie sich im Bedienfeld *Grafiken* die *Rahmen* ❶ anzeigen.

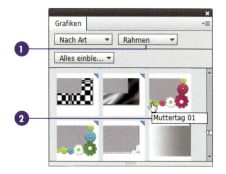

*Abbildung 37.2:
Der in diesem Beispiel
verwendete Rahmen.*

4. Wählen Sie einen passenden Rahmen per Doppelklick aus (ich habe in diesem Beispiel den Rahmen *Muttertag 01* ❷ gewählt).

Daraufhin erscheint der Rahmen ❸ im Bild. Alle Elemente außerhalb des Rahmens werden dabei automatisch transparent ❹. Da die Datei aus lediglich einer Ebene besteht, ist zurzeit noch kein Hintergrund sichtbar. In diesem Fall passt der im Rahmen platzierte Inhalt auf Anhieb. Wenn das bei einem Ihrer Bilder nicht der Fall sein sollte, können Sie die Größe des Bildausschnitts mittels des Schiebereglers ❺ anpassen. Indem Sie in den Rahmen klicken, können Sie mit gedrückter Maustaste den angezeigten Bildausschnitt ❻ anpassen bzw. verschieben.

*Abbildung 37.3:
Mit dem Schieberegler
kann der Bildausschnitt
gesteuert werden.*

5. Wenn Sie mithilfe des Schiebereglers ❺ den angezeigten Bildausschnitt angepasst haben, klicken Sie abschließend auf das grüne Häkchen ❼, um die Anpassung zu übernehmen. Haben Sie keine Veränderung durchgeführt, erscheint auch kein grünes Häkchen. Sie können dann einfach mit dem nächsten Arbeitsschritt weitermachen.

Rahmengröße und Form an Foto anpassen

Sie können die Rahmengröße mit wenigen Klicks vergrößern oder verkleinern. Da das Seitenverhältnis des Rahmens dabei an die Form des Fotos angepasst wird, kann es allerdings zu unschönen Verzerrungen der Rahmenproportionen kommen.

Wenn Sie z. B. einen runden Rahmen an ein rechteckiges Bild anpassen, wird der Rahmen entsprechend oval.

1. Wählen Sie im Kontextmenü des Bildes den Befehl *Foto in Rahmen positionieren*.

2. Bringen Sie mit dem Schieberegler oder über die Eckpunkte den dünnen Rahmen auf die gewünschte Bildgröße.

3. Klicken Sie abschließend auf das grüne Häkchen, um die Anpassung zu übernehmen.

4. Wählen Sie im Kontextmenü des Bildes den Befehl *Rahmen an Foto anpassen*.

Hintergrund auswählen und zuweisen

1. Beschränken Sie die Darstellung im Bedienfeld *Grafiken* auf *Hintergründe* ❽.

2. Wählen Sie eine Hintergrundgrafik per Doppelklick aus (in diesem Beispiel habe ich den Hintergrund *Blumenformen,lila* ❾ gewählt).

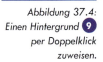
Abbildung 37.4:
Einen Hintergrund ❾
per Doppelklick
zuweisen.

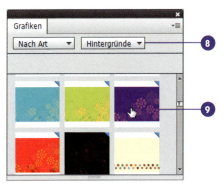

Der so zugewiesene Hintergrund ist nun ein Bestandteil der Collage. Das Bedienfeld *Ebenen* zeigt, dass Photoshop Elements die Hintergrundgrafik automatisch als Hintergrundebene ❿ bzw. unterhalb der anderen Ebene angelegt hat. Wenn Sie nichts mehr an der Collage verändern möchten, können Sie Ihre Arbeit nun mit dem Befehl *Ebene/Auf Hintergrundebene reduzieren* abschließen.

Abbildung 37.5:
Die fertige Collage.

Abbildung 37.6:
Der Ebenenaufbau
der Collage.

37.2   Mehrere Bilder zu einer Collage verarbeiten

Sie wählen zuvor die gewünschten Bilder im Projektbereich des Editors oder im Organizer aus und weisen den Bildern entweder ein zufälliges oder ein von Ihnen ausgewähltes Layout zu. Photoshop Elements montiert dann die Bilder in das Layout. Anschließend ist hier und da etwas Handarbeit notwendig, um die verwendeten Bilder zu verkleinern und in die Schablonen einzupassen.

1. Wählen Sie die betreffenden Bilder im Editor ❶ oder im Organizer aus.

Abbildung 37.7:
Die entsprechenden
Bilder auswählen und
auf ERSTELLEN und
FOTOCOLLAGE klicken.

Maedchen_1.jpg,
Maedchen_2.jpg,
Maedchen_3.jpg

2. Klicken Sie rechts oben auf *Erstellen* ❷ und anschließend auf *Fotocollage* ❸.

3. Wählen Sie im nächsten Fenster die gewünschte Größe der Fotocollage ❹, und verlassen Sie das Fenster über die OK-Schaltfläche ❺.

Abbildung 37.8:
Photoshop Elements
bietet Fotocollagen in
drei Größen an.

Anschließend erscheint eine erste Fassung der Collage. Für die weitere Bearbeitung ist es sinnvoll, die Collage so groß wie möglich **6** darzustellen.

4. Wählen Sie im Werkzeugbedienfeld **7** das Zoom-Werkzeug Q .
5. Klicken Sie anschließend unten in der Werkzeugoptionsleiste auf die Schaltfläche *Einpassen* **8**.

Abbildung 37.9:
Zunächst die
größtmögliche
Darstellung für die
Fotocollage wählen.

6. Klicken Sie rechts unten auf die Schaltfläche *Layouts* **9**.

Daraufhin bietet Ihnen das Programm verschiedene Layout-Varianten **10** an, die sich durch die Anzahl der verwendeten Bilder und durch deren Anordnung unterscheiden.

7. Doppelklicken Sie auf die von Ihnen gewünschte Layout-Variante **10** (ich habe in diesem Beispiel die rechte Layout-Variante *Drei Fotos* verwendet).

Abbildung 37.10:
Die gewählte
Layout-Variante führt
zunächst zu diesem
Ergebnis.

8. Wählen Sie im Werkzeugbedienfeld das Verschieben-Werkzeug ⊹ aus ⑪.

9. Klicken Sie mit der rechten Maustaste auf das anzupassende Bild, und wählen Sie im Kontextmenü den Befehl *Foto in Rahmen positionieren* ⑫ aus.

Bildgröße steuern

Bei einigen der angebotenen Layouts sind die einzelnen Collagenbilder gleich groß. Sie können die Bildgröße jedoch mit wenigen Klicks vergrößern oder verkleinern.

1. Wählen Sie im Kontextmenü des Bildes den Befehl *Foto in Rahmen positionieren* ⑫.

Abbildung 37.11:
Im Kontextmenü des
Bildes den Befehl Foto
in Rahmen positionie-
ren auswählen.

2. Bringen Sie mit dem Schieberegler **13** oder über die Eckpunkte **14** den dünnen Rahmen **15** auf die gewünschte Bildgröße.

3. Klicken Sie abschließend auf das grüne Häkchen, um die Anpassung zu übernehmen.

4. Wählen Sie im Kontextmenü des Bildes den Befehl *Rahmen an Foto anpassen* **16**.

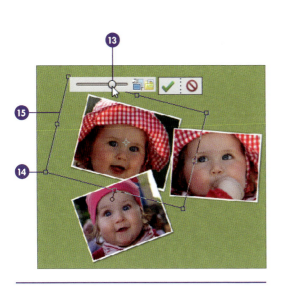

Abbildung 37.12:
Der Rahmen zeigt die Abmessungen des Bildes.

Abbildung 37.13:
Mit dem Befehl RAHMEN AN FOTO ANPASSEN lässt sich die Größe einzelner Collagenbilder steuern.

Abbildung 37.14:
Das vergrößerte Bild.

Hintergrund anpassen

Voreingestellt wird das hier gewählte Layout mit einem grünen Hintergrund ausgestattet. Wenn Ihnen der automatisch zugewiesene Hintergrund nicht zusagt, können Sie ihn mit wenigen Klicks ändern.

1. Klicken Sie rechts unten auf die Schaltfläche *Grafiken* ❶.

Jetzt erscheint auf der rechten Seite der gleichnamige Bereich.

2. Wählen Sie den Ihnen passend erscheinenden Hintergrund ❷ mit einem Doppelklick aus.

Die Collage zeigt nun den gewählten Hintergrund ❸.

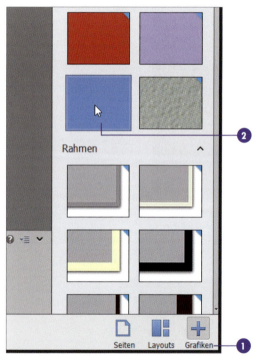

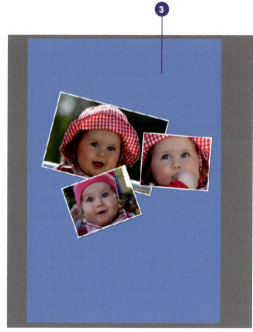

Abbildung 37.15:
Den gewünschten Hintergrund mit einem Doppelklick auswählen.

Abbildung 37.16:
Mögliches Ergebnis.

Bildränder anpassen

Im unteren Teil des auf der rechten Seite abgebildeten Bereichs *Grafiken* stellt Ihnen Photoshop Elements verschiedene Rahmen zur Auswahl, die per Drag-and-drop dem jeweiligen Bild zugewiesen werden können. Der Look der einzelnen Rahmen kann anschließend angepasst werden.

Rahmen aussuchen und zuweisen

1. Klicken Sie einmal auf das zu bearbeitende Bild, um dieses auszuwählen.

2. Scrollen Sie im rechts abgebildeten Bereich *Grafiken* nach unten, um sich die hier angebotenen Rahmen anzeigen zu lassen.

3. Ziehen Sie den gewünschten Rahmen **4** per Drag-and-drop auf das jeweilige Bild **5**.

Abbildung 37.17: Rahmen per Drag-and-drop auf die einzelnen Bilder ziehen.

Rahmen anpassen

1. Klicken Sie mit der rechten Maustaste auf das Bild, dessen Rahmen Sie anpassen möchten.

2. Wählen Sie im dann erscheinenden Kontextmenü den Befehl *Ebenenstil bearbeiten* aus.

Anschließend öffnet sich das Fenster *Stileinstellungen*.

3. Nehmen Sie die gewünschten Einstellungen vor.

In diesem Beispiel habe ich lediglich die Breite des Rahmens angepasst, indem ich beim kleinsten der drei Bilder den Parameter *Größe* **6** von ursprünglich *40* auf *20* Pixel und beim mittleren Bild auf *30* Pixel reduziert habe.

4. Verlassen Sie das Fenster *Stileinstellungen* mit einem Klick auf *OK*.

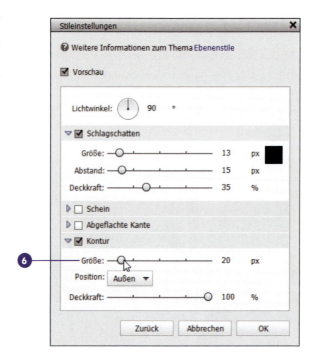

Bilder positionieren

1. Wählen Sie im Werkzeugbedienfeld das Verschieben-Werkzeug ⊹.

2. Stellen Sie sicher, dass in der Werkzeugoptionsleiste des Verschieben-Werkzeugs ⊹ das Kontrollfeld *Ebene automatisch wählen* aktiviert ist.

Wenn diese Funktion nicht aktiviert ist, verschiebt das Verschieben-Werkzeug ⊹ lediglich das Bild, dessen Ebene im Bedienfeld *Ebenen* ausgewählt ist.

3. Klicken Sie auf das zu positionierende Bild, und verschieben Sie es an die gewünschte Position.

Blumenschmuck hinzufügen

Der rechts abgebildete Bereich *Grafiken* hält neben Rahmen und Hintergründen auch einige Blümchen bereit, die per Drag-and-drop der Fotocollage zugewiesen werden können. Anschließend können Sie die Blüten in der Größe anpassen oder drehen. Klicken Sie dazu auf die jeweilige Blüte. Dadurch werden die typischen Transformationsanfasser angezeigt. Ziehen Sie an einem der Eckanfasser, um die gewünschte Größe einzustellen. Durch das Anklicken des Eckanfassers zeigt die Werkzeugoptionsleiste nun die Transformationsfunktionen an. Über den Drehregler *Winkel* können Sie jetzt die Blume in die gewünschte Ausrichtung drehen.

Text hinzufügen

1. Wählen Sie im Werkzeugbedienfeld das Textwerkzeug T.
2. Geben Sie den gewünschten Text ein.

Mit den in der Werkzeugoptionsleiste abgebildeten Funktionen können Sie den Text nun gestalten.

3. Nehmen Sie hier die gewünschten Einstellungen vor.

Mehr Informationen zu den Textfunktionen finden Sie in Kapitel 44 »Textfunktionen«.

Wenn Sie einen so erstellten Text später überarbeiten möchten, müssen Sie diesen zunächst mit einem Doppelklick auswählen bzw. markieren.

Abbildung 37.19:
Ein mögliches
Ergebnis.

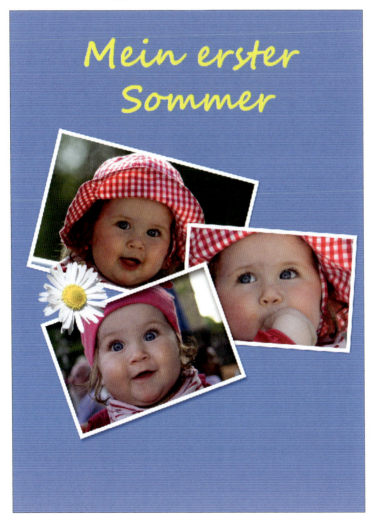

Abbildung 37.20:
Über diese links oben
angeordnete
Schaltfläche können
Sie den einfachen
Modus verlassen und
Ihre Fotocollage im
erweiterten Modus
bearbeiten.

Der erweiterte Modus

Die bisher vorgestellten Funktionen bilden den sogenannten einfachen Modus der Funktion *Fotocollage.* Wenn Sie Ihre Collage darüber hinaus noch weiterbearbeiten möchten, können Sie das im sogenannten *erweiterten Modus* machen. Das ist z. B. dann sinnvoll, wenn Sie einzelne Bilder der Collage mit einem Filter gestalten möchten. In diesem Modus werden die einzelnen Bilder Ihrer Fotocollage im Bedienfeld *Ebenen* als separate Ebenen angezeigt. Im Gegensatz zum einfachen Modus der Funktion stehen im erweiterten Modus zudem auch alle anderen Funktionen von Photoshop Elements zur Verfügung (z. B. die Filter und die Auswahlfunktionen).

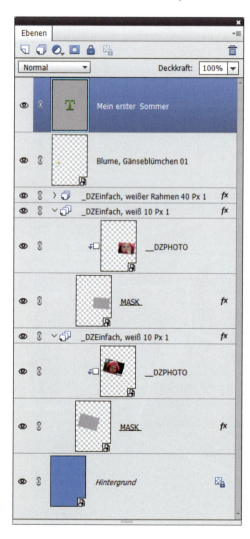

Abbildung 37.21:
Im Bedienfeld EBENEN
(FENSTER/EBENEN) wird
der Aufbau der
Collage deutlich.

Die Fotocollage speichern

Mit einem Klick auf die Schaltfläche *Speichern* (unten Mitte) können Sie die Collage abspeichern. Voreingestellt wird die Collage als sogenanntes Fotoprojekt im Dateiformat PSE gespeichert. Die Software speichert in dieser Datei aber lediglich Informationen (Metadaten), die für ein zukünftiges Öffnen der Projektdatei notwendig sind. Entsprechend klein fällt die Dateigröße dieser PSE-Datei aus. Zusätzlich wird am gewählten Speicherort ein gleichnamiges Verzeichnis erstellt, in dem Photoshop Elements die PSD-Datei (also die eigentlichen Bildinformationen) speichert.

Die PSE-Datei bezieht sich auf die mit ihr gespeicherte PSD-Datei. Zum Öffnen der PSE-Datei ist die PSD-Datei daher zwingend erforderlich. Die PSD-Datei kann allerdings unabhängig von der PSE-Datei geöffnet werden.

Somit haben Sie ein Backup erstellt, das Ihnen eine zukünftige Weiterverarbeitung der Collage ermöglicht. Zur Weitergabe sind die beiden Dateiformate allerdings nicht geeignet. Öffnen Sie daher einfach die PSD-Datei (siehe voranstehende Erläuterung), und geben Sie die Datei anschließend im gewünschten Dateiformat aus. Mehr Informationen dazu finden Sie in den Kapiteln 17 und 18.

Die Fotocollage drucken

Klicken Sie dazu auf die gleichnamige Schaltfläche (unten links). Weitere Informationen zum Thema Drucken finden Sie in Kapitel 52 »Fotos ausdrucken«.

38 Komplexere Fotomontagen

Diesen Klassiker der Bildbearbeitung können Sie in Photoshop Elements wahlweise im Assistenten oder vollständig manuell im Arbeitsbereich *Experte* umsetzen. Zudem können Sie die Montage erst einmal im komfortabel zu bedienenden Assistenten beginnen und das Feintuning dann im Arbeitsbereich *Experte* vornehmen. Dieser Arbeitstechnik folgt das erste der beiden in diesem Kapitel vorgestellten Beispiele.

38.1 Bildobjekt mit anderem Foto kombinieren

Mit dem Assistenten können Sie Bildbereiche entfernen, die ansonsten nur mit sehr viel manuellem Aufwand auswählbar wären. In einem zweiten Schritt können Sie das so freigestellte bzw. extrahierte Motiv sehr komfortabel mit einem anderen Bild kombinieren.

Eisbär_Extrahieren. jpg, Eisschollen.jpg

1. Laden Sie die beiden zu kombinierenden Dateien.

2. Aktivieren Sie den Arbeitsbereich *Assistent* **❶**.

3. Klicken Sie auf das Register *Photomerge* **❷** und dann auf die Funktion *Photomerge Compose* **❸**.

Abbildung 38.1: Der Assistent stellt die Funktion PHOTOMERGE COMPOSE *zur Verfügung.*

4. Ziehen Sie jetzt das Bild, aus dem ein Bereich extrahiert werden soll, auf die Arbeitsfläche (in diesem Fall den Eisbären) **4**.

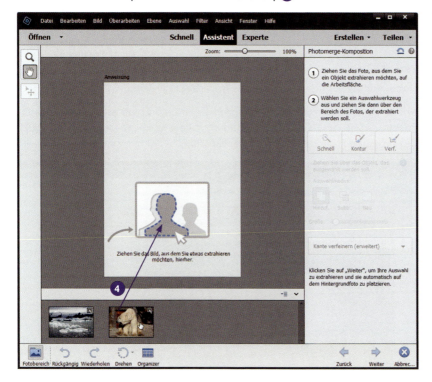

Abbildung 38.2:
Den Eisbären auf die
Arbeitsfläche ziehen.

38.2 Freizustellendes Bildobjekt auswählen

Auf der rechten Seite stellt die Funktion zunächst einmal drei Auswahlwerkzeuge zur Verfügung. Jedes der drei Werkzeuge bietet dabei mindestens die beiden Modi *Hinz.* und *Subtr.* an. Mit dem ersten Modus können Sie einer bestehenden Auswahl Bereiche hinzufügen und mit dem zweiten versehentlich ausgewählte bzw. übermalte Bereiche von einer Auswahl abziehen (subtrahieren). Um die aktuelle Auswahl besser erkennen zu können, haben Sie über *Kante verfeinern* bzw. *Überlagern* die Möglichkeit, zwischen verschiedenen Darstellungsmodi zu wählen. Aktuell ausgewählte Bereiche werden dabei jeweils vollständig abgebildet. Die aktuell nicht ausgewählten Bereiche werden hingegen auf Wunsch mit Rot überlagert oder in Weiß oder Schwarz eingefärbt. *Weiche Auswahlbereiche* zeigt der Modus als Verlauf hin zu Rot, Weiß oder Schwarz an. Der Modus *Schwarzweiß* bildet dabei eine Ausnahme. Hier wird eine Maskendarstellung angeboten. Aktuell ausgewählte Bereiche werden somit weiß und nicht ausgewählte Bereiche schwarz dargestellt.

Schnell **5**

Dabei handelt es sich um das bekannte Schnellauswahl-Werkzeug .

Kontur ⑥

Mit diesem Werkzeug können Sie Auswahlen malen. Voreingestellt erscheinen ausgewählte Bereiche in den Originalfarben. Nicht ausgewählte Bereich werden mit einer rötlichen Maske überlagert.

Verf. ⑦

Dabei handelt es sich um den Auswahl-verbessern-Pinsel.

Neben den beiden Funktionen *Hinz.* und *Subtr.* stellt das Werkzeug die Schaltflächen *Schieb.* und *Glätt.* zur Verfügung. Diese auch als *Push* und *Abrunden* bezeichneten Funktionen sind sehr praktisch.

Abbildung 38.3:
Der Eisbär soll
freigestellt bzw.
extrahiert werden.

Mit der Funktion *Schieb.* bzw. *Push* können Sie eine Auswahl erweitern oder verkleinern. Welche der beiden Funktionen aktiv ist, hängt davon ab, ob sich der Cursor aktuell innerhalb oder außerhalb der Auswahl befindet. Befinden Sie sich innerhalb einer Auswahl, wird das durch ein Pluszeichen innerhalb des Cursors symbolisiert. Befinden Sie sich hingegen außerhalb der Auswahl, erscheint ein Minuszeichen innerhalb des Cursors. Im Gegensatz zu den Modi *Hinz.* und *Subtr.* ist die Funktion dabei bemüht, die Auswahl anhand der umliegenden Kanten zu definieren. Mit dem Parameter *Ausricht.* (Ausrichtungsstärke) können Sie festlegen, wie genau die Kanten dabei ausgewertet werden sollen. Ein hoher Wert sorgt dafür, dass die Kanten zunehmend genauer erfasst werden. Der Parameter *Auswahlkante* dient dazu, Auswahlen wahlweise härter oder weicher zu gestalten.

Der Auswahl-verbessern-Pinsel [A] wird auch im Werkzeugbedienfeld (in den Modi *Schnell* und *Experte*) bereitgestellt. Adobe hat die Parameter hier allerdings teilweise unterschiedlich benannt bzw. abgekürzt.

5. Wählen Sie rechts das Schnellauswahl-Werkzeug 🖌 aus.

6. Die Erläuterung zum Schnellauswahl-Werkzeug schließen Sie mit OK.

7. »Übermalen« Sie den Eisbären 8.

Abbildung 38.4:
Die Erläuterung zum
Schnellauswahl-Werk-
zeug mit OK
schließen.

Abbildung 38.5:
Erstellte Auswahl.

8. Kontrollieren Sie die Qualität der Auswahl (insbesondere in deren Randbereichen).

Um nicht bzw. versehentlich ausgewählte Details zu entdecken, müssen Sie die Kanten des freizustellenden Objekts in Augenschein nehmen. Nutzen Sie dazu bei aktivem Auswahlwerkzeug am besten das Tastenkürzel ⌨Strg⌨+⌨+⌨ bzw. ⌨cmd ⌘⌨+⌨+⌨, um in das Bild zu zoomen. Mit ⌨Strg⌨+⌨-⌨ bzw. ⌨cmd ⌘⌨+⌨-⌨ zoomen Sie wieder heraus. Wenn Sie das Tastenkürzel ausgeführt haben, ist das jeweils aktive Auswahlwerkzeug nach wie vor aktiv. Mit gedrückter Leertaste können Sie zudem den dargestellten Bildausschnitt verändern. Letzteres funktioniert aber nur, wenn Sie auch tatsächlich in das Bild gezoomt haben und somit Teile des Bildes aktuell nicht dargestellt werden.

9. Nehmen Sie im Bedarfsfall entsprechende Korrekturen vor.

Nutzen Sie dabei die zuvor erläuterten Werkzeuge und Modi (z. B. *Hinz.* und *Subtr.*).

Abbildung 38.6:
Detailarbeit.

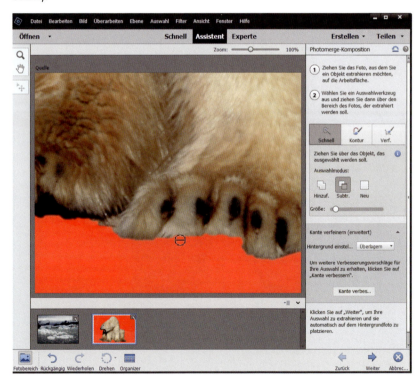

In den meisten Fällen ist eine weiche Kante sinnvoll. Das gilt erst recht für die Randbereiche des Fells.

10. Klicken Sie daher auf *Kante verfeinern (erweitert)* **9** und anschließend auf *Kante verbes...* **10**.

Abbildung 38.7:
Die Funktion K*ANTE*
VERBESSERN aufrufen.

11. Stellen Sie im sich daraufhin öffnenden Fenster *Kante verbessern* eine weiche Kante (in diesem Fall z. B. *2* Pixel) ein ⑪, und schließen Sie das Fenster mit *OK*.

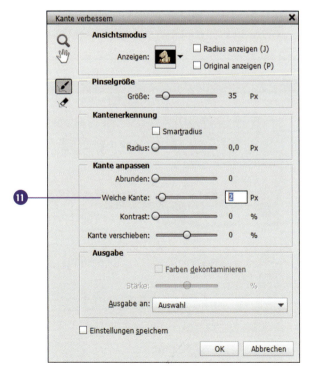

Abbildung 38.8:
Weiche Kante
festlegen.

12. Klicken Sie rechts unten auf *Weiter*.

Größe und Position des freigestellten Objekts anpassen

Über seine »Ecken« **12** kann das extrahierte Objekt skaliert werden. Klicken Sie anschließend auf das Objekt, um es mit gedrückter Maustaste zu verschieben bzw. zu platzieren.

*Abbildung 38.9:
Das extrahierte
Objekt wurde
automatisch auf dem
anderen Foto platziert.*

*Abbildung 38.10:
Größen- und
Positionsanpassung.*

13. Klicken Sie rechts unten auf *Weiter*.

Farb- bzw. Helligkeitsanpassung

Gute bzw. realistische Montagen werden nur dann erreicht, wenn in dieser Hinsicht eine Angleichung zwischen den beiden Bildern gelingt. Neben den manuellen Möglichkeiten **13** bietet der Assistent hier auch eine entsprechende Automatik **14** an.

Abbildung 38.11: Ergebnis der automatischen Farbtonanpassung.

Nach der Farb- bzw. Helligkeitsanpassung trat im Bereich des Rückens des Eisbären eine nicht ganz so schöne (dunkle) Konturlinie zu Tage **16**. Daher ist es in diesem Fall sinnvoll, mit der *Zurück*-Schaltfläche **15** zur letzten Funktion zurückzukehren und hier mit der Funktion *Ausbl.* **17** diesen dunklen Saum zu übermalen.

Zudem habe ich die sehr dunklen Schatten im Bereich seiner Fußsohlen auf diese Weise entfernt.

14. Klicken Sie rechts unten zweimal auf *Weiter*, um in die in Abbildung 38.13 dargestellte Ansicht zu wechseln.

15. Öffnen Sie die Montage im Arbeitsbereich *Experte*.

Freundlicherweise wurde das Eisschollen-Bild von Philipp Burkart zur Verfügung gestellt.

Abbildung 38.12:
Nacharbeiten mit der
Funktion Ausblenden
(*AUSBL.*).

Abbildung 38.13:
Ergebnis.

16. Erstellen Sie unterhalb des Eisbären eine neue Ebene (*Ebene*/*Neu*/*Ebene*).

17. Wählen Sie den Pinsel 🖌 (B).

18. Stellen Sie als Vordergrundfarbe Schwarz ein.

Die Sache geht besonders schnell, wenn Sie das Tastenkürzel ⌐D⌐ drücken.

19. Stellen Sie in den Werkzeugoptionen des Pinsels die Deckkraft auf rund 50 % ein, damit der Pinsel lediglich eine dezente Schattenwirkung erzeugt.

20. Malen Sie an der Unterseite des Eisbären einen Schatten.

21. Hellen Sie die Schattenwirkung noch etwas auf, indem Sie die Ebenendeckkraft der Schattenebene reduzieren (ich habe hier 68 % eingestellt).

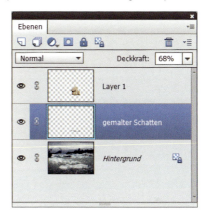

*Abbildung 38.14:
Eine neue Ebene
erstellen und einen
Schatten malen.*

Zur Verbesserung der Übersichtlichkeit habe ich in der nachfolgenden Abbildung die Ebenen mit eindeutigen Namen ausgestattet.

Weitere Schritte

Jetzt habe ich noch dafür gesorgt, dass sich der Bär in Form eines hellen Flecks auf der Wasseroberfläche spiegelt. Dazu habe ich die Eisbärenebene dupliziert und das Duplikat mit dem Gaußschen Weichzeichner (*Filter/Weichzeichnungsfilter/Gaußscher Weichzeichner*) verfremdet.

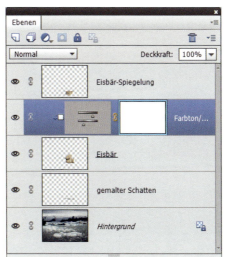

*Abbildung 38.15:
Einstellungsebene
FARBTON/SÄTTIGUNG
zwischen den Ebenen
EISBÄR und EISBÄR
SPIEGELUNG platzieren.*

Abschließend habe ich sein »Spiegelbild« mit der Funktion *Bearbeiten/Transformieren* in Größe und Form angepasst, etwas nach unten verschoben und die Deckkraft der Ebene auf rund 33 % reduziert. Zudem erschien mir die Sättigung seines Fells (im Vergleich zu seiner neuen Umgebung) etwas zu intensiv. Daher habe ich eine Einstellungsebene *Farbton/Sättigung* erstellt und die Sättigung auf -35 reduziert. Mittels einer Schnittmaske habe ich die Wirkung auf die Ebene des Eisbären beschränkt.

Abbildung 38.16:
Die Sättigung
reduzieren.

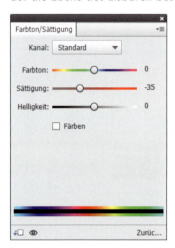

Abbildung 38.17:
Aufgrund der
verringerten Sättigung
wirkt die Montage
realistischer.

38.3   Restaurierung des Pantheons

Am Urlaubsort angekommen, findet der ambitionierte Fotograf so manche historische Touristenattraktion (teilweise) eingerüstet bzw. mit Planen umhüllt vor. So auch das Pantheon in Rom. Dieses fast 2.000 Jahre alte Bauwerk ist eines der touristischen Highlights der italienischen Hauptstadt und wird von Touristen regelrecht umlagert. Ein »menschenleeres« Foto ist tagsüber also nicht machbar. Aus diesem Grund wurde das in diesem Beispiel verwendete Foto zu nachtschlafender Zeit fotografiert. Leider wirken die grelle »Baustellenbeleuchtung« und das links neben der Eingangstür aufgestellte Gerüst ❶ nicht gerade besonders ästhetisch. Dieses Problem kann mittels einer Fotomontage behoben werden. Dazu wird ein Teil der rechten Fassade ausgewählt, kopiert, gespiegelt und über den hell erleuchteten »Baustellenbereich« montiert. Die Feinarbeit wird dann mit dem Pinsel ✐ und einer Ebenenmaske erledigt.

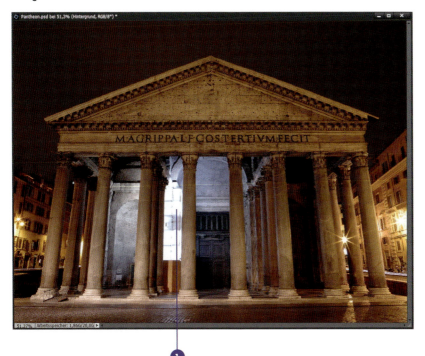

Abbildung 38.18:
Die grelle »Baustellen-
beleuchtung« und das
links von der Tür
aufgestellte Gerüst.

1. Wählen Sie im Werkzeugbedienfeld das Auswahlrechteck ⬚ (Ⓜ).
2. Wählen Sie auf der linken Seite den zu überdeckenden Bereich ❷ aus.

Damit haben Sie die Größe der zu überdeckenden Fläche definiert.

3. Drücken Sie ⇧+→, um die bestehende Auswahl auf die rechte Seite ❸ zu verschieben.

TIPP ➲

⇧ sorgt in diesem Fall dafür, dass sich die Auswahl schneller verschieben lässt.

Jetzt werden Sie den ausgewählten Bereich auf eine neue Ebene kopieren.

4. Verwenden Sie das Tastenkürzel ⌘Strg⌘+⌘J⌘ bzw. ⌘cmd ⌘⌘+⌘J⌘ oder den Befehl *Ebene/Neu/Ebene durch Kopie*.

Im Bedienfeld *Ebenen* (*Fenster/Ebenen*) erscheint nun eine neue Ebene. Diese enthält den zuvor ausgewählten Bereich.

5. Wählen Sie den Befehl *Bild/Transformieren/Frei transformieren* (⌘Strg⌘+⌘T⌘ bzw. ⌘cmd ⌘⌘+⌘T⌘).

6. Öffnen Sie die Werkzeugoptionen der Funktion *Frei transformieren*.

7. Geben Sie im Eingabefeld *Breite* vor dem Wert *100 %* ein Minuszeichen ④ ein.

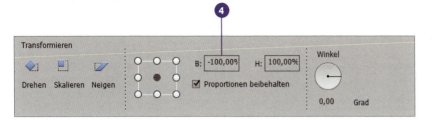

Abbildung 38.21: Im Eingabefeld BREITE vor dem Wert 100 % ein Minuszeichen eingeben.

Ergebnis: Der Inhalt der neuen Ebene wird horizontal gespiegelt.

8. Wählen Sie im Werkzeugbedienfeld das Verschieben-Werkzeug ⊹ (⌘V⌘).

9. Stellen Sie sicher, dass die neue Ebene ⑤ ausgewählt ist.

10. Verschieben Sie den Inhalt der neuen Ebene über den Problembereich der linken Seite ⑥.

Abbildung 38.22: Der Inhalt der neuen Ebene wurde nach links verschoben.

*Abbildung 38.23:
Auf der linken Seite
hebt sich der neue
Bereich sichtbar ab.*

*Abbildung 38.24:
Diese auffällige Kante
7 muss korrigiert
werden.*

11. Laden Sie die letzte Auswahl erneut, indem Sie im Bedienfeld *Ebenen* mit
Strg bzw. cmd ⌘ auf die Miniatur der neuen Ebene klicken **8**.

Abbildung 38.25:
Mit Strg *bzw.*
cmd ⌘ *auf die*
Ebenenmaske klicken
und so die Auswahl
erneut laden.

12. Wählen Sie den Befehl *Ebene/Ebenenmaske/Auswahl einblenden*.

Durch die neue Maske hat sich zunächst nichts geändert.

13. Wählen Sie den Pinsel ✎ (B).

14. Stellen Sie sicher, dass die Ebenenmaske nach wie vor ausgewählt bzw. von einem hellblauen Rahmen ❾ umgeben und Schwarz als Vordergrundfarbe eingestellt ist.

Durch das Erstellen bzw. die Auswahl der Ebenenmaske sollte die Vordergrundfarbe automatisch auf Schwarz eingestellt sein.

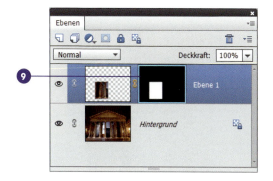

Abbildung 38.26:
Die erstellte Ebenen-
maske.

15. Übermalen Sie nun im Bereich der linken Kante ❿ die Ebenenmaske mit Schwarz.

An den so übermalten Stellen kommen die neuen Bildanteile somit nicht zum Einsatz, und die harte Kante verschwindet ⓫. Der einmontierte Bereich fällt als solcher nicht mehr auf. Die Korrektur ist unsichtbar. Die von mir verwendete bzw. übermalte Maske habe ich Ihnen einmal groß dargestellt. Sie können sich Ihre Ebenenmaske ebenfalls in voller Bildgröße anschauen ⓬, wie es auf Seite 635 dargestellt wird.

Klicken Sie dazu im Bedienfeld *Ebenen* mit (Alt) auf das Maskensymbol. So können Sie besser erkennen, ob sich im linken Bereich der Maske eventuell noch weiße Bereiche befinden, die vielleicht besser mit Schwarz übermalt werden sollten. Zum Ausblenden der Maske klicken Sie einfach erneut mit $\boxed{\text{Alt}}$ auf das Maskensymbol.

Abbildung 38.27:
Mit dem Pinsel über
die linke Kante der
»Korrekturfläche«
malen.

Abbildung 38.28:
Fertig!

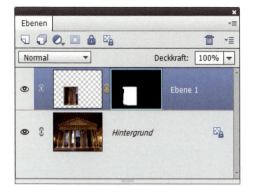

Abbildung 38.29:
Die Pinselarbeit zeigt
sich auch im Symbol
der Ebenenmaske.

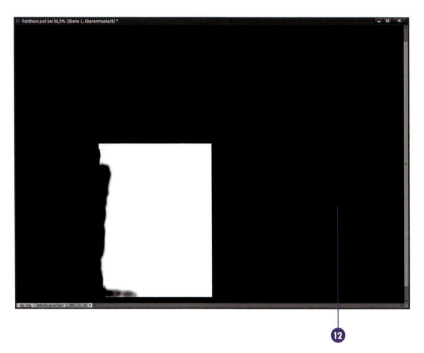

Abbildung 38.30:
Mit [Alt] auf das
Maskensymbol klicken,
um die Ebenenmaske
in voller Bildgröße
anzeigen zu lassen.

Abbildung 38.31: Das Gesamtergebnis.

Teil 9

Teil 9:
Urlaubsfotos und Gruppenbilder optimieren

Kapitel

39 Bilder bereinigen – Touristen entfernen

Viele interessante Motive sind oftmals nur mit viel Glück so zu fotografieren, dass keine Menschen oder irritierenden Objekte den Gesamteindruck stören. Ob Sie nun eine ägyptische Pyramide oder ein Schiff an der Kaimauer fotografieren – in vielen Fällen sind Sie nicht allein. Ständig laufen Ihnen andere Zeitgenossen vor die Linse. Insbesondere bei touristischen Highlights ist der Motivvordergrund so gut wie nie menschenleer.

Mit der in diesem Kapitel vorgestellten Technik können Sie dennoch alles Störende verschwinden lassen.

39.1 Photomerge Scene Cleaner

In dem hier vorgestellten Beispiel sind Menschen zu erkennen ❶, die ebenfalls das Motiv fotografieren oder einfach nur vorbeischlendern bzw. im Bild verweilen. Vor Ort habe ich daher vom gleichen Motiv diverse Bilder gemacht. Die Bilder sind alle von der gleichen Position und mit identischen Belichtungseinstellungen innerhalb von rund zwei Minuten fotografiert worden. Dieser geringe Zeitraum reicht in vielen Fällen aus, um alle Bereiche des Motivs abzulichten.

Im Vordergrund befindliche Personen, Tiere oder Autos verändern in diesem Zeitraum in den meisten Fällen ihre Position. Zuvor durch diese »Objekte« verdeckte Motivbereiche sind somit auf mindestens einem der Bilder nicht verdeckt. Genau hier setzt die Photoshop-Elements-Szenenbereinigung an.

Basierend auf einem Bild, das möglichst wenige störende Objekte im Vordergrund aufweist, können Sie nach und nach nicht überlagerte Motivbereiche in den anderen Bildern markieren und auf das Ausgangsbild übertragen.

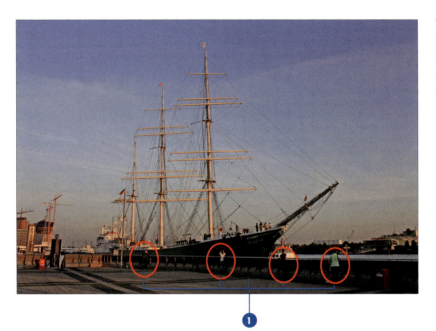

Abbildung 39.1:
Das Problem: Vier
»störende« Personen
sind im Vordergrund
zu erkennen.

Abbildung 39.2:
Die Lösung: So sieht
das Bild aus, nachdem
alle störenden
Personen mit dem
Photomerge Scene
Cleaner entfernt
wurden.

Schiff_1.jpg,
Schiff_2.jpg,
Schiff_3.jpg,
Schiff_4.jpg,
Schiff_5.jpg

1. Laden Sie die Bilder *Schiff_1* bis *Schiff_5*.
2. Wechseln Sie in den Modus *Assistent* ❷.
3. Wählen Sie im Fotobereich ❸ alle Bilder aus, indem Sie z. B. [Strg] bzw. [cmd ⌘] drücken und dann alle Bilder nacheinander anklicken.

Abbildung 39.3:
Zunächst die Bilder
laden und diese im
Fotobereich
auswählen.

4. Klicken Sie oben auf die Schaltfläche *Photomerge* **4** und anschließend auf *Photomerge Scene Cleaner* **5**.

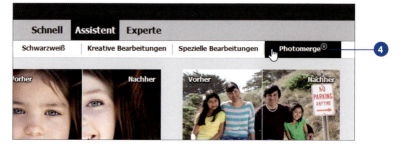

Abbildung 39.4:
Im Modus ASSISTENT
wird die Funktion
PHOTOMERGE
angeboten.

Abbildung 39.5:
Den Scene Cleaner
auswählen.

5. Ziehen Sie das beste Bild (hier *Schiff_2*) **6** in den Bereich *Endergebnis*.

Abbildung 39.6:
Das Bild mit den
wenigsten Bildprob-
lemen in den Bereich
ENDERGEBNIS ziehen
(in diesem Beispiel
Schiff_2). Die unten
aufgeführte Reihen-
folge kann bei Ihnen
abweichen.

Abbildung 39.7:
Anschließend wird
das Bild im Bereich
ENDERGEBNIS **7**
angezeigt.

Sie werden nun zwei Personen Schritt für Schritt aus dem Bild entfernen. In diesem Beispiel arbeiten Sie sich von rechts nach links durch das Bild, bis beide »Probleme« beseitigt sind.

6. Klicken Sie im Fotobereich **8** auf das Icon von *Schiff_3*.

Jetzt erscheint das Bild *Schiff_3* im Bereich *Quelle*.

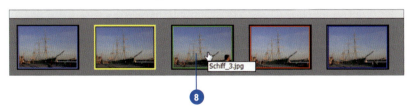

Abbildung 39.8:
Im Fotobereich auf
das Icon von Schiff_3
klicken.

7. Wählen Sie links oben das Zoom-Werkzeug 🔍 aus.

8. Ziehen Sie mit dem Zoom-Werkzeug ein Rechteck über dem ersten Problembereich auf **9**.

Abbildung 39.9:
Ein Rechteck über dem
ersten Problembereich
aufziehen.

Abbildung 39.9:
Ein Rechteck über dem
ersten Problembereich
aufziehen.

Abbildung 39.10:
Der vergrößerte
Problembereich – wo
im Endergebnisbild die
Person steht **10**, *sind*
im Quellbereich
Mauer und Hinter-
grund komplett
vorhanden **11**.

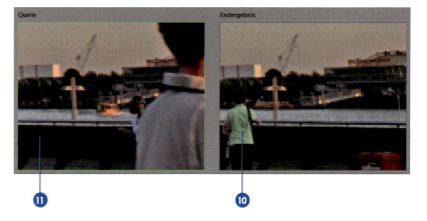

9. Wählen Sie auf der rechten Seite das Buntstift-Werkzeug ✏️ aus.

10. Bewegen Sie den Cursor, ohne zu klicken, über den Bereich *Quelle*.

Jetzt zeigt Ihnen die Software die aktuelle Werkzeugspitzengröße an. Sollte das nicht der Fall sein, drücken Sie einmal ⇧. Lediglich wenn die Werkzeugspitzengröße zu klein sein sollte, wird auch dann noch nichts angezeigt. Verändern Sie in diesem Fall die Werkzeugspitzengröße so, dass diese den zu korrigierenden Dimensionen entspricht. Dazu steht auf der rechten Seiten ein Schieberegler zur Verfügung.

11. Markieren Sie mit dem Buntstift-Werkzeug den Bereich im Quellbild, in dem im Endergebnisbild die Person **12** steht bzw. stört.

12. Doppelklicken Sie links oben auf das Hand-Werkzeug ✋, um das komplette Bild darzustellen.

Im Bereich *Quelle* wird der zu markierende Bereich abgebildet. Im Bereich *Endergebnis* erscheint der entsprechende Bereich korrigiert **13**.

13. Klicken Sie im Fotobereich auf das Icon von *Schiff_5*.

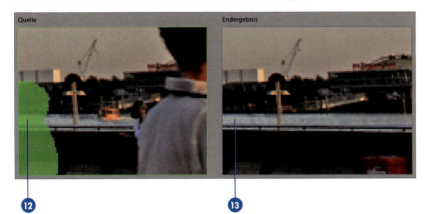

Abbildung 39.11:
Im Bereich QUELLE den
Bereich markieren, der
den Problembereich
im Bereich ENDERGEBNIS
ersetzen soll – die
Person im rechten Bild
wird sofort von
Elements heraus-
retuschiert.

Abbildung 39.12:
Im Fotobereich auf
das Icon von Schiff_5
klicken.

Jetzt erscheint das Bild *Schiff_5* im Bereich *Quelle*.

14. Wählen Sie links oben das Zoom-Werkzeug 🔍 aus.

15. Ziehen Sie mit dem Zoom-Werkzeug 🔍 ein Rechteck über dem zweiten Problembereich **14** auf.

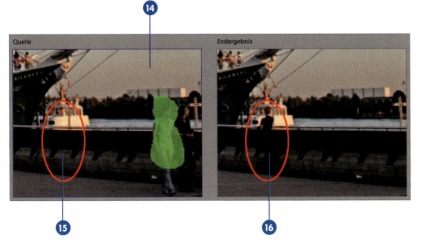

Abbildung 39.13:
Der vergrößerte
Problembereich – wo
im Endergebnisbild
eine Person zu
erkennen ist, besteht
der Quellbereich
ausschließlich aus
»verwendbarem«
Material.

16. Wählen Sie auf der rechten Seite das Buntstift-Werkzeug ✎ aus.

Die zu korrigierenden Dimensionen entsprechen hier dem ersten Problembereich. Die Werkzeugspitzengröße kann daher beibehalten werden.

17. Markieren Sie mit dem Buntstift-Werkzeug ✎ den Bereich im Quellbild **15**, in dem im Endergebnisbild die Person steht bzw. stört **16**.

In diesem Beispiel ist dazu lediglich ein einziger Strich erforderlich **17**.

Abbildung 39.14:
Im Fenster QUELLE den
Bereich markieren, der
den Problembereich
im Bereich ENDERGEBNIS
ersetzen soll.

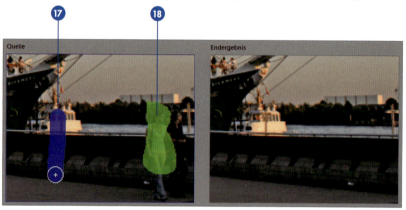

18. Doppelklicken Sie links oben auf das Hand-Werkzeug ✋ , um das komplette Bild darzustellen.

Obwohl aktuell das Bild *Schiff_5* im Bereich *Quelle* angezeigt wird, wird zusätzlich zu dem in diesem Bild markierten Bereich auch der zuvor im Bild *Schiff_3* markierte Bereich abgebildet **18**. Da die Strichfarbe der Rahmenfarbe des jeweiligen Bildes entspricht, können Sie zu jedem Zeitpunkt nachvollziehen, in welchem Bild welcher Bereich markiert wurde.

19. Verfahren Sie bei den beiden noch verbliebenen Personen jeweils nach dem gleichen Schema.

20. Klicken Sie abschließend unten rechts auf die Schaltfläche *Weiter*, um den Job abzuschließen. Da die verwendeten Bilder aus der freien Hand und über einen Zeitraum von rund zwei Minuten fotografiert wurden, sind sie nicht zu 100 % deckungsgleich. Durch die Kombination der verschiedenen Bilder und die damit verbundene Neupositionierung von Bildpunkten ist daher an drei Seiten ein weißer Bildrand entstanden. Wäre bei der Aufnahme ein Stativ verwendet worden und wären somit alle Bilder deckungsgleich, würde das Ergebnis keinen weißen Rand aufweisen.

21. Entfernen Sie den weißen Rand mit dem Freistellungswerkzeug ⊞ .

Mehr Informationen zum Umgang mit dem Freistellungswerkzeug finden Sie in Kapitel 14 »Bildausschnitt und schiefe Bilder korrigieren«.

Abbildung 39.15:
Das Entfernen der
beiden Personen hat
keine sichtbaren
Spuren hinterlassen.

Im Bedienfeld *Ebenen* ist zu erkennen, wie die Software vorgegangen ist. Das als Endbild definierte Originalbild *Schiff_2* bildet die Hintergrundebene. Diese Ebene wird von *Ebene 1* überlagert. *Ebene 1* enthält somit die eben erstellte korrigierte Version.

Abbildung 39.16:
Das Ergebnis:
Alle Personen
wurden entfernt.

Da das Originalbild in diesem Zusammenhang nicht mehr benötigt wird, können Sie den Inhalt der Hintergrundebene löschen.

22. Drücken Sie Strg+E bzw. cmd ⌘+E oder wählen Sie den Befehl *Ebene/ Mit darunter liegender auf eine Ebene reduzieren* aus.

Von beiden Ebenen ist nur eine Hintergrundebene geblieben. Durch die Anwendung des Befehls hat der Inhalt der *Ebene 1* (die korrigierte Fassung) den Inhalt der ehemaligen Hintergrundebene komplett überlagert und somit gelöscht.

Gruppenfoto optimieren

Sie kennen das bestimmt aus eigener Erfahrung: Wenn mehrere Leute auf ein Bild sollen, ist es schwierig, genau den Moment zu erwischen, in dem wirklich jeder ein vorteilhaftes Gesicht macht. Zukünftig haben Sie es dabei ein wenig einfacher. Sie müssen lediglich mehrere Aufnahmen unmittelbar nacheinander machen. Aus den einzelnen Aufnahmen können Sie dann mit wenigen Handgriffen ein optimales Gruppenbild erstellen.

40.1 Photomerge Group Shot

Die in früheren Programmversionen als Photomerge-Gruppenbild bezeichnete Funktion ist im Modus *Assistent* verfügbar. Anhand von zwei Beispielbildern können Sie das Funktionsprinzip dieses praktischen Tools Schritt für Schritt nachvollziehen.

Abbildung 40.1: Gruppenbild_1.

Abbildung 40.2:
Gruppenbild_2.

1. Öffnen Sie mit dem Befehl *Datei/Öffnen* beide Bilder in Photoshop Elements.

Die Bilder sind verhältnismäßig groß. Im Zweifelsfall können Sie sich jeweils mit dem Befehl *Ansicht/Ganzes Bild* (Strg+O bzw. cmd ⌘+O) die Bilder vollständig im Anwendungsfenster des Programms anzeigen lassen.

Im ersten Bild (*Gruppenbild_1*) hat der ganz rechts abgebildete Jugendliche die Augen geschlossen.

Abbildung 40.3:
Im Gruppenbild_1
sind bei diesem
Jugendlichen die
Augen geschlossen.

Im zweiten Bild (*Gruppenbild_2*) hat er die Augen auf, aber sein in der Mitte abgebildeter Freund hat nun die Augen geschlossen. Ein weiterer Unterschied betrifft den links stehenden Jugendlichen. In *Gruppenbild_1* wirkt dessen Lachen viel natürlicher. Das Bild mit den wenigsten Mängeln ist also *Gruppen-*

bild_1. Daher ist es in diesem Fall sinnvoller, dieses mithilfe von *Gruppenbild_2* zu reparieren.

Abbildung 40.4:
Im Gruppenbild_2
hat hingegen dieser
Jugendliche die Augen
geschlossen.

2. Wechseln Sie in den Modus *Assistent* ❶.

3. Wählen Sie im Fotobereich ❷ beide Bilder aus, indem Sie z. B. `Strg` bzw. `cmd ⌘` drücken und dann beide Bilder nacheinander anklicken.

4. Klicken Sie oben auf die Schaltfläche *Photomerge* ❸ und anschließend auf *Photomerge Group Shot* ❹.

Abbildung 40.5:
Im Modus ASSISTENT
wird die Funktion
PHOTOMERGE
angeboten.

Gruppenfoto optimieren

Im Fotobereich wird nun jedes Bild mit einem farbigen Rahmen versehen. Das ganz links angeordnete Bild *Gruppenbild_1* wird durch einen blauen Rahmen und das Bild *Gruppenbild_2* durch einen gelben Rahmen gekennzeichnet. Die Reihenfolge der Bilder ist kein Zufall, sondern das Ergebnis einer automatischen Sortierung. Die Sortierung wird dabei sowohl nach alphabetischen als auch nach numerischen Gesichtspunkten vorgenommen. Da sich die Dateinamen der beiden Bilder lediglich durch die Zahlen 1 und 2 unterscheiden, beginnt die Anordnung der Bilder mit der Datei *Gruppenbild_1*. Grundsätzlich wird dabei zunächst das aufgrund dieser automatischen Sortierung ganz links angeordnete Bild im Fenster *Quelle* dargestellt.

Abbildung 40.6: Zunächst wird lediglich ein Bild angezeigt.

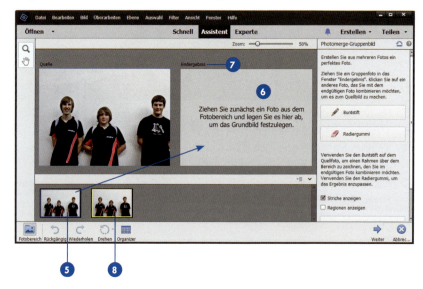

5. Ziehen Sie das beste der Bilder (in diesem Beispiel *Gruppenbild_1* ⑤) aus dem Fotobereich in das noch leere Feld *Endergebnis* ⑥ auf der rechten Seite.

Der Begriff *Endergebnis* ⑦ ist zunächst etwas irreführend, da Sie aktuell noch keine Veränderungen erkennen können. Das ändert sich aber mit den nächsten Arbeitsschritten.

6. Klicken Sie im Fotobereich ⑧ auf das andere Bild, dem »gute« Bildbereiche entnommen werden sollen.

Daraufhin wird dieses Bild im Fenster *Quelle* ⑨ abgebildet.

Um die guten Bildbereiche im Quellbild zu definieren, bedienen Sie sich des sogenannten Buntstifts ✏ ⑩.

7. Wählen Sie auf der rechten Seite das Buntstift-Werkzeug ✏ aus.
8. Bewegen Sie den Cursor, ohne zu klicken, über den Bereich *Quelle*.

Abbildung 40.7:
Die beiden Gruppen-
bilder werden nun
nebeneinander in
den Bereichen QUELLE
und ENDERGEBNIS
abgebildet.

Jetzt zeigt Ihnen die Software die aktuelle Werkzeugspitzengröße an. Sollte das nicht der Fall sein, drücken Sie einmal ⬇. Lediglich wenn die Werkzeugspitzengröße zu klein sein sollte, wird noch nichts angezeigt. Verändern Sie in diesem Fall die Werkzeugspitzengröße so, dass diese den zu korrigierenden Dimensionen entspricht. Dazu steht auf der rechten Seiten ein Schieberegler ⑪ zur Verfügung. Sollte auch dann noch nichts angezeigt werden, drücken Sie einmal ⬇ und ändern dann die aktuell eingestellte Werkzeugspitzengröße.

Damit der Werkzeugspitzen-Schieberegler erscheint, müssen Sie das Buntstift-Werkzeug ✏ zunächst mit einem Klick auswählen.

⌂TIPP

9. Markieren Sie im Quellbild die »guten Bereiche«, also die Bereiche, die Sie in das Endergebnis übernehmen möchten. In diesem Beispiel markieren Sie dazu grob den Jungen ganz rechts ⑫.

Abbildung 40.8:
Mit dem Buntstift
die aus dem Quellbild
zu übernehmenden
Bereiche markieren.

Gruppenfoto optimieren

Wenn Sie sich dabei »vermalen« sollten, können Sie die Markierung mit dem Radiergummi ⑬ wieder entfernen.

10. Klicken Sie rechts auf *Weiter* ⑭, um die Bearbeitung abzuschließen.

Abbildung 40.9:
Ergebnis.

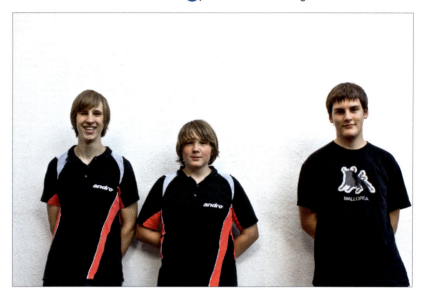

11. Wechseln Sie in den Modus *Experte*.

Das Bedienfeld *Ebenen* zeigt, dass im Rahmen der Funktion die beiden Bilder automatisch übereinandergestapelt wurden, wobei die obere Ebene das Ergebnis enthält. Die darunterliegende Ebene wird jetzt nicht mehr benötigt und kann daher gelöscht werden.

Abbildung 40.10:
Die Funktion
PHOTOMERGE GROUP
SHOT *hat eine weitere*
Ebene erzeugt.

12. Wählen Sie den Befehl *Ebene/Mit darunter liegender auf eine Ebene reduzieren* aus, oder drücken Sie [Strg]+[E].

Lustiges Gesichtermixen

Mit Photoshop Elements können Sie aus den Elementen zweier oder mehrerer Gesichter ein völlig neues Gesicht »zaubern« oder auch mehrere Aufnahmen ein und derselben Person zu einer Komposition zusammenfügen.

41.1 Photomerge Faces

Die in früheren Programmversionen als Photomerge-Gesichter bezeichnete Funktion ist im Modus *Assistent* verfügbar. Anhand von drei Beispielbildern können Sie das Funktionsprinzip dieses witzigen Tools Schritt für Schritt nachvollziehen.

1. Laden Sie die Bilder *Gesicht_1* bis *Gesicht_3*.
2. Wechseln Sie in den Modus *Assistent* ❶.

Abbildung 41.1:
Im Modus ASSISTENT
die Funktion
PHOTOMERGE FACES
auswählen.

Gesicht_1.jpg,
Gesicht_2.jpg,
Gesicht_3.jpg

3. Wählen Sie im Fotobereich ❷ alle Bilder aus, indem Sie z. B. Strg bzw. cmd ⌘ drücken und dann die drei Bilder nacheinander anklicken. Alternativ dazu klicken Sie mit gedrückter ⇧ -Taste auf das erste und danach auf das letzte Bild in der Reihe.

4. Klicken Sie oben auf die Schaltfläche *Photomerge* ❸ und anschließend auf *Photomerge Faces* ❹.

5. Ziehen Sie das Bild *Gesicht_1* ❺ in den Bereich *Endergebnis* ❻.

Grundsätzlich können Sie jedes der Gesichter auf diese Weise als Endergebnis definieren. Idealerweise legen Sie aber das Bild als Endergebnis fest, von dem Sie große Teile im späteren Ergebnis verwenden möchten.

Diesem Bild werden in den nächsten Arbeitsschritten Elemente der anderen Gesichter hinzugefügt.

Abbildung 41.2:
Gesicht_1 als
Endergebnis festlegen.

6. Klicken Sie im Fotobereich auf das Icon von *Gesicht_2* ❼.

Jetzt erscheint das Bild *Gesicht_2* im Bereich *Quelle* ❽.

Es liegt in der Natur der Sache, dass die Gesichter nicht zu 100 % deckungsgleich sind. Unterschiedliche Blickrichtungen und Aufnahmeperspektiven sorgen ebenfalls dafür, dass die Bildinhalte nicht ohne Weiteres zu einer gelungenen Bildcollage kombiniert werden können. Um diese Störfaktoren auszugleichen, müssen die Bilder zunächst einmal aneinander ausgerichtet werden. Zu diesem Zweck können Sie in jedem Bild drei Ausrichtungspunkte festlegen (z. B. beide Augen und die Nasenunterseite). Mit entsprechenden Perspektivenkorrekturen sorgt die Software anschließend dafür, dass z. B. Augen und Nasen aller Bilder deckungsgleich übereinanderliegen.

7. Klicken Sie auf der rechten Seite auf die Schaltfläche *Ausrichtungswerkzeug* ❾, und bewegen Sie den Mauscursor über das linke Bild.

Jetzt erscheinen im linken Bild (Bereich *Quelle*) bzw. in dem Bild, über dem sich der Cursor befindet, jeweils drei Ausrichtungspunkte.

Abbildung 41.5:
Rechts auf die
Schaltfläche
AUSRICHTUNGSWERKZEUG
klicken.

8. Schieben Sie den Ausrichtungspunkt 1 ❿ auf das linke Auge, den Ausrichtungspunkt 2 ⓫ auf das rechte Auge und den Ausrichtungspunkt 3 auf die Unterseite der Nase ⓬.

Abbildung 41.6:
Im Bereich QUELLE die
Ausrichtungspunkte
auf die Augen und
auf das untere Ende
der Nase ziehen.

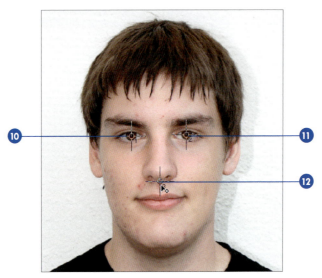

9. Bewegen Sie den Cursor über das rechte Bild (Bereich *Endergebnis*).

10. In diesem Bild erscheinen jetzt ebenfalls drei Ausrichtungspunkte.

11. Schieben Sie den Ausrichtungspunkt 1 auf das linke Auge ⓭, den Ausrichtungspunkt 2 auf das rechte Auge ⓮ und den Ausrichtungspunkt 3 auf die Unterseite der Nase ⓯.

12. Klicken Sie rechts auf die Schaltfläche *Fotos ausrichten*.

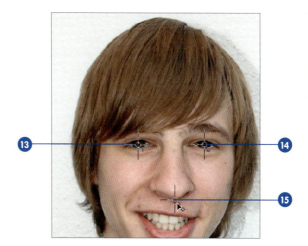

Abbildung 41.7:
Im Bereich ENDERGEBNIS die Ausrichtungspunkte auf die Augen und das untere Ende der Nase ziehen.

Das linke Bild wird dadurch am rechten Bild ausgerichtet und daher etwas verzerrt dargestellt.

Abbildung 41.8:
Rechts auf FOTOS AUSRICHTEN klicken.

13. Klicken Sie im Fotobereich auf das Bild *Gesicht_3*.

Jetzt erscheint das Bild *Gesicht_3* im Bereich *Quelle*. Wenn Sie den Cursor über den Bereich *Quelle* bewegen, werden im hier dargestellten Bild drei Ausrichtungspunkte abgebildet.

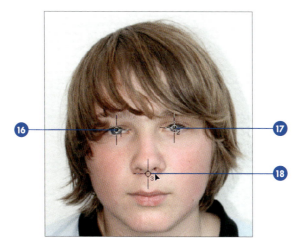

Abbildung 41.9:
Im Bereich QUELLE die Ausrichtungspunkte auf die Augen und das untere Ende der Nase ziehen.

14. Schieben Sie den Ausrichtungspunkt 1 auf das linke Auge , den Ausrichtungspunkt 2 auf das rechte Auge und den Ausrichtungspunkt 3 auf die Unterseite der Nase.

15. Klicken Sie rechts auf die Schaltfläche *Fotos ausrichten*.

Abbildung 41.10:
Auf FOTOS AUSRICHTEN klicken.

657

16. Das linke Bild (*Gesicht_3*) wird nun am rechten Bild ausgerichtet und dabei etwas verzerrt dargestellt.

17. Wählen Sie auf der rechten Seite das Buntstift-Werkzeug  aus.

18. Bewegen Sie den Cursor, ohne zu klicken, über den Bereich *Quelle*.

Jetzt zeigt Ihnen die Software die aktuelle Werkzeugspitzengröße an. Lediglich wenn die Werkzeugspitzengröße zu klein sein sollte, wird noch nichts angezeigt. Verändern Sie in diesem Fall die Werkzeugspitzengröße so, dass diese den zu korrigierenden Dimensionen entspricht. Dazu steht auf der rechten Seite ein Schieberegler zur Verfügung. Sollte auch dann noch nichts angezeigt werden, drücken Sie einmal ⬇ und ändern anschließend die Größe der aktuell eingestellten Werkzeugspitze. Die Werkzeugspitze sollte bei dieser Funktion nicht zu groß gewählt werden. In diesem Beispiel wurde die voreingestellte Werkzeugspitzengröße von 16 Pixeln verwendet.

TIPP ➲ Die Größe der Werkzeugspitze können Sie ablesen, sobald Sie den Schieberegler auf der rechten Seite anklicken.

Im nächsten Arbeitsschritt werden dann im linken Bild (Bereich *Quelle*) die Gesichtspartien markiert, die im Endergebnis verwendet werden sollen.

19. Markieren Sie mit dem Buntstift-Werkzeug  im linken Bild die Augenpartie. Orientieren Sie sich dabei an der Abbildung **19**.

Sobald Sie die Markierung abgeschlossen haben, werden die entsprechenden Bereiche im Endergebnis ersetzt bzw. im rechten Bild dargestellt.

*Abbildung 41.11:
Im Bereich QUELLE den
Bereich markieren, der
im ENDERGEBNIS
auftauchen soll – in
diesem Beispiel die
Augenpartie.*

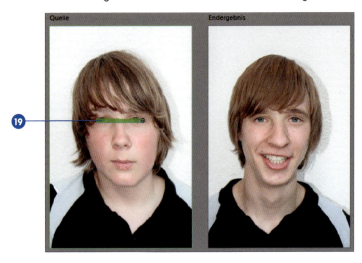

20. Klicken Sie im Fotobereich auf das Bild *Gesicht_2*.

21. Jetzt erscheint das Bild *Gesicht_2* im Bereich *Quelle*.

22. Markieren Sie mit dem Buntstift-Werkzeug im linken Bild die Nasenspitze. Orientieren Sie sich dabei wieder an der Abbildung **20**.

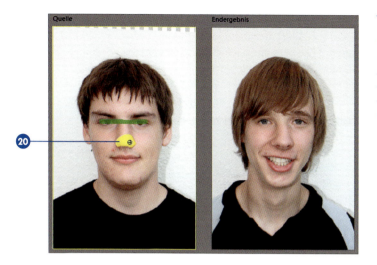

Abbildung 41.12:
Im Bereich QUELLE
den Bereich markie-
ren, der im ENDERGEBNIS
auftauchen soll – in
diesem Beispiel die
Nasenspitze.

Sobald Sie die Markierung abgeschlossen haben, werden die entsprechenden Bereiche im Endergebnis ersetzt bzw. im rechten Bild dargestellt.

Markieren Sie zunächst immer nur kleine Bereiche, und beobachten Sie anschließend die Auswirkung auf das Endergebnis.

Wenn die Reaktion im Endergebnis zu großflächig ausfällt, können Sie mit dem Radiergummi (rechte Seite) Teile der Markierung wieder entfernen. Dabei müssen oftmals nur wenige Pixel der Markierung entfernt werden, um das Ergebnis deutlich zu verbessern. In diesem Fall ist eine kleine Werkzeugspitze meistens einfacher zu steuern. Passen Sie die Werkzeugspitze bzw. die Breite des Radiergummis bei Bedarf in der Optionsleiste entsprechend an.

Abbildung 41.13:
Das Ergebnis.

23. Klicken Sie rechts unten auf *Weiter*, um den Vorgang abzuschließen.
24. Wechseln Sie in den Modus *Experte*.

Das Bedienfeld *Ebenen* zeigt, dass das als Endbild definierte Originalbild *Gesicht_1* die Hintergrundebene bildet. Diese Ebene wird von *Ebene 1* überlagert. *Ebene 1* enthält somit die eben erstellte Version. Da das Originalbild in diesem Zusammenhang nicht mehr benötigt wird, können Sie den Inhalt der Hintergrundebene löschen. Diese Aufgabe übernimmt z. B. der Befehl *Ebene/Mit darunter liegender auf eine Ebene reduzieren*.

Abbildung 41.14: Das gemixte Bild bildet die oberste Ebene.

25. Wählen Sie den Befehl *Ebene/Mit darunter liegender auf eine Ebene reduzieren* aus oder drücken Sie [Strg]+[E].

Durch die Anwendung des Befehls hat der Inhalt der *Ebene 1* (die korrigierte Fassung) den Inhalt der ehemaligen Hintergrundebene komplett überlagert und somit gelöscht.

26. Speichern Sie das Ergebnis über den Befehl *Datei/Speichern* oder *Datei/Speichern unter* in einem Format Ihrer Wahl.

Teil 10

Teil 10:
Panoramabilder und DRI-Montagen erstellen

42 Panoramabilder erstellen

Diese oft auch als Stitching (zu Deutsch »nähen, heften«) bezeichnete Funktion setzt aus mehreren Teilbildern ein nahtloses Panoramabild zusammen. Photoshop Elements arbeitet dabei in drei Schritten. Zunächst werden die vom Anwender ausgewählten Bilder als Ebenen übereinandergestapelt. Anschließend ermittelt das Programm überlappende Bildbereiche und verschiebt bzw. verzerrt sie so, dass sie perfekt übereinanderliegen. Abschließend werden die einzelnen Bilder so ineinandergeblendet, dass die ehemaligen Bildränder nicht mehr zu erkennen sind.

42.1 Photomerge Panorama

Die Funktion zur Erstellung von Panoramabildern ist eines der im Modus *Assistent* verfügbaren Photomerge-Tools. Anhand von sechs Beispielbildern können Sie in der folgenden Erläuterung das Funktionsprinzip Schritt für Schritt nachvollziehen.

**Pano_1.jpg bis
Pano_6.jpg**

1. Öffnen Sie mit dem Befehl *Datei/Öffnen* die Bilder, aus denen Sie ein Panoramabild erstellen wollen (in diesem Fall die Bilder *Pano_1.jpg* bis *Pano_6.jpg*).

2. Wechseln Sie spätestens jetzt in den Modus *Assistent* ❶.

3. Wählen Sie im Fotobereich ❷ alle Bilder aus, indem Sie z. B. ⌨Strg bzw. ⌨cmd ⌘ drücken und dann alle Bilder nacheinander anklicken. Alternativ dazu klicken Sie mit gedrückter ⇧-Taste auf das erste und danach auf das letzte Bild der Reihe.

4. Klicken Sie oben auf die Schaltfläche *Photomerge* ❸ und anschließend auf *Photomerge Panorama* ❹.

Auf der rechten Seite des Fensters können Sie zwischen sechs verschiedenen Berechnungsmethoden (Layouts) wählen ❺. Um den Arbeitsablauf übersichtlich zu gestalten, habe ich die Erläuterungen zu den verschiedenen Berechnungsmethoden (*Layouts*) an das Ende des Abschnitts verlegt.

5. Wählen Sie die gewünschte Berechnungsmethode (*Layout*) **5** – in diesem Fall übernehmen Sie das voreingestellt aktive Layout *Automatisches Panorama*.

Abbildung 42.3:
Hier die Berechnungs-
methode – das Layout
– festlegen.

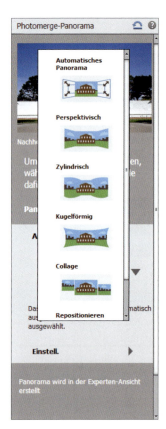

Abbildung 42.4:
Voreingestellt
werden die
einzelnen Bilder
überblendet.

6. Klicken Sie auf *Einstell.* und aktivieren Sie einzelne oder alle an der Unterseite des Fensters angebotenen Optionen **6**.

In diesem Fall übernehmen Sie bitte lediglich die voreingestellt aktivierte Option *Bilder zusammen überblenden.*

Bilder zusammen überblenden

Diese Option sorgt dafür, dass die einzelnen Teilbilder ineinander überblendet werden. Ist diese Funktion nicht aktiv, werden die Einzelbilder einfach nur passend übereinandergelegt. In den meisten Fällen ist es nicht sinnvoll, diese Funktion zu deaktivieren. Wenn Sie z. B. bei Problembildern die Bildübergänge lieber manuell anpassen bzw. retuschieren möchten, könnten Sie an dieser Stelle die »Überblendautomatik« ausschalten.

Vignettierungsentfernung

Entfernt dunkle Bildkanten, die aufgrund von Linsenfehlern oder anderen störenden Einflüssen auftreten.

Korrektur der geometrischen Verzerrung

Diese Option kompensiert tonnen- oder kissenförmige oder fischaugenartige Bildverzerrungen.

Abbildung 42.5:
Rechts unten 7 wird der Berechnungsprozess gestartet.

7. Starten Sie den Berechnungsprozess, indem Sie rechts unten auf die Schaltfläche *Erstellen Sie …* klicken **7**.

Entsprechend dem Hinweis auf der rechten Seite **8** wechselt Photoshop Elements daraufhin automatisch in den Modus *Experte* und erstellt das Panoramabild.

Durch die Panoramamontage ergeben sich in den Randbereichen oftmals transparente Bereiche **9**. Häufig sind diese Problemzonen nur manuell bzw. mit viel Aufwand oder durch ein entsprechendes Freistellen des Bildes zu beseitigen. Wenn es das Motiv hergibt, können Sie sich das Leben einfacher machen, wenn Sie auf das Angebot von Photoshop Elements eingehen und diese Bereiche automatisch auffüllen lassen. Das macht allerdings nur dann Sinn, wenn das Motiv die Sache auch tatsächlich unterstützt. In diesem Fall ist es z. B. nicht sinnvoll, da die Unterseite des Bildes viel zu unterschiedlich strukturiert ist **10** und daher nur ein unbefriedigendes Ergebnis zu erwarten ist.

8. Schließen Sie das Dialogfenster deshalb in diesem Fall durch einen Klick auf die Schaltfläche *Nein* **11**.

Abbildung 42.6:
Kanten des Panoramas
auffüllen?

Abbildung 42.7:
Das erstellte
Panorama.

Wenn Sie an dieser Stelle bereits ein perfektes Ergebnis erzielt haben bzw. mit dem Ergebnis zufrieden sein sollten, können Sie das Panorama-Bild auf Facebook, Flickr oder Twitter hochladen ⑫. Zudem haben Sie die Möglichkeit, das Ergebnis direkt zu speichern ⑬. Außerdem können Sie die Bearbeitung fortsetzen, was in diesem Fall notwendig ist.

9. Klicken Sie dazu auf der rechten Seite auf die Schaltfläche *In Experte* ⑭.

Die Software wechselt daraufhin in den gleichnamigen Programmmodus. Um die Sache übersichtlicher zu gestalten, können Sie nun erst mal alle nicht mehr benötigten Bilder schließen. Achten Sie aber darauf, dass Sie das eigentliche Panoramabild (Dateiname *Unbenanntes_Panorama1*) nicht schließen! Schauen Sie sich anschließend einmal den Aufbau des erstellten Panoramabildes an.

10. Stellen Sie dazu sicher, dass aktuell das Bedienfeld *Ebenen* angezeigt wird (*Fenster/Ebenen*).

Im Bedienfeld *Ebenen* ist zu erkennen, wie die Software vorgegangen ist. Jedes der sechs Bilder wurde auf einer Ebene platziert und mittels Ebenenmaske mit den anderen kombiniert. Die einzelnen Ebenen werden Sie nun im Regelfall nicht mehr benötigen. Am komfortabelsten werden Sie diese los, indem Sie das Bild auf eine Hintergrundebene reduzieren.

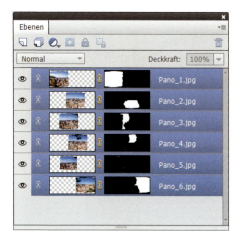

Abbildung 42.8:
Das Ergebnis im
Bedienfeld EBENEN.

11. Wählen Sie dazu den Befehl *Ebene/Auf Hintergrundebene reduzieren* aus.

Die transparenten Bereiche werden dabei von Photoshop Elements automatisch mit der aktuell eingestellten Hintergrundfarbe gefüllt **15**. Das ist aber in diesem Fall nicht von Bedeutung, da diese Bereiche entweder abgeschnitten oder retuschiert werden.

Abbildung 42.9:
Die transparenten
Randbereiche wurden
durch die Reduktion
auf eine Hintergrund-
ebene mit der aktuell
eingestellten Hinter-
grundfarbe gefüllt.

12. Ziehen Sie mit dem Freistellungswerkzeug ⌗ einen Rahmen um das Bild.

Achten Sie dabei darauf, dass sich an der Unterseite alle mit der Hintergrundfarbe gefüllten Bildbereiche außerhalb des Rahmens befinden. Im Bereich des Himmels ist das hingegen nicht so problematisch, da solche Bereiche relativ einfach retuschiert werden können.

Abbildung 42.10:
Mit dem Freistellungs-
werkzeug einen
Rahmen aufziehen.

Abbildung 42.11:
Das Bild mit einem
Klick auf das grüne
Häkchen freistellen.

13. Stellen Sie das Bild abschließend mit ⏎ frei oder klicken Sie auf das grüne Häkchen.

Mehr Infos zum Freistellen bzw. Beschneiden von Bildern finden Sie in Kapitel 14 »Bildausschnitt und schiefe Bilder korrigieren«.

Abbildung 42.12:
Das freigestellte
Panoramabild.

14. Wählen Sie jetzt die noch verbliebenen Lücken bzw. die mit der Hintergrundfarbe gefüllten Bereiche aus.

In diesem Fall geht es lediglich um die linke obere Ecke **16**. Diese kann problemlos (z. B. mit dem Polygon-Lasso) ausgewählt werden. Je nach Motiv können Sie solche Bereiche anschließend sehr bequem mithilfe einer sensitiven Füllung korrigieren.

Ansonsten verwenden Sie eines der Retuschewerkzeuge. Mehr Informationen dazu finden Sie in Kapitel 13 »Retuschieren«.

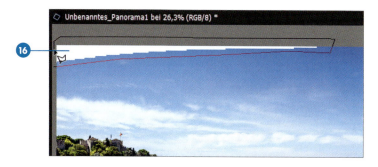

15. Wählen Sie in diesem Fall den Befehl *Bearbeiten/Auswahl füllen*.

16. Stellen Sie sicher, dass im sich dann öffnenden Dialogfenster *Verwenden* der Modus *Inhaltssensitiv* ⑰ eingestellt ist.

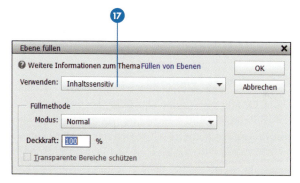

Abbildung 42.14:
Die Auswahl mit
diesen Einstellungen
füllen.

Abbildung 42.15:
Inhaltssensitive Füllung
zum Retuschieren.

Rechts unten ist zudem noch ein kleiner Abschnitt eines Geländers zu erkennen. Dieser Teil kann ebenfalls sehr schnell retuschiert werden – z. B. mit dem Kopierstempel ⚘. Mehr Informationen dazu finden Sie in Kapitel 13 »Retuschieren«.

Bei kleineren Zoomstufen sind eventuell kleine Risse im errechneten Panoramabild zu erkennen. Dabei handelt es sich um Darstellungsfehler, die nur in Photoshop Elements zu sehen sind. Sobald Sie an einen solchen »Riss« heranzoomen (spätestens bei Zoomstufe 100 %), verschwindet er. Beim Ausdruck oder bei der Wiedergabe in anderen Programmen (z. B. Windows Fotogalerie) tauchen die Risse nicht auf.

42.2 Layouts

Photoshop Elements erstellt Panoramabilder auf Basis sogenannter Layouts **5** (Berechnungsmethoden). Im Folgenden werden die sieben verschiedenen Layouts erläutert.

Automatisches Panorama

Diese Option verwendet entweder ein perspektivisches, kugelförmiges oder zylindrisches Layout. Welches der beiden Layouts verwendet wird, entscheidet das Programm automatisch nach einer Analyse der vorliegenden Bilder.

Perspektivisch

Diese Layout-Variante legt eines der Teilbilder als Referenzbild fest. Die anderen Bilder werden durch Neigung oder Dehnung an das Referenzbild angepasst. Diese Methode kann zu starken Verzerrungen führen (bei vier oder mehr Teilbildern).

Zylindrisch

Erzeugt weniger starke Verzerrungen, indem die Bilder wie auf einen auseinandergeklappten Zylinder projiziert werden. Dabei wird jedes Einzelbild entsprechend gewölbt.

Kugelförmig

Kombiniert die einzelnen Bilder so, als sollten die Innenseiten einer virtuellen Kugel damit überzogen werden. Eignet sich besonders gut für 360-Grad-Panoramen.

Collage

Dieses Layout richtet die Bilder aus und ordnet überlappende Inhalte einander zu, wobei es Bildinhalte transformiert (dreht oder skaliert), ohne diese dabei zu verzerren. Wenn sich die einzelnen Bilder zu wenig überlappen, hat dieses Layout so seine Probleme (siehe rechte Seite des Panoramas).

Repositionieren

Die Einzelbilder werden skaliert und gedreht. Die Perspektive der Einzelbilder wird allerdings nicht angepasst bzw. korrigiert. Daher ist diese Option weniger für Panoramen, sondern vielmehr für Collagen geeignet.

Tipps für das Fotografieren von Panoramabildern

- Möglichst im manuellen Modus fotografieren, denn der Automatikmodus kann je nach Motiv zu Farb- und Helligkeitsunterschieden in den Einzelbildern führen.
- Autofokus deaktivieren, um bei allen Bildern eine identische Schärfesituation zu erreichen.
- Bei Verwendung eines Zoomobjektivs eine Brennweite für alle Aufnahmen verwenden – also nicht ein- oder auszoomen.
- Alle Bilder mit der gleichen Blende aufnehmen, da die Teilbilder ansonsten eine unterschiedliche Schärfentiefe aufweisen.
- Auf eine genügend große Überlappung der Bilder achten. Die Bilder sollten sich um mindestens 40 % überlappen. Eine zu große Überlappung (70 % und mehr) sollten Sie hingegen vermeiden, da ansonsten Probleme beim Überblenden der Bilder auftreten können.

Wenn Sie bei der Aufnahme kein Stativ mit Wasserwaage verwendet haben, ist der Horizont im Panoramabild oftmals ein wenig schief. Mit dem Geradeausrichten-Werkzeug ⌂ ist das aber sehr schnell korrigiert.

43 DRI-Technik

Ziel der DRI-Technik (**D**ynamic **R**ange **I**ncrease) ist es, unterschiedlich belichtete Aufnahmen eines Motivs zu einer idealen Aufnahme zu mischen. Damit die Sache klappt, sollten Sie vor Ort von einem Stativ oder von einem Stativersatz (Autodach, Mauer etc.) das Motiv mit unterschiedlichen Belichtungseinstellungen fotografieren. Im Idealfall sollten sich die Bildausschnitte gleichen wie ein Ei dem anderen.

Alle digitalen Spiegelreflexkameras und viele digitale Kompaktkameras bieten in diesem Zusammenhang eine sogenannte AEB-Funktion (**A**uto **E**xposure **B**racketing). Mit dieser Funktion kann eine solche Belichtungsreihe vollautomatisch erstellt werden. In Photoshop Elements lassen sich diese Aufnahmen dann automatisch, halb automatisch oder manuell zu einem optimierten Gesamtbild mischen.

43.1 Automatische DRI-Montage

Mit *Photomerge Exposure* können Sie unterschiedlich belichtete Aufnahmen eines Motivs zu einem optimal belichteten Foto kombinieren. Sie können die Vorgehensweise anhand der drei hier abgebildeten Fotos ausprobieren.

Die Bilder zeigen den römischen Trevi-Brunnen. Der Brunnen ist eine der populärsten Sehenswürdigkeiten der italienischen Hauptstadt und ständig von Touristen umringt. Lediglich nachts bzw. in den frühen Morgenstunden ist der kleine Platz vor dem Brunnen menschenleer. Aber auch hier ist das Zeitfenster für Fotos begrenzt, da die römische Stadtreinigung ihrem Job bereits in aller Herrgottsfrühe nachgeht und sich dabei sehr intensiv dem Brunnen und den anliegenden Flächen widmet.

Abbildung 43.1:
Im Bild Fontana di Trevi_1.jpg ist die Brunnenbeleuchtung in Ordnung, aber Vordergrund und Fassade sind verhältnismäßig dunkel ausgefallen.

Abbildung 43.2:
In diesem Bild (Fontana di Trevi_2.jpg) ist die Fassade deutlich heller, der Brunnen aber zu hell bzw. überstrahlt und der Vordergrund nach wie vor zu dunkel.

*Abbildung 43.3:
Im Gegensatz zu den
anderen beiden
Bildern ist beim dritten
Bild der Vordergrund
(Betonpoller und
Kopfsteinpflaster)
ausreichend hell
ausgefallen.*

1. Öffnen Sie mit *Datei/Öffnen* die Bilder, die Sie für die DRI-Montage verwenden wollen (in diesem Fall die Bilder *Fontana di Trevi_1.jpg* bis *Fontana di Trevi_3.jpg*).

*Abbildung 43.4:
Die Bilder Fontana di
Trevi_1.jpg bis
Fontana di Trevi_3.jpg
öffnen.*

2. Wechseln Sie spätestens jetzt in den Modus *Assistent* **1**.

3. Wählen Sie im Fotobereich **2** alle Bilder aus, indem Sie z. B. Strg bzw. cmd ⌘ drücken und dann alle Bilder nacheinander anklicken. Alternativ dazu klicken Sie mit gedrückter ⇧-Taste auf das erste und danach auf das letzte Bild der Reihe.

4. Klicken Sie oben auf die Schaltfläche *Photomerge* **3** und anschließend auf *Photomerge Exposure* **4**.

Abbildung 43.5:
Im Modus ASSISTENT
die Funktion
PHOTOMERGE EXPOSURE
auswählen.

Einfaches Überblenden

Dieser Modus arbeitet vollautomatisch. Einstellungsmöglichkeiten gibt es daher keine. Die auf Basis der gewählten Bilder berechnete Neubelichtung des Motivs wird unmittelbar nach Auswahl der Option angezeigt.

Wählen Sie die Option *Einfaches Überblenden* aus. Für eine Automatik ist das Ergebnis in diesem Fall ganz in Ordnung.

Abbildung 43.6:
Das Ergebnis der
Option EINFACHES
ÜBERBLENDEN.

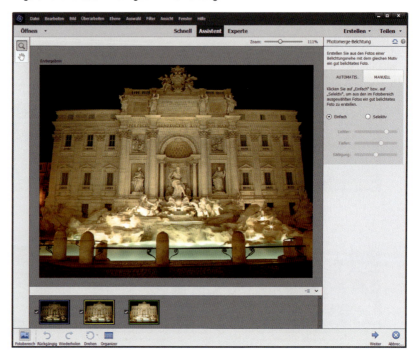

Selektives Überblenden

Dieser Modus arbeitet halb automatisch. Die auf Basis der gewählten Bilder berechnete Neubelichtung des Motivs wird unmittelbar nach Auswahl der Option angezeigt. Allerdings können Sie das Ergebnis in einem bestimmten Rahmen über die drei Parameter *Lichter*, *Tiefen* und *Sättigung* steuern.

Tabelle 43.1:
Parameter der
Funktion SELEKTIV.

Lichter	Strukturen und Zeichnung in den hellen Bereichen herausarbeiten oder reduzieren.
Tiefen	Mitteltöne und dunkle Stellen aufhellen oder abdunkeln.
Sättigung	Farbintensität verstärken oder abschwächen.

1. Wählen Sie die Option *Selektiv* aus.
2. Stellen Sie die drei Parameter Ihren Vorstellungen entsprechend ein.

43.2 Halb automatische DRI-Montage

Um größeren Einfluss auf das Endergebnis nehmen zu können, bietet die Funktion einen sogenannten manuellen Modus. Obwohl der Anwender bei dieser Funktion Einfluss auf das Gesamtergebnis nehmen kann, entspricht der Ablauf eher einer »Halbautomatik«.

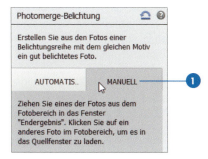

*Abbildung 43.8:
Auf das Register
MANUELL klicken.*

1. Klicken Sie auf das Register *Manuell* **1**.
2. Ziehen Sie das Bild *Fontana di Trevi_1.jpg* in den Bereich *Endergebnis* **2**.

Die Namen der Bilder werden Ihnen als kleine QuickInfos angezeigt, wenn Sie die Maus über einem Bild im Fotobereich ruhen lassen.

Grundsätzlich können Sie jedes der Bilder auf diese Weise als Endergebnis definieren. Idealerweise legen Sie aber das Bild, von dem Sie große Teile im späteren Ergebnis verwenden möchten, als *Endergebnis* fest. Diesem Bild werden in den nächsten Arbeitsschritten Bereiche der anderen Bilder hinzugefügt.

 Bilder, die nicht zu 100 % deckungsgleich sind, müssen zunächst einmal aneinander ausgerichtet werden. Entsprechende Funktionen finden Sie unter *Erweiterte Optionen*. Mehr zum Thema »Ausrichten« erfahren Sie in Kapitel 41 »Lustiges Gesichtermixen«.

3. Klicken Sie im Fotobereich auf das Icon von *Fontana di Trevi_3.jpg* **3**.

Spätestens jetzt erscheint das Bild *Fontana di Trevi_3.jpg* im Bereich *Quelle* **4**.

4. Wählen Sie auf der rechten Seite den Buntstift ✏ aus **5**.

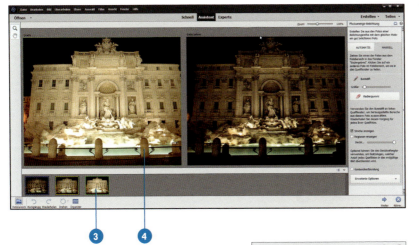

Abbildung 43.10:
Im nächsten Schritt
wird das linke Bild
»übermalt«.

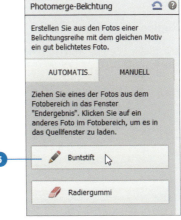

Abbildung 43.11:
Den Buntstift
auswählen.

5. Bewegen Sie den Cursor, ohne zu klicken, über den Bereich *Quelle*.

Jetzt zeigt Ihnen die Software die aktuelle Werkzeugspitzengröße an. Sollte das nicht der Fall sein, drücken Sie einmal ⏷. Die Werkzeugspitze sollte bei dieser Funktion nicht zu groß gewählt werden. In diesem Beispiel wurde die voreingestellte Werkzeugspitzengröße von 15 Pixeln verwendet. Den Wert können Sie im rechten Bereich des Fensters bei Bedarf mittels des Schiebereglers *Größe* anpassen ❻.

Abbildung 43.12:
Über den Schiebe-
regler kann die
Werkzeugspitzen-
größe eingestellt
werden.

Mit einem Klick auf den Schieberegler *Größe* **6** können Sie sich die Werkzeugspitzengröße in Pixeln anzeigen lassen.

Im nächsten Arbeitsschritt werden im linken Bild (Bereich *Quelle*) die Bildbereiche markiert, die im Endergebnis verwendet werden sollen. In diesem Fall sind das die Betonpoller und das Kopfsteinpflaster.

6. Markieren Sie im linken Fenster mit dem Buntstift 🖊 die Bildbereiche, die Sie in den Bereich *Endergebnis* (rechtes Bild) übertragen möchten. In diesem Beispiel reicht es aus, wenn Sie jeweils einen kurzen Strich über jeden Poller bzw. das Kopfsteinpflaster ziehen **7**.

Striche anzeigen **8**

Diese Option sorgt voreingestellt dafür, dass die mit dem Buntstift 🖊 markierten Bereiche in den Quellbildern angezeigt werden.

Regionen anzeigen **9**

Mit dieser Option können Sie sich einen Überblick darüber verschaffen, welche Regionen des Endbildes durch Bereiche anderer Bilder ersetzt wurden.

Abbildung 43.13: Jeweils einen Strich über das Kopfsteinpflaster und jeden Betonpoller ziehen.

Abbildung 43.14:
Angezeigte Regionen.

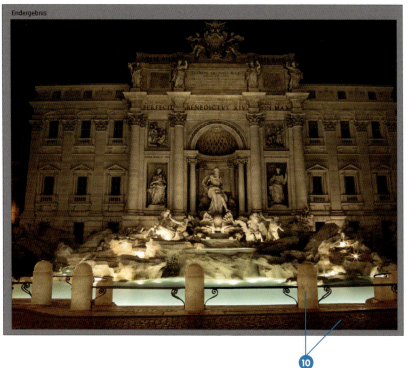

Abbildung 43.15:
Auf der rechten
Seite bzw. im Bereich
ENDERGEBNIS sind die so
markierten Bereiche
(Poller, Kopfstein-
pflaster) bereits zu
erkennen bzw. deutlich
heller **10**.

In vielen Fällen reicht eine grobe Markierung völlig aus. Sollte Photoshop Elements anschließend auch benachbarte und damit unerwünschte Bereiche mit in das Endbild übertragen, machen Sie den Vorgang mit Strg+Z bzw. cmd ⌘+Z rückgängig. Wiederholen Sie den Vorgang anschließend mit

einer deutlich kleineren Werkzeugspitze. Alternativ können Sie auch das unter dem Buntstift ✏ abgebildete Radiergummi-Werkzeug ✐ auswählen und damit etwas von der Markierung entfernen.

7. Klicken Sie im Fotobereich auf das Icon von *Fontana di Trevi_2.jpg* ⑪.

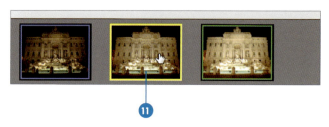

Jetzt erscheint das Bild *Fontana di Trevi_2.jpg* im Bereich *Vordergrund*. Aus diesem Bild soll die hellere Fassade verwendet werden.

8. Markieren Sie mit dem Buntstift ✏ die Fassade im Bereich *Quelle*. Orientieren Sie sich dabei an der Abbildung ⑫.

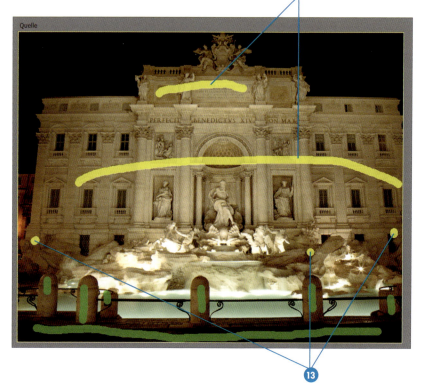

In diesem Bild sind die hellen Bereiche des Brunnens stark überstrahlt und weisen daher in den Lichtern kaum noch Zeichnung auf. Diese Bereiche sollen daher nicht in das Endergebnis übernommen werden. Um das zu verhindern, habe ich die unteren Bereiche der Fassade lediglich mit drei kleinen Punkten »markiert« **13**.

Abbildung 43.18: Auf der rechten Seite bzw. im Bereich ENDERGEBNIS erscheint die Fassade nun deutlich heller.

Kantenüberblendung

Je nach Motiv können hier und da verpixelte oder unsaubere Kanten auftauchen. Mit der Funktion *Kantenüberblendung* können Sie versuchen, die Sache bereits an dieser Stelle in den Griff zu bekommen.

In den meisten Fällen ist es allerdings sinnvoller, die Kanten mit den Retuschewerkzeugen Kopierstempel ⚒, Reparatur-Pinsel ✏ und Bereichsreparatur-Pinsel ✏ zu optimieren.

9. Klicken Sie abschließend rechts unten auf *Weiter*.

Wenn Sie an dieser Stelle bereits ein perfektes Ergebnis erzielt haben bzw. mit dem Ergebnis zufrieden sein sollten, können Sie das Bild auf Facebook, Flickr oder Twitter hochladen **14**. Zudem haben Sie die Möglichkeit, das Ergebnis direkt zu speichern **15**. Außerdem können Sie die Bearbeitung fortsetzen.

10. Klicken Sie dazu auf der rechten Seite auf die Schaltfläche *In Experte* 16.

Abbildung 43.19:
Teilen, Speichern oder
die Bearbeitung
fortsetzen.

Im Bedienfeld *Ebenen* werden nun zwei Ebenen dargestellt. Die obere der beiden Ebenen stellt dabei das Montagergebnis dar. Die Hintergrundebene enthält hingegen das zuvor im Bereich *Hintergrund* platzierte Bild (hier *Fontana di Trevi_1.jpg*). Beenden Sie die Montage, indem Sie das Bild auf eine Ebene reduzieren und so das Hintergrundbild überschreiben.

Abbildung 43.20:
Das Montagergebnis
liegt auf Ebene 1.

11. Wählen Sie dazu den Befehl *Ebene/Sichtbare auf eine Ebene reduzieren.*

43.3 Manuelle DRI-Montage

Wenn Sie nicht so gern mit einer Automatik bzw. Halbautomatik wie Photomerge-Belichtung arbeiten, steht Ihnen auch eine rein manuelle Alternative zur Verfügung. In diesem Beispiel erzeugen Sie anhand der gleichen Bilder eine rein manuelle DRI-Montage.

1. Laden Sie die drei Dateien *Fontana di Trevi_1.jpg, Fontana di Trevi_2.jpg* und *Fontana di Trevi_3.jpg*.

2. Wählen Sie den Befehl *Fenster/Bilder/Nebeneinander*.

Abbildung 43.21: Mit dem Befehl FENSTER/BILDER/ NEBENEINANDER werden die drei Bilder gleichzeitig dargestellt.

Fontana di Trevi_1.jpg
bis
Fontana di Trevi_3.jpg

Der Befehl *Fenster/Bilder/Nebeneinander* steht nur dann zur Verfügung, wenn in den Programmvoreinstellungen (*Bearbeiten/Voreinstellungen/Allgemein*) die Option *Floating-Dokumente im Editormodus zulassen* aktiviert ist.

◖INFO

3. Wählen Sie im Werkzeugbedienfeld das Verschieben-Werkzeug ⊹ aus oder drücken Sie einfach Ⓥ.

4. Ziehen Sie mit ⇧ das nicht ganz so dunkle Bild *Fontana di Trevi_2.jpg* über das sehr dunkle Bild *Fontana di Trevi_1.jpg*.

5. Stellen Sie sicher, dass nach wie vor das Verschieben-Werkzeug ⊹ ausgewählt ist.

6. Drücken Sie ⇧ und ziehen Sie das Bild *Fontana di Trevi_3.jpg* ebenfalls in das Bild *Fontana di Trevi_1.jpg*.

7. Schließen Sie jetzt der Übersichtlichkeit halber die beiden Fenster *Fontana di Trevi_2.jpg* und *Fontana di Trevi_3.jpg*.

8. Wählen Sie das Zoom-Werkzeug ⚲ aus, und klicken Sie in der Optionsleiste auf *Ausfüllen*.

9. Aktivieren Sie das Schnellauswahl-Werkzeug ⚲ .

10. Stellen Sie in der Optionsleiste des Schnellauswahl-Werkzeugs 🔍 eine Werkzeugspitzengröße von ca. 34 Pixeln ein **1**.

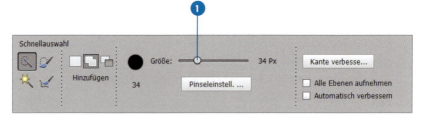

Sie werden sich nun von oben nach unten durch den Ebenenstapel arbeiten. Dabei werden Sie gezielt Bildbereiche auswählen, um auf der Basis dieser Auswahlen bestimmte Elemente zu maskieren.

11. Stellen Sie sicher, dass die oberste Ebene (*Ebene 2*) ausgewählt ist.

12. Wählen Sie den Brunnen und die Fassade aus **2**.

Achten Sie dabei darauf, dass die im Vordergrund befindlichen Objekte (Betonpoller, Kopfsteinpflaster etc.) nicht versehentlich ausgewählt werden **3**.

13. Invertieren Sie die Auswahl (*Auswahl/Auswahl umkehren*).

14. Klicken Sie in den Werkzeugoptionen des Schnellauswahl-Werkzeugs 🔍 auf die Schaltfläche *Kante verbessern*.

15. Stellen Sie im gleichnamigen Dialogfenster eine *Weiche Kante* von 2 Pixeln **4** ein.

16. Wählen Sie im Pull-down-Menü *Ausgabe an* den Eintrag *Ebenenmaske* **5**.

17. Schließen Sie das Fenster *Kante verbessern* mit OK.

Abbildung 43.24:
Brunnen und Fassade
auswählen.

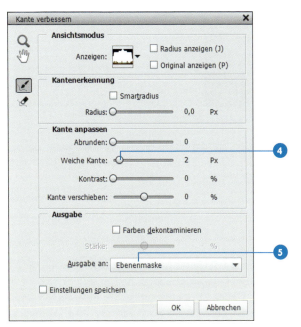

Abbildung 43.25:
Um harte Übergänge
zu vermeiden, wird
eine weiche Auswahl-
kante eingestellt.

Abbildung 43.26:
Die obere Ebene
enthält jetzt eine
Ebenenmaske.

Somit werden von der oberen Ebene nur noch der unmittelbare Vordergrund (Betonpoller, Kopfsteinpflaster etc.) und der Nachthimmel verwendet. Da beim Fotografieren der Bilder ein Stativ verwendet wurde, sind die drei Ebenen deckungsgleich. Aus diesem Grund können Sie die gleiche Auswahl verwenden, um die Bearbeitung auf der mittleren Ebene fortzusetzen.

Abbildung 43.27:
Mit Strg *bzw.*
cmd ⌘ *auf die*
Ebenenmaske klicken.

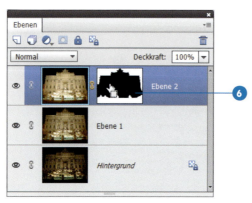

18. Laden Sie die letzte (in der Ebenenmaske gespeicherte) Auswahl erneut, indem Sie im Bedienfeld *Ebenen* mit Strg bzw. cmd ⌘ auf das Symbol der Ebenenmaske klicken **6**.

19. Invertieren Sie die Auswahl (*Auswahl/Auswahl umkehren*).

20. Wählen Sie im Bedienfeld *Ebenen* die mittlere Ebene (*Ebene 1*) aus.

21. Aktivieren Sie das Schnellauswahl-Werkzeug ✎.

Aktuell umfasst die Auswahl sowohl die Fassade als auch den Brunnen. Da der Brunnen auf dieser Ebene zu hell ist, soll er nicht in das Gesamtergebnis einfließen. Daher ist es notwendig, die Auswahl auf den Bereich des Brunnens zu reduzieren und diesen dann mithilfe einer Ebenenmaske auszublenden. Um etwas von der bestehenden Auswahl abziehen zu können, müssen Sie das Schnellauswahl-Werkzeug ✎ in den entsprechenden Modus schalten. Das machen Sie am besten mit Alt.

22. Halten Sie [Alt] gedrückt, und übermalen Sie nun die Fassade **7**.

Achten Sie dabei darauf, dass der Brunnen und die im Vordergrund befindlichen Objekte (Betonpoller, Kopfsteinpflaster etc.) nicht versehentlich übermalt werden.

23. Wählen Sie den Befehl *Ebenen/Ebenenmaske/Auswahl ausblenden*.

Der Brunnen dieser Ebene wird entsprechend ausgeblendet. Da Sie zuvor auch den Brunnen (inklusive Fassade) der oberen Ebene mittels Ebenenmaske ausgeblendet haben, wird im Gesamtergebnis nun der dezent beleuchtete Brunnen der unteren Ebene sichtbar.

Abbildung 43.29:
Ebene 1 enthält nun
ebenfalls eine
Ebenenmaske.

Das Ergebnis enthält jetzt Komponenten aus allen drei Bildern. Nachthimmel und Vordergrund (Betonpoller, Kopfsteinpflaster) entstammen dem Bild *Fontana di Trevi_3.jpg*. Die Fassade wurde dem Bild *Fontana di Trevi_2.jpg* entnommen, und der dezent beleuchtete Brunnen entstammt dem ersten Bild (*Fontana di Trevi_1.jpg*).

Abbildung 43.30:
Ergebnis.

24. Fassen Sie abschließend die drei Ebenen zusammen (*Ebene/Auf Hintergrundebene reduzieren*).

Teil 11

Teil 11:
Text und Grafiken

44 Textfunktionen

Wenn Sie in Photoshop Elements einen Text erstellen möchten, wird dieser automatisch auf einer sogenannten Textebene angelegt – im Bedienfeld *Ebenen* an einem großen *T* zu erkennen. Dabei können Sie selbstverständlich aus verschiedenen Schriftarten wählen, die Schriftgröße anpassen und die Schriftfarbe nach Wunsch festlegen. Die klassischen Zeichenformatierungsfunktionen wie Fett, Kursiv und Unterstrichen stehen ebenfalls zur Verfügung. Erstellte Texte können Sie jederzeit wieder überarbeiten. Lediglich ab einem gewissen Punkt – etwa dann, wenn Sie den Text mit einem Filter versehen haben – ist eine Nachbearbeitung nicht mehr möglich. Diesen Aspekt können Sie aber zunächst einmal vernachlässigen – mehr dazu erfahren Sie am Ende dieses Kapitels.

44.1 Die verschiedenen Textwerkzeuge

Die Textwerkzeuge des Programms können mit dem Tastenkürzel T ausgewählt werden. Dabei stellt Ihnen Photoshop Elements für horizontalen ❶ und vertikalen Text ❷ jeweils ein eigenes Textwerkzeug (T und ⬐T) zur Verfügung. Das Funktionsprinzip ist bei beiden Werkzeugen identisch. Die folgenden Erläuterungen beschränken sich daher auf das gebräuchlichere horizontale Textwerkzeug T . Im gleichen »Fach« des Werkzeugbedienfelds bzw. in der Werkzeugoptionsleiste der Textwerkzeuge finden sich zudem zwei Textmaskierungswerkzeuge ⬚T und ⬐T . Damit lassen sich Auswahlen in Textform erstellen. Mit den drei anderen Textwerkzeugen ⬚T , ⬚T , T können Sie Text an Auswahlen, Formen oder eigene Pfade anpassen.

Abbildung 44.1: Horizontaler und vertikaler Text.

44.2 Werkzeugoptionen

Die Textwerkzeuge können über eine Vielzahl von Werkzeugoptionen an die
jeweiligen Anforderungen angepasst werden.

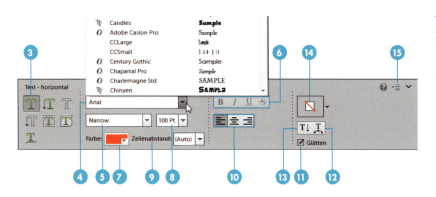

*Abbildung 44.2:
Die Werkzeugoptions-
leiste der Textwerk-
zeuge.*

3	Textwerkzeuge	siehe Erläuterungen am Kapitelanfang
4	Schriftfamilie	Eventuell kommt Ihnen der Begriff »Familie« in diesem Zusammenhang etwas ungewöhnlich vor. Tatsächlich handelt es sich dabei aber um einen Fachbegriff. Mit dieser Funktion wählen Sie praktisch die gewünschte Schriftart aus.
5	Schriftschnitt	Viele Schriftfamilien bzw. Schriftarten werden in verschiedenen Variationen (Schriftschnitten) angeboten – dazu gehören z. B. kursive Schnitte. Wenn die zuvor gewählte Schriftfamilie unterschiedliche Variationen unterstützt, können Sie diese hier auswählen (siehe Abschnitt »Schrifteigenschaften festlegen«).
6	Faux-Schrift-schnitte	Die vier Schaltflächen stellen jeweils einen Schriftschnitt zur Verfügung: fett, kursiv, unterstrichen und durchgestrichen (siehe Abschnitt »Schrifteigenschaften festlegen«).
7	Textfarbe einstellen	Wenn Sie auf die Farbfläche klicken, erscheint anschließend der Farbwähler. Hier können Sie dann die gewünschte Textfarbe einstellen.
8	Schriftgröße (Schriftgrad)	Die Schriftgröße wird von Photoshop Elements voreingestellt in *Punkt* (Pt) verwaltet. Die Maßeinheit ist eine der traditionellen Maßeinheiten für die Schriftgröße. Alternativ stehen darüber hinaus noch die Einheiten *Pixel* und *Millimeter* zur Verfügung. In den Programmvoreinstellungen können Sie die gewünschte Einheit einstellen. Wählen Sie dazu den Befehl *Bearbeiten/Voreinstellungen/Einheiten und Lineale*, und stellen Sie hier die Maßeinheit bei *Text* um.
9	Zeilenabstand einstellen	Der Zeilenabstand wird zunächst vollautomatisch eingestellt (*Auto*). Wenn Sie den Wert ändern möchten, können Sie ihn hier eingeben bzw. im Drop-down-Menü anklicken.
10	Text ausrichten (Absatz-formatierung)	Über die drei Schaltflächen dieser Funktion können Sie Ihre Texte links-, rechtsbündig oder zentriert ausrichten. Die Ausrichtung bezieht sich dabei auf den Bereich des Textrahmens (siehe Abschnitt »Schrifteigenschaften festlegen«).
11	Glätten	Sorgt für glatte Schriftkanten und verbessert auf diese Weise die Lesbarkeit der Schrift. Das ist insbesondere bei sehr kleinen Schriftgrößen zu empfehlen.
12	Verkrümmten Text erstellen	Verformt den Text auf vielfältige Art und Weise. In diesem Zusammenhang gibt es zwei wichtige Einschränkungen: Mit dieser Funktion wird stets der gesamte Text einer Textebene verformt. Schriften, die den Schriftschnitt *Faux-Fett* enthalten, können mit dieser Funktion nicht bearbeitet werden.
13	Textausrichtung ändern	Schaltet zwischen horizontaler und vertikaler Textausrichtung hin und her.
14	Textstile	Diese Funktion stellt Effekte zur Verfügung, mit denen Sie Ihre Schriften mit Konturen, plastischen Kanten, Schatten und/oder Farb- und Musterfüllungen versehen können.
15	Werkzeug zurücksetzen / Alle Werkzeuge zurücksetzen	Setzt das Textwerkzeug oder wahlweise alle Werkzeuge auf die »Werkseinstellungen« zurück.

44.3   Einzeiligen Text erstellen

Diese Textfunktion ist für die Eingabe kleiner Textmengen vorgesehen, daher wird der eingegebene Text auch nicht automatisch in einer weiteren Zeile fortgesetzt (umbrochen). Nutzen Sie dieses Werkzeug immer dann, wenn Sie einzelne Buchstaben oder Zahlen bzw. wenige Wörter in eine Zeile schreiben möchten. Selbstverständlich können Sie den Zeilenumbruch auch manuell vornehmen und auf diese Weise mehrere Zeilen schreiben. Wenn Sie mehrzeiligen Text eingeben möchten, ist es allerdings bequemer, Sie erstellen einen sogenannten Absatztext (siehe Abschnitt 44.4 »Absatztext erstellen«).

Einfügemarke platzieren

1. Wählen Sie im Werkzeugbedienfeld das horizontale Textwerkzeug T . Sobald Sie den Cursor über dem Bild platzieren, erscheint der Textcursor.

2. Klicken Sie in dem Bild auf die Stelle, an der der Text beginnen soll.

Abbildung 44.3: Der Textcursor.

An dieser Stelle ist jetzt ein blinkender Strich zu erkennen. Es handelt sich dabei um die sogenannte Einfügemarke. Wahrscheinlich ist Ihnen das Symbol bereits durch die Arbeit mit einem Textverarbeitungsprogramm geläufig. An dieser Position wird der von Ihnen eingegebene Text eingefügt. An der Länge des Strichs können Sie bereits die Schriftgröße (auch Schriftgrad genannt) erahnen. Wenn Ihnen der Strich zu lang oder zu kurz bzw. die Schriftgröße unpassend erscheint, sollten Sie sich zunächst darum kümmern.

Schrifteigenschaften festlegen

1. Stellen Sie in der Werkzeugoptionsleiste (siehe Abbildung 44.2) die gewünschte Schriftgröße ein.

Alternativ können Sie dazu auch auf Tastenkürzel zurückgreifen.

Funktion	Windows	Mac
Schriftgröße des aktuell ausgewählten Textes vergrößern	⇧ + Strg + W	⇧ + cmd ⌘ + W
Schriftgröße des aktuell ausgewählten Textes verkleinern	⇧ + Strg + A	⇧ + cmd ⌘ + A

Tabelle 44.2: Tastenkürzel zur Schriftgrößenanpassung.

Klicken Sie dazu entweder auf den kleinen Pfeil, um anschließend im Fly-out-Menü auf die gewünschte Größe zu klicken, oder geben Sie den entsprechenden Wert einfach in das Textfeld ein. Wenn Sie schon einmal dabei sind, können Sie sich auch gleich noch Gedanken über die Farbe machen. Laut Voreinstellung wird der Text in der aktuellen Vordergrundfarbe geschrieben. Wenn Sie diese ändern möchten, können Sie das wie gewohnt durch einen Klick auf die Farbtafel der Vordergrundfarbe machen. Da Sie aber aktuell sowieso in der Werkzeugoptionsleiste zu tun haben, können Sie die Farbe auch gleich hier einstellen.

2. Klicken Sie in der Werkzeugoptionsleiste auf die Farbanzeige **1** und anschließend auf die gewünschte Farbe **2**.

Neben der Auswahl eines anderen Farbfelds haben Sie hier zudem die Möglichkeit, auf den Farbwähler zuzugreifen. Klicken Sie dazu auf das kleine Icon **3**.

Abbildung 44.4:
Farbwahl in den
Werkzeugoptionen.

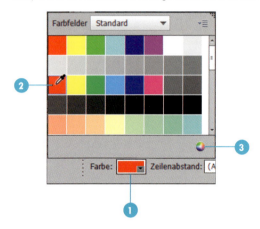

Neben den Einstellungsmöglichkeiten im Farbwähler können Sie auch eine Farbe den aktuell in Photoshop Elements geöffneten Bildern entnehmen. Gehen Sie dazu mit dem Mauszeiger einfach über den Rand des Farbwählers hinweg. Auf diese Weise wird er zu einer Pipette. Klicken Sie damit auf den Bildbereich mit der gewünschten Farbe. Diese wird daraufhin vom Farbwähler übernommen.

Bevor es mit dem Schreiben losgeht, sollten Sie einen Blick auf die aktuell gewählte Schriftfamilie werfen.

3. Klicken Sie dazu auf den Pfeil neben der Schriftfamilienanzeige (siehe Abbildung 44.2).

4. Daraufhin öffnet sich eine Liste mit den zur Auswahl stehenden Schriften. Die aktuell ausgewählte Schrift wird stets ganz oben angezeigt. Sie ist zudem mit einem Häkchen gekennzeichnet. Auf der rechten Seite der Liste wird hinter jeder Schrift eine Vorschau angezeigt.

5. Wenn Sie die aktuell eingestellte Schriftfamilie nicht verwenden möchten, klicken Sie auf eine der anderen Schriften in der Liste.

Daraufhin wird die entsprechende Schriftfamilie ausgewählt, und die Liste schließt sich. In der Werkzeugoptionsleiste stehen noch einige andere Funktionen zur Verfügung. Dabei handelt es sich, wie oben bereits erwähnt, z. B. um den Schriftschnitt, den Zeilenabstand und die Textausrichtung.

Wenn Sie möchten, können Sie auch diese Einstellungen schon vor der Texteingabe festlegen. Allerdings ist es insbesondere bei diesen Funktionen oftmals einfacher bzw. intuitiver, sie im Nachhinein einzustellen bzw. zuzuweisen.

Text eingeben

1. Geben Sie den gewünschten Text ein.

Photoshop Elements erzeugt automatisch eine Textebene. Diese ist deutlich an dem großen *T* zu erkennen ❹. Unter dem Text erscheint eine Linie ❺. Dabei handelt es sich um die sogenannte Grundlinie. Diese Linie spielt unter anderem beim Zeilenabstand eine wichtige Rolle. Sie können sie als praktische Positionierungshilfe nutzen, wenn Sie den Text genau platzieren möchten. Sie wird im Ausdruck oder in dem für das Internet gespeicherten Bild nicht erscheinen.

Abbildung 44.5:
Die Textebene im
Bedienfeld EBENEN.

Abbildung 44.6:
Unter der Schrift wird
die sogenannte
Grundlinie angezeigt.

2. Wenn Sie den Text in einer zweiten Zeile fortsetzen (umbrechen) möchten, drücken Sie ⇧+↵.

Auf diese Weise wird eine sogenannte weiche Zeilenschaltung durchgeführt. Sie hätten an dieser Stelle auch nur ↵ drücken können. Dann hätte die Software allerdings einen neuen Absatz definiert. Dadurch würden Sie sich insbesondere bei der Absatzformatierung (Ausrichtung des Textes) einiges an Bedienkomfort verbauen.

3. Setzen Sie die Eingabe fort, und wiederholen Sie entsprechend oft den letzten Arbeitsschritt.

Abschließend müssen Sie die Texteingabe bestätigen oder abbrechen.

4. Klicken Sie auf das grüne Häkchen, um die Eingabe zu bestätigen.

Abbildung 44.7:
Ein Klick auf das
grüne Häkchen
bestätigt die
Texteingabe.

Alternativ zum grünen Häkchen können Sie die Eingabe auch mit ↵ auf Ihrem Ziffernblock bestätigen. Wenn Sie z. B. mit einem Notebook arbeiten, das über keinen Ziffernblock verfügt, können Sie auch das Tastaturkürzel (Strg)+(←) verwenden. Darüber hinaus schließt Photoshop die Eingabe ab, wenn Sie im Werkzeugbedienfeld ein anderes Werkzeug wählen.

Wenn Sie die Eingabe hingegen abbrechen möchten, klicken Sie auf das rechts vom grünen Häkchen angeordnete *Abbrechen*-Symbol.

Wenn Sie mehrere Zeilen schreiben möchten, ist es allerdings deutlich komfortabler, einen sogenannten Absatztext zu schreiben. Wie das funktioniert, erfahren Sie im nächsten Abschnitt.

44.4 Absatztext erstellen

Um diese Textvariante zu erstellen, müssen Sie zunächst einen Textrahmen aufziehen und anschließend den Text eingeben. Im Gegensatz zum einzeiligen Text wird der Absatztext dabei automatisch umbrochen. Daher bietet sich Absatztext immer dann an, wenn Sie mehr als eine Zeile schreiben möchten.

Textrahmen aufziehen und Text eingeben

1. Wählen Sie im Werkzeugbedienfeld das horizontale Textwerkzeug T.

Sobald Sie den Cursor über dem Bild platzieren, erscheint der Textcursor.

Abbildung 44.8:
Mit gedrückter
Maustaste einen
Textrahmen aufziehen.

2. Klicken Sie auf die Stelle im Bild, an der der Text beginnen soll, und ziehen Sie mit gedrückter linker Maustaste den Textrahmen auf die gewünschte Größe.

Wie beim einzeiligen Text erscheint jetzt die blinkende Einfügemarke.

3. Geben Sie den gewünschten Text ein.

Sobald der Text den rechten Rand des Textrahmens erreicht, wird er automatisch in die nächste Zeile umbrochen.

Text über die Zwischenablage einfügen

Wenn Ihnen der Text bereits in einem anderen Textdokument vorliegt, können Sie diesen über die Zwischenablage in den Textrahmen einfügen.

1. Markieren Sie dazu in Ihrem Textverarbeitungsprogramm den Text bzw. die zu verwendende Textpassage.
2. Kopieren Sie den markierten Text mit $\boxed{\text{Strg}}$+$\boxed{\text{C}}$ bzw. $\boxed{\text{cmd} \; \mathbb{H}}$+$\boxed{\text{C}}$ in die Zwischenablage.
3. Stellen Sie sicher, dass die Einfügemarke (in Photoshop Elements) im Textrahmen blinkt.
4. Fügen Sie mit $\boxed{\text{Strg}}$+$\boxed{\text{V}}$ bzw. $\boxed{\text{cmd} \; \mathbb{H}}$+$\boxed{\text{V}}$ den Text in den Textrahmen ein.

Textrahmengröße

Die Größe und das Seitenverhältnis des Textrahmens bestimmen das Aussehen des Textblocks maßgeblich mit. Bereits beim Aufziehen des Rahmens können Sie gezielt auf beide Aspekte Einfluss nehmen. Zudem können Sie den Textrahmen auch nachträglich verändern. Dabei spielen die kleinen, am Rand des Textrahmens angeordneten Anfasser eine wichtige Rolle.

Ziel	Technik	zusätzliche Hinweise
Quadratischen Textrahmen erstellen	Beim Aufziehen $\boxed{\Uparrow}$ gedrückt halten	
Größe des Textrahmens pixelgenau bestimmen	$\boxed{\text{Alt}}$ bzw. $\boxed{\text{alt} \; \Huge\smallsmile}$ drücken und beim Aufziehen gedrückt halten	Anschließend erscheint ein Dialogfenster, in dem Sie die Größe des Textrahmens numerisch einstellen können. Voreingestellt in diesem Fenster ist die Maßeinheit *Pt* (Punkt). Wenn Sie die Größe lieber auf Pixel umstellen möchten, müssen Sie zunächst die Maßeinheit verändern. Wählen Sie dazu den Befehl *Bearbeiten/ Voreinstellungen/Einheiten & Lineale*, und stellen Sie die Maßeinheit bei *Text* auf *Pixel* um. Allerdings wird dadurch eben auch die Maßeinheit der Schrift verändert. Wenn Sie an die voreingestellte Maßeinheit für die Schriftgröße gewöhnt sind, sollten Sie daher nach der Arbeit am Textrahmen die Einstellung wieder ändern.

Tabelle 44.3: Tastaturkürzel für das Aufziehen des Textrahmens.

Textfeld zu klein

Wenn die von Ihnen eingegebene Textmenge zu groß für die aktuelle Größe des Textrahmens ist, wird an der rechten unteren Ecke des Rahmens bzw. im Anfasser ein Pluszeichen **1** angezeigt.

Textrahmen verändern

Sie können einen bestehenden Textrahmen jederzeit überarbeiten, indem Sie ihn verschieben, vergrößern, verkleinern oder drehen. Wenn der Textrahmen des jeweiligen Textes aktuell nicht angezeigt werden sollte, liegt es wahrscheinlich daran, dass zurzeit die entsprechende Textebene nicht ausgewählt

Abbildung 44.9: Das Pluszeichen im Anfasser macht deutlich, dass aus Platzgründen aktuell nicht der ganze Text angezeigt werden kann.

ist. Doppelklicken Sie in diesem Fall einfach im Bedienfeld *Ebenen* auf das große *T* der betreffenden Textebene. Daraufhin wird die Ebene schwarz hinterlegt dargestellt, und der Textrahmen erscheint.

Textrahmen verschieben

Platzieren Sie den Cursor außerhalb des Textrahmens. Achten Sie dabei darauf, dass Sie sich ein wenig von den Anfassern des Textrahmens fernhalten. Der Textcursor verändert daraufhin sein Aussehen. Die Cursorsymbolik entspricht dabei dem Symbol des Verschieben-Werkzeugs. Achtung: Beim Loslassen wird die Textebene bestätigt, würden Sie erneut außerhalb des Rahmens klicken und ziehen, würde Photoshop Elements eine weitere Textebene erstellen!

Textrahmengröße ändern

Um die Größe des Rahmens im Nachhinein zu verändern, klicken Sie einfach auf einen der an den Ecken bzw. an den Seiten des Textrahmens angezeigten Anfasser und ziehen den Anfasser in die gewünschte Richtung. Dabei wird der Cursor in Form eines Doppelpfeils angezeigt. Eine Sonderrolle spielen die vier Eckanfasser. Während die an den Seiten des Rahmens angeordneten Anfasser lediglich eine Veränderung in horizontaler oder vertikaler Richtung ermöglichen, können Sie über die Eckanfasser die Gesamtgröße des Rahmens steuern. Wenn Sie dabei ⇧ drücken, können Sie die ursprünglichen Proportionen beibehalten. Durch die Kombination von ⇧+Alt bzw. ⇧+alt ⌥ können Sie zudem dafür sorgen, dass sich die Rahmengröße konzentrisch, d. h. in alle Richtungen gleichermaßen, verändert.

Textrahmen drehen

Um den Textrahmen zu drehen, platzieren Sie den Cursor in unmittelbare Nähe eines Anfassers – allerdings ein wenig außerhalb des Textrahmens. Daraufhin erscheint ein gebogener Doppelpfeil-Cursor. Drücken Sie jetzt die linke Maustaste, und drehen Sie den Rahmen in die gewünschte Position.

Textebene transformieren

Mit den Befehlen *Bild/Transformieren/Frei transformieren* und *Bild/Transformieren/Neigen* können Sie den kompletten Text einer Textebene transformieren (drehen, skalieren, verzerren oder neigen). Insbesondere die stufenlose Skalierung ist eine praktische Angelegenheit. Achten Sie dabei aber unbedingt darauf, dass in der Werkzeugoptionsleiste des Transformieren-Befehls das Kontrollfeld *Proportionen beibehalten* aktiv ist. Ansonsten laufen Sie Gefahr, dass der Text verzerrt wird.

Nachträglich Text hinzufügen

Sie haben die Möglichkeit, einem bereits gestalteten Text weitere Textpassagen hinzuzufügen. Gehen Sie dazu folgendermaßen vor:

1. Wählen Sie im Werkzeugbedienfeld das entsprechende Textwerkzeug T .

2. Klicken Sie auf die Stelle im Text, an der der einzugebende Text beginnen soll.

An der Stelle erscheint die blinkende Einfügemarke.

3. Geben Sie den gewünschten Text ein.

44.5 Texteigenschaften ändern

Am Anfang des Kapitels haben Sie bereits erfahren, wie Sie Schriftfamilie, Schriftgröße und Schriftfarbe bereits vor der Texteingabe festlegen können. Diese Texteigenschaften können Sie aber jederzeit wieder ändern.

1. Stellen Sie sicher, dass aktuell der Textrahmen angezeigt wird.

2. Wählen Sie im Werkzeugbedienfeld das entsprechende Textwerkzeug T .

Text markieren

Sie können den Text sowohl von Hand als auch über bestimmte Klicktechniken auswählen. Klicken Sie z. B. in den Text, und markieren Sie mit gedrückter linker Maustaste den Bereich, dessen Texteigenschaften Sie ändern möchten. Der Text wird anschließend farbig hinterlegt bzw. negativ dargestellt. Jetzt können Sie die gewünschte Veränderung (andere Schriftgröße, andere Textfarbe etc.) in der Werkzeugoptionsleiste einstellen.

Funktion	Windows	Mac
Wort auswählen	Doppelklick in das Wort	Doppelklick in das Wort
Zeile auswählen	Dreifachklick in die Zeile	Dreifachklick in die Zeile
Absatz auswählen	Vierfachklick in den Absatz	Vierfachklick in den Absatz
Zentrieren	⇧ + Strg + C	⇧ + cmd ⌘ + C

Tabelle 44.4: Tastenkürzel zur Textmarkierung.

Abbildung 44.10: Markierter Text wird farbig hinterlegt dargestellt.

Textrahmen einblenden und Text markieren

Insbesondere bei mehrzeiligen Absatztexten ist die im Folgenden erläuterte Technik ganz praktisch. Doppelklicken Sie im Bedienfeld *Ebenen* auf das große *T* der Textebene ❶. Daraufhin wird der Textrahmen ❷ angezeigt und der komplette Text automatisch markiert ❸ (dunkel hinterlegt). In der Werkzeugoptionsleiste werden jetzt die Eigenschaften des markierten Absatztextes angezeigt.

Textfunktionen

Abbildung 44.11:
*Mit einem Doppelklick
auf das T-Symbol
wird der Textrahmen
aktiviert.*

Abbildung 44.12:
*Durch Doppelklick auf
das T-Symbol der
Textebene wird der
Textrahmen angezeigt
und der Text
vollständig markiert.*

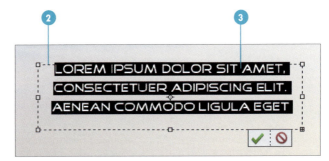

Faux-Schriftschnitte

Abbildung 44.13:
Faux-Schriftschnitte.

Nicht jede Schriftfamilie bietet unterschiedliche Schriftschnitte an. Wenn Sie für die gewählte Schriftfamilie dennoch eine entsprechende Wirkung (Kursiv, Fett etc.) erzielen wollen, können Sie auf die sogenannten Faux-Schriftschnitte ➍ ausweichen. Dabei wird eine entsprechende Version der Schriftfamilie »berechnet«. Zur Verfügung stehen vier Schriftschnitte (fett, kursiv, unterstrichen und durchgestrichen).

Diese Funktion steht übrigens auch über das Kontextmenü zur Verfügung (Rechtsklick auf eine markierte Schrift). Dabei handelt es sich allerdings um eine Notlösung. Wenn die von Ihnen gewählte Schrift regulär Schriftschnitte anbietet (wie die hier vorgestellte Arial), sollten Sie daher diese und nicht die Faux-Schriftschnitte nutzen. Beachten Sie dabei zudem, dass Schriften, denen Sie den Schriftschnitt *Faux-Fett* zugewiesen haben, nicht mit der Funktion *Text verkrümmen* bearbeitet werden können.

Tabelle 44.5:
*Tastenkürzel zur
Zeichenformatierung.*

Funktion	Windows	Mac
Fett formatieren (ein/aus)	⇧ + Strg + B	⇧ + cmd ⌘ + B
Kursiv formatieren (ein/aus)	⇧ + Strg + I	⇧ + cmd ⌘ + I
Unterstrichen formatieren (ein/aus)	⇧ + Strg + U	⇧ + cmd ⌘ + U

Zeilenabstand einstellen

In vielen Fällen ist der durch die Software eingestellte Zeilenabstand völlig okay. Allerdings ist der Abstand zwischen den einzelnen Textzeilen auch ein wichtiges Gestaltungsmittel. Wenn Sie den Wert ändern möchten, können Sie in das Eingabefeld der Funktion einen entsprechenden Wert eingeben bzw. den gewünschten Wert in der Drop-down-Liste anklicken.

Wie Sie bereits wissen, wird bei einzeiligen Texten (also Texten, die mehrzeilig sein können, aber nicht in einem Textrahmen erstellt worden sind) die sogenannte Grundlinie ❶ angezeigt. Die Entfernung zwischen zwei Grundlinien bildet den Zeilenabstand ❷.

Abbildung 44.14:
Der Zeilenabstand entspricht der Entfernung von einer Grundlinie zur nächsten.

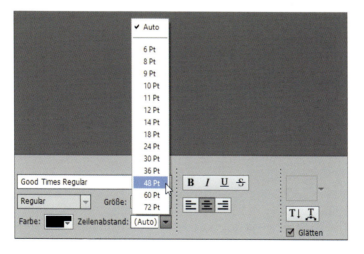

Abbildung 44.15:
Im Fly-out-Menü kann ein anderer Zeilenabstand gewählt werden.

Text ausrichten

Bei dieser Funktion geht es darum, die verschiedenen Zeilen des Textes gezielt auszurichten. Wahrscheinlich kennen Sie diese Funktion bereits durch die Arbeit mit Ihrem Textverarbeitungsprogramm.

Abbildung 44.16:
Die Ausrichtungsschaltflächen in der Werkzeugoptionsleiste.

Textfunktionen

Allerdings arbeitet die Funktion in Photoshop Elements ein klein wenig anders als z. B. die vergleichbare Funktion in Microsoft Word. Die Textausrichtung in einem Textverarbeitungsprogramm bezieht sich in der Regel auf das komplette Dokument bzw. auf den Seitenrand des jeweiligen Textdokuments. Die hier vorgestellte Funktion bezieht sich hingegen nicht auf das gesamte Bild, sondern lediglich auf den Textrahmen.

Klicken Sie auf eine der drei Ausrichtungsschaltflächen (*Text links ausrichten*, *Text zentrieren* oder *Text rechts ausrichten*).

Text links ausrichten

Voreingestellt wird der Text linksbündig ausgerichtet. Das bedeutet, dass alle Zeilen auf der linken Seite mit dem linken Rand des Textrahmens bündig abschließen. Diese Art der Ausrichtung wird daher auch als linksbündige Ausrichtung bzw. Formatierung bezeichnet.

Text zentrieren

Hier dient die horizontale Mitte des Textfelds als Bezugspunkt bzw. als Symmetrieachse. Die Zeilen des markierten Textes werden so ausgerichtet, dass sich die Mitte einer jeden Zeile genau in der horizontalen Mitte des Textfelds befindet — allerdings nicht unbedingt zentriert zum Bild.

Text rechts ausrichten

Daraufhin erfolgt die Anordnung sämtlicher Zeilen so, dass jeweils ihre rechte Seite mit dem rechten Rand des Textrahmens bündig abschließt (rechtsbündige Ausrichtung bzw. Formatierung).

Tabelle 44.6: Tastenkürzel zur Textausrichtung (Absatzformatierung).

Funktion	Windows	Mac
Linksbündig ausrichten	⇧ + Strg + L	⇧ + cmd ⌘ + L
Rechtsbündig ausrichten	⇧ + Strg + R	⇧ + cmd ⌘ + R
Blocksatz	⇧ + Strg + F	⇧ + cmd ⌘ + F

Glätten

Abbildung 44.17: Die aktivierte GLÄTTEN-Funktion in der Werkzeugoptionsleiste.

☑ Glätten

Diese auch als Anti-Aliasing bezeichnete Funktion sorgt dafür, dass die Buchstabenkanten keine hässlichen Treppeneffekte (Aliasing) aufweisen und somit immer schön glatt sind. Das sieht besser aus und steigert die Lesbarkeit. Daher empfiehlt Adobe, die *Glätten*-Funktion immer aktiviert zu lassen. Sehr kleine Buchstaben können dadurch allerdings etwas blass wirken. Aus diesem Grund überlässt Ihnen das Programm an dieser Stelle die Entscheidung. Insbesondere dann, wenn Sie Textgrafiken für den späteren Einsatz in einem Video erstellen, sollten Sie unbedingt die *Glätten*-Funktion aktivieren. Ansonsten entstehen bei der späteren Wiedergabe im Bereich der Textkontur sehr unschöne Treppeneffekte.

Damit ist die Bearbeitung des Textes fast beendet. Bleibt nur noch, die vorgenommenen Änderungen zu übernehmen oder abzubrechen.

Klicken Sie auf das grüne Häkchen in der Titelleiste, um die Eingabe zu bestätigen, oder auf das rote *Abbrechen*-Symbol, um alle am Text vorgenommenen Veränderungen rückgängig zu machen.

In beiden Fällen wird die Markierung des Textes aufgehoben und der Textrahmen ausgeblendet.

*Abbildung 44.18:
Die beiden Symbole
am unteren Rand des
Textrahmens.*

44.6 Textebene in eine normale Ebene umwandeln

Der in Photoshop Elements erzeugte Text ist zunächst eine Vektorgrafik. Ein Großteil der Photoshop-Elements-Funktionen kommt damit auch problemlos klar. Allerdings haben die Filter damit ihre Probleme und sind daher nicht unmittelbar auf eine Textebene anwendbar. Der Grund dafür ist die Tatsache, dass die Filterfunktionen für Pixelgrafiken programmiert wurden. Wenn Sie einen Filter auf einen erstellten Text anwenden möchten, müssen Sie daher zunächst die jeweilige Textebene in eine Pixelgrafik umwandeln. Klingt kompliziert, ist aber ganz einfach. Klicken Sie im *Ebenen*-Bedienfeld mit der rechten Maustaste auf die jeweilige Textebene, wählen Sie den Befehl *Ebene vereinfachen* aus – fertig.

Daraufhin verschwindet das typische *T*-Symbol. Jetzt können Sie die Filter problemlos zuweisen. Allerdings können Sie jetzt den Text nicht mehr mit den typischen Textfunktionen überarbeiten. Wenn Sie die Vereinfachung mal vergessen sollten, ist das auch nicht weiter tragisch: Sobald Sie versuchen, eine Textebene mit einem Filter zu versehen, erscheint ein Dialogfenster, das Sie auffordert, die Textebene zu vereinfachen. Klicken Sie hier einfach auf *OK*, und schon steht der Filterzuweisung nichts mehr im Weg.

45 Text kreativ einsetzen

Die in diesem Kapitel vorgestellten Funktionen laden förmlich zum Experimentieren ein. Sie können Ihre Texte verbiegen, verdrehen, verzerren und an Auswahlen und Formen ausrichten.

Venezia.psd

45.1 Verkrümmten Text erstellen

Abbildung 45.1:
Original.

Neben der grundsätzlichen Richtungseinstellung (horizontal oder vertikal) können Sie die Textobjekte in diversen Modi verbiegen bzw. verzerren.

1. Laden Sie das Bild *Venezia.psd*.

2. Wählen Sie im Werkzeugbedienfeld das horizontale Textwerkzeug T aus.

3. Doppelklicken Sie im Bedienfeld *Ebenen* auf das große *T* der Textebene **1**. Daraufhin wird der komplette Text **2** automatisch markiert (dunkel hinterlegt). In der Werkzeugoptionsleiste werden jetzt die Eigenschaften des markierten Textes angezeigt.

Abbildung 45.2:
Auswahl des Textes im Werkzeugbedienfeld
EBENEN.

Abbildung 45.3:
Der markierte Text.

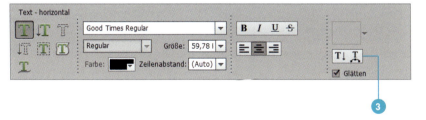

Abbildung 45.4:
Die Werkzeugoptionen zeigen die aktuellen Texteigenschaften.

4. Klicken Sie in der Werkzeugoptionsleiste auf die Schaltfläche *Verkrümmten Text erstellen* **3**.

5. Wählen Sie bei *Stil* **4** den Modus *Bogen* aus.

6. Aktivieren Sie die Optionsschaltfläche *Horizontal* **5**.

7. Stellen Sie den Parameter *Biegung* **6** auf dezente +12, und achten Sie darauf, dass die Parameter *Horizontale Verzerrung* und *Vertikale Verzerrung* jeweils auf 0 stehen.

Weniger ist oft mehr. Das gilt auch in diesem Fall. Oftmals werden bessere Resultate erzielt, wenn lediglich der Parameter *Biegung* **6** benutzt wird.

8. Schließen Sie das Fenster *Text verkrümmen* mit einem Klick auf die Schaltfläche OK.

Abbildung 45.5:
Die in diesem Beispiel
vorgenommenen
Einstellungen.

Abbildung 45.6:
Ergebnis.

Damit Sie bereits beim Lesen einen Eindruck von der Vielseitigkeit der Funktion erhalten, habe ich im Folgenden drei weitere Beispiele aufgeführt.

 Je nach Einstellung verlässt der Text mehr oder weniger seine ursprüngliche Position. Diesen Aspekt haben die Entwickler berücksichtigt und die Funktion des Fensters entsprechend ausgelegt. Wenn Sie den Cursor aus dem Fenster *Text verkrümmen* herausbewegen, nimmt dieser das Symbol des Verschiebe-Werkzeugs an. Sie können so (während das Fenster weiterhin geöffnet ist) den Text zurückholen bzw. neu positionieren.

Abbildung 45.7:
FLAGGE (HORIZONTAL, BIEGUNG 53 %).

Abbildung 45.8:
MUSCHEL OBEN (HORIZONTAL, BIEGUNG +20 %).

Abbildung 45.9:
FISCH (HORIZONTAL, BIEGUNG +57 %, HORIZONTALE VERZERRUNG +35 %).

45.2 Auswahlen in Textform erstellen

Gute und präzise Auswahlen sind die Grundvoraussetzung für viele Gestaltungsansätze. Mit den beiden Textmaskierungswerkzeugen T und ⊤ können Sie bequem Auswahlen in Textform anlegen. Dabei stehen Ihnen die gleichen Werkzeugoptionen wie bei den »normalen« Textwerkzeugen zur Verfügung.

Wenn Sie nach Auswahl eines der beiden Textmaskierungswerkzeuge den Text eintippen, werden die Buchstaben sichtbar, und der Rest des Bildes wird rot maskiert. Daher leitet sich übrigens auch der Name der beiden Werkzeuge ab.

Abbildung 45.10:
Der Rest des Bildes
wird rot maskiert.

Zebra.jpg

Wenn die Textposition nach der Eingabe in Ordnung ist

Sobald Sie die Texteingabe bestätigen, verschwindet die rote Farbe, und übrig bleibt zunächst die Auswahl in Textform.

Wenn die Textposition nach der Eingabe noch nicht in Ordnung ist

Insbesondere was die präzise Platzierung des Textes angeht, ist die Angelegenheit eine Übungssache. Unmittelbar nach der Texteingabe bzw. solange die rote Maske zu sehen ist, können Sie den Text verschieben. Platzieren Sie dazu den Cursor rechts von der Grundlinie ❶.

Daraufhin erscheint der Verschieben-Cursor. Ziehen Sie den Text jetzt mit gedrückter Maustaste an seine endgültige Position, denn sobald Sie die Maus loslassen, zeigt Photoshop Elements nur noch eine Auswahl.

Text kreativ einsetzen

Abbildung 45.11:
Während die rote
Maske zu sehen ist,
können Sie den Text
verschieben.

Nicht zuletzt deshalb ist es ganz praktisch, dass die so erstellte Auswahl auch wie eine reguläre Auswahl behandelt werden kann. Wenn Sie die Auswahl z. B. in ihrer Position etwas anpassen möchten, wählen Sie einfach ein beliebiges Auswahlwerkzeug, z. B. das Polygon-Lasso, aus und verschieben damit die Textauswahl. Über den Befehl *Auswahl/Auswahl transformieren* können Sie die Textauswahl im Bedarfsfall skalieren, drehen und verzerren.

Auswahl umkehren und nicht benötigte Bildbereiche löschen

Wenn Sie die Auswahl anschließend umkehren (*Auswahl/Auswahl umkehren*), können Sie z. B. den Rest des Bildes mit einer Farbe füllen, oder Sie löschen diesen Bereich mit Entf. Wenn Sie wie in diesem Beispiel lediglich ein Bild geladen haben, werden Sie es mit einer Hintergrundebene zu tun haben. Damit die gelöschten Bildpunkte außerhalb der Schrift auch tatsächlich transparent werden, sollten Sie die Hintergrundebene zuvor mit einem Doppelklick in eine normale Ebene verwandeln, ansonsten werden die Bereiche lediglich mit der Hintergrundfarbe gefüllt.

Abbildung 45.12:
Auswahl umkehren und
den Rest des Bildes
z. B. mit Farbe füllen,
löschen und/oder mit
anderen Ebenen
kombinieren.

In diesem Beispiel habe ich zudem noch zwei weitere Ebenen erstellt und diese jeweils unter die Zebratext-Ebene platziert. Eine Ebene habe ich in Anlehnung an die kenianische Nationalflagge zuvor mit drei farbigen Streifen gefüllt. Zwischen den farbigen Streifen habe ich etwas Platz gelassen. Die kenianische Nationalflagge zeigt hier weiße Streifen. Diese beiden Streifen hätte ich natürlich auch auf der gleichen Ebene mit Weiß füllen können. Ich habe dazu allerdings eine weitere Ebene angelegt und unter den Streifen angeordnet. So lassen sich im Zweifelsfall einzelne Streifen verschieben, ohne dass dabei nachträglich die weißen Zwischenräume überarbeitet werden müssen. Die so erstellten »Auswahlen« lassen sich auch sehr gut mit den Ebenenstilen aufpeppen.

Die fertige Datei steht Ihnen als Download zur Verfügung.

45.3 Text an Linien, Auswahl oder Formen entlangfließen lassen

Auswahl in Textform erstellen_fertig.psd

Die in diesem Abschnitt beschriebenen Funktionen ermöglichen es, Text an eine gezeichnete Linie (Pfad) oder an den Rändern von Auswahlen und Vektorformen auszurichten. Für jede der drei Varianten stellt Photoshop Elements im Werkzeugbedienfeld ein eigenes Werkzeug zur Verfügung. Die drei Werkzeuge sind hier an der gleichen Stelle wie die anderen Textwerkzeuge untergebracht. Wie gewohnt können Sie in den Werkzeugoptionen zwischen diesen wählen. Alternativ geht das aber auch, indem Sie (Alt) gedrückt halten und so lange klicken, bis das gewünschte Textwerkzeug im Werkzeugbedienfeld angezeigt wird.

Der Ablauf ist bei allen drei hier vorgestellten Werkzeugen ähnlich. Zunächst wird die entsprechende Vorgabe für den gewünschten Textverlauf geschaffen. Dazu wird entweder eine Linie gezeichnet, eine Auswahl erstellt oder eine Vektorform verwendet. Anschließend müssen Sie an die entsprechende Stelle auf der Linie bzw. im Randbereich der Auswahl oder Vektorform klicken, um die Einfügeposition für den Text festzulegen. Nach der Texteingabe ist es dabei oftmals erforderlich, die Positionierung der Schrift anzupassen, da insbesondere bei sehr scharfen Kurvenverläufen die resultierende Textform optimierungsbedürftig erscheint oder einzelne Buchstaben zunächst nicht angezeigt werden. Anschließend können die Textzeichen dann hinsichtlich Schriftgröße, Schriftart und Farbe formatiert werden.

Da die Anpassung der Textposition und die nachträgliche Formatierung des Textes bei allen drei Verfahren identisch ist, erläutere ich die Arbeitsschritte lediglich in der folgenden Variante im Detail.

Textfluss an einer Linie ausrichten

Eisbär-Text.jpg

Mit dem Text-auf-eigenem-Pfad-Werkzeug T wird zunächst der gewünschte Textverlauf in Form einer Linie (Pfad) erstellt. Beim Zeichnen der Linie sollten Sie zu scharfe Kurvenverläufe vermeiden, da Photoshop Elements an diesen Stellen oftmals Probleme hat, den Text entsprechend abzubilden.

Text kreativ einsetzen

1. Aktivieren Sie im Werkzeugbedienfeld das Text-auf-eigenem-Pfad-Werkzeug .

2. Klicken Sie in das Bild, und zeichnen Sie mit gedrückter Maustaste den gewünschten Linienverlauf.

Abbildung 45.13:
Mit dem Text-auf-
eigenem-Pfad-Werk-
zeug eine Linie bzw.
einen Pfad zeichnen.

Abbildung 45.14:
Die beiden Symbole.

Sobald Sie die Linie bzw. den Pfad erstellt haben, erscheinen neben dem Pfad das grüne Häkchen und das rote *Abbrechen*-Symbol.

Abbildung 45.15:
Durch einen Klick
auf den Pfad den
Textbeginn festlegen.

3. Klicken Sie auf das grüne Häkchen, um den Pfad zu übernehmen, oder auf das rote *Abbrechen*-Symbol, um den Pfad zu verwerfen bzw. zu löschen.

Wenn Ihnen der Pfad misslungen ist und Sie daher auf das rote *Abbrechen*-Symbol geklickt haben, müssen Sie zunächst Schritt 2 wiederholen.

4. Klicken Sie den Pfad an der Stelle an, an der Sie den Text einfügen möchten.

Anschließend blinkt an der Stelle die Einfügemarke des Textwerkzeugs. Anhand der Größe der Einfügemarke können Sie die aktuell eingestellte Schriftgröße abschätzen.

Abbildung 45.16:
Anhand der Länge der
blinkenden Einfügemar-
ke lässt sich die aktuell
eingestellte Schrift-
größe abschätzen.

5. Passen Sie bei Bedarf die Schriftgröße in der Werkzeugoptionsleiste an.

6. Geben Sie den gewünschten Text ein.

7. Passen Sie im Zweifelsfall erneut die Textgröße an.

8. Passen Sie bei Bedarf die Textposition an, indem Sie mit $\boxed{\text{Strg}}$ bzw. $\boxed{\text{cmd} \; \mathcal{H}}$ auf das kleine Kreissymbol klicken und den Text verschieben.

Verschieben Sie den Text vorsichtig, und achten Sie darauf, dass Sie dem Anfang und dem Ende des Pfades nicht zu nahe kommen, da Sie ansonsten den Text praktisch vom Pfad schieben, wobei der Text unsichtbar wird. Ist das bereits der Fall, ziehen Sie den Text bzw. das kleine Kreissymbol einfach wieder in die entgegengesetzte Richtung.

Abbildung 45.17:
Text eingeben.

Abbildung 45.18:
Text auf dem Pfad verschieben.

Im Nachhinein die Formatierung ändern

1. Wählen Sie das klassische Textwerkzeug T aus.
2. Doppelklicken Sie in den Text.

Der ganze Text wird daraufhin markiert.

Abbildung 45.19:
Der markierte Text.

3. Stellen Sie in der Werkzeugoptionsleiste die gewünschte Schriftart und Schriftgröße ein.

Abbildung 45.20:
Der Text in einer
anderen Schriftart
und Schriftgröße.

Da die verschiedenen Schriftarten unterschiedlich lang ausfallen, kann es dabei vorkommen, dass nach der Wahl einer anderen Schrift einzelne Buchstaben am Anfang oder Ende des Textes fehlen. Um die aktuell nicht sichtbaren, aber nach wie vor vorhandenen Schriftzeichen einzublenden, klicken Sie einfach wieder auf das kleine Kreissymbol und ziehen das Kreissymbol in die entsprechende Richtung.

Abbildung 45.21:Die Textebene erhielt abschließend noch die beiden Ebenenstile REGENBOGEN und SCHEIN NACH AUSSEN.

Text anhand einer Auswahl ausrichten

Mit dem Text-auf-Auswahl-Werkzeug ![T] erstellen Sie im ersten Arbeitsgang eine Auswahl. Der Randbereich der Auswahl formt dann den im zweiten Arbeitsgang erstellten Text in seinem Verlauf.

Lecker.jpg

1. Aktivieren Sie im Werkzeugbedienfeld das Text-auf-Auswahl-Werkzeug ![T].
2. Wählen Sie den entsprechenden Bildbereich aus.

Der später hinzukommende Text wird dabei bezogen auf die Auswahl immer nach außen hin angeordnet. Damit die Schrift in diesem Fall auf den Haaren des kleinen Mädchens platziert werden kann, werden Sie demgemäß den Kopf bzw. Teile des Kopfes auswählen. Dabei müssen Sie in diesem Fall keine perfekte Auswahl des Kopfes anstreben. Vielmehr reicht es hier völlig aus, wenn sich auf der rechten Seite eine den Haaren entsprechende Auswahl abzeichnet.

Abbildung 45.22:
Mit dem Text-auf-
Auswahl-Werkzeug
zunächst den
entsprechenden
Bildbereich auswählen
– in diesem Fall den
Kopf des Mädchens.

Sobald Sie eine Auswahl erstellt haben, erscheinen im Bild das grüne Häkchen und das rote *Abbrechen*-Symbol.

Abbildung 45.23:
Die beiden Symbole.

3. Klicken Sie auf das grüne Häkchen, um die Auswahl zu übernehmen, oder auf das rote *Abbrechen*-Symbol, um die Auswahl rückgängig zu machen.

Wenn Sie sich bei der Auswahl vertan und auf das rote *Abbrechen*-Symbol geklickt haben, müssen Sie zunächst Schritt 2 wiederholen.

Nachdem Sie die Auswahl übernommen haben, erscheint anstelle der Auswahlsymbolik eine Linie – ein sogenannter Pfad.

4. Klicken Sie die Linie an der Stelle an, an der Sie den Text einfügen möchten.

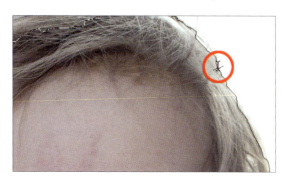

Abbildung 45.24:
Die Linie dort
anklicken, wo der
Text eingefügt
werden soll.

Voreingestellt arbeitet das Werkzeug zentriert, das bedeutet, dass die Einfügeposition die Position des ersten Buchstabens bestimmt. Alle weiteren Buchstaben wandern von dieser Stelle gleichmäßig nach links und rechts.

5. Geben Sie den gewünschten Text ein.

Wenn der Text auf der falschen Seite der Auswahl oder an einer nicht so optimalen Position erscheinen sollte, können Sie das anpassen. Klicken Sie dazu mit Strg auf das kleine Kreissymbol am Textende, und ziehen Sie den Cursor langsam in die gewünschte Richtung (innen/außen und bezogen auf die Pfadposition). Diese Technik bzw. das nachträgliche Verschieben ist allerdings eine etwas hakelige Angelegenheit. Sie sollten daher nach Möglichkeit bereits beim ersten Klick auf den Pfad die mehr oder weniger endgültige Textposition bestimmen.

6. Doppelklicken Sie in den Text, um diesen zu markieren.

7. Legen Sie in der Werkzeugoptionsleiste die gewünschte Schriftart und Textgröße fest.

Abbildung 45.25:
Der platzierte Text.

In diesem Fall habe ich dem Text noch eine andere Schriftart (Valken) und den Ebenenstil *Wow-Plastic-Gelb* zugewiesen. Der Look der Schrift passt somit sehr gut zur gelben Gummiente im Mund des Mädchens. Darüber hinaus habe ich mit dem Textwerkzeug einzelne Buchstaben markiert und die Größe der Buchstaben angepasst. Aufgrund des Pfadverlaufs kam es dabei zu Überschneidungen einzelner Buchstaben. Um diese Überschneidungen zu beseitigen, habe ich zwischen die betroffenen Buchstaben geklickt und jeweils ein Leerzeichen eingefügt. So ist ein Mix aus Klein- und Großbuchstaben entstanden, der der lockeren Stimmung des Bildes entspricht.

8. Klicken Sie in der Werkzeugoptionsleiste auf das grüne Häkchen, um die Textgröße zu übernehmen.

9. Wählen Sie den Befehl *Ebene/Auf Hintergrundebene reduzieren*.

Abbildung 45.26: Auf das grüne Häkchen klicken.

Abbildung 45.27: Ergebnis.

Text anhand einer Form ausrichten

Das Text-auf-Form-Werkzeug ⊤ passt den Textfluss dem Rand einer Vektorform an.

1. Erstellen Sie mit einem der Vektorwerkzeuge ▪ ▪ ● ● / ✦ eine Form.

2. Wählen Sie im Bedienfeld *Ebenen* die Ebene aus, auf der sich die erstellte Form befindet.

3. Aktivieren Sie im Werkzeugbedienfeld das Text-auf-Form-Werkzeug ⊤.

4. Klicken Sie die Form an der Stelle ihres Randbereiches an, an der Sie den Text einfügen möchten.

5. Geben Sie den gewünschten Text ein.

Sobald Sie den Text erstellt haben, erscheinen im Bild das grüne Häkchen und das rote *Abbrechen*-Symbol.

6. Klicken Sie auf das grüne Häkchen, um die Auswahl zu übernehmen, oder auf das rote *Abbrechen*-Symbol, um die Auswahl rückgängig zu machen.

Wenn Sie sich bei der Texteingabe vertan und auf das rote *Abbrechen*-Symbol geklickt haben, müssen Sie zunächst Schritt 2 wiederholen.

7. Legen Sie die gewünschte Textgröße fest.

8. Passen Sie bei Bedarf die Textposition an, indem Sie mit [Strg] auf das kleine Kreissymbol klicken und den Text verschieben.

Teil 12

Teil 12:
RAW-Entwicklung und Scannen von Bildern

46 RAW – das digitale Negativ

Im RAW-Format vorliegende Bilder öffnet Photoshop Elements in einem separaten Fenster. Es handelt sich dabei um das kostenlose Plug-in Camera Raw. In diesem Dialogfenster werden die RAW-Bilder (engl.: raw = roh) durch die Einstellung diverser Parameter sozusagen »digital entwickelt«. Am Ende dieses Kapitels finden Sie einen Praxisworkshop, in dem Sie das Beschriebene auch praktisch ausprobieren können.

46.1 Ein besonderes Format

Digitale Kameras speichern Bilder meist entweder im JPEG-Format oder als RAW-Datei – einige Kameras verwenden auch das TIF-Format. JPEG-Bilder zeichnen sich durch eine gute Bildqualität bei gleichzeitig geringem Datenvolumen aus. Die geringen Datenmengen werden durch eine aufwendige Datenreduktion erzielt. Durch diese verlustbehaftete Kompression geht ein Großteil der ursprünglich von der Kamera fotografierten Informationen verloren. In den meisten Fällen stört das nicht besonders, da in erster Linie die Bildinformationen herausgefiltert werden, die das menschliche Auge nicht bzw. nur sehr schwer erkennen kann. Die mit dem JPEG-Format verbundenen Einschränkungen machen sich in erster Linie dann bemerkbar, wenn Sie Ihre Bilder korrigieren möchten.

Dass diese Einschränkungen bei RAW-Bildern nicht vorhanden sind, hängt damit zusammen, dass RAW-Bilder in keiner Weise von der Kamerasoftware nachbearbeitet oder datenreduziert werden und somit alle von der Kamera ursprünglich fotografierten Daten enthalten sind. Darüber hinaus wird die größere Informationsmenge auch noch großzügiger verwaltet. Wenn eine digitale Kamera Bilder im JPEG-Format speichert, verwendet sie für die Helligkeitsinformation eine Datentiefe von 8 Bit pro Farbkanal. Auf diese Weise können mit jedem Farbkanal 256 (2^8) Helligkeitsstufen (Tonwerte) gespeichert werden. RAW-Dateien werden hingegen meist mit einer Datentiefe von 10, 12 oder 14 Bit pro Farbkanal gespeichert. Auf diese Weise enthalten z. B. die Farbkanäle eines RAW-Bildes mit einer Datentiefe von 12 Bit 4.096 (2^{12}) Helligkeitsstufen. Dieses

Mehr an Information schafft die Basis für eine deutlich differenziertere Bildkorrektur und damit für bessere Bilder. RAW-Dateien speichern neben den vom Kamerasensor aufgezeichneten Bilddaten zusätzliche Metadaten, in denen die Kameraeinstellungen wie Blende, Brennweite, ISO-Einstellung und Verschlusszeit enthalten sind, sowie ein Vorschaubild. Die in einem RAW-Bild gespeicherte Informationsmenge schlägt sich in deutlich größeren Dateien nieder. Je nach Kameratyp und Einstellung sind die RAW-Dateien in etwa drei- bis viermal so groß wie vergleichbare JPEG-Bilder. Daher benötigt die Kamera auch mehr Zeit, um die Bilddaten auf der Speicherkarte abzulegen. Programme, die für die Verarbeitung von RAW-Dateien ausgelegt sind, haben keine Probleme, eine entsprechende Bildvorschau im jeweiligen *Öffnen*-Dialog anzuzeigen. Wenn Sie hingegen Ihre RAW-Bilder im Windows-Explorer anschauen möchten, ist das auf Anhieb unter Umständen nicht möglich. Dazu muss bei älteren Windows-Betriebssystemen ein spezieller Codec nachgeladen werden (z. B. *Raw Shell Extender* oder *Microsoft RAW Image Thumbnailer and Viewer for Windows XP*). Das Apple-Betriebssystem macOS hingegen unterstützt von Haus aus bereits eine Vielzahl von RAW-Formaten. Das Gleiche gilt für Windows 10.

Varianten

In den meisten Anwendungsbereichen der Bildbearbeitung haben sich einige wenige Dateiformate als Standard herausgebildet. Bei den RAW-Formaten herrscht hingegen eine große »Formatvielfalt«, da die verschiedenen Kamerahersteller ihre eigenen RAW-Formate entwickelt haben. Dieser Umstand macht die Sache nicht gerade übersichtlicher. Die folgende Tabelle soll Ihnen einen ersten Eindruck von dieser Vielfalt geben. Da die Vielzahl der Formate nur schwer im Blick zu behalten ist, erhebt diese Auflistung keinen Anspruch auf Vollständigkeit.

Kamerahersteller	RAW-Format
Canon	CRW, CR2
Contax	RAW
Epson	ERF
Fuji	RAF
Hasselblad	3FR
Kodak	DCR, DCS
Kodak Easy Share	KDC
Laica	RWL
Mamiya	MEF
Minolta	MRW, MDC
Nikon	NEF, NRW
Olympus	ORF
Panasonic	RAW, RW2
Pentax	PEF
Sigma	X3F
Sony	SRF, SR2, ARW

Tabelle 46.1:
Die RAW-Formate
der verschiedenen
Kamerahersteller.

DNG – das RAW-Format von Adobe

Bei DNG handelt es sich um ein offenes, also nicht proprietäres Format, dessen Hauptnutzen darin bestehen soll, dass das Bildformat nicht mehr an die Software der jeweiligen Kamera gebunden ist. Auf diese Weise sollen Inkompatibilitäten vermieden und Archivierungssicherheit hergestellt werden. DNG wird von allen Adobe-Bildbearbeitungsprogrammen und von diversen Kameraherstellern unterstützt.

Ob sich dieses von Adobe entwickelte Format letztlich als herstellerübergreifende Lösung durchsetzen kann, bleibt abzuwarten. Eventuell unterstützt Ihre Kamera ja DNG. Überprüfen Sie in diesem Zusammenhang doch einmal die entsprechenden Menüeinstellungen Ihrer Kamera. Wenn Sie hier nicht fündig werden sollten, können Sie Ihre RAW-Daten aber auch im Nachgang (verlustfrei) in das DNG-Format konvertieren. Adobe stellt dazu einen entsprechenden Konverter bereit.

 Für die Arbeit mit Adobe Photoshop Elements ist DNG allerdings nicht zwingend notwendig, da die Software die gängigen RAW-Formate direkt verarbeiten kann.

Abbildung 46.1:
Mit diesem Gratistool
können RAW-Bilder in
das DNG-Format
konvertiert werden.

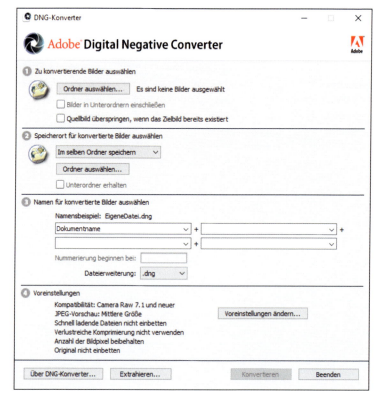

 Hier können Sie den DNG-Konverter herunterladen: www.adobe.com/de/products/dng.

46.2   RAW-Bilder verarbeiten

Der Import von RAW-Bildern in den Organizer ist identisch mit dem Import anderer Dateiformate (z. B. JPEG oder TIFF) und in den meisten Fällen problemlos möglich. Einige Kameras speichern (je nach Einstellung) die fotografierten Bilder in beiden Dateiformaten. Beim gleichzeitigen Import beider Formate ist oftmals ein entsprechender Sortierbedarf vorprogrammiert. Hier hilft z. B. eine entsprechende Voreinstellung des Organizers. Das gleichnamige Fenster erreichen Sie über Strg+K bzw. cmd ⌘+K. Hier können Sie im Register *Kamera oder Kartenleser* die Funktion *RAW- und JPEG-Dateien automatisch stapeln* aktivieren. So legt das Programm bereits beim Import für jedes der beiden Formate automatisch einen Stapel an.

RAW-Bilder öffnen

Die Unterschiede im Handling beginnen erst dann, wenn Sie die Dateien in Photoshop Elements öffnen. Wenn Sie dazu den Befehl *Datei/Öffnen* verwenden, erkennt das Programm, dass es sich um ein RAW-Format handelt, und öffnet dieses daraufhin im Fenster des Zusatzmoduls Camera Raw ❶. Alternativ dazu können Sie die zu öffnende(n) RAW-Datei(en) auch einfach per Dragand-drop in den Fotoeditor ziehen oder aus dem Organizer heraus öffnen. Wählen Sie dazu das bzw. die zu öffnende(n) RAW-Bild(er) aus, und drücken Sie dann das Tastenkürzel Strg+I bzw. cmd ⌘+I. Außerdem können Sie auch an der Unterseite des Organizers auf die Schaltfläche *Editor* klicken oder im Kontextmenü des bzw. der ausgewählten RAW-Bilder den Befehl *Mit Photoshop Elements Editor bearbeiten* auswählen.

Der Befehl *Datei/In Camera Raw öffnen* dient hingegen in erster Linie dazu, auch andere bzw. »Nicht-RAW-Dateiformate« wie TIFF und JPEG in Camera Raw zu öffnen (und damit über diese Funktion bearbeitbar zu machen). Der Nachbearbeitungsspielraum solcher Dateiformate ist im Vergleich zu einem RAW-Dateiformat allerdings deutlich geringer, da diese in der Kamera einer erheblichen Datenreduzierung (Kompression) unterzogen werden und deshalb deutlich weniger Ressourcen mitbringen als vergleichbare RAW-Dateien.

Camera Raw

Das Plug-in Camera Raw wird von Adobe ständig weiterentwickelt, und neuere Versionen werden über die Aktualisierungsfunktion des Programms (*Hilfe/Aktualisierungen*) zum Download bzw. zur vollautomatischen Installation bereitgestellt. Zudem werden entsprechende Aktualisierungen auf www.adobe.com zum Download angeboten. Am bequemsten finden Sie diese mithilfe der Suchfunktion auf der Abobe-Website. Geben Sie hier bzw. in deren Eingabefeld *Suche* einfach »Camera Raw Download« ein.

Die jeweils installierte Version können Sie übrigens über den Befehl *Hilfe/Über Zusatzmodul/Camera Raw* einsehen.

Abbildung 46.2:
Über den Befehl HILFE/
ÜBER ZUSATZMODUL/
CAMERA RAW... kann
die Versionsnummer
der aktuell installierten
Version eingesehen
werden.

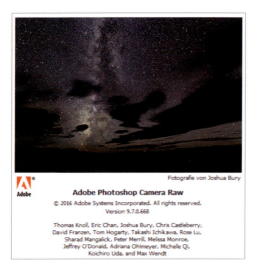

Das Fenster des RAW-Plug-ins bietet eine Vielzahl von Funktionen. Schauen Sie sich erst einmal um.

Unter der Bildvorschau **2** wird der Dateiname **3** des aktuell geöffneten Bildes angezeigt. Auf der rechten Seite **4** finden Sie diverse Parameter, um das digitale Negativ zu »entwickeln«. Die jeweiligen Einstellungen wirken sich direkt auf das rechts oben angezeigte Histogramm **5** aus.

Abbildung 46.3:
Das Dialogfenster
des Zusatzmoduls
Camera Raw 9.7.

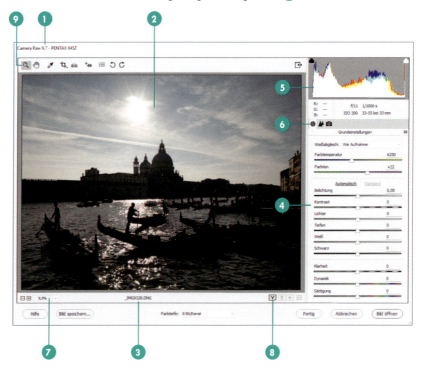

Unter dem Histogramm werden die beim Foto eingestellten Kameradaten (Belichtungszeit, Blende, Brennweite, ISO) angezeigt.

RAW-Bilder wirken oftmals etwas zu dunkel oder zu hell. Das ist völlig normal, da diese Fotos seitens der Kamera keine Optimierung erfahren haben und die Bilder grundsätzlich am Computer »entwickelt« werden müssen.

Mittels der unter dem Histogramm angeordneten Schaltflächen **6** erreichen Sie zwei weitere Register, in denen Sie die Bildschärfe, das Bildrauschen und die sogenannte Kamerakalibrierung steuern können. Um die Auswirkungen Ihrer Einstellungen im Detail zu überprüfen, können Sie unten den gewünschten Zoomfaktor **7** und eine Vorher-nachher-Ansicht **8** einstellen. Alternativ dazu lässt sich für diesen Zweck auch das Zoom-Werkzeug ⌕ der Symbolleiste **9** verwenden. Darüber hinaus enthält die Symbolleiste eine Reihe weiterer Schaltflächen. Die meisten davon werden Ihnen bereits aus dem Umgang mit dem Editor von Photoshop Elements bekannt sein.

Abbildung 46.4:
Die Symbolleiste
des Fensters.

	Funktion	Tastenkürzel
9	Zoom-Werkzeug	Z, mit Alt bzw. *alt* ⌥ und Klick auf Verkleinern umschalten
10	Hand-Werkzeug	H
11	Weißabgleich-Werkzeug	I
12	Freistellungswerkzeug	C
13	Gerade-ausrichten-Werkzeug	A
14	Rote-Augen-Korrektur	E
15	Voreinstellungen-Dialogfeld öffnen	Strg+K bzw. *cmd* ⌘+K
16	Bild 90 Grad gegen den Uhrzeigersinn drehen	L
17	Bild 90 Grad im Uhrzeigersinn drehen	R
18	Vollbildmodus aktivieren/deaktivieren	F

Tabelle 46.2:
Die Funktionen der
Symbolleiste.

46.3 Das digitale Negativ entwickeln

Da RAW-Bilder alle ursprünglich von der Kamera fotografierten Daten enthalten, können Sie die Bilder mit den Funktionen des Fensters *Camera Raw* wie in einem Fotolabor entwickeln. Wenn Sie RAW-Dateien öffnen, die bereits in einer älteren Version von Photoshop Elements bearbeitet bzw. entwickelt wurden, kann das Änderungen in der Programmoberfläche des Fensters *Camera Raw* zur Folge haben. Zum Beispiel finden sich dann oftmals einige andere Parameter bzw. andere Schieberegler. Mehr Informationen dazu finden Sie im hinteren Teil des Abschnitts 46.9 »Prozessversionen«.

Weißabgleich

Um Farbstiche zu vermeiden bzw. zu korrigieren, beginnen Sie zunächst, einen Weißabgleich vorzunehmen. Die entsprechenden Funktionen finden Sie auf der rechten Seite im Bereich *Grundeinstellungen*. Verantwortlich für Farbstiche sind die das Motiv beleuchtenden Lichtquellen. Das natürliche Sonnenlicht sowie künstliche Lichtquellen (Glühlampen, Neonröhren) erscheinen dem menschlichen Auge oftmals farblos bzw. weiß. Tatsächlich handelt es sich dabei aber in den meisten Fällen um »farbiges« Licht. Diese Lichtfarbe ist letztlich für die Farbstiche bei Videoaufzeichnungen oder Fotos verantwortlich. Die Farbstiche der uns umgebenden (vermeintlich weißen) Lichtquellen werden durch den menschlichen Wahrnehmungsapparat automatisch korrigiert und daher so gut wie nicht bewusst wahrgenommen.

Während künstliche Lichtquellen in der Regel einen bestimmten Farbstich aufweisen, variiert der Farbstich des Sonnenlichts im Tagesverlauf. Das Licht ist zur Mittagszeit blaustichig, dagegen dominieren morgens und abends die Rottöne (besonders bei Sonnenaufgang und -untergang). Kurz vor oder nach Sonnenaufgang hingegen tritt für kurze Zeit erneut ein Blaustich auf. Dieser Zeitpunkt wird auch als »blaue Stunde« bezeichnet. Um die Farbigkeit bzw. den Farbstich des Lichts eindeutig zu beschreiben, bedient man sich der Farbtemperatur. Diese wird in der Maßeinheit Kelvin angegeben. Für das sogenannte mittlere Tageslicht wurde ein Wert von 5.500 Kelvin festgelegt. Bei Kunstlicht hingegen handelt es sich um Lichtquellen mit einer Farbtemperatur von rund 3.400 Kelvin. In der folgenden Tabelle sind die Farbtemperaturen einiger typischer Lichtquellen bzw. Lichtsituationen aufgelistet. Die Angaben verstehen sich als ungefähre Richtwerte.

Tabelle 46.3: Farbtemperaturen verschiedener Lichtquellen.

Lichtquelle	Farbtemperatur
Kerzenlicht	1.500 K bis 1.850 K
Glühlampe (25 W)	2.500 K
Glühlampe (40 W)	2.600 K
Glühlampe (100 W)	2.800 K
Glühlampe (200 W)	3.000 K
Leuchtstoffröhre (warmweiß)	3.000 K
Leuchtstoffröhre (kaltweiß)	4.000 K
Halogenstrahler	3.200 K
Tageslicht (Morgen- bzw. Abendsonne)	4.200 K
Mittleres Tageslicht	5.500 K
Tageslicht (bedeckter Himmel)	6.500 K bis 7.500 K
Mondlicht	4.100 K

Das Listenfeld Weißabgleich

Wenn Sie bereits beim Fotografieren auf einen entsprechenden Weißabgleich geachtet haben, können Sie die Funktion *Weißabgleich* in der Einstellung *Wie Aufnahme* belassen. Ansonsten wählen Sie eine der im Listenfeld angebotenen Beleuchtungssituationen.

Abbildung 46.5:
Die Weißabgleich-
Funktionen des
Fensters.

Wenn Sie eine der im Listenfeld *Weißabgleich* angebotenen Beleuchtungssituationen durch die Veränderung eines Parameters anpassen, springt die Anzeige des zuvor gewählten Eintrags automatisch auf *Benutzerdefiniert*.

Weißabgleich-Informationen der Kamera verwenden

Im Modus *Wie Aufnahme* verwendet Camera Raw die oftmals in der Datei vorhandenen Weißabgleich-Informationen der Digitalkamera. Wenn in der Datei die entsprechenden Informationen fehlen, stellt die Software den Weißabgleich automatisch ein.

Weißabgleich-Werkzeug verwenden

Wählen Sie das Werkzeug ⑪ aus, und klicken Sie auf einen Bereich, der im Motiv weiß oder grau sein müsste. Anschließend korrigiert Camera Raw den Farbstich automatisch und stellt die beiden Schieberegler *Farbtemperatur* und *Farbton* entsprechend der Korrektur ein.

Schieberegler Farbtemperatur und Farbton

Für eventuell nötige Feineinstellungen können Sie die Farbtemperatur mit den beiden Schiebereglern *Temperatur* und *Farbton* manuell anpassen. Wählen Sie jeweils den Regler, in dem die Farbstichfarbe vorkommt, und ziehen Sie ihn dann in die jeweils entgegengesetzte Richtung. Wenn Sie z. B. einen Blaustich feststellen, verwenden Sie dazu den Regler *Farbtemperatur*, da dieser ein Spektrum zwischen Blau und Gelb bedient. Ziehen Sie den Regler anschließend in Richtung des gelben Endes. Auf diese Weise wird die für den Farbstich verantwortliche Farbe reduziert.

Tonwertsteuerung

Mit den Reglern *Belichtung* bis *Schwarz* steuern Sie die Tonwerte des Bildes. Wenn Sie bei der Anpassung dieser Regler [Alt] gedrückt halten, werden Ihnen von Camera Raw die sich dadurch verändernden Bildbereiche angezeigt. Mit einem Klick auf *Automatisch* **19** geschieht das Ganze ohne Ihr Zutun. Ob das Ergebnis Ihren Vorstellungen entspricht, müssen Sie jeweils selbst entscheiden. In den meisten Fällen erreichen Sie wahrscheinlich ein differenzierteres Ergebnis, wenn Sie die Sache selbst in die Hand nehmen. Dazu können Sie das Ergebnis der Autokorrektur weiterentwickeln, oder Sie klicken zunächst auf *Standard* **20**, um so den Zustand vor der Autokorrektur wiederherzustellen.

Abbildung 46.6:
Mit diesen Reglern
können Sie die
Tonwerte des Bildes
steuern.

Histogramm

Das Fenster verfügt über ein eigenes Histogramm, das die von Ihnen vorgenommenen Anpassungen bzw. »Entwicklungseinstellungen« ohne Verzögerung bzw. »live« anzeigt. Zudem können Sie im Histogramm sogenannte Beschneidungswarnungen aktivieren.

Mehr Informationen zur Bedeutung des Histogramms finden Sie in Kapitel 9 »Basiswissen Bildhelligkeit«.

Beschneidungswarnung aktivieren

Mit dem rechten Pfeil **21** schalten Sie die Beschneidungswarnung für die hellen Bildbereiche (*Warnungen zur Lichterbeschneidung*) und mit dem linken Pfeil **22** die für die dunklen Bildbereiche (*Warnungen zur Tiefenbeschneidung*) an. Wenn Sie diese Funktion aktivieren, werden Sie durch eine entsprechende Anzeige im Bild gewarnt **23**.

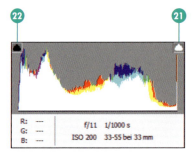

Abbildung 46.7:
Im Histogramm kann
eine Beschneidungs-
warnung aktiviert
werden.

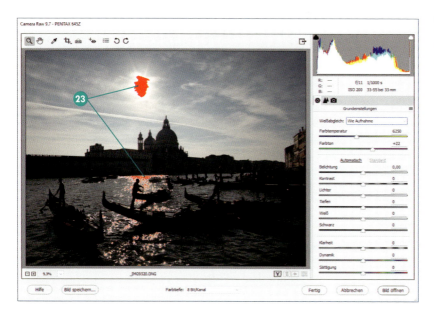

Abbildung 46.8:
Im Histogramm
angezeigte Lichter-
beschneidungs-
warnung.

Belichtung

Dieser Regler steuert die Helligkeit und damit die Tonwertspreizung des Bildes. Er ist am ehesten mit einer Veränderung der Belichtungszeit an Ihrer Kamera vergleichbar. Wenn Sie den Regler nach rechts ziehen, wird das Bild heller. Die Tonwertkurve des Histogramms wird gleichzeitig auseinandergezogen (gespreizt). Achten Sie bei Veränderungen darauf, die hellen Bereiche nicht zu hell bzw. die dunklen Bereiche nicht zu dunkel einzustellen, da hier ansonsten Detailverluste drohen.

Dieser Vorgang wird auch als Clipping oder Beschneidung bezeichnet. Beschnittene Bereiche sind entweder vollständig weiß oder vollständig schwarz und weisen daher keinerlei Zeichnung bzw. Struktur auf. Camera Raw bietet in diesem Zusammenhang eine Beschneidungswarnung an, die Ihnen die gefährdeten Bereiche im Bild farbig markiert (siehe Abbildung 46.7).

Kontrast

Wirkt sich in erster Linie auf die mittleren Tonwerte aus. Wird der Kontrast erhöht, werden die mittleren bis dunklen Bereiche dunkler, die mittleren bis hellen Bereiche hingegen heller. Nutzen Sie den Regler, um den Kontrast der mittleren Tonwerte zu optimieren, nachdem Sie zuvor das Bild mit *Belichtung*, *Tiefen* und *Helligkeit* eingestellt haben.

Lichter

Stellt Details in überbelichteten Bereichen wieder her. Weiße Bereiche, die zuvor ohne Zeichnung und Struktur waren, können so wieder differenzierter dargestellt werden.

Tiefen

Ermöglicht es, Details in unterbelichteten bzw. dunklen Bereichen herauszuarbeiten.

Weiß

Diese Funktion ähnelt dem Weißpunkt-Regler des Dialogs *Tonwertkorrektur*. Damit regulieren Sie, welche Bildbereiche dem Tonwert Weiß zugeordnet werden. Wenn Sie den Wert erhöhen bzw. den Regler nach rechts ziehen, werden mehr Bildpunkte dem Tonwert Weiß zugeordnet, und der Kontrast wird entsprechend erhöht. Die größten Auswirkungen zeigen sich in den hellen Bildbereichen.

Schwarz

Die Wirkung des Reglers ist der des Schwarzpunkt-Reglers im Dialog *Tonwertkorrektur* sehr ähnlich. Mit dieser Funktion legen Sie fest, welche Bildbereiche dem Tonwert Schwarz zugeordnet werden.

Wenn Sie den Wert erhöhen bzw. den Regler nach rechts ziehen, werden mehr Bildpunkte dem Tonwert Schwarz zugeordnet. In vielen Fällen geht damit ein höherer Kontrast einher. Die größten Auswirkungen ergeben sich dabei in den dunklen Bereichen.

 Weitere Informationen zu den Themen Tonwerte und Tonwertspreizung finden Sie in Kapitel 9 »Basiswissen Bildhelligkeit«.

Klarheit

Mit dieser Funktion können Sie in erster Linie die Kontraste der Mitteltöne verbessern. Auf diese Weise können Sie dafür sorgen, dass Konturen klarer bzw. deutlicher herauskommen.

Dynamik

Mit diesem Regler steuern bzw. erhöhen Sie die Sättigung von aktuell wenig gesättigten Bereichen. Das hilft z. B., die Farbwirkung von Hauttönen zu verbessern. Die Korrektur in die andere Richtung funktioniert auch. Diese betrifft dann in erster Linie stark gesättigte Farben.

Sättigung

Im Gegensatz zum Schieberegler *Dynamik* verändert der Regler *Sättigung* die Sättigung aller im Bild enthaltenen Farben.

 Informationen zum Nachschärfen und Entrauschen finden Sie im Praxisworkshop am Ende dieses Kapitels.

Speichern

Nachdem Sie Ihr Bild »entwickelt« bzw. die entsprechenden Einstellungen vorgenommen haben, speichern Sie es über die an der Unterseite des Fensters
angezeigten Schaltflächen.

Abbildung 46.9:
Funktionen für die
Speicherung und die
Übergabe an den
Fotoeditor.

	Schaltfläche	Bedeutung
1	*Bild speichern*	Speichert das Bild im Adobe-RAW-Format DNG (Digital Nega-tive). Mehr Informationen zum Dateiformat DNG finden Sie am Anfang dieses Kapitels.
2	*Farbtiefe*	Stellen Sie hier ein, mit welcher Bittiefe Sie das Bild an Photoshop Elements übergeben möchten. Zur Auswahl stehen 8 oder 16 Bit. Bei der Verwendung von 16 Bit kann das Bild nur noch einge-schränkt in Photoshop Elements weiterbearbeitet werden.
3	*Fertig*	Speichert das Bild im RAW-Format und erstellt zusätzlich eine XMP-Datei, die die Veränderungen enthält. Das Original wird also nicht überschrieben, sondern es wird lediglich eine zusätzli-che Datei mit den »Entwicklungseinstellungen« abgespeichert. Wenn Sie die XMP-Datei löschen, erhält das RAW-Bild seinen ursprünglichen Zustand zurück. XMP steht für **E**xtensible **M**eta-data **P**latform. Es handelt sich dabei um einen Standard, mit dem zusätzliche Informationen in Digitalfotos eingebettet werden kön-nen, z. B. die zum Zeitpunkt der Aufnahme an der Kamera ein-gestellten Werte für Blende, Brennweite, ISO-Einstellung und Ver-schlusszeit.
4	*Abbrechen*	Schließt das Fenster *Camera Raw* und verwirft alle Einstellungen.
5	*Bild öffnen*	Öffnet das Bild in Photoshop Elements.

Tabelle 46.4:
Funktionen für die
Speicherung und
die Übergabe an
den Fotoeditor.

Im *Speichern*-Dialog der Funktion *Bild speichern* **1** können Sie neben den üblichen Eingaben wie Speicherort und Dateiname auch die Syntax des Datei-
namens einstellen. Mit der Funktion *Kameradatei einbetten* können Sie die Ori-
ginal-RAW-Datei in die DNG-Datei einbetten.

Abbildung 46.10:
Speicheroptionen für
das Speichern im
DNG-Format.

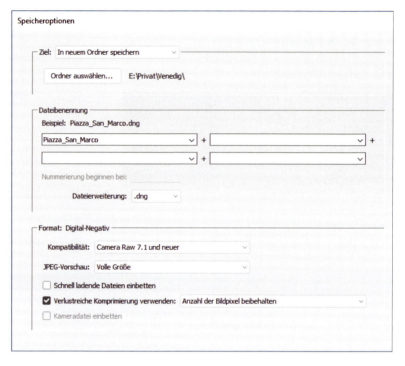

Abbildung 46.11:
Die Optionen
des Fensters
BENUTZERDEFINIERTE
DNG-KOMPATIBILITÄT.

Wird im Listenfeld *Kompatibilität* der Eintrag *Benutzerdefiniert* ausgewählt, ist es möglich, das Bild linear (mosaikfrei) zu speichern. Das interpolierte Bild kann so auch von einer Software geöffnet und interpretiert werden, die kein Profil der Digitalkamera enthält, mit der das Bild aufgenommen wurde. In dieser Version fehlt neben dem Kontrollfeld *Nicht komprimiert* der sonst an dieser Stelle vorhandene Hinweis *lossless* (verlustfrei). Es handelt sich aber nach wie vor um eine verlustfreie Kompression. Aus diesem Grund macht es eigentlich keinen Sinn, das Kontrollfeld zu aktivieren und damit die verlustfreie Kompression zu deaktivieren.

Um das Dialogfenster zu umgehen und das Bild direkt zu speichern, drücken Sie Alt bzw. alt und klicken auf *Bild speichern*.

46.4 Mehrere Bilder mit gleichen Einstellungen entwickeln

Bilder, die unter gleichen Bedingungen entstanden sind, können in vielen Fällen auch mit den gleichen Einstellungen entwickelt werden. Daher merkt sich Camera Raw die letzten Bildeinstellungen und gibt Ihnen darüber hinaus die Möglichkeit, diese abzuspeichern.

Nach einem Klick auf das am rechten Rand des Registers *Grundeinstellungen* angeordnete Symbol ❶ erscheint ein Menü mit diversen Funktionen. In diesem Menü können Sie einen eigenen Standard festlegen bzw. diesen aufrufen oder auf die letzten eingestellten Entwicklungseinstellungen zurückgreifen.

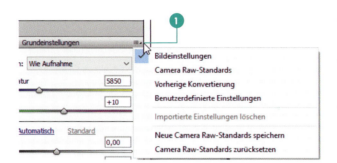

Abbildung 46.12: Über die Funktionen des Menüs können Sie unter anderem auf frühere Einstellungen zugreifen.

Bildeinstellungen

Mit dieser Funktion stellen Sie die Standardbildeinstellungen wieder her. Vorgenommene Änderungen werden rückgängig gemacht. Das Bild sieht wieder so aus, als ob Sie es gerade in Camera Raw geöffnet hätten.

Neue Camera Raw-Standards speichern

Hier können Sie einen Standard einstellen und zukünftig abrufen. Nehmen Sie die gewünschten Bildeinstellungen vor, und wählen Sie *Neue Camera Raw-Standards speichern*. Um diese Einstellungen zukünftig auf andere Bilder anzuwenden, müssen Sie in diesem Menü jeweils den Eintrag *Camera Raw-Standards* anklicken.

Vorherige Konvertierung

Ruft die letzten Bildeinstellungen auf. Da sich Camera Raw diese jeweils automatisch »merkt«, spielt es keine Rolle, ob Sie diese zuvor gespeichert haben oder nicht.

Benutzerdefinierte Einstellung

Dieser Eintrag kann nicht aktiv ausgewählt werden. Die Funktion wird vielmehr immer dann (automatisch) aktiv, wenn Sie mindestens einen Parameter und damit den Standard verändert haben.

Camera Raw-Standards zurücksetzen

Setzt den eigenen *Camera Raw-Standard* auf die »Werkseinstellungen« des Programms zurück.

46.5 Stapelverarbeitung von mehreren RAW-Dateien

Wenn Sie viel im RAW-Format fotografieren, kann die Entwicklung der Bilder schnell zu einer zeitaufwendigen Angelegenheit werden. Mit einer Stapelverarbeitung können Sie den Vorgang etwas beschleunigen.

1. Wählen Sie in Photoshop Elements den Befehl *Datei öffnen*.
2. Markieren Sie mit Strg bzw. cmd ⌘ oder ⇧ sämtliche RAW-Dateien, die Sie im Rahmen der Stapelverarbeitung gleichzeitig bearbeiten möchten, und verlassen Sie das Fenster über die Schaltfläche *Öffnen*.
3. Klicken Sie an der Oberseite des Fensters *Camera Raw* auf die Schaltfläche *Alle auswählen* ❶.

TIPP⮞

Wenn Sie doch nicht alle Bilder bearbeiten möchten, können Sie alternativ zur Schaltfläche *Alle auswählen* die entsprechenden Bilder auch mit Strg bzw. cmd ⌘ oder ⇧ markieren. Wenn Sie zuvor sämtliche Bilder mit der Schaltfläche *Alle auswählen* ausgewählt haben, können Sie die Auswahl einzelner Bilder mit Strg bzw. cmd ⌘ rückgängig machen.

Abbildung 46.13: Alle Bilder in einem Schwung korrigieren.

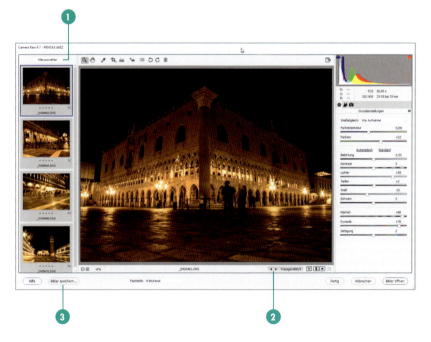

4. Nehmen Sie die gewünschten Entwicklungseinstellungen vor.

Alle zuvor ausgewählten Bilder werden entsprechend korrigiert. Das gilt auch für Funktionen wie *Freistellen* oder *Ausrichten*. Um einzelne Bilder einem Feintuning zu unterziehen, müssen Sie diese lediglich erneut auf der linken Seite auswählen. Die anderen Bilder werden dabei automatisch abgewählt. Die bisher vorgenommenen Bildeinstellungen bleiben bei den so abgewählten Bildern allerdings erhalten.

Mit den beiden Pfeilen ❷ können Sie innerhalb der auf der linken Seite aufgelisteten Bilder navigieren und so ein anderes Bild im Vorschaubereich von Camera Raw darstellen. Die anschließend vorgenommenen Einstellungen beziehen sich aber nach wie vor auf alle (zuvor) ausgewählten Bilder.

5. Speichern Sie alle Bilder auf einmal.

Wenn Sie die Funktion *Bilder speichern* ❸ wählen, werden alle Bilder mit einem neuen Dateinamen versehen, wobei dieser durchnummeriert wird.

46.6 Bilder löschen

Bereits beim Fotografieren misslungene Bilder können Sie direkt in Camera Raw löschen. Sobald Sie mehrere Bilder in Camera Raw öffnen, erscheint an der Oberseite des Anwendungsfensters ein Mülleimersymbol ❹. Mit einem Klick auf dieses Symbol können Sie das/die aktuell ausgewählte(n) Bild(er) löschen. Anschließend werden solche Bilder mit einem roten X ❺ gekennzeichnet. Wenn Sie Camera Raw schließen, werden die so gekennzeichneten Bilder von der Festplatte gelöscht.

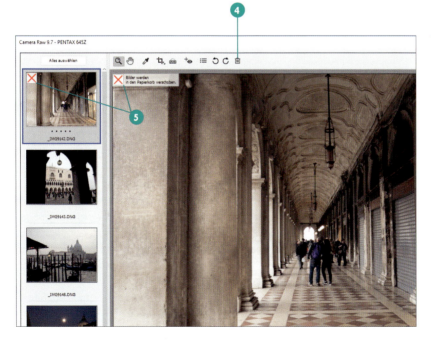

Abbildung 46.14: In Camera Raw gelöschte Bilder werden mit einem roten X gekennzeichnet.

46.7 Camera-Raw-Voreinstellungen

Über die Symbolleiste des Fensters oder über $\boxed{Strg}$+$\boxed{K}$ bzw. $\boxed{cmd\ \mathcal{H}}$+$\boxed{K}$ ist ein Fenster erreichbar, in dem Sie einige Programmvoreinstellungen definieren können.

Speichern

Beim Speichern werden die in Camera Raw vorgenommenen Korrekturen getrennt von den eigentlichen Bilddaten gespeichert. Bei *Bildeinstellungen speichern in* können Sie festlegen, ob die von Ihnen vorgenommenen RAW-Entwicklungseinstellungen zentral in der Camera-Raw-Datenbank oder als sogenanntes Filialdokument im Verzeichnis des jeweiligen RAW-Bildes abgelegt werden sollen. Das Arbeiten mit Filialdokumenten macht Sinn, wenn Sie bearbeitete RAW-Bilder weitergeben, selbst auf anderen Computern weiterbearbeiten oder unabhängig vom aktuellen Computer archivieren möchten. In diesen Fällen müssen Sie darauf achten, auch die entsprechenden Filialdokumente mitzukopieren.

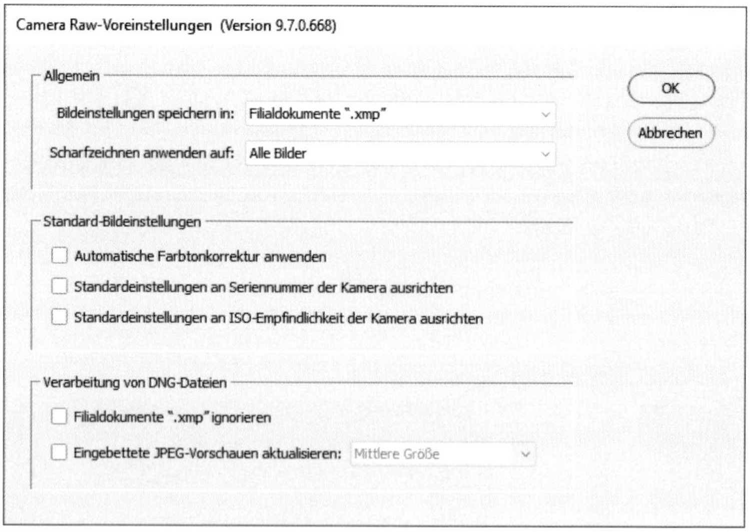

Abbildung 46.15:
Das Fenster ist auch
über $\boxed{Strg}$+$\boxed{K}$ *bzw.*
$\boxed{cmd\ \mathcal{H}}$+$\boxed{K}$
erreichbar.

Standardbildeinstellungen

Über die drei Kontrollfelder in der Mitte des Fensters können Sie voreinstellen, welche Arbeitsschritte Camera Raw bei jedem Bild ausführen soll. Wenn Sie mit mehreren Kameras arbeiten, ist es sinnvoll, die Funktion *Standardeinstellungen an Seriennummer der Kamera ausrichten* auszuwählen. Auf diese Weise kann das Programm mittels der Exif-Informationen die jeweilige Kamera erkennen und entsprechende Grundeinstellungen aufrufen. Mit *Standardeinstellungen an ISO-Empfindlichkeit der Kamera ausrichten* sorgen Sie dafür, dass die voreingestellte Rauschreduzierung der jeweiligen ISO-Einstellung angepasst wird. Bilder, die unter ungünstigen Lichtbedingungen und damit mit einem hohen ISO-Wert aufgenommen wurden, werden auf diese Weise stärker entrauscht als Bilder, die bei bestem Licht und damit mit einem geringeren ISO-Wert fotografiert wurden.

46.8   Kameraprofil

Camera Raw verwendet für jedes unterstützte Kameramodell individuelle Profile. Die aktuell verfügbaren Profile werden im Register *Kamerakalibrierung* ❶ angezeigt. Ob und welche Profile angezeigt werden, hängt von der verwendeten Kamera ab. Bei gängigen Kameramodellen werden hier neben einigen speziellen Motivprofilen zwei sogenannte ACR-Profile (**A**dobe **C**amera **R**aw) zur Auswahl angeboten. Höhere Versionsnummern der ACR-Profile repräsentieren jeweils neuere und verbesserte Kameraprofile, daher ist das aktuellste Profil voreingestellt aktiv.

Sobald Sie ein anderes Profil anklicken, verändert sich das Bild. In den meisten Fällen ist die Veränderung, wenn überhaupt, nur marginal. Aus diesem Grund werden die meisten Anwender hier keinerlei Veränderungen vornehmen. Wenn Sie eine nicht unterstützte Kamera verwenden oder wenn Sie JPEG- oder TIFF-Bilder in Camera Raw öffnen, erscheint hier hingegen nur der Eintrag *Eingebettet*, da in diesen Fällen das in die Datei eingebettete Profil verwendet wird.

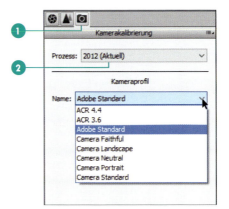

Abbildung 46.16: Unterschiedliche Profile einer unterstützten Kamera.

Abbildung 46.17: Bei nicht unterstützten Kameras erscheinen hier lediglich die Profile Eingebettet *und* Adobe Standard.

46.9 Prozessversionen

Mit der Wahl der Prozessversion ❷ legen Sie fest, wie das Programm das Rohdateiformat entschlüsselt. Adobe Photoshop Elements 15 verwendet voreingestellt die Prozessversion 2012 und damit die modernsten Möglichkeiten zur Entwicklung von RAW-Dateien. Zusätzlich werden noch zwei ältere Prozessversionen angeboten. Wenn Sie RAW-Dateien öffnen, die bisher noch nicht in einer älteren Version von Photoshop Elements geöffnet wurden, wird voreingestellt die modernste Prozessversion (2012) verwendet. Wenn Sie hingegen eine RAW-Datei öffnen, die bereits einmal in einer älteren Version von Photoshop Elements geöffnet wurde, wird zunächst die damals verwendete Prozessversion auf das Bild angewendet.

Bei älteren Prozessversion finden sich oftmals einige andere Parameter bzw. andere Schieberegler.

Camera Raw zeigt in einem solchen Fall rechts unten im Bild ein Ausrufezeichen an. Wenn Sie das Bild nun lieber in der aktuellen Prozessversion bearbeiten möchten, müssen Sie lediglich einmal auf das angezeigte Ausrufezeichen klicken. Daraufhin verschwindet das Ausrufezeichen, und Camera Raw stellt die aktuelle Prozessversion ein.

46.10 Praxisworkshop

In diesem Abschnitt können Sie verschiedene Funktionen anhand des Bildes *RAW_Beispiel.cr2* praktisch ausprobieren.

1. Öffnen Sie das Bild *RAW_Beispiel.cr2*.
2. Ziehen Sie den Regler *Lichter* ganz nach links.

Dadurch verbessern sich Struktur bzw. Zeichnung des Hutes in seinen hellen Bereichen. Um die Änderung erkennen zu können, müssen Sie den Hut entsprechend groß anzeigen lassen. Verwenden Sie dazu einen entsprechend großen Ansichtszoom, und stellen Sie den Bildausschnitt mit dem Hand-Werkzeug ein.

3. Ziehen Sie den Regler *Tiefen* so weit nach rechts, bis in den dunklen Bereichen mehr Zeichnung zu erkennen ist (ca. bei +80).

Diese Maßnahme verbessert die Struktur bzw. Zeichnung der Locken in ihren dunklen Bereichen. Auch diese Reaktion wird nur dann deutlich, wenn die entsprechende Kopfpartie groß genug dargestellt wird.

4. Ziehen Sie den Regler *Weiß* so weit nach rechts, bis in den hellen Bereichen die rote Warnung zur Lichterbeschneidung auftaucht (ca. bei +30).

5. Ziehen Sie den Regler *Schwarz* so weit nach links, bis in den dunklen Bereichen die blaue Warnung zur Tiefenbeschneidung auftaucht (ca. bei -55).

Auf diese Weise erscheinen einige der dunklen Bereiche jetzt deutlich schwärzer.

Mitteltonkontrast verbessern

6. Verschieben Sie den Schieberegler *Klarheit* nach rechts und beobachten Sie das Ergebnis.

Je weiter der Regler nach rechts bewegt wird, desto kontrastreicher werden die Mitteltöne des Bildes dargestellt.

Die Locken und der Hut treten auf diese Weise deutlicher hervor. In diesem Fall habe ich *Klarheit* auf +60 gestellt. Das sieht schon ganz ordentlich aus.

Farbeindruck blasser Bereiche verbessern

7. Bewegen Sie den Regler *Dynamik* nach rechts etwa auf den Wert +60.

Je weiter Sie den Regler nach rechts ziehen, desto intensiver erscheinen die Farbflecken im Hintergrund.

Abbildung 46.18: Durch die Erhöhung der Dynamik wird der Farbeindruck verbessert.

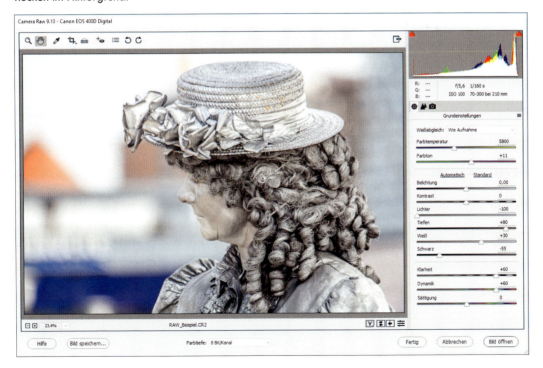

Ab einem Dynamikwert von ca. 20 wird innerhalb der orangefarbenen Farbflecken eine Beschneidungswarnung angezeigt (siehe in Kapitel 46.3 den Abschnitt »Beschneidungswarnung aktivieren«). Da in diesem Bereich keine relevanten Zeichnungsdetails vorhanden sind, können Sie diese Warnung aber
ignorieren. In diesem Fall hat der bessere bzw. farbintensivere Look Priorität.

Schärfen und Entrauschen

Voreingestellt wird jedes Bild in Camera Raw geschärft. Im folgenden Abschnitt können Sie sich diese Voreinstellung und andere Funktionen genauer
ansehen. Da die betreffenden Funktionen in einem anderen Register enthalten
sind, müssen Sie zunächst einmal das entsprechende Register öffnen.

1. Klicken Sie dazu auf der rechten Seite die mittlere Registerschaltfläche an.

*Abbildung 46.19:
Auf die mittlere der
drei Registerschalt-
flächen klicken.*

Auch bei der Beurteilung der Bildschärfe ist es unbedingt erforderlich, dass
das Bild mit einem Zoomfaktor von 100 % dargestellt wird. In den vorangegangenen Abschnitten haben Sie dazu bereits zwei Verfahren kennengelernt.
In diesem Abschnitt stelle ich Ihnen eine weitere Möglichkeit vor, mit der Sie
sehr komfortabel den Zoomfaktor 100 % einstellen können.

2. Doppelklicken Sie in der Symbolleiste des Fensters auf das Zoom-Werk-
    zeug.

Ein Blick auf die Zoom-Anzeige macht deutlich, dass das Bild jetzt mit dem
gewünschten Zoomfaktor angezeigt wird.

Voreingestellte Werte

Das folgende Fenster zeigt die Voreinstellungen des Registers. Durch die Stel-
lung der Schieberegler in den Bereichen *Schärfen* und *Rauschreduzierung* wird
das Bild also bereits ohne Ihr Zutun korrigiert.

Schärfen

Da RAW-Bilder keiner kameraseitigen Optimierung unterzogen werden, ist
eine pauschale Nachschärfung sinnvoll. Aus diesem Grund steht der Schärfe-
regler des Registers voreingestellt auf 25. In vielen Fällen wird bereits mit den
voreingestellten Werten ein gutes Ergebnis erzielt. Erhöhen Sie im Zweifelsfall
zunächst einmal den Parameter *Schärfen*.

Hohe Werte (über 100) führen oftmals zu deutlich sichtbaren Bildstörungen
(Farb- und Luminanzrauschen). Bei einigen Bildern sind solche hohen Werte
aber dennoch notwendig. In diesen Fällen können Sie auf einige im weiteren
Verlauf erläuterte »Gegenmittel« zurückgreifen.

Funktion	Bedeutung
Betrag	Steuert die Intensität der Schärfung, indem Konturen bzw. Kanten nachgeschärft werden. Hohe Werte sorgen für ein entsprechend scharfes Bild. Zu hohe Werte können aber zulasten der Bildqualität gehen.
Radius	Diese Radius-Angabe steuert die Größe der zu schärfenden Details. Bilder mit sehr feinen Strukturen müssen daher mit einem geringeren Wert geschärft werden als Bilder mit gröberen Strukturen.
Detail	Bestimmt, ob die Schärfung auf feine (hohe Werte) oder eher flächige Strukturen (niedrigere Werte) angewendet wird.
Maskieren	Die Maskierung ist auf den Wert 0 voreingestellt. Auf diese Weise wird das ganze Bild gleichmäßig scharfgezeichnet. Wird der Regler nach rechts gezogen, werden Bereiche, in denen keine Kanten vorhanden sind, zunehmend mit einer Maske geschützt und dadurch nicht geschärft. Diese Maßnahme ist u. a. bei Porträtaufnahmen von Kindern und Frauen sinnvoll. Auf diese Weise werden Zähne, Augen und Haare scharf, und die Hautpartien bleiben, wie sie sind – schön weich.

Tabelle 46.5:
Die Funktionen des
Bereichs SCHÄRFEN
im Detail.

Rauschunterdrückung

1. Drücken Sie die Leertaste, und verschieben Sie den Bildausschnitt, bis dieser in etwa dem hier gezeigten entspricht.

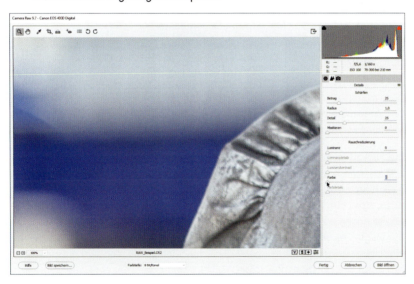

Abbildung 46.20:
Diesen Bildausschnitt
einstellen.

2. Ziehen Sie den Regler *Farbe* ganz nach links (auf 0), und beobachten Sie die Auswirkungen auf das Bild.

Da Sie durch den letzten Arbeitsschritt die voreingestellte Farb-Rauschunterdrückung deaktiviert haben, zeigen die stark gesättigten blauen Farbbereiche jetzt ein unschönes Farbrauschen.

3. Aktivieren Sie die voreingestellte Farb-Rauschunterdrückung, indem Sie den letzten Arbeitsschritt mit ⟨Strg⟩+⟨Z⟩ bzw. ⟨cmd ⌘⟩+⟨Z⟩ rückgängig machen und auf diese Weise den Regler *Farbe* erneut auf den Wert 25 stellen.

Da der aktuell gewählte Bildausschnitt lediglich flächige Bereiche zeigt, ist er für die Beurteilung der Bildschärfe nicht gut geeignet.

4. Drücken Sie die Leertaste, und verschieben Sie den Bildausschnitt, bis dieser in etwa dem hier gezeigten entspricht.

Abbildung 46.21:
Der neue Bildaus-
schnitt zeigt sowohl
feine Strukturen als
auch flächige Bereiche
und ist daher für die
Schärfebeurteilung
gut geeignet.

5. Ziehen Sie den Regler *Betrag* nach rechts, und beobachten Sie die Auswirkungen auf das Bild.

Die Locken im Vordergrund erscheinen zunehmend schärfer. Wie weit Sie das Bild auf diese Weise nachschärfen, ist Geschmackssache. Ein Betrag von ca. 120 führt zwar zu einer entsprechend intensiven Nachschärfung, aber auch dazu, dass auf den flächigen Bereichen ein unschönes Rauschen entsteht. Dieses Rauschen werden Sie nun durch die folgenden Einstellungen mindern. Da der Regler *Maskieren* voreingestellt auf 0 steht, wird zunächst das ganze Bild scharfgezeichnet. Daher reagiert auch der flächige Hintergrund entsprechend und zeigt das unschöne Rauschen.

6. Ziehen Sie nun den Regler nach rechts, und beobachten Sie parallel den flächigen Bereich links oben.

Je weiter Sie den Regler nach rechts ziehen, umso stärker wird die Bildstörung unterdrückt. Der Regler *Maskieren* sorgt dafür, dass Bereiche, in denen keine Kanten vorhanden sind, zunehmend geschützt und somit nicht geschärft werden, wodurch wiederum das störende Bildrauschen vermieden wird. Allerdings erreicht diese Funktion auf diese Weise auch die Bildelemente, die Sie eigentlich nachschärfen möchten. Daher hilft es nichts, den Regler einfach nur ganz nach rechts zu ziehen.

7. Stellen Sie den Regler *Maskieren* auf einen Wert von etwa 30.

Das Bildrauschen ist bei dieser Einstellung noch nicht vollständig verschwunden, die Locken der Dame werden aber nach wie vor scharf dargestellt. Sie werden das Rauschen nun mit einer anderen Funktion mindern.

8. Ziehen Sie dazu den Regler *Luminanz* auf 73.

Dadurch kann das Bildrauschen merklich gemindert werden. Die nachzuschärfenden Motivbereiche (z. B. die Locken) sind nach wie vor scharf.

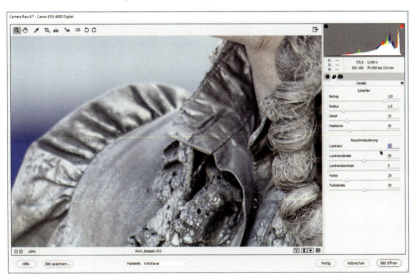

Abbildung 46.22:
Das Ergebnis.

Abbildung 46.23:
Nach einem Doppelklick auf das Hand-Werkzeug wird erneut das ganze Bild angezeigt.

Mit den Reglern *Luminanzdetails*, *Luminanzkontrast* und *Farbdetails* können Sie das eingestellte Ergebnis noch weiter verfeinern. Im Vorher-nachher-Ansichtsmodus wird der Unterschied zwischen dem Ausgangsbild und dem entwickelten Foto deutlich. Durch Klicken auf die Schaltfläche können Sie verschiedene Vorher-nachher-Ansichtsvarianten durchlaufen. Schneller geht es mit dem Tastenkürzel Q. Mit der rechts davon angeordneten Schaltfläche können Sie die Position der beiden Ansichten tauschen (P).

Abbildung 46.24: An der Unterseite kann eine Vorher-nachher-Darstellung gewählt werden.

Scannen

Damit Photoshop Elements Ihren Scanner erkennen und ansteuern kann, ist es erforderlich, dass die zum Lieferumfang des Scanners gehörende Scansoftware bzw. der entsprechende Scannertreiber auf Ihrem Computer installiert ist. Photoshop Elements greift dann auf die Funktionen dieser Software bzw. des Treibers zurück.

47.1 Scannen im Editor

Wenn Sie Ihre Bilder über den Editor einscannen, spricht Photoshop Elements den angeschlossenen Scanner über die sogenannte WIA-Schnittstelle (**W**indows **I**mage **A**cquisition) an. Über diese Schnittstelle ist es z. B. möglich, angeschlossene Scanner, Digitalkameras oder ähnliche Geräte über Fremdsoftware (in diesem Fall Photoshop Elements) zu steuern bzw. zu nutzen.

1. Wählen Sie im Editor den Befehl *Datei/Importieren/WIA-Unterstützung*.

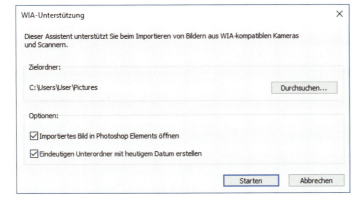

Abbildung 47.1:
Im Fenster WIA-
UNTERSTÜTZUNG kann
u. a. ein Speicherort
festgelegt werden.

2. Klicken Sie auf *Durchsuchen*, und legen Sie den Speicherort fest.

3. Verlassen Sie das Fenster über die Schaltfläche *Starten*.

Jetzt wird das Fenster *Gerät auswählen* angezeigt.

4. Wählen Sie den zu verwendenden Scanner mit einem Klick aus.

5. Verlassen Sie das Fenster mit einem Klick auf die Schaltfläche *OK*.

Abbildung 47.2:
Den Scanner
auswählen.

6. Stellen Sie zunächst ein, um welche Art von Bildmaterial es sich handelt. Zur Auswahl stehen *Farbbild*, *Graustufenbild*, *Schwarzweißfoto* oder *Text* und *Benutzerdefinierte Einstellungen*.

7. Klicken Sie auf *Vorschau*.

Abbildung 47.3:
Festlegen, welche Art
von Bildmaterial
gescannt werden soll.

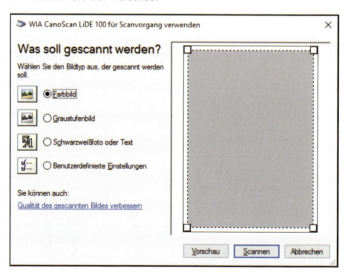

Anschließend erscheint die vom Scanner gelieferte Bildvorschau. Das Bild ist dabei von einem Auswahlrahmen umgeben. Wenn Sie, wie in diesem Fall, ein einzelnes Bild scannen, müssen Sie sich im Regelfall nicht mehr um den Auswahlrahmen kümmern, da dieser in den meisten Fällen perfekt an den Kanten des Fotos andockt. Sollten Sie allerdings feststellen, dass sich Teile des zu scannenden Bildes nicht innerhalb des Auswahlrahmens befinden, müssen Sie diesen entsprechend vergrößern. Wenn Sie nur Teile des Bildes scannen möchten, empfiehlt es sich hingegen, zunächst das komplette Bild zu scannen und die Ausschnittswahl später im Editor von Photoshop Elements vorzunehmen, da der Editor in dieser Hinsicht ein präziseres Arbeiten ermöglicht.

8. Klicken Sie auf die Funktion *Qualität des gescannten Bildes verbessern.*

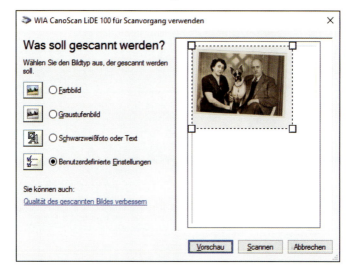

Abbildung 47.4:
Vorschau mit
Auswahlrahmen.

Je nachdem, was Sie mit dem Bild vorhaben, können Sie hier eine entsprechende (relative) Auflösung eingeben. Da das Bild gedruckt werden soll, habe ich in diesem Beispiel eine Auflösung von 300 dpi verwendet. Mehr Infos zur korrekten Auflösung finden Sie in Kapitel 5 »Grundlagen der digitalen Bildbearbeitung«.

Abbildung 47.5:
Auflösung festlegen.

9. Verlassen Sie das Fenster mit einem Klick auf die Schaltfläche *OK.*

10. Klicken Sie auf *Scannen*, um das Fenster zu schließen bzw. um den Scanvorgang zu starten.

Nach einiger Zeit erscheint das gescannte Bild im Editor von Photoshop Elements.

47.2   Gescannte Bilder optimieren

Über einen Scanner importierte Bilder haben in der Regel einen gewissen Optimierungsbedarf. Zum einen sind die Bilder oftmals leicht verdreht. Dieses Problem können Sie z. B. mit dem Freistellungswerkzeug ⏚ lösen. Mehr Infos dazu finden Sie in Kapitel 14 »Bildausschnitt und schiefe Bilder korrigieren«. Staub, Fusseln, Risse und andere »Macken« korrigieren Sie mit den Retuschewerkzeugen. Wie das funktioniert, wird in Kapitel 13 »Retuschieren« ausführlich beschrieben. Zudem sind gescannte Bilder oftmals zu flau.

Mithilfe der Tonwertkorrektur ist das Problem aber schnell gelöst. Mehr zu diesem Thema lesen Sie in Kapitel 11 »Tonwertkorrektur«. Ein weiteres Problem ist das Bildrauschen. Mithilfe des Filters *Rauschen reduzieren* (Menübefehl *Filter/Rauschfilter/Rauschen reduzieren*) können Sie diesen unschönen Effekt aus der Welt schaffen. Abschließend sollten gescannte Bilder stets ein wenig nachgeschärft werden. Infos dazu finden Sie in Kapitel 15 »Schärfe steuern«.

*Abbildung 47.8:
Mit dem Freistellungs-
werkzeug das etwas
verdrehte Bild gerade
ausrichten.*

*Abbildung 47.9:
Das gerade
ausgerichtete Bild.*

47.3 Bildrand hinzufügen

Wenn Sie dem Bild einen neuen Bildrand hinzufügen möchten, können Sie das sehr einfach über die Arbeitsfläche von Photoshop Elements erledigen.

1. Wählen Sie dazu den Befehl *Bild/Skalieren/Arbeitsfläche*.
2. Stellen Sie sicher, dass das Kontrollfeld *Relativ* ❶ aktiviert ist.
3. Geben Sie in die Eingabefelder *Breite* und *Höhe* ❷ die Stärke des gewünschten Rahmens ein.

Beachten Sie dabei, dass Sie den gewünschten Wert mit 2 multiplizieren müssen, da sich der hier eingegebene Wert immer auf beide Seiten des Bildes bezieht (oben, unten und links und rechts). Wenn Sie also z. B. gern einen Rahmen mit einer Breite von 2 cm erstellen möchten, geben Sie sowohl bei *Breite* als auch bei *Höhe* jeweils *4 cm* ein. Die Farbe des Rahmens können Sie an der Unterseite des Fensters festlegen. Wenn Sie hier auf *Andere* ❸ klicken, erscheint das Fenster *Farbwähler*, in dem Sie eine beliebige Farbe auswählen können. Möchten Sie einen Farbton aus dem Bild verwenden, fahren Sie einfach mit der Maus in das Bild. Aus dem Mauszeiger wird eine Pipette, mit der Sie eine Farbe aus dem Bild aufnehmen können. Ich habe in diesem Beispiel unmittelbar über den Hund geklickt, um den hellen Sepiafarbton als Rahmenfarbe festzulegen.

Abbildung 47.10:
Im Fenster ARBEITS-
FLÄCHE können Breite
und Farbe des
Rahmens festgelegt
werden.

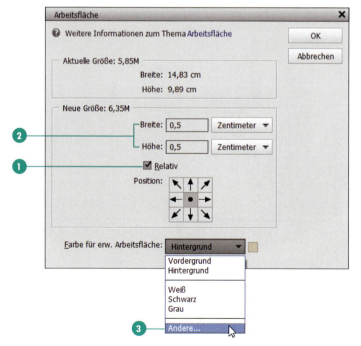

Abbildung 47.11:
Um die Rahmenfarbe
festzulegen, kann
mit der Pipette eine
Farbe aus dem Bild
aufgenommen werden.

Abbildung 47.12:
Das Bild wird von
einem Rahmen
umgeben.

4. Speichern Sie das Bild in einem Dateiformat Ihrer Wahl ab.

Mehr Informationen rund um das Thema Speichern liefert Kapitel 17 »Bilder speichern«.

47.4 Mehrere Bilder auf einmal scannen und automatisch in einzelne Bilder wandeln

Photoshop Elements bietet eine spezielle Funktion, mit der Sie mehrere Bilder in einem Arbeitsgang einscannen können. Nach dem Scannen schneidet Photoshop Elements die Bilder automatisch auseinander.

1. Legen Sie dazu einfach mehrere Bilder auf den Scanner.

2. Gehen Sie beim Scannen ansonsten genauso vor, wie im vorangegangenen Abschnitt beschrieben.

 Wenn Sie Bilder im Modus *Graustufenbild* scannen, liegen die Bilder anschließend im Modus *Indizierte Farben* vor. Vor der Weiterbehandlung bzw. vor dem automatischen Teilen der Bilder müssen Sie in einem solchen Fall das gescannte Gesamtbild zunächst in den Modus *RGB-Farbe* wandeln (*Bild/Modus/RGB-Farbe*).

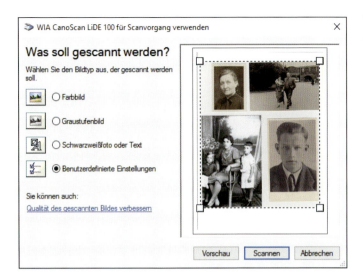

Abbildung 47.14:
Das gescannte
»Gesamtbild«.

3. Wählen Sie den Befehl *Bild/Gescannte Fotos teilen*.

Abbildung 47.15:
Die Bilder aus dem
gescannten »Gesamt-
bild« liegen nun als
separate Bilder vor.

4. Speichern Sie über den Befehl *Speichern/Speichern unter* jedes Bild in einem Dateiformat Ihrer Wahl ab.

47.5 Scannen im Organizer (PC-Version)

1. Wählen Sie im Organizer den Befehl *Datei/Fotos und Videos laden/Vom Scanner*.

Dadurch öffnet sich das Fenster *Fotos von Scanner laden*. Voreingestellt werden gescannte Bilder im JPEG-Format gespeichert. Daher können Sie in diesem Fenster die JPEG-Qualität einstellen. Wenn Sie lieber ein anderes Format verwenden möchten, können Sie in der Drop-down-Liste *Speichern als* darüber hinaus noch *TIFF* oder *PNG* wählen.

2. Wählen Sie das gewünschte Format bzw. übernehmen Sie das voreingestellte JPEG-Format.

3. Wenn Sie beim JPEG-Format bleiben möchten, sollten Sie den Regler *Qualität* in jedem Fall ganz nach rechts ziehen, da durch die JPEG-Komprimierung verloren gegangene Informationen später nicht wiederhergestellt werden können.

Wohlgemerkt, es handelt sich hier nicht um die Qualität des Scans, sondern darum, in welcher Qualität der Scan letztlich im JPEG-Format gespeichert wird.

4. Klicken Sie auf *Durchsuchen*, und legen Sie den Speicherort fest. Verlassen Sie das Fenster über die Schaltfläche *OK*.

Ist eine spezifische Scannersoftware installiert, greift der Organizer nun auf deren Interface zurück. Ist das nicht der Fall, spricht der Organizer (wie der Editor) den Scanner über die WIA-Schnittstelle an. Orientieren Sie sich hinsichtlich der Einstellungen an meinen Erläuterungen im ersten Abschnitt dieses Kapitels.

Teil 13

Teil 13:
Der Organizer

48 Bilder in den Organizer importieren

Der Organizer unterstützt Sie bei der Verwaltung der digitalen Bilderflut. Dabei können Sie Ihre Bilder z. B. in Katalogen und Alben zusammenfassen, kennzeichnen, bewerten und sortieren. Das Programm nimmt dazu Bilder aus unterschiedlichen Quellen entgegen. Neben dem direkten Import von Digitalkameras, Kartenlesern und Scannern importiert das Programm auf Wunsch auch bereits auf Ihrem Computer vorliegende Bilder.

48.1 Programmstart

Das Programm lässt sich über zwei Wege starten: zum einen über die gleichnamige Schaltfläche des Startbildschirms ❶ und zum anderen direkt aus Photoshop Elements heraus. Klicken Sie dazu unten im Editor auf die Schaltfläche *Organizer* ❷.

Abbildung 48.1: Programmstart über die gleichnamige Schaltfläche des Startbildschirms.

Abbildung 48.2:
Das Programm kann
über diese an der
Unterseite der Pro-
grammoberfläche
angeordnete Schalt-
fläche direkt aus dem
Fotoeditor heraus
gestartet werden.

Achtung: Sie können den Organizer auch unabhängig von Photoshop Elements starten, indem Sie das Programm in das Windows-Startverzeichnis (PC) aufnehmen. Öffnen Sie dazu das Programmverzeichnis des Organizers (in der Regel dürfte das C:/Programme/Adobe/Elements 15 Organizer sein), und klicken Sie hier mit der rechten Maustaste auf die Anwendungsdatei Photoshop-ElementsOrganizer.exe. Im sich dann öffnenden Kontextmenü wählen Sie den Befehl An „Start" anheften. Wenn Sie jetzt das Windows-Startmenü mit einem Klick auf die Start-Schaltfläche öffnen, wird Ihnen das Programm-Icon des Organizers angezeigt. Die Mac-Version des Organizers kann ebenfalls unabhängig von Photoshop Elements gestartet werden. Benutzen Sie dazu das im Ordner Programme befindliche Organizer-Icon.

48.2 Infofenster

Wenn Sie das Programm erstmalig starten, erscheint das hier abgebildete Fenster ❸. In insgesamt vier ❹ verschiedenen Fensterinhalten (sogenannte Walkthrough-Bildschirme) stellt sich Ihnen das Programm kurz vor. Zudem haben Sie hier die Möglichkeit, sofort mit dem Import ❺ Ihrer Bilder zu beginnen. Allerdings unterstützt die hier angebotene Importmöglichkeit lediglich den Import vollständiger Verzeichnisinhalte. Daher wäre es eventuell sinnvoller, auf eine der anderen in diesem Kapitel vorgestellten Importmöglichkeiten zurückzugreifen. Klicken Sie dazu bzw. zum Verlassen des Fensters auf Überspringen ❻.

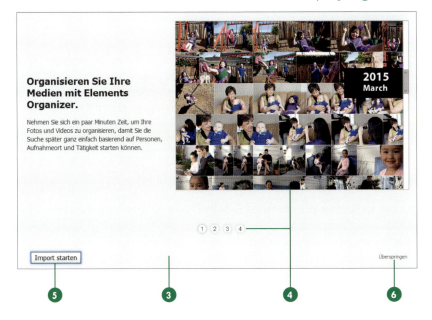

Abbildung 48.3:
Das erste Dialog-
fenster.

Mehr Infos zu der im ersten Dialogfenster angebotenen Importmöglichkeit **5** finden Sie in den folgenden Erläuterungen zum Befehl *Abschnittsweise*. Auch nach dem Schließen des ersten Dialogfensters ist die hier angebotene Importfunktion über den Befehl *Datei/Fotos und Videos laden/Abschnittsweise* zu erreichen.

48.3 Das sollten Sie wissen

Ihre Bilder werden vom Organizer in einem sogenannten Katalog verwaltet. Sie können verschiedene Kataloge anlegen. Auf diese Weise können Sie z. B. private oder geschäftliche Bilder grundsätzlich voneinander trennen. Bei diesen Katalogen handelt es sich jeweils um eine Datenbank, in der u. a. der Speicherort jedes Bildes hinterlegt wird. Letzteres ist notwendig, da die Bilder durch den Import nicht an einen neuen Speicherort kopiert bzw. verschoben werden. Vielmehr verbleiben die Bilder an ihrem ursprünglichen Speicherort, und der Organizer greift lediglich über eine Verknüpfung auf diese zurück.

Aus diesem Grund führt das Löschen, Verschieben oder Umbenennen bereits importierter Bilder dazu, dass der Organizer die entsprechenden Bilder nicht mehr finden kann. In einem solchen Fall erscheint eine entsprechende Fehlermeldung. Das bedeutet aber nicht, dass Sie importierte Bilder in dieser Hinsicht nun überhaupt nicht mehr »anfassen« dürfen. Sie müssen sich bei diesen Dingen lediglich auf die Nutzung des Organizers beschränken, denn dieser stellt dazu eigene Befehle zur Verfügung.

In vielen Fällen dürfte ein Katalog ausreichen, da Sie zudem die Möglichkeit haben, Ihre Bilder innerhalb eines Katalogs in sogenannten Alben abzulegen. Mehr Informationen dazu finden Sie in Kapitel 50 »Bildmanagement mit dem Organizer«.

Katalog einer Vorgängerversion importieren

Ältere Versionen von Photoshop Elements werden beim ersten Organizer-Start automatisch erkannt. Sollte auf diese Weise eine installierte Vorgängerversion erkannt werden, bietet er Ihnen an, den bereits existierenden Katalog in die neue Programmversion zu importieren. Über den Befehl *Datei/Kataloge verwalten* ist das aber auch zu einem späteren Zeitpunkt noch möglich.

48.4 Importvarianten

Mit den im Folgenden erläuterten Befehlen holen Sie Foto- und Videomaterial, das sich auf Ihrem Rechner bzw. auf einem an den Computer angeschlossenen Speichermedium befindet, in den Organizer.

Aus Dateien und Ordnern

Mit dieser Funktion können Sie entweder einzelne Bilder oder den Inhalt ganzer Ordner in die Bilddatenbank des Organizers importieren.

1. Wählen Sie den Befehl *Datei/Fotos und Videos laden/Aus Dateien und Ordnern* ([Strg]+[⇧]+[G] bzw. ([cmd ⌘]+[⇧]+[G])).
2. Wählen Sie im Dialogfenster der Funktion das bzw. die zu importierenden Bilder aus, und klicken Sie anschließend auf die Schaltfläche *Öffnen* ❶.

Wenn Sie sämtliche in einem Ordner befindliche Bilder importieren möchten, wählen Sie den entsprechenden Ordner an und klicken ebenfalls auf die Schaltfläche *Medien laden* ❷. Wenn sich in dem gewählten Ordner weitere Bildordner befinden sollten, müssen Sie beim Import darauf achten, dass die Funktion *Fotos aus Unterordnern laden* ❸ aktiv ist. Auf diese Weise werden auch die in den Unterordnern enthaltenden Bilder in die Bilddatenbank (Katalog) des Organizers geladen.

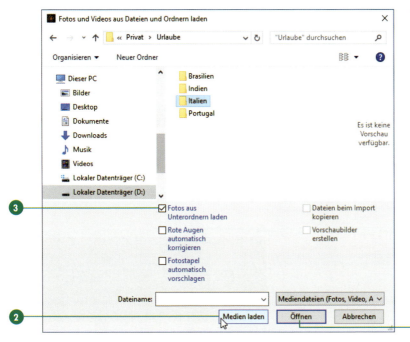

Abbildung 48.4:
Die zu ladenden Bilder
bzw. Ordner
auswählen und
anschließend auf
MEDIEN LADEN klicken.

Jetzt erscheint das Fenster *Laden von MEDIEN*. Im Vorschaubereich des Fensters werden die einzelnen Bilder in einer »Blitzvorschau« angezeigt. Wenn Sie anhand der Bilder feststellen, dass Sie unter Umständen gerade die falschen Bilder laden, können Sie den Vorgang durch einen Klick auf *Stopp* abbrechen. Bevor der Import beginnt, überprüft der Organizer, ob die Daten eventuell schon in seiner Datenbank vorhanden sind. Ist das der Fall, erscheint im Fenster *Medien werden geladen* eine entsprechende Meldung. Anschließend werden nur die importierten Daten angezeigt. Auf diese Weise müssen Sie nicht erst lange nach den geladenen Bildern suchen. Wenn Sie dennoch wieder alle Inhalte angezeigt bekommen möchten, klicken Sie rechts oben auf *Löschen* ❹. Damit werden keine Dateien, sondern lediglich der aktuelle Ansichtsfilter gelöscht.

*Abbildung 48.5:
Auf LÖSCHEN klicken,
um die Darstellung
nicht länger auf die
gerade importierten
Inhalte zu beschränken.*

Abschnittsweise

Mit diesem Befehl können Sie Bilder aus mehreren Ordnern gleichzeitig importieren. Dabei wird jeweils der gesamte Ordnerinhalt importiert. Eine Auswahl einzelner Bilder ist bei dieser Funktion nicht vorgesehen.

Mit einem Klick auf *Ordner hinzufügen* ❶ können Sie in die links dargestellte Liste jeweils ein weiteres Verzeichnis aufnehmen. Auf der rechten Seite werden anschließend einige Miniaturen der in diesem Ordner enthaltenen Bilder angezeigt ❷. Da in jedem Fall der gesamte Inhalt des gewählten Ordners importiert wird, dient diese Vorschau lediglich als »grobe« optische Kontrolle. Über der letzten Miniatur wird eine Zahl dargestellt ❸. Diese informiert Sie darüber, wie viele andere Bilder dieses Ordners bisher noch nicht in der Vorschau angezeigt werden. Sollte Ihnen diese »grobe« optische Kontrolle nicht ausreichen, können Sie mit einem Klick auf die Zahl ❸ die Vorschau auf alle in dem jeweiligen Verzeichnis vorhandenen Bilder ausweiten. Anschließend werden die noch verbliebenen Bilder ebenfalls in der Vorschau angezeigt ❹.

*Abbildung 48.6:
Die Vorschau auf der
rechten Seite zeigt
zunächst nur einige
der im gewählten
Ordner enthaltenen
Bilder.*

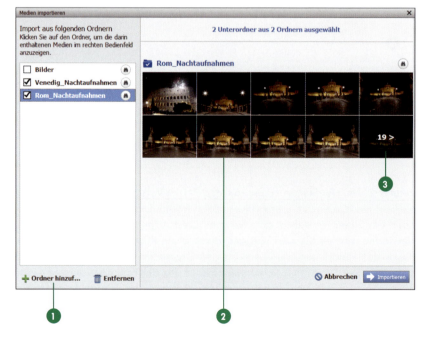

Abbildung 48.7:
Nach einem Klick
auf die Zahl werden
alle im Verzeichnis
enthaltenen Bilder
angezeigt.

Überwachte Ordner nutzen

Diese Funktion steht nur in der Windows-Version des Programms zur Verfügung. Wenn Sie Ihre neuen Bilder in überwachten Ordnern ablegen, sparen Sie sich in der Zukunft den eben beschriebenen Import. Voreingestellt überwacht der Organizer die *Benutzer*-Bilderordner von Windows 10 (*Bilder*).

1. Wählen Sie den Befehl *Datei/Ordner überwachen*.

Jetzt erscheint das gleichnamige Fenster. Wenn Sie bisher noch keine Ordner hinzugefügt haben, wird in der Auflistung ❶ lediglich der *Benutzer*-Bilderordner von Windows angezeigt.

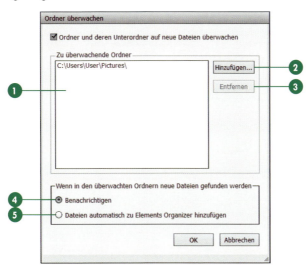

Abbildung 48.8:
Im Fenster Ordner
überwachen können
Sie die Überwachung
auf weitere Ordner
ausdehnen oder bisher
überwachte Ordner
von der Überwachung
ausnehmen ❸.

2. Klicken Sie auf *Hinzufügen* **2**, um einen weiteren Ordner überwachen zu lassen.

3. Wählen Sie im dann angezeigten Dialogfenster den zu überwachenden Ordner aus, und schließen Sie das Fenster über die Schaltfläche *OK*.

Sobald Sie einem überwachten Ordner neue Bilder hinzufügen, wird das vom Organizer erkannt. Ist die Optionsschaltfläche *Benachrichtigen* **4** aktiv, fragt das Programm dabei jedes Mal nach, ob die neuen Inhalte in den Katalog aufgenommen werden sollen (siehe Abbildung). Wenn Sie auf das Dialogfenster verzichten möchten, wählen Sie die Option *Dateien automatisch dem Organizer hinzufügen* **5**.

48.5 Import aus Kamera oder Kartenleser

Wenn Sie eine Digitalkamera oder einen Kartenleser mit Ihrem Computer verbinden, startet der Foto-Downloader von Adobe Elements automatisch. Sollte das nicht der Fall sein, können Sie das Importfenster auch manuell öffnen.

1. Wählen Sie dazu den Befehl *Datei/Fotos und Videos laden/Aus Kamera oder Kartenleser* (Strg + G).

Voreingestellt wird zunächst die kleine Fenstervariante des Foto-Downloaders angezeigt. Wenn Sie eine Vorauswahl der zu importierenden Bilder vornehmen oder bereits beim Import Metadaten eingeben möchten, können Sie den Funktionsumfang des Foto-Downloaders erweitern.

Abbildung 48.9:
Die Standardvariante
des FOTO-DOWN-
LOADER-Fensters.

2. Klicken Sie dazu auf die Schaltfläche *Erweitertes Dialogfeld* **1**.

3. Deaktivieren Sie auf der linken Seite die Kontrollfelder **2** der Bilder, die Sie nicht importieren möchten.

Wenn Sie nur einige wenige der angezeigten Bilder importieren möchten, klicken Sie zunächst auf *Alle deaktivieren* **3** und markieren dann die wenigen Bilder, die Sie importieren möchten.

4. Klicken Sie auf *Durchsuchen* **4**, und legen Sie den Speicherort fest.

Auf Wunsch erstellt Ihnen der Organizer im gewählten Ordner einen Unterordner.

Abbildung 48.10:
Das erweiterte Fenster
ermöglicht unter
anderem eine gezielte
Auswahl der zu
importierenden Bilder.

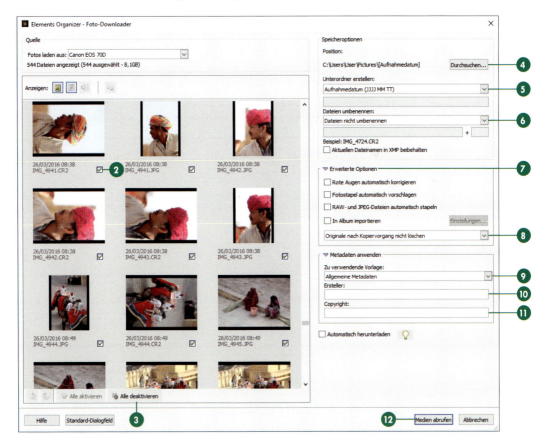

5. Öffnen Sie die Drop-down-Liste im Bereich *Unterordner erstellen* **5**.

6. Wählen Sie eine der hier angebotenen Varianten aus. Wenn Sie keinen Unterordner erstellen möchten, klicken Sie auf *Ohne*.

Digitalkameras vergeben oftmals mehr oder weniger kryptische Dateinamen. Es lohnt sich daher in der Regel, den Bildern einen »eigenen« Namen zu geben.

7. Geben Sie bei *Dateinamen umbenennen* **6** einen Namen ein.

8. Wählen Sie auf Wunsch eine oder mehrere der erweiterten Optionen **7** aus, und legen Sie fest **8**, ob die in der Kamera bzw. auf dem Speichermedium des Lesegeräts gespeicherten Originalbilder nach dem Import gelöscht oder erhalten bleiben sollen.

9. Öffnen Sie die Drop-down-Liste **9** im Bereich *Metadaten anwenden*, und legen Sie fest, ob Sie die Metadaten der Bilder mit importieren (*Allgemeine Metadaten*) oder auf den Import verzichten möchten (*Ohne*).

Mehr Informationen zu den hier angesprochenen Metadaten finden Sie im folgenden Kapitel.

10. Wenn Sie die Metadaten importieren möchten, können Sie in diesem Bereich auch noch Angaben zum Ersteller der Bilder **10** und zum Copyright **11** machen.

11. Klicken Sie abschließend auf *Mediendaten laden* **12**.

12. Es erscheint ein Fenster, das den Fortschritt des Importvorgangs anzeigt. Nachdem alle Bilder importiert wurden, erscheint ein weiteres Fenster.

13. Klicken Sie auf *Ja*, wenn Sie zunächst nur die gerade importierten Bilder im Medienbrowser sehen möchten.

Bilder sichten und Organizer-Basisfunktionen nutzen

Der Organizer zeigt die von ihm verwalteten Bilder im sogenannten Medienbrowser an. In diesem Fenster können Sie Ihr Bildmaterial u. a. sichten, Bildinformationen wie Aufnahmedatum, Bild- und Dateigröße einsehen, »Problembilder« an den Fotoeditor übergeben und gänzlich misslungene Werke löschen.

Abbildung 49.1:
Die Programmober-
fläche des Organizers
wird zu einem großen
Teil vom Medien-
browser ❶
beansprucht.

49.1 Die verschiedenen Ansichtsoptionen

Medienbrowser-Ansicht anpassen

Spätestens nach einem Klick auf das Register *Medien* **2** werden Ihnen hier Ihre Bilder angezeigt. Um die Größe der im Medienbrowser angezeigten Inhalte zu steuern, können Sie den Schieberegler **3** in der unteren Leiste benutzen. Je weiter Sie den Regler nach links ziehen, desto kleiner werden die angezeigten Bildminiaturen. Wenn Sie den Regler nach rechts ziehen, lässt sich die Miniaturdarstellung entsprechend vergrößern.

Abbildung 49.2:
Schieberegler zur
Größensteuerung der
angezeigten Inhalte.

Alternativ dazu können Sie auch auf das entsprechende Bild doppelklicken. Es wird dann größtmöglich im Medienbrowser angezeigt (Schiebereglerstellung ganz rechts **4**). Durch einen erneuten Doppelklick wird das Bild wieder in der Standardgröße angezeigt.

Abbildung 49.3:
Maximale Miniaturen-
größe.

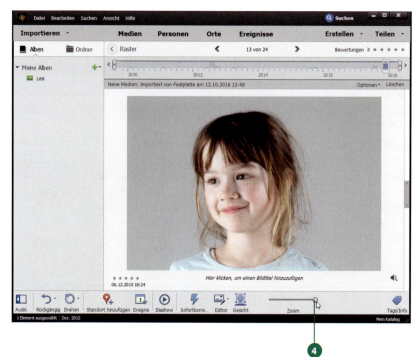

Vollbildansicht

Über den Befehl *Ansicht/Vollbildschirm* kann das aktuell im Medienbrowser ausgewählte Bild im Vollbildmodus (PC) [F11] angezeigt werden. Um den Vollbildmodus zu verlassen, drücken Sie (PC) [Esc]. Wenn Sie in der Ansicht den

Cursor bewegen, erscheint im unteren Bereich eine Navigationssteuerung. Links oben finden Sie ein *Bearbeiten*-Bedienfeld mit diversen Korrekturfunktionen, die Ihnen wahrscheinlich aus dem Editor bekannt sein werden. Links unten erreichen Sie das Bedienfeld *Organisieren*. Während Sie die Bilder betrachten, können Sie sie in Alben ablegen und mit Tags kennzeichnen (die Bedeutung von Alben und Tags wird im nachfolgenden Kapitel erläutert).

Abbildung 49.4:
Bilddarstellung im
Vollbildmodus.

Abbildung 49.5:
Durch Bewegen des
Cursors können in
der Vollbildansicht
Bedienfelder einge-
blendet werden.

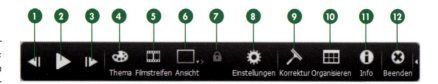

Abbildung 49.6:
Die Bedienelemente an
der Unterseite der
Vollbildansicht.

Tabelle 49.1:
Die Schaltflächen der
Vollbildansicht.

1	Vorheriges Medium	Zeigt das vorherige Medium (Bild, Video).
2	Wiedergabe	Spielt eine Diashow, ein Video oder eine Audiodatei ab.
3	Nächstes Medium	Zeigt das nächste Medium (Bild, Video).
4	Thema (Übergänge auswählen)	Hier geht es darum, den Wechsel zwischen den einzelnen »Dias« zu gestalten. Über diese Schaltfläche erhalten Sie Zugriff auf vier Übergangsvarianten.
5	Filmstreifen ein/ aus	Zeigt an der Unterseite einen Filmstreifen mit den nächsten und vorherigen Bildern an.
6	Ansicht	Schaltet in die Vergleichsansicht. In dieser Ansicht können Sie zwei Bilder miteinander vergleichen. Allerdings wird auf diese Weise das aktuelle Bild lediglich mit dem »nächsten« Bild verglichen. Um nicht aufeinanderfolgende Bilder zu vergleichen. gehen Sie hingegen wie folgt vor: Blenden Sie den Filmstreifen ein (z. B. mit $\boxed{\text{Strg}}+\boxed{F}$ bzw. $\boxed{\text{cmd}\ \ \cmd}+\boxed{F}$), und markieren Sie die beiden Bilder, die Sie miteinander vergleichen möchten. Klicken Sie dann auf die Schaltfläche *Ansicht*.
7	Schwenken und Zoomen in Vergleichsansicht synchronisieren	Diese Funktion wird nur angeboten, wenn aktuell die Vergleichsansicht dargestellt wird. Nach einem Klick darauf wirken sich das Zoomen und das Verschieben des Bildausschnitts auf beide Bilder gleichzeitig aus.
8	Diashow-Einstellungen	Hier legen Sie u. a. fest, ob und welche Hintergrundmusik Sie für Ihre Diashow verwenden möchten und wie lange die einzelnen Bilder gezeigt werden sollen.
9	Bearbeiten-Bedienfeld ein/aus	Zeigt links oben das *Bearbeiten*-Bedienfeld oder blendet es aus.
10	Schnell-organisieren-Bedienfeld ein/aus	Zeigt links unten das *Organisieren*-Bedienfeld oder blendet es aus.
11	Info	Zeigt das Bedienfeld *Informationen* oder blendet es aus.
12	X Beenden	Beendet den Vollbildmodus (schneller geht's mit $\boxed{\text{Esc}}$).

 Mehr Informationen zum Thema Diashow finden Sie in Kapitel 51 »Teilen und Präsentieren«.

Flexibles Raster – Bild an Bild ohne platzraubende Zwischenräume

Der mittlere Bereich des Medienbrowsers wird auch als Raster bezeichnet. Voreingestellt werden die Bilder dabei ohne platzraubende Zwischenräume dargestellt **1**. Damit der zur Verfügung stehende Platz möglichst effizient genutzt wird, wird die Darstellungsgröße der Bilder automatisch angepasst **2**.

Abbildung 49.7: Darstellung ohne platzraubende Zwischenräume.

Detailansicht – Informationen zum Bild anzeigen lassen

Manchmal muss man solche Dinge wie Dateinamen oder Aufnahmedaten in Augenschein nehmen. In diesem Fall sollten Sie die Detailansicht aktivieren. Öffnen Sie dazu das Menü *Ansicht* und klicken Sie hier auf *Details*. Schneller geht es mit (Strg)+(D) bzw. (cmd ⌘)+(D). Anschließend werden Aufnahmedatum, Aufnahmeuhrzeit, Stichwörter und Bewertungssterne unterhalb eines jeden Bildes angezeigt **3**.

Abbildung 49.8: Im Menü ANSICHT kann die Detailansicht aktiviert werden.

Abbildung 49.9:
Darstellung in der
Detailansicht.

Größe anzeigen (Datei- und Bildgröße)

1. Wählen Sie das entsprechende Bild im Organizer aus ④.

2. Drücken Sie [Alt]+[↵] bzw. [alt ⌥]+[↵], um auf der rechten Seite das
    Bedienfeld *Informationen* ⑤ zu öffnen.

Hier werden jetzt die Dateigröße und die Bildgröße (absolute Auflösung) angezeigt ⑥.

Abbildung 49.10:
Auf der rechten Seite
werden Informationen
zum aktuell ausge-
wählten Bild
angezeigt.

Exif-Daten anzeigen

Exif (**Ex**changeable **I**mage **F**ile Format) ist ein Standard, in dem moderne Digitalkameras Metadaten über die aufgenommenen Bilder speichern. Dabei handelt es sich um zusätzliche Informationen, die in Digitalfotos eingebettet werden können, z. B. die zum Zeitpunkt der Aufnahme an der Kamera eingestellten Werte für Blende, Brennweite, ISO-Einstellung und Verschlusszeit, Copyright-Hinweise etc. Um im Organizer die Bildinformationen eines Bildes abzurufen, gehen Sie wie folgt vor:

1. Wählen Sie das Bild aus und drücken Sie ⌈Alt⌉+⌈↵⌉ bzw. ⌈alt ⌥⌉+⌈↵⌉, um auf der rechten Seite das Bedienfeld *Informationen* zu öffnen.
2. Öffnen Sie im Bedienfeld *Informationen* den Bereich *Metadaten* **6**.

Die verschiedenen Menüs

Die Menüleiste des Organizers enthält fünf Menüs. Wie beim Editor werden die unmittelbar anwendbaren Menübefehle in weißer Schrift dargestellt. Menübefehle, die in Grau dargestellt werden, stehen im jeweiligen Kontext nicht zur Verfügung.

Datei	▪ Fotos und Videos importieren ▪ Neue Photoshop-Dokumente anlegen und Photoshop Elements öffnen ▪ Neues Premiere-Elements-Videoschnittprojekt anlegen und Premiere Elements öffnen ▪ Zuletzt geöffnete Bilder im Photoshop-Elements-Editor öffnen ▪ Katalogeinstellungen verwalten ▪ Backup- und Wiederherstellungsfunktionen ▪ Duplizieren von Bildern ▪ Umbenennen von Bildern ▪ Ordnerüberwachung (nur Windows) ▪ Verschieben von Bildern ▪ Exportieren von Bildern ▪ Drucken
Bearbeiten	▪ Arbeitsschritte rückgängig machen ▪ Arbeitsschritte wiederholen ▪ Bilder bzw. Inhalte in die Zwischenablage kopieren ▪ Alle Bilder bzw. Inhalte auswählen ▪ Aktuelle Auswahl aufheben ▪ Bilder bzw. Inhalte aus dem Katalog löschen ▪ Drehen um 90 Grad entgegen dem Uhrzeigersinn ▪ Drehen um 90 Grad im Uhrzeigersinn ▪ Ausgewählte Bilder in Photoshop Elements bearbeiten ▪ Ausgewählte Videos in Premiere Elements bearbeiten ▪ Ausgewählte Bilder in Photoshop bearbeiten ▪ Photomerge (diese Funktionen stehen auch in Photoshop Elements zur Verfügung (Modus *Assistent*). Mehr Informationen dazu finden Sie u. a. in den Kapiteln 37-43.

Tabelle 49.2:
Überblick über die wichtigsten Funktionen der einzelnen Menüs.

	■ Datum und Uhrzeit ausgewählter Bilder bzw. Videos ändern
	■ Ausgewählte Bilder bzw. Videos mit einem Bildtitel ausstatten
	■ Aktualisieren von Bildminiaturen
	■ Vergabe von Bewertungssternen
	■ Bilder bzw. Inhalte ein- bzw. ausblenden
	■ Stapelfunktion
	■ Versionssatzfunktionen
	■ Farbeinstellungen (Farbmanagement)
	■ Kontaktliste für den Versand von Foto-E-Mails und PDF-Diashows
	■ Programmvoreinstellungen (nur Windows). Bei der Mac-Version finden Sie den Befehl im Menü *Elements Organizer*.
Suchen	■ Erweiterte Suche
	■ Nach Medientypen suchen (Bilder, Videos, PDF-Dokumente, Fotoprojekte (PSE))
	■ Informationen zum Bearbeitungsverlauf (z. B. wenn Bilder importiert, per E-Mail versandt oder gedruckt wurden)
	■ Anhand von Bildtiteln oder Anmerkungen suchen
	■ Suche nach Dateinamen
	■ Alle aktuell fehlenden Dateien suchen. Der Organizer sucht damit nach Bildern, die er aktuell nicht mehr finden kann, z. B. weil die Datei vom Anwender an einen anderen Speicherort verschoben wurde.
	■ Alle Versionssätze suchen
	■ Alle Stapel suchen
	■ Suche auf der Basis visueller Ähnlichkeit (Objekte, Personen, gleiche Fotos)
	■ Elemente suchen, deren Aufnahmedatum bzw. Aufnahmeuhrzeit unbekannt ist
	■ Bilder bzw. andere Inhalte suchen, die noch keinen Tag zugewiesen bekommen haben
	■ Bisher nicht analysierte Bilder bzw. Inhalte suchen
	■ Bilder bzw. andere Inhalte suchen, die in keinem Album enthalten sind
Ansicht	■ Aktualisieren der Ansicht
	■ Wahlmöglichkeit hinsichtlich der Medientypen, die angezeigt werden sollen (Bilder, Videos, Audiodateien, Fotoprojekte (PSE), PDF-Dokumente)
	■ Wahlweise Anzeige von Detailinformationen zum Bild (Dateiname, Aufnahmedatum, Aufnahmeuhrzeit, Bewertungssterne)
	■ Darstellung der Personenerkennung: Sobald ein Gesicht erkannt wird, wird es von einem weißen Rahmen umgeben.
	■ Vollbild-Darstellung aktivieren
	■ Zeitleiste ein- bzw. ausblenden
	■ Alle Fotostapel öffnen/schließen
	■ Datumsbereich festlegen: Ermöglicht es, die Anzeige auf Bilder zu beschränken, die innerhalb des Datumsbereichs fotografiert wurden.
	■ Datumsbereich löschen
Hilfe	■ Klassische Hilfefunktionen
	■ Rechtliche Hinweise und Versionsinfos zum Programm (nur Windows). Bei der Mac-Version finden Sie diese Dinge im Menü *Elements Organizer*.
	■ Software-Aktualisierung sucht online nach Programmupdates.

49.2   Verschwundene Dateien suchen

Wenn Sie vom Organizer erfasste Bilder unabhängig vom Organizer verschieben oder löschen, werden die entsprechenden Bilder im Medienbrowser mit einem Fragezeichen und einem grauen Bildsymbol gekennzeichnet. Mit einem Doppelklick auf ein solches Bild können Sie den Organizer veranlassen, auf Ihrem System nach dem Bild zu suchen. Bleibt diese automatische Suche erfolglos, werden Sie durch ein Hinweisfenster aufgefordert, in Eigenregie nach dem für den Organizer nicht mehr auffindbaren Bild zu suchen. Wenn Sie selbst auch nicht mehr fündig werden sollten, können Sie das Bild aus der Organizer-Datenbank löschen.

49.3   Bilder löschen und ausblenden

In den Organizer importierte Bilder können Sie über die Funktion des Organizers vollständig von der Festplatte entfernen oder aber nur aus der Organizer-Datenbank tilgen. Darüber hinaus haben Sie die Möglichkeit, Bilder zeitweise aus der Medienbrowser-Ansicht des Organizers auszublenden.

Löschen

1.   Wählen Sie das zu löschende Bild mit einem Klick aus.

Das ausgewählte Bild wird blau umrandet. Wenn Sie weitere Bilder auswählen möchten, können Sie nicht zusammenhängende mit Strg bzw. cmd ⌘ und zusammenhängende mit ⇧ auswählen.

2.   Drücken Sie Entf bzw. ⇦ .

Alternativ können Sie den Vorgang auch über den Befehl *Aus Katalog löschen* bzw. *Ausgewählte Elemente aus dem Katalog löschen* (bei Sammelauswahl) durchführen. Beide Befehle stehen über das Menü *Bearbeiten* oder über einen Rechtsklick auf die entsprechende Bilderauswahl zur Verfügung. In allen Fällen erscheint anschließend ein Dialogfenster, in dem Sie entscheiden können, ob die Daten lediglich aus der Organizer-Datenbank oder komplett von der Festplatte gelöscht werden sollen.

Wenn Sie die Bilder komplett von Ihrem System entfernen möchten, müssen Sie in diesem Fenster vor *Ausgewählte Elemente auch von der Festplatte löschen* ein Häkchen setzen.

Bilder ausblenden

Um optisch Platz zu schaffen, müssen Sie Bilder nicht in jedem Fall aus einem Katalog löschen. Vielmehr können Sie Bilder auch einfach nur ausblenden. Diese bleiben dann nach wie vor auf der Festplatte und in der Organizer-Datenbank. Wählen Sie dazu den Befehl *Bearbeiten/Sichtbarkeit/Als ausgeblendet* markieren. Je nachdem, wie der Organizer aktuell eingestellt ist, wird das Objekt sofort ausgeblendet oder zunächst nur als ausgeblendet markiert ❶. Um das oder die Bilder in solch einem Fall tatsächlich auszublenden, wählen Sie den Befehl *Bearbeiten/Sichtbarkeit/Versteckte Dateien ausblenden*.

Abbildung 49.11:
Als ausgeblendet
markiertes Bild.

Versteckte Bilder erneut einblenden

Um zu testen, welche Bilder eigentlich gerade versteckt sind, können Sie zunächst den Befehl *Bearbeiten/Sichtbarkeit/Nur versteckte Dateien einblenden* wählen. Daraufhin werden alle anderen Bilder ausgeblendet und nur die aktuell versteckten eingeblendet. Jetzt können Sie gezielt die Bilder auswählen, die Sie wieder einblenden möchten, und anschließend den Befehl *Bearbeiten/Sichtbarkeit/Als sichtbar markieren* auswählen.

Die eigentliche Datei eines Bildes finden

Die im Organizer dargestellten Bilder liegen vielleicht oftmals an den verschiedensten Stellen Ihres Computers. Um den Speicherort eines Bildes zu finden, gehen Sie wie folgt vor:

1. Wählen Sie das entsprechende Bild im Organizer aus.
2. Wählen Sie das Bild aus, und drücken Sie `Alt`+`⏎` bzw. `alt ⌥`+`⏎`.

Daraufhin erscheint das Bedienfeld *Informationen*.

3. Klicken Sie hier auf *Pfad*.

Anschließend öffnet sich der Windows-Explorer bzw. der Mac-Finder. Die Datei des entsprechenden Bildes wird markiert dargestellt.

Bildtitel hinzufügen

Über den Befehl *Bearbeiten/Bildtitel hinzufügen* können Sie einen Bildtitel hinzufügen. Der Bildtitel wird anschließend unter dem Bild angezeigt. Wenn Sie Ihre Bilder in Form einer Diashow präsentieren, können Sie den Bildtitel ebenfalls anzeigen lassen.

Achtung: Den Befehl *Bildtitel hinzufügen* erreichen Sie auch über das Kontextmenü (Rechtsklick) des jeweiligen Bildes. Außerdem können Sie den Bildtitel für ein oder mehrere Bilder im Bedienfeld *Informationen* festlegen.

49.4   Zusammenarbeit mit dem Fotoeditor

Verwalten Sie Ihre Bilder im Organizer, und öffnen Sie diese für eine notwendige Korrektur direkt aus dem Organizer heraus. Markieren Sie dazu das entsprechende Bild, und klicken Sie unten auf den Pfeil neben der Schaltfläche *Editor* ❶ und anschließend im Fly-out-Menü auf den Eintrag *Fotoeditor* ❷. Schneller geht's mit dem Kürzel [Strg]+[I] bzw. [cmd ⌘]+[I]. Der Eintrag *Video-editor* ❸ öffnet ein im Medienbrowser markiertes Video im Videoschnittprogramm Adobe Premiere Elements. Dabei handelt es sich um ein separates Programm, das nicht zum Lieferumfang von Photoshop Elements gehört. Über die Funktion *Externer Editor* ❹ könnten Sie das Bild an die Software eines anderen Herstellers übergeben. Dazu muss diese in den Programmvoreinstellungen »eingetragen« werden. Letzteres ist in der Rubrik *Zusätzliche Bearbeitungsanwendung verwenden* möglich. Mehr Informationen dazu finden Sie in Kapitel 54 »Organizer-Programmvoreinstellungen«.

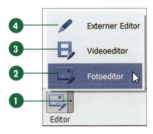

Abbildung 49.12:
Über diesen Weg
können Bilder an den
Fotoeditor übergeben
werden.

50 Bildmanagement mit dem Organizer

Der Organizer unterstützt Sie bei der Verwaltung der digitalen Bilderflut. Dabei können Sie Ihre Bilder z. B. in Alben zusammenfassen, kennzeichnen, bewerten und sortieren. Sollten Sie dennoch mal ein Bild nicht auf Anhieb finden, unterstützt Sie das Programm mit einer entsprechenden Suchfunktion.

50.1 Kataloge

Ihre Bilder werden voreingestellt in einem sogenannten Katalog verwaltet. Das Arbeiten mit mehreren Katalogen kann die Sache aber deutlich komfortabler machen. Auf diese Weise können Sie z. B. private oder geschäftliche Bilder grundsätzlich voneinander trennen bzw. verwalten.

Neuen Katalog anlegen

1. Wählen Sie den Befehl *Datei/Katalog* aus. Daraufhin öffnet sich der Katalogmanager.
2. Klicken Sie auf *Neu*, um einen neuen Katalog einzurichten.
3. Geben Sie dem Katalog einen Namen.

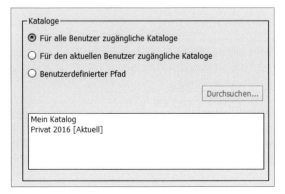

Wenn Sie das Fenster mit OK verlassen, wird der neue Katalog erstellt und der Katalogmanager geschlossen. Wenn Sie den Katalogmanager anschließend erneut aufrufen, erscheint der neu erstellte Katalog in der Auflistung. Zudem ist er mit dem Zusatz *Aktuell* versehen. Darüber hinaus wird der jeweils aktuelle Katalog links unten im Ansichtsfenster des Organizers angezeigt.

Die auf der rechten Seite des Fensters angeordneten Funktionen beziehen sich auf den in der Liste ausgewählten Katalog.	
Umbenennen	Mit dieser Funktion können Sie einem bereits bestehenden Katalog einen neuen Namen geben.
Verschieben	Ändert den Speicherort des Katalogs.
Entfernen	Löscht den Katalog.
Optimieren	Optimiert den Katalog bzw. den damit verbundenen Miniatur-Cache.
Reparieren	Falls es mit dem Katalog Probleme gibt, können Sie mit einem Klick auf diese Schaltfläche eine automatische Reparatur starten.

50.2 Alben

Nach dem Katalog bilden die Alben die nächste Ordnungsebene. Ein Katalog kann dabei beliebig viele Alben enthalten. Die Alben können Sie dabei noch in unterschiedliche Kategorien unterteilen. Wenn Sie z. B. einen Katalog für Ihre privaten Bilder des Jahres 2017 erstellen, könnten Sie im Katalog mehrere Albumkategorien erstellen, um auf diese Weise die im Laufe des Jahres entstandenen Bilder zu sortieren, etwa eine Albumkategorie für Kurztrips. In der Albumkategorie Kurztrips können Sie nun für jeden Kurztrip ein weiteres Album anlegen (z. B. Rom, Venedig, Helgoland). Im jeweiligen Album werden dann die eigentlichen Bilder abgelegt.

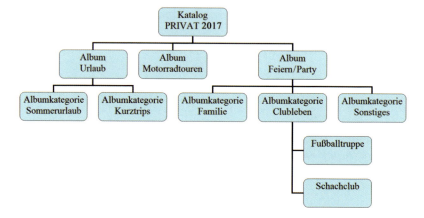

Mehr Informationen zu Katalogen finden Sie am Ende dieses Kapitels.

Album erstellen

Zunächst erstellen Sie eine Albumkategorie (z. B. Kurztrips), markieren dann die in das neue Album aufzunehmenden Bilder und erstellen und benennen im nächsten Schritt das Album. Im Folgenden finden Sie die entsprechende Schritt-für-Schritt-Anleitung.

1. Stellen Sie sicher, dass auf der linken Seite das Bedienfeld angezeigt wird. Klicken Sie im Zweifelsfall links unten auf *Anzeigen* ❶.

Abbildung 50.6:
Mit einem Klick auf
diese Schaltfläche kann
das linke Bedienfeld
angezeigt werden.

2. Klicken Sie auf das grüne Plussymbol ❷.

3. Wählen Sie in der nun geöffneten Drop-down-Liste den Befehl *Neue Album-kategorie* ❸.

Abbildung 50.7:
Den Befehl NEUE
ALBUMKATEGORIE ❸
auswählen.

4. Geben Sie der neuen Albumkategorie einen Namen ❹, und verlassen Sie das Fenster über die Schaltfläche *OK*.

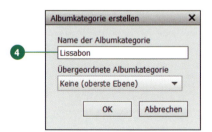

Abbildung 50.8:
Die neue Kategorie
benennen.

Bilder zuweisen

5. Markieren Sie im Medienbrowser die Bilder ❶, die Sie im Album ablegen möchten.

6. Klicken Sie erneut auf das grüne Plussymbol ❷.

7. Wählen Sie jetzt allerdings den Befehl *Neues Album*.

Auf der rechten Seite ist zu erkennen, dass das neue Album angelegt wurde.

Benennen

8. Geben Sie den Namen für das neue Album in das Eingabefeld *Albumname* ③ ein.

9. Wählen Sie die zuvor angelegte Albumkategorie (in diesem Beispiel *Lissabon* ④) aus.

Weitere Bilder in einem Album ablegen

Um weitere Bilder einem Album zuzuordnen, müssen Sie sowohl die Bilder als auch das entsprechende Album vorher markieren. Da in diesem Beispiel das Album gerade erst erzeugt wurde, ist es nach wie vor ausgewählt. Dass das so ist, können Sie daran erkennen, dass auf der rechten Seite der Inhaltsbereich und darüber Albumname und Albumkategorie angezeigt werden.

Wenn Sie innerhalb der Medienbrowser-Darstellung bestimmte Bilder vermissen sollten, klicken Sie einfach mal auf *Alle Medien*. Spätestens dann sollte der Medienbrowser auch wieder »alles« zeigen. Wenn sich bestimmte Bilder dann immer noch nicht zeigen sollten, haben Sie diese eventuell ausgeblendet. Mehr dazu erfahren Sie in Kapitel 49 im Abschnitt »Versteckte Bilder erneut einblenden«.

1. Öffnen Sie auf der linken Seite den Bereich *Meine Alben* ❶.
2. Klappen Sie (wenn vorhanden) die entsprechende Albumkategorie ❷ auf.

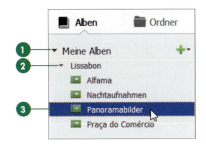

Abbildung 50.11:
Das Album muss hier
zu erkennen sein.

3. Markieren Sie im Medienbrowser die Bilder, die Sie im Album ablegen möchten, und ziehen Sie diese per Drag-and-drop auf das links abgebildete Album (hier z. B. *Panoramabilder* ❸).
4. Klicken Sie auf den Namen des Albums.

Jetzt zeigt der Medienbrowser den Inhalt des Albums und damit auch das bzw. die neu hinzugefügten Bild(er).

Icon informiert über Albumzugehörigkeit

Wenn im Menü *Ansicht* der Befehl *Details* markiert ist (Strg+D bzw. cmd ⌘ +D), wird unter den Bildern, die einem Album zugeordnet sind, ein Icon angezeigt. Wenn Sie den Cursor über dem Icon platzieren, zeigt die QuickInfo den Namen des Albums an.

5. Fügen Sie dem Album die neuen Bilder hinzu, indem Sie diese per Dragand-drop auf das Album ziehen oder am unteren Rand des Albums auf die grüne Plusschaltfläche klicken.

Bilder können bzw. dürfen gleichzeitig auch in mehreren Alben enthalten sein.

Bilder aus einem Album entfernen

Beim Verschieben der Bilder kann es schon einmal vorkommen, dass ein Bild nicht in dem Album landet, für das Sie es eigentlich vorgesehen hatten.

1. Öffnen Sie gegebenenfalls zunächst die Albumkategorie.

2. Wählen Sie das Album mit einem Klick aus.

Bei deaktivierter Detailansicht (Dateinamen etc. werden aktuell nicht angezeigt)

3. Klicken Sie im Medienbrowser mit der rechten Maustaste auf das aus dem Album zu entfernende Bild.

4. Wählen Sie im dann erscheinenden Kontextmenü den Befehl *Aus Album entfernen* und den in der Folge angezeigten Namen des Albums aus.

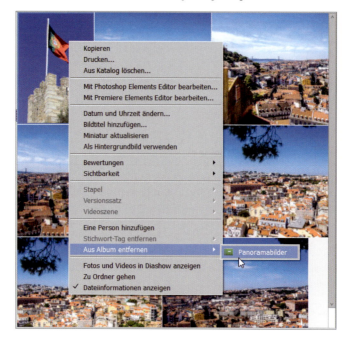

Detailansicht

5. Klicken Sie im Medienbrowser mit der rechten Maustaste unterhalb des Bildes auf das Icon für die Albumzugehörigkeit.

6. Wählen Sie im dann erscheinenden Kontextmenü den Befehl *Aus Album "XY" entfernen*.

Abbildung 50.14:
Im Kontextmenü
des Icons für die
Albumzugehörigkeit
wird ebenfalls ein
entsprechender Befehl
angeboten.

Alben/Albumkategorien bearbeiten, umbenennen oder löschen

Im Kontextmenü der Alben bzw. Albumkategorien finden Sie dazu alle notwendigen Befehle. Wenn Sie hier bei einem Album den Befehl *Bearbeiten* auswählen, erscheint auf der rechten Seite ein entsprechendes Bedienfeld. Hier können Sie den Namen des Albums ändern, das Album einer anderen Kategorie zuordnen oder Bilder aus dem Album entfernen, indem Sie diese aus dem Inhaltsbereich des Bedienfeldes auf das im unteren Bereich abgebildete Müllereimersymbol ziehen.

Abbildung 50.15:
Kontextmenü eines
Albums.

In der letzten Programmversion hat der Organizer mobile Alben unterstützt. Dieses Feature wurde ersatzlos gestrichen.

50.3   Den Überblick verbessern – Tags

Eine weitere Möglichkeit, die Bilderflut zu ordnen, bieten die Tags. Dabei handelt es sich um kleine Etiketten, die dem jeweiligen Bild per Drag-and-drop zugewiesen bzw. angeheftet werden (engl.: to tag = anheften). Der Nutzen dieser Funktion besteht darin, dass Sie die Anzeige auf Bilder mit bestimmten Tags einschränken können. Das Programm stellt dazu eine Reihe vordefinierter Tags zur Verfügung (*Natur, Farbe, Fotografie, Sonstige*). Darüber hinaus können Sie eigene Tags anlegen und diese zudem mit Unterkategorien ausstatten. Dazu finden Sie im Kontextmenü (Rechtsklick auf eines der bereits angebotenen Tags) die entsprechenden Befehle. Im unteren Bereich finden Sie zudem ein Eingabefeld für eigene Stichwörter. Mit dieser Funktion können Sie Ihre Bilder »verschlagworten«. Insbesondere die hier eingegebenen Stichwörter sind immer dann von Bedeutung, wenn Sie Bilder gezielt wiederfinden möchten. Die *erweiterte Suche* bietet dazu die Suchfunktion *Stichwörter* an. Mehr Informationen zur erweiterten Suche finden Sie im Abschnitt 50.10 »Fotos finden«.

Abbildung 50.16: Die auf der rechten Seite angebotenen Tags können per Drag-and-drop einzelnen Bildern oder Sammelauswahlen von Bildern zugewiesen werden.

Personen-Tags

Adobe hat hier zunächst die drei Gruppen *Familie*, *Freunde* und *Kollegen* zur Verfügung gestellt. Diese Liste können Sie über das rechts dargestellte Plussymbol beliebig erweitern bzw. ergänzen. Neben dem Erstellen neuer Gruppen können Sie einer ausgewählten Gruppe (z. B. *Familie*) Mitglieder bzw. Personen hinzufügen.

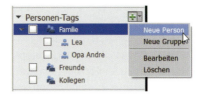

Abbildung 50.17:
Einer Gruppe können
Personen hinzugefügt
werden.

Ort-Tags

Für die Nutzung dieser Funktion ist eine bestehende Internetverbindung notwendig, da der Organizer in diesem Zusammenhang auf Onlinekartenmaterial bzw. Google Maps zurückgreift.

1. Stellen Sie sicher, dass aktuell das Register *Medien* (an der Oberseite des Anwendungsfensters) aktiv ist.

2. Klicken Sie zunächst auf das Plussymbol **1**.

Abbildung 50.18:
Ein Ort-Tag erstellen.

Anschließend erscheint eine Kartenansicht.

3. Im oberen Bereich des Dialogfensters können Sie den Ortsnamen eingeben **2**.

Nach der Eingabe (z. B. »Lissabon«) schlägt Google Maps oftmals eine präzisierte Fassung (*Lissabon, Portugal*) vor. Sollte es mehrere Orte mit diesem Namen geben, erscheint eine entsprechende Auflistung.

4. Wählen Sie den entsprechenden Vorschlag **3** mit einem Klick aus.

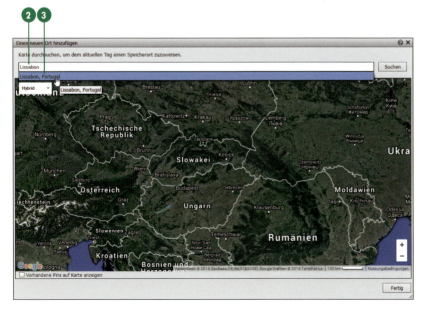

Abbildung 50.19:
Zunächst den Ortsnamen eingeben und
eines der angezeigten
Angebote auswählen

Daraufhin erscheint der gewählte Ort im abgebildeten Kartenausschnitt. Daneben befindet sich ein Icon mit der Fragestellung *Hier zuweisen?* **4**.

Sie können den aktuell angezeigten Kartenausschnitt jederzeit verändern. Klicken Sie dazu in das Bild, und verschieben Sie den Ausschnitt mit gedrückter linker Maustaste. Zudem können Sie in die Karte hinein- oder aus ihr herauszoomen. Verwenden Sie dazu das Scrollrad Ihrer Maus oder die ⊞- und ⊟-Schaltflächen der Karte.

5. Klicken Sie abschließend auf das grüne Häkchen des Icons *Hier zuweisen?*.

Im hier abgebildeten Beispiel erstellt Photoshop Elements automatisch eine hierarchisch aufgebaute »Verschachtelung« **5**. Die oberste Ebene bildet dabei das jeweilige Land (hier *Portugal*) gefolgt vom ausgewählten Ort (hier *Lissabon*). Wird ein weiterer portugiesischer Ort auf die zuvor erläuterte Weise zugewiesen, wird das entsprechende Tag automatisch dem Tag *Portugal* und unter Umständen einem Distrikt, Bundesland oder Bundesstaat untergliedert. Im Fall der portugiesischen Stadt *Albufeira* wird diese z. B. dem *Faro District* untergeordnet **6**.

Abbildung 50.20:
Die Karte zeigt jetzt
den entsprechenden
Ort (in diesem Fall
Lissabon).

Abbildung 50.21:
So hat das Programm
den neuen Ort
angelegt.

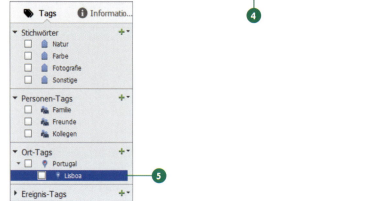

Abbildung 50.22:
Wird ein weiterer Ort
des jeweiligen Landes
hinzugefügt, wird
dieser automatisch
dem »Landestag« und
unter Umständen einem
Distrikt, Bundesland
oder Bundesstaat
untergliedert.

Sicher haben Sie bereits die am unteren Rand befindliche Schaltfläche *Standort hinzufügen* bemerkt. Nach einem Klick auf die Schaltfläche können Sie ebenfalls einen Ortsnamen eingeben. Wenn Sie die Eingabe mit ⏎ bestätigen, schlägt Google Maps eine präzisierte Fassung des Ortsnamens vor oder zeigt eine Liste mit mehreren Orten (gleichen Namens) an. Nachdem Sie den bzw. einen der Vorschläge angeklickt haben, müssen Sie nun noch auf *Anwenden* klicken.

*Abbildung 50.23:
Eine weitere
Möglichkeit zur
Ortserstellung.*

Bilder einem Ort-Tag zuordnen

Wählen Sie die entsprechenden Bilder im Medienbrowser aus, und ziehen Sie diese per Drag-and-drop auf das entsprechende Ort- bzw. Adress-Tag. In diesem Fall habe ich auf diese Weise die im Bereich der Festung *Castelo de São Jorge* ❶ entstandenen Bilder dem gleichnamigen Tag zugeordnet.

*Abbildung 50.24:
Bilder per Drag-and-drop dem entsprechenden Tag
zuordnen.*

Ort-Tag automatisch erstellen (Bilder auf Landkarte ziehen)

Wählen Sie an der Oberseite das Register *Orte* ❶. Anschließend zeigt der Organizer auf der linken Seite die Bilder ❷ Ihres Katalogs und auf der rechten Seite einen Kartenausschnitt ❸ der Weltkarte. Dabei ist voreingestellt der Modus *Nicht fixiert* ❹ aktiv. So werden auf der linken Seite nur die Bilder angezeigt, die bisher noch keinem Ort zugeordnet wurden. Der Modus *Fixiert* ❺ blendet hingegen alle noch nicht einem Ort zugeordneten Bilder aus und zeigt lediglich die bereits einem Ort zugeordneten Bilder auf der Weltkarte an. Stellen Sie daher sicher, dass aktuell nach wie vor der Modus *Nicht fixiert* aktiv ist, und navigieren Sie innerhalb des angezeigten Kartenausschnitts, bis der gewünschte Ort dargestellt wird.

Klicken Sie dazu in das Bild, und verschieben Sie den Ausschnitt mit gedrückter linker Maustaste. Zudem können Sie in die Karte hinein- oder aus ihr herauszoomen. Verwenden Sie dazu das Scrollrad Ihrer Maus oder die +- und -Schaltflächen der Karte.

Das Kontrollfeld *Nach Zeit gruppieren* ❻ ist standardmäßig aktiv und sorgt dafür, dass Sie »zusammengehörige« Bilder einfacher zur Hand haben bzw. diese gemeinsam einem Ort zuordnen können. Mit dem Regler *Anzahl der Grup-*

pen ❼ können Sie die Vorsortierung noch verfeinern, indem Sie den Regler weiter nach rechts in Richtung *max.* ziehen. So werden zunehmend die Bilder gruppiert bzw. sortiert, die bezogen auf die Uhrzeit der Aufnahme zeitnah nacheinander fotografiert wurden.

Abbildung 50.25:
Das Register ORTE
zeigt auf der linken
Seite Ihre Bilder und
auf der rechten Seite
einen Kartenausschnitt.

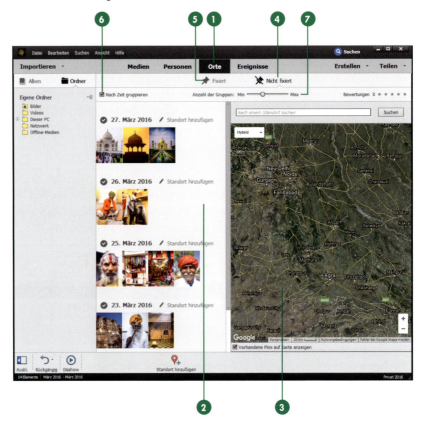

Wählen Sie auf der linken Seite die entsprechenden Bilder aus. Wenn Sie sämtliche Bilder einer solchen Gruppe auswählen möchten, klicken Sie am besten einfach auf den Gruppennahmen ❽.

Abbildung 50.26:
Auswahl einer Gruppe
von Bildern

Klicken Sie dann auf eines der ausgewählten Bilder, und ziehen Sie die Sammelauswahl per Drag-and-drop auf den auf der Karte abgebildeten Ort. Die Karte zeigt an der Stelle nun eine entsprechende Ortsmarkierung (Pin) bzw. eines der zuvor ausgewählten Bilder an ❾. Die zugewiesenen und damit »fixierten« Bilder werden auf der linken Seite bzw. im Register *Nicht fixiert* ❹ nun nicht mehr angezeigt.

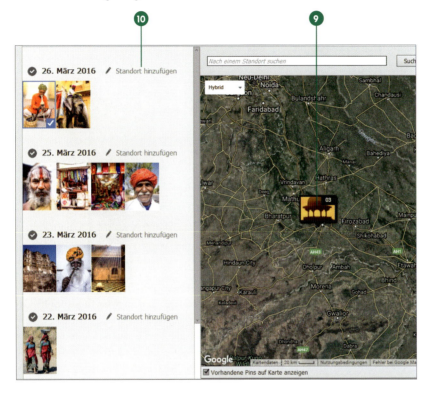

Abbildung 50.27:
Die Karte zeigt an der Stelle nun eine entsprechende Ortsmarkierung (Pin) bzw. eines der zuvor ausgewählten Bilder an.

Pin über die Ortssuche hinzufügen

Stellen Sie sicher, dass das Register *Orte* und der Modus *Nicht fixiert* aktiv sind. Wenn Sie lediglich einen Ort für eine komplette Bildergruppe festlegen möchten, klicken Sie am einfachsten auf die Funktion *Standort hinzufügen* ❿ der jeweiligen Bildergruppe.

Abbildung 50.28:
Präzisierte Fassung der Ortsangabe übernehmen.

Wenn Sie hingegen nicht alle Bilder einer Gruppe oder mehr als eine Gruppe einem Ort zuordnen möchten, wählen Sie zunächst die entsprechenden Bilder auf der linken Seite aus und verwenden für die Suche die oberhalb der Karte dargestellte Suchfunktion. Geben Sie den gewünschten Ortsnamen **11** ein, und übernehmen Sie eine eventuell dargestellte präzisierte Fassung der Ortsangabe **12**, oder wählen Sie bei mehreren Orten gleichen Namens den jeweils passenden aus der dargestellten Liste und klicken auf *Anwenden*.

Abbildung 50.29:
Über die Ortssuche
hinzugefügter Pin **13**.

Sollte der gewählte Ort außerhalb des aktuell abgebildeten Kartenausschnitts liegen, wird dieser nicht automatisch angezeigt. Um den hinzugefügten Ort bzw. Pin in Augenschein nehmen zu können, müssen Sie den Kartenausschnitt in diesem Fall entsprechend anpassen, indem Sie in die Karte klicken und den Ausschnitt mit gedrückter linker Maustaste verschieben. Zudem können Sie in die Karte hinein- oder aus ihr herauszoomen. Verwenden Sie dazu das Scrollrad Ihrer Maus oder die +- und -- Schaltflächen der Karte. Ähnlich funktioniert die am unteren Bildrand dargestellte Schaltfläche *Standort hinzufügen*. Wählen Sie auch hier die zu platzierenden Bilder auf der linken Seite aus, und klicken Sie dann auf die Schaltfläche. Bei der Eingabe eines Ortsnamens reagiert die Suche oftmals etwas langsam. Geben Sie der Funktion im Zweifelsfall einige Sekunden Zeit. Dann wird der Ort akzeptiert oder eine präzisierte Fassung der Ortsangabe angezeigt. Nach einem Klick auf die Schaltfläche *Anwenden* wird der entsprechende Pin auf der Karte eingefügt.

GPS-Daten nutzen

Navigationssysteme (z. B. in Fahrzeugen) sind heutzutage keine Seltenheit mehr. Diese basieren auf einem weltweit verfügbaren bzw. satellitengestützten System zur Standortbestimmung mit dem Namen **G**lobal **P**ositioning **S**ystem (GPS). Der Organizer unterstützt GPS-Daten, indem er diese aus den Metadaten Ihrer Bilder herauslesen und dann die entsprechende Motivposition auf einer Weltkarte als Ort darstellen kann. Das kann aber nur klappen, wenn Ihre

Bilder entsprechende GPS-Daten enthalten bzw. wenn Ihre Kamera mit einem GPS-Modul ausgestattet ist. Die Darstellung erfolgt dann auf Basis eines automatisch erstellten Landkarten-Pins. Dieser ist allerdings zunächst namenlos. Über das Kontextmenü eines solchen Pins können Sie das ändern. Wählen Sie hier den Befehl *Ort abrufen*, und erstellen Sie einen aussagekräftigen Namen.

Ort-Tag überarbeiten

Wenn Sie den Cursor über einem Pin bzw. Tag platzieren, wird eine Detailansicht **1** angezeigt. Mit den Funktionen dieser Ansicht können Sie zwischen den verschiedenen Bildern (die diesem Ort zugewiesen wurden) navigieren.

Abbildung 50.30: Darstellung eines Pins auf der Weltkarte.

Abbildung 50.31: Den Cursor über einem Pin bzw. Tag platzieren, um die Detailansicht darzustellen

Pin-Position überarbeiten

Bewegen Sie den Cursor über den entsprechenden Pin, und klicken Sie auf die dann dargestellte Schaltfläche *Bearbeiten* ❷. Jetzt können Sie die Position des Pins anpassen, indem Sie diesen einfach an einen neuen Ort ziehen und anschließend auf das obligatorische grüne Häkchen klicken.

Pin mit einem individuellen Namen versehen

Klicken Sie dazu mit der rechten Maustaste auf den entsprechenden Pin, und wählen Sie den Befehl *Benutzerdefinierten Namen hinzufügen*. Geben Sie anschließend den gewünschten Namen ein. Dieser ersetzt nun den bisherigen Ortsnamen. Die dem Ort übergeordneten Kategorien (Land, Bundesland) werden bei dieser Namensänderung allerdings nicht verändert.

Pin entfernen

Klicken Sie mit der rechten Maustaste auf den Pin, und wählen Sie den Befehl *Pin entfernen*.

Ereignis-Tags

Um zukünftig schnell sämtliche Bilder eines bestimmten Ereignisses (Geburtstag, Urlaub, Sport-Event, Klassentreffen etc.) parat zu haben, können Sie diese Tag-Variante verwenden.

1. Stellen Sie sicher, dass aktuell das Register *Medien* (an der Oberseite des Anwendungsfensters) aktiv ist und rechts die Tags angezeigt werden.

Im Zweifelsfall können Sie die Tags mit der rechts unten dargestellten Schaltfläche *Tags/Info* einblenden.

2. Markieren Sie im Medienbrowser die Bilder, die Sie einem Ereignis zuordnen möchten (z. B. alle Bilder einer Veranstaltung).
3. Klicken Sie auf der rechten Seite bzw. neben *Ereignis-Tags* auf das grüne Plussymbol.

Abbildung 50.32:
Auf das Plussymbol
klicken.

Alternativ können Sie auch auf die an der Unterseite dargestellte *Hinzu*-Schaltfläche klicken.

Abbildung 50.33:
Eine weitere
Möglichkeit zur
Ereigniserstellung.

Jetzt erscheint auf der rechten Seite ein entsprechendes Bedienfeld, das neben den verschiedenen Einstellungsmöglichkeiten die zuvor ausgewählten Bilder zeigt.

4. Geben Sie dem Ereignis einen Namen.
5. Legen Sie ein Ereignisdatum bzw. einen Ereigniszeitraum (von ... bis) fest.

6. Geben Sie optional eine kurze Info rund um das Ereignis ein.

7. Falls Sie dem Ereignis weitere Bilder zuweisen möchten, könnten Sie diese nun per Drag-and-drop in den Inhaltsbereich des Ereignisses ziehen.

8. Klicken Sie unten auf *Fertig*.

Wenn im Menü *Ansicht* der Befehl *Details* markiert ist ([Strg]+[D] bzw. [cmd ⌘] +[D]), wird unter den Bildern, die einem Ereignis-Tag zugeordnet sind, ein Icon angezeigt. Wenn Sie den Cursor über dem Icon platzieren, zeigt die QuickInfo den Namen des Tags an.

Tags bearbeiten

Erstellte Ereignis-Tags können jederzeit überarbeitet werden. Klicken Sie dazu mit der rechten Maustaste auf das jeweilige Tag, und wählen Sie im dann dargestellten Kontextmenü den Befehl *Bearbeiten*. Hier können Sie den Tag-Namen, die Datumsangabe(n), die inhaltliche Beschreibung und die Gruppenzugehörigkeit anpassen bzw. verändern.

Bilder entfernen

Versehentlich zugeordnete Bilder können Sie auch wieder entfernen.

1. Klicken Sie im Medienbrowser mit der rechten Maustaste unterhalb des Bildes auf das Icon zur Tag-Zugehörigkeit.

2. Wählen Sie im dann erscheinenden Kontextmenü den Befehl *Von "XY" Ereignis entfernen*.

Die Anzeige auf bestimmte Bilder beschränken

Doppelklicken Sie dazu auf der rechten Seite auf das jeweilige Tag. Das Kontrollfeld vor dem Tag ① wird dadurch aktiviert bzw. mit einem Fernglassymbol gefüllt dargestellt. Der Medienbrowser zeigt dann nur solche Bilder, die zuvor mit diesem Tag versehen wurden.

Abbildung 50.34: Mit Tags kann die Darstellung auf bestimmte bzw. »getaggte« Bilder beschränkt werden.

50.4 Gesichtserkennung

Sobald Sie Bilder importieren, werden diese vom Elements Organizer einer visuellen Analyse unterzogen. Ähnlich aussehende Gesichter werden dabei in Gruppen zusammengefasst. Auf diese Weise entsteht eine weitere Ordnungsmöglichkeit. Entsprechend analysierte und benannte Bilder ermöglichen es Ihnen, mit einem Mausklick alle Bilder anzeigen zu lassen, auf denen eine oder mehrere bestimmte Personen dargestellt sind.

*Abbildung 50.35:
Nach dem Import bzw.
beim Wechsel in das
Register ORTE kann
diese Meldung
erscheinen.*

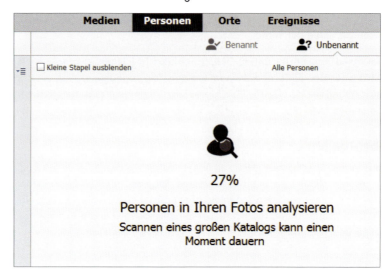

 Wenn Sie die automatische Gesichtserkennung nicht nutzen bzw. ausschalten möchten, können Sie das in den Programmvoreinstellungen machen. Deaktivieren Sie dazu im Register *Medienanalyse* das Kontrollkästchen *Gesichtserkennung automatisch durchführen*. Mehr Informationen zu den Programmeinstellungen des Organizers finden Sie in Kapitel 54 »Organizer-Programmvoreinstellungen«.

Die entsprechenden Arbeitsschritte finden im Wesentlichen im Register *Personen* ❶ statt. Dieses beinhaltet die Register *Benannt* ❷ und *Unbenannt* ❸.

In Ersterem werden die Bilder der Personen angezeigt, die Sie bereits benannt haben. Im Register *Unbenannt* stellt die Software hingegen die Fotos ein, die bisher noch nicht benannt worden sind.

Gesichter oder Fotos

Über die Schaltflächen *Gesichter* ❹ und *Fotos* ❺ können Sie steuern, ob darunter jeweils nur die erkannten Gesichter ❻ oder die kompletten Fotos ❼ (auf denen das Gesicht erkannt wurde) angezeigt werden sollen.

 Innerhalb des Registers *Personen* werden Gesichter nach Personenstapeln sortiert bzw. dargestellt. Ein Personenstapel ist eine Gruppe von Bildern, die Fotos einer bestimmten Person enthält.

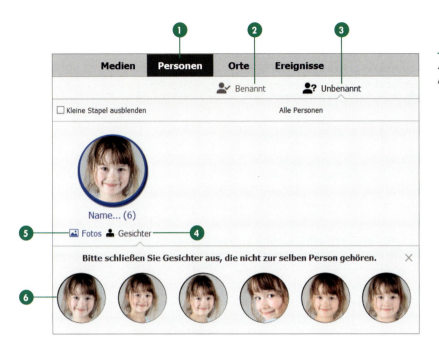

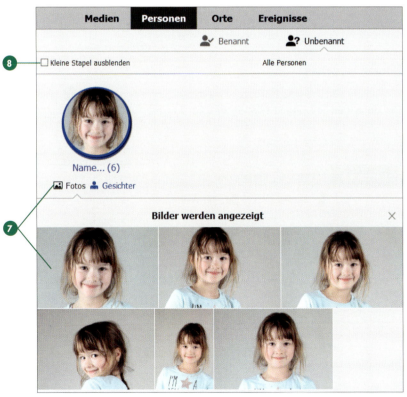

Gesichter und Bilder werden nicht angezeigt?

Personenstapel, die nur eine geringe Zahl von Mediendateien enthalten oder in denen (aus Sicht der Software) keine Gesichter zu erkennen sind, werden zunächst nicht angezeigt. Indem Sie das Kontrollkästchen *Kleine Stapel ausblenden* ❽ deaktivieren, können Sie sich auch solche Personenstapel anzeigen lassen.

»Falsche« Gesichter im Stapel?

Öffnen Sie den entsprechenden Personenstapel und überprüfen Sie, ob tatsächlich alle erkannten Gesichter dem zu vergebenden Namen entsprechen. Wenn das eine oder andere Gesicht nicht zur eigentlich gemeinten Person gehören sollte, können Sie diese Gesichter ganz einfach entfernen. Stellen Sie dazu sicher, dass der Ansichtsmodus *Gesichter* aktiv ist, und platzieren Sie den Cursor über dem entsprechenden Gesicht. Klicken Sie anschließend auf das weiße Icon (durchgestrichener Kreis). Sie können zudem auch eine Sammelauswahl erstellen, indem Sie [Strg] bzw. [cmd ⌘] drücken und auf die »falschen« Gesichter klicken. Zudem finden Sie im Kontextmenü der Bilder (Rechtsklick) dazu den Befehl *Nicht diese Person* bzw. *Nicht wieder anzeigen*. Der Befehl *Nicht diese Person* sorgt dafür, dass das entsprechende Foto aus dem Stapel entfernt und in einem anderen Stapel im Register *Unbenannt* angezeigt wird. Diesen Stapel können Sie dann entsprechend benennen. Hingegen arbeitet der Befehl *Nicht wieder anzeigen* so, dass das entsprechende Gesicht im Elements Organizer nicht mehr angezeigt wird.

Namen vergeben

Abbildung 50.38:
Auf Name klicken.

Klicken Sie einfach unterhalb des Profilbildes auf einen Namen ❶, und geben Sie dann den jeweiligen Namen ein. So werden alle im Stapel enthaltenen Gesichter als zu der Person gehörig bestätigt. Zudem wird der Stapel in das Register *Benannt* verschoben.

Abbildung 50.39:
Namen eingeben und bestätigen.

Abbildung 50.40:
Die so benannten Bilder werden automatisch ins Register Benannt verschoben.

Gesichter manuell erfassen

Hin und wieder kann der Organizer Personen bzw. Gesichter nicht als solche erkennen, etwa weil die Person nicht direkt in die Kamera schaut oder weil das

Bild aus zu großer Entfernung fotografiert wurde. Sie können solche Bilder aber dennoch bzw. manuell erfassen. Doppelklicken Sie dazu auf das entsprechende Foto. Das Bild wird anschließend groß bzw. einzeln dargestellt.

Bewegen Sie den Cursor über das jeweilige Gesicht. Der Organizer markiert das Gesicht daraufhin mit einem Kreis. Bei bereits bekannten Gesichtern erfragt die Software hier eventuell, ob das Gesicht eine bereits erfasste Person zeigt. Wenn das so ist, müssen Sie lediglich auf das kleine Häkchen klicken. Ist der vom Organizer formulierte Vorschlag hingegen nicht okay, klicken Sie auf das **x** und geben anschließend den entsprechenden Namen ein.

Abbildung 50.41:
Namen bestätigen.

Unter anderem wenn die Software an diesem Punkt selbst kein Gesicht erkennt, Sie das Bild aber gern einer bestimmten Person zuordnen möchten, können Sie an dieser Stelle auf die am unteren Bildrand dargestellte Schaltfläche *Gesicht* klicken. Anschließend erscheint im Bild ein weißes Quadrat. Platzieren Sie das Quadrat über dem Gesicht, geben Sie darunter den Namen der Person ein, und klicken Sie auf das kleine Häkchen. Alternativ dazu können Sie im Register *Medien* einen Rechtsklick auf das entsprechende Bild setzen. Wählen Sie hier den Befehl *Eine Person hinzufügen* aus, und geben Sie im sich dann öffnenden Dialogfenster den entsprechenden Namen ein. Bereits erfasste Namen werden dabei vom Organizer erkannt und zur »Übernahme« vorgeschlagen.

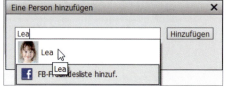

Wenn Sie die Gesichtserkennung nicht nutzen möchten, können Sie diese in den Voreinstellungen deaktivieren. Wählen Sie dazu unter Windows den Befehl *Bearbeiten/Voreinstellungen/Medienanalyse* bzw. unter macOS *Elements Organizer/Voreinstellungen/Medienanalyse*, und deaktivieren Sie dann das Kontrollfeld der Funktion *Gesichtserkennung automatisch durchführen*.

50.5 Fotos platzsparend stapeln

Der Editor und der Organizer bieten die Möglichkeit, Bilder in Stapeln zu verwalten. Diese Stapel stellen Sie sich am besten wie einen Stapel Papierabzüge vor. Dabei sind zwei Stapelvarianten zu unterscheiden.

Fotostapel

Wenn Sie im Organizer mehrere ähnliche Bilder bzw. zusammengehörige Bilder stapeln möchten, werden Sie einen sogenannten Fotostapel anlegen. Wählen Sie dazu die zu stapelnden Bilder aus (mit Strg bzw. cmd ⌘ oder ⇧). Klicken Sie anschließend mit der rechten Maustaste auf die ausgewählten Bilder und wählen Sie den Befehl *Stapel/Ausgewählte Fotos stapeln*. Jetzt werden alle Bilder nur noch durch ein Symbol repräsentiert. Das schafft Platz und verbessert die Übersichtlichkeit.

Abbildung 50.44:
Ein Stapel mit der typischen Stapel-symbolik ❶.

Abbildung 50.45:
Durch einen Klick auf den rechts angeordne-ten Pfeil ❷ können Sie den Stapel auf- und zuklappen.

Versionsstapel

Wenn Sie im Editor ein Bild überarbeiten, können Sie die geänderte Fassung zusammen mit dem Originalbild in einem sogenannten Versionsstapel ablegen. Auf diese Weise bleibt das Original unverändert. Sie müssen dazu lediglich im *Speichern*-Dialog des Editors sicherstellen, dass das Kontrollfeld *Mit Original im Versionssatz speichern* aktiv ist ❸. Fotostapel und Versionsstapel unterscheiden sich nur dadurch, wie sie erzeugt werden. Die Darstellung von Foto- und Versionsstapeln ist hingegen identisch.

Abbildung 50.46:
Im Editor besteht die Möglichkeit, beim Speichern einen Versions-stapel anzulegen.

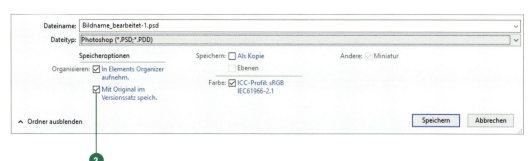

TIPP Über den Befehl *Suchen/Alle Versionssätze* können Sie sich alle bisher erstellten Fotostapel anzeigen lassen.

50.6 Bilder bewerten

Indem Sie Ihre Bilder bewerten, können Sie besonders gut gelungene bzw. besonders schöne Aufnahmen von mittelprächtigen bzw. vielleicht nicht ganz so schönen Fotos trennen. Stellen Sie sicher, dass im Medienbrowser aktuell die Bewertungssterne unter den Bildern angezeigt werden. Sollte das nicht der Fall sein, drücken Sie [Strg]+[D] bzw. [cmd ⌘]+[D], um die Detailanzeige zu aktivieren und damit die Bewertungssterne anzuzeigen.

Bewertung eines einzelnen Bildes

Die Bewertung selbst ist ganz einfach. Mit einem Klick stellen Sie die gewünschte Anzahl von Bewertungssternen ein ❶. Wenn Sie einem Bild vier Sterne zuweisen möchten, klicken Sie einfach auf den vierten Stern von links. Eine Änderung der aktuellen Bewertung ist jederzeit möglich.

Abbildung 50.47: Bewertung eines Bildes.

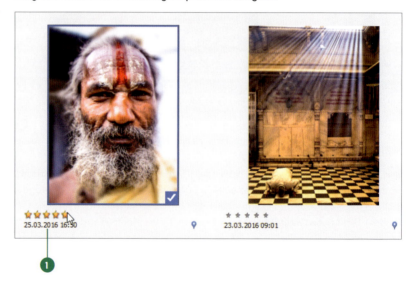

Mehrere Bilder bewerten

1. Wählen Sie die gemeinsam zu bewertenden Bilder mit [Strg] bzw. [cmd ⌘] oder [⇧] aus.
2. Klicken Sie unter einem der ausgewählten Bilder auf die entsprechende Anzahl von Sternen, um die Bewertung vorzunehmen.

Alle ausgewählten Bilder werden jetzt mit der gleichen Anzahl von Bewertungssternen ausgezeichnet ❷.

Abbildung 50.48:
Beide Bilder werden
gleichzeitig bewertet.

Abbildung 50.49:
Rechts oben kann die
Ansicht auf Basis der
Bewertung gefiltert
werden.

Rechts oben im Medienbrowser finden Sie ebenfalls eine Reihe mit Bewertungssternen. Diese Sterne dienen der Ansichtsfilterung. Wenn Sie z. B. vier Sterne markieren, werden voreingestellt ausschließlich Bilder angezeigt, die mit vier Sternen oder höher bewertet wurden. Über die links daneben angeordnete Schaltfläche können Sie die Filterfunktion noch erweitern. Hier können Sie neben der Voreinstellung *Bewertung Ist gleich* auch *Bewertung Ist Kleiner als Oder gleich* oder *Bewertung Ist Größer als Oder gleich* auswählen.

50.7 Bildtitel hinzufügen

Über den Befehl *Bearbeiten/Bildtitel hinzufügen* können Sie einen Bildtitel hinzufügen. Der Bildtitel wird anschließend allerdings nicht unter dem Bild, sondern im Register *Informationen* ❶ angezeigt. Bildtitel sind ein hilfreiches Merkmal im Rahmen der programminternen Suchfunktion. Hier können Sie diese einfach als Suchbegriff verwenden (mehr Infos dazu erhalten Sie im Abschnitt 50.10 unter »Erweiterte Suche«). Wenn Sie Ihre Bilder in Form einer Diashow präsentieren, können Sie den Bildtitel zudem anzeigen lassen ❷.

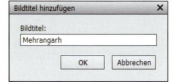

Abbildung 50.50:
Bildtitel eingeben.

Den Befehl *Bildtitel hinzufügen* erreichen Sie auch über das Kontextmenü (Rechtsklick) des jeweiligen Bildes. Außerdem können Sie den Bildtitel für einzelne Bilder auch im Bedienfeld *Informationen* (rechte Seite) festlegen.

Abbildung 50.51:
Der zugewiesene
Bildtitel wird lediglich
im Register Informationen angezeigt ❶.

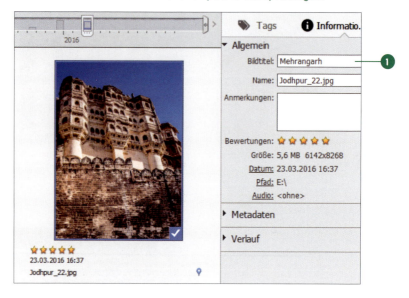

Abbildung 50.52:
So sieht ein Bildtitel in
der Diashow aus ❷.

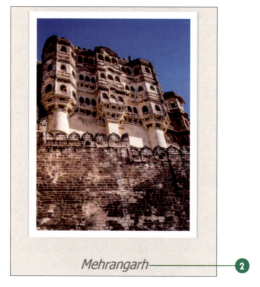

50.8 Informationen zum Bild anzeigen lassen

Der Organizer zeigt Ihnen bestimmte Informationen auf Wunsch direkt unter dem Bild an. Allerdings werden Aufnahmedatum, Aufnahmeuhrzeit, Stichwörter und Bewertungssterne nur dann angezeigt, wenn im Menü *Ansicht* der Befehl *Details* aktiviert ist (Strg+D bzw. cmd ⌘+D).

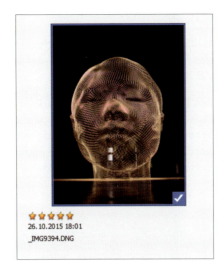

Abbildung 50.53:
Einige Bildeigenschaf-
ten können direkt
unter dem jeweiligen
Bild angezeigt
werden.

Das Register Informationen

Auf der rechten Seite können Sie sich sämtliche Bildinformationen anzeigen lassen. Wählen Sie dazu das entsprechende Bild aus, und drücken Sie ⌐Alt⌐+⌐↵⌐ bzw. ⌐alt ⌐+⌐↵⌐, oder klicken Sie rechts unten auf die Schaltfläche *Tag/Info*. Daraufhin erscheint das Register *Eigenschaften*. Hier gibt es die drei aufklappbaren Bereiche *Allgemein*, *Metadaten* und *Verlauf*.

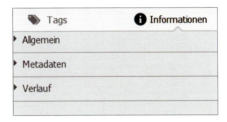

Abbildung 50.54:
Die drei aufklapp-
baren Bereiche des
Registers Informatio-
nen.

Allgemein

Im Bereich *Allgemein* werden ein von Ihnen vergebener Bildtitel (praktisch bei der Suche und bei Diashows), notierte Anmerkungen, der Dateiname, Erstellungsdatum und -uhrzeit, Speicherort, Bewertung, Dateigröße und die absolute Auflösung (Breite × Höhe) angegeben.

Metadaten

Hier wird eine Vielzahl von Dateieigenschaften dokumentiert. Art und Umfang der hier dargestellten Informationen hängen in erster Linie von der jeweils verwendeten Kamera und den beiden kleinen Schaltern ab. Um die Sache etwas übersichtlicher zu gestalten, können Sie auf die Schaltfläche *Zusammenfassung* klicken. Alle Informationen (z. B. IPTC, Exif, GPS oder Camera Raw) werden hingegen nach einem Klick auf die Schaltfläche vollständig angezeigt.

Verlauf

In diesem Bereich wird Ihnen aufgelistet, wann und von welchem Datenträger das Bild importiert wurde und wann Änderungen am Bild vorgenommen wurden.

Das Exif-Format (**Ex**changeable **I**mage **F**ile Format) ist ein Standard, in dem Digitalkameras Metadaten über die aufgenommenen Bilder speichern. Dabei handelt es sich um zusätzliche Informationen, die in die Bilddaten eingebettet werden können, z. B. die zum Zeitpunkt der Aufnahme an der Kamera eingestellten Werte für Blende, Belichtung, ISO-Wert etc.

Um im Organizer die Metadaten eines Bildes abzurufen, gehen Sie wie folgt vor:

1. Wählen Sie das Bild aus, und drücken Sie ⎇+⏎ bzw. ⌥+⏎.

Daraufhin erscheint das Register *Informationen*.

2. Klicken Sie auf die Schaltfläche *Metadaten* ❶.

Abbildung 50.55:
Die im Register
INFORMATIONEN
dargestellten
Metadaten eines
Bildes.

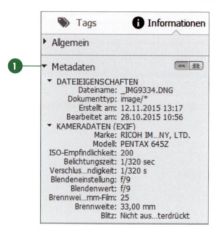

50.9 Bildern eigene Informationen hinzufügen

Sie können Ihre Bilder mit weiteren Informationen ausstatten bzw. vorhandene Informationen anpassen. So lassen sich z. B. Aufnahmedatum und -uhrzeit, der Dateiname und ein sogenannter Bildtitel ändern bzw. vergeben.

Aufnahmedatum und/oder die Aufnahmeuhrzeit ändern

Wenn Sie das Aufnahmedatum und/oder die Aufnahmeuhrzeit ändern möchten, wählen Sie den Befehl *Bearbeiten/Datum und Uhrzeit ändern*, oder klicken Sie im Bedienfeld *Eigenschaften* auf die Schaltfläche *Datum* ❷.

Abbildung 50.56:
Die Schaltfläche
Datum 2*.*

Dateiinformationen im Organizer anpassen

Wenn Sie im Register *Medien* mehr als ein Bild auswählen, erscheint auf der rechten Seite die Schaltfläche *IPTC-Informationen bearbeiten* ❶. Bei IPTC handelt es sich um einen internationalen Metadatenstandard (die genaue Bezeichnung lautet übrigens IPTC-NAA), der vom Weltverband der Nachrichtenagenturen und Zeitungen (International Press Telecommunications Council) festgelegt wurde.

Abbildung 50.57:
Sammelauswahlen
von Bildern können
mit gemeinsamen
Metadaten ausge-
stattet werden.

Während die von Kameras erstellten Exif-Daten in erster Linie technische Metadaten sind, handelt es sich bei den IPTC-Daten um administrative und deskriptive Metadaten, also Metadaten, die z. B. Aussagen zum Copyright-Status und dem Bildinhalt enthalten. Statten Sie Ihre Bilder immer dann mit diesen Daten aus, wenn Sie Ihre Werke in Bilddatenbanken einstellen oder auf Onlineportale hochladen möchten.

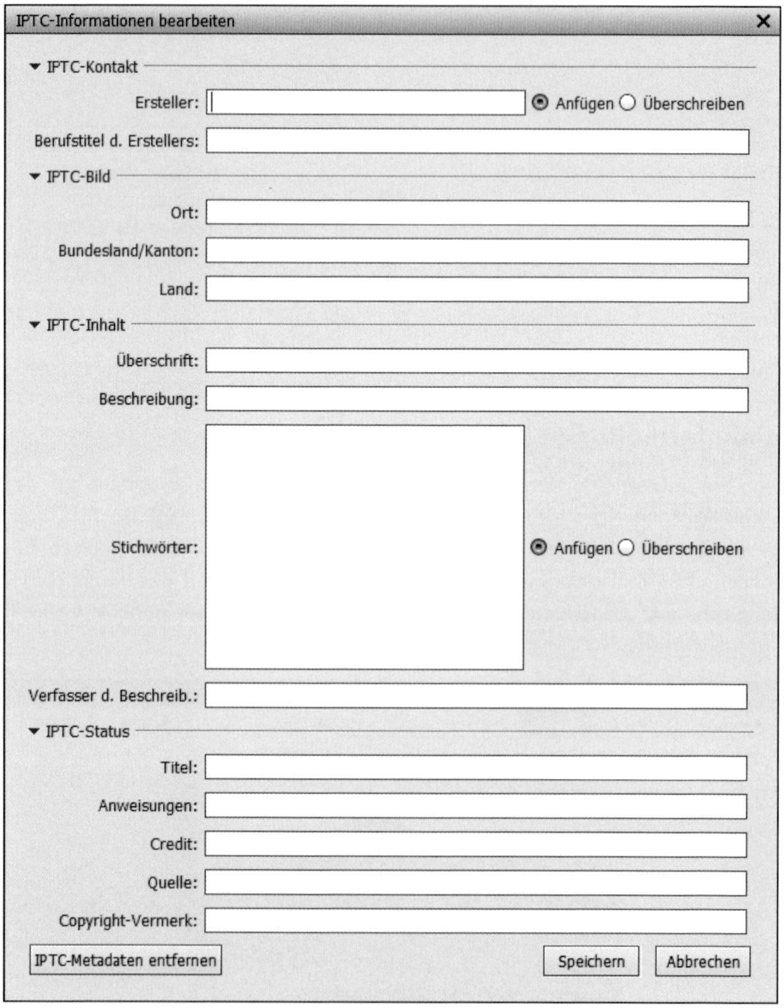

Abbildung 50.58:
Hier können die
Metadaten eingetra-
gen werden.

Dateiinformationen im Fotoeditor anpassen

Um die Metadaten einzeln anzupassen, können Sie diese im Fotoeditor öffnen. Klicken Sie dazu mit der rechten Maustaste auf das entsprechende Bild, und wählen Sie den Befehl *Mit Photoshop Elements Editor bearbeiten*. Nachdem das Bild im Editor geöffnet wurde, wählen Sie den Befehl *Datei/Dateiinformatio-nen*. Hier können Sie eine Vielzahl von Metadaten einsehen und gegebenen-falls verändern. Dazu zählen auch die sogenannten IPTC-Daten. Ganz wichtig: Wenn Sie die Metadaten auf diese Weise anpassen, müssen Sie das jeweilige Bild unbedingt erneut speichern (*Datei/Speichern*).

50.10 Fotos finden

Um Bilder zu finden, haben Sie mehrere Möglichkeiten. Einige davon basieren entweder auf dem tatsächlichen Aufnahmedatum oder dem Importdatum. Welche der beiden Datumsvarianten verwendet wird, hängt unter anderem davon ab, ob der Organizer den Bildern entsprechende Metadaten entnehmen kann.

Mithilfe der Zeitleiste

Die Zeitleiste befindet sich an der Oberseite des Organizers. Im Zweifelsfall können Sie diese über *Ansicht/Zeitleiste* bzw. [Strg]+[L] bzw. [cmd ⌘]+[L] einblenden. Ohne Ihr Zutun wertet der Organizer das tatsächliche Aufnahme- bzw. Importdatum Ihrer Bilder aus und ordnet sie der Zeitleiste in Form eines Icons zu.

Je mehr Bilder mit einem bestimmten Aufnahme- bzw. Importdatum vorhanden sind, desto größer fällt die Höhe des entsprechenden Icons aus. Nachdem Sie auf ein Icon der Zeitleiste geklickt haben, zeigt Ihnen der Organizer alle Bilder mit diesem Aufnahmedatum an.

Abbildung 50.59: Auf ein Icon der Zeitleiste klicken, um die Darstellung auf die Bilder dieses Zeitraums zu begrenzen.

Erweiterte Suche

Mit einem Klick auf das *Suchen*-Icon öffnen Sie ein neues Fenster, auf dessen linker Seite verschiedenste Suchfunktionen in Schaltflächenform zur Verfügung stehen.

Abbildung 50.60: Mit einem Klick auf die Suchfunktion haben Sie Zugriff auf die Smart-Tag-Funktionen.

Viele Suchfunktionen liefern dabei nur dann ein Ergebnis, wenn Sie Ihre Bilder in der Vergangenheit mit entsprechenden Informationen ausgestattet haben. Ansonsten können Sie die verschiedenen Parameter nacheinander auswählen und so kombinieren. Die jeweils gewählte Kombination wird Ihnen im Eingabefeld der Suchleiste angezeigt.

Eine Sonderrolle nehmen dabei die ganz oben angeordneten Smart-Tags ein. Der Unterschied zu den anderen Tags besteht darin, dass Smart-Tags selbst entscheiden, welche Bilder wie zu taggen bzw. zu kennzeichnen sind.

Abbildung 50.61:
Die Suchoptionen.

Datei eines Bildes im Explorer bzw. Finder finden

Die im Organizer dargestellten Bilder liegen vielleicht oftmals an den verschiedensten Stellen Ihres Computers. Um den Speicherort eines Bildes zu finden, gehen Sie wie folgt vor:

1. Wählen Sie das entsprechende Bild im Organizer aus.
2. Drücken Sie anschließend Alt + ↵ bzw. alt ⌥ + ↵ .

Daraufhin erscheint das Register *Informationen*.

3. Stellen Sie sicher, dass der Bereich *Allgemein* ① aufgeklappt ist.
4. Klicken Sie auf die Schaltfläche *Pfad* ②.

Abbildung 50.62:
Auf die Schaltfläche
Pfad klicken.

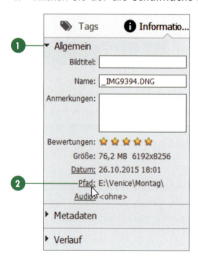

Anschließend öffnet sich der Windows-Explorer bzw. der Mac-Finder. Die Datei des entsprechenden Bildes wird markiert dargestellt.

50.11 Datensicherung

Zu Beginn dieses Kapitels habe ich die Bedeutung der Kataloge erläutert. Abschließend möchte ich Ihnen in diesem Zusammenhang die Katalog-Datensicherung vorstellen. Sichern Sie Ihre Katalogdaten regelmäßig auf externen Speichermedien. Neben CD und DVD bieten sich hier in erster Linie mobile Festplatten an. Diese werden in der Regel über die USB-Schnittstelle mit dem Computer verbunden. Aktuelle Geräte bieten mittlerweile Speicherkapazitäten im Terabyte-Bereich an. Bei diesen Kapazitäten haben Sie genug Platz für regelmäßige Backups.

Komplettes Backup erstellen

1. Wählen Sie aus dem Menü *Datei* den Befehl *Katalog sichern* ($\boxed{\text{Strg}}$+$\boxed{\text{B}}$ bzw. $\boxed{\text{cmd} \ \ \text{⌘}}$+$\boxed{\text{B}}$).

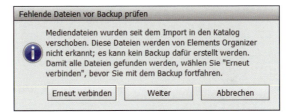

Abbildung 50.63:
Bei fehlenden Bildern bietet der Organizer an, vor dem Backup nach diesen zu suchen (ERNEUT VERBINDEN).

Der Organizer kontrolliert jetzt, ob der Katalog in Ordnung ist oder ob eventuell einige Bilder nicht mehr auffindbar sind. In solch einem Fall erscheint das im Folgenden abgebildete Dialogfenster. Klicken Sie hier auf *Erneut verbinden*, um nach verloren gegangenen Bildern suchen zu lassen. »Erneut verbinden« bedeutet in diesem Zusammenhang, dass der Organizer eine neue Verknüpfung zwischen den für ihn aktuell nicht mehr erreichbaren Dateien und dem Katalog herstellt.

Wenn ein Bild nicht mehr automatisch gefunden werden kann, erscheint ein Dialogfenster, in dem Sie selbst nach dem Bild suchen oder das Bild aus dem Katalog löschen können. Wenn auf diese Weise alle Ungereimtheiten beseitigt sind, erscheint das Fenster *Katalog auf CD, DVD oder Festplatte sichern*.

2. Wählen Sie die Option *Komplettes Backup* aus.

Beim erstmaligen Sichern eines Katalogs wählen Sie die Option *Komplettes Backup*. Zukünftig müssen Sie dann nicht mehr alles sichern. Es reicht aus, wenn Sie die neuen und veränderten Daten sichern (*Inkrementelles Backup*).

3. Klicken Sie anschließend auf *Weiter*.

Im nächsten Fenster wird Ihnen die Gesamtdatenmenge **1** des Backups angezeigt.

4. Wählen Sie das gewünschte Laufwerk ②, und legen Sie fest, in welchem Verzeichnis das Backup gespeichert werden soll ③. Legen Sie für die Backup-Daten gegebenenfalls einen neuen Ordner auf dem Zielmedium an.

5. Klicken Sie auf *Backup sichern*.

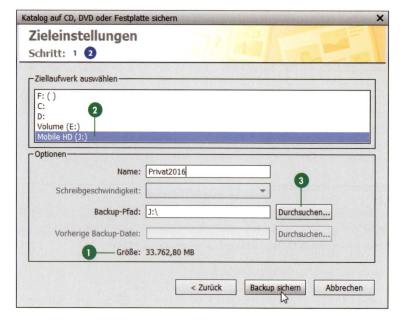

Ein Fortschrittsbalken informiert Sie über den Backup-Verlauf. Abschließend erscheint eine Erfolgsmeldung, die Sie mit einem Klick auf *OK* schließen.

Inkrementelles Backup erstellen

Nachdem Sie ein vollständiges Backup eines Katalogs erstellt haben, können Sie, wie bereits erwähnt, zukünftig inkrementelle Backups des Katalogs durchführen. Diese speichern dann lediglich neue und geänderte Bilder. Das macht den Vorgang insgesamt schneller und spart Speicherplatz.

1. Wählen Sie den Befehl *Katalog auf CD, DVD oder Festplatte sichern* ([Strg]+[B] bzw. [cmd ⌘]+[B]).
2. Wählen Sie die Option *Inkrementelles Backup* aus.

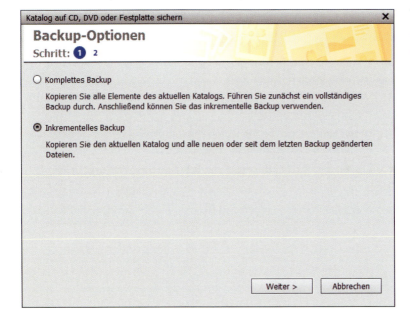

Abbildung 50.66:
Die Option INKREMEN-
TELLES BACKUP nutzen.

Sobald Sie im Dialogfenster der Backup-Funktion die Option *Inkrementelles Backup* auswählen, erscheint ein Dialogfenster mit dem Hinweis, dass Sie nun zunächst einmal die letzte Backup-Datei ausfindig machen müssen.

3. Wählen Sie zunächst das Laufwerk, auf dem sich das vorherige Backup befindet.
4. Klicken Sie auf die untere der beiden *Durchsuchen*-Schaltflächen.
5. Navigieren Sie zu dem Verzeichnis, in dem die Backup-Daten abgelegt wurden.
6. Wählen Sie die Datei *Backup.tly* aus, und verlassen Sie das Fenster über die Schaltfläche *Öffnen*.

Die Datei *Backup.tly* verwendet die Software, um die Unterschiede zwischen dem alten und dem jetzigen Zustand des Katalogs zu ermitteln.

7. Klicken Sie im Fenster *Katalog auf CD, DVD oder Festplatte sichern* auf *Backup sichern*, um das inkrementelle Backup zu starten.

Daraufhin beginnt das Backup. Wie beim vollständigen Backup erscheinen ein Fortschrittsbalken und eine abschließende Bestätigung, dass die Sache geklappt hat.

Backup-Dateien wiederherstellen

Wenn Ihnen, aus welchen Gründen auch immer (versehentliches Löschen, Festplattenschaden, Diebstahl), Ihre Katalogdaten bzw. Ihre Bilder abhandengekommen sind, ist der Zeitpunkt gekommen, Ihr Backup wiederherzustellen.

1. Wählen Sie dazu den Befehl *Katalog wiederherstellen* aus.
2. Wählen Sie im Bereich *Wiederherstellen von* aus, ob die Backup-Daten auf CD/DVD oder auf einem anderen Laufwerk bzw. einer Festplatte vorliegen.
3. Klicken Sie anschließend auf *Durchsuchen*, und navigieren Sie zum entsprechenden Backup-Verzeichnis.
4. Wählen Sie die Datei *Backup.tly* aus, und verlassen Sie das Fenster über die Schaltfläche *Öffnen*.
5. Legen Sie fest, ob Sie die Daten in ihrem ursprünglichen oder in einem neuen Verzeichnis wiederherstellen möchten.
6. Klicken Sie abschließend auf die Schaltfläche *Wiederherstellen*.

Teil 14:
Präsentation der Fotos

51 Teilen und Präsentieren

Klassiker wie Grußkarten und Bildbände sind nach wie vor sehr beliebt und lassen sich mit wenigen Klicks erstellen. So erstellte Grußkarten können natürlich auch digital versandt werden, denn der Organizer bietet eine komfortable E-Mail-Funktion. Zudem können Sie Ihre Bilder und Diashows direkt auf diverse Portale laden.

51.1 Bilder per E-Mail versenden

Sie können Ihre Bilder direkt aus dem Programm heraus versenden. Dafür können Sie die komfortablen Organizer-Funktionen zum Auffinden der zu versendenden Bilder nutzen. Ein herkömmliches und damit oftmals zeitaufwendiges Durchstöbern des eigenen Fotoarchivs kann somit entfallen. Mit der E-Mail-Funktion können Sie Ihre Bilder zudem für den E-Mail-Versand optimieren. Der Versand erfolgt dabei wahlweise über Ihr E-Mail-Programm (auch E-Mail-Client genannt) oder direkt über Ihr E-Mail-Konto z. B. bei Web.de oder GMX.

Einmalige Vorbereitung

Wenn Sie auf Ihrem Computer einen E-Mail-Client installiert haben, wird dieser in den Programmvoreinstellungen bzw. unter *Bearbeiten/Voreinstellungen/E-Mail* aufgelistet.

*Abbildung 51.1:
In der Drop-down-Liste E-MAIL-PROFIL ❶ des Fensters VOREIN-STELLUNGEN können Sie das von Ihnen bisher verwendete E-Mail-Programm auch für den Versand der Foto-E-Mails nutzen.*

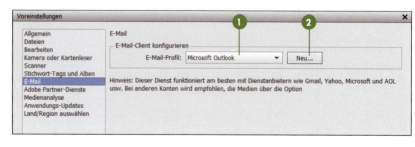

Sollte das von Ihnen verwendete E-Mail-Programm (E-Mail-Client) nicht unterstützt bzw. hier aufgelistet werden, können Sie die Funktion auch mit einem eigenen E-Mail-Konto verbinden. Klicken Sie dazu auf die Schaltfläche *Neu* ❷. Unabhängig vom jeweiligen Dienstanbieter (GMX, Yahoo!, AOL etc.) ist das Prozedere immer gleich.

Wählen Sie jeweils den entsprechenden Dienstanbieter. Bei den hier aufgelisteten Anbietern ist die Sache denkbar einfach. Sie vergeben einen beliebigen Profilnamen ❸ und geben Ihre E-Mail-Adresse ❹ und das Kennwort ❺ Ihres E-Mail-Kontos ein. Mit einem Klick auf die

Abbildung 51.2: Dienstanbieter auswählen und beliebigen Profilnamen vergeben.

Schaltfläche *Validieren* ❻ gestatten Sie dem Organizer, auf Ihr E-Mail-Konto zuzugreifen bzw. die Zugriffsmöglichkeit zu überprüfen.

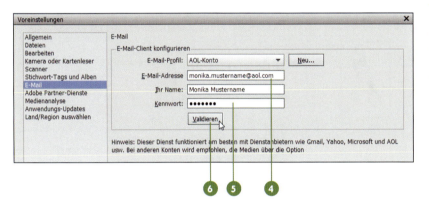

Abbildung 51.3: Nach Eingabe von Mailadresse und Kennwort auf VALIDIEREN klicken.

Abbildung 51.4: Auch voreingestellt nicht gelistete E-Mail-Dienste (z. B. 1&1) werden unterstützt.

Sollte sich Ihr Dienstanbieter hier nicht finden, geht die Sache dennoch. Wählen Sie dazu in der Drop-down-Liste ❼ den Eintrag *Sonstige* und vergeben Sie einen beliebigen Profilnamen ❽. Geben Sie darunter Ihre E-Mail-Adresse, das Passwort Ihres E-Mail-Kontos sowie die Daten für den SMTP-Server, den SMTP-Port und die Verbindungssicherheit an **9**. Im Zweifelsfall erhalten Sie diese Infos bei Ihrem Dienstanbieter.

E-Mail verschicken

1. Wählen Sie im Organizer die zu versendenden Bilder aus **1**.

Mehrere Bilder können Sie z. B. mit ⌨Strg bzw. ⌨cmd ⌘ auswählen.

2. Klicken Sie rechts oben auf die Schaltfläche *Teilen* **2** und anschließend auf *E-Mail* **3**.

Abbildung 51.5:
Auf TEILEN klicken und
E-Mail auswählen.

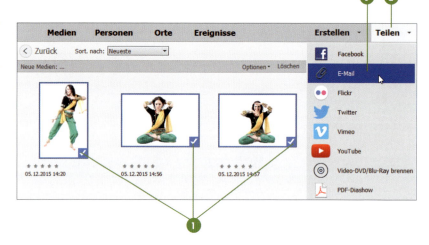

Auf der rechten Seite werden jetzt die zuvor im Editor ausgewählten Bilder angezeigt **4**.

3. Wenn Sie weitere Bilder auswählen möchten, können Sie diese nun mit Drag-and-drop in diesen Bereich ziehen.

Voreingestellt ist das Kontrollfeld *Fotos in JPEGs konvertieren* **5** aktiviert. Das Deaktivieren dieser Funktion ergibt nur dann Sinn, wenn Sie Wert darauf legen, dass die Bilder, die in einem anderen Format vorliegen, auch in diesem Format versendet werden (z. B. PSD- oder TIFF-Dateien).

4. Legen Sie die Bildgröße fest.

Wählen Sie dazu im Listenfeld *Maximale Fotogröße* **6** die maximale Größe der Bilder aus. Neben diversen voreingestellten Größen können Sie hier auch einstellen, dass die Bilder in ihrer Originalgröße bleiben.

5. Stellen Sie die JPEG-Qualität ein **7**.

Wenn das Kontrollfeld *Fotos in JPEGs konvertieren* **5** aktiv ist, können Sie mit dem typischen JPEG-Qualitätsregler die Bildqualität und damit indirekt die Dateigrößen der Bilder einstellen. Beim Versand weniger Bilder können Sie den Regler eigentlich ignorieren.

6. Klicken Sie rechts unten auf *Weiter*.

7. Wählen Sie im Bereich *Empfänger auswählen* **8** den oder die Empfänger aus.

Der Bereich *Empfänger auswählen* ist bei Ihnen sehr wahrscheinlich noch leer. Über das Kontaktsymbol **9** können Sie hier neue Kontaktdaten eingeben oder aus anderen Programmen importieren (z. B. aus Microsoft Outlook). Sie können den oder die Empfänger auch im letzten Schritt festlegen.

8. Geben Sie in die Bereiche *Betreff* und *Nachricht* **10** einen Mitteilungstext ein.

9. Klicken Sie rechts unten auf *Weiter* **11**.

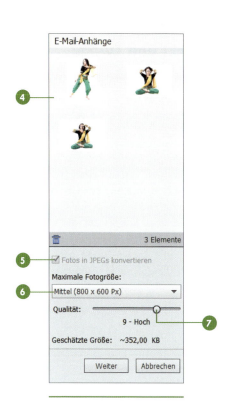

Abbildung 51.6:
Rechts werden die ausgewählten
Bilder angezeigt.

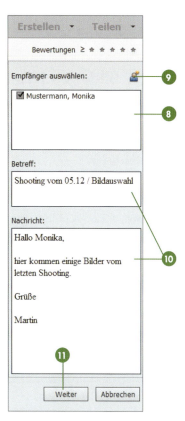

Abbildung 51.7:
Im Bereich NACHRICHT können
Sie Text eingeben.

Abbildung 51.8:
Die angehängten
Bilder sind in der
ANGEFÜGT-Leiste des
E-Mail-Fensters 12 zu
sehen.

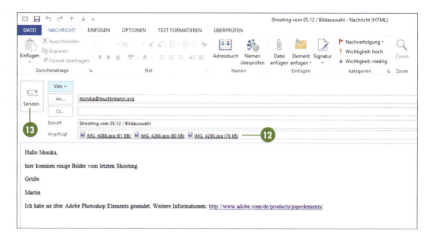

TIPP Wenn Sie am Anfang noch keinen Empfänger ausgewählt haben, können Sie das an dieser Stelle nachholen. Bei Bedarf können alle bisher eingegebenen Texte in diesem Fenster verändert bzw. überarbeitet werden.

10. Klicken Sie auf *Senden* 13.

51.2 Bilder zu Facebook, Flickr und Twitter hochladen

Zeitgemäß können Fotos direkt nach Facebook, Flickr und Twitter hochgeladen werden. Damit das klappt, müssen Sie allerdings über ein Konto des jeweiligen Portals verfügen.

Wenn Sie den Upload bei einem Portal erstmalig ausführen, erscheint anschließend ein Fenster, in dem Sie die zugehörigen Log-in-Daten (sprich für Facebook, Flickr, YouTube, oder Vimeo) eingeben müssen. Beim ersten Mal erscheint zudem noch ein Hinweis, dass Sie die Anbindung über den Organizer autorisieren bzw. erlauben müssen. Klicken Sie dazu jeweils auf die entsprechenden Schaltflächen. Ansonsten folgen Sie einfach den Aufforderungen in den angezeigten Fenstern. Zukünftig werden die Log-in-Daten gespeichert und vom Organizer automatisch eingetragen. Eine erneute Autorisierung ist dann nicht mehr erforderlich.

Abbildung 51.9:
Der Editor ermöglicht
den direkten Upload
auf drei Portale.

Facebook-Titelfoto

Sie können das Titelfoto wahlweise auf der Basis eines Bildes oder unter Verwendung mehrerer Bilder erstellen. In jedem Fall ist es ratsam, das bzw. die Bilder vorher im Editor zu öffnen. Wenn Sie mehrere Bilder verwenden oder einfach mehrere Bilder im Rahmen der Gestaltung ausprobieren möchten, sollten Sie zudem den Fotobereich anzeigen lassen. Letzteren können Sie im Zweifelsfall durch einen Klick auf die gleichnamige Schaltfläche (links unten) darstellen.

Der Fotobereich ist insofern wichtig, weil das Dialogfenster, in dem die Gestaltung des Titelfotos erfolgt, lediglich aus diesem Bereich bequem per Drag-and-drop mit (neuen oder anderen) Bildern versorgt werden kann.

Wenn Sie nur ein Bild verwenden möchten, sollten Sie dieses vorher im Organizer oder im Editor auswählen und dann rechts oben auf *Erstellen* bzw. *Facebook-Titelfoto* klicken. Sobald Sie die Funktion aus dem Organizer heraus starten, wird anschließend automatisch der Editor geöffnet. In beiden Fällen öffnet sich dann das Fenster *Facebook-Titelfoto*. Damit die Funktion das geöffnete Bild gleich übernimmt, muss hier die Option *Mit ausgewählten Bildern automatisch füllen* aktiviert sein.

Diese automatische Zuweisung funktioniert grundsätzlich auch bei der Verwendung mehrerer Fotos, allerdings ist das Ergebnis bzw. die Platzierung der Einzelbilder somit mehr oder weniger ein Zufallsprodukt. Aus diesem Grund ist es bei der Verwendung mehrerer Bilder sinnvoller, diese Funktion nicht zu aktivieren und die entsprechenden Bilder im weiteren Verlauf manuell zuzuweisen.

Abbildung 51.10: Der Befehl FACEBOOK-TITELFOTO wird über das Register TEILEN (Organizer und Editor) erreicht.

1. Wählen Sie den Befehl *Erstellen/Facebook-Titelfoto* ❶.
2. Entscheiden Sie sich für die Verwendung eines oder mehrerer Fotos ❷.
3. Wählen Sie die gewünschte Vorlage ❸ aus.

Wenn Sie aktuell im Organizer oder Editor etwas ausgewählt haben, wird das Bild bzw. werden diese Bilder auf Wunsch auch gleich »eingebaut«. Wie bereits erläutert, muss dazu allerdings die Funktion *Mit ausgewählten Bildern automatisch füllen* ❹ aktiviert sein. Sollte Ihnen das bzw. eines der verwendeten Bilder nicht gefallen, können Sie einfach ein anderes Bild aus dem Fotobereich auf das zu ersetzende Bild ziehen.

4.   Klicken Sie auf OK.

Jetzt wird das Bild montiert bzw. eine Vorschau erstellt.

Bilder anpassen

Spätestens nach einem Doppelklick auf das jeweilige Bild erscheinen die nachstehend abgebildeten Funktionen. Hier können Sie das jeweilige Bild stufenlos in seiner Größe steuern, wahlweise in 90-Grad-Schritten drehen oder das Bild gegen ein anderes austauschen, wobei Sie das neue Bild dabei aus einem Verzeichnis laden können. Die Anpassungen können Sie wie gewohnt mit dem grünen Häkchen übernehmen oder verwerfen.

Grafiken, Hintergründe und Rahmen hinzufügen

Mit einem Klick auf die Schaltfläche *Grafiken* (rechts unten) können Sie auf der rechten Seite ein weiteres Bedienfeld öffnen. Dieses stellt einige Grafiken, Hintergründe und Rahmen zur Verfügung. Sie können einfach per Drag-and-drop in das Fenster *Facebook-Titelfoto* bzw. auf das entsprechende Foto gezogen werden.

Um die Sache darüber hinaus zu bearbeiten, können Sie links oben über die gleichnamige Schaltfläche in den *Erweiterten Modus* wechseln. In diesem Modus steht ein Großteil der Programmfunktionen zur Verfügung. Beispielsweise können Sie in diesem Modus den jeweiligen Aufbau im Bedienfeld *Ebenen* einsehen bzw. bearbeiten. Zudem haben Sie hier Zugriff auf alle verfügbaren Grafiken, Hintergründe und Rahmen.

Wenn Ihnen Ihr Facebook-Titelbild zusagt, sollten Sie es vor dem Upload im Idealfall sichern. Klicken Sie dazu am unteren Rand auf die Schaltfläche *Speichern*. Das Bild wird darauf im Dateiformat PSE gespeichert. Auf diese Weise sind spätere Anpassungen jederzeit möglich.

Abbildung 51.13: Das fertige Bild vor dem Upload sichern.

Klicken Sie abschließend auf *Hochladen*. Jetzt erscheint ein Dialogfenster, in dem Sie den Upload noch mal bestätigen müssen. Zudem können Sie festlegen, ob das Foto auf Facebook sowohl als Titel wie auch als Profilbild verwendet werden soll.

Bei meinen Versuchen hat die Software die Bilder erfolgreich nach Facebook hochgeladen. Dabei wurde auf Facebook automatisch das Album *Photoshop Elements* angelegt. Das Titel- und Profilfoto wurde allerdings nicht automatisch mit den hochgeladenen Bildern gestaltet. Hierzu habe ich dann die Facebook-eigenen Funktionen verwendet und dabei auf die hochgeladenen Bilder zurückgegriffen.

Diashows und Videos zu YouTube und Vimeo hochladen

Der Upload von Videos bzw. in Dateiform vorliegenden Diashows nach YouTube oder Vimeo ist (aus dem Organizer heraus) ebenfalls möglich. Hinsichtlich der einmaligen Autorisierung und der Eingabe der Log-in-Daten ist der Ablauf bei YouTube und Vimeo ähnlich wie bei den anderen Portalen (siehe Erläuterung zum Upload von Bildern nach Facebook, Flickr und Twitter).

Abbildung 51.14: Über den Organizer können Diashows oder andere Videos nach YouTube und Vimeo hochgeladen werden.

51.3 Diashow erstellen

Bilder lassen sich am besten im Rahmen einer mit Musik unterlegten Diashow präsentieren. Mit Photoshop Elements lässt sich eine solche Präsentation bequem erstellen und für das Abspielen auf dem Computer oder Fernseher ausgeben. Diashows können sowohl im Editor als auch im Organizer erstellt werden. Die fertige Show lässt sich dann als abspielbare Datei speichern, hochladen und/oder auf eine CD bzw. DVD brennen. Eine PDF-Variante kann dabei auch per E-Mail verschickt werden.

Blitz-Diashow wiedergeben

Bei dem nachstehend beschriebenen Feature des Organizers handelt es sich zunächst um eine reine Abspielfunktion. Es bietet sich u. a. dann an, wenn es darum geht, die eigenen Bilder auf sich wirken zu lassen oder den unangemeldeten Besuch mit einer spontanen Präsentation der letzten Urlaubsbilder zu beglücken.

1. Wählen Sie im Organizer die entsprechenden Bilder aus **1**.
2. Klicken Sie auf die Diashow-Schaltfläche **2**.

Die Funktion ist auch über das Register *Erstellen* rechts oben zu erreichen.

Abbildung 51.15: Bilder auswählen und unten auf DIASHOW *klicken.*

Die Wiedergabe erfolgt in der Vollbildansicht. Wenn Sie in dieser Ansicht den Cursor bewegen, erscheinen im unteren Bereich neben einem Navigations-Schieberegler diverse andere Optionen **3**.

Diese Funktionen ermöglichen es Ihnen, Ihre Diashow mit wenigen Klicks aufzuwerten. Beispielsweise können Sie den Übergang zwischen den einzelnen »Dias« gestalten und die Bilder mit (anderer) Musik unterlegen.

Abbildung 51.16:
Wird der Cursor
bewegt, erscheinen im
unteren Bereich des
Wiedergabefensters
diverse Funktionen.

Diashow bearbeiten

Die Diashow kann in einem gewissen Umfang bearbeitet ④ werden. Beispiels-weise können Sie die Bildabfolge anpassen, indem Sie die Bilder per Drag-and-drop an die jeweils gewünschte Position ziehen.

Zudem können Sie hier eine andere Gestaltungsvariante wählen oder ausge-wählte Bilder löschen. Die musikalische Untermalung kann ganz abgeschaltet oder ein anderes Musikstück gewählt werden.

Des Weiteren lassen sich Textfolien erstellen, die dann am Anfang, am Ende oder zwischen zwei Bildern (per Drag-and-drop) platziert werden können. Wenn Sie den Bildern zuvor Bildtitel zugewiesen haben, können Sie diese hier einblenden.

Weitere Informationen zu Bildtiteln finden Sie in Kapitel 50 »Bildmanagement mit dem Organizer«.

Abbildung 51.17:
Die Bedienelemente an
der Unterseite der
Vollbildansicht.

Abbildung 51.18:
Nach einem Klick auf
BEARBEITEN **4** *öffnet*
sich das hier gezeigte
Fenster DIASHOW
ERSTELLEN.

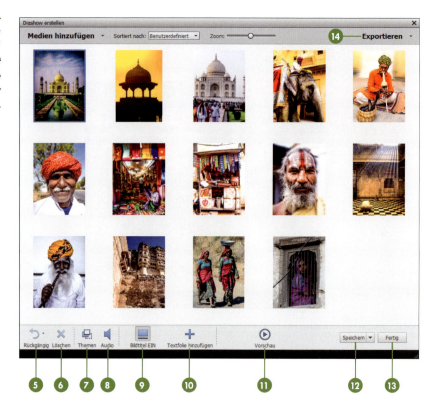

Tabelle 51.1:
Die Schaltflächen des
Fensters DIASHOW
ERSTELLEN.

5	**Rückgängig**	Hiermit können Sie im Rahmen der Diashow-Erstellung durchlaufene Arbeitsschritte rückgängig machen oder diese wiederherstellen.
6	**Löschen**	Wenn Sie anfangs ein bzw. mehrere Bilder versehentlich ausgewählt haben, können Sie diese aus der Diashow wieder herausnehmen. Wählen Sie diese dazu im Bedienfeld *Diashow* aus und klicken Sie auf *Löschen*.
7	**Themen**	Hier können Sie den Look der Diashow bequem bzw. mit einem Klick ändern, indem Sie eine der hier angebotenen Gestaltungsvarianten wählen.
8	**Audio**	Voreingestellt wird die Diashow mit Musik unterlegt. Alternativ können Sie hier einen der anderen von Adobe mitgelieferten Musikclips auswählen. Wenn Sie lieber einen Ihrer eigenen Clips verwenden möchten, wählen Sie die entsprechende Datei aus.
9	**Bildtitel ein**	Im Organizer können Sie sogenannte Bildtitel erstellen. Dabei handelt es sich um eine Bildunterschrift, die ausschließlich bei Diashows »sichtbar« wird. Mehr Informationen zu Bildtiteln finden Sie in Kapitel 50 »Bildmanagement mit dem Organizer«.
10	**Textfolie hinzufügen**	Erzeugt eine Texttafel. Unmittelbar nach dem Erstellen der Textfolie können Sie den Text eingeben. Textfolien können Sie jeweils am Anfang, am Ende oder zwischen zwei Bildern (per Drag-and-drop) positionieren.
11	**Vorschau**	Spielt die Diashow im Organizer ab.

12	**Speichern**	Speichert die Diashow im Organizer.
13	**Fertig**	Beendet den Vollbildmodus (schneller geht's mit ⎋).
14	**Exportieren**	(Rechts oben). Gibt die Diashow als eigene Datei im Containerformat MP4 aus.

Diashow speichern

Die auf diesem Weg erstellte Diashow können Sie wahlweise nur im Organizer speichern **12** und /oder als Videoclip ausgeben **14** (exportieren). Die Miniatur der im Organizer gespeicherten Variante zeigt das erste Bild der Diashow und wird rechts mit einem Play-Symbol gekennzeichnet. Die so gespeicherte Diashow kann mit einem Doppelklick im zuvor erläuterten Fenster *Diashow erstellen* geöffnet und über die Vorschaufunktion des Fensters wiedergegeben werden.

Diashow in Dateiform ausgeben (exportieren)

Die Funktion *Exportieren* **14** erstellt eine Videodatei der Diahow. Zur Auswahl stehen die beiden Auflösungen (Bildgrößen) 720pHD und 1080pHD. Die Variante 1080pHD erzeugt ein Video in Full-HD-Auflösung (1.920 x 1.080), während mit 720pHD lediglich eine Auflösung von 1.280 x 720 erreicht wird. Der Facebook-Upload erfolgt dabei (automatisch) ebenfalls in 1.280 x 720.

Ein direkter Upload nach Facebook ist ebenfalls möglich. Der so erstellte Videoclip wird im bekannten Containerformat MP4 ausgegeben und dabei mit dem verbreiteten H.264-Codec komprimiert. Somit können Sie die Diashow eigentlich mit allen Softwareplayern und auf allen Smartphones und Tablets wiedergeben.

PDF-Diashow

Mit dieser Funktion erstellen Sie eine Diashow, die sich per Mail versenden lässt. Die von Ihnen ausgewählten Bilder werden dazu von der Funktion in einem PDF-Dokument zusammengefasst. Wenn der Empfänger die PDF-Datei öffnet, wird die Show automatisch gestartet und die einzelnen Bilder werden jeweils für rund fünf Sekunden gezeigt. Die Vorgehensweise ist weitgehend identisch mit dem E-Mail-Versand von Bildern bzw. der Funktion *E-Mail-Anhänge*.

1. Stellen Sie sicher, dass alle in der Show zu verwendenden Bilder im Organizer ausgewählt sind.

Da es sich hier stets um mehrere Bilder handelt, wählen Sie diese mithilfe von ⌃Strg oder ⇧ bzw. cmd ⌘ oder ⇧ aus.

Wenn Sie eine sehr umfangreiche Diashow erstellen möchten, empfehle ich Ihnen, diese zunächst in einem Album (siehe Kapitel 50) zu organisieren, das ausschließlich die für die Diashow vorgesehenen Bilder enthält.

2. Klicken Sie rechts oben auf die Schaltfläche *Teilen* ❶.

3. Wählen Sie den Befehl *PDF-Diashow* ❷.

Jetzt erscheint auf der rechten Seite das Bedienfeld *PDF-Diashow* inklusive der zuvor ausgewählten Bilder ❸. Wenn Sie weitere Bilder auswählen möchten, können Sie diese jetzt per Drag-and-drop in diesen Bereich ziehen.

4. Legen Sie die Bildgröße ❹ fest.

Wählen Sie dazu im Listenfeld *Maximale Fotogröße* ❼ die maximale Größe der Bilder aus. Neben diversen voreingestellten Größen können Sie hier auch festlegen, dass die Bilder in ihrer Originalgröße bleiben.

5. Stellen Sie die JPEG-Qualität ein ❺.

6. Geben Sie der Diashow einen Namen ❻.

7. Klicken Sie rechts unten auf *Weiter*.

Der weitere Ablauf ist recht intuitiv und entspricht den Erläuterungen im Abschnitt 51.1.

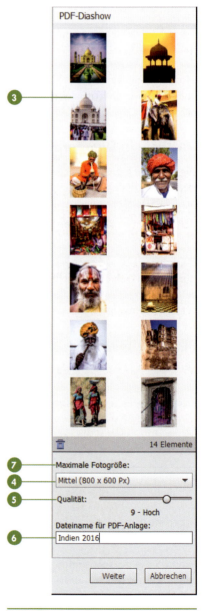

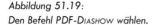

Abbildung 51.19:
Den Befehl PDF-DIASHOW wählen.

Abbildung 51.20:
Das Bedienfeld PDF-DIASHOW.

Je nachdem, wie groß die Diashow ausfällt, erscheint anschließend eine Meldung, dass Sie ab einer Dateigröße von 10 MByte auch eine CD brennen oder Onlinedienste für die Verbreitung der Diashow nutzen können. Warum diese Meldung gerade die Grenze von 10 MByte betont, bleibt unklar, da 10 MByte mittlerweile völlig problemlos per Mail versendet werden können.

8. Schließen Sie das Infofenster über die Schaltfläche OK.

Jetzt erscheint das E-Mail-Fenster mit der Diashow als Anhang. Wenn Sie bisher noch keine(n) Empfänger ausgewählt haben, können Sie diese jetzt wie gewohnt in die Zeile AN eintragen und die Mail anschließend versenden.

51.4 Grußkarten, Bildbände und Fotokalender erstellen

Die Erstellung von Grußkarten, Bildbänden und Fotokalendern folgt einem einheitlichen Prinzip. Sie wählen zuvor die gewünschten Bilder im Projektbereich des Editors oder im Organizer aus und weisen den Bildern entweder ein zufälliges oder ein von Ihnen ausgewähltes Layout zu. Photoshop Elements montiert dann die Bilder in das Layout. Anschließend ist hier und da etwas Handarbeit notwendig, um die verwendeten Bilder zu verkleinern und in die Schablonen einzupassen.

Vorgehensweise anhand eines Bildbandes

Nachstehend erläutere ich Ihnen exemplarisch die Vorgehensweise beim Erstellen eines Bildbandes. Die hier vorgestellte Arbeitsweise können Sie dabei in gleicher bzw. sehr ähnlicher Weise auch zum Erstellen einer Grußkarte oder eines Fotokalenders anwenden.

1. Wählen Sie die betreffenden Bilder im Editor oder im Organizer aus.

Abbildung 51.21:
Die entsprechenden
Bilder auswählen und
auf BILDBAND klicken.

2. Klicken Sie auf *Erstellen* **1** und anschließend auf *Bildband* **2**.

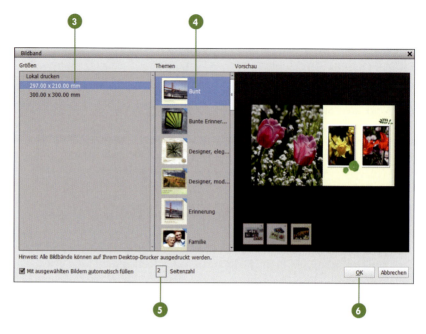

3. Stellen Sie die gewünschte Größe ein ❸.

4. Wählen Sie die bevorzugte Layout-Variante ❹.

5. Tragen Sie die Anzahl der Seiten ein ❺.

6. Klicken Sie unten rechts auf OK ❻.

7. Klicken Sie auf einen der abgebildeten Mustertexte ❼ und markieren Sie den Mustertext mit gedrückter Maustaste.

8. Geben Sie Ihren eigenen Text ein.

Abbildung 51.23:
Den Mustertext
markieren und
anschließend den
gewünschten Text
eingeben.

Text gestalten

In den meisten Fällen werden Sie den so eingegebenen Text wahrscheinlich etwas anpassen bzw. gestalten wollen.

1. Klicken Sie dazu auf den eingegebenen Text.
2. Markieren Sie ihn mit gedrückter linker Maustaste **8**.

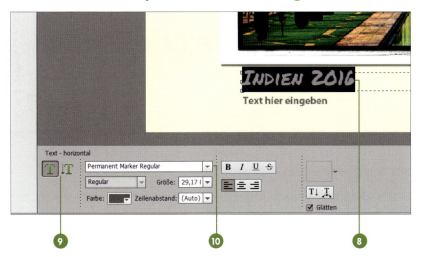

Abbildung 51.24: Mithilfe des Textwerkzeugs den Text anpassen.

3. Nehmen Sie in den Werkzeugoptionen **9** die gewünschten Einstellungen für den Text vor.

Um die Schriftart anzupassen, können Sie im Fly-out-Menü der entsprechenden Schaltfläche **10** die gewünschte Schriftart auswählen. Bei dieser Art der Schriftauswahl wird allerdings keinerlei Vorschau angezeigt. Wenn Sie eine Maus mit Scrollrad verwenden, können Sie hingegen ein bequemeres Verfahren zur Schriftwahl nutzen. Klicken Sie dazu einmal auf den Namen der aktuell eingestellten Schrift **10**. Mit dem Scrollrad Ihrer Maus können Sie nun durch die verschiedenen Schriften navigieren. Der erstellte Text wird dabei in der jeweils gewählten Schrift dargestellt.

4. Schließen Sie die Textbearbeitung mit einem Klick auf den grünen Haken ab.

Bild austauschen

Über das Kontextmenü (Rechtsklick) eines Bildes können Sie ein Bild jederzeit durch ein anderes Bild ersetzen.

1. Stellen Sie sicher, dass links oben das Verschieben-Werkzeug ✛ ausgewählt ist.
2. Klicken Sie mit der rechten Maustaste auf das auszutauschende Bild.
3. Wählen Sie den Befehl *Foto ersetzen* aus.
4. Laden Sie in dem sich öffnenden Fenster das neue Bild.

Abbildung 51.25:
Auf zu überarbeitende
Bilder rechtsklicken
und den entsprechen-
den Befehl auswählen.

Bildausschnitt anpassen

Den angezeigten Bildausschnitt können Sie mit einem Schieberegler steuern, der letztlich die Bildgröße verändert. Da der jeweilige Rahmen dabei seine Größe nicht beibehält, ändert sich der angezeigte Bildausschnitt. Mehr Infos zu dieser Technik finden Sie in Kapitel 37 »Fotocollagen mit wenigen Klicks erstellen«.

1. Klicken Sie mit der rechten Maustaste auf das jeweilige Bild.

2. Wählen Sie den Befehl *Foto in Rahmen positionieren* aus.

Abbildung 51.26:
Im Kontextmenü der
Bilder finden Sie eine
Vielzahl von
Funktionen.

3. Verschieben Sie den Schieberegler so weit nach links, bis der gewünschte Bildausschnitt erreicht ist.

Wenn sich die Größe mit dem Regler nicht mehr steuern lässt, greifen Sie auf den Transformationsrahmen zurück und ziehen an den Anfassern des Rahmens. Klicken Sie, wenn nötig, in den Transformationsrahmen und positionieren Sie das Bild von Hand innerhalb des Rahmens.

Bilderanordnung einer Seite anpassen

Wenn Ihnen das Layout der Bilderanordnung einer Seite nicht zusagt, können Sie es durch eine andere Layoutvorlage bzw. Anordnung der Bilder ersetzen. Klicken Sie dazu rechts unten auf *Layouts* und wählen Sie dann auf der rechten Seite das gewünschte Layout für die aktuelle Seite aus.

Abbildung 51.27:
Für die jeweils aktuelle Seite kann ein anderes Layout gewählt werden.

Speichern

Vor der Weitergabe bzw. dem Ausdruck sollten Sie Ihr Werk speichern. Klicken Sie dazu auf die gleichnamige Schaltfläche an der Unterseite.

Ausdrucken

Der finale Schritt bringt das Werk zu Papier. Klicken Sie einfach auf die Schaltfläche *Drucken* an der Unterseite. Mehr Informationen in Sachen Ausdrucken finden Sie im nächsten Kapitel.

Bildgröße anpassen

Die Größe der einzelnen Bilder können Sie ebenfalls über das Kontextmenü des jeweiligen Bildes steuern.

Mehr Infos zu dieser Technik finden Sie in Kapitel 37 »Fotocollagen mit wenigen Klicks erstellen«.

1. Klicken Sie mit der rechten Maustaste auf das jeweilige Bild.
2. Wählen Sie den Befehl *Foto in Rahmen positionieren* aus und skalieren Sie das Bild auf die gewünschte Größe.

Orientieren Sie sich dabei an der Größe des abgebildeten Transformationsrahmens.

3. Wählen Sie im Kontextmenü des Bildes den Befehl *Rahmen an Foto anpassen*.

Anschließend wird der Rahmen auf die zuvor mit dem Befehl *Foto in Rahmen positionieren* festgelegte Bildgröße gebracht.

Bilder positionieren

1. Wählen Sie im Werkzeugbedienfeld das Verschieben-Werkzeug ✛.
2. Stellen Sie sicher, dass in der Werkzeugoptionsleiste des Verschieben-Werkzeugs ✛ das Kontrollfeld *Ebene automatisch wählen* aktiviert ist.

Wenn diese Funktion nicht aktiviert ist, verschiebt das Verschieben-Werkzeug ✛ lediglich das Bild, dessen Ebene im Bedienfeld *Ebenen* ausgewählt ist.

3. Klicken Sie auf das zu positionierende Bild und verschieben Sie es an die gewünschte Position.

Im Bildband blättern

Um die anderen Seiten des Bildbandes zu betrachten bzw. zu überarbeiten, verwenden Sie die beiden Pfeilschaltflächen an der Oberseite oder klicken auf der rechten Seite auf die entsprechende Seitenminiatur.

Abbildung 51.28:Mit den beiden Pfeilschaltflächen können Sie im Bildband blättern.

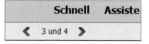

Fotos drucken

In diesem Kapitel erläutere ich Ihnen in einer Schritt-für-Schritt-Anleitung, wie Sie ein Foto in der Standardgröße 10 × 15 cm auf Fotopapier ausdrucken. Darüber hinaus können Sie sogenannte Bildpakete und Kontaktabzüge ausdrucken. Damit bietet Photoshop Elements zwei Möglichkeiten, um mehrere Bilder auf einer Seite auszudrucken.

52.1 Vorbereitungen für den Druck

Sie können Bilder sowohl aus dem Editor als auch aus dem Organizer des Programms ausdrucken. Bevor Sie ein Bild ausdrucken, sollten Sie zunächst die relative Auflösung des Bildes überprüfen. Kameras produzieren zunehmend größere und bessere Bilder, aber sie speichern diese in der Regel lediglich mit einer relativen Auflösung von 72 ppi. Diese Auflösung ist für die Monitorwiedergabe geeignet, für den Ausdruck eines Bildes ist hingegen eine deutlich höhere Auflösung erforderlich. Die relative Auflösung eines Bildes können Sie auf unterschiedliche Weise überprüfen.

Bei Windows 10 wird diese Information im Kontextmenü des Bildes bereitgestellt. Klicken Sie dazu mit der rechten Maustaste auf das entsprechende Bild, und wählen Sie dann das Register *Details* ❶. Die Angabe der relativen Auflösung erfolgt hier in Form der beiden Parameter *Vertikale Auflösung* und *Horizontale Auflösung* ❷. Bei Bildern, die mit einer Digitalkamera aufgenommen wurden, sind diese beiden Werte immer gleich. Im Gegensatz zu Photoshop Elements, das die relative Auflösung in Pixeln pro Zoll angibt, wird der Wert unter Windows jeweils in dpi (**d**ots **p**er **i**nch) angegeben. Da ein Inch einem Zoll und ein Dot einem Pixel entspricht, ist das aber kein Problem. Eine relative Auflösung von 72 dpi entspricht somit einer Auflösung von 72 Pixeln pro Zoll.

Weitere Informationen in Sachen Auflösung finden Sie in Kapitel 5 »Grundlagen der digitalen Bildbearbeitung«.

In Photoshop Elements können Sie diesen Parameter wahlweise im Fenster *Bild-größe* (*Bild/Skalieren/Bildgröße*) oder in der Statusleiste ❸ des Programms einsehen. Im letzten Fall müssten Sie die Anzeige der Statusleiste erst einmal auf die Anzeige der sogenannten *Dokumentmaße* ❹ umstellen.

Unter macOS werden dem Anwender in einem ähnlichen Fenster (*Informationen*) ebenfalls viele Informationen zum jeweiligen Bild angezeigt. Die relative Auflösung bzw. ein entsprechender dpi-Wert findet sich hier aber nicht.

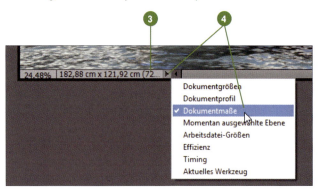

Auflösung ändern

Wenn Sie ein mit einer modernen Digitalkamera erstelltes Foto auf einem handelsüblichen Drucker ausgeben möchten, reicht es in der Regel, die Auflösung anzupassen. Um optimale Ergebnisse zu erzielen, sollten Sie einen Wert von 220 Pixel/Zoll (ppi) nicht unterschreiten, weil es dann zu ersten sichtbaren Einbußen kommt.

1. Wählen Sie den Befehl *Bild/Skalieren/Bildgröße* aus.

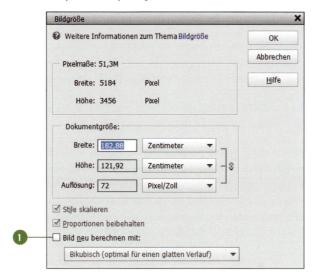

Abbildung 52.3:
Das Fenster BILD-
GRÖSSE.

2. Stellen Sie sicher, dass das Kontrollfeld *Bild neu berechnen mit* ❶ nicht aktiv ist.

3. Tragen Sie in das Eingabefeld *Auflösung* ❷ die gewünschte Auflösung ein.

Daraufhin ändert sich die Dokumentgröße des Bildes ❸. Die absolute Auflösung des Bildes ❹ wurde durch die Änderung der relativen Auflösung nicht verändert. Somit musste sich Photoshop Elements keine neuen Pixel »ausdenken« bzw. weglassen. Die Bildqualität bleibt also erhalten.

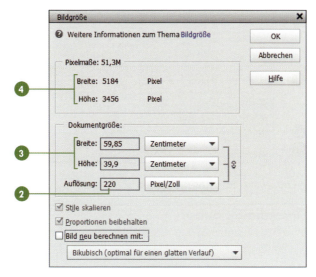

Abbildung 52.4:
Nach Eingabe der
neuen Auflösung
ändert das Programm
die Dokumentgröße
(Ausgabegröße) des
Bildes.

4. Verlassen Sie das Fenster mit einem Klick auf OK.

Mit einer Auflösung von 220 Pixel/Zoll (ppi) erzielen Sie beim Ausdruck über einen handelsüblichen Drucker in der Regel ein gutes Ergebnis. Im professionellen Umfeld ist allerdings 300 Pixel/Zoll (ppi) der Standard.

Auflösung und Bildgröße ändern

Wenn Sie eine bestimmte Bildgröße in Verbindung mit einer bestimmten Auflösung benötigen bzw. wenn Sie ein Bild für den Ausdruck vergrößern möchten, müssen Sie das Bild von Photoshop Elements neu berechnen lassen.

1. Wählen Sie den Befehl *Bild/Skalieren/Bildgröße* aus.

2. Stellen Sie sicher, dass das Kontrollfeld *Bild neu berechnen mit* ❶ aktiv ist.

Immer dann, wenn die absolute Auflösung, also die Gesamtzahl der Bildpunkte ❷, durch eine Neuberechnung erhöht wird, stellt sich auch ein Qualitätsverlust ein, da sich Photoshop Elements diese neuen Pixel »ausdenken« muss. Um diesen Qualitätsverlust so gering wie möglich zu halten, vergrößern Sie das Bild am besten prozentual in 10er- bis 15er-Schritten. Stellen Sie dabei den Berechnungsmodus *Bikubisch glatter* ❸ ein.

3. Tragen Sie in das Eingabefeld *Auflösung* ❹ die gewünschte Auflösung ein.

4. Tragen Sie im Bereich *Dokumentgröße* ❺ die gewünschte Bildgröße ein.

Abbildung 52.5:
Bildgröße und
Auflösung ändern.

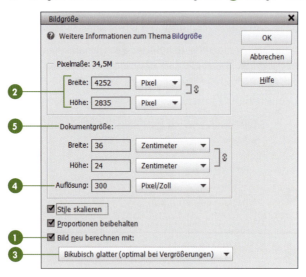

5. Verlassen Sie das Fenster mit einem Klick auf *OK*.

Druckdialog aufrufen

1. Wählen Sie den Befehl *Datei/Drucken* (Strg + P bzw. cmd ⌘ + P).

Jetzt erscheint das gleichnamige Fenster. Sobald Sie Ihre Einstellungen vorgenommen haben und das Fenster über die Schaltfläche *Drucken* verlassen, werden die auf der linken Seite angezeigten Bilder gedruckt. Wenn Sie eines oder mehrere der hier aufgeführten Bilder nicht ausdrucken möchten, wählen Sie diese an und klicken anschließend auf die Schaltfläche *Entfernen*. Wenn Sie hingegen weitere Bilder ausdrucken möchten, können Sie diese mit einem Klick auf die Schaltfläche *Hinzufügen* in die Liste mit aufnehmen.

Abbildung 52.6:
Das Fenster DRUCKEN (PC).

2. Wählen Sie den Drucker aus ❶.

Wenn Sie mehrere Drucker an Ihrem Computer verwenden, können Sie hier den gewünschten Drucker auswählen. Unmittelbar darunter werden die aktuellen Druckereinstellungen hinsichtlich *Papierfach*, *Papiertyp* und *Druckqualität* angezeigt.

Beim Mac unterscheidet sich der Ablauf geringfügig. Im letzten Abschnitt des Kapitels gehe ich auf die entsprechenden Details ein.

3. Öffnen Sie die *Druckereinstellungen* ❷ und legen Sie *Papierfach*, *Papiertyp* und *Druckqualität* fest.

4. Legen Sie die Größe des Papiers ❸ fest, auf dem der Ausdruck erfolgen soll.

5. Stellen Sie die gewünschte Abzugsart ❹ ein.

6. Geben Sie das gewünschte Druckformat ❺ vor.

7. Geben Sie die Anzahl der Ausdrucke ❻ ein.

8. Starten Sie den Ausdruck mit einem Klick auf *Drucken* ❼.

Mehrere Bilder auf einer Seite ausdrucken

Mit den Abzugsarten *Bildpaket* und *Kontaktabzug* bietet Photoshop Elements zwei Möglichkeiten, um mehrere Bilder auf einer Seite auszudrucken. Beide Funktionen sind bei der PC- und der Mac-Version auf unterschiedliche Weise zu erreichen bzw. zu steuern.

Bildpaket (PC)

Rufen Sie den Druckdialog auf und wählen Sie hier die Abzugsart *Bildpaket* ❶. Wenn der Organizer aktuell nicht geöffnet ist, erscheint ein Dialogfenster, das Sie darüber informiert, dass diese Funktion nur im Organizer zur Verfügung steht.

Abbildung 52.8:
Mit einem Klick
auf OK wird der
Organizer geöffnet.

Wie viele Bilder auf einer Seite Platz finden, hängt von den jeweiligen Bildgrößen und dem gewählten Layout ❷ ab.

Abbildung 52.9:
Abzugsart BILDPAKET
(PC).

Bildpaket (Mac)

Am Mac rufen Sie zunächst den Befehl *Datei/Bildpaket* auf. Im gleichnamigen Fenster lassen sich über die Einträge der Drop-down-Liste *Füllen mit* die zu druckenden Bilder auswählen. Alternativ dazu klicken Sie einfach auf ein in der Layout-Vorschau angezeigtes Bild. Über das Layout können Sie letztlich steuern, wie viele Bilder auf einem Blatt Platz finden. Nachdem Sie das Fenster mit einem Klick auf *OK* verlassen haben, wird das so festgelegte Bildpaket als neues Dokument im Fotobereich abgelegt. Der Ausdruck des Dokuments erfolgt über den Befehl *Datei/Drucken*.

Kontaktabzug (PC)

Mit dieser Funktion können Sie sehr viele Bilder auf einer Seite unterbringen. Wenn Sie den Kontaktabzug aus dem Editor heraus drucken möchten, müssen alle zu verwendenden Bilder im Editor geöffnet (*Datei/Öffnen*) und in der Übersicht ausgewählt sein. Da es sich hier stets um mehrere Bilder handelt, wählen Sie diese mithilfe von Strg oder ⇧ aus. Wenn Sie den Kontaktabzug aus dem Organizer heraus drucken möchten, wählen Sie die Bilder mit den gleichen Tastenkürzeln.

Bei sehr vielen Bildern ist es oftmals sinnvoller, diese zunächst in einem Album zu organisieren, das ausschließlich die für den Kontaktabzug vorgesehenen Bilder enthält. Rufen Sie anschließend den Druckdialog auf, und wählen Sie hier die Abzugsart *Kontaktabzug* ❶. Die Anzahl der auf einer Seite dargestellten Bilder steuern Sie über die Anzahl der Spalten ❷.

*Abbildung 52.10:
Kontaktabzug mit drei
Spalten (PC).*

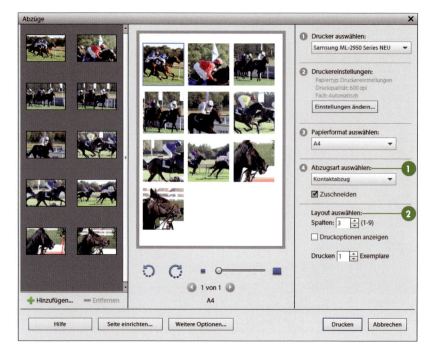

Kontaktabzug (Mac)

Wie beim Bildpaket gilt es auch hier zunächst, den Kontaktabzug als neues Dokument zu erstellen. Rufen Sie dazu den Befehl *Datei/Kontaktabzug II* auf. Im gleichnamigen Fenster lassen sich über die Einträge der Drop-down-Liste *Füllen mit* die zu druckenden Bilder auswählen. Hier steuern Sie über die Anzahl der Spalten und Zeilen, wie viele Bilder auf einem Blatt Platz finden. Nachdem Sie das Fenster mit einem Klick auf *OK* verlassen haben, wird der Kontaktabzug als neues Dokument im Fotobereich abgelegt. Der Ausdruck des Dokuments erfolgt über den Befehl *Datei/Drucken*.

52.2   Ausdruck auf Fotopapier 10 × 15 cm

Klassische Papierabzüge bilden heute die Ausnahme. Für Fotobegeisterte hat der Ausdruck eigener Fotos dennoch einen besonderen Stellenwert. Im Folgenden erfahren Sie, wie Sie Ihre Bilder im klassischen Format 10 × 15 optimal aufs Papier bringen.

1. Legen Sie das Fotopapier in den Drucker.
2. Öffnen Sie das Bild in Photoshop Elements.
3. Stellen Sie sicher, dass der Modus *Schnell* oder *Experte* aktiv ist.
4. Überprüfen Sie die Auflösung des Bildes und passen Sie diese im Zweifelsfall an (mehr Informationen dazu finden Sie im Abschnitt »Auflösung und Bildgröße ändern«).

5. Wählen Sie das Freistellungswerkzeug ⌗ .

6. Wählen Sie die Freistellungsvorgabe *10 × 15 cm* ❶ aus.

7. Geben Sie in den Werkzeugoptionen des Werkzeugs eine Auflösung von *300 Pixel/Zoll* ein ❷.

In diesem Fall hat die Überprüfung ergeben, dass das auszudruckende Bild über eine relative Auflösung von 300 Pixel/Zoll verfügt. Das ist eher eine Ausnahme und in diesem Fall auf die spezielle Kamera (Pentax 645Z) zurückzuführen, mit der das Bild fotografiert wurde. Daher habe ich den Wert auch bei der Einstellung des Freistellungswerkzeugs verwendet. Wie bereits erläutert, reichen hier für den Ausdruck auf dem heimischen Drucker in den meisten Fällen bereits 220 Pixel pro Zoll bzw. dpi. Mit 300 Pixel pro Zoll machen Sie aber nichts verkehrt und sorgen zudem für die bestmögliche Ausdruckqualität.

Abbildung 52.11:
Die Vorgabe 10 × 15 cm auswählen und bei AUFLÖSUNG 300 Pixel/Zoll eingeben bzw. einstellen.

8. Legen Sie mit den Anfassern des Werkzeugs einen Bildausschnitt fest ❸.

Durch die Auswahl der Vorgabe ist sichergestellt, dass dieser stets dem Seitenverhältnis der gewünschten Bildgröße entspricht.

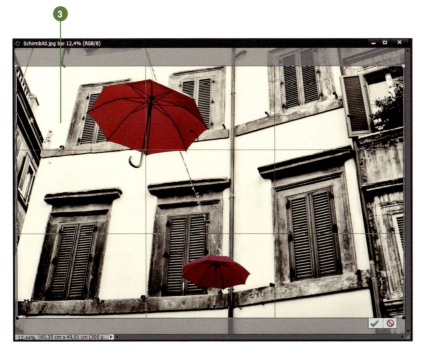

Abbildung 52.12:
Mit dem Freistellungswerkzeug einen Bildausschnitt in einem der gewünschten Größe entsprechenden Seitenverhältnis festlegen.

9. Drücken Sie ⏎, um das Foto bzw. den Bildausschnitt auf die Größe von 10 × 15 cm und eine relative Auflösung von 300 Pixel/Zoll umzurechnen.

10. Wählen Sie den Befehl *Datei/Drucken* (Strg+P bzw. cmd ⌘+P).

INFO⮕ Die folgende Erläuterung bezieht sich auf die Windows-Version. Beim Mac unterscheidet sich der Ablauf geringfügig. Um z. B. die Papierart einzustellen, müssen Mac-Anwender zunächst auf die Schaltfläche *Seite einrichten* und anschließend auf *Details einblenden* klicken und in der Fenstermitte das Fly-out-Menü auf *Qualität und Medium* umstellen. In der Folge besteht nun die Möglichkeit, bei *Medientyp* ein Fotopapier und bei *Druckqualität* den Eintrag *Hoch* auszuwählen.

Abbildung 52.13: Nach einem Klick auf die Schaltfläche SEITE EINRICHTEN gelangen Mac-Anwender zu diesem Fenster.

11. Wählen Sie den Drucker aus.

12. Klicken Sie auf die Schaltfläche *Einstellungen* und stellen Sie bei *Papiertyp* *Fotopapier* ein.

Abbildung 52.14: Druckereinstellung.

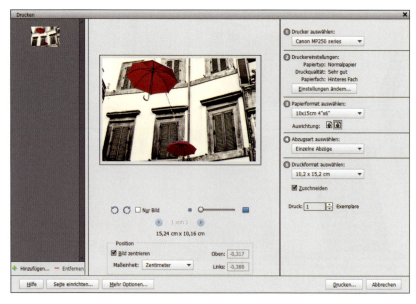

13. Stellen Sie zudem sicher, dass die Druckqualität auf *Sehr gut* bzw. auf den höchstmöglichen Wert eingestellt ist.

14. Öffnen Sie das Fly-out-Menü *Papierformat* und wählen Sie hier den Eintrag *10×15cm 4"×6"*. Beim Mac findet sich hier unter Umständen nur der Eintrag *4×6*.

15. Bei *Abzugsart* sollte *Einzelne Abzüge* eingestellt sein.

16. Öffnen Sie das Fly-out-Menü *Druckformat* und wählen Sie den Eintrag *10,2 × 15,2cm*.

17. Starten Sie den Ausdruck mit einem Klick auf die Schaltfläche *Drucken*.

Teil 15

**Teil 15:
Voreinstellungen**

53 Editor-Programmvoreinstellungen

Über den Befehl *Voreinstellungen/Allgemein* im Menü *Bearbeiten* können Sie das gleichnamige Fenster *Voreinstellungen* aufrufen. Hier besteht z. B. die Möglichkeit, schwebende Bilder (eigenständige Dokumentfenster) zuzulassen oder dafür zu sorgen, dass Sie das Scrollrad Ihrer Maus zum Zoomen nutzen können (*Mit Bildlaufrad zoomen*).

53.1 Das Fenster Voreinstellungen

Auf der linken Seite des Fensters finden Sie verschiedene Rubriken. Hier können Sie u. a. das Programmverhalten beim Speichern steuern oder die Maßeinheiten bestimmen, die das Programm verwenden soll.

In der Mac-Version des Programms erreichen Sie die Programm-Voreinstellungen über den Befehl *Photoshop Elements/Voreinstellungen*.

Abbildung 53.1: Im Fenster VOREINSTEL-LUNGEN können Sie das Programm auf vielfältige Weise an Ihre Anforderungen und Bedürfnisse anpassen.

Allgemein

Option	Bedeutung
Farbauswahl	Hier kann ausgewählt werden, welche Farbauswahl Photoshop Elements verwendet. Zur Auswahl steht der Adobe-Farbwähler oder der bzw. die Farbwähler des jeweiligen Betriebssystems. Im Prinzip können Sie mit allen hier zur Verfügung stehenden Farbwählern Farbwerte für die Arbeit im Editor einstellen. Die Option ist in erster Linie für die Anwender gedacht, die bisher in anderen Programmen mit einem der hier aufgeführten Farbwähler gearbeitet haben und diesen auch weiterhin gern nutzen möchten.
Schritt zurück/vorwärts	Tastenkürzel zum Rückgängigmachen und Wiederherstellen von Arbeitsschritten. Voreingestellt sind hier die in vielen Programmen gängigen Kürzel $\boxed{Strg}$+$\boxed{Z}$ bzw. $\boxed{cmd\ \mathbb{H}}$+$\boxed{Z}$ und $\boxed{Strg}$+$\boxed{Y}$ bzw. $\boxed{cmd\ \mathbb{H}}$+$\boxed{Y}$.
QuickInfo anzeigen	Zeigt die kleinen gelben Infofenster, sobald Sie den Cursor über einem Element der Programmoberfläche platzieren (z. B. über ein Werkzeug im Werkzeugbedienfeld).
Smartobjekte deaktivieren	Bei platzierten Bildern (*Datei/Platzieren*) wird im Bedienfeld *Ebenen* eine Smartobjekt-Miniatur angezeigt. Diese Symbolik informiert darüber, dass das Bild nach wie vor bzw. im Rahmen seiner ursprünglichen Auflösung (ohne Qualitätsverlust) skaliert werden kann. Wenn Sie mit den Ebenen nichts weiter vorhaben, kann das auch so bleiben. Für bestimmte Funktionen muss dieser Zustand allerdings »vereinfacht« bzw. »gerastert« werden. Dieser zusätzliche Arbeitsschritt ist z. B. dann notwendig, wenn dem Ebeneninhalt ein Filter zugewiesen werden soll. Wenn Sie diesen zusätzlichen Arbeitsschritt einsparen möchten bzw. wenn Sie die durch die Smartobjekt-Technik zur Verfügung gestellte Flexibilität nicht ausschöpfen möchten, können Sie mittels dieser Voreinstellung grundsätzlich auf die Smartobjekt-Technik verzichten.
Verschieben-Werkzeug nach Textbestätigung auswählen	Nachdem die Texteingabe bestätigt wurde (grünes Häkchen), wechselt die Software automatisch zum Verschieben-Werkzeug ⬥. Das ist eine praktische Sache, da bei den meisten Texteingaben anschließend die Position des Textes angepasst wird. Sie sparen sich also einen Arbeitsschritt.
Floating-Dokumente im Expertenmodus zulassen	Im Expertenmodus können Bilder frei verschoben und angeordnet werden. Zudem werden die Fenster mit einer »großen« Titelleiste und den Funktionen zum Maximieren und Minimieren des Dokumentfensters ausgestattet.

Tabelle 53.1:
Voreinstellungen
ALLGEMEIN.

Option	Bedeutung
Andocken schwebender Dokumentfenster aktivieren	Wenn Sie die oben genannte Funktion *Floating-Dokumente im Expertenmodus zulassen* aktiviert haben, können Sie frei schwebende Fenster im oberen Bereich des Anwendungsfensters andocken bzw. als Register ablegen.
Umschalttaste für anderes Werkzeug	Aktivieren Sie die Funktion, wenn Sie bei der Werkzeugwahl innerhalb der gleichen Werkzeuggruppe zusätzlich die Taste ⟨⇧⟩ verwenden möchten. Die direkte Werkzeugwahl funktioniert dabei nach wie vor ohne ⟨⇧⟩. So verhindern Sie, dass das Werkzeug gewechselt wird, wenn Sie versehentlich zweimal den zugehörigen Buchstaben drücken.
Mit Bildlaufrad zoomen	Aktivieren Sie diese Funktion, wenn Sie mit Ihrem Mausrad die Zoom-Funktion steuern möchten. Wenn diese Funktion nicht aktiv ist, können Sie Ihr Mausrad für den Bildlauf nutzen. Auf diese Weise können Sie mit dem Mausrad vertikal durch das Bild scrollen. Wenn Sie dabei ⟨Strg⟩ gedrückt halten, steuert das Mausrad den horizontalen Bildlauf. Die Sache funktioniert aber nur dann, wenn Sie in das Bild gezoomt haben und rechts und/oder unter dem Bild ein Scrollbalken zu sehen ist.
Soft-Benachrichtigungen aktivieren	Wenn diese Funktion aktiviert ist, gibt Ihnen das Programm bei der Nutzung bestimmter Befehle einen Hinweis, dass der Befehl erfolgreich ausgeführt wurde.
Vorauswahl zur Freistellung aktivieren	Diese standardmäßig aktivierte Funktion bezieht sich auf das Freistellungswerkzeug ⌗ . Mit ihr (de-)aktivieren Sie den automatisch vom Programm angezeigten Freistellungsvorschlag (für das aktuell geöffnete Bild), der angezeigt wird, sobald Sie das Freistellungswerkzeug auswählen.
Voreinstellungen beim nächsten Start zurücksetzen	Mit einem Klick auf diese Schaltfläche können Sie alle von Ihnen vorgenommenen Anpassungen bzw. Einstellungsänderungen rückgängig machen und so den Zustand herstellen, den Adobe Photoshop Elements unmittelbar nach der Installation aufweist. Dieser Reset tritt allerdings erst nach einem Neustart des Programms in Kraft.
Alle Warndialoge zurücksetzen	Hier und da erscheinen in Photoshop Elements Warnhinweise, die mit einem Klick für die Zukunft ausgeblendet werden können (*Nicht mehr anzeigen*). Wenn Sie einen bestimmten Warnhinweis bzw. alle gerne wiederhätten, können Sie sie mit einem Klick auf diese Schaltfläche erneut anzeigen lassen.
Lernen der automatischen intelligenten Farbtonbearbeitung zurücksetzen	Damit können Sie die über den Befehl *Überarbeiten/Automatische Intelligente Farbtonbearbeitung* aufrufbare Korrekturautomatik auf die »Werkseinstellungen« zurücksetzen.

Dateien speichern

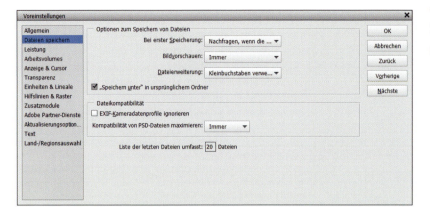

Abbildung 53.2:
Voreinstellungen
DATEIEN SPEICHERN.

Option	Bedeutung
Bei erster Speicherung	Mit dieser Option können Sie steuern, wie Dateien gespeichert werden: Ist *Nachfragen, wenn die Datei die Originaldatei ist* oder *Immer bestätigen* ausgewählt, wird das Dialogfenster *Speichern unter* geöffnet, wenn Sie eine Datei erstmalig bearbeitet haben und diese speichern möchten. Bei allen darauffolgenden Speichervorgängen erscheint das Dialogfenster *Speichern unter* nicht mehr. Vielmehr wird die bisherige Version überschrieben. Wenn hingegen *Aktuelle Datei überschreiben* gewählt ist, wird auch nach der allerersten Bearbeitung und dem anschließenden Speichern das Original automatisch bzw. ohne Nachfrage überschrieben. Diese Funktion kennen Sie aus den meisten anderen Programmen.
Bildvorschauen	Mit Bildvorschauen sind die kleinen Dateivorschauen (Miniaturen) gemeint, die im *Öffnen*-Dialog erscheinen. Hier zeigt Photoshop Elements bei den meisten Dateien auch eine Vorschau, obwohl diese zuvor nicht mitgespeichert wurde. Aus diesem Grund müssen Sie sich um diesen Aspekt eigentlich nicht kümmern. Wenn Sie für spezielle Anwendungen (Datenbanken etc.) auf Nummer sicher gehen wollen, dass Photoshop Elements die Information mit den Dateien speichert, stellen Sie hier *Immer* ein.
Dateierweiterung	Verwendet für die Dateiendung entweder Groß- oder Kleinbuchstaben. Im Allgemeinen sind in diesem Zusammenhang Kleinbuchstaben üblich.
Speichern unter in ursprünglichem Ordner	Diese voreingestellt aktive Option sorgt dafür, dass beim Speichern über die Funktion *Speichern unter* deren ursprünglicher Speicherort automatisch als Verzeichnis eingestellt wird.
EXIF-Kameradatenprofile ignorieren	Das jeweils von der Digitalkamera verwendete Farbprofil wird verworfen und das Bild mit dem in Photoshop Elements verwendeten Farbprofil ausgestattet bzw. gespeichert.

*Tabelle 53.2:
Voreinstellungen des
Registers* DATEIEN
SPEICHERN.

Option	Bedeutung
Kompatibilität von PSD-Dateien maximieren	Speichert in einer Photoshop-Datei mit Ebenen ein Gesamtbild ab. Auf diese Weise kann das Bild von wesentlich mehr Programmen importiert oder geöffnet werden: *Nie* – Speichert kein Gesamtbild in der Datei. *Immer* – Speichert ein Gesamtbild automatisch in der Datei. Grundsätzlich bietet es sich an, diese Funktion stets eingeschaltet zu lassen. *Fragen* – Hält bei jedem Speichervorgang, und Sie werden in der Angelegenheit befragt.
Liste der letzten Dateien umfasst	Über *Datei/Zuletzt bearbeitete Datei öffnen* werden voreingestellt die letzten 20 von Ihnen geöffneten Dateien angezeigt, um Ihnen auf diese Weise einen schnelleren Zugriff auf diese Dateien zu verschaffen. Im Rahmen der Voreinstellung können Sie die Anzahl der angezeigten Dateien erhöhen oder verringern.

Leistung

Abbildung 53.3: Voreinstellungen LEISTUNG.

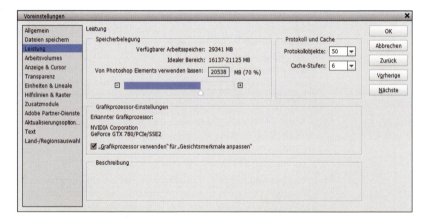

Tabelle 53.3: Voreinstellungen des Registers LEISTUNG.

Option	Bedeutung
Speicherbelegung	Hier können Sie festlegen, wie viel Arbeitsspeicher Photoshop Elements bei seiner Arbeit verwenden darf. In diesem Zusammenhang ist es sinnvoll, in der Statuszeile bzw. im Bedienfeld *Informationen* die Effizienz anzuzeigen und den Wert im Auge zu behalten. Liegt die *Effizienz* öfter unter 100 %, reicht der Photoshop Elements zugewiesene Arbeitsspeicher nicht mehr aus.
Protokoll und Cache	Hier können Sie die Anzahl der sogenannten Protokollobjekte vorgeben. Damit ist die Anzahl der Arbeitsschritte gemeint, die vom Rückgängig-Protokoll erfasst bzw. einzeln rückgängig gemacht werden können. Je mehr Schritte Sie einstellen, desto mehr Daten werden auf dem Arbeitsvolume abgelegt.
„Grafikprozessor verwenden" für „Gesichtsmerkmale anpassen"	Diese voreingestellt aktive Funktion sorgt dafür, dass die Funktion Überarbeiten/Gesichtsmerkmale anpassen durch einen von der Software erkannten Grafikprozessor (z. B. durch Ihre Grafikkarte) unterstützt bzw. beschleunigt wird.

Arbeitsvolumes

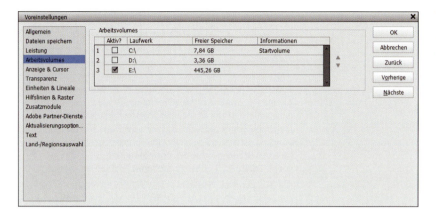

Abbildung 53.4:
Voreinstellungen
des Registers
ARBEITSVOLUMES.

Wenn der Photoshop Elements zugewiesene Arbeitsspeicher nicht mehr ausreicht, lagert das Programm Daten (virtueller Speicher) aus. Die vom Programm dafür verwendete Festplatte wird auch als Arbeitsvolume bezeichnet.

Zum Beispiel nutzt Photoshop Elements das Arbeitsvolume auch, um die einzelnen Protokollobjekte zu speichern. Verwenden Sie hier nach Möglichkeit nicht die gleiche Platte, auf der Photoshop Elements installiert ist.

Photoshop Elements unterstützt bis zu drei verschiedene Arbeitsvolumes. Dabei verwendet das Programm ein Arbeitsvolume, bis es voll ist, und wechselt dann automatisch zum nächsten.

Anzeige & Cursor

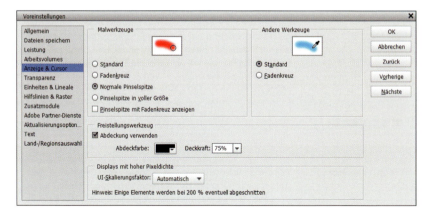

Abbildung 53.5:
Voreinstellungen
ANZEIGE & CURSOR.

Tabelle 53.4:
Voreinstellungen des
*Registers A*NZEIGE *&*
C*URSOR.*

Option	Bedeutung
Malwerkzeuge	Bei Verwendung eines Malwerkzeugs kann der Cursor auf unterschiedliche Art und Weise dargestellt werden. In der Einstellung *Standard* wird dazu das jeweilige Werkzeugsymbol verwendet. Ansonsten können Sie sich hier auch für die Darstellung als Fadenkreuz oder als normale Werkzeugspitze bzw. für eine Kombination aus beiden entscheiden. Bei der Nutzung eines Malwerkzeugs können Sie mit ⇩ zwischen verschiedenen Cursordarstellungen umschalten. Ist die Einstellung *Standard* eingestellt, können Sie so zwischen dieser und der Fadenkreuzvariante umschalten. Ist hingegen in den Voreinstellungen die Fadenkreuzdarstellung oder die normale Pinselspitze eingestellt, können Sie mit ⇩ zwischen diesen beiden wechseln.
Andere Werkzeuge	Bei den meisten »Nicht-Malwerkzeugen« können Sie hier zwischen der Standard- und der Fadenkreuzdarstellung wählen. Dabei empfiehlt sich in jedem Fall das Fadenkreuz. Einige Werkzeuge wie z. B. das Hand-Werkzeug 🖑 oder das Zoom-Werkzeug 🔍 ignorieren die Voreinstellungen bzw. reagieren nicht auf die Taste ⇩. Bei diesen Tasten wird lediglich die Standarddarstellung in Form des Werkzeugsymbols verwendet.
Freistellungswerkzeug	Hier können Sie den Bereich (*Abdeckung*) farblich und hinsichtlich seiner Transparenz anpassen, der bei Verwendung des Freistellungswerkzeugs 🔲 außerhalb des Freistellrahmens liegt bzw. der anschließend abgeschnitten wird.
Displays mit hoher Pixeldichte	Bei der Nutzung hochauflösender Displays kann es dazu kommen, dass die Einzelheiten der Programmoberfläche einer Software (auch User Interface genannt) sehr klein ausfallen. Beschriftungen und Schaltflächen sind dadurch unter Umständen nur sehr schwer zu lesen bzw. zu erkennen. Damit Photoshop Elements auch auf hochauflösenden Displays gut dargestellt wird, ist voreingestellt eine entsprechende Automatik aktiv bzw. die Option *UI-Skalierungsfaktor* standardmäßig auf *Automatisch* eingestellt. Sollten Sie dennoch nicht zufrieden sein, können Sie den UI-Skalierungsfaktor auch manuell steuern und die Darstellungsgröße z. B. auf 200 % erhöhen.

Transparenz

Tabelle 53.5:
Voreinstellungen des
*Registers T*RANSPARENZ.

Option	Bedeutung
Hintergrundmuster	Wird die Hintergrundebene ausgeblendet, werden transparente Bildbereiche der darüberliegenden Ebenen auf dem Monitor in Form eines Schachbrettmusters dargestellt. Hier können Sie die Größe des Musters festlegen oder die Darstellung transparenter Bereiche deaktivieren.
Rasterfarben	Bestimmt Größe und Farbigkeit des Musters.

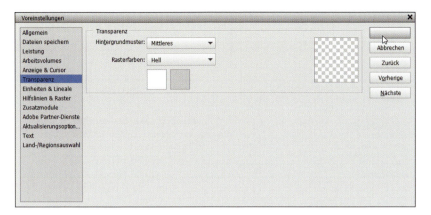

Abbildung 53.6:
Voreinstellungen
TRANSPARENZ.

Einheiten & Lineale

Option	Bedeutung
Maßeinheiten	Die hier eingestellten Maßeinheiten werden vom Lineal, den Textfunktionen und dem Druckdialog verwendet. Die bei *Fotoprojekteinheiten* eingestellten Einheiten werden u. a. beim Erstellen von Fotokalendern, Grußkarten etc. verwendet.
Auflösung für neue Dokumente	Regelt die Voreinstellung der relativen Auflösung bei neuen Dokumenten. Bei allen Dokumenten bzw. Bildern, die Sie für die Wiedergabe über einen Monitor erstellen, sollte der Wert 72 dpi betragen. Bei allen Bildern, die ausgedruckt bzw. gedruckt werden sollen, empfiehlt sich eine Einstellung von 300 dpi. Wenn Sie ein neues Dokument über den Befehl *Datei/Neu/Leere Datei* erstellen, greift Photoshop Elements auf diese Einstellungen automatisch zurück und bereitet die jeweiligen Dokumentvorlagen entsprechend vor. Die Einstellung bei *Bildschirmauflösung* bezieht sich dabei auf die Voreinstellungen *Web* sowie auf *Film und Video*. Der bei Druckauflösung eingegebene Wert findet sich automatisch auch bei den Voreinstellungen *Foto*, *DIN-Formate* und *US-Formate*.

Tabelle 53.6:
Voreinstellungen des
Registers EINHEITEN &
LINEALE.

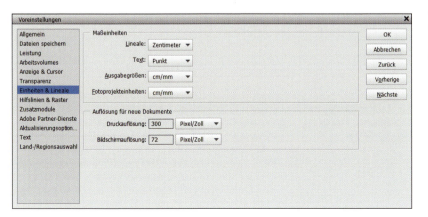

Abbildung 53.7:
Voreinstellungen
EINHEITEN & LINEALE.

Hilfslinien & Raster

Abbildung 53.8:
Voreinstellungen
HILFSLINIEN & RASTER.

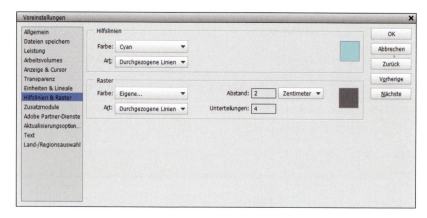

Tabelle 53.7:
Voreinstellungen des
Registers HILFSLINIEN &
RASTER.

Option	Bedeutung
Hilfslinien	Hilfslinien können aus dem Lineal über das jeweilige Bild gezogen werden. Die hier abgebildeten Einstellungen bestimmen dabei Farbe und Form der Hilfslinien.
Raster	Über *Ansicht/Raster* können Sie ein Raster über das Bild legen. Hier bestimmen Sie die Eigenschaften des Rasters.

Zusatzmodule

Abbildung 53.9:
Zusatzmodulordner
für Plug-ins.

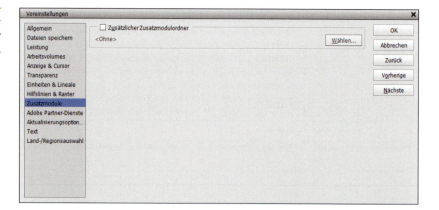

Tabelle 53.8:
Voreinstellungen des
Registers ZUSATZ-
MODULE.

Option	Bedeutung
Zusätzlicher Zusatzmodulordner	Photoshop Elements bietet die Möglichkeit, kleine Programme (sogenannte Plug-ins) in das Programm zu integrieren. Für die Nutzung dieser Plug-ins können Sie einen eigenen Ordner anlegen und diesen hier beim Programm anmelden. Sie müssen dann die entsprechenden Plug-ins lediglich in diesen Ordner kopieren. Photoshop Elements stellt die Plug-ins nach einem Programmneustart automatisch im Menü *Filter* zur Verfügung.

Adobe Partner-Dienste

Mit Photoshop Elements können Sie Ihre Bilder nach Facebook, Flickr und Twitter hochladen. Diese Portale werden von Adobe als Partner-Dienste bezeichnet.

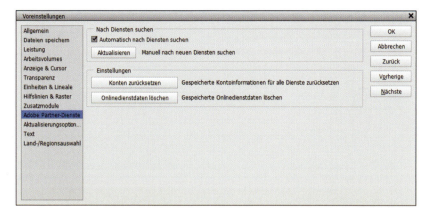

Abbildung 53.10:
Voreinstellungen des
Registers ADOBE
PARTNER-DIENSTE.

Option	Bedeutung
Nach Diensten suchen	Voreingestellt ist hier die Funktion *Automatisch nach Diensten suchen* aktiviert. Sollte ein weiterer Dienst hinzukommen, werden Sie auf diese Weise von Photoshop Elements automatisch davon in Kenntnis gesetzt. Wenn Sie die Sache gern selbst mal in die Hand nehmen möchten, können Sie hier auf *Aktualisieren* klicken und auf diese Weise sofort nach eventuell hinzugekommenen Diensten suchen.
Konten zurücksetzen	Mit *Konten zurücksetzen* und *Onlinedienstdaten löschen* können Sie die vom Programm in der Vergangenheit gespeicherten Zugangsdaten zu Adobe-Partner-Diensten und anderen Portalen bzw. Onlinediensten löschen.
Onlinedienstdaten löschen	

Tabelle 53.9:
Voreinstellungen des
Registers ADOBE
PARTNER-DIENSTE.

Aktualisierungsoptionen

Von Zeit zu Zeit bietet Adobe kostenfreie Programmaktualisierungen an. Hier können Sie einstellen, wie Photoshop Elements in diesem Zusammenhang agieren soll.

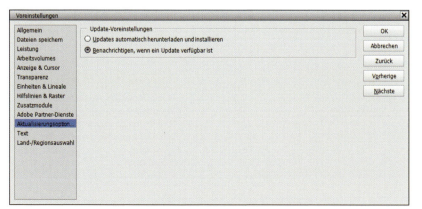

Abbildung 53.11:
Aktualisierungs-
optionen.

Text

Abbildung 53.12:
Textvoreinstellungen.

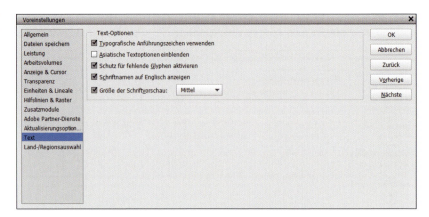

Tabelle 53.10:
Voreinstellungen des
Registers Text*.*

Option	Bedeutung
Typografische Anführungszeichen verwenden	Bei deaktivierter Funktion werden die ersten wie die letzten Anführungszeichen an der Wortoberseite – als Zollzeichen – platziert. Bei aktivierter Funktion werden die ersten Zollzeichen hingegen an der Wortunterseite und die letzten Zollzeichen an der Wortoberseite als typografische An- und Abführungen platziert. Zudem unterscheidet sich das Aussehen der beiden Anführungszeichenvarianten geringfügig. Die typografischen Anführungszeichen erscheinen kursiv bzw. abgerundet, während es sich bei den anderen um die mehr oder weniger senkrecht verlaufenden Zollzeichen handelt.
Asiatische Textoptionen einblenden	Stellt asiatische Textoptionen zur Verfügung.
Schutz für fehlende Glyphen aktivieren	Wenn bestimmte Schriftzeichen (Glyphen) innerhalb einer Schrift fehlen, nimmt das Programm automatisch eine Schriftersetzung vor.
Schriftnamen auf Englisch anzeigen	Zeigt asiatische Schriftnamen auf Englisch an.
Größe der Schriftvorschau	Bestimmt die Größe der Schriftvorschau in der Optionsleiste des Textwerkzeugs.

Land-/Regionsauswahl

Wählen Sie hier »Ihr« Land aus. Je nachdem, welches Land Sie hier auswählen, stehen Ihnen andere bzw. nicht mehr alle Dienste zur Verfügung.

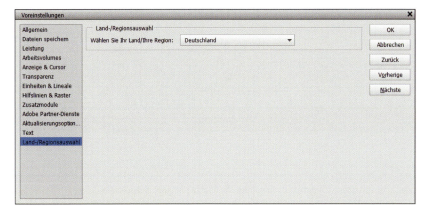

Abbildung 53.13:
Land-/Regions-
auswahl.

Option	Bedeutung
Wählen Sie Ihr Land/ Ihre Region.	Wird hier z. B. *China* eingestellt und die Voreinstellung mit OK geschlossen, erscheint ein Dialog, der verdeutlicht, dass die zur Verfügung stehenden Dienste überprüft wurden. In der Folge stellt der Editor im Menü *Teilen* lediglich noch *Flickr* zur Verfügung. Die Einträge *Facebook* und *Twitter* fehlen hingegen.

Tabelle 53.11:
Voreinstellungen des
Registers LAND-/
REGIONSAUSWAHL.

Sie können den Organizer an Ihre Anforderungen anpassen. Unter Windows erreichen Sie die entsprechenden Programmvoreinstellungen über den Befehl *Bearbeiten/Voreinstellungen/Allgemein* ([Strg]+[K]). Bei der Mac-Version des Programms erreichen Sie das Fenster über den Befehl *Organizer/Voreinstellungen* bzw. [cmd ⌘]+[K].

54.1 Das Fenster Voreinstellungen

Wie beim Editor finden Sie auch hier auf der linken Seite des Fensters verschiedene Rubriken. Innerhalb dieser Rubriken finden sich diverse Optionen, mit denen Sie u. a. das Programmverhalten beim Importieren, Scannen, Brennen und Analysieren Ihrer Daten steuern können.

Allgemein

Tabelle 54.1:
Voreinstellungen
ALLGEMEIN.

Option	Bedeutung
Druckformate	Hier stellen Sie die Maßeinheit für den Druckdialog ein. Wird nur in der Windows-Version angeboten.
Datum (neuestes zuerst)	Hier geht es um die Sortierung von Fotos, die am gleichen Tag fotografiert wurden. Das Sortierungskriterium ist somit die Uhrzeit. Wenn Sie die erste Option wählen (voreingestellt), wird die Auflistung der Bilder von den ersten Bildern des jeweiligen Tages angeführt.
Fotos dürfen skaliert werden	Voreingestellt aktiv. Sorgt dafür, dass Fotos über ihre Originalauflösung hinaus skaliert bzw. vergrößert werden können, um diese möglichst groß auf dem Monitor darzustellen. Bei der Arbeit mit dem Organizer werden Sie z. B. dann damit konfrontiert, wenn Sie mit dem rechts unten abgebildeten Ansichtszoom-Schieberegler die Bilddarstellung manuell vergrößern möchten. Ist die hier vorgestellte Funktion *Fotos dürfen skaliert werden* deaktiviert, wird das Bild dabei lediglich in seiner maximalen Auflösung bzw. Bildgröße (Bildpixel Breite × Höhe) dargestellt – auch wenn Sie den Ansichtszoom-Schieberegler ganz nach rechts bzw. auf den maximalen Ansichtszoom ziehen würden.

Option	Bedeutung
	Der Hersteller möchte Ihnen mit dieser Funktion die Möglichkeit geben, die Bildqualität permanent im Auge zu haben, denn Bilder, die bei deaktivierter Funktion pixelig oder unscharf dargestellt werden, sind dann auch tatsächlich pixelig oder unscharf. Ist diese Funktion hingegen aktiv und einzelne Bilder erscheinen pixelig oder unscharf, kann das an dem durch das Programm automatisch gewählten Ansichtszoom, also einer vom Programm vorgenommenen Vergrößerung, liegen. Ein direkter Rückschluss auf die Bildqualität ist also nicht mehr möglich.
Systemschrift verwenden	Wird nur in der Windows-Version angeboten. Ist diese Funktion aktiviert, wird innerhalb des Organizers die Beschriftung der Mediendaten (Datum, Dateiname) mittels der in den System-einstellungen des Betriebssystems eingestellten Schrift darge-stellt. In Windows 10 ist eine Änderung der Systemschriftart allerdings nicht mehr möglich. Hier kann lediglich die Schrift-größe verändert werden. Zudem besteht die Möglichkeit, die Schrift auf *Fett* umzustellen. Beide Änderungen werden vom Organizer allerdings nicht übernommen.
Datum und Uhrzeit durch Klicken auf Miniaturdaten ändern	Hier geht es darum, Datum und Uhrzeit von dargestellten Bildern einfach anzupassen. Ist diese Option aktiv, können Sie dazu einfach auf die Datumsanzeige der jeweiligen Fotominiatur klicken und die gewünschte Anpassung eintragen.

Werkzeug	Icon	Funktion
Zauberstab	🪄	Wählt mit einem Klick Pixel gleicher bzw. ähnlicher Farbe aus.

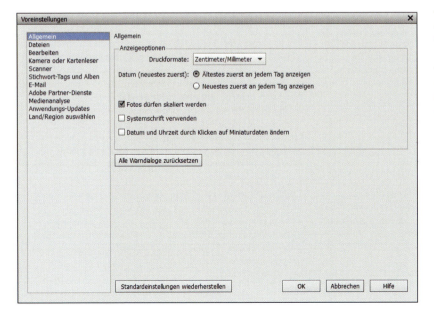

Abbildung 54.1:
Im Fenster VOREIN-STELLUNGEN *können Sie das Programm auf vielfältige Weise an Ihre Anforderungen und Bedürfnisse anpassen.*

Dateien

Abbildung 54.2:
Voreinstellungen
DATEIEN.

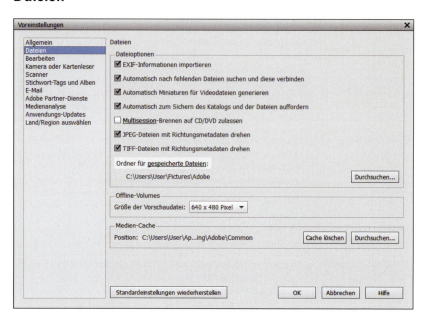

Tabelle 54.2:
Voreinstellungen des
Registers DATEIEN
SPEICHERN.

Option	Bedeutung
EXIF-Informationen importieren	Die voreingestellt aktive Option soll darüber entscheiden, ob beim Import bestimmte Metadaten ausgelesen werden oder nicht. Bei eigenen Tests zeigte sich allerdings, dass die Exif-Daten importierter Bilder (trotz deaktivierter Funktion) nach dem Import in den Organizer verfügbar waren und somit nicht geblockt wurden.
Automatisch nach fehlenden Dateien suchen und diese ver-binden	Die im Organizer dargestellten Inhalte (Fotos, Grafiken, Videos) verfügen alle über einen konkreten Dateipfad. Wenn der Organizer die entsprechende Ressource bzw. Medien-datei an diesem Speicherort nicht mehr finden kann, macht er Ihnen das deutlich, indem er anstelle der jeweiligen Miniatur ein Fragezeichen anzeigt. Wenn Sie eine solche mit einem Fragezeichen gekennzeichnete Datei anklicken, beginnt der Organizer automatisch mit der Suche nach der aktuell nicht auffindbaren Datei. Wenn Sie an diesem Punkt stattdessen lieber gleich manuell suchen möchten, sollten Sie diese Funk-tion deaktivieren.
Automatisch Miniaturen für Video-dateien generieren	Sorgt dafür, dass importierte Videos durch eine entsprechen-de Miniatur symbolisiert werden. Dazu verwendet die Soft-ware in der Regel das erste Bild (Frame) des jeweiligen Videos. Das klappt allerdings nur, wenn der Organizer das Dateiformat des Videos (auch Containerformat genannt) und das verwendete Datenreduktionsverfahren (Codec) kennt bzw. unterstützt.

Option	Bedeutung
Automatisch zum Sichern des Katalogs und der Dateien auffordern	Standardmäßig aktiviert. Sorgt dafür, dass Sie hin und wieder von der Software aufgefordert werden, ein Backup der Katalogdatei zu erstellen.
Multisession-Brennen auf CD/DVD zulassen	Wird nur in der Windows-Version angeboten. Normalerweise können herkömmliche CDs bzw. DVDs nur einmal gebrannt werden. Wenn diese dabei nicht ganz voll geworden sind, geht der nicht genutzte Speicherplatz auf diese Weise verloren. Wenn Sie diese Funktion aktivieren, können Sie in dieser Hinsicht die Kapazitäten Ihrer Discs effektiver nutzen, weil Sie im Multisession-Modus arbeiten können. Das bedeutet, dass Sie mehrfach (in mehreren Sessions) bzw. nacheinander Daten auf eine Disc brennen können.
JPEG-Dateien mit Richtungsmetadaten drehen TIFF-Dateien mit Richtungsmetadaten drehen	Werden Bilder verdreht dargestellt, kann der Anwender in vielen Situationen eine schnelle Korrektur erreichen. Unter Windows 10 finden sich auf der Ebene des Betriebssystems entsprechende Möglichkeiten nach einem Rechtsklick auf die verdreht dargestellte Bilddatei. Hier werden die beiden Befehle *Nach links drehen* bzw. *Nach rechts drehen* angeboten. Dabei wird das Bild jeweils um 90 Grad gedreht und die Verdrehung umgehend beseitigt und die Korrektur in Form einer Zusatzinformation in den Dateieigenschaften gespeichert. Diese Zusatzinformation wird voreingestellt vom Organizer ausgewertet und das Bild korrekt (gedreht) dargestellt.
Ordner für gespeicherte Dateien	Zeigt den aktuellen Pfad zum Standardordner. In diesem Verzeichnis speichert der Organizer Projekte und andere Dateien. Wenn Sie hier lieber ein anderes Verzeichnis benutzen möchten, können Sie mit einem Klick auf *Durchsuchen* zum gewünschten Ordner navigieren bzw. ein neues Verzeichnis anlegen.
Offline-Volumes	Beim Import von Bildern gibt es die Möglichkeit, Offlinedateien zu importieren (z. B. von einer CD oder DVD). Die Fotos werden dabei zwar in das Programm importiert, aber nicht auf die Festplatte kopiert. Daher muss die Disc während der Bearbeitung auch im Laufwerk bleiben. In diesem Zusammenhang erzeugt die Software entsprechende Vorschaudateien in einer deutlich geringeren Bildauflösung. Auf diese Weise können die Bilder schneller dargestellt werden. Die dazu verwendete Bildauflösung (Bildgröße) können Sie hier wählen. Voreingestellt arbeitet die Software in diesem Zusammenhang mit einer Auflösung von 640 × 480 Pixeln.
Medien-Cache	In diesem Zwischenspeicher werden u. a. die Vorschaudateien von Offlinedateien gespeichert (siehe die Erläuterung zu Offline Volumes oben). Wenn Sie hier lieber ein anderes Verzeichnis benutzen möchten, können Sie mit einem Klick auf *Durchsuchen* zum gewünschten Ordner navigieren bzw. ein neues Verzeichnis anlegen. Mit einem Klick auf *Cache löschen* können Sie das gute Stück manuell leeren.

Bearbeiten

Abbildung 54.3:
Voreinstellungen
BEARBEITEN.

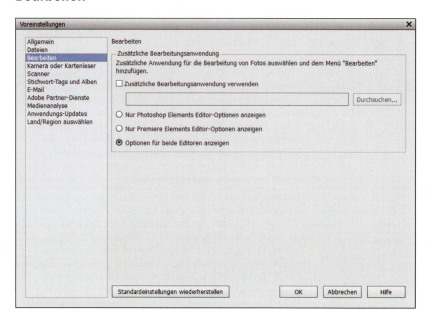

Tabelle 54.3:
Voreinstellungen des
Registers BEARBEITEN.

Option	Bedeutung
Zusätzliche Bearbeitungsanwendung	Wenn Sie bei der Arbeit mit dem Organizer auf ein weiteres Programm zur Bildbearbeitung zurückgreifen möchten, können Sie das Kontrollfeld dieser Funktion aktivieren und über die Schaltfläche *Durchsuchen* das Programm bzw. die entsprechende EXE-Datei auswählen (PC). Anschließend zeigt der Organizer dann einen entsprechenden Befehl im Menü *Bearbeiten* (Bearbeiten mit Programm XY).
Nur Photoshop Elements Editor-Optionen anzeigen	Hier können Sie einstellen, ob Ihnen der Organizer die Optionen von Photoshop Elements und/oder Premiere Elements anzeigen soll. Premiere Elements ist ein Videoschnittprogramm, das nicht zum Lieferumfang von Photoshop Elements gehört. Allerdings vertreibt Adobe beide Programme in einem Bundle. In diesem Fall oder wenn Sie die Schnittsoftware separat erworben und installiert haben, macht die zusätzliche Anzeige der Premiere-Elements-Optionen durchaus Sinn.
Nur Premiere Elements Editor-Optionen anzeigen	
Optionen für beide Editoren anzeigen	

Kamera oder Kartenleser

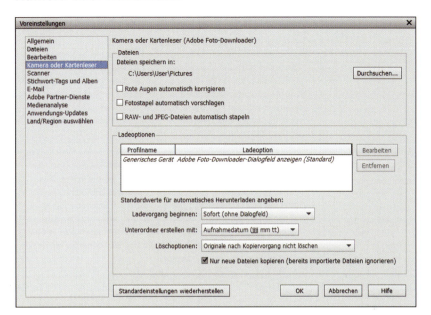

Option	Bedeutung
Dateien speichern in	Anhand der hier abgebildeten Pfadangabe können Sie erkennen, in welchem Verzeichnis importierte Fotos gespeichert werden. Wenn Sie hier lieber ein anderes Verzeichnis benutzen möchten, können Sie mit einem Klick auf *Durchsuchen* zum gewünschten Ordner navigieren bzw. ein neues Verzeichnis anlegen.
Rote Augen automatisch korrigieren	Diese standardmäßig deaktivierte Funktion macht das, was ihr Name bereits zum Ausdruck bringt. Wenn Sie sehr viele Bilder mit dem unschönen Rote-Augen-Effekt haben bzw. wenn Sie diese importieren möchten, können Sie die Sache ja mal ausprobieren und den Import auf diese Weise mit einer entsprechenden Korrektur verbinden. Allerdings sollte Ihnen dabei bewusst sein, dass es sich hier um eine Automatik handelt. Diese muss nicht immer (optimal) funktionieren und produziert eventuell sogar unschöne Nebenwirkungen (in Sachen Bildqualität). Verwenden Sie im Zweifelsfall besser das entsprechende Werkzeug des Editors .
Fotostapel automatisch vorschlagen	Standardmäßig nicht aktiviert. Sorgt dafür, dass die Software bereits beim Import das Anlegen von Fotostapeln vorschlägt. Diese Technik basiert auf visueller Ähnlichkeit und dem Aufnahmedatum. Diese Automatik hat allerdings so ihre Tücken. Meine Empfehlung: Lassen Sie die Funktion ausgeschaltet, und legen Sie Fotostapel nach dem Import bzw. manuell an.

Option	Bedeutung
RAW- und JPEG-Dateien automatisch stapeln	Standardmäßig nicht aktiviert. Sorgt dafür, dass die Software beim Import von JPEGs und/oder RAW-Dateien die Bilder automatisch stapelt. Ein mögliches Einsatzszenario: Oftmals speichern Kameras die fotografierten Bilder in beiden Dateiformaten auf einer Speicherkarte ab. Wenn dann sowohl JPEGs als auch RAW-Bilder importiert werden, kann nach dem Import ein entsprechender Sortierbedarf entstehen. Wenn Sie in einem solchen Fall diese Funktion aktivieren, legt der Organizer für jedes der beiden Formate automatisch einen Stapel an, und Sie sparen sich die manuelle Sortierarbeit.
Ladeoptionen	Hier können Sie einstellen, wie sich der Organizer nach dem Anschluss einer Kamera oder dem Einstecken eines Speichermediums verhalten soll. Sie steuern hier insbesondere das Verhalten des Foto-Downloaders, also des Dialogfensters, über das der Import von Bildern läuft. Sie können hier entscheiden, ob sich das Dialogfenster des Foto-Downloaders automatisch öffnen soll oder nicht. Dabei können Sie wählen, ob sich das Dialogfenster dabei in der einfachen oder der erweiterten Version präsentiert.
Ladevorgang beginnen	Hier besteht die Möglichkeit, eine Verzögerung einzustellen.
Unterordner erstellen mit	Auf Wunsch wird vom Organizer im aktuell gewählten Verzeichnis (siehe oben stehende Erläuterung zu *Dateien speichern in*) ein Unterordner angelegt. Hier können Sie den Dateinamen des Unterordners vorgeben.
Löschoptionen	In diesem Bereich können Sie festlegen, ob die importierten Bilder vom jeweiligen Speichermedium gelöscht werden sollen oder nicht.
Nur neue Dateien kopieren (bereits importierte Dateien ignorieren)	Bestimmen Sie hier, ob nur neue Bilder importiert und bereits in der Vergangenheit importierte Bilder ignoriert werden sollen.

Scanner (Windows)

Diese Voreinstellung wird nur in der Windows-Version des Programms angeboten.

Tabelle 54.5:
Voreinstellungen des
Registers SCANNER.

Option	Bedeutung
Scanner	Hier wählen Sie den zu verwendenden Scanner aus.
Speichern als	Diese Einstellung bestimmt, in welchem Dateiformat das gescannte Bild gespeichert wird. Zur Auswahl stehen TIFF, JPEG und PNG. Mehr Informationen zu diesen Dateiformaten finden Sie in Kapitel 17 »Bilder speichern«.
Dateien speichern in	Anhand der hier abgebildeten Pfadangabe können Sie erkennen, in welchem Verzeichnis gescannte Fotos gespeichert werden. Wenn Sie in diesem Zusammenhang lieber ein anderes Verzeichnis benutzen möchten, können Sie mit einem Klick auf *Durchsuchen* zum gewünschten Verzeichnis navigieren bzw. einen neuen Ordner anlegen.

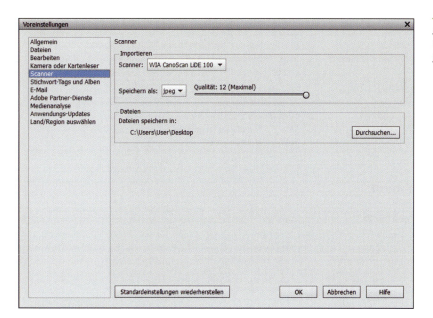

Abbildung 54.5:
Voreinstellungen
SCANNER.

Stichwort-Tags und Alben

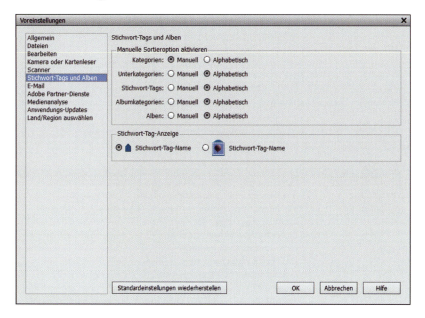

Abbildung 54.6:
Voreinstellungen
STICHWORT-TAGS UND
ALBEN.

Tabelle 54.6:
Voreinstellungen des
Registers STICHWORT-
TAGS UND ALBEN.

Option	Bedeutung
Manuelle Sortier-option aktivieren	Hier können Sie für Kategorien, Unterkategorien, Stichwort-Tags, Albumkategorien und Alben festlegen, wie diese sortiert werden sollen (automatisch oder manuell).
Stichwort-Tag-Anzeige	Hier geht es darum, wie die sogenannten Stichwort-Tags dargestellt werden. Zur Auswahl stehen ein farbiges Etikett oder eine Vorschauminiatur. Diese wird durch das Bild festgelegt, das als Erstes mit dem entsprechenden Stichwort-Tag gekennzeichnet wird.

E-Mail

Abbildung 54.7:
Voreinstellungen
E-MAIL.

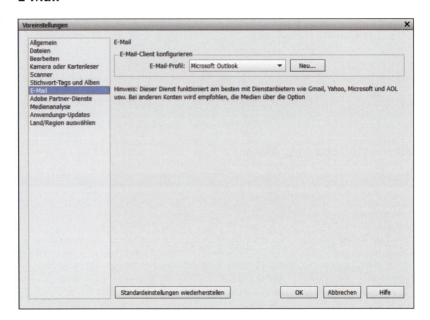

Tabelle 54.7:
Voreinstellungen des
Registers E-MAIL.

Option	Bedeutung
E-Mail-Client konfigurieren	Sie können Fotos und andere Inhalte direkt aus dem Organizer heraus per E-Mail versenden. Die einfachste Variante besteht darin, dass der Organizer die Sache über das auf Ihrem System installierte E-Mail-Programm abwickelt. Sollte das von Ihnen verwendete E-Mail-Programm nicht unterstützt bzw. nicht angezeigt werden, können Sie auch einen der bekannten E-Mail-Provider nutzen. Wenn Sie bei einem Provider ein E-Mail-Konto besitzen, können Sie nach einem Klick auf die Schaltfläche zwischen den Providern Gmail, Yahoo!, Microsoft und AOL wählen. Wenn Sie einen anderen Provider nutzen, wählen Sie einfach *Sonstige* aus. Anschließend können Sie die entsprechende E-Mail-Adresse und das dazugehörige Passwort eingeben.

Adobe Partner-Dienste

Mit Photoshop Elements können Sie Ihre Bilder auf Facebook, Flickr und Twitter
hochladen. Diese Portale werden von Adobe als Partner-Dienste bezeichnet.

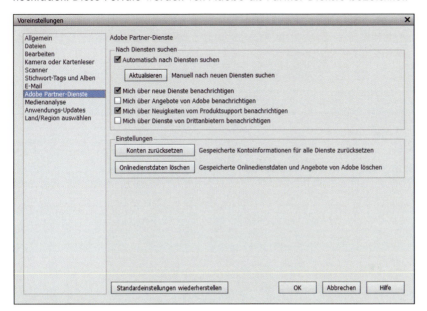

*Abbildung 54.8:
Adobe Partner-
Dienste.*

Option	Bedeutung
Automatisch nach Diensten suchen	Voreingestellt ist hier die Funktion *Automatisch nach Diensten suchen* aktiviert. Sollte ein weiterer Dienst hinzukommen, werden Sie auf diese Weise von Photoshop Elements automatisch davon in Kenntnis gesetzt. Wenn Sie die Sache gern selbst mal in die Hand nehmen möchten, können Sie hier auf *Aktualisieren* klicken und auf diese Weise sofort nach eventuell hinzugekommenen Diensten suchen.
Aktualisieren	
Mich über neue Dienste benachrichtigen	Alternativ können Sie sich auch per E-Mail über neue Dienste informieren lassen. Dabei greift Adobe auf die E-Mail-Adresse zurück, die Sie beim Anlegen Ihrer Adobe-ID angegeben haben.
Konten zurücksetzen	Mit *Konten zurücksetzen* und *Onlinedienstdaten löschen* können Sie die vom Programm in der Vergangenheit gespeicherten Zugangsdaten zu Adobe-Partner-Diensten und anderen Portalen bzw. Onlinediensten löschen.
Onlinedienstdaten löschen	

*Tabelle 54.8:
Voreinstellungen des
Registers ADOBE
PARTNER-DIENSTE.*

Medienanalyse

Um beispielsweise in Fotos gezielt nach Personen zu suchen, können Sie die Gesichtserkennung einsetzen. Die gewünschten Einstellungen legen Sie im Bereich *Medienanalyse* fest.

Abbildung 54.9:
Medienanalyse.

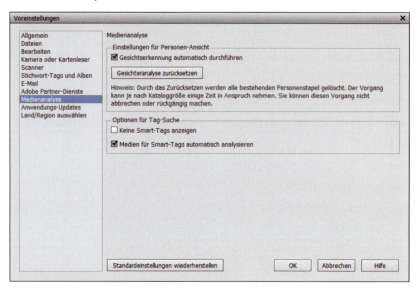

Tabelle 54.9:
Voreinstellungen des Registers MEDIEN-
ANALYSE.

Option	Bedeutung
Gesichtserkennung automatisch durchführen	Wenn Sie nicht möchten, dass die von Ihnen importierten Bilder einer Gesichtserkennung unterzogen werden, können Sie hier die standardmäßig aktive Funktion deaktivieren.
Gesichteranalyse zurücksetzen	Setzt die Gesichtserkennung zurück. Die auf Basis der Gesichtserkennung durchgeführten Sortierungsmaßnahmen (Personenstapel) werden dabei gelöscht.
Optionen für Tag-Suche	*Medien für Smart-Tags automatisch analysieren* ist hier voreingestellt aktiv. Wenn Sie die Suche auf Basis visueller Ähnlichkeit öfter in Anspruch nehmen, kann der Suchvorgang aufgrund dieser Automatikfunktion beschleunigt werden.

Anwendungs-Updates

Von Zeit zu Zeit bietet Adobe kostenfreie Programmaktualisierungen an. Hier können Sie einstellen, wie der Organizer in diesem Zusammenhang agieren soll.

Land/Region auswählen

Wählen Sie hier »Ihr« Land aus. Je nachdem, welches Land Sie hier auswählen, stehen Ihnen andere bzw. nicht mehr alle Dienste zur Verfügung.

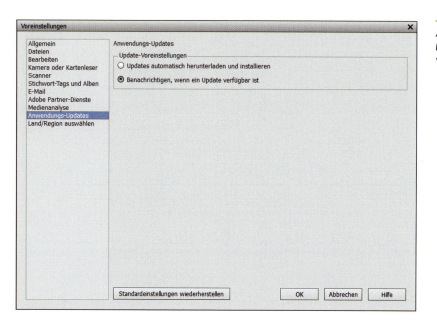

*Abbildung 54.10:
Update-
Voreinstellungen.*

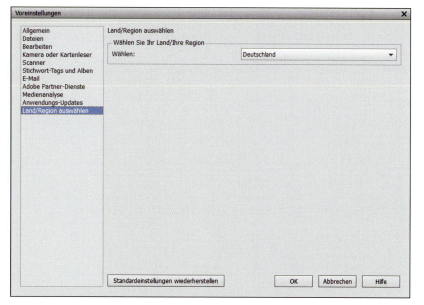

*Abbildung 54.11:
Land-/Regions-
auswahl.*

Option	Bedeutung
Wählen Sie Ihr Land/ Ihre Region.	Wird hier z. B. *China* eingestellt und die Voreinstellung mit OK geschlossen, erscheint ein Dialog, der verdeutlicht, dass die zur Verfügung stehenden Dienste überprüft wurden. In der Folge stellt der Editor im Menü *Teilen* lediglich noch *Flickr* zur Verfügung. Die Einträge *Facebook* und *Twitter* fehlen hingegen.

*Tabelle 54.10:
Voreinstellungen des
Registers Land-/
Regionsauswahl.*

Teil 16

Teil 16:
Anhang

55   Tastenkürzel

Mithilfe der Tastatur gehen viele Dinge deutlich schneller von der Hand. Aus diesem Grund hat Adobe das Programm mit einer Vielzahl von Tastenkürzeln ausgestattet.

Mein Tipp: Suchen Sie sich aus der Vielzahl der in diesem Kapitel vorgestellten Tastenkürzel zunächst einige Favoriten heraus, und wenden Sie diese konsequent an. Sie werden sehen, dass sich der Bedienkomfort dadurch erheblich verbessert.

55.1   Fotoeditor

Werkzeugwahl

Werkzeuge können über ein Tastenkürzel angewählt werden. Da sich im Werkzeug-Bedienfeld oftmals mehrere Werkzeuge ein sogenanntes Fach teilen, »hören« mehrere Werkzeuge auf das gleiche Tastenkürzel. Daher müssen Sie im Zweifelsfall das entsprechende Tastenkürzel mehrfach drücken, um auf diese Weise die Werkzeuge des jeweiligen Fachs so lange zu durchlaufen, bis das von Ihnen gewünschte Werkzeug im Werkzeugbedienfeld angezeigt wird.

Alternativ können Sie mit [Alt] auf das jeweilige Werkzeugfach klicken, um auf diese Weise die anderen (aktuell nicht dargestellten) Werkzeuge des »Fachs« Klick für Klick zu durchlaufen.

Werkzeug	Symbol	Taste
Zoom-Werkzeug	🔍	Z
Hand-Werkzeug	✋	H
Verschieben-Werkzeug	⤴	V
Auswahlrechteck	⬚	M
Auswahlellipse	⬭	M

Werkzeug	Symbol	Taste
Lasso		L
Magnetisches Lasso		L
Polygon-Lasso		L
Zauberstab		A
Schnellauswahl-Werkzeug		A
Auswahlpinsel		A
Auswahl-verbessern-Pinsel		A
Rote-Augen-entfernen-Werkzeug		Y
Reparatur-Pinsel		J
Bereichsreparatur-Pinsel		J
Smartpinsel-Werkzeug		F
Detail-Smartpinsel-Werkzeug		F
Musterstempel		S
Kopierstempel		S
Weichzeichner		R
Scharfzeichner		R
Wischfinger		R
Schwamm		O
Abwedler		O
Nachbelichter		O
Pinsel		B
Impressionisten-Pinsel		B
Farbe-ersetzen-Werkzeug		B
Radiergummi		E
Hintergrund-Radiergummi		E
Magischer Radiergummi		E
Füllwerkzeug		K
Verlaufswerkzeug		G
Farbwähler-Werkzeug		I
Eigene-Form-Werkzeug		U
Rechteck-Werkzeug		U
Abgerundetes-Rechteck-Werkzeug		U
Ellipse-Werkzeug		U
Polygon-Werkzeug		U
Stern-Werkzeug		U

Tastenkürzel

Werkzeug	Symbol	Taste
Linienzeichner	╱	U
Formauswahl-Werkzeug	▸	U
Horizontales Textwerkzeug	T	T
Vertikales Textwerkzeug	↓T	T
Horizontales Textmaskierungswerkzeug	T	T
Vertikales Textmaskierungswerkzeug	↓T	T
Text-auf-Auswahl-Werkzeug	T	T
Text-auf-Form-Werkzeug	T	T
Text-auf-eigenem-Pfad-Werkzeug	T	T
Buntstift	✎	N
Freistellungswerkzeug	◲	C
Ausstecher	✿	C
Neu-zusammensetzen-Werkzeug	▣	W
Inhaltssensitives Verschieben-Werkzeug	✄	Q
Gerade-ausrichten-Werkzeug	⬛	P

Dateien öffnen/anlegen

Funktion	Windows	Mac
Öffnen	Strg + O	cmd ⌘ + O
In Camera Raw öffnen	Strg + Alt + O	–
Neu	Strg + N	cmd ⌘ + N

Dateien speichern/schließen

Funktion	Windows	Mac
Speichern	Strg + S	cmd ⌘ + S
Speichern unter	⇧ + Strg + S	⇧ + cmd ⌘ + S
Für Web speichern	Alt + ⇧ + Strg + S	alt ⌥ + ⇧ + cmd ⌘ + S
Schließen	Strg + W	cmd ⌘ + W
Alle schließen	Alt + Strg + W	alt ⌥ + cmd ⌘ + W
Programm beenden	Strg + Q	cmd ⌘ + Q

Drucken

Funktion	Windows	Mac
Drucken	Strg + P	cmd ⌘ + P
Kontaktabzug II	–	alt ⌥ + cmd ⌘ + P

Arbeitsschritte rückgängig machen/wiederholen

Funktion	Windows	Mac
Rückgängig	Strg + Z	cmd ⌘ + Z
Wiederholen	Strg + Y	cmd ⌘ + Y
Zurück zur letzten Version	⇧ + Strg + A	⇧ + cmd ⌘ + A

Inhalte kopieren/einfügen

Funktion	Windows	Mac
Kopieren	Strg + C	cmd ⌘ + C
Ausschneiden	Strg + X	cmd ⌘ + X
Einfügen	Strg + V	cmd ⌘ + V

Bildgröße anpassen/Bilder und Bildbereiche transformieren

Funktion	Windows	Mac
Bildgröße	Alt + Strg + I	alt ⌥ + cmd ⌘ + I
Frei transformieren	Strg + T	cmd ⌘ + T
Verzerren	Während der Transformation Strg gedrückt halten	Während der Transformation cmd ⌘ gedrückt halten
Neigen	Während der Transformation ⇧ + Strg gedrückt halten	Während der Transformation ⇧ + cmd ⌘ gedrückt halten
Transformation anwenden	↵	↵
Transformation abbrechen	Esc	esc
Konzentrische Transformation	Während der Transformation Alt gedrückt halten	Während der Transformation alt ⌥ gedrückt halten

Farb- und Helligkeitskorrekturen/Schwarzweiß

Funktion	Windows	Mac
Automatische intelligente Farbtonbearbeitung	Alt + Strg + T	alt ⌥ + cmd ⌘ + T
Intelligente Autokorrektur	Alt + Strg + M	alt ⌥ + cmd ⌘ + M
Intelligente Korrektur anpassen	⇧ + Strg + M	⇧ + cmd ⌘ + M
Auto-Tonwertkorrektur	⇧ + Strg + L	⇧ + cmd ⌘ + L
Auto-Kontrast	Alt + ⇧ + Strg + L	alt ⌥ + ⇧ + cmd ⌘ + L
Auto-Farbkorrektur	⇧ + Strg + B	⇧ + cmd ⌘ + B
Farbton-Sättigung anpassen	Strg + U	cmd ⌘ + U
Tonwertkorrektur	Strg + L	cmd ⌘ + L
Rote Augen automatisch korrigieren	Strg + R	cmd ⌘ + R
Farbe entfernen	⇧ + Strg + U	⇧ + cmd ⌘ + U
In Schwarzweiß konvertieren	Alt + Strg + B	alt ⌥ + cmd ⌘ + B

Arbeiten mit Ebenen

Funktion	Windows	Mac
Neue Ebene erstellen	⇧ + Strg + N	⇧ + cmd ⌘ + N
Oberste Ebene auswählen	Alt + .	alt ⌥ + .
Unterste Ebene auswählen	Alt + ,	alt ⌥ + ,
Darüber liegende Ebene auswählen	Alt + +	alt ⌥ + +
Darunter liegende Ebene auswählen	Alt + -	alt ⌥ + -
Sammelauswahl nicht benachbarter Ebenen	Strg + linke Maustaste	cmd ⌘ + linke Maustaste
Sammelauswahl benachbarter Ebenen	⇧ + linke Maustaste	⇧ + linke Maustaste
Alle anderen Ebenen ein-/ausblenden	Klick mit Alt auf das Augensymbol	Klick mit alt ⌥ auf das Augensymbol
Sichtbare auf eine Ebene reduzieren	⇧ + Strg + E	⇧ + cmd ⌘ + E
Ebene in der Stapelreihenfolge schrittweise nach oben verschieben	Strg + .	cmd ⌘ + .
Ebene in der Stapelreihenfolge schrittweise nach unten verschieben	Strg + ,	cmd ⌘ + ,
Ebene in der Stapelreihenfolge ganz nach oben verschieben	⇧ + Strg + .	⇧ + cmd ⌘ + .
Ebene in der Stapelreihenfolge ganz nach unten verschieben	⇧ + Strg + ,	⇧ + cmd ⌘ + ,
Schnittmasken erstellen/zurückwandeln	Alt + Strg + G	alt ⌥ + cmd ⌘ + G

Auswählen

Funktion	Windows	Mac
Alles auswählen	Strg + A	cmd ⌘ + A
Bestehende Auswahl aufheben	Strg + D	cmd ⌘ + D
Zuletzt aufgehobene Auswahl erneut auswählen	⇧ + Strg + D	⇧ + cmd ⌘ + D
Auswahl umkehren	⇧ + Strg + I	⇧ + cmd ⌘ + I
Auswahlsymbolik verbergen/einblenden	Strg + H	cmd ⌘ + H
Ausgewählten Bildbereich auf eine neue Ebene kopieren	Strg + J	cmd ⌘ + J
Auswahl mit Vordergrundfarbe füllen	Alt + Entf	alt ⌥ + ←
Auswahl mit Hintergrundfarbe füllen	Strg + Entf	cmd ⌘ + ←
Ausgewählten Bildbereich einer Hintergrundebene löschen und durch die Hintergrundfarbe ersetzen	Entf	←
Ausgewählten Bildbereich einer »normalen« Ebene löschen	Entf	←
Kreisförmige Auswahl erstellen	⇧ + ○	⇧ + ○
Eine sich konzentrisch entwickelnde Kreisauswahl erstellen	⇧ + Alt + ○	⇧ + alt ⌥ + ○
Quadratische Auswahl erstellen	⇧ + ☐	⇧ + ☐
Eine sich konzentrisch entwickelnde quadratische Auswahl erstellen	⇧ + Alt + ☐	⇧ + alt ⌥ + ☐
Bestehende Auswahl bewegen	←, →, ↑, ↓	←, →, ↑, ↓
Auswahlinhalt auf der jeweiligen Ebene verschieben	V und anschließend mittels Maus oder ←, →, ↑, ↓ verschieben	V und anschließend mittels Maus oder ←, →, ↑, ↓ verschieben
Auswahlinhalt auf der jeweiligen Ebene verschieben und dabei duplizieren	V und anschließend mittels Maus verschieben. Dabei Alt gedrückt halten.	V und anschließend mittels Maus verschieben. Dabei alt ⌥ gedrückt halten.

Arbeiten mit Filtern

Funktion	Windows	Mac
Den letzten Filter erneut zuweisen	Strg + F	cmd ⌘ + F
Den letzten Filterdialog erneut anzeigen	Alt + Strg + F	alt ⌥ + cmd ⌘ + F

Dargestellten Bildausschnitt steuern

Funktion	Windows	Mac
Bedienfeld *Navigator* einblenden	F12	F12
Bildausschnitt schnell nach oben verschieben	Bild↑	⬆
Bildausschnitt langsam nach oben verschieben	⇧ + Bild↑	⇧ + ⬆
Bildausschnitt schnell nach unten verschieben	Bild↓	⬇
Bildausschnitt langsam nach unten verschieben	⇧ + Bild↓	⇧ + ⬇
Bildausschnitt nach links verschieben	Strg + Bild↑	cmd ⌘ + ⬆
Bildausschnitt langsam nach links verschieben	⇧ + Strg + Bild↑	⇧ + cmd ⌘ + ⬆
Bildausschnitt nach rechts verschieben	Strg + Bild↓	cmd ⌘ + ⬇
Bildausschnitt langsam nach rechts verschieben	⇧ + Strg + Bild↓	⇧ + cmd ⌘ + ⬇
Bildausschnitt stufenlos verschieben (dabei darf keine Auswahl aktiv sein)	←, →, ↑, ↓	←, →, ↑, ↓
Bildausschnitt nach links oben verschieben	Pos1	home
Bildausschnitt nach rechts unten verschieben	Ende	⬊
Bildausschnitt stufenlos verschieben, ohne das aktuell gewählte Werkzeug bzw. die aktuelle Bearbeitung zu unterbrechen	Leer	Leer

Ansichtszoom

Funktion	Windows	Mac
Bedienfeld *Navigator* einblenden	F12	F12
Zoom-Werkzeug 🔍 aktivieren	Z	Z
Umschalten des Zoom-Werkzeugs 🔍 in den aktuell jeweils nicht gewählten Modus (hinein- oder herauszoomen)	Alt	alt ⌥
Ansichtszoom vergrößern (in das Bild zoomen), ohne das aktuell gewählte Werkzeug bzw. die aktuelle Bearbeitung zu unterbrechen	Strg + +	cmd ⌘ + +
Ansichtszoom verkleinern (aus dem Bild zoomen), ohne das aktuell gewählte Werkzeug bzw. die aktuelle Bearbeitung zu unterbrechen	Strg + -	cmd ⌘ + -
Ansichtszoom auf 100 % einstellen (Jeder Bildpixel wird durch einen Monitorpixel wiedergegeben.)	Alt + Strg + 0	alt ⌥ + cmd ⌘ + 0
Ausfüllen: Ansichtszoom so einstellen, dass das Bild innerhalb des Programms größtmöglich angezeigt wird	Strg + 0	cmd ⌘ + 0

Funktion	Windows	Mac
Ansichtszoom mit dem Zoom-Werkzeug 🔍 vergrößern, ohne das aktuell gewählte Werkzeug bzw. die aktuelle Bearbeitung zu unterbrechen	Strg + Leer	cmd ⌘ + Leer
Ansichtszoom mit dem Zoom-Werkzeug 🔍 verkleinern, ohne das aktuell gewählte Werkzeug bzw. die aktuelle Bearbeitung zu unterbrechen	Alt + Strg + Leer	alt ⌥ + cmd ⌘ + Leer

Arbeiten mit Raster und Hilfslinien

Funktion	Windows	Mac
Raster ein-/ausblenden	Strg + 3	cmd ⌘ + 3
Lineal ein-/ausblenden	Strg + ⇧ + R	cmd ⌘ + ⇧ + R
Hilfslinien ein-/ausblenden	Strg + 2	cmd ⌘ + 2
Hilfslinien fixieren/Fixierung aufheben	Alt + Strg + .	alt ⌥ + cmd ⌘ + ,

Im Modus Experte zwischen geöffneten Bildern navigieren

Funktion	Windows	Mac
Vorwärtsnavigieren und das entsprechende Bild im Vordergrund anzeigen. Dazu müssen alle Bilder im gleichen Modus angezeigt werden. Wählen Sie dazu im Zweifelsfall vorher einfach den Befehl *Fenster/Bilder/ Nur schwebende Fenster* oder *Fenster/Bilder/ Alle in Registerkarten zusammenlegen* aus.	Strg + ⇥	cmd ⌘ + →ǀ
Rückwärtsnavigieren und das entsprechende Bild im Vordergrund anzeigen. Dazu müssen alle Bilder im gleichen Modus angezeigt werden. Wählen Sie dazu im Zweifelsfall vorher einfach den Befehl *Fenster/Bilder/ Nur schwebende Fenster* oder *Fenster/Bilder/ Alle in Registerkarten zusammenlegen* aus.	⇧ + Strg + ⇥	⇧ + cmd ⌘ + →ǀ

Bedienfelder (Fenster) im Fotoeditor ein-/ausblenden

Bedienfeld	Windows	Mac
Programmhilfe	F1	F1
Effekte	F6	F6
Histogramm	F9	F9
Informationen	F8	F8

Bedienfeld	Windows	Mac
Grafiken	F7	F7
Rückgängig-Protokoll	F10	F10
Ebenen	F11	F11
Navigator	F12	F12
Alle Bedienfelder aus- und einblenden	⇥	⇥
Alle Bedienfelder mit Ausnahme des Bedienfelds *Werkzeug* aus- und einblenden	⇧ + ⇥	⇧ + ⇥

Beim Mac müssen Sie (je nach Einstellung) im Zweifelsfall auch noch die Tasten FN + Alt drücken. Das Bedienfeld *Ebenen* könnten Sie dann mit dem Tastenkürzel FN + Alt + F11 ein- und ausblenden.

Arbeiten mit Malwerkzeugen

Funktion	Windows	Mac
Exakt waagerecht/senkrecht malen	⇧ + malen	⇧ + malen
Werkzeug- bzw. Pinselspitze vergrößern	⇧ + #	⇧ + #
Werkzeug- bzw. Pinselspitze verkleinern	#	#
Vorherigen Pinsel einstellen	,	,
Nächsten Pinsel einstellen	.	.

Arbeiten mit Text

Funktion	Windows	Mac
Wort auswählen	Doppelklick in das Wort	Doppelklick in das Wort
Zeile auswählen	Dreifachklick in die Zeile	Dreifachklick in die Zeile
Absatz auswählen	Vierfachklick in den Absatz	Vierfachklick in den Absatz
Zentrieren	⇧ + Strg + C	⇧ + cmd ⌘ + C
Linksbündig ausrichten	⇧ + Strg + L	⇧ + cmd ⌘ + L
Rechtsbündig ausrichten	⇧ + Strg + R	⇧ + cmd ⌘ + R
Fett formatieren (ein/aus)	⇧ + Strg + B	⇧ + cmd ⌘ + B
Kursiv formatieren (ein/aus)	⇧ + Strg + I	⇧ + cmd ⌘ + I
Unterstrichen formatieren (ein/aus)	⇧ + Strg + U	⇧ + cmd ⌘ + U
Schriftgröße des aktuell ausgewählten Textes vergrößern	⇧ + Strg + W	⇧ + cmd ⌘ + W
Schriftgröße des aktuell ausgewählten Textes verkleinern	⇧ + Strg + A	⇧ + cmd ⌘ + A

55.2 Organizer

Das Suchen, Anzeigen und Bearbeiten von Fotos im Organizer ist auch über Tastaturbefehle möglich. Diese machen insbesondere die Navigation im Medienbrowser, die Auswahl von Inhalten und die Steuerung der verschiedenen Darstellungsoptionen deutlich komfortabler.

Bilder importieren

Funktion	Windows	Mac
Aus Dateien und Ordnern	⇧+Strg+G	⇧+cmd ⌘+G
Aus Kamera oder Kartenleser	Strg+G	cmd ⌘+G
Vom Scanner	Strg+U	cmd ⌘+U

Bilder verwalten

Funktion	Windows	Mac
Umbenennen	⇧+Strg+N	⇧+cmd ⌘+N
Verschieben	⇧+Strg+V	⇧+cmd ⌘+V
Duplizieren	⇧+Strg+D	⇧+cmd ⌘+D
Bildtitel hinzufügen	⇧+Strg+T	⇧+cmd ⌘+T
Datum und Uhrzeit ändern	Strg+J	cmd ⌘+J
Eigenschaftenbedienfeld ein/aus	Alt+↵	alt ⌥+↵
Bild 90 Grad nach rechts drehen	Strg+→	cmd ⌘+→
Bild 90 Grad nach links drehen	Strg+←	cmd ⌘+←

Im Medienbrowser navigieren

Funktion	Windows	Mac
In der Auflistung »seitenweise« nach unten navigieren. Eine bestehende Auswahl bleibt erhalten.	Bild↓	⇟
In der Auflistung »seitenweise« nach oben navigieren. Eine bestehende Auswahl bleibt erhalten.	Bild↑	⇞
Zum Anfang der Auflistung navigieren und dabei automatisch das erste Bild bzw. das erste Element auswählen	Pos1	↖
Zum Ende der Auflistung navigieren und dabei automatisch das letzte Bild bzw. das letzte Element auswählen	Ende	↘
Position der Auswahl(symbolik) steuern	←, →, ↑, ↓	←, →, ↑, ↓
Sammelauswahl aufeinanderfolgender Bilder	⇧+←, →, ↑, ↓	⇧+←, →, ↑, ↓

Tastenkürzel

Darstellungsform und Größe (Ansichtszoom) steuern

Funktion	Windows	Mac
Ansichtszoom vergrößern	`Strg`+`+`	`cmd ⌘`+`+`
Ansichtszoom verkleinern	`Strg`+`-`	`cmd ⌘`+`-`
Ansichtszoom des aktuell gewählten Bildes maximieren	`↵`	`↵`
Maximierten Ansichtszoom des aktuell gewählten Bildes beenden	`Esc`	`esc`
Vollbildansicht des aktuell gewählten Bildes	`F11`	`cmd ⌘`+`F11`
Vollbildansicht beenden	`Esc`	`esc`
Vergleichsansicht	`F12`	`cmd ⌘`+`F12`
Vergleichsansicht beenden	`Esc`	`esc`
Stapel aufklappen bzw. die darin enthaltenen Bilder zeigen	`Alt`+`Strg`+`R`	`alt ⌥`+`cmd ⌘`+`R`
Stapel schließen	`Alt`+`⇧`+`Strg`+`R`	`alt ⌥`+`⇧`+`cmd ⌘`+`R`

Zusatzinformationen ein-/ausblenden

Funktion	Windows	Mac
Details ein-/ausblenden	`Strg`+`D`	`cmd ⌘`+`D`
Zeitleiste ein-/ausblenden	`Strg`+`L`	`cmd ⌘`+`L`

Suchfunktionen

Funktion	Windows	Mac
Nach Dateinamen suchen	`⇧`+`Strg`+`K`	`⇧`+`cmd ⌘`+`K`
Nach Datumsbereich suchen	`Alt`+`Strg`+`F`	`alt ⌥`+`cmd ⌘`+`F`
Datumsbereich zurücksetzen	`⇧`+`Strg`+`F`	`⇧`+`cmd ⌘`+`F`
Nach Bildtitel oder Anmerkung suchen	`⇧`+`Strg`+`J`	`⇧`+`cmd ⌘`+`J`
Nach Bildern ohne Tags suchen	`⇧`+`Strg`+`Q`	`⇧`+`cmd ⌘`+`Q`
Nicht analysierten Inhalt suchen	`⇧`+`Strg`+`Y`	`⇧`+`cmd ⌘`+`Y`
Nach Medientyp *Fotos* suchen	`Alt`+`1`	`alt ⌥`+`1`
Nach Medientyp *Video* suchen	`Alt`+`2`	`alt ⌥`+`2`
Nach Medientyp *Audio* suchen	`Alt`+`3`	`alt ⌥`+`3`
Nach Medientyp *Projekt* suchen	`Alt`+`4`	`alt ⌥`+`4`
Nach Medientyp *PDF* suchen	`Alt`+`5`	`alt ⌥`+`5`
Nach Medientyp *Element mit Audio-kommentar* suchen	`Alt`+`6`	`alt ⌥`+`6`